"博学而笃志,切问而近思。"
(《论语》)

博晓古今,可立一家之说;
学贯中西,或成经国之才。

复旦博学·复旦博学·复旦博学·复旦博学·复旦博学·复旦博学

## 主编简介

**吕忠梅**，法学博士，中国环境资源法研究会副会长，最高人民法院环境资源司法研究中心副主任、学术委员会主任，武汉大学环境法研究所兼职教授、博士生导师。主持国家社科基金重大项目《环境友好型社会中的环境侵权救济机制研究》《长江流域立法研究》，国家环境保护公益项目《环境铅镉污染人群健康危害的法律监管研究》等国家级、省部级科研项目20余项；出版《环境法新视野》《沟通与协调之途——公民环境权的民法保护》等环境法著作10余部；发表环境法论文200余篇，获得省部级以上科研奖励20余项。主编多部教材，曾获教育部优秀教材一、二等奖，司法部优秀教材一、二等奖。1999年获国务院特殊津贴；2002年获评中国第三届"杰出中青年法学家"，2005年入选中国法学名家，2009年获评中国杰出人文社会科学家，2014年获评"中国法治人物"，2015年获评国家"四个一批"领军人物并入选"万人计划"人才；2015年被评为对中国法学理论有影响的50名学者之一。

普通高等教育"十一五"国家级规划教材

博学 法学系列

# 环境法原理

（第二版）

吕忠梅　主编

復旦大學出版社

## 内容提要

本教材以国内外环境法理论与立法实践为对象,以环境法的法理解释为核心,以环境法的应用性为基点,以法学的权利义务分析方法为主线,将丰富的环境法律现象进行高度抽象与概括。论述了公民环境权、生态文明的法治路径、环境风险与风险预防、沟通与协调四个基本原理,分析了环境法、行政法、民法、刑法、诉讼法五大规范系统,归纳了环境管理基本制度、保护和改善环境法律制度、污染控制法律制度等主要制度体系。同时,从现行环境法律制度实施的效果评价角度,对于实践中存在的理论与立法问题进行了剖析,提出了环境法理论应用的方法与路径。力求使研习者获得对于环境法理论与实践的全面理解与认识,能够应用环境法的原理解释一般的环境法现象,并较为准确地适用环境法制度。

# 修 订 说 明

《环境法原理》出版已经十年,我保留的样书仅剩一本。承蒙读者厚爱,得以修订。十年回眸,感慨万千!

过去的十年,环境保护从基本国策上升为治国方略。2007年,中共十七大报告将生态文明建设作为全面建设小康社会的新目标之一。2012年,中共十八大报告明确提出:"把生态文明建设放在突出地位,融入经济建设、政治建设、文化建设、社会建设各方面和全过程,努力建设美丽中国,实现中华民族永续发展。"2014年,中央国家安全委员会第一次会议明确将生态安全纳入国家安全体系,生态安全正式成为国家安全的重要组成部分。2015年,中共十八届五中全会提出"绿色发展"新理念,将促进人与自然和谐共生作为我国制定"十三五"规划的重要指导思想。2016年,在内罗毕召开的第二届联合国环境大会上,中国环境保护部、联合国环境规划署共同发布了《绿水青山就是金山银山:中国生态文明战略与行动》报告,"生态文明"的概念走向世界舞台的中央……创新是一个学科发展的不竭动力,我们不仅要将这些理念反映在教材中,而且要让读者看到环境保护地位提升对环境法理论与实践的相互促进。

过去的十年,环境立法从数量增长转变到质量提升。2007年以来,《水污染防治法》《固体废物污染环境防治法》《环境影响评价法》《大气污染防治法》《海洋污染防治法》等一批法律得以修订。2012年启动《环境保护法》修订,经历了从部分修改到全面修订的曲折,也收获了重大突破,环境保护基本法律制度得以完善和建立,环保法终于长出了"牙齿"。环境法与其他部门法的沟通协调日益顺畅,2007年,《物权法》明确规定环境保护相邻关系、自然资源用益权;2009年,《侵权责任法》专章规定环境污染侵权责任;2011年,《刑法修正案八》确立了以预防为主的"污染环境罪";2012年修订的《民事诉讼法》建立环境污染公益诉讼程序制度……立法是法学理论转化为实践的必由之路,我们不仅要将环境法的新制度、新规范通过本次修订体现出来,而且要让读者理解各种新制度、新规范的逻辑联系。

过去的十年,环境法实践的星星之火已呈燎原之势。2007年,贵州省贵阳市清镇环保法庭成立,开启了环境司法之门。2014年,最高人民法院成立环境资源审判庭,连续发布多项环境资源审判司法解释。到2016年底,全国的环境保护审判机构已经超过500家,受理社会组织提起环境公益诉讼案件150余件。2015年,全国人大常委会授权13个地方人民检察院开展提起公益诉讼试点。到2016年12月,全国法院受理检察机关提起环境公益诉讼案件60余件。2008年,环保部成立六大督察中心,开始跨区域环境执法,区域限批、约谈地方政府主要负责人、环保问责等渐成常态。2013年以来,环境执法进一步加强,配合新《环境保护法》实施和生态文明体制改革的推进,推进环境监管从总量控制向质量提高转变,制度的笼子越扎越紧……法律的生命在于实施,我们不仅要总结环境法适用中形成的各种规则,而且要让读者体会到立法、执法、司法的合力形成过程。

过去十年,是环境法研习者参与环境法治实践百年难求的机遇期,也是环境法研习者创新理论千载难逢的黄金期,也为本次教材修订提供了最丰富的资源。因为是修订,我们保留了教材原有体例与结构,也因为是修订,我们紧扣时代发展,对环境法学的基本原理、环境法律规范、环境法律制度等主要内容进行了大幅度完善,一些章节几乎完全重写。各部分的修改重点如下。

1. 导论部分。增加了对生态、生态环境、环境、自然环境等概念的辨析,根据修订后的《环境保护法》更新了环境的定义;对我国当前环境问题现状和环境保护要求进行客观表述,增加不同国家环境问题差异性分析。

2. 环境法原理部分。增加发达国家现阶段以环境自我修复和公众环境健康为目的的制度新进展,增加我国环境法促进生态文明、保障公众健康的立法目的;补充了我国2007年以来环境立法的新内容;更新公民环境权的部分内容,对环境权学说发展予以吸收;将可持续发展一章扩展为生态文明,增加大气污染、水污染、土壤污染等突出环境问题的行动计划和制度设计;沟通协调部分,增加《物权法》《侵权责任法》《刑法修正案》《民事诉讼法》等相关法律的"绿化"成果。

3. 环境法规范部分。增加中国环境保护基本法修改的过程与主要内容;增加环境法的综合决策机制,补充环境保护领域的大部制改革、党政同责、生态损害追责等内容;环境民法规范部分增加环境民事请求权,环境行政法规范中增加按日连续计罚、查封扣押等制度,环境诉讼法规范中增加环境民事公益诉讼、环境行政公益诉讼等内容。

4. 环境法制度部分。根据修订后的《环境保护法》和《环境影响评价法》,对环境影响评价制度、公众参与制度进行修改;许可证制度中吸收新近的研究成果,根据《清洁生产促进法》《循环经济促进法》对相关制度进行修改;根据《环境保护税法》《生态补偿法》等最新立法(草案),对环境税费制度和生态补偿制度进行了修改;增加生态保护红线制度。

本次修订历时近两年,一方面是我们力图将十年来的环境法理论与实践发展予以全面反映,为此进行大量的资料收集与整理工作,耗费时日较多;另一方面是中国正处于生态文明体制改革期,各种涉及体制改革、管理转型的文件在这两年密集发布,令人应接不暇。我们力求通过本次修订,将最新的理念和制度实践反映在教材中,也将尚在制定过程中、未来一两年可能实施的若干制度加以反映。但依然力有不逮,寄望于教材使用者在教授和学习过程中不断加以完善。

本次修订幅度很大,对原章节增删较多,部分原作者撰写的内容没有在修订版中出现,在此,对他们已有的工作表示感谢。本次修订由我制定《修订大纲》、撰写导论并最终审定全稿;刘佳奇副教授承担第一编的修订工作,鄢斌副教授、肖爱副教授承担第二编的修订工作,阮丽娟副教授承担第三编的修订工作;鄢斌副教授协助我进行全书的统稿。没有他们的帮助和支持,如此大的修订任务难以顺利完成。在此一并致谢!

吕忠梅

2017年2月1日于星火西路八号院

# 目 录

导论 ............................................................................................ 1

## 第一编 环境法原理

### 第一章 环境法的基本范畴 ........................................................ 21
第一节 环境法的发展简史 ........................................................ 21
第二节 环境法的涵义 ............................................................ 26
第三节 环境法律关系 ............................................................ 31

### 第二章 公民环境权 ................................................................ 38
第一节 公民环境权理论的变迁 .................................................... 38
第二节 公民环境权的涵义 ........................................................ 42
第三节 公民环境权的法律属性 .................................................... 46
第四节 公民环境权的内容与法律保障 .............................................. 52

### 第三章 生态文明基本理论 ........................................................ 59
第一节 生态文明与环境法治 ...................................................... 59
第二节 生态法治的伦理基础——可持续发展 ........................................ 63
第三节 生态法治的实现路径 ...................................................... 70

### 第四章 风险预防原则 ............................................................ 75
第一节 环境风险与风险预防原则 .................................................. 75
第二节 风险预防原则的内涵 ...................................................... 80
第三节 风险预防原则的内容 ...................................................... 83
第四节 风险预防原则的法律适用 .................................................. 85

### 第五章 沟通与协调机制 .......................................................... 92
第一节 环境法与传统法律的关系 .................................................. 92
第二节 环境法是沟通与协调之法 .................................................. 93
第三节 沟通与协调的具体实现路径 ................................................ 97

## 第二编 环境法规范

### 第六章 环境法的独立 ........................................................... 109
第一节 环境法独立的理论依据 ................................................... 109

第二节　环境法独立的立法支持 ································· 112
  第三节　环境法的基本特性 ····································· 120
  第四节　环境法律规范的分类与特性 ···························· 124

## 第七章　环境民法 ············································· 136
  第一节　环境民法概述 ········································· 136
  第二节　环境侵权 ············································· 143
  第三节　环境民事责任 ········································· 147

## 第八章　环境刑法 ············································· 159
  第一节　环境刑法的一般理论 ··································· 159
  第二节　环境犯罪的构成要件 ··································· 162
  第三节　环境犯罪罪名 ········································· 165

## 第九章　环境行政法 ··········································· 173
  第一节　环境行政法的必要性 ··································· 173
  第二节　环境行政管理体制 ····································· 175
  第三节　环境行政责任 ········································· 180

## 第十章　环境诉讼 ············································· 192
  第一节　环境诉讼的一般理论 ··································· 192
  第二节　环境民事诉讼 ········································· 194
  第三节　环境刑事诉讼 ········································· 200
  第四节　环境行政诉讼 ········································· 202
  第六节　环境公益诉讼 ········································· 205
  第七节　环境司法专门化 ······································· 207

# 第三编　环境法制度

## 第十一章　环境管理基本制度 ··································· 215
  第一节　源头控制基本制度 ····································· 215
  第二节　过程控制基本制度 ····································· 233

## 第十二章　保护和改善环境法律制度 ····························· 245
  第一节　生态保护制度 ········································· 245
  第二节　环境要素保护制度 ····································· 260
  第三节　改善环境制度 ········································· 268

## 第十三章　污染控制法律制度 ··································· 278
  第一节　预防性控制制度 ······································· 278
  第二节　治理性控制制度 ······································· 297

# 导 论

我们在课堂上所讲的环境法,是一门课程。而作为课程的环境法需要回答的问题只有一个——什么是环境法?

什么是环境法?不同的人可能有不同的答案。在我所见到的所有回答中最为简明、也最为精彩的是——"行星家政管理法(planetary housekeeping law)"。用十分简短的语言贴切地表达了环境法包含的理念和精神:只有一个地球!地球是人类与自然的共同家园!环境法规范的是地球上的"人——自然——人"之间的"家政管理"关系!

但是,接下来我看到,正是这个对环境法作出了最简明回答的人却又说:"发现环境法的一个可操作的定义有点像寻找真理:你离它越近,它越变得使你难于理解。"可见,要真正理解什么是环境法,并不简单。它需要我们用相当多的时间,从不同的角度进行"透视",只有完成了"透视"过程,才可能对环境法有一个全面的认识,才会有信心回答"什么是环境法"的问题。

我相信,同学们在进入环境法课程的学习之前,已经完成了不少法律课程的学习,对于基本的法学理论如法理学、法制史等都有相当的了解,对于基本的法律学科如民法、刑法、行政法、诉讼法等也有了一定程度的把握。通过这些知识的学习,你们已经知道每一门课程都是为特定的法律理论体系所设。但你们还需要知道的是,作为学习对象的法律具有双重身份:一方面,法律体现为抽象的法律条文,而这些条文是由概念、逻辑所组成的规则体系,要认识法律,理解法律条文的意义,就必须学习理解法律概念与法律逻辑的方法,掌握制定及实施法律的基本原理,从这一点上说,我们学习的是法律的知识理性;另一方面,法律条文是要对现实社会生活发挥作用的,而人们的经济、社会活动千姿百态、绚丽多彩,不可能完全按照法律条文所规定的概念与逻辑发生和发展,因此,如何从复杂多变的社会生活中发现法律的逻辑,将法律适用于具体的案件,也需要学习,就此而言,我们学习的是法律的实践理性。其实,法律课程的设计应该是对法律双重理性的体现,具体表现为,有的课程仅仅是对法律现象的高度抽象与概括,其内容不包括或很少涉及具体的法律实践内容,如法理学,这些课程更多体现的是法律的知识理性,是对另一些课程的指导;有的课程是对某一具体法律领域的抽象与概括,其内容既包括一般的法律理论分析,也包括对这一领域的立法与司法实践的归纳与总结,如民法,这些课程体现的是法律的知识性与实践性的结合。因此,不同的课程,教学的内容不同,对学习者的要求不同,学习的方法也不同。环境法是一门实践性很强的学科,同学们在学习它的知识理性的同时,应高度重视它的实践理性,这是学好环境法的必要的心理准备。

接下来,我们将要展开的是关于环境法"是什么"以及一些"为什么是"的解说。这些解说建立在你们已经学习过的法律的基本原理与基础知识之上,我们也将从法学的基本理论出发,在以其他学科为参照的比较中分析环境法的特殊性或者说独立存在的理由,阐述环境法的基本原理;同时,这些解说也要向你们介绍新知识,我们将从环境法的自然与社会属性出发,结合生态学、环境管理学、环境科学的原理与知识,阐述环境资源的运行规律,帮助同学们把握环境法的实践特性。

导言部分将对环境法进行概括性描述,介绍环境法的背景知识,并对本书的基本思路和结构

1

进行简要介绍。

**一、环境**

按照字面理解，环境法显然是关于环境的法律。这里所用的"环境"是什么含义呢？有必要区分一些基础性概念，以明确环境法的对象范围。

"环境"这个词在我们的生活中会经常被使用，通常在说到"环境"时总会在它的前面加一个定冠词，以使听者明白你所说的"环境"的指向，如"学习环境""社会环境""生活环境""工作环境""外商投资环境"等等，这是因为环境总是相对于一定的中心事物而言的，一般是指环绕着中心事物的客观存在的总和。而中心事物和客观存在，可以是物质的，也可以是非物质的。如我们通常所说的"学习环境"，其中心事物是"学习"，而"环境"本身则既包括了物质条件，也包含了非物质条件。当中心事物为人时，环境同样也包含了物质和非物质的两个方面。按照这样的方法，我们就不难理解环境法上所称的"环境"了。

环境法上所讲的环境，是指物质的客观存在，即环绕着人类而存在的由自然要素所构成的物质环境。对于这个"环境"，我们应把握如下问题。

（一）环境的特性

环境法上所使用的"环境"一词具有特定的涵义，它是指环境科学和环境法所特别定义的"环境"，而非任何其他意义上的环境。

在环境科学中，环境一般是指围绕着人群的空间，及其中可以直接、间接影响人类生活和发展的各种自然因素的总体。这样的环境，首先是为人类提供生存和发展的空间，其中有可以直接或间接影响人类生存和发展的各种自然因素，它能为人类提供基本的物质生活条件，同样也会产生环境污染和破坏。人类自产生以来，就一直生活在地球环境条件下，或者说人必须依靠地球环境提供的各种物质才能生存。尽管人类为改善环境条件作出了巨大的努力，但是，到目前为止，人依然不可能在没有空气、没有水的条件下生存，植物不可能彻底离开土壤，人不能不以植物和动物为食，人也不可能在喧闹、嘈杂的条件下得到完全的休息……

这些都表明：作为人类生存条件的"环境"，是以人类为中心的，并且是必须能够满足人类生存和发展所需要的，这样的环境具有特定性。

1. 物质性

作为人类生存条件的环境首先是由各种物质所构成的自然条件，如阳光、空气、水、植物、动物等，包括人的生命体在内，一切都是由物质构成的。无论是生物还是非生物，其基本的构成都是一些化学元素。科学家告诉我们，我们的血液中所含有的各种成分与地球所蕴含的物质不仅是一样的，而且呈高度相关性。也就是说，地球上多的物质，人体中也多，地球上少的物质，人体中也少。我们知道，化学元素共有一百多种，正是这些化学元素通过不断的物理、化学、生物作用，形成了我们的身体以及我们生存的环境。也正是因为构成人体的各种物质与构成环境的各种物质是相同的，人才可能在这样的环境中生存。

2. 生态性

环境不仅仅是物质的，这些物质还要通过一定的方式联系在一起，并且可以相互转化和循环。地球是由生物及其生命支持系统构成的一个巨大的生态系统，这个生态系统由各种环境要素构成，而各环境要素之间通过物质循环、能量流动和信息传递而联系成为不可分割的整体，维持着一种动态的平衡。如果这种平衡遭受破坏，将带来不可挽回的后果。科学家们说，虽然人的食物来源仅仅只需要大约一百种植物和动物，但是，支持这一百种植物和动物的生存却需要几千个物种，而要维持这几千个物种的生存则需要几万个甚至几十万个物种……。人类生存的环境就是这样的一个息息相关的系统,在这个系统中,阳光、空气、水、植物、动物都不是孤立存在的,它们通过食物链密切联系,阳光照射植物,一方面供植物生长,另一方面提供新鲜空气;植物一方面为动物提供食物,另一方面又涵养水土、吸收物质、传递能量;一方面动物以植物或者其他动物为食,另一方面它们的排泄物或者尸体为其他生物提供食物;动物的排泄物和尸体为细菌和微生物所分解,最终还原成化学元素,进入土壤,成为植物生长的物质来源。如此循环往复,构成了人类生存所需要的气象万千的环境。在这个环境中,任何一个环节的断裂,都可能带来毁灭性打击。

3. 唯一性

人类只能在一定的自然环境中生存,这种环境是不可替代的。我们可以有许多梦想,期待着自然带给人类更多我们想要的东西。但是,如果真的如此,人却根本无法生存。如果陆地是由黄金构成的,人只有饿死;假如米面铺满大地,河流中流动着奶汁,人们不用劳动就可以获得任何食物,那么超过人类繁殖速度亿万倍的各种微生物和小动物就会充满整个地球,人将无立锥之地。万幸的是,自然只为我们提供了可以生长植物的土壤,人类必须通过劳动才能获得新鲜食物,还有一个可以立身的清洁的环境。大自然经过漫长的演化,为人类提供了精密调节的生存环境。我们生活的地球,与太阳的距离适当,使得它既不像水星那么热,也不像火星那么冷;大气层保护着我们,土壤可以生长植物,生物圈可以为我们供应食物;此外,还有供人类饮用和灌溉的河流,供人类呼吸的含氧量适当的空气,以及各种适宜人类生存所不可缺少的一切,不需要经过人类劳动,就可以获得。同时,自然也为人类提供了可经劳动加工成为生活资料的各种资源。人类所生存的这样一个环境,是在各种物质循环运动的相互精密调节中构成的,具有不可替代性。

4. 有限性

人必须在一定的环境中生存,但自然能够提供的环境条件却是有限的,它并不能无限的满足人类的需求。有人计算,一个人每天呼吸所需要的氧气,必须依赖3棵树木去供应;一个正常成年人每天消耗的能量为3 000千卡,如果这种能量是通过人——牛肉——玉米的食物链获得,那么养活一个人就需要6 000万平方厘米的玉米地。这简单的计算告诉了我们不那么简单的道理。如果每个人没有三棵树,也没有6 000万平方厘米玉米地的时候,人的生存需要就不能得到满足。在短时期内,我们可以依靠减少每个人的供应量来维持,但长期下去,就会带来整个人类的毁灭。因此,在自然环境中,任何物种都是要受到自然有限性约束的,1个细菌在四天半里可以繁殖1 036个细菌,如果按照这样的速度繁殖下去,它们填满所有的海洋轻而易举,只是由于它们繁殖到一定密度时,就会因得不到必需的养分而不得不停止繁殖,这样地球才不会被细菌所独占。生物圈中的任何一个物种的爆炸性增长,都必然会给自己造成爆炸性的灭亡。

人产生于自然,但又具有与自然相抗衡的能力。人在面对自然的时候,往往有意无意地忘记人与自然的联系,以自然的主人自居。但是,自然不会原谅人类的忘性,它以其特有的方式告诫着人类:自然规律不可抗拒。人类在社会发展过程中,为满足自己的需要,可以按照一定的客观规律对自然因素进行改造、组合和重构,但这种改造、组合和重构都不能脱离基本的自然条件,既不能丧失其物质性,又必须遵循生态规律,高度重视其有限性,因为这些是不可替代的。

5. 资源性

一般认为,资源是指对人有用或有使用价值的某种东西。过去,人们对资源的定义偏重于它的经济价值,认为只有能够获得经济开发利益尤其是当前经济开发利益的自然因素才是资源,忽视自然因素对于人类生存的生态价值和未来利益,这样的资源观显然不能适应可持续发展的目标要求。

在西方经济学上,资源一直被认为是生产要素的潜在供给,不能成为生产要素的东西就不是资源。在这种观点下，环境要素不能成为资源，如空气，由于它不能直接成为生产要素，且被认为是取之不尽、用之不竭的，因此，没有必要将其作为资源。现在，这种观点已经得到了修正。

环境本身也是一种资源，它具有资源的基本属性，即稀缺性、地域性、多用性和效用性。而在资源的四个特性中，稀缺性和多用性是法律存在的基本前提。正是由于资源在数量和品种上是有限的，资源在用途上是多方面的，才存在将有限资源如何在不同用途上进行最优分配的问题。如果资源不是有限的，人类在任何时候都可以向大自然任意索取，也不必研究配置资源问题，任何一种生产过程的投入需求都可以随意获得和得到完全满足。如果资源不具有多用性，每一种资源只能作为某一种生产过程的投入而不能同时作为其他生产过程的投入，那么也不会存在配置问题，因为这时由资源用途上的单一性已经固定了资源的投入方向，配置的前提已不存在了。因此，在资源的稀缺性和多用性这两种性质中，任何一个性质的缺少都会使法律成为不必要：如果没有资源配置要求，资源配置的一般规则也无存在的必要。一般认为，法律是研究实现资源在整个社会的不同方面和不同时期得以最优配置的手段和措施，是保障资源最优配置的一般规则。在此意义上，人们才会说：法律是资源配置的基本规则。也只有认识环境的资源特性，才能理解环境法存在的基本理由。

（二）环境的分类

环境是由各种物质所组成的综合体，这些物质可以有各种不同的组成形式，通常我们将构成环境的单元成分称之为环境要素。人在环境中生存，与环境发生着各种形式的联系，人与环境的关系呈现着丰富性。法律在将人的环境活动纳入调整范围的时候，必然要按照法律的方法，首先对人的环境行为进行界分，进而对环境进行分类。从现有的立法看，对于环境的分类通常有以下几种。

1. 依据人类的环境影响分类

根据人类活动对环境造成的影响程度，可以将环境分为天然环境和人为环境。天然环境，是指地球在发展演化过程中自然形成的、未受人类干预或只受人类轻微干预、尚保持自然风貌的环境，如野生动植物、原始森林等；人为环境又称人工环境，是指在自然环境的基础上经过人类改造或人类创造的、体现了人类文明的环境，如水库、道路、公园、城市等。这种分类法由斯德哥尔摩《人类环境宣言》最先采用，后为各国立法所接受，我国《环境保护法》就采用了这一分类法。如《环境保护法》第2条规定："本法所称环境，是指影响人类生存和发展的各种天然的和经过人工改造的自然因素的总体。"

2. 依据要素环境的性质分类

根据组成人类环境的各种自然要素的不同，将环境分为大气环境、水环境、土壤环境、生物环境等。大气环境是指随地心引力而旋转的大气层；水环境是指地球表面的各种水体，包括海洋、河流、湖泊、沼泽以及地表以下埋藏在土壤和岩石孔隙中的地下水等；土壤环境是指地球表面能够为绿色植物提供肥力的表层；生物环境是指地球表面除人类以外的其他所有生物。这种按环境要素所进行的分类，在解决环境问题方面具有重要意义，各环境资源保护单行法主要采用这种分类法。如我国颁行的《大气污染防治法》《水污染防治法》《野生动物保护法》等，就分别针对大气、水、生物（具体为野生动物）等环境要素的不同特点采取了差异化的法律保护措施。

3. 依据人类活动的范围分类

根据人类活动的环境范围不同，可将环境分为聚落环境、区域环境、地理环境、地质环境、宇宙环境等。聚落环境是人类聚居和生活场所的环境；区域环境是指占有一定特殊地域空间的环境；地理环境是由岩石、土壤、水、大气、生物等自然要素有机结合而成的自然综合体；宇宙环境是指大气层以外的环境。这种分类法将环境中的自然因素和人为因素综合加以考虑，是环境科学研究环境的发展变化规律的重要分类方法,也是环境资源法研究人类活动对环境的影响,研究环境资源法律行为的重要分类方法。

(三) 相关概念辨析

随着环境问题日益受到关注,"环境"以及与"环境"相关的概念,如生态、生态环境、自然环境等也被广泛提及和使用。为了便于更加准确地理解和把握"环境"这一概念,有必要对相关概念进行辨析。

1. 生态

生态(ecological),通常指一切生物的状态,以及不同生物个体之间、生物与环境之间的关系。与之相关联的概念就是生态系统(ecosystem),是指在一定的空间内生物成分和非生物成分通过物质循环和能量流动相互作用、相互依存而构成的一个生态学功能单位。① 通过对"生态"和"生态系统"概念的定义不难看出,环境与生态之间区别在于各种自然因素所围绕的中心事物不同。生态偏重于生物与其周边环境的相互关系,更多地体现出系统性、整体性、关联性;而环境更强调以人类生存发展为中心的外部因素,更多地体现为人类社会的生产和生活提供的广泛空间、充裕资源和必要条件。②

2. 生态环境

"生态环境"(ecological environment)的概念,在我国最早正式出现是在1982年《宪法》中。1982年《宪法》第26条规定:"国家保护和改善生活环境和生态环境,防治污染和其他公害。"在此,"生态环境"是"环境"的一类属概念,其与生活环境相对,是指自然界生态平衡的环境。此后,相关立法中也沿用了这一概念,如1989年《环境保护法》第1条规定:"为保护和改善生活环境与生态环境,防治污染和其他公害,保障人体健康,促进社会主义现代化建设的发展,制定本法";再如2000年修订的《大气污染防治法》第1条也规定:"为防治大气污染,保护和改善生活环境和生态环境,保障人体健康,促进经济和社会的可持续发展,制定本法"。

随着时代的发展,特别是"十八大"以来,在"五位一体"总体布局的战略高度上,我国更加重视生态文明建设。在此背景下,"生态环境"的概念有了进一步的发展。2014年,习近平总书记在参加十二届全国人大二次会议贵州代表团审议时指出:"保护生态环境就是保护生产力,改善生态环境就是发展生产力。让绿水青山充分发挥经济社会效益,不是要把它破坏了,而是要把它保护得更好。"③ 可见,"生态环境"的表述被形象地比喻为"绿水青山",也就是对"生态环境"加入一定的价值评判。所谓"生态环境",不仅仅是"环境"概念中区别与"生活环境"的自然部分,更应当是适宜人类生存和发展的,具有一定生态关系的各种自然因素所构成的综合体。

3. 自然环境

自然环境(natural environment)这一概念多出现在社会学研究中,是指人类赖以生存和发展的各种自然因素的总和。自然环境与社会环境的概念相对,是环境中的自然因素部分,包括地理条件、生物资源和地下资源三个组成部分。一方面,自然环境是人类存在和发展的基础条件,影响社会生产部门的布局和发展方向,影响社会的政治和文化;④另一方面,随着生产力的发展和科学技术的进步,会有越来越多的自然条件对社会发生作用。也就是说,自然环境的范围会逐渐

---

① 张玉林主编:《环境与社会》,清华大学出版社2013年版,第52页。
② 陈百明:《何谓生态环境》,《中国环境报》2012年10月31日,第2版。
③ 安徽日报:《习近平在参加贵州代表团审议时指出:保护生态环境就是保护生产力改善生态环境就是发展生产力》,《安徽日报》2014年3月8日,第1版。
④ 肖云忠主编:《社会学概论》,清华大学出版社2012年版,第40—41页。

扩大。①

## 二、环境问题与环境保护

### （一）什么是环境问题

人类自产生以来，就通过利用和改造自然环境而生存，人类为改善自己的生活并使其舒适而不断努力，并因此获得了一定的成功，人类文明正是建立在改造自然基础之上的。然而，伴随人类文明发展而来的却是人类遭受的从未有过的生存危机。

一切生物包括人类在内都与环境进行着物质交换、能量流动与信息传递，这是一种复杂的相互作用关系，在生物的作用下环境会发生一定的变化，而环境一旦发生变化，生物也会随之变化。这种自然与生物的结合广泛地存在于整个地球范围内。环境问题就是生物与环境相互作用所产生的不利后果。

所谓环境问题是指各种因素的影响超过了生态系统的调节能力所引起的生态平衡破坏和环境质量变化。具体说来，是指由于自然因素或人类活动的影响使环境发生了不利于人类的变化，以致影响人类的生存和发展，给人类带来灾难的现象。对于环境问题，可以从以下两个方面理解。

1. 引发环境问题的不同因素

环境问题可以由自然因素和人为因素引起。

自然因素主要是指自然界发生的异常变化，如火山爆发、地震、洪水、冰川运动等自然灾害，这些因素可能在短时期内彻底破坏生态平衡，甚至彻底破坏生态系统。通常，我们将这类环境问题称为第一环境问题或原生环境问题。严格说来，这类环境问题是人类无法控制的，其危害后果也难以为人们所估量，人类主要是通过采取预防措施，减少或避免危害后果的发生，对于这类环境问题的控制措施主要集中于科学预报以及及时采取减少或避免对人类的生命财产产生重大危害后果方面。因此，法律在这方面的作用也主要表现为对科学技术的促进以及预警机制、应急机制、救助机制、灾后重建机制的建立等等。我们通常将这类法律称为"防灾救灾法"，它是社会法的重要内容，如我国颁行的《防震减灾法》《自然灾害救助条例》等。

人为因素主要是指由于人类对环境的不合理开发利用所造成的环境污染和环境破坏。这类环境问题主要是由人类活动引起的，是人类在与自然的交往过程中不尊重自然规律的结果。通常，我们将这类环境问题称为第二环境问题或次生环境问题。也由于这类问题是因人类活动而引起的，从理论上讲也是可以通过对人类活动的调整而减少或避免其发生的，同时还可以采取有效手段加以治理。对于这类环境问题的控制措施主要是对人类的环境活动重新进行审视与评估，采取有利于环境的方式利用自然环境、保持环境的生态平衡能力。因此，法律在这方面的作用主要表现为建立有利于环境的资源开发利用机制以及风险预防机制、生态保护机制、污染防治机制、法律责任机制的建立等等，我们通常将这类法律称为"环境法"，这是本书所阐述的内容。

比较两类环境问题，它们存在一定差别和联系：从产生的原因看，第一环境问题或原生环境问题由自然因素引起；第二环境问题或次生环境问题由人为因素引起。从影响的范围看，第一环境问题出现的频率不高且地域分布有限；由于人类活动的量大面广，对环境的影响无时不在、无处不在，因而第二环境问题或次生环境问题发生的数量多、影响范围大，问题十分严重。从关联性的角度看，第一环境问题或原生环境问题的发生，有可能诱发、引发第二环境问题或次生环境问题的出现。如地震可能损坏储存有毒化学物质的场所、设施等，造成有毒化学物质的泄漏而污

---

① 吴增基、吴鹏森、苏振芳主编：《现代社会学》（第5版），上海人民出版社2014年版，第54页。

染大气、水、土壤等,进而严重威胁公众健康。同时,第二环境问题或次生环境问题的发生,也有可能诱发、加剧第一环境问题或原生环境问题。如人类无节制地毁林开荒造成严重的水土流失,遇到强降雨等极端天气极易引发泥石流、山体滑坡等自然灾害。

2. 环境问题的危害后果

由于人类活动所引发的环境问题可以有不同的表现形式并产生不同的危害后果,通常将其归结为两类,即环境污染和环境破坏。

环境污染是指人类活动向环境排入了超过环境自净能力的物质或能量,从而使环境的物理、化学、生物学性质发生变化,产生不利于人类及其他生物的正常生存和发展的影响的一种现象。环境污染产生的主要原因是人类对资源的不合理利用,使有用的资源变为废物进入环境而造成危害。环境污染有不同类型:按环境要素可分为大气污染、水污染、土壤污染等。按污染物的性质可分为生物污染、化学污染和物理污染;按污染物的形态可分为废气污染、废水污染、固体废物污染、噪声污染、辐射污染;按污染源的空间分布方式可分为点源污染和面源污染等。

自然环境破坏是指人类不合理地开发利用自然环境的一个或数个要素,过量地向环境索取物质和能量,使它们的数量减少、质量降低,以致破坏或降低其环境效能、生态失衡、资源枯竭而危及人类和其他生物生存与发展的一种现象。自然环境破坏的主要原因是人类超出环境生态平衡的限度开发和使用资源,破坏自然环境的再生能力或平衡能力。自然环境破坏也有不同类型:如水土流失、森林覆盖率急剧下降、草原退化、土壤贫瘠化、水源枯竭、气候异常、物种灭绝等。

客观而言,环境污染和自然环境破坏都是人类不合理开发利用环境的结果,过量地掠夺自然环境造成自然环境破坏,将过量索取的物质和能量不加以充分利用而使其成为废物进入环境又会造成环境污染,因而,环境污染和自然环境破坏是不能截然分开的。两者也互为因果,严重的环境污染可以导致生物死亡从而破坏生态平衡,使自然环境遭受破坏;自然环境的破坏则降低了环境的自净能力,加剧污染的程度。环境污染与自然环境破坏互相联系,互相作用,是环境法要解决的主要课题。

由于人类活动导致的环境污染和环境破坏所产生的对不特定多数人的损害,通常称之为公害。环境法上的公害以人的活动为基础,以区域性的或对不特定多数人的生命或财产损害为界限,以环境污染和环境破坏为媒介,是环境污染和环境破坏的人身或财产损害后果,是与环境污染与破坏相关却又不完全等同于环境污染和环境破坏的概念。

(二) 环境问题的历史变迁

环境问题作为人类与环境对立的产物,其产生有一定的必然性。人在有目的地改造和利用环境,环境也以其固有规律在运动,对人类产生反作用。人类对自然规律的认识水平在一定时期存在着局限性,由于各种因素的限制不可能完全认识环境的发展变化规律,尤其是不能正确地预见人类活动对环境的远期的、间接的影响。因此,人对环境的利用过程与自然环境的演变规律之间总是存在着矛盾;加之人作为社会性动物,人类社会的发展不仅受到自然因素的制约,还要受到生产方式、发展模式、传统文化等社会因素的影响,使得环境问题与经济制度、文化传统乃至政治制度相联系,呈现出纷繁复杂的特征。可以说,环境问题自人类出现以来就开始存在,它经历了漫长的发展历程,但由于多种社会、经济的原因而显现出不同的特征。纵观人类发展的历史,环境问题的历史变迁大致可以分为两个大的阶段,其中又可分为若干小的时期。

1. 局部环境问题阶段

人类从直立行走的时候开始,除了从环境中获得维持生命的基本条件外,还产生了从环境中获得改善生存条件的基本物质的需要。人类要发展,要不断满足各种需求的增长,就必须从事生产活动并不断扩大生产规模,开发自然必然会对环境造成影响。考察环境问题,可以发现它也是随着人类社会的产生而产生、随着人类社会的发展而发展的,具有绵长而悠远的历史,它一开始表现为局部的环境污染和破坏,其间又可以根据各个时期的特点将它们分为三个时期。

(1) 环境问题的萌芽

原始社会时期,人刚刚从动物中"离家出走",他们的大脑还不够发达、心智也远未成熟,对于自然的敬畏之心俱重。此时人类与环境的关系主要表现为人类对环境的适应,人的生存方式是穴居树栖,以野生动植物为食,使用的工具主要是石器。人的劳动主要是原始采集和捕猎活动,生产能力极为有限,对环境的干预和影响极弱,基本上靠自然的恩赐度日。这一阶段,也许还不存在我们今天意义上的环境问题。但随着生产力的进一步发展,人类改造自然的能力得到加强,这一时期也开始了环境问题的萌芽,如在人类聚居区周围过量采捕野生动植物等。总的来看,在原始人类时期,人口的数量、生产力水平、社会发展都极为有限,人类对环境的影响尚未超出自然环境的调节能力,未对环境造成危害后果。但远古人类留给我们的许多遗产,如埃及金字塔、玛雅文化等也使我们看到了祖先们非凡的能力与改造自然的力量。

(2) 环境问题的发展

人类进入农牧业社会以后至18世纪60年代产业革命以前是环境问题的发展时期。这一时期,人类对于自然规律的认识已有了极大的进步,铁的使用使人对环境的改造能力大大增强,生活方式也发生了巨大的变化。人已经结庐而居,为从环境中获得更多的生活资料,开始了开垦荒地、放牧牲畜、人工育种、驯化野生动物等改变自然的活动,并向环境排放人类的代谢产物及农业、牧业废物。随着农牧业经济的不断发展,人口增加,城市的出现和扩大,逐步出现了现代意义上的环境问题。

一是人类为获取丰富的食物而在人类居住区周围大量开垦土地,破坏天然植被,导致了森林破坏、草原退化以及严重的水土流失,最终形成沙漠或土壤肥力极低的荒地,使局部地区的自然环境遭受严重破坏,有些至今也未恢复。如古代两河流域、古希腊、阿尔卑斯山南坡、古巴以及我国的黄河流域等,都是古代人破坏环境,现代人受到惩罚的实例。① 虽然这些环境问题在当时发生的区域并不很多,范围也不很大,在人口不多的情况下,也不会构成对人类的威胁,但这些破坏的后果却难以逆转。伴随着我们今天生活的黄土高坡、美索不达米亚沙漠在以自然特有的方式告诉我们:当时那些为了得到耕地而砍伐森林的人们,做出了怎样的蠢事——他们的子孙后代再也不可能生活在"风吹草低见牛羊"的情景里,而是承受着失去森林的种种艰难。

二是在这一时期开始出现人类的聚居区——城市,环境污染显现,有些甚至发展到一定程度。城市作为特殊的生态系统,其功能结构不合理,环境自净能力极为有限,在一些早期形成的城市中,因人口拥挤、生活废弃物增多使城市生活环境恶化,出现了较为集中的环境污染,主要是水污染、固体废弃物污染和噪声污染。如我国的长安城在10世纪左右因水污染严重而被迫迁向西南,美国的洛杉矶在16世纪中期被称为"烟湾",而罗马城则有"死人也能被吵活"的说法。这时污染虽已出现,但总的来看影响的范围不大,当时的人口、城市数量都有限,人类以为可以通过迁徙解决污染问题,因而并未予以重视。

(3) 环境问题的爆发

自18世纪60年代蒸汽机的发明至20世纪60年代是环境问题的爆发期。这一时期,科学技术迅猛发展,机器劳动代替人工劳动,生产力水平迅速提高,工业出现并且部门越来越多,人类对于自然环境的开发能力达到了空前程度,对于自然的态度也发生了巨大的变化。已经取得的

---

① 相关内容可参见[美] J·唐纳德·休斯:《世界环境史》(第2版),赵长凤、王宁、张爱萍译,电子工业出版社2014年版,第34—86页。

对自然环境改造和利用的成就使人类盲目自信起来,似乎人类已经可以主宰自然,真可以做到"呼风唤雨"。于是,人类采取了许多"敢叫山低头、敢让水倒流"的行动,对自然资源进行掠夺式的开发,大规模的垦殖、采矿以及森林采伐使得局部地区的自然环境受到严重破坏。同时,人类将环境作为天然垃圾场,毫无顾忌地向自然排放废弃物,造成了严重的城市和工业区的环境污染,使环境污染迅速超过了自然环境破坏的速度。化学工业尤其是有机合成化工业生产了大量的化学品,人工制取的化学品的种类与年俱增,而其中不少是有毒、有害及生物难以降解的物质。这些物质进入环境,在环境中扩散、迁移、累积和转化,或通过食物链进入人体、或在特定气候条件下造成危害,最终损害人体健康,威胁人类的生存和发展,近几十年来,已有成千上万的人被环境污染夺去了生命。在 20 世纪 30 年代至 60 年代,发生了马斯河谷事件、多诺拉烟雾事件、伦敦烟雾事件、水俣病事件、四日市哮喘事件、米糠油事件、痛痛病事件、洛杉矶光化学烟雾事件等严重的公害事件。[①] 莱茵河、泰晤士河变成了鱼虾绝迹的臭水沟;爱尔兰海上成千上万只海鸟因多氯联苯中毒而死亡;南极大陆上的企鹅体内也检出 DDT;在格陵兰冰盖层中,铅和汞的含量在不断上升。许多有害物质进入人体及生物体内还会产生潜在的和远期的危害。

这些严重的环境问题开始引起世界各国的普遍关注,对于环境问题尤其是环境污染,各国也着手进行了治理,并取得了一定成效,在一段时间内,局部的环境污染得到了控制,环境质量也有所改善。

2. 全球性环境问题阶段

20 世纪中叶严重的环境问题出现以后,引起了人们的警觉,许多污染严重的国家开始了对环境污染的治理,并取得了一定的成效,局部地区的环境质量得到改善。但从世界范围来看,环境污染与破坏问题不仅没有解决,而且仍在不断恶化,局部地区的问题突破区域和国家的疆界演变成为全球性的问题;暂时的问题相互贯通、相互影响演变成长远问题;潜在的问题进一步恶化蔓延演变成为公开性问题。到 20 世纪 70 年代末 80 年代初,全球性的环境危机开始出现,更为严重的环境污染和更大范围的生态破坏事件频繁发生,出现了所谓的现代环境问题。在当今,人们所严重关切的现代环境问题如下。

(1) 酸雨。酸雨通常是指 pH 值小于 5.6 的雨雪或其他方式形成的大气降水。酸雨的最大危害是酸沉降,即大气中酸性物质降落到地面,引起水体、土地等环境要素的酸化,危害人类及其生存环境。产生酸雨的原因和机理主要是矿物燃烧和冶炼过程中的硫和氮的氧化物排入大气层,在空气中与水汽化合生成硫酸和硝酸,随大气降水降落到地面。酸雨素有"空中死神"之称,是远距离大气污染的结果。酸雨对人类环境的危害表现为多种形式,它可使土壤、湖泊、河流酸化,影响水生生物的正常生长;它妨害植物的生长;它腐蚀建筑材料、金属结构、油漆等,使古建筑、雕塑像损坏;它污染湖泊、河流及地下水,使作为饮用水源的水中金属溶出,直接影响饮用者的健康。早在 20 世纪 80 年代,科学家们估计,欧洲各国森林、湖泊和农作物受酸雨危害的损失每年超过 13 亿美元,瑞典和挪威南部以及美国东北部许多湖泊已成为无鱼的死湖;瑞典 18 万多个大中型湖泊已经酸化,其中的 4 000 个酸化严重。目前,世界上有三大酸雨中心,它们是斯堪的纳维亚地区、欧洲大陆和北美。此外,印度局部、日本列岛以及我国的长江以南地区酸雨也比较严重。

(2) 臭氧层破坏。臭氧层是指距离地球表面 10—50 公里的大气层中由臭氧构成的气层。臭氧是一种气体,其分子结构为三个氧原子——$O_3$。臭氧层的主要功能是吸收来自宇宙的紫外线,使地球生物免受紫外线辐射的危害,所以,臭氧层又被称为地球的保护伞。但如今,臭氧层已被

---

① 这八次由于环境污染而造成的、轰动世界的公害事件被称为"八大公害事件"。

人类严重破坏，20世纪人类开始大量使用高度稳定的合成化合物，空调、冰箱、工业溶剂、航空航天用制冷剂、喷雾剂、清洗剂中含氯氟烃化合物挥发出来，通过复杂的物理、化学过程与臭氧发生化学反应，最终将其摧毁。1984年，科学家首先在南极上空发现臭氧层空洞——南极上空的臭氧层已经没有了，后来在北极上空也发现了臭氧层空洞。臭氧层破坏的直接后果是太阳辐射的紫外线可以长驱直入，使人类遭受紫外线的危害。科学家证实：大气中的臭氧每减少1%，照射到地面上的紫外线增加2%，皮肤癌的发病率增加约4%。此外，臭氧层的变化还会损害人的免疫系统，使人罹患白内障和呼吸道疾病的可能性增大。臭氧层变化也会损害海洋生物，阻止植物生长。最新的环境科学研究成果还表明：臭氧层破坏也是影响全球气候变化的一个重要因素。

(3) 温室效应及全球气候变化。地球表面的温度及气候由太阳辐射决定。若地球向外释放能量的一部分由大气层气体(温室气体)吸收再反射回地球，就会减少地球向外层空间的能量净排放，这样大气层和地球表面将变得越来越热，这就是温室效应。自然界中主要的温室气体是二氧化碳、水蒸气、甲烷、一氧化氮和臭氧。现在的问题是人类活动大量排放的二氧化碳造成的温室效应使地球变暖。自工业革命以来，矿物燃料使用量大幅度增加，而森林遭受了严重破坏，使地球失去了二氧化碳的储备库，大气中温室气体的浓度迅速增加。全球气温随之升高。据科学家们计算，二氧化碳浓度增加一倍，将会使全球平均温度增加1.5℃～7℃，高纬度地区增加4℃～10℃。这样迅速升高的温度将会引起地球上的冰川融化，导致全球海平面上升，使许多沿海城市遭受灭顶之灾。此外，温室效应也可能引起全球气候变化。

全球气候变化是一个十分复杂的问题，科学家们经过大量观测，认为温室效应是引起气候变化的一个重要原因。他们认为：目前引起气候变化的主要温室气体有二氧化碳、氯氟烃、甲烷及氧化亚氮，而二氧化碳是造成温室效应的主要元凶。科学家们还得出结论：过去一百年来地球表面温度已上升了0.3℃～0.6℃。关于全球气候变化的成因及后果，在科学家们中间还存在分歧，但对于全球气候变化将给人类造成严重的社会经济问题却是共识。

(4) 突发性环境污染事故。人类进入20世纪80年代以后，每年都在发生大量污染事件，据英国核能安全局统计，全世界平均每年发生二百多起严重的污染事故。其中影响范围大、危害严重、引起世界注目的有意大利塞维索化学污染事故、美国三里岛核电站泄漏事故、墨西哥液化气爆炸事件、印度博帕尔农药泄漏事件、苏联切尔诺贝利核电站泄漏事故、瑞士巴塞尔赞多兹化学公司莱茵河污染事故。这些污染事故的发生突然，污染范围大、危害严重，所造成的损失巨大，受害者不仅有污染源所在国居民，而且波及不少邻近国家居民。如切尔诺贝利核泄漏事故使欧亚两大陆近半个地球遭受放射性尘埃的危害。更为严重的是，这些突发性污染事故的危害持续时间长，危及子孙后代的健康，如博帕尔事件的受害者所生育的子女出现了先天性双目失明。这些严重的危害后果都是以前的污染事件所不能与之相提并论的。

(5) 大规模的生态破坏。生态破坏在全世界范围内均有发生，但后果最深最重的当推持续了多年的非洲大灾荒。非洲大灾荒的产生固然具有自然因素如气候、地理条件的影响，但专家们普遍认为：这场灾荒是非洲大面积森林破坏、农业和人口政策失误、滥伐、滥耕、滥牧的结果。严重的大灾荒从20世纪60年代末初显端倪，到70年代末、80年代初急剧恶化，有36个国家遭受灾害，数以百万计的人被饿死，危害后果历史罕见。非洲大灾荒实际上是人为因素和自然因素的相互作用形成的恶性循环：人口激增，加剧了毁林、毁草和水土流失；生态破坏的结果更导致生物生产量的减少，生活愈加贫困，生存条件愈得不到保障。

这些严重的环境问题表明：世界环境问题出现了新的发展，不仅老的环境问题又以新的形式出现，如大气污染造成酸雨；而且还在产生全新的环境问题，如环境事故。现代环境问题大致可分为全球性环境污染、严重的环境污染事故和大规模生态破坏三类。有的学者将前述六件突发性污染事故加上全球大气污染和非洲大灾荒合称为"新八大公害事件"。比较新旧公害事件，二者确有显著的区别。

旧的公害事件大都是污染对人体健康的危害，污染源主要来自工业生产；新的公害事件既包括对人体健康的影响，又包括生态环境的破坏，污染源除了工业生产以外，还包括社会生活、交通运输、开发活动乃至政府决策等多方面的人类活动。

旧的公害事件大都局限在一个比较小的范围之内，危害规模不大，危害的时间也相对短暂；新的公害事件则是危害范围大，持续时间长，并且后果严重。

旧的公害事件大多为单个环境要素受到影响而产生的危害后果，且污染物累积的时间有限；新的公害事件则表现为长期环境污染的综合效应，是对环境更深更广的危害。

旧的八大公害事件从1930年马斯河谷事件至1968年米糠油事件，前后经历了38年时间；新的八大公害事件则发生在70年中期到80年代初的不到十年时间内，公害发生的频率在加快。

旧的公害事件都发生在发达国家；新的公害事件却扩展到了发展中国家，发展中国家现在面临的环境问题，是比发达国家的环境污染问题更大，更难解决的环境问题。

环境问题的新发展告诉我们：在现代，环境问题及其危害已经超越国界而成为各国无法回避的共同问题，解决这些问题需要各国的共同行动；否则，将造成难以挽回的严重后果。

（三）环境保护

在1972年《人类环境宣言》之前，面对环境危机，人们对未来的预测有两种截然相反的思路：要么悲观绝望，要么盲目乐观。前者以罗马俱乐部为代表。其在1972年发表的研究报告——《增长的极限》，探索了全球关切的5个主要趋势：加速工业化、快速的人口增长、普遍的营养不良、不可再生资源的耗尽、环境的恶化，该报告认为"如果在世界人口、工业化、污染、粮食生产和资源消耗方面现在的趋势继续进行下去，这个行星上增长的极限有朝一日将在一百年中发生"。因此，悲观派选择了零增长的做法，要人们"回到自然去"。后者以美国的未来研究所为代表，他们认为人类在不讲环境保护的情况下已生存了几百万年，今后也仍会生存下去，"车到山前必有路"，大可不必为一点环境问题惊慌失措，杞人忧天。如美国未来研究所发表的《世界经济发展——令人兴奋的1978至2000年》报告认为所谓增长的极限是虚幻的，随着经济和技术的不断进步，人类终将走出目前的危机，从而实现没有极限的增长。

《人类环境宣言》在扬弃这两种观点的基础上，提出了对于环境问题的新认识。它认为：人类既是环境的产物，又是环境的塑造者，现代科学技术的发展，提高了人类认识和改造环境的能力，人类只要对这一能力善加运用，便可以使环境与经济协调发展，关键在于人类必须正确地认识客观规律，认识环境问题产生的根源，摆正人类在自然界中的地位，同自然协调发展。

环境问题是人类社会发展过程中产生的问题，也应该在发展的过程中加以解决。但也必须清醒地看到，自然规律的作用与人类认识水平之间的距离是存在的，环境问题不可能有一劳永逸的解决方法，人类只有在不断提高对自然规律认识水平的情况下，随着经济和社会的发展不断采取适当的防治措施，以求环境、经济与社会发展的协调。正是基于这一认识，我们看到：在过去，老的环境问题解决了，新的环境问题还会出现，人类面临的环境问题依然严峻。而环境问题的解决，又与人类的认识水平、科学技术发展水平、社会经济发展水平等多种因素息息相关。这就需要我们既看到环境问题的严重性，又从经济和社会发展的角度谋求环境问题的解决，认识和运用客观规律，采用各种科学技术研究成果，弄清环境问题与经济发展、社会发展的关系，将环境的考虑贯穿到社会生产的每一个阶段和步骤，采取适当方式管理环境，进行环境保护。

1. 环境保护的提出

环境保护是指为保证自然资源的合理开发利用、防止环境污染和生态环境破坏，以协调社会经济发展与环境的关系、保障人类生存和发展为目的而采取的行政、经济、法律、科学技术以及宣传教育等诸多措施和行动的总称。环境保护是人类针对环境问题而提出的积极对策。

环境保护作为一个较为明确和科学的概念是在1972年联合国人类环境会议上提出来的。环境问题出现之初至20世纪五六十年代污染严重时期，在西方国家产生了反污染运动，当时人们认为环境保护就是大气污染、水污染的控制以及废物的处置，并认为环境污染只是局部地区的问题。1962年，美国出版了R·卡逊夫人的科幻小说——《寂静的春天》，该书描述的农药污染造成的生态危机，震惊欧美各国。科学家们发现：在短暂的几十年里，工业的迅速发展将人类带进了一个被毒化了的环境，而环境污染造成的损害是全面的、长期的、严重的。《人类环境宣言》在分析了当代的环境问题，全面阐述了人口、资源、环境和发展的关系后，提出了全球环境保护战略。人类环境会议及其宣言都明确指出：环境问题不是局部问题，而是全球问题；不仅是技术问题，更主要的是社会经济问题。换言之，环境保护是一项事关全局的工作，是社会经济工作的重要组成部分。从此，环境保护有了较为明确的涵义，"环境保护"这一术语也被广泛地采用，环境保护工作也越来越受到各国的重视。

随着现代社会的发展，人的物质需求不断增长，导致对自然资源的开发和利用不断扩大，排放到环境中的废物也日益增加；于是，人类发展和自然环境之间的相互影响日益加强。在此意义上，环境保护的任务就是保护人类发展和生态平衡。世界各国针对本国的环境问题，采取了一系列重大的保护措施，如建立环境资源管理机构，加强环境资源保护的科学研究，制定法律法规等。纵观世界各国的环境保护工作，内容各不相同，但归纳起来，主要包括两个方面：一是保护和改善环境质量，保护人体健康，防止人类在环境的不良影响下产生变异和退化；二是合理利用自然资源，减少或消除有害物质进入环境，同时也保护自然资源的恢复和扩大再生产，以利于人类生命的延续与再生产。

经过几十年的努力，各国的环境保护工作都取得了不同程度的进展，环境质量有所改善，但从整体上看，消除污染、改善环境质量的程度距人类所需要的环境目标还相差很远。一些污染的形成机理还不清楚，解决某些具体环境问题时往往与总体环境质量产生矛盾，自然环境在人为影响下对人类社会的反作用还难以作出可靠的预测等。这些都表明：人类环境保护是一个十分复杂的问题，尚需我们作出不懈的努力。

2. 环境保护的发展

环境保护是人类调整自身与自然关系的一项具有深远意义的战略转变，人类从自然的惩罚中开始冷静地反思过去，懂得了保护环境的必要性和重要性，并逐步收敛了对待自然的傲慢态度，采取对策，限制破坏，治理污染，使环境资源保护在局部地区、某些方面和领域中取得了一定进展。

20世纪70年代到80年代，发达国家不断增加环境保护投资。据统计，1974年美国环境资源保护投资占国民经济生产总值的1.5%，到1980年达2.1%。日本1972年为1.8%，1975年达2.1%。在高投入的同时，还制定了严格的法律法规，建立专门的管理机构，大力开展环境科学研究，积极推广低污染和无污染的工艺技术，较好地解决了国内的污染问题。同时，各发展中国家也逐步开始重视环境保护问题，如韩国、泰国等国家都颁布了环境保护基本法，设立了环境机构，并为环境保护制定了各种政策措施。在这一时期，人类的环境保护取得了一些积极的成效：人们对于环境保护的认识发生了较大的飞跃，环境意识开始成为一种全球意识；许多国家建立了环境保护机构，颁布了有关法律、法规，开始探索适合本国的环境保护道路。环境科研、监测得到了迅速发展，基本上摸清了人类面临的问题，对环境状况有了清楚的认识，同时在治理污染、改善生态方面也找到了一些措施、对策和技术，为解决环境问题做了很多物质、思想和对策上的准备。

但在这一时期所采取的环境保护对策又都存在着不足:环境质量恶化的趋势没有控制住,特别是在解决全球性环境问题上没有取得明显进展,也没有控制住事态的发展。在管理和治理的问题上,各国都走了一些弯路,浪费了一些投资,错过了一些时机,使制约人类生存与发展的环境问题,变得越来越具有爆炸性和危险性。

进入20世纪80年代中期以来,面对世界环境问题的新变化,环境保护进入了一个新的阶段,环境问题成为全球共同关注的首要热点,环境保护成为国际会议的一个重要论题。全球性会议、区域性会议、双边和多边会议、专题性会议、国际组织会议轮番召开,表明人类对环境保护的认识达到空前高度。在发达国家,环境保护粉墨登场,进入了政治舞台,诸多国家的首脑在多种会议上以各种形式积极发表主张环境保护的言论;一些国家成立的绿党以保护环境、反对核战争、维护和平为纲领,越来越多的得到公众的支持,有的国家的绿党经过大选进入了议会,直接参与立法和决策。在发展中国家,也充分意识到环境与发展的密切联系,日益重视在发展中进行环境保护,如委内瑞拉、巴西、智利、玻利维亚、印度尼西亚等国都在近年来推出了环境保护的计划、法令、政策和管理措施。当代人类环境保护意识的空前提高,集中反应在1992年"联合国环境与发展大会"及其通过的重要文件之中。这次被称为"世界巅峰会议"的空前盛会,通过和签署了五个重要的环境资源保护文件。① 此次会议提出了建立"全球新的伙伴关系"原则,提出了可持续发展观。环境保护与经济发展密不可分的道理已成为人类环境保护的指导原则。

在当代,环境保护在国际经济交往中的分量正在加重,环境保护越来越成为与国际贸易、信贷、经济援助等活动密切相关的一项具有举足轻重影响的制约因素。环境科学技术日益受到重视,以环境道德为核心的新的文化观念正在迅速传播。正如世界环境发展委员会所指出的:法律、行政和经济手段并不能解决所有问题,在环境保护领域,必须形成一种与现代工业科技社会相适应的新的环境伦理观,这种新的可持续发展的伦理道德的核心是尊重自然,真正把人类看作是自然的一部分,它要求当代人之间,当代人和后代人之间机会平等,它的最重要认识是"只有一个地球"和"明天与今天一样重要"。

经过三十多年的发展,环境保护已真正成为人类的共识,成为国际社会普遍关注的一个热点。环境保护是一项社会性强、科学技术性强、涉及范围广泛的工作,它需要多个领域、多种手段和多种措施的协同配合。人们在总结西方国家环境保护的成功经验时,将其归纳为"法律+科学"。今天,我们更为深刻地认识到:法律和科学都必须建立在可持续发展观的基础上,在人的深层意识上调整人与自然、人与人之间的关系,承认人类是自然界的普通成员,承认自然界变化发展的客观规律,承认生态环境和自然资源是当代人和后代人的共同财富,承认人类在环境问题上的权利与义务的统一,从而建立起一种既符合人类持续发展的主观需要,又符合生态环境自然客观规律要求的、现代化的、人与自然的新型关系——平等、和睦、协调、统一、相互尊重的关系。

(四)中国的环境问题与环境保护

1. 中国当前的环境问题

当前,发达国家已经率先实现了工业化,其产业结构日趋合理,对资源环境的影响已经接近甚至到达了峰值,势必有逐步减少环境污染和破坏的趋势;加之,其较高的经济发展水平和科学技术水平为解决环境问题提供了必要的基础和保障。此外,我们还必须注意这样一个现实:完成工业化的发达国家往往利用自身处于国际贸易链顶端的优势,在经济全球化的大潮中通过产业转移将从前对本国资源环境影响强度较大的行业、企业、项目"搬到"发展中国家,从而减轻本

---

① 通过和签署的这五份重要的环境资源保护国际文件分别是:《关于环境与发展的里约热内卢宣言》《21世纪议程》《关于森林问题的原则声明》《联合国气候变化框架公约》《联合国生物多样性公约》。

国的环保压力。上述因素多重叠加,使得发达国家基本上成功地改善了本国或区域内的生态环境质量,其所面对的环境问题突出表现在为追求消费主义①而导致的资源、能源过度消耗、碳排放量过高等"由于富裕而导致的环境问题"。与之相对,无论是历史上还是现在,发展中国家则始终面临着两类既矛盾又相互联系的环境问题:首先是"由于贫穷而引起的环境问题",如滥砍滥伐、缺乏饮用水安全保障等;进而是在生产力发展水平和科学技术水平较低的情况下,为改变贫穷的现状发展经济而引起的环境问题,如城市、工业和农业的污染、污染物的转嫁转移等。

　　相比之下,中国当前所面临的环境问题既不同于发达国家,也与其他发展中国家不完全相同。一方面,中国虽然已经成为全球第二大经济体且步入了工业化后期,但总体而言仍属于发展中国家。国家统计局数据显示,目前全国农村尚有 7 017 万贫困人口,约占农村居民的 7.2%。如果按照世界银行的标准,中国还有近 2 亿贫困人口。因此,中国当前仍与其他发展中国家一样在面对资源破坏、缺乏饮用水安全保障等由于贫穷而引起的环境问题。并在发展经济以改变贫穷现状的同时,带来了严重环境污染问题。正如 2014 年中央经济工作会议所指出的那样:"现在环境承载能力已经达到或接近上限。"另一方面,中国在工业化的进程中,采取的是以要素驱动的粗放式增长模式,导致产业结构不合理、产能过剩等问题较为突出。当前,中国已经成为全球碳排放总量最大的国家、世界最大石油进口国。这使得作为发展中国家的中国,在全球温室气体减排等本应由发达国家承担主要责任的领域承受着越来越多的压力。因此,我们可以说,中国的环境压力比任何国家都大,环境资源问题比任何国家都突出,解决起来比任何国家都困难。②

　　2. 中国的环境保护与生态文明建设③

　　中国的环境保护从 20 世纪 70 年代开始。1970 年代,国际环境保护运动如火如荼,在国际环境保护思潮的影响下,在周恩来总理的亲自关怀下,中国的环境保护开始起步。④ 1972 年 6 月,中国政府派环境代表团出席了联合国第一次人类环境会议。1973 年 8 月,第一次全国环境保护会议召开,审视了中国环境污染和环境破坏的情况,通过了"全面规划、合理布局、综合利用、化害为利、依靠群众、大家动手、保护环境、造福人民"的环境保护工作方针;拟定了《关于保护和改善环境的若干规定(试行草案)》。1973 年 11 月,国家计委、国家建委、卫生部联合颁布《工业"三废"排放试行标准》。1978 年《宪法》明确宣示:"国家保护环境和自然资源,防治污染和其他公害。"(第 11 条第 3 款)1979 年 9 月 13 日,第五届全国人民代表大会常务委员会第十一次会议原则通过了《中华人民共和国环境保护法(试行)》。从此开启了中国的环境保护道路。

　　改革开放以后,随着经济增长,环境保护在国家经济社会生活中的重要性也被提到了一个新的高度。1983 年末第二次全国环境保护会议召开,首次提出保护环境是一项基本国策。根据会议精神,1984 年国务院发布《关于环境保护工作的决定》,明确提出:保护和改善生活环境和生态环境,防治污染和自然环境破坏,是我国社会主义现代化建设中的一项基本国策;⑤同年,还发布了《国务院关于加强乡镇、街道企业环境管理的规定》。1985 年,召开了第一次全国城市环境保

---

①　关于什么是"消费主义",日本学者池田大作有着形象且精辟的表述:"现代人在全速猛进,沉溺于自己对物质的占有和消费的恶化,使得全球性的对物质、粮食、服务的需求极具膨胀。而且人为制造的必需品,不断地更新流行热,设计技术上迟早要报废的新产品,巧妙地扩大人为地当作不可缺少的物品的范围。"参见池田大作、奥锐里欧·贝恰:《21 世纪的警钟》,卞立强译,中国国际广播出版社 1988 年版,第 14 页。

②　任仲平:《生态文明的中国觉醒》,《人民日报》2013 年 7 月 22 日,第 1 版。

③　本部分内容参见吕忠梅主编:《环境法导论》(第 3 版),北京大学出版社 2015 年版,第 22—24 页。

④　有关新中国环保事业起步的相关内容,可参见于勇、李焱:《周总理"逼"出了新中国第一代环保人——首任国家环保局局长曲格平讲述新中国环保事业艰难起步的故事》,《经济日报》2015 年 1 月 12 日,第 16 版。

⑤　参见叶汝求:《改革开放 30 年环保事业发展历程——解读历次国务院关于环境保护工作的决定》,《环境保护》2008 年 11A 期。

护工作会议;1988年,国务院环保委员会发布《关于城市环境综合整治定量考核的决定》及《全国城市环境综合整治定量考核实施办法(试行)》。1989年,国务院召开第三次全国环境保护会议,提出要积极推行环境保护目标责任制、城市环境综合整治定量考核制、排放污染物许可证制、污染集中控制、限期治理、环境影响评价制度、"三同时"制度、排污收费制度等8项环境管理制度。基本确立了我国环境保护工作以城市为主、以工业污染控制为主的格局。[1] 1989年,在试行法的基础上,我国制定了《环境保护法》。并且,在此前后还制定了大气、水、海洋、噪声、固体废弃物等领域的环境保护单行法,基本形成了环境立法体系。然而,种种事实表明:经过改革开放,中国已基本建立了社会主义市场经济体制,但却没有建立起体现生态文明理念和原则的社会主义市场经济体制。由于市场没有在资源配置中起到决定性作用,导致环境污染的日益严重和生态功能的不断退化。如由政府直接配置资源或者政府不合理干预配置资源的程度和领域既深又广,一些地方政府为了发展经济,出台五花八门的优惠政策、降低环保标准招商引资,催熟产业转移,加剧产能过剩,造成了最大的资源浪费和生态破坏。再比如,由于税收和价格形成机制不合理,难以有效抑制对资源及资源性产品的过度需求,工业用地、水资源、能源价格偏低,占用湖泊、河道、湿地、林地的成本过低或基本无成本,远远无法弥补生态价值。还有,分税制形成的中央与地方的事权和财权不相匹配,地方政府不得不靠"圈地运动"融资、发展土地财政,导致耕地和生态空间被过多占用。30多年来,中国在生产世界上最多产品的同时,让生态产品成为自己最短缺的产品;中国在制造快速增长的经济奇迹的同时,也让生态差距成为自己与现代国家最大的发展差距。30年多年来,中国依靠高投入、高能耗、高污染形成的GDP快速增长,一路带着生态破坏和环境污染的尾巴。

面对严峻的环境资源瓶颈,中国共产党提出了建设生态文明的新主张。"生态文明"最早出现在十六大报告中,作为全面建设小康社会的奋斗目标之一被提出。[2] 十六届五中全会将其纳入建设"资源节约型社会"和"环境友好型社会"目标。[3] 十七大报告将生态文明建设作为全面建设小康社会的新要求,提出"建设生态文明,基本形成节约能源资源和保护生态环境的产业结构、增长方式、消费模式"。[4] 这些表述显然是将环境保护与经济发展同时考虑后得出的结论,但依然将生态文明作为工业文明的一个部分,本质上依然是在"发展优先"理念下认识环境与发展的关系。[5]

十八大报告明确提出:"必须树立尊重自然、顺应自然、保护自然的生态文明理念,把生态文明建设放在突出地位,融入经济建设、政治建设、文化建设、社会建设各方面和全过程,努力建设美丽中国,实现中华民族永续发展。"第一次把生态文明建设提升为执政治国的总体部署,形成国家发展的"五位一体"战略。不仅坚持了将环境与发展的统筹考虑,而且更加强调生态文明建设对经济社会发展的引领作用,标志着对环境与发展关系的认识达到了新的高度。在此背景下,作为生态文明建设的具体行动,国务院于2013年发布了《大气污染防治行动计划》(简称"大气十条"),作为当前和今后一个时期全国大气污染防治工作的行动指南。2014年,全国人大常委会在《环境保护法》实施了25年后,对其进行了全面的修订,把生态文明建设作为立法的指导思想,

---

[1] 参见吕忠梅:《〈环境保护法〉的前世今生》,《政法论丛》2014年第5期。
[2] 江泽民:《全面建设小康社会,开创中国特色社会主义事业新局面——在中国共产党第十六次全国代表大会上的报告》,《人民日报》2002年11月17日,第1版。
[3] 参见《中国共产党第十六届五中全会公报》,《当代广西》2005年第21期,第6—7页。
[4] 胡锦涛:《高举中国特色社会主义伟大旗帜 为夺取全面建设小康社会新胜利而奋斗——在中国共产党第十七次全国代表大会上的报告》,《人民日报》2007年10月24日,第1版。
[5] 参见吕忠梅:《论生态文明建设的综合决策法律机制》,《中国法学》2014年第3期。

并建立了生态红线、生态补偿、环境健康等具体制度。

为将十八大报告精神进行深化与细化,对生态文明建设与经济建设、政治建设、文化建设、社会建设统筹协调进行整体部署,十八届三中全会通过《中共中央关于全面深化改革若干重大问题的决定》提出了建立系统完整的、最严格的生态文明制度体系的总要求①:"建设生态文明,必须建立系统完整的生态文明制度体系,实行最严格的源头保护制度、损害赔偿制度、责任追究制度,完善环境治理和生态修复制度,用制度保护生态环境。"②十八届四中全会通过的《中共中央关于全面推进依法治国若干重大问题的决定》进一步提出:"用严格的法律制度保护生态环境,加快建立有效约束开发行为和促进绿色发展、循环发展、低碳发展的生态文明法律制度,强化生产者环境保护的法律责任,大幅度提高违法成本。建立健全自然资源产权法律制度,完善国土空间开发保护方面的法律制度,制定完善生态补偿和土壤、水、大气污染防治及海洋生态环境保护等法律法规,促进生态文明建设。"③

2015年1月1号,《中华人民共和国环境保护法》颁布实施。作为新时期环境保护领域的龙头法,《环境保护法》在吸收过去十余年立法和实践经验基础上,确立了生态文明的价值目标和环境共治的治理模式,全面构建了我国环境保护的体制、机制,创设了环境健康、按日连续计罚、环境公益诉讼等新制度,成为引领新时期环境治理的制度典范。新环保法实施之后,为进一步贯彻落实"十八大"以来的新精神,以改善水环境质量为核心,国务院于2015年4月发布了《水污染防治行动计划》(简称"水十条");另外,《土壤环境保护和污染治理行动计划》(简称"土十条")也有望尽快出台。全国人大常委会于2015年8月对《大气污染防治法》进行了修改,并已将《水污染防治法》《土壤污染防治法》等法律的修改、制定工作列入立法规划。为加快建立系统完整的生态文明制度体系,加快推进生态文明建设,增强生态文明体制改革的系统性、整体性、协同性,中共中央、国务院印发了《生态文明体制改革总体方案》,为生态文明领域改革进行了顶层设计和部署。

在全面推进生态文明建设的今天,坚持保护优先,坚持节约资源和保护环境已经成为中国的基本国策。2016年3月10日,习近平总书记在第十二届全国人大第四次会议青海代表团参加审议时强调:"像保护眼睛一样保护生态环境,像对待生命一样对待生态环境。"④这无疑是对新时期环境保护与生态文明建设在国家发展中重要地位的精辟阐述。

### 三、本书的结构、内容与特点

编写环境法教材的目的是为了让教师与学生更好地把握环境法的知识体系与实践规律。作为环境法的教科书,根据教学目的的不同以及编写者对教学规律与方法认识的差异,可以有各种不同的写作方法与体例。本书作为对环境法原理的系统归纳,其结构与内容都具有与以往同类教材的不同之处。

(一) 基本结构与内容

本书采用了编章结构,在内容的安排上的基本思路为:

**导论。** 主要是阐述环境法的"前见"问题,包括环境的概念、环境问题、环境保护等,这些内容既是学习环境法的知识基础,也是理解环境法的观念基础。

**第一编　环境法原理。** 其中包括五章,主要是对环境法基本范畴和原理的归纳。在总结环

---

① 参见吕忠梅:《生态文明建设的法治思考》,《法学杂志》2014年第5期。
② 《中共中央关于全面深化改革若干重大问题的决定》,《人民日报》2013年11月16日,第1版。
③ 《中共中央关于全面推进依法治国若干重大问题的决定》,《人民日报》2014年10月29日,第1版。
④ 南方日报评论员:《像对待生命一样对待生态环境》,《南方日报》2016年3月11日,第F02版。

境法基本概念的基础上,将环境法基本原理概括为四,即公民环境权是环境法的基石,推进和保障生态文明建设是环境法的价值目标,风险预防原则是环境法的根本原则,沟通与协调是环境法的调整机制。

**第二编 环境法规范。**其中包括五章,主要是对环境法律规范的系统分析。在承认环境法的独立性的前提下,解决环境法规范与相关部门法规范的沟通与协调问题。既看到专门的环境法规范以及环境法文件存在的必要性,又看到环境法规范在不同性质的法律中的体现与作用。正确认识环境法的独立性与综合调控机制的关系,环境民法、环境刑法、环境行政法、环境诉讼法都是具有明显的双重属性的法律规范,既具有其固有的法律规范的根本属性,又具有环境法规范的属性。这种双重属性规范的出现,是传统法律部门应对环境问题的必然选择,也是环境法与相关法律共同发挥作用的基础,是一个国家的法律体系具有整体协同性的基本要求。

**第三编 环境法制度。**其中包括三章,主要是根据主要是根据环境风险预防原则和环境质量改善的目的,是对现行环境法制度的系统分析。环境管理基本制度部分按照源头控制和过程控制的分类对环境基本法与环境单行法的有关制度进行了高度概括,总结了环境法调整范围内的基本制度体系,内容涉及环境资源开发利用的全部过程。环境规划制度、环境标准制度、环境保护目标责任制和环境影响评价制度主要体现了源头管控的环境管理原则、环境监测、联合防治协调制度、激励机制、环境监察制度等是加强过程控制的主要手段。保护和改善环境制度分别从整体性的生态保护、分类别的环境要素保护和改善人居环境等方面进行了制度梳理。污染控制制度部分按照预防性制度和治理性制度,对许可证制度、清洁生产制度、环境税费制度、环境物权制度、生态补偿制度、环境合同制度都是对公民环境权保护、可持续发展目标实现、风险预防原则的贯彻所必不可少的权利义务配置规则,也是沟通与协调机制的具体体现。污染防治法律制度进行了归纳。

(二)本书的特点

与大多数环境法教材相比较,本书体现了如下特点。

1. 注重环境法的原理抽象

环境法学是以环境法作为研究对象、对环境法的理性认识,这种理性认识必然具有超越感性与一般现象的特性,是一种高度概括的抽象性思维。因此,本书作为原理性教科书,比一般教材更注重了理论的抽象,不是停留于对一般环境法现象的罗列与归纳,而是将其上升到更高层次,论述环境法的基本法理。在此意义上,本书定位于环境法学中的法理学。

2. 注重法律的思维方法与分析方法

环境法是法学领域的边缘学科,它与环境科学、环境管理学、环境伦理学、环境经济学等存在着交叉与渗透关系,环境法规范也具有强烈的技术性规范特性,这些都不容置疑。但是,作为环境法学教材首先也必须始终体现其法律属性,才能使教师与学生掌握环境法学的基本内容。因此,本书更加注重于运用法律思维与法律分析的方法论述环境法的理论与实践问题,以权利义务作为为观察、思考、解决环境法问题的基本线索,以合法性与合理性论证为根本方法,用"法律的眼睛"看世界,用"法言法语"讲话。虽然在有关章节的论述中为了使教师和学生理解上的便利,采用了经济学、生态学、管理学的一些理论工具,但这些仅仅是辅助性的认识方法,最终依然回归到法律的逻辑。

3. 注重环境法的实践特性

环境法是一门实践性学科,对其进行理论概括是为了更好的认识与解释环境法现象,这种解释必须立足于环境法的立法与执法实践,脱离环境法实践的解释只能是无本之木。本书高度注重对环境法实践特性的把握:首先,从环境立法实践中抽象出问题并分析原因,在理论创新的同时，注意借鉴先进国家的成功经验，提出立法修改的建议；其次，对环境执法实践与环境法现象进行解说，寻找实践中提出的问题并加以分析，提出解决问题的思路与对策建议；再次，对环境法实施中的问题进行综合分析，预测可能出现的问题，提出超前性意见，为新的立法实践提供指导。因此，从本书中既可以看到对现行立法的修改建议，也可以发现对执法实践中存在问题的原因及对策分析，还可以找到对环境法发展的预测与评估。

我们希望通过努力，使教师和学生从本书中获得对环境法的一种新认识，看到一个思路清晰、层次分明、结构合理的环境法理论体系，从层次众多、内容纷繁的环境法文件中发现规律，看到"条文背后"，把握维系环境法自身以及与相关法律沟通与协调的纽带，找到开启环境法之门的钥匙。

环境法期待着你们的光临！展现在你们眼前的将是别样的法律风景！

# 第一编

## 环境法原理

# 第一章　环境法的基本范畴

---
**本章要点**

---

本章是关于什么是环境法的基本认识，通过对环境法发展历史的回顾，简要概括了中外环境法产生和发展的过程；由此展开对环境法基本范畴的分析，阐述环境法的概念、环境法的调整对象、环境法的目的、环境法律关系等基本问题。

## 第一节　环境法的发展简史

环境法随着环境保护的发展进程应运而生，其产生和发展与近现代环境问题的产生与环境保护运动的发展密切相关。对环境法产生和发展的历史回顾可以非常清晰地发现这一特征。

### 一、外国环境法的产生与发展

近现代意义上的环境法产生于西方发达国家，这是因为西方国家首先发生的工业革命在变革生产、生活方式的同时，也引发了包括环境问题在内的诸多社会问题。起初，人们试图在已有法律架构内解决环境问题，但不仅难以奏效并引发更大的社会问题，如在20世纪70年代初，日本由于公害事件频发导致了大规模的社会动荡，不仅法律秩序无法维持，而且直接威胁到政权的稳定，正是在反公害运动的推动下，日本这个"公害列岛"出现了"公害国会"——一届国会连续制定了七部有关公害防治的法律。可见，环境法的产生是各国适应社会新变化的结果。外国环境法的发展史大体可分为以下三个阶段。

（一）萌芽并缓慢发展时期：18世纪中叶至20世纪初

18世纪，产业革命在英国爆发，然后迅速席卷全球，手工业经济和农业经济向工业制造业经济转变，社会生产力迅猛增长。人类对自然的介入空前的深入和扩大，涉及地球生态系统的物质循环、能量流动和信息传递，在对自然的征服方面取得了前所未有的胜利。然而，技术文明的副作用也很快显示出来。英国、美国、日本等先发展国家，也率先产生了人类历史上的第一代污染。这时的污染，主要是煤烟尘和二氧化硫造成的大气污染，采矿、冶炼及无机化学工业造成的水污染。1873年、1880年和1891年，英国伦敦3次发生严重烟雾事件，死者逾千。日本也发生了足尾矿害事件，从1882年起，在长达几十年之久的时间里，足尾铜矿向周围大量堆弃含毒废矿石，排放废水、废气，污染之地，农田荒芜，几十万人流离失所，引起农民数次骚动。为制止这种现象的蔓延，在产业革命开始较早的国家，陆续制定了一些关于环境的单项法律。

在英国，有1848年颁布的《公共卫生法》、1857年关于防烟的法令、1860年的《公共改良法》。当时英国的制碱业发达，其排放的氯化氢造成了严重的空气污染。为此，于1863年颁布《制碱业管理法》，规定必须采取技术措施防止氯化氢逸散，并制定了严格的排放标准，超过标准即构成犯罪。针对河流污染，1865年成立了防止河流污染的专门委员会，颁布了禁止向河流倾倒垃圾的规定。1876年颁布的《空地法》、1913年颁布的《煤烟防治法》，其控制对象是制碱业以外的各种向大气排放烟尘的污染源，是防止大气污染的早期立法。

在美国，有1862年的《耕地分配法》、1864年的《煤烟法》、1872年的《黄石国家公园法》、1888年的《港口管理法》。1899年颁布的《河流与港口法》，禁止将各种废弃物排入河流。随后，又颁布了1906年《古物保护法》、1912年《公共卫生署法》、1916年《家畜饲养土地法》和《国家公园署法》、1921年《联邦道路法》、1924年《防治油污染法》等。这些法律主要是防治水和气的污染，立法措施主要是限制性的规定或采用治理技术。

（二）迅速发展时期：20世纪初至20世纪60年代

20世纪初至20世纪60年代，西方工业化国家公害发展和泛滥，发生了震惊世界的公害事件。公害的发生，引起了大规模的反公害运动，环境问题演变成为社会政治问题。公害严重的国家不得不采取各种措施防止污染和公害，包括大量制定环境法规，这种背景使环境法得到了迅速发展。

美国在1948年颁布《水污染控制法》，从1952年至1970年经过5次修改，并定名为《清洁水法》。1965年颁布《固体废物处置法》，1968年和1970年两次修订后改名为《资源回收法》，1963年颁布《清洁空气法》。英国在1956年修订了《公共卫生法（消烟法）》（1936年），改为《1956年清洁大气法》；1960年颁布了《清洁河流法》，3年后又颁布了《水资源法》，1960年和1967年又分别颁布了《噪声控制法》和《生活环境舒适法》。前联邦德国在20世纪60年代制定了《自然保护法》《联邦河流净化法》《空气污染防治法》《建筑噪声管理法》《公路交通法》《内河危险品运输法》《原子能法》《狩猎法》《海洋危险品运输法》《合成洗涤剂法》等三十几部环境法律法规，把环境法扩大到工业、交通、城建和水域管理等许多部门。纵观世界各主要国家的环境资源立法，这一时期的环境资源立法主要有以下两个特点。

（1）专门立法迅速发展。由于环境问题的严重化和国家加强环境资源管理的迫切需要，许多国家加快了环境立法的步伐，制定了大量环境保护的专门法律和法规，从数量上来说，远远超过其他领域的立法。

（2）立法范围扩大。除水污染防治法和大气污染防治法外，又制定了一些新的环境法律，如噪声防治、固体废物处置、放射性物质控制，农药、有毒化学品的污染防治等，使环境立法的范围更加广泛。

（三）完善时期：20世纪70年代至今

进入20世纪70年代以后，世界经济发展达到更高水平：一方面，经济的发展对资源的需求量大大增加；另一方面，生产与生活的废弃物也大大增加。虽然各国将大量投资用于污染治理，取得了一定的成效，但并没有从根本上解决环境问题；资源枯竭对经济和社会发展的约束性成为全球性隐患。环境与发展的矛盾仍然是摆在各国面前最突出的问题。在"环境危机"深刻化、全球化的背景下，很多国家进一步通过法律对环境资源实行更加全面、严格的管理措施。环境立法趋向完备并形成独立的法律部门。这一时期的环境立法有如下特点。

（1）宪法原则的确立。为了提高国家对环境管理的力度，很多国家在宪法里增加了环境保护的内容，有的国家把环境资源保护规定为一项国家基本职能。

（2）基本法的出现。20世纪60年代末和70年代初，不少国家制定了综合性的环境保护基本法。如日本在1967年颁布《公害对策基本法》、美国1969年制定《国家环境政策法》等，目前，还有不少国家正在制定综合性的环境基本法。环境保护基本法在各国的普遍出现，反映了环境资源立法从局部到整体，从个别到一般的发展趋势，也反映了各国从单项环境要素的保护和单项治理向全面环境资源管理及综合防治方向发展。这是环境法向完备阶段发展的重要标志。

（3）立法理念变化。各国环境资源政策和环境立法的指导思想在总结历史经验的基础上发生了根本变化，采取了预防为主、综合防治的政策和措施。把环境保护从污染防治扩大到对整个自然环境的保护，加强了自然资源与生态环境保护的立法。现阶段，更是发展到以实现环境自我修复和保障公众环境健康为立法目的。如瑞士《联邦水资源保护法》（2013年）第37条规定，水体的天然河道必须得到保护或修复。水体及水体空间必须通过下列方法进行开发：a. 为多样化的动植物提供栖息地；b. 维持最大限度的地表水和地下水交换；c. 适合该地点的植被能够在河岸上生长。① 再如日本《环境基本法》（1993年）第1条规定：本法的目的是在环境保全方面规定基本理念，并且明确国家、地方公共团体、企业者以及国民的责任，规定作为环境保全基本对策的事项，从而综合且有计划地推进环境保全对策，以有助于确保现在以及将来国民健康、文化的生活，为人类的福利作贡献。②

（4）"生态化"扩张。法律"生态化"的观点在国家立法中受到重视并向其他部门法渗透，传统部门法相应地加强了环境保护方面的规范。

在环境立法迅速发展的同时，环境法的理论研究也不断进步，在吸收传统法学理论的基础上，环境法学逐渐形成了具有独立概念范畴、理论基础和制度体系的学科领域并得到世界各国的广泛认同，环境法学成为世界范围内具有强大生命力的创新学科，其全新的理论不仅指导着环境法实践，而且为传统法学科的拓展带来了动力与压力。

**二、中国环境法的产生与发展**

在中国，虽然自古就有崇尚自然的传统，为了保护农业生产也有过一些在客观上可能起到保护环境作用的立法，但现代意义上的环境法产生和发展的历史非常短暂，真正以环境保护为目的的立法出现于20世纪70年代。四十多年来，中国环境法的发展十分迅速，我们将其归纳总结为四个时期。

（一）艰难起步时期：1949—1979年

新中国成立之初，国家百废待兴，由于缺乏经济建设经验，制定的经济复苏宏观决策一度出现政策偏差，粗放型、资源型工业规模不断扩大，人口增长失控，城市基础设施落后，形成并积累了一些难以逆转的生态环境破坏问题。③ 进入20世纪70年代，我国已建立了比较完整的工业体系，环境污染也日趋严重，北京官厅水库污染、湖北鸭儿湖污染、渤海湾赤潮等污染事件在中国发生并且产生了严重的危害后果。国际上，工业发达国家不断出现的公害事件，危害后果之重、影响范围之大震惊全球，一些来访的外国人士，尤其是日本友人多次问及中国的环境保护问题，引起了当时的国务院总理周恩来的重视，他要求国内一些专家学者对此展开研究，并将研究成果直接上报，由此开始了中国的环境保护之路。同时，国内一些严重的污染问题也引起了周总理的重视，为了吸取国外"先污染，后治理"的惨痛教训，学习西方的环境保护经验，中国派出代表团参加了1972年斯德哥尔摩人类环境会议。此次会议使我们认识到控制污染的重要性，对中国的环境保护起到了警戒和促进作用。但当时正值"文革"时期，环境保护事业在极不正常的政治、经济背景下艰难起步，环境立法也开始启动。

1973年，国务院召开了第一次全国环境保护会议，把环境保护提上了国家管理的议事日程。会议拟定了《关于保护和改善环境的若干规定（试行草案）》，并由国务院发布实施，这是我国环境

---

① 吴大华、邓琳君等编译：《瑞士生态环保法律法规译汇》，社会科学文献出版社2015年版，第63页。
② 汪劲：《日本环境基本法》，《外国法译评》1995年第4期。
③ 吕忠梅主编：《中华人民共和国环境保护法释义》，中国计划出版社2014年版，第1页。

保护基本法的雏形。1974年,国务院颁布了《中华人民共和国防止沿海海域污染暂行规定》,这是我国第一个防止沿海海域污染的法规。1978年修订的《中华人民共和国宪法》第一次对环境保护作了规定:"国家保护环境和自然资源,防止污染和其他公害。"为我国的环境保护和环境资源立法提供了宪法基础。此外,这一时期,还制定和颁布了一批新的环境标准,主要有《工业"三废"排放试行标准》《生活饮用水卫生标准》《食品卫生标准》等。

(二) 快速发展时期:1979—1989年

1979年以后,中国的政治、经济形势发生了重大的变化,国家环境保护事业和法制建设也进入了一个蓬勃发展的时期。1979年颁布了《中华人民共和国环境保护法(试行)》,这是我国第一部环境保护的综合立法。1982年国务院发布《关于在国民经济调整时期加强环境保护工作的决定》,对《中华人民共和国环境保护法(试行)》进行了补充和具体化。进入20世纪80年代后,中国的环境立法走上了"快车道",成为中国法制建设中最为活跃的领域之一。

在污染防治方面,颁布了一系列单行法律法规,如《中华人民共和国海洋环境保护法》(1982年)、《中华人民共和国防治船舶污染海域管理条例》(1983年)、《中华人民共和国海洋石油勘探开发环境保护管理条例》(1983年)、《中华人民共和国水污染防治法》(1984年)、《中华人民共和国海洋倾废管理条例》(1985年)、《关于结合技术改造防治工业污染的规定》(1983年)、《关于加强防尘防毒工作的决定》(1984年)、《关于防治煤烟型污染技术政策的规定》、《农药登记规定》(1982年)、《中华人民共和国大气污染防治法》(1987年)等。

在保护生态环境和资源方面,颁布了《水产资源繁殖保护条例》(1981年)、《水土保持工作条例》(1982年)、《关于严格保护珍贵稀有野生动物的通令》(1983年)、《中华人民共和国森林法》(1984年)、《中华人民共和国渔业法》(1986年)、《中华人民共和国土地管理法》(1986年)、《中华人民共和国水法》(1988年)、《中华人民共和国野生动物保护法》(1988年)等。

在环境资源管理方面,颁布了经过修订的《建设项目环境保护管理办法》(1986年)、《征收排污费暂行办法》(1982年)、《全国环境监测管理条例》(1983年)、《中华人民共和国环境保护标准管理办法》(1983年)、《国务院关于加强乡镇、街道企业环境管理的规定》(1984年)、《关于开展资源综合利用若干问题的暂行规定》(1985年)、《工业企业环境保护考核制度实施办法(试行)》(1985年)、《对外经济开放地区环境管理暂行规定》(1986年)等法规、规章。

为加强环境管理,颁布了一批环境质量标准和污染物排放标准,如《大气环境质量标准》(1982年)、《海水水质标准》(1982年)、《工业企业噪声卫生标准》(1980年)、《城市区域环境噪声标准》(1982年)。1983年城乡建设环境保护部同时颁布了船舶、石油、化工、制革、造纸等十项污染物排放标准。

(三) 基本形成法律体系时期:1989—2012年

1989年12月26日,七届全国人大第十一次常委会通过了《中华人民共和国环境保护法》。该法以1979年试行法为基础修改而成,对于中国环境保护的基本法律原则和制度进行了较为全面与系统的规定。此后的十余年间,中国的环境立法得到了全面深入的发展,并基本形成了环境法律体系。

在污染防治方面,颁布了《中华人民共和国环境噪声污染防治条例》(1989年)、《中华人民共和国固体废物污染环境防治法》(1995年)、《中华人民共和国环境噪声污染防治法》(1996年)、《中华人民共和国放射性污染防治法》(2003年)等。同时,还根据环境保护形势的发展对《海洋环境保护法》《水污染防治法》《大气污染防治法》《固体废物污染环境防治法》等进行了修订。

在保护生态环境和资源方面,颁布或修订了《中华人民共和国野生动物保护法》(1989年)、《中华人民共和国水土保持法》(1991年)、《中华人民共和国防沙治沙法》(2001年)、《中华人民共和国海域使用管理法》(2001年)、《中华人民共和国海岛保护法》(2012)等。同时,还根据环境保护形势的发展对《中华人民共和国水法》《中华人民共和国水土保持法》等进行了修订。

为适应可持续发展的需要,颁布或修订了《中华人民共和国清洁生产促进法》(2002年)、《中华人民共和国环境影响评价法》(2002年)、《中华人民共和国可再生能源法》(2005年)、《中华人民共和国节约能源法》(2007年)、《中华人民共和国循环经济促进法》(2008年),这些法律都进一步扩展了环境立法的范围,完善了环境保护的法律体系。同时,全国人大常委会批准加入了一系列国际环境公约,中国成为国际环境事务中的重要主体。

此外,在其他一些部门法的立法中,也对环境资源保护作出了相应的规定。如《物权法》《侵权责任法》《民事诉讼法》《刑法》等对相邻关系、环境污染损害赔偿责任、环境民事公益诉讼以及危害环境资源罪等作出了规定。

(四)发展完善时期:2012年至今

2012年,十八大报告在将建设社会主义法治国家作为治国理政的总体方略的同时,把中国特色社会主义事业由经济建设、政治建设、文化建设、社会建设"四位一体"拓展为包括生态文明建设的"五位一体"的总体布局。这为中国环境法的发展带来了新的机遇:一方面,中国环境法律体系的规模不断扩大。如颁布了《中华人民共和国深海海底区域资源勘探开发法》(2016年)等。《土壤污染防治法》《环境保护税法》《资源税法》等法律的制定也已经列入了全国人大的立法规划。另一方面,中国环境法律的质量不断提升。2014年4月24日,第十二届人大常委会第八次会议审议通过了《中华人民共和国环境保护法(修订案)》。修订案回应了当前中国发展过程中如何处理环境与发展关系的一些根本性、综合性问题,回应社会对"美丽中国"的殷切期待。2015年8月29日,《中华人民共和国大气污染防治法》由第十二届全国人民代表大会常务委员会第十六次会议修订通过。此外,《水污染防治法》《野生动物保护法》《森林法》等法律的修订工作也已列入全国人大立法规划,正在进行之中。

在持续、科学的立改废释过程中,中国环境法正在不断地发展完善,其表现如下。

1. 从发展优先到保护优先

无论是1989年制定的《环境保护法》,还是此后制定、修改的诸多环境保护单行法律、法规、规章等,基本上都确立了"环境保护与经济社会发展相协调"的原则。[①] 这种情况在2014年《环境保护法》的修订中发生了变化,该法的第4条被修订为"经济社会发展与环境保护相协调"。这不仅仅是一个顺序变化,而是基本法律原则从"发展优先"到"保护优先"的重要变化。

2. 从被动应对到主动调整

改革开放以来,中国的GDP增长依靠高投入、高能耗、高污染,一路带着生态破坏和环境污染的尾巴。如果这种现象不能得到根本改变,中国梦将会因"生态短板"失去色彩。因此,单纯、被动地应对无法从根本上解决中国的环境问题,必须着力于发展方式的变革。为此,修订后的《环境保护法》建立了资源环境承载能力监测预警机制、环保目标责任制和考核评价制度,要求制定经济政策应充分考虑对环境的影响,将环评限批上升为法律,要求分阶段、有步骤地改善环境质量。这些制度设计,都为推动"绿色发展",实现发展方式的转变提供了法律依据。[②]

---

[①] 1989年《环境保护法》第4条规定:"国家制定的环境保护规划必须纳入国民经济和社会发展计划,国家采取有利于环境保护的经济、技术政策和措施,使环境保护工作同经济建设和社会发展相协调。"

[②] 吕忠梅主编:《中华人民共和国环境保护法释义》,中国计划出版社2014年版,第20页。

3. 从"为城市立法、为企业立法、为污染立法"到"为城乡立法、为政府与企业立法、为生态环境保护立法"

长期以来,中国环境法没有对农业和农村环境问题、政府监管不力、生态环境保护等当前中国最需要解决的环境问题给予应有的立法考量。为解决上述问题,中国颁布了《畜禽规模养殖污染防治条例》(2013年)等专门立法,并通过法律修订,使得农业农村环境治理、政府环境责任、生态环境保护与修复等方面的制度设计在法律中所占的比重越来越大。如修订后的《环境保护法》中,新增加了生态保护红线制度、生态补偿制度、生物多样性保护制度、生态修复制度、农村农业污染防治制度、政府责任制度等。

4. 从政府监管到多元共治

为建立适应生态文明建设需要的环境保护管理体制,环境法对变"政府监管"为"政府、企业、社会共治"进行了法律制度安排。如修订后的《环境保护法》规定,各级政府对环境质量负责,企业承担防治污染的主体责任,公民有进行违法举报的权利、知情参与监督的权利和绿色消费、低碳生活的义务,社会组织依法参与,新闻媒体进行舆论监督。这些规定对我国的环境保护由"环境管理"到"环境治理",环境法由"监管法"到"共治法"具有重要意义。

5. 从危机管理到风险预防

长期以来,中国环境法主要是预防和应对环境污染和破坏等环境危机的发生。但是,危险化学品、气候变化、环境健康等新型环境问题的出现,使得中国环境法必须对提高环境风险防控能力作出回应。如修订后的《环境保护法》第39条专门建立了环境与健康调查、监测和风险评估制度,体现了风险预防原则。

6. 从个人主义到整体主义

环境问题最终将导致人体健康受损,而且这种损害已经超越了传统意义上对"个人"或"私人"健康的损害,会对不特定的多数人造成损害。近年来出现的重金属污染导致的群体性事件、癌症村、镉大米等等,也在残酷地告诉我们,中国已经到了公害病暴发的时期。为在法律上解决这一问题,修订后的《环境保护法》和《大气污染防治法》中,均将立法目的从原来的"保障人体健康"修改为"保障公众健康"。① 这无疑更好体现了环境法的整体主义价值观。

## 第二节 环境法的涵义

### 一、环境法的定义

到20世纪70年代以后,制定专门环境法的建议经由《人类环境宣言》的宣示而被世界各国普遍采纳,相当多的国家从此开始了环境立法。大量的立法为学者们对抽象环境法下定义提供了研究基础。我们将环境法定义为:环境法是调整人们在开发利用、保护改善环境的活动中所产生的环境社会关系的法律规范的总和。虽然从字面上看,这一概念与传统的定义并无大的区别,同样强调了环境法是一种调整社会关系的法律规范体系,但是,仅仅从字面上理解这一概念是不够的,还必须正确理解环境法的特殊调整对象及其本质属性。

(一)环境法的调整对象——环境社会关系

环境法所调整的是人们在开发利用、保护改善环境过程中所产生的各种社会关系。这类社

① 如修订后的《大气污染防治法》第1条规定:"为保护和改善环境,防治大气污染,保障公众健康,推进生态文明建设,促进经济社会可持续发展,制定本法。"

会关系以人类—环境关系为其产生的基础,为区别于其他社会关系,我们将其称之为环境社会关系。

环境社会关系是人类在开发利用和改造环境的过程中,在以环境资源为劳动对象的生产活动中和以环境为基本生存条件的社会生活中经常发生的一类社会关系。可以说,自有人类以来,就产生了以环境为基础的社会关系,但在相当长时间内,因为人类没有正确认识人类—环境关系而使得这类社会关系未被重视,也没有专门法律对其进行规范。人类在以自然环境的主人自居,藐视自然规律,坚信"人定胜天"时,也不可能对这类社会关系进行规范。只有人类对自然环境的认识水平达到一定高度,充分认识到人类与环境是相互影响、相互制约、相互作用的关系;认识到人类必须改变过去对自然不可一世的态度,认识并正确运用自然规律,与环境建立一种平等、和睦、协调、相互尊重的关系时,以环境为基础的社会关系才成为专门法律调整的对象。因此,成为环境法调整对象的社会关系是现代国家的最基本社会关系之一,它是国家为管理环境,实现环境保护目标,采取各种手段作用于全体社会和公民;公民为保障和享有环境权益,与国家、社会以及其他公民不断发生着的联系。环境社会关系正是这样一种因环境而产生的各种主体相互作用的社会形式,是一种广泛而复杂的社会关系。在当代社会,人类—环境关系所涉及的社会生活和经济活动的每一方面,都存在这一类社会关系。

作为环境法调整对象的社会关系,主要包括以下两个方面的内容。

1. 生态环境保护关系

与合理开发利用自然资源和保护生态环境有关的社会关系,可简称为生态环境保护关系。具体为人类在开发和合理利用大气、水、土地、矿藏、森林、草原、野生动植物等环境要素过程中产生的社会关系。这种社会关系有如下特征。

(1) 客观性。人类要生存和发展,必须要对自然环境加以改造,对资源加以利用,这些活动是人类进步所必不可少的。它们为人类提供必要的物质条件,创造物质财富。生态环境保护关系在一定程度上讲具有客观性,是必然要产生的。

(2) 经济、环境效益统一性。人类对自然资源的利用往往带有经济目的,而人类与资源环境相互作用的规律告诫我们:必须遵循自然规律,在维持生态平衡的基础上,谋求经济效益。人类对于自然资源的开发利用在取得经济效益的同时,必然会造成一定的环境影响,环境法调整生态环境保护关系的目的,就在于保证人们在进行自然资源的开发利用活动时谋求经济效益与环境效益的统一,实现"在发展中保护,在保护中发展"。①

2. 污染防治关系

在防治环境污染和其他公害、改善环境质量过程中发生的社会关系,可简称为污染防治关系。具体为防治人类在生产和生活过程中所产生的大气污染、水污染、固体废弃物污染、噪声污染、有毒有害物质污染、电磁辐射污染、土壤污染、光污染、热污染等活动中形成的各种社会关系。这种社会关系有如下特征。

(1) 主观性。环境污染和其他公害的产生是人类盲目地利用和改造自然的结果,是人类对于自然及自然规律不尊重或认识不足的产物;防治环境污染、改善环境质量则是人类有意识地协调人与自然的关系,尊重自然规律的行为。因此,在一定程度上,污染防治关系的产生具有主观性。此外,人类防治污染与其他公害的能力取决于科学技术的发展水平,而科技的发展也是人类认识和运用自然规律的结果。随着人类对自然规律认识的不断演化和科技的进步,环境污染是可以控制的。

---

① 刘佳奇:《"美丽中国"的价值解读与环境保护新审视》,《学习与实践》2012年第12期。

(2) 环境效益优先性。人类长期以来对单纯经济效益的追求和科学技术的滥用导致了环境污染和公害的产生，环境效益却被人们忽视了。防治环境污染、改善环境质量作为人类反思过去的错误、纠正自己行为的活动，应注重树立生态观念，不仅要像重视经济效益一样重视环境效益，而且要在遵循自然规律的前提下，优先考虑环境效益。环境保护的优先考虑虽然可能会在局部、短期内影响经济发展的速度和规模，但从全局上、长远利益和可持续发展的角度看，在防治环境污染和其他公害方面优先考虑环境效益是为了经济的健康、持续发展，是为了保护人类的根本利益。

以上两种关系是人类在开发利用、保护改善环境过程中产生的社会关系的两个方面，两者相互联系、相互配合，共同构成了环境法的调整对象。

### (二) 对环境法本质属性的认识

#### 1. 环境法是调整"人—自然—人"关系的规则

传统法律中的社会关系是一种单纯的人与人之间的关系，并且这种社会关系中的人也只是具有社会属性的人，如民法中的"经济人"，行政法中的"公务人"等等。法律在规范人们的行为时，并不考虑人的自然属性，仅仅将人与自然的关系看作是纯粹的"主体—客体"关系，不承认自然与人类的本初联系，也不承认自然的生态属性和循环本质，从而将法律所调整的社会关系仅仅定位于"人—人"关系。正是这种忽视了人与自然关系对社会关系所产生的影响的法律成为人类肆意污染和破坏环境的"帮凶"，使人类自取毁灭的行为获得了合法的外衣。因此，建立在对人与自然关系重新认识基础上的环境法，将人与自然的关系看作是人与人之间关系的一个部分，它所关怀的不仅是人与人的关系本身，更要高度关注引起人与人之间关系的人与自然关系。正是在这个意义上，我们认为：环境法是调整"人—自然—人"关系的规则。① 它所保护的是人类赖以生存和发展的物质环境，目的在于协调人类与环境的关系，使人类按照自然客观规律开发利用环境资源。

#### 2. 环境法是人的行为规范

环境法要实现协调人类—环境关系的目标，只有通过调整人与人之间的关系，即通过调整环境社会关系才能完成；人类也只有在一定的社会关系中从事活动才能与环境发生联系。所以，环境法作为人的行为规范，不能直接调整人与自然的关系，因为法的意志性无法加诸环境这一客观物质世界之上。只有通过将正确运用和遵循生态规律及其他客观规律的行为准则上升为国家意志，以法律的形式来规范人的行为，从而保证人们的活动控制在有利于保护环境的范围之内，才能实现人类与自然和谐共存的目的。

#### 3. 环境法是建立和维护环境法律秩序的依据

法律秩序是由法所确立和维护的，以一定社会主体的权利和义务为基本内容的，表现出确定性、一致性、连续性的，具有特殊强制力的一种社会状态。法律秩序为社会主体提供安全保障，为社会关系提供依循的界限和规则，使社会可以据以稳定、繁盛和持续发展。② 但正是传统法律所建立和维护的法律秩序是以追求利益和集聚财富为主要目的，使人类对环境资源过度攫取带来的破坏与日俱增。在环境问题日益严重的当下，传统法律秩序虽然仍有其合理的部分，如法治、民主等，但对法律秩序中忽视甚至无视人类—环境关系的部分加以变革已经是刻不容缓。

环境法所塑造的正是一种资源节约、环境友好的社会状态。它将是以破坏环境为代价的增长方式的终结，代之而起的是以可持续发展为灵魂，根据资源的供给情况和环境承载能力布局产

---

① 参见吕忠梅：《环境法导论》(第 3 版)，北京大学出版社 2015 年版，第 28—31 页。
② 周旺生：《论法律的秩序价值》，《法学家》2003 年第 5 期。

业,合理安排经济发展,对社会收益进行公平分配、限制过度消费的新秩序。① 它以明确、肯定、普遍的形式规定了人们在环境保护方面的权利和义务,建立和保护存在于法律社会中的人们相互间关系有条不紊的状态,形成人、机构、关系、原则和规则的环境法律总体。环境法具有高度的概括性、强烈的规范性及普遍的约束力,人们只有遵守和执行环境法,才可能有良好的环境法律秩序。

## 二、环境法的目的

环境法的目的是指国家在制定或认可环境法时希望达到的目的或实现的结果,亦即环境法的立法目的。立法目的乃是立法者对环境法所要追求的价值目标的最直接、最明确的表达,决定着整个环境法的指导思想、法律的调整对象,也决定着环境法的适用效能。因此,世界各国的环境立法对此均给予高度重视,不仅在环境保护基本法中充分表达,也在相关环保单项立法中加以体现。

### (一)环境法的目的"二元论"与"一元论"

分析不同国家的环境法,可以发现其立法目的是有区别的。从各国关于环境法立法目的的表述中可以看出,不管其运用多少条款或者应用何种方式进行规定,从根本上讲,可以归结为对于环境保护与经济发展关系的不同认识,即环境法目的"二元论"与"一元论"。

目的二元论认为,环境法的目的应该是二元的,即经济、社会和环境保护的协调是值得追求的。环境法不仅应该保护环境,维护人体的健康,亦应促进经济的发展。如日本1967年制定的《公害对策基本法》第1条第1款规定:"本法是为了明确企业、国家和地方公共团体对防治公害的职责,确定基本的防治措施,以全面推行防治公害的对策,达到保护国民健康和维护其生活环境的目的。"同时,该条第2款又规定:"关于前款所规定的保护国民健康和维护生活环境,是与经济健全发展相协调的。"换言之,该法规定的"保护国民的健康和维护生活环境的目的"是以与"经济健全发展相协调"为条件的,表明当时立法者经济发展优先的价值选择。

目的一元论则认为,环境法仅应该以保护环境或保障人体健康为唯一的目的。日本1967年制定的《公害对策基本法》颁布后,企业界以经济发展优先作为污染行为的挡箭牌,严重的环境问题并未因法律的颁布而得到遏制。因此,日本法学界人士和环境保护专家纷纷对此提出了尖锐的批评,强烈要求删除反映经济优先的条款,认为,以牺牲国民生存环境来炫耀经济发展和国民生产总值,并引以为荣,是一种本末倒置的做法,建立在置国民安危于不顾基础上的繁荣是虚假的繁荣。有鉴于此,1970年日本国会在修改《公害对策基本法》时,删除了第2款,将"保护国民健康和维护其生活环境"作为该法的唯一目的,明确了环境优先的立法目的。而可持续发展战略在1992年得到联合国环境与发展大会确认以后,日本于1993颁布的《环境基本法》又将立法目的作了进一步提升,该法第4条将立法目的规定为:"必须以健全经济发展的同时实现可持续发展的社会构筑为宗旨,实现将社会经济活动以及其他活动造成对环境的负荷减少到最低限度,其他有关环境保全的行动由每个人在公平的分配负担下自主且积极地实行,既维持健全丰惠的环境,又减少对环境的负荷。"②显然,该法的目的是实现环境的可持续性。

再如,美国《国家环境政策法》(National Environmental Policy Act of 1969)宣布它的立法目的是:"宣布一项鼓励人同他的环境之间建设性的和愉快和谐关系的国家环境政策;推动为预防或消除对环境和生物圈的损害所作的努力并促进人类健康和福利;深化对国家至关重要的生态系统和自然资源的认识和设立国家环境质量委员会。"《清洁空气法》(Clean Air Act)的立法宗旨是:"(1)为促进公众健康、福利和人口的生产力保护和发展国家空气资源的质量;(2)为实现预防和控制空气污染而发起和加速国家的研究和开发计划;(3)对州政府的空气污染预防和控制

① 王景龙:《构筑人与自然和谐的社会制度》,《中国环境报》2008年7月4日,第2版。
② 陈泉生:《略论环境法的目的和作用》,《学术评论》1999年第5期。

计划的发展和实施提供技术和财政的援助;(4)鼓励并帮助区域空气污染控制计划的发展和运转"。解读上述立法不难看出,尽管美国环境法中有关立法目的的表述包含多方面的内容,但其核心和实质也是将保护环境、保障公众健康作为其唯一的立法目的。

(二)中国环境法的目的

长期以来,我国环境法采用的是二元目的。如1989年制定的《中华人民共和国环境保护法》第1条规定:"为保护和改善生活环境与生态环境,防治污染和其他公害,保障人体健康,促进社会主义现代化建设的发展,制定本法。"由此可见,我国环境法的目的可以细分为四项:(1)保护和改善生活环境和生态环境;(2)防治污染和其他公害;(3)保护人体健康;(4)促进社会主义现代化建设的发展。再如,《大气污染防治法》(2000年)第1条也规定其目的是"为了防治大气污染,保护和改善生活环境和生态环境,保障人体健康,促进社会主义现代化的发展"。所有这些表述都显示出了立法者对多项目标的追求,希望环境法能够具有多种功能,体现了明显的"二元论"色彩。

实质上,目的"二元论"是人类对经济发展的矛盾心态在环境法中的表现。经济发展一方面带来了物质财富的极大增长,另一方面又带来了生态危机,为应付已经迫在眉睫的生态危机,人类用了最为有力的社会控制手段——法律,试图以法律的权威性和强制性矫正不恰当的经济发展行为。但提出限制经济的发展显然是不得人心的,而且几乎也是难以执行下去的。最为明智的,莫过于将经济发展与环境保护结合起来。这种鱼与熊掌兼得的愿望写进环境法的目的条款中,得到了更为普遍的认可。但是,当我们进一步去追问它的实际效果时则不能不感到沮丧。

从我国的环境法实践不难发现,由于环境法的立法目的中表达了强烈的对经济发展的追求,在环境法实施过程中,一旦遇到环境利益与经济利益相矛盾的情况,一般都会选择经济发展优先。因为,这种选择无疑是符合我国环境立法目的的要求的,而对经济发展实行限制,不仅会遇到现实的种种障碍,而且也缺乏充分的法律依据。种种情况表明:环境法立法目的的"兼顾状态"已经直接影响到中国环境法的实施,对于中国的环境保护事业产生了一定程度的负面影响。

2014年《环境保护法》的修订,使之前的情况开始得到改变,为中国环境法立法目的的重新定位提供了契机。该法第1条规定:为保护和改善环境,防治污染和其他公害,保障公众健康,推进生态文明建设,促进经济社会可持续发展,制定本法。相比1989年《环境保护法》,2014年《环境保护法》对立法目的作出三处明显的修改:一是用"环境"代替了此前的"生活环境与生态环境",更加强调立法对环境的整体保护;二是将之前的"保障人体健康"修订为"保障公众健康",更好体现了环境法的整体主义价值观;三是将之前的"促进社会主义现代化建设的发展"修订为"推进生态文明建设,促进经济社会可持续发展",将立法目的提升到生态文明和可持续发展的高度。不仅如此,2014年《环境保护法》更在第4条将1989年《环境保护法》第4条规定的"环境保护与经济社会发展相协调"修订为"经济社会发展与环境保护相协调"。这不仅仅是一个顺序变化,而是从"发展优先"到"保护优先"的发展理念变化。

无独有偶,此后相关立法活动也遵循了2014年《环境保护法》对立法目的调整的基本方向。如2015年修订的《大气污染防治法》第1条同样规定:"为保护和改善环境,防治大气污染,保障公众健康,推进生态文明建设,促进经济社会可持续发展,制定本法。"通过以上立法现象可以看出,中国环境法的立法目的已经开始适时进行重新定位,更多反映了"一元论"的主张和整体主义生态观和保护优先理念。① 具体而言,当前中国环境法的目的应当包括两个层次:第一层次是直接目的,即保护和改善环境、保障公众健康。第二层次是终极目的,放弃之前保障经济发展的目

---

① 吕忠梅主编:《中华人民共和国环境保护法释义》,中国计划出版社2014年版,第30页。

的,对经济发展与环境保护的关系进行了调和和提升,即推进生态文明建设,促进经济社会可持续发展。

## 第三节　环境法律关系

### 一、环境法律关系的概念

根据法学原理,作为法律调整对象的社会关系是"法所调整的一定的能够体现意志关系的具体的社会关系"。这样的社会关系具有如下特点:"(1)是一定范围的社会关系,是统治阶级认为最重要的,体现和反映国家、组织和个人重要利益的社会关系,而不是全部社会关系。(2)是可以体现为意志关系和意志行为的社会关系,是人们为了实现一定的目的而自觉努力的心理状态支配下所形成的社会关系和行为,而无意志的行为不能成为法律的调整对象。(3)是现实中具体存在的,具有明确的主体、客体和具体权利义务的社会关系,而抽象的、观念的社会关系是不能成为法律的调整对象的。"

据此,作为环境法调整对象的社会关系也应该是具备上述特征的社会关系。环境法所调整的社会关系虽然具有综合性,但却可以根据这一类社会关系的环境利益,以及人们为实现这一利益而自觉努力的心理状态或意志作用的特殊性来加以把握,强调环境社会关系的环境效益性和公共利益性。由此可以看出:环境社会关系的特定性是由这一类社会关系所体现的环境利益对全人类生存和发展的至关重要性所决定的。人们为了实现环境利益必须作出种种行动自觉努力,其中包括运用法律手段规范人们与环境有关的各种行为,形成具体的权利义务关系,以保障环境利益的实现。于是便形成了环境法律关系。

根据我们对环境法调整对象的理解,环境法律关系是指环境法律关系主体根据环境法的规定,在参加与环境有关的社会经济活动过程中所形成的保护环境的权利义务关系。它们是为环境法所确认和调整的环境社会关系。或者说,当环境社会关系为环境法规范所调整时,环境社会关系当事人的地位和相互权利义务就具有了法律性质。环境法律关系是环境法律规范的社会形式,是环境法律规范与环境社会关系相结合的表现。只有在环境法律关系里,环境社会关系才取得法律形式,环境法律规范才能发挥调整环境保护活动的作用。

### 二、环境法律关系的主体

**(一)环境法律关系主体的概念**

环境法律关系的主体是指环境权利的享有者和环境义务的承担者,或者参加环境法律关系享受环境权利、承担环境义务的当事人。在环境法律关系中,享有环境权利或环境职权的一方称之为权利主体或职权主体;承担环境义务或环境职责的一方称之为义务主体或职责主体。但在环境法律关系中,环境法律关系的主体在许多情况下,既享有环境权利或环境职权,同时又承担环境义务或环境职责。如《环境保护法》第10条规定:"国务院环境保护主管部门,对全国环境保护工作实施统一监督管理。"显然,统一监督管理既是环保部门的职权,同时也是其应尽的职责。

环境法律关系的主体是环境法中权利和义务的载体。没有环境法律关系的主体,环境法律关系中的权利和义务也就因此失去依托而无法存在,环境法的调整也便毫无意义,其宗旨、作用、价值便无从存在。

**(二)环境法律关系主体的分类**

目前一般的环境法理论,都将环境法律关系主体分为国家机关、社会组织和公民个人等。这种分类法并无错误,但存在缺陷:一是难以与其他法律关系的主体相区别;二是不能较好地体现环境法律关系主体自身的特征。

根据法学原理,法律的调整对象是确定的一定范围的社会关系,限定了能够参与该一定社会关系的主体的范围。因此,调整对象与主体是密切相关的。环境法的主体范围也是由环境法的调整对象决定的。环境法的主体也就是为环境法所调整的国家在对环境活动进行调控过程中所发生的社会关系的参加者。由于环境法依调整对象分为生态环境保护法和污染防治法两大类,因此,环境法的主体便可首先分为生态环境保护法主体与污染防治法主体。

生态环境保护法的主体可以分为两类,即代表国家对自然环境和自然资源的开发利用进行监督管理的主体和在经济社会活动中接受国家环境管理的主体。前者可简称为管理主体,后者可简称为开发主体。管理主体依环境法对自然资源的开发和利用活动进行组织、指挥、协调和监督;而开发主体则参与或接受国家对自然资源的开发利用。

污染防治法的主体也分为两类,即代表国家对污染环境的行为进行监督管理的主体和在防治环境和其他公害方面接受国家管理的主体。前者可简称为管理主体,后者可简称为污染防治主体。管理主体依法对污染和破坏环境的行为进行监督;污染防治主体参与或接受国家的环境管理,因而处于被动地位。管理主体所进行的监督管理,无论是禁止、限制还是保护、促进,都直接对污染防治主体发生效力,而不取决于后者的意思和决策。

由此可见,环境法的主体主要包括:生态环境保护法中的管理主体和开发主体,以及污染防治法中的管理主体和污染防治主体。在这四种主体中,由于生态环境保护法的管理主体与污染防治法的管理主体都是在依法代表国家对环境活动进行法律调整,因而可以合称为管理主体;而无论是开发主体还是污染防治主体都要在国家的调控、组织、管理下参与生态环境保护或污染防治活动,因此可以统称为参与主体。

综上,可以将环境法的主体分为两类:即管理主体与参与主体。一般而言,管理主体是能够代表国家行使其环境资源保护职能的各种国家机关;参与主体则是在经济和社会活动中接受国家的调控、组织、管理的主体,包括机关、团体、社会组织、公民个人等。

(三)环境法律关系主体的特征

1. 多元性

环境法律关系的主体具有多元性。它的主体明显地广于民事法律关系和行政法律关系的主体,任何机关、团体、社会组织、公民个人都可以成为环境法律关系的主体。在国际环境法层面,国家、国际组织等更是经常和大量地成为环境法律关系的主体。

2. 对应性

权利主体与义务主体具有对应性。在环境法律关系中,一方既是权利主体,又是义务主体,并不存在专门的权利主体或专门的义务主体;而且该权利与义务是互通的,权利主体所享有的权利实质上就是一种义务,任何一方都不能只享有权利而不承担义务,也不能只承担义务而不享有权利。

3. 交互性

环境法律关系中,管理主体虽然是重要的主体。特别是在环境行政关系中,管理主体是环境法律关系的必要一方,具有不可替换和不可选择性。但是,这并不意味着管理主体与参与主体之间就是完全的"支配与从属"的对立关系。这是因为,资源环境问题是典型的社会公共事务,需要广泛的公共参与才能有效界定问题和解决问题。① 这必然要求管理主体与其他多元参与主体之

---

① 张紧跟、庄文嘉:《从行政性治理到多元共治:当代中国环境治理的转型思考》,《中共宁波市委党校学报》2008年第6期。

间,应当通过信息交流、理性协商的方式,来理解彼此的关注和立场,并在这种互相倾听和交流的基础上,调整各自的诉求,以寻求共识和合意。①

### 三、环境法律关系的内容

#### (一) 环境法律关系内容的概念

环境法律关系的内容是指环境法律关系主体权利义务的总和,每一个具体的环境法律关系都是由主体双方的权利义务构成的,将所有的环境法律权利义务概括起来,研究其最一般的原理,就是这里所要说明的环境法律关系的内容。

环境法权利,是指法律规定的,环境法律关系主体主张其法定利益的可能性,主体实现自己利益的行为界限是法律规定。法律所规定的主体的权利,只有通过主体主张才可能实现。就主体行为方面而言,主体主张权利的力量来源是法律,其实现自己利益的行为又必须遵守法律划定的范围。作为环境法主体的国家机关,在行使法定权力、维护公共利益时,也不得逾越法律的轨道。

环境法义务,是指法律规定的,环境法律关系主体做出一定行为和不得做出一定行为的拘束力或要求力。环境法义务是国家强制人们实施适应或满足环境权利的行为的合法手段,是实现环境权利,取得相应利益的前提和保障。

环境法权利和环境法义务是环境法律关系主体的行为规则,是建立环境法律秩序的根据和实施环境法制监督的前提,对于环境保护尤其是环境管理活动具有重要意义。

根据前述对环境法主体的分类,我们可以对环境法上管理主体和参与主体的权利义务分别述之。

#### (二) 环境法律关系主体的权利和义务

1. 管理主体的职权与职责

管理主体的职权,是指法律赋予的,为实现国家环境资源管理职能所必需的,运用各种国家机器及物质设施使全社会服从其意志的各种方法手段和强制力量的总称。对于管理主体而言,职权同时也是职责,不得自由处分。

(1) 环境管理规范制定权。是指根据宪法或法律授权,以法律、法规、规章以及其他规范性文件形式规定人们必须遵守的行为准则的抽象性权力。

(2) 环境行政权。是指根据环境行政法律规范,具体地为参与主体设立、变更和取消权利义务的权力,以及对违反环境管理法规的行为人以制裁,对拒绝履行环境保护义务行为人以强制执行的权力。

(3) 特别物权。国家对特定物的管理权,如河流、海域、滩涂、矿藏、森林等国有财产,由特定国家机关进行管理,实现其环境效益。对这些物的取得、收益和处分不完全适用民法规定。

(4) 环境司法权。这是指解决因执行国家环境法律法规而发生的各种纠纷的权力,主要包括检察院、法院的司法权和环境行政管理部门的准司法权。②

如上所述,环境管理主体的职权与职责是统一的,这主要是从具体职权方面进行的概括。同时,我们还可以从一般意义上归纳环境管理主体的义务:

---

① 王锡锌:《公众参与和行政过程——一个理念和制度分析的框架》,中国民主法制出版社 2007 年版,第 284—285 页。

② 如《水污染防治法》第 86 条规定:"因水污染引起的损害赔偿责任和赔偿金额的纠纷,可以根据当事人的请求,由环境保护主管部门或者海事管理机构、渔业主管部门按照职责分工调解处理;调解不成的,当事人可以向人民法院提起诉讼。当事人也可以直接向人民法院提起诉讼。"

(1) 管理。指建立和保持正常生产和生活所必需的环境法律秩序。如制定法律法规，管理各种开发利用环境的活动、管理各种污染和破坏环境的活动、协调环境与发展的关系等。

(2) 服务。指为保护和改善环境创造各种条件。如进行环境保护的宣传教育、推广先进的环境保护工艺流程、提供污染治理设施、公布环境保护信息、指导相对人的环境保护活动等。

(3) 接受监督。包括接受立法机关的权力监督，社会组织、公民的社会监督、司法审查、行政监督以及行政赔偿等。

2. 参与主体的权利和义务

环境法上参与主体的权利是指参与主体为实现其环境利益而依法享有的权能和利益。主要有：

(1) 参加环境管理权。主要是对环境法律法规的制定进行讨论和建议，对环境管理工作进行批评、监督以及参与具体的环境资源管理活动的权利。

(2) 环境利用权。是指参与主体拥有的使用环境的权利。如对自然资源的开发利用、对环境质量的保护改善以及在健康优美的环境中生存的权利等。

(3) 保障权。参与主体在开发利用和保护改善环境的过程中，可以主张国家环境管理机关主动作为，以保障法律规定的权利得以实现，也可以主张国家环境管理机关为改善环境质量提供服务，国家环境管理机关应采取各种方法保障人民的权利。如在公民和社会组织的财产受到环境污染和破坏时，有权请求国家机关给予保护，环境管理机关应通过制定正确的环境管理战略和政策，使环境质量得到改善。

(4) 受益权。参与主体在开发利用环境过程中享有法定利益的权利。它包括两方面：一是在直接开发利用和保护改善环境中享有获得相应收益的权利；二是享有保护改善环境质量的环境效益的权利。

(5) 申诉和控诉权。这是指在与环境管理机关发生争议和受到违法处理后，有通过正当合法渠道寻求救济的权利，以及在环境权益受到侵害后有依法寻求司法救济的权利。

参与主体的义务主要包括：

(1) 遵守和维护环境法律秩序的义务。环境法是建立和维护环境法律秩序的基础，规定了人们的行为准则。参与主体在依法作为时，应当遵守各种规则，发生正常、融洽的环境社会关系，不从事法律所禁止的行为。环境法律秩序是服务于整个社会公共利益的，每一个公民和社会组织都应当自觉主动地加以维护，并协助国家环境管理机关履行法定职责。

(2) 接受国家环境管理的义务。在环境法中，环境管理机关拥有一定的裁量权，在合乎法律界限和目的的前提下，有视情制宜的余地。一切公民和社会组织应服从管理机关各种方式的管理。即使对管理行为的合法性有争议，也应当通过法定程序由有关机关认定，不得擅自否定管理行为的确定力和拘束力。

(3) 服从制裁的义务。如果参与主体未能履行义务或故意、过失地违反法律，应当服从有关机关的处理决定，接受国家对其违法行为的否定性评价，以恢复被破坏的环境法律秩序。

(三) 环境法律关系的内容特征

环境法律关系的内容特征与环境法律关系主体的组合特征以及环境法的宗旨密切联系。这里值得特别说明的是，环境法律关系主体在行使权利(权力)时，均负有不得滥用的义务。如管理主体滥用权力，不仅会直接侵害受控主体的利益，而且会直接影响到环境保护的实效，影响环境法宗旨的实现；参与主体滥用权利，如借口自己的独立主体地位及相应的权利，对国家的环境管理加以抵制，或者滥用环境权利污染和破坏环境，不仅会给其自身环境带来危害或者侵犯他人权利，而且也会影响国家环境管理的效果，增加环境保护的压力。因此，环境法律关系主体必须依法行使权利(权力)、依法履行义务(职责),而不能滥用或僭越。

环境法律关系的内容在遵循一般法理的前提下,也有自己的独特性,从环境法的规定来看,环境法律关系的内容特征主要表现为:

1. 形式上的不均衡性

从表现上看,政府环境管制阶段的环境立法侧重于规定管理主体的职权与职责,如《环境保护主管部门实施查封、扣押办法》等。同时,当代国家环境治理越来越强调社会共治,通过设定参与主体的权利和义务实现多中心环境治理的法律规范也大量出现,如《环境保护公众参与办法》等,但在我国现阶段的环境立法中,环境管制型规范总体上处于主导地位。

2. 形式上的不平等性

权利义务的不对等性,突出表现为管理主体与参与主体的权利(力)义务不平等。由于管理主体和受控主体并非居于同一层面的平等主体,因而不可能像民商法那样有形式上平等的权利义务,即并非管理主体的权利就是参与主体的义务,或者相反。

3. 形式上的不对等性

从形式上看,环境法赋予管理主体的权力要多于加之其上的义务,而赋予参与主体的权利则少于义务。环境法之所以如此规定,一方面是为了使管理主体能够享有充分的权力,以保证对环境的有效管理;另一方面,参与主体的基本权利已在其他法律部门中作了规定,在环境法中应强调其应有的资格条件的限制以及环境法上的义务,因而,比较而言义务性规范形式上较多,在有关法律法规中形式上出现权利义务规定的不对等性。

但需指出的是,环境法律关系内容在形式上的特殊性或环境法与其他法律部门法的不同规定恰恰是环境法的宗旨、任务和职能的需要。在这个意义上,环境法的各种规定,虽然形式上表现为权利义务的不均衡、不平等和不对等,但这种形式上的不均衡、不平等和不对等恰恰是为了保护环境,维护社会公共利益,促进可持续发展。而这些目标的实现,无论是对于管理主体,还是对于参与主体,都是大有裨益的。归根结底,环境保护的结果,有利于全体社会和人民,环境法所涵涉的利益归属于全体社会和人民。环境质量的改善、环境效益的提高有利于全体人民乃至整个人类,并不能由某个人或某个团体所独占。

### 四、环境法律关系的客体

(一)环境法律关系的客体的概念

环境法律关系的客体是环境法律关系主体的权利和义务所能实际作用的事物。在环境法律关系中,如果仅仅只有主体和主体的权利和义务,而无权利义务所指向的具体事物,那么权利与义务则是无本之木,主体之间建立环境法律关系也就失去了意义。因此,环境法律关系的客体是环境法律关系的当然要素。

根据我们对环境法调整对象的认识,可以将环境法的客体确定为以下几类。

1. 环境资源

在自然环境要素对于人类生存和发展的重要意义上,我们将整个自然环境称之为环境资源。根据生态学上的最小限制律,任何一个环境要素的恶化都会导致整个环境质量的降低。所以,环境资源是一个综合体,是较之于单个环境要素的个别生态作用更大的综合效应体。在这里,我们指的环境资源是由法律所确认的人类赖以生存和发展的客观物质条件的总和,它包括大气、水、海洋、土地、矿藏、森林、草原、野生生物、自然遗迹、人文遗迹、自然保护区、风景名胜区、城市和乡村等,以及综合的生物圈及其生态效益和环境效益。

环境资源不同于一般的财产,其环境效能或生态效益是难以完全用货币化的方式衡量的。

因此,对于环境资源,国家禁止破坏和污染,禁止任何组织或个人以非法手段侵占或转让;对环境资源只得依法合理开发利用,并必须负担维护生态安全,促进可持续发展的义务。

2. 环境保护行为

环境保护行为是指环境法律关系主体在开发利用和保护改善环境的过程中,为达到协调人类—环境关系的目的而进行的有目的、有意识的活动。它包括管理主体的行为和参与主体的行为。这种行为,可以表现为具有权力因素的环境管理行为,如环境管理机关的职权行为;又可以表现为具有财产因素的行为,如对开发利用环境者合法利益的保护、对环境资源的开发利用等行为。

(二)环境法律关系客体的特征

1. 生态性

作为环境法律关系客体的环境资源具有强烈的生态性而非仅具有经济性。民事法律关系和经济法律关系上的物所具有的都是经济性或物质利益性特征;而在环境法律关系中,各环境要素的生态效益是第一位的。因此,环境法为实现自身的立法目标和宗旨往往对物的经济目的进行限制。如野生动物具有生态、科学、社会、经济等多元价值,但其首要价值应为生态价值,这是科学、社会、经济等其他一切价值存在的基础,理应在多元价值排序中处于优先地位,并得到法律优先保护。①

2. 行为主导

由于环境法主要调整由国家干预的环境社会关系,而环境法对此类关系的调整,又主要是通过制定相关的法律法规,规定管理机关的职权以及实施这些职权来实现的。同时,人们对环境的开发利用与社会经济发展和人类生存密不可分,对环境的保护作为反映在社会经济活动的各个方面,这就决定了行为是环境法律关系最重要和最经常的客体。

## 本章小结

现代意义上的环境法是在工业革命以后随着现代环境问题的产生而逐步产生和发展起来的新型法律,在西方国家经历了萌芽、发展和完善三个阶段;中国环境法于20世纪70年代艰难起步,现在正处于发展完善时期。环境法是调整人们在开发利用、保护环境的活动中所产生的环境社会关系的法律规范的总和,其目的是为了保护和改善环境、保障公众健康,推进生态文明建设,促进经济社会可持续发展。环境法律关系是环境法主体根据环境法的规定,在参加与环境有关的社会经济活动过程中所形成的保护环境的权利义务关系。这种法律关系的主体、内容和客体都具有不同于其他法律关系的特性。

【思考题】

1. 什么是环境社会关系?它包括哪些主要内容?
2. 环境法的目的"一元论"与"二元论"有何区别?中国环境法的目的是如何发展的?
3. 什么是环境法律关系?环境法律关系的构成要素有哪些?

【案例分析】

被告人徐某与被告人王某某系夫妻,徐某为了一己私利于2011年购买工具并制作了一台电鱼机,其与被告人王某某在2011年至2013年间共电鱼二十余起。2013年5月9日晚21时许,二被告人来到贵州省清镇市红枫湖黑石山水域,运用自制电鱼机捕获鲫鱼、白条鱼等水产品20

---

① 吕忠梅、刘佳奇:《26年后,野生动物保护法该怎么修》,《环境经济》2016年第3期。

斤。根据《贵州省渔业条例》的规定,每年2月1日12时至5月31日12时为江河、湖泊、大中型水库禁渔期。生态保护法庭认为,鱼类是湖泊生态系统的重要生物因子之一,对湖泊生态系统具有重大影响,不仅能够作为人类的食品供给,还能控制湖泊中海藻的富营养化,对维护水生态系统平衡作出了贡献,应当受到法律保护。被告人徐某、王某某违反水产资源保护法规,在红枫湖禁渔期使用电击的方式非法捕捞水产品,情节严重,破坏了红枫湖的渔业生态环境,其行为均已构成非法捕捞水产品罪,应处以刑罚。①

**【问题】**

请从环境法调整对象的角度分析,本案所涉及的是环境社会关系中哪方面的内容?请从环境法律关系的角度分析,本案所涉及的环境法律关系主体、客体和内容具体都是什么?

---

① 本案例由贵州省清镇市人民法院张奇编写,载王立主编:《环保法庭案例选编(二)》,法律出版社2014年版,第10页。

# 第二章 公民环境权

――― 本章要点 ―――

公民环境权理论是环境法的基石。本章通过对公民环境权的提出以及立法和司法实践的追溯,介绍了公民环境权理论的历史变迁,进而分析了公民环境权语义上的内涵,论说了国内外对公民环境权理论的研究现状、代表性学说。由此界定了公民环境权的法律属性、主要内容及其法律保障等问题。

任何一项新的法律权利的出现,都是利益发生冲突的结果,或者说是社会利益发生剧烈冲突后,需要对这些相互冲突的利益重新衡平的结果。公民环境权也不例外。公民环境权作为一项权利的提出,是环境问题的产生和发展导致现存社会利益剧烈冲突的结果。

从法律角度看,已有的法律制度是建立在市场机制之上的以保护个人财产和个人利益不受侵犯为基础的规则系统,它对市场机制以外的环境问题显得无能为力,以个人主义为基础的权利体系关注了人们的政治性权利和经济性权利,却忽视了人类的环境性权利,当经济性权利直接威胁到人类生存和发展的时候,这样一个权利体系不仅不能解决环境问题,反而成为解决环境问题的障碍。在某种意义上可以说,以财产所有权为核心的权利体系是产生环境问题的直接原因。只有打破这一权利体系,建立新的权利才能衡平由于环境问题所产生的巨大利益冲突。正是在这样的背景下,才出现了公民环境权的理论,以及各个接受公民环境权理论国家的公民环境权立法实践。

## 第一节 公民环境权理论的变迁

公民环境权理论是在人类面对严重的环境问题时所提出的新型权利理论,这一理论提出后,在世界各国引起了强烈反响,各国在不同程度上接受了它,并在立法和司法实践中运用了这一理论。同时,反对以至拒绝承认公民环境权的情绪也一样强烈。

### 一、公民环境权的提出

公民环境权作为一种新的、正在发展的法学理论和法律权利,产生绝非偶然。

在环境危机的严重威胁面前,人们迅速接受了环境保护的思想,"只有一个地球""人类共同继承遗产"等理念以其全新思维突破了传统理论,人类作为社会性动物,对运用法律手段保护环境寄予厚望。但这是一个令人迷惘的时期,"生态的觉醒……是科学研究的结果"。这种科学研究证明了我们的环境状态或多或少(在某些情况下令人吃惊地)受到了损害。这一发现的影响首先为学术界所感觉到,后来也为其他人所感觉到。渐渐地,实际上所有的科学家、大多数政治家以及其他决策者和公众接受了这种思想,即我们的环境正处于危险之中,必须为此做些什么。一

38

般法律原则(至少其中一些)在形式上得到了相当大的发展并为人们所公认。然而,在国内和国际上采取措施保护和改善环境,是个相当不同的任务。经济、政治、军事及其他利益往往与环境问题相冲突。此外,甚至连科学家自己对非常复杂的环境保护问题和人权以及其他同样性质的领域都有不同的看法。在新的环境道德和生态伦理的观念下,人们开始思考许多新的问题,其中最为重要也是最为基本的问题就是公民对于环境有无权利,如果有,法律应该如何加以保护?20世纪60年代,联合国大会以决议的方式决定召开斯德哥尔摩人类环境会议,并号召全世界人民共同讨论环境保护的法律问题。世界上许多国家踊跃参加了这一讨论。

在美国,展开大讨论的题目是——公民要求保护环境,要求在良好的环境中生活的权利的法律依据是什么?对此,人们提出了各种观点和学说,其中最具影响力并被广泛接受的是密执安大学教授约瑟夫·萨克斯提出的制定专门的环境保护法的倡议,而专门的环境保护法的任务在于建立新的权利体系。对此,可以从他1970年发表的论文——《为环境辩护》中找到答案。他提出,专门的环境立法有三项任务:(1)承认对于良好环境的公民权利是一项可强制执行的合法权利;(2)使这项权利通过公民个人以公众身份起诉而成为可强制执行的;(3)为关于环境质量的普通法的发展设立框架。为了建立这种新的权利,萨克斯教授还提出了环境的"共有"和"公共信托"的理论,他认为,空气、阳光、水等人类生活所必需的环境要素,在当今受到严重的污染和破坏,以致威胁到人类的正常生活的情况下,不应再视为"自由财产"而成为所有权的客体。环境资源就其自然属性和对人类社会的重要性来说,应该是全体国民的"共享资源",即"共通财产",任何人不能任意对其占有、支配和损害。为了合理支配和保护这一"共通财产",共有人作为委托人将其委托给国家来进行管理,国家作为受托人,必须对受益人(全体国民)负责,不得滥用委托权。进而有人在"共有说"和"公共信托说"的基础上提出了公民环境权理论,认为每一个公民都有在良好的环境下生活的权利,这种权利应该受到法律的保护。

1960年,原西德的一位医生向欧洲人权委员会提出控告,认为向北海倾倒放射性废物的行为违反了《欧洲人权条约》中关于保障清洁卫生的环境的规定,从而引发了是否要将公民环境权追加进欧洲人权清单的大讨论。20世纪70年代初,国际法学者雷诺·卡辛向海牙研究院提交了一份报告,提出要将现有的人权原则加以扩展,以包括健康和优雅的公民环境权在内,人类有免受污染和在清洁的空气和水中生存的相应权利。卡辛认为,公民环境权具体应包括保证有足够的饮水、纯净的空气等,最终保证人类得以在这个星球上继续生存。

1970年3月,国际社会科学评议会在东京召开了"公害问题国际座谈会",会后发表的《东京宣言》明确提出:"我们请求:把每个人享有其健康和福利等要素不受侵害的环境的权利和当代传给后代的遗产应是一种富有自然美的自然资源的权利,作为一种基本人权,在法律体系中确定下来。"从而明确地提出了公民环境权的要求。

1970年9月,在新潟市召开的日本律师联合会第十三次拥护人权大会上,大阪律师协会的藤仁一、池尾隆良两位律师作了题为"公害对策基本法的争议点"的报告。在这个报告中,他们明确提出了"公民环境权"的问题。他们说:"我们在把公害问题作为今后的课题进行考虑时,如果仅仅局限于把直接侵蚀人体健康的现象作为公害问题,并以此来思考对策的话,就不能使问题得到根本的解决。而必须从以下观点出发,即我们怎么做才能形成不受这种侵害的环境呢?侵害健康和舒适生活的主要是污染,而作为人,不管他是谁,怎么才能享受不受污染影响的环境呢?这就要求我们站在广泛保护人类环境的立场上来考虑这一问题。""因此,要想从对环境的破坏走向对环境的保护,我们就应该拥有支配环境、享受良好环境的权利。针对随意污染环境、妨害我们舒适的生活或想妨害我们生活的行为,以这一权利为根据,拥有请求排除妨害或预防妨害的权利。在今天,我们希望这一权利得到重新提倡,我们把这一权利叫做'环境权'。这种环境权的确立,将是今后公害法学要解决的重要课题之一。"报告人认为,支配环境的权能应属于居民共同拥有,谁都可以自由且平等地加以利用,公民环境权是以宪法第25条中生存权的规定为根据的基本人权之一,应把它作为人格权的一种而加以把握。

这一权利的提出,成了公众注目的焦点,引起了日本环境保护运动负责人、法学界等各方面的极大反响。这是报告人意料不到的。此后,大阪律师联合会成立了包括两位报告人在内的九人"环境权研究会",并在日本律师联合会的委托下,进行了大量的联合研究。其研究成果以《对确立环境权的建议》为题发表于1971年5月的法律杂志《法官》上。这一"建议"参照了《人类环境宣言》《东京宣言》及京都府防止公害条例、原东德宪法、瑞典环境保护法、美国国家环境政策法、原东德国土整治法等国内外的先进范例,旨在从法律理论上构筑更为周密而严谨的环境权。即重新确认大气、水、土壤、日照、通风、景观、文化性遗产、公园等社会性设施作为环境要素,是和不动产的使用没有联系的,应属于人人平等分配,万人共同拥有的财产,建立"环境共有的法理"。这个建议发表后,在日本也引发了环境权争论的大辩论。

在这些致力于环境法基本权利理论研究的先驱者的启发和带动下,国际法、宪法和环境法学界都开展了对公民环境权理论的研究。

## 二、立法与司法实践

公民环境权理论提出后,不仅在理论研究方面引起了极大反响,而且得到了立法和司法实践的响应,迅速出现了有关公民环境权的立法以及相关诉讼。

### (一)立法实践

在国内法中,越来越多的国家将环境保护的内容写进了宪法,有的国家明确地将环境权作为公民的一项基本权利。如《马里宪法》(1992年)第15条规定:"每个人都有拥有一个健康的环境的权利。国家和全国人民有保护、保卫环境及提高生活质量的义务。"美国《伊利诺伊州宪法》第11条规定:"每个人都享有对于有利健康的环境的权利,每个人都可以按照议会以法律规定了合理限制和管理的适当的法律程序对任何一方,不论其是政府还是个人,执行这项权利。"美国《马萨诸塞州宪法》第44条第791款规定:"人民享有对清洁空气和水,对免受过量和不必要的噪声侵害以及对他们的环境自然的、风景的、历史的和美学的质量的权利。"

也有越来越多的国家制定了综合性的环境法律,其中在20世纪90年代制定或修改综合性环境法律的国家就有70多个。在这些综合性环境法律中,大都规定了公民环境权的内容。如美国《国家环境政策法》第3条规定:"国会认为,每个人都应当享受健康的环境,同时每个人也有责任对维护和改善环境作出贡献。"日本《东京都公害防止条例》的序言也明确规定:"所有市民都有过健康、安全以及舒适的生活的权利,这种权利不能因公害而滥受侵害。"

公民环境权为国际上所接受并充分地表现在一系列的国际性宣言及有约束力的文件中。1972年的《人类环境宣言》是最早宣告公民环境权的。自《人类环境宣言》以后,在各种有关国际环境保护的宣言中都反复重申了这一宣言的原则。如为纪念斯德哥尔摩人类环境会议十周年发表的《内罗毕宣言》、1992年联合国环境与发展大会发表的《关于环境与发展的里约宣言》等等。此外,它也出现在世界环境和发展委员会的报告中,如1987年发表的世界环境与发展委员会报告——《我们的共同未来》建议,作为环境保护和可持续发展之一项法律原则,"全人类对能满足其健康和福利的环境拥有基本的权利"。一些国际性和区域性文件也将各种有关公民环境权的主张概括进来,如1981年的《非洲人类和人民权利宪章》,是第一份明确表明承认"所有人民"对一个"舒适的有利于其发展的环境"的普遍权利的人权条约。在欧洲,经济合作发展组织(OECD)宣称一个"恰当的"环境必须被确认为基本人权的一部分。在一项确定公民环境权利和义务的努力中,欧洲联合经济委员会(UNECE)起草了《公民环境权利和义务宪章》,强调了一个基本原则,每个人都对一个足以确保普遍健康和福利的环境拥有权利。另一个区域组织——美洲国家组织在20世纪90年代初将公民环境权写进了《圣萨尔瓦多协议》,该协议的第11条以"对健康环境的权利"为题,规定了:第一,"每个人都应有权生活在一个健康的环境之中,并有权获得基础公共服务";第二,"各成员国应当促进对环境的保护、保存和改善"。

近年来,我国也出现了一些具有环境权意义的立法实践。如1995年通过的《福建省环境保护条例》第9条规定:"公民有享受良好环境的权利和保护环境的义务。……"2003年通过的《包头市环境保护条例》第9条规定:"一切单位和个人都有享受良好环境的权利和保护环境的义务……"2006年3月18日开始施行的《环境影响评价公众参与暂行办法》第33条规定了在进行规划环境影响评价时,对"可能造成不良环境影响并直接涉及公众环境权益的规划","应当在该规划草案报送审批前,举行论证会、听证会,或者采取其他形式,征求有关单位、专家和公众对环境影响报告书草案的意见"。2014年修订的《环境保护法》更是设立了专章规定"信息公开和公众参与",对环境状况知情权和环境事务参与权这两项保障公民环境权实现的请求性权能进行了明确规定。① 这就意味着我国的公民环境权的立法采取了救济性权利先行的策略,并实现了从低位阶到高位阶的跨越。

(二)司法实践

在立法的同时,也有一些国家通过公民环境权立法赋予国民获得环境诉讼主体资格,建立了公民环境权诉讼程序,并开始了公民环境权司法审判实践。美国、日本、印度、菲律宾都有这方面成功的案例。

在日本,除了承认日照权、眺望权、景观权等个别公民环境权的判例外,还有一些实质性地采纳公民环境权构想的判例。如日本法院在吉田町清扫中心案的判决中,首次采纳了公民环境权的构想。牛深市大小便处理场事件中的判决,德岛市垃圾焚毁场事件中的一审判决,广岛市北部填海造地垃圾处理场事件中的一审判决,土居町大小便处理场事件中的判决等都表示出是照顾到环境利益后所下的判决。大阪机场一案中的上诉审判决认定宁静的环境已遭到广泛的破坏,而对机场的公共性加以限制的做法,也可以说是对公民环境权主张表示同意的一种表现。此外,还有阪神高速公路事件中神户地方法院采用了"防止不当侵害环境利益权"的说法;伊达火电公民环境权诉讼中札幌地方法院的判决认为"作为充分满足人的维持健康且舒适的生活的必要条件,具有良好的环境就是不可缺少的",也表明了支持公民环境权的观点。在丸森町产业废弃物处理场事件中,仙台地方法院把它作为人格权的延伸,实质性地承认了居民的"水质公民环境权"。1994年1月31日宣布的东北电力原子能发电所一案的仙台地方法院的判决,虽然驳回了对原子反应堆的运转、建设的中止请求,但却首次正面面对公民环境权的主张,作出了应视为合法这一划时代的判断。判决说:"尽管正如被告指出的那样,原告主张的公民环境权在实体法中没有明文规定作为根据,但从权利主体中权利者的范围,权利对象中环境的范围,权利的内容等均为具体的、个别的事实来看,尚不能草率地作出它不明确这一判断。至于本案中以公民环境权为基础提出的请求,作为在民事诉讼法上的请求,不能说它不具备民事裁判中审查对象的法定资格这一性质,所以本案中的起诉,应该说是合法的。"

在印度,法庭接受了私人对印度政府允许许多皮革厂向恒河排放污染物的决定提起的诉讼,

---

① 《环境保护法》第53条规定:"公民、法人和其他组织依法享有获取环境信息、参与和监督环境保护的权利。各级人民政府环境保护主管部门和其他负有环境保护监督管理职责的部门,应当依法公开环境信息、完善公众参与程序,为公民、法人和其他组织参与和监督环境保护提供便利。"

法庭决定关闭这些皮革厂直至废物处理系统建立为止,尽管法庭明知如此判决将造成经济上的重大损失。但它在判决中表明,不仅要注意《印度宪法》第48A章中有关国家应该努力保护和改善环境的规定、第51A章中有关保护和改善环境是每个公民的义务的规定,而且还引用了1972年《联合国人类环境宣言》。法庭宣布,原告的立场不容反对,因为他们是体现公众精神的公民,他们正义地提醒政府,他们保护环境的责任已包含在国家宪法之中。

在菲律宾,45名儿童于1990年由他们的监护人代表安东尼奥为原告,代表他们这一代及其下一代向法院提起诉讼,他们认为菲律宾政府环境资源部门所签发的木材许可证超出了森林的采伐能力,要求停止大规模地出租供采伐的森林特别是原始森林的行为。菲律宾最高法院最终确认了这45名儿童的诉讼资格,认为他们拥有诉权,承认他们作为自己和后代人的代表基于环境保护立场对政府提出诉讼具有保护子孙后代的权利,声明当代人和后代人都享有生态平衡的和健康的环境的权利。戴维德法官在向法院的报告中指出:"我们发现没有任何困难判决他们(指儿童)能够为他们自己、他们的其他同代人以及后代提起诉讼。就生态平衡和健康的环境而言,他们代表后代提起诉讼的资格建立在几代人共同责任的基础上。"由于最高法院在1993年6月30日作出的第101083号判决,迫使政府下令取消了65个出租森林的合同项目。

在阿根廷、巴西、哥伦比亚和哥斯达黎加等国家中,环境权不仅可诉,而且主张环境权的一方大多是胜诉方。① 例如,在哥伦比亚法院已经肯定并执行该国宪法规定的公民环境权利。安蒂奥基亚地区法院在一项判决中认定,一些砍伐森林的活动和污染环境的行为对土著居民的健康和生活造成了"严重后果","他们的森林被破坏,因而改变了他们与环境的关系并危及了他们的生活、文化和道德的完善";为此,法院判决被告支付有关费用。在另一个有关沥青污染的案件中,图卢亚—巴勒的第一最高法院在判决中认为该沥青项目"对宪法中所规定的基本权利造成了威胁……这项基本权利可能遭到侵犯,将对社区造成不可弥补的损害",为此法院命令暂停该沥青项目;哥伦比亚宪法法院支持了第一法院的这一判决。此外,将环境权予以司法适用,并确立环境公益诉讼,亦已成为非洲国家的趋势。②

## 第二节 公民环境权的涵义

### 一、公民环境权的语义

公民环境权一般被简称为环境权,是一个从国际法到国内法都广泛使用的概念,这一概念目前虽得到了广泛的使用,但对其理解即使在语义上也存在差别。比较明显的两种认识是:一种将其理解为"环境的权利"(environmental rights),另一种将其理解为"对环境的权利"(the right to environment)。

(1) 环境的权利。公民环境权虽然通常被解释为人所享有的法律上的权利,但如果比照"人权"一词的解释方法,可以将其理解为环境的权利,也就是环境所拥有的权利,而不是人类对一个健康环境拥有的权利。这种解释从生态中心主义的角度,将环境置于与人类同等的地位,是有一定道理的,但它将引起人们的不安和对法律的怀疑,尤其是对人类的基本法律理念如人类的法律主体地位的怀疑,这种理解也将使法律的根基发生动摇。

(2) 对环境的权利,即人类对环境的权利。这种解释表达了法律将环境作为客体的一般理

① 吴卫星:《我国环境权理论研究三十年之回顾、反思与前瞻》,《法学评论》2014年第5期。
② 张敏纯、张宝:《非洲环境权入宪的实践及其启示》,《求索》2011年第4期。

念,但是,它也强调了这样一种观点:"对于公民环境权的认同将增加到对生物圈的保护之中,而后者的健康安全对于人类的生存是至关重要的。"事实上,这种解释是在传统法律观念下对权利的一种再认识,它也并非是完全地将人类凌驾于自然之上或将自然看作人类任意奴役的对象,而是充满了人类重视自然、与自然和谐友好的思想。

在各种关于公民环境权的理论研究以及立法实践中,多采用"环境的权利"(environmental rights)一词表达"对环境的权利"(the right to environment)的意义,本书也是在这一意义上使用公民环境权一词的。

### 二、对公民环境权的一般认识

一般认为,有关公民环境权的经典定义是《人类环境宣言》中原则一的宣告:"人类有权在一种能够过尊严的和福利的生活环境中,享有自由、平等和充足的生活条件的基本权利,并且负有保证和改善这一代和世世代代的环境的庄严责任。"但在理论研究和实践中,对于公民环境权的表达方式有多种,一方面是因为在立法上对法律有不同的表述方法;另一方面也反映了研究者对这一概念的不同理解。

有的将环境权理解为各种环境资源法律法规中有关保护环境资源的各项权利的总和,即各种环境法律权利,并认为公民环境权包括享受适宜公民环境权、开发利用环境资源权、参与环境管理权,以及环境检举权、控告权、监督权、知情权、诉讼权等各种具体权利;有的认为公民环境权仅指公民享受适宜环境的权利,即公民有在良好、适宜的环境中生活的权利;有的认为公民环境权是指保护环境的权利;有的将环境权界定为环境法律关系主体就其赖以生存、发展的环境所享有的基本权利和承担的基本义务,即"环境法律关系主体有享用环境的权利,也有合理保护适宜环境的义务"。

各种有关公民环境权的定义都建立在对公民环境权法律属性的认识基础之上。学者们从国际法到国内法、从公法到私法等各个不同层面,对公民环境权给予了高度的关注和广泛研究,也产生了激烈的争论,这些争论的焦点也集中在对公民环境权性质的认识,不同性质的公民环境权决定了对其实体权利的不同理解以及权利保护体系的设计。归纳起来,对于公民环境权的性质的认识,主要有肯定说与否定说两类,而在肯定说中,又有不同认识。

#### (一)否定说

概而言之,对公民环境权持"否定说"者主要基于几种理由:(1)认为所谓的环境权实则可以为民法上的环境物权所包容,亦即所谓的公众良好环境享受、使用权实则为公众作为环境物权的权利主体,依法对环境资源所享有的物权以及派生的各种用益物权;①(2)认为保护环境的确需要法律依据,目前法律在这方面存在缺陷,但只要扩大传统的人格权和财产权的保护,以及更新侵权理论,就足以弥补传统法律的缺陷,不必要再确立公民环境权作为独立的权利形态。(3)认为环境权的定义存在权利与义务相混同的模糊性,无法转化为公民个人的法律权利。②

我们认为:这种观点至少是在没有全面正确地理解公民环境权的真正涵义,并在传统的以私权为中心的法律观指导下提出来的。公民环境权是为克服和弥补传统法律理论和法律制度在环境保护中的缺陷和不足而产生的一项新的权利。

---

① 参见朱谦:《环境权问题:一种新的探讨路径》,《法律科学》2004年第5期;朱谦:《反思环境法的权利基础——对环境权主流观点的一种担忧》,《江苏社会科学》2007年第2期。
② 相关成果可参见胡光志、顾鲁晓:《对环境权困惑的反思与重新考量》,《湖南社会科学》2013年第5期;徐祥民:《对"公民环境权论"的几点疑问》,《中国法学》2004年第2期;徐祥民等:《环境权:环境法学的基础研究》,北京大学出版社2004年版;巩固:《环境权热的冷思考——对环境权重要性的疑问》,《华东政法大学学报》2009年第4期。

（1）传统的以所有权为核心的财产权理论及制度不利于环境保护。首先,传统所有权理论中,所有权的客体只能是人力能够支配和控制之物,而作为环境要素的空气、水体、野生动植物尤其是生态因不能为人力所支配和控制,因而不能成为所有权的客体;其次,所有权作为一种自物权,是主体依法对自己的所有物享受的权利,任何人无权对与其无关的财产提出权利要求,据此,公民无权对环境要素提出权利要求。在这样的所有权理论下,公民是不可能提出环境保护的要求的。虽然在传统民法上也有他物权制度,因为它是作为所有权制度的补充,也难以在环境保护方面发挥较大的作用。因此,限制所有权、改变以财产所有为中心的立法指导思想是环境法的首要任务。

（2）人格权理论及制度关于生命健康权的保护对于环境保护也是不足的。首先,生命健康权的保护以对人身权的直接侵害为构成要件,而环境污染和破坏行为在大多情况下不具备这一特征;其次,衡量是否造成生命健康权侵害的标准是医学标准,尤其是对健康权的侵害是以产生疾病为承担责任的标准。而在环境保护中,造成疾病已为环境污染和破坏的最严重后果,环境法要以保证环境的清洁和优美不对人体健康构成威胁作为立法目标,以环境质量作为承担责任的依据。

（3）传统的侵权理论围绕所有权和人格权的保护所确立的一系列保护原则难以适用于对环境的保护。共同侵权行为的共同故意原则、直接因果关系原则、时效原则、过错责任原则等等,这些原则在环境保护方面都难以适用。如果依照传统民法理论适用这些原则,其结果只能是使受害者得不到保护,致害者逍遥法外。这样的理论也显然不能适应环境保护的要求。

尽管在现代民法理论中物权、财产权、人格权及侵权理论都在发展,但它们离环境保护的要求相差甚远:首先环境保护要以协调人与环境的关系为终极目标;其次环境保护要以整个生态系统为保护对象,包括保护环境的优美和舒适;再次环境保护要以预防环境污染和破坏为主要手段,环境污染和破坏的后果是难以补救甚至无可逆转的。因此,对环境保护而言防患于未然的意义远甚于"亡羊补牢"。这些都不是物权、财产权、人格权、侵权理论及制度能胜任的,如果硬要传统的法律理论完全适应环境保护的要求,那么只能使这些理论失去其存在的基础而变质变味,而且也难免挂一漏万,反倒使受传统民法制度保护的那些权利得不到妥善保护。因此,只有在新的理论指导下产生的环境保护制度才有利于保护环境,全面地保护公民的公民环境权益。当然,让传统的民法理论适应经济发展的要求,体现环境保护的观念,并在不改变其自身属性的前提下发挥保护环境的作用也是十分必要的。公民环境权正是这样的为公民环境保护所需要,而传统法学理论与制度又未加规定的一项应有权利。

（4）公民环境权并不模糊,而是确定的、可具体化的权利。目前,对公民环境权的一种重要批评是它的不确定性。此种批评认为公民环境权概念模糊,内容不能确定,也无法得到保障;而确定一个无法得到保障的权利是没有意义的。这种批评对于公民环境权的完善有积极作用,它使我们更清醒地看到了发展的方向。公民环境权作为一项发展中的权利,的确存在一些问题,但这些问题将会在今后理论研究的深入和实践的发展中逐步得到解决,不完善并不当然意味着它不能存在。其实,公民环境权作为一项权利,其基本元素是具备了的。

在法理学上,权利包含五种主要成分:权利拥有者(权利的主体)可以根据某些具体原则理由(权利的正当性),通过发表声明、提出要求、享有或强制性实施等手段(权利的实施),向某些个人或团体(相关义务的承担者)要求某种事物(权利的客体)。公民环境权是具备了这些基本成分的。

第一,公民环境权的主体包括当代人和后代人。因为地球并不是祖先只留给我们的,它也属于我们的后代,公民环境权应由当代人和后代人共同享有。它既是一项个人权利又是一项具体权利。如菲律宾最高法院通过的《菲律宾环境案件程序规则》规定:"任何菲律宾人均可代表包括未成年人和未出生的后代人在内的他人,提起行使环境法的权利或义务的诉讼。"①

第二,公民环境权的对象是人类环境整体。它既包括天然的环境要素和人工环境,还包括各环境要素所构成的环境系统的功能和效应,如生态效益、环境的优美舒适等。它的客体则是各种有关环境的权利,这一权利具有概括性,可以通过列举而具体化。如在美国的一些州宪法中将公民环境权作了具体的规定,包括清洁空气权、清洁水权、免受过度噪声干扰权、风景权、环境美学权等;在日本的一些判例中列举的公民环境权包括清洁空气权、清洁水权、风景权、宁静权、眺望权、通风权、日照权、达滨权等。

第三,公民环境权的实现方式也是多样化的。在联接主体与客体的活动中,公民环境权体现出丰富性,其中最主要的形式为:承认公民对环境的使用;主张国家对环境的保护;请求司法保护、参与环境管理等等。

第四,公民环境权是权利与义务的统一。保护环境是每个公民的权利,也同时是每个公民的义务,在享有公民环境权利的同时承担保护环境的义务是现代权利观的基本要求。

第五,公民环境权的正当性来自环境保护对于人类生存和发展的需要。公民在健康优美的环境中生存的权利,实为公民与生俱来的应有权利。环境问题的产生及其恶化,使公民产生了保护环境的权利要求,生态学和环境科学的发展更使国家具备了保护这一权利的物质手段。因此,国家应及时将这一应有权利奉为法律权利。而在现代社会权利法定原则下,公民环境权的法律化是使公民环境权利得到保障的前提条件,也是国家担当环境管理职责的法律依据。

第六,公民环境权正在被法定化、具体化。虽然在某些国家,公民环境权法定化、具体化的进程较为艰难。② 但有学者统计,目前世界范围内在宪法中确认环境权的国家已近 100 个,③ 环境权入宪获得越来越广泛的认可已是不容忽视的事实,这为环境权的具体化提供了必要宪法基础和逻辑起点。如《大韩民国宪法》(1987 年修改)第 35 条明确规定:"环境权的内容由法律规定。"为了确保《大韩民国宪法》中规定的环境权的实施,《韩国环境法》对《大韩民国宪法》中规定的环境权做了大量具体化工作,已经制定由环境部主管的有关环境权的法规 26 个,由环境部之外的其他部门主管的有关环境权的法规 50 多个。④ 即使在宪法中没有明示环境权的国家,也没有排斥或阻碍环境权法定化、具体化的步伐。例如,我国《宪法》虽然没有明确宣示环境权,但新修订的《环境保护法》专设"信息公开与公众参与"专章,明确赋予公民环境保护领域的知情权、参与权、监督权,以及环境公共利益代表主体的诉讼权。⑤ 这无疑是公民环境权通过法定程序具体化的重要立法表现。综上所述,公民环境权并非如某些持"否定说"的学者所说的那样模糊、不确定、无法具体化,其确定性和具体化不仅在理论上具有正当性,更有大量的法制实践印证其可行性。

(二) 肯定说

在公民环境权的"肯定说"中,学者们对于公民环境权的性质也存在不同认识,主要有四种学说。

1. 人权说

即认为公民环境权是一项人权,或是人权的一个组成部分。如日本学者松本昌悦认为:《人类环境宣言》把公民环境权作为基本人权规定下来,公民环境权是一项新的人权,是继法国《人权宣言》、苏联宪法、《世界人权宣言》之后人权历史发展的第四个里程碑。有学者将公民环境权界

---

① 转引自黄婧:《〈菲律宾环境案件程序规则〉及其借鉴意义》,《中国政法大学学报》2012 年第 1 期。
② 参见王曦、谢海波:《论环境权法定化在美国的冷遇及其原因》,《上海交通大学学报(哲学社会科学版)》2014 年第 4 期。
③ 具体数据可参见吴卫星:《我国环境权理论研究三十年之回顾、反思与前瞻》,《法学评论》2014 年第 5 期。
④ 参见蔡守秋:《从环境权到国家环境保护义务和环境公益诉讼》,《现代法学》2013 年第 6 期。
⑤ 详见《环境保护法》第 53、54、55、56、57、58 条。

定为一项"生态人权",并认为它包括如下内容:(1)对生态上洁净的食物权;(2)对生态上无害的消费商品的权利;(3)参加生态上无害生产过程的权利;(4)生活在生态上洁净自然的环境的权利;(5)获取并传播关于食物、消费品、工作条件和环境状态的质量信息的权利;(6)参与解决可能置生命与健康于危险之中的工业企业坐落地点和技术采用的问题的权利;(7)对由于环境污染、其他有害影响环境的行为或非理性使用资源的行为而导致的健康损害请求赔偿的权利。

2. 人格权说

由于公民环境权的主体是公民,而公民的环境权益包括了人身权益,又由于侵犯公民环境权的后果往往表现为对公民身体健康的损害,因此,有人认为公民环境权属人格权。在日本的一些判例中就将侵犯公民环境权的行为视为侵犯人格权,如1970年大阪国际机场公害案和1980年的伊达火力发电厂案的判决。日本公民环境权理论的首倡者,仁藤一、池尾隆良两位律师认为,支配环境的权能应属于居民共同拥有,谁都可以自由且平等地加以利用,公民环境权是以宪法第25条中生存权的规定为根据的基本人权之一,应把它作为人格权的一种而加以把握。

3. 财产权说

此说认为公民环境权是一种财产权,如美国密执安大学教授萨克斯认为,空气、阳光、水、野生动植物等环境要素是全体公民的共有财产;公民为了管理他们的共有财产而将其委托给政府,政府与公民从而建立起信托关系。政府作为受托人有责任为全体人民,包括当代美国人及其子孙后代管理好这些财产,未经委托人许可,政府不得自行处理这些财产。日本的中山教授提出了用"环境的共同使用权"来构筑公民环境权,把它定义为"是一种具有其他多数人可以进行同一种使用和可以共存的内容,因共存的方式不同,各个人可以使用特定环境的权利"。并由此得出"生活环境利用权""自然公物利用权""特定自然环境利用权"三种权利。

4. 人类权说

此说认为公民环境权是指人类作为一个整体或地球上的所有居民共同享有的权利。也有学者认为,公民环境权作为"新一代权利","将在赋予受益人保护任何被确认的权利以立法上保护手段的同时,更全面地承担起人类面临的生态挑战"。当该权利发展时,有必要通过改善的机制以一个完整的"既不忽略经济、社会和文化方面也不忽略内在和外在因素"的方式界定并予以保护。并且特别强调,后代子孙的公民环境权利就蕴涵其中。一个衰落的环境不仅伤害当代人,而且伤害将来的后代子孙。第一,一个灭绝的物种及其给环境带来的不论何种好处永远消失了;第二,经济、社会和文化权利在一个由于不负责任的前辈浪费造成的资源匮乏的世界里是不可能享受的;第三,后代子孙的生存也可能受到足够严重的环境问题的伤害。因此,一项人类公民环境权隐含了显著的、经常的对尚未出生的人的义务。

此外,关于公民环境权的性质还有财产权兼具人格权说等。

我们认为,以上各种学说都揭示出了公民环境权的某个或某些性质特征,包含着对公民环境权的属性认识。但是人格权说与财产权说均只反映了公民环境权某一方面的功能特征而失之片面,人类权说则因为难以具体化为公民权利而失之笼统,至于财产权兼具人格权或人格权兼具财产权说则本身并没有确定公民环境权的性质。

## 第三节 公民环境权的法律属性

### 一、对公民环境权的批评

公民环境权一开始是作为基本人权提出来的,尽管该主张提出后,受到的重视程度前所未有,有关的理论与实践也十分活跃,但它所招致的批评也从来未曾平息。因为它所存在的缺陷是十分明显的,如它的概念模糊,主体不确定,范围不确定,无法具体化等等。在立法实践中,也因为它多被作为一项新的权利得到初步承认,还不是自身可以执行的条款,因而被认为"承认此项宪法新权利能够得到实施之前有必要以立法贯彻之"。此外,公民环境权的司法实践也是障碍重重。

概而言之,对公民环境权的批评主要有如下几种。

(1) 公民环境权不是一项人权。人权是每个人由于其人的属性且人人都平等享有的权利,它以人类自然属性的要求为基础。但是,"人权涉及那些现在就必须实现的权利,而不是那种可能十分可爱但将来才能提供的东西"。① 也有人认为,我们对于生存的那类要求应被"视为期望而不是权利"。据此,公民环境权不能成为一项人权。所以有学者主张,保护环境的确需要法律依据,目前法律在这方面存在缺陷,但只要扩大传统的人格权和财产权的保护,以及更新侵权理论,就足以弥补传统法律的缺陷,不必要再确立一项概念模糊的公民环境权。也有学者建议从民法的角度构筑公民环境权,而不能将其作为一项人权。

(2) 公民环境权是其他人权的基础,不是一项独立的人权。有人认为:一切人权的享有与环境问题紧密相联。不仅生命权和健康权,而且政治权利和公民权利以及其他社会、经济和文化权利,都只能在健康的环境中充分地享有。当然,如果走到极端,环境受到的损害超出一定的严重程度,那么人们就根本不能享有这些权利。整个人类在这种情况下可能和其他包括人权在内的全部文明一起消灭。环境变得越糟,人权受到的损害越大,反之亦然。因此,环境问题与所有人权之间存在着不可否认的依赖性,但是它不能成为一项独立的人权。

(3) 公民环境权作为人权或宪法权利无法确定。"每一特定人权必须明确予以定义,尤其是在国家管辖范围内,更宜如此。"但是,目前无论是在国内法还是国际法上,对环境都无一个确切的法律定义,因而,更无法确定公民环境权的定义,"未经确定准确的定义,而以法律或其他方式进行有效调控,如果不是不可能,也是难以想象的"。

(4) 公民环境权倾向于概念法学的思考模式。公民环境权倾向于概念法学的思考模式,其排斥利益衡量的观点否定了灵活的解释方法,因而太生硬了。仅以破坏环境为由承认停止请求权,在现行法的解释中也过于勉强,应以新的立法对它采取相应的措施。环境保护与产业开发具有同等重要的社会价值,对两者的调整性决定,不是通过司法判断得出,而应首先通过立法和行政的判断,即国家环境义务具体化和环保公众参与等途径具体实现。②

(5) 公民不是环境权的主体。有学者虽然肯定环境权的存在,但认为享有的环境权主体不是公民,而是社会。③

(6) 公民环境权是一种"反射性利益"。有学者认为,公民环境权是由于国家环境行政而产生的一种"反射性利益",它不具有法律上权利的属性,不能成为一项法律权利。

## 二、公民环境权的人权属性

关于公民环境权的各种学说和实践,都处于发展过程中,在这种情况下,无论是赞同还是批评,对于它的发展都是有益的,因此不存在孰是孰非的评论。关键在于对它有一个全面而客观的认识,并且这种认识必须建立在现代法制的观念之上。

### (一) 公民环境权是法律上的权利

在传统行政法上,以法的宗旨或目的为依据,区分法律保护的利益和反射性利益,并以此作

---

① [英] R·J·文森特:《人权与国际关系》,凌迪等译,知识出版社1998年版,第13页。
② 参见李旭东:《环境权私权化理论的检讨与启示》,《社会科学战线》2013年第2期。
③ 参见王蓉:《论环境权主体和客体》,《中国政法大学学报》2009年第3期。

为判断国民是否有排除违法行政请求权的根据。凡属法律上所规定的私人公权——法律上承认权利主体在公法关系中能够直接为自己主张一定利益的地位都是权利,并且是法律上的权利。而当为保护和增进公益而进行的法律规制或行政执行,在事实上给特定的或不特定的私人带来一定的利益时,这种利益就是反射利益或事实上的利益,反射利益不是法律上的利益。反射利益与法律利益是被严格区别开的。

传统学说认为,当法律为私人特别规定保护其一定利益时,该利益称为"法律保护的利益",该利益由于行政权的违法作为或不作为遭受损害时,当事人享有排除行政违法行为的权利(法律上的利益),可以向法院提起诉讼,要求排除违法行为(违法排除请求权),或者要求合法的行使行政权(行政介入请求权)。相反,法律完全是为了公共利益的实现,而不是以保护个人利益为目的时,因为基于这种法律的行政活动一般都是为了公共利益而实施的,所以,依法实施的结果,即使给国民带来利益,那也不是国民的权利,而仅仅是行政公益活动的结果,是反射性利益。换言之,反射利益是为了实现行政目的而采取的命令、限制、禁止等的结果,国民所享受的事实上的利益,是法的反射性效果,而不是法对特定的个人予以保护的权利,故不能成为法的救济对象。所以,即使这些反射性利益受到侵害,也不能说国民有请求救济的法的权能。

概而言之,行政法规所保护的利益属于直接的私人利益时,便存在私人公权;当行政法规所保护的利益是不特定的多数人(一般社会)的利益时,作为保护这种利益的结果而间接地给有关人员带来利益时,可以认为只有反射性利益的存在。环境管理是国家为保护环境而设置的一项行政权,环境保护是行政机关为保护环境这种公共利益而实施的行政活动,所带给国民的利益就是一种事实上的利益,或反射利益,它不能成为一项法律上的权利,由于环境的污染和破坏而给国民带来不利时,也不能构成所谓的"权利侵害",不能由国民行使违法排除请求权或行政介入请求权。

反射性利益与法律上保护的法律利益的区分,是根据对法的宗旨的解释来决定的,法律的解释方法不同导致了国民权利范围的不同。这种拘泥于一种传统的法律解释方法而推导出来的结论对于环境保护的不利是显而易见的,按照这种理论,没有任何国民个人可以对污染和破坏环境的行为向行政机关主张权利。显然,这种理论难以成立。

关于法律上的利益和放射性利益的二分论,是以公共利益和私人利益的二元论为前提的,并且将个人利益与公共利益置于完全对立和不能相容的状态。而现代国家中的所谓公共利益,最终不过是私人利益的集合而已,因而,私人利益与公共利益的区分在原理上是难以成立的。所以,法律上的利益与反射利益的二分论在理论上难以维持。

要判断是法律利益还是放射性利益,要依赖于对实定法规宗旨的解释。可是,法律法规各种各样,复杂而繁多,其制定的背景和条件又各不相同,将法律规定的方法及宗旨看作是一成不变的,并不一定能够得出准确的结论。并且,依法律宗旨来对法律进行解释也仅仅是法律解释方法之一,以此作为否认公民环境权存在的理由至少是不充分的。

现代社会,社会化大生产的发展和国家行政管理职能的扩展,使政治国家与市民社会的沟通与融合日益加强,而社会公共利益与个人利益关系的变化导致了法律功能的社会化、法律利益的公共化,环境法从一开始就是为保护环境这一公共利益的目标而设立的新型制度构架,它是公法私法化和私法公法化的结果,是突破传统概念法学的产物。如果将环境法的理论置入传统行政法的窠臼,结果只能是与环境法的宗旨背道而驰,造成环境法不能保护国民的公民环境权益的结果。

从现代法治国家的基本特征来看,各国均以宪法的形式来表明对国民的基本人权和主体性的尊重,赋予国民以不因公权力的行使而受到侵害的"总括性自由",以这种广泛的自由权为前提,对于国民因行政权的违法活动而受到的不利侵害,作为实体法上的权利,是应该而且可以加以承认并给予保护的。

按照权利法定原则,为了确保国民在健康的环境中的生存,保障社会经济发展的基本物质条件而将公民环境权设定为一项权利也是可能的。事实上,作为生物生存的人类,没有清洁的水、大气、土壤等环境利益就无法生存下去,人类享受的这些环境利益,也不是单纯的事实上的利益或反射性利益,而是法律上的利益本身。

（二）公民环境权是一项基本人权

人权法上关于人权的基本意义,可以概括为几个方面:首先,人权是人人都享有的权利,人权的主体不只是这个或那个社会成员,而是人类社会的成员。其次,人权的客体也像那些一般权利一样具有重要意义,它作为一种绝对权利,其客体一般也具有最重要的意义,在发生利益冲突时,人权优于其他权利。再次,人权的实施范围可能比公民权利更受限制,它必须是法律所明文规定的权利。复次,与人权相关联的义务具有强势与弱势两种,强势人权要求制约的是所有其他人,弱势人权要求制约的是人类的某个具体的组成部分。最后,人权的正当性的表现为国内法以及区域性国际法和全球性国际法,从根本上看,人权来自通过理性分析认为应该坚持的原则,即"天赋人权"。根据人权的一般属性,公民环境权是既合乎理性分析又为立法实践所承认的一项人权。

首先,公民环境权作为一项人权已为一系列国内和国际法文件所肯定。公民环境权"是一项所谓的第三代权利或相关权利。它既可以在许多国家的包括宪法在内的国内立法和其他法令中找到,也可以在宣言性及有约束力的国际文件中找到"。如1966年12月9日签署的《经济、社会、文化权利国际盟约》第11条宣布:"本盟约缔约国确认人人有权享有其本人及家属所需之适当生活程度,包括适当之衣食住及不断改善之生活环境。缔约国将采取适当措施确保此种权利之实现,同时确认在此方面基本自由同意之国际使用极为重要。"又如《非洲宪章》宣称:"各民族有权享有有利于其发展的普遍良好的环境。"而在《人类环境宣言》中,第一条原则即为:"人类有权在一种具有尊严和健康的环境中,享有自由、平等和充足的生活条件的基本权利,并且负有保护和改善这一代和将来世世代代的环境的庄严责任。"同时,它还出现在世界环境和发展委员会的报告中,该报告建议,作为环境保护和可持续发展之一项法律原则,所有人有权享有适于其健康和幸福的环境。还值得注意的是,尽管目前公民环境权在国际人权法上还未准确提出,但作为一项正在形成中的权利,在关于人权的两个国际公约和《世界人权宣言》中可以找到此项权利的要素。

其次,公民环境权作为一项基本人权,其核心是生存权。环境是公民作为生物个体生存的基本物质条件和空间场所的提供者,是人类生存的必要条件,保护环境的目的在于保证人类的生存繁衍,因此,公民环境权的最低限度标准不是单纯的医学上划分疾病与健康的标准。公民环境权不是公民个人对其择住环境的占有、使用、处分权,因而不是财产权;公民环境权也不是要求他人不直接侵害公民生命健康的权利,因而它也不是人格权。公民环境权始终以环境作为权利媒体,要求实现人类价值观的彻底转换,是建立在人与自然和谐共处、相互尊重的基础上的新型权利。

最后,公民环境权具有作为人权的本质属性,这些属性可归纳为:

(1)整体性与个体性的统一。确立和实现公民环境权是为了达到保护人类生存环境的目的。正因为环境是每个人生存必不可少的物质条件,而环境污染和破坏则正威胁着这种物质条件,才产生了当代人和后代人对公民环境权的要求。环境污染和破坏的后果将影响这一代人和后代人的生存质量,公民环境权保护的结果表现为环境质量的改善和人与自然关系的协调,即通常所称的产生环境效益,环境效益也是这一代人和后代人可以共享的。任何人在当今社会都不可能脱离环境条件独善其身,也不可能以任何方式独占环境利益。因此,公民环境权具有强烈的整体性,是通过个人权利形式体现的真正公共权利或"人类权利"。但公民环境权的整体性中又包含着个体性,其核心是人的生存权,是人成其为人或继续作为人生存的权利,这是人的首要权利,是每个人都应平等享有的权利,这一权利不能受到限制或剥夺,剥夺了公民的公民环境权,就等于剥夺了人的生存基础。虽然其他权利可能因种种原因而丧失,如财产权可能因处分而转移,公民的政治权利可能因受刑事处罚而被剥夺,而公民的公民环境权则是与生俱来,不可剥夺的。正是由于这种整体性与个体性的统一,使得公民环境权的行使,既可以是集体行为,也可以是个人行为;而对这一权利的救济,既需要采取公法手段,也需要采取私法手段。

(2) 长远利益和眼前利益的统一。公民环境权所包含的利益是多重的,其实现的目的是为了当代人和后代人的持续生存和发展,同时也是为了每个人更好地生存,因而公民环境权所体现的是整体利益、长远利益和个人利益、眼前利益的结合,公民环境权的这种属性,要求现代社会中的人作为人必须与自然建立和谐、尊重的关系,必须克服利己主义倾向,改变功利主义的环境观,"我们在决定在世界各地的行动的时候,必须更加审慎地考虑它们对环境产生的后果。由于无知或不关心,我们可能给我们的生活和幸福所依靠的地球环境造成巨大的无法挽回的损害。反之,有了比较充分的知识,采取比较明智的行动,我们就可能使我们自己和我们的后代在一个比较符合需要和希望的环境中过着较好的生活"。正是因为公民环境权的这种利益多重性使它具有比其他法律权利更高的价值取向和人性标准,才产生了环境保护立法中的公民环境权保护的法律手段多样性、法律责任多元性的特征,前者如综合运用行政法、民法、刑法、诉讼法手段保护环境;后者如法律责任的加重,归责原则的客观化和责任追究的程序简化,等等。

(3) 权利与义务的对应性。任何权利都是或应当是与义务相互依存的,而且权利的实现往往是以义务的履行为条件的。公民环境权也不例外,在环境保护中,任何人都是权利主体,同时也是义务主体,不容许无义务的权利,也不容许存在无权利的义务。因此,每个公民的公民环境权是平等的,每个人在享受公民环境权的时候,都必须尊重和维护别人的权利。环境保护又是与科学技术发展紧密联系的,公民环境权利与义务的确定,都必须具有环境科学依据和符合生态规律,因此,公民环境权的权利与义务统一性使得环境法整体具有强烈的科学技术性。这种科学技术性表现为环境法律规范中的技术规范占有很大比重,环境保护制度的建立莫不与技术规范直接联系。

(4) 权利实现方式的多元性。环境问题的特点是污染和破坏容易,治理与恢复困难,有些环境污染与破坏如矿藏资源枯竭、物种灭绝都是不可逆转的,因此环境保护重在预防,防止危害环境的后果产生。与之相适应,公民环境权的保护也是如此,应将重点放在事前的预防上,仅此而言,公民环境权的实现方式也必须是体现以预防为主的指导思想,这就要求环境立法除了通过加重法律责任、扩大环境诉讼的范围等消极措施保护公民环境权外,还要以广泛赋予公民参与环境管理的权利的积极方式,调动广大公民的环境保护积极性、主动性和创造性,积极促进公民环境权的实现。

(三) 公民环境权是独立的人权

关于公民环境权是否独立的人权的争论,来源于一个不争的事实:人类"以各种各样的方式及在前所未有的规模上已经获得了改变其环境的力量。人的环境的两方面,自然的和人为的,对其幸福和基本人权——乃至他本身的生命权是必不可少的"。从某种程度上说,有良好的生存环境是人类享有一切人权的基础,公民环境权与一切人权都有关系,但公民环境权与国家主权、发展权、自然资源的永久主权、生存权、生命健康权等相关权具有更为密切的联系,因此公民环境权可以包含在其他人权之中,似乎没有必要成为一项专门的人权。

我们以为,以此作为否认公民环境权成为一项独立的权利的理由也是不能成立的。

首先,公民环境权是以环境危机为背景而产生和发展起来的一项权利,它源于人类对于自己与环境关系的重新认识。"人作为动物已经过分成功了,……人人以其数量上和技能上的加速增长,威胁着他的环境并因此(如人口生态学的法则所要求的)威胁着他自己作为生物物种的将来"。公民环境权所产生的时代和所要解决的问题都是特定的,他不同于一般的公民权利产生于人类对于自由的愿望,也不同于社会与经济权利产生于人类对物质生活目标的追求,而是产生于人类在环境危机面前对于自身及未来的生存发展的忧虑。

其次,公民环境权既是其他人权的基础,更是对其他人权的控制。这一特性表明公民环境权不可能也不应该纳入其他人权的范畴。环境问题涉及人类生存和发展的基本条件,作为生物的人离不开自然的环境条件,没有健康的环境就谈不上人类的生存,更谈不上享有人权;因而,公民环境权应该成为其他人权的基础。但是,要使人类在健康良好的环境下生存,就必须遵循生态规律,控制人类一切不利于环境的活动和行为,包括人权行为。有学者深刻地指出:公民环境权"本质上是一种与其他权利相冲突的权利,在一定意义上,它实际上起着控制其他权利的途径之作用。在某种程度上,它确定了对所有其他人权的功能上的限制,特别是当对环境作广义的定义时,情况更如上所述"。因为根据公民环境权的观念,如果人的任何活动损害环境超过一定限度,都被视为一项产生消极后果的活动,并应被禁止或改变,直到它停止产生该损害结果。简言之,公民环境权要求以环境的不受损害为基本标准,这一标准不仅是其他权利所没有的,而且是对其他权利的限制,就此而言,公民环境权也是不可能被包含在其他权利以内的。

再次,已有的某些人权不能成为阻碍新的人权产生的理由。从世界人权法的发展与实践来看,人权原则和具体权利都经历了一个由理论到实践的发展过程,在19世纪的个人主义、自由主义和消极法治主义的观念下,为保护个人的自由、平等而建立的以个人为本位的法律理论强调公民和政治权利高于一切,资产阶级革命无不高举自由、平等的旗帜,强调它们是"天赋人权",因而,公民和政治权利成为最早写进人权宪章的内容。随着社会的进步和发展,市民社会与政治国家对立的日益尖锐和市场万能神话的破灭,20世纪兴起了法团主义、国家干预主义和积极法治的观念,在这种观念下,为保护社会公共利益、社会公平而建立了以社会利益为本位的法律理论,强调社会进步是个人利益的保障、国家责任在于维护社会的发展,西方国家对市场机制的变革又莫不以发展和建立广泛的社会福利为目标;而在发展中国家,贫穷、饥饿、疾病始终是伴随左右的影子,生存与发展更是他们的第一需要,在他们的市场机制并不完善、自然资源的潜在比较优势无法发挥的情况下,国家或政府也担当着重要的责任,此时,才产生了关于社会、经济、文化的人权理论和人权文件。今天,人类面临的是一个生态主义、可持续发展和以环境资源为基础的发展时代,保护环境成为21世纪人类文化和法制系统发展和变化的主流,产生新的人权理论和规则的各种条件已经具备,如果以现有权利来限制公民环境权的产生更是与历史规律相悖。在此,有必要强调联合国《发展权利宣言》中的声明:"对于公民的政治、经济、社会和文化等权利的实施、促进和保护,应一视同仁地重视和紧急考虑。因而,增进、尊重和享受某些人权和基本自由不能成为剥夺其他人权和基本自由的理由。"

### 三、公民环境权的特殊性

如前所述,公民环境权是一种新的、正在发展的重要法律权利。正如许多学者所指出的,公民环境权与生存权、自然资源权、生命健康权、发展权等许多基本人权或社会经济权利都有交叉和牵连。这是我们在认识公民环境权的法律属性时所必须正视的一个问题。由于公民环境权的主体广泛、客体多样、内容丰富,我们必须从多方位来对公民环境权进行全面的认识。

1. 公民环境权是新型人权

公民环境权将人权和环境保护目标融合在一起,是因为两者最终都要寻求在现存地球生态系统条件下取得人类生存质量的最优化。但是,公民环境权具有不同于其他人权的属性,甚至存在着与其他人权的潜在冲突。传统人权法关心的是在既定的社会条件下保护生存着的个人;公民环境权的目的是通过平衡当前的和将来的需要和环境能力从全球角度保存生命。因此,保护环境往往与保护个人权利产生冲突。这一问题在公民环境权产生后不可避免,但是发展出这一权利可以为了平衡的目的置环境保护与其他人权于同等地位,而不是像财产权一样成为人权的附庸。公民环境权与传统人权的另一不同在于它是一种动态的权利,由于引进了对生物圈的生态平衡加以保护的观念,公民环境权在时间和空间方面增加了许多丰富的内容。

2. 公民环境权是复合性权利

这种复合性是公民环境权的主体、客体以及内容的丰富性和复杂性的表现。由于公民环境权的主体包括当代人和后代人,使得公民环境权兼有个人权、集体权、国家权、人类权、代际权的性质。由于公民环境权的客体包括具有经济功能和生态功能以及其他非经济功能的环境资源,使得公民环境权兼有财产权、人身权以及其他经济性法权和生态性法权的某些性质。由于公民环境权的内容包括合理开发利用环境、享受适宜环境、保护和改善环境等方面,使得公民环境权兼有生存权、自然资源权、生命健康权等方面的某些内容。

公民环境权的复合性还表现为它是公权力与私权利的复合体,公民环境权的产生来自市场机制对于环境保护的无功能,它是典型的为弥补外部不经济性而发展的新兴法权,是国家运用各种手段和措施限制、禁止个人有害环境或社会公共利益的行为的法律依据,具有浓厚的公权色彩。但是,尽管环境资源是公有的,环境资源的生态效益是无法为个人所独立占有和支配的,可人类的生存除了生活的需要以外还必须有劳动的需要,而作为人类劳动对象的自然资源早已部分(包括自然资源本身以及它们的功能)地为个人所占有和支配,传统私法已对此作出了一定的制度安排,按照私权配置的基本原则进行权利设定,各个私权主体对其所占有和支配的这一部分环境资源行使权利的结果必然在客观上对环境资源的生态功能产生影响,公民环境权如果不能进入到这一领域,建立具体的保护环境资源的私权制度,并对公民环境权提供私法救济,不仅公民环境权的价值无法实现,而且无法超越宣言式立法阶段,不能成为合理的法律权利。所以,合理的公民环境权既是公权力与私权利的复合,也是实体性权利与程序性权利的复合。后者是前者的必然要求。

3. 公民环境权是体系化的权利

公民环境权兼具各种不同性质的法权,形成了一个复杂的权利束。但是,这些权利并不是也不应该是杂乱无章随意拼凑的,而是遵循一定的标准和规则建立起来的条分缕析、和谐统一的权利体系。尽管目前学者们对于建立公民环境权体系的标准和规则还有不同认识,我们相信,随着公民环境权理论研究的深化,这一问题将会得到完满的解决。

## 第四节 公民环境权的内容与法律保障

### 一、公民环境权的内容

公民环境权作为新型人权,并非一项单独的权利,而是一个由公权与私权、程序权利与实体权利所构成的内容丰富的权利体系。它在程序上表现为国家环境管理的参与决策权,实体上则被赋予民事权利的性质。它以资源的开发、利用权为中心,体现作为公共物品的环境对私体的客观价值,通过成本—收益的效用比较参与经济流通过程。从各国公民环境权理论和实践方面分析,可以对公民环境权的内容进行不同的分类。一般是从权利的表现形式进行分类,[①]按照这种标准,公民环境权至少应包括如下内容。

(一)环境资源利用权

公民环境权的核心在于保障人类现在和将来世世代代对环境的利用,以获得满足人类生存需要和经济社会发展的必要条件。因此,公民环境权首要肯定其主体对环境的利用权,事实上,各国环境立法的实践也都立足于对环境资源利用权的规定展开。将环境资源利用权确定为一项权利,才可以使义务主体承担义务,也才可以使权利主体的权利滥用受到限制,因为,在法律上没有无限制的权利。一方面,对环境资源利用权的确立意味着为人类使用环境的合法性提供依据,有对环境的利用就有污染物的排放和对自然环境的改变,只有在环境资源利用权的基础上才能成立环境标准、环境许可、环境开发的各种制度,也才有以环境容量为核心的环境资源使用权交易制度的形成。另一方面,对环境资源利用权的确立意味着国家及其与权利主体相对应的个人和团体所必须承担的义务的确定,国民的环境资源利用权在受到不法侵害时,法律将为其提供强制性保障,从而为国民向国家、向他人主张公民环境权奠定了基础。

环境权首先包括对环境资源的利用权,这一点在一些国际条约和很多国家的宪法中都得到了体现。如1992年的《欧洲联盟条约》的第130r条第一段规定:"共同体的环境政策应该促进下列目标的实现:保存、保护和提高环境质量;保护人类健康;谨慎、理性地利用自然资源;促进国际层次地应对国家和世界范围的环境问题的措施。"《挪威宪法》第110b(1)条规定:"每一个人都有享受有益于健康的环境和自然处境(natural surroundings)的权利,要保存它们的生产性和多样性。自然资源的利用应当给予综合长期的考虑,这一权利应当保留给将来世代。"

此外,现有的各国环境立法中的日照权、眺望权、景观权、静稳权、嫌烟权、亲水权、达滨权、清洁水权、清洁空气权、公园利用权、历史性环境权、享有自然权等等实际上都是关于环境资源利用权的规定。在美国、日本、印度、菲律宾、哥斯达黎加等国也都有保护环境资源利用权的司法实践。[②] 在我国,也出现了很多关于环境资源利用权的相关规定和司法实践。以阳光权为例,《中华人民共和国物权法》第89条规定:"建造建筑物,不得违反国家有关工程建设标准,妨碍相邻建筑物的通风、采光和日照。"《中华人民共和国国家标准城市居住区规划设计规范》规定:"大城市住宅日照标准为大寒日≥2小时,冬至日≥2小时,老年人居住的建筑不应低于冬至日日照2小时的标准。"另外,深圳、上海、南京等地,近年来纷纷出现了很多关于阳光权的判例。[③]

诚然,环境资源利用权由于环境的公共性特征而使得它们往往具有多重结构,但不管水质环境、大气环境等的公共性、公益性多么强,用它作为全盘否定其私益性、私权性也是不正确的。因为公益性是由无数个个人、私人利益的集合、累加而成的,离开了它们,公共性、公益性就成为无内容、无意义的东西。因而,对于环境资源利用权始终存在能否成为私法上的权利以及是否提供私法救济的问题,也就是学者们讨论得最多的问题。

(二)环境状况知情权

环境状况知情权又称信息权,是公民对本国乃至世界的环境状况、国家的环境管理状况以及

---

① 实际上,也可以对公民环境权的内容作法律规范形式意义上的分类,按照这种分类,公民环境权的内容包括宪法权利、行政法权利、民法权利、诉讼法权利等。
② 参见吕忠梅:《沟通与协调之途:公民环境权的民法保护》,中国人民大学出版社2005年版。
③ 参见《深圳首例"阳光权"案开庭》,http://news.sohu.com/50/46/news146954650.shtml,2007年2月1日访问;《阳光权之争》,http://www.ewen.cc/qikan/bkview.asp?bkid=54328&cid=104600,2007年2月1日访问;刘洪:《索要阳光权胜诉的破冰意义》,http://www.chinacourt.org/public/detail.php?id=233432,2007年2月1日访问。

自身的环境状况等有关信息获得的权利。这一权利既是公民参与国家环境管理的前提，又是环境保护的必要民主程序。世界上，有相当多的国家都对公民的环境知情权作出了规定，因为"人们有权知道环境的真实状态"[①]。如乌克兰共和国《自然环境保护法》第9条规定："公民有权依法定程序获得关于自然环境状况及其对居民健康的影响等方面的确实可靠的全部信息。"德国《环境信息法》(1994)规定："制定本法之目的是为确保自由获取并传播由主管部门掌握的环境信息，规定获取环境信息的先决条件。"丹麦于1994年4月27日制定了《获得与环境有关的信息法》，该法第2条规定："任何人应当赋予符合关于公众有权获得行政档案文件法和公共行政管理法规定的条件和例外的资格，而适合了解与环境有关的信息。"

在我国，2002年颁布的《环境影响评价法》第6条规定："国家加强环境影响评价的基础数据库和评价指标体系建设，鼓励和支持对环境影响评价的方法、技术规范进行科学研究，建立必要的环境影响评价信息共享制度，提高环境影响评价的科学性"。2005年国务院《关于落实科学发展观加强环境保护的决定》要求："实行环境质量公告制度，定期公布各省(区、市)有关环境保护指标，发布城市空气质量、城市噪声、饮用水水源水质、流域水质、近岸海域水质和生态状况评价等环境信息，及时发布污染事故信息，为公众参与创造条件。"2008年5月，我国第一部有关环境信息公开的规范性文件《环境信息公开办法(试行)》的颁布为保证公众知悉环境信息提供了制度支持。2014年修订的《环境保护法》专设"信息公开和公众参与"一章，明确规定了环境状况知情权，该法第53条第1款规定："公民、法人和其他组织依法享有获取环境信息、参与和监督环境保护的权利。"为了保障该权利的实现，该法第54条又规定了政府发布环境信息的职责、第55条则规定了重点排污单位主动公开环境信息的义务。2015年1月1日开始施行的《企业事业单位环境信息公开办法》则对《环境保护法》上述条款的原则性规定进一步加以细化。

此外，一些国际公约也对于环境状况知情权有明确规定，如1998年6月25日欧洲委员会通过的《公众在环境事务中获得信息、参与决策、诉诸司法权利的奥胡斯公约》就规定："认识到每一个人享有在适合他/她的健康和福利的环境中生活的权利，以及各自的和其他人一起为当代人和未来世代的利益而保护和促进环境的责任。为了保护当代和未来世代的每一个人生活在适合他/她的健康和福利的环境中的权利做出贡献，各成员国应该保证根据本公约的规定在环境事务方面的获得信息、公共参与决策和获得司法救济的权利。"

环境状况知情权主要是由法定程序来加以保障的一项请求权性质的权利。有关获得环境信息的程序立法在此就尤为重要，公民如何获得信息？获得何种信息？对于获得的信息的反馈有无途径？等等。从另一方面看，环境状况知情权是对政府环境行政机关权力的限制，因为政府掌握环境信息的目的是确保公民自由获得信息，保障公民的环境状况知情权。[②] 它要求环境行政机关负有披露信息的义务，对于不履行职责者，将产生法律后果，在此意义上，环境状况知情权又是监督权的一种表现。

（三）环境事务参与权

环境事务参与权是指公民享有的通过一定的程序或途径参与到与环境利益相关的一切决策、实施等事务中的权利。规定公民的环境事务参与权，目的在于通过公民参与环境管理的各项事务，一方面使各种利益集团能够充分表达其不同的利益诉求，建立各种利益平衡、寻求利益共

---

① 世界环境与发展委员会：《我们共同的未来》，王之佳、柯金良等译，吉林人民出版社1997年版，第330页。
② 如奥地利《环境信息法》第1条规定："本法的目的是使公众知道在环境方面特别是有权被安排自由地获得行政机关支配的环境数据，以及要求行政机关公开地公布环境数据的权利。"相关内容参见刘佳奇：《保障公众环境知情权需加大信息公开力度》，《环境保护》2013年第12期。

存或利益妥协的方式和途径,以减少因环境保护的巨大利益冲突引发的社会矛盾,使环境法律制度得到顺利实施;另一方面则是作为行政管理民主化的一项重要内容,建立了公众监督机制,防止因行政机关的违法或不当行为引起的环境污染和破坏,防止因行政主体的权力竞争而导致的公共利益受到损害的悲剧。① 各国在立法上对公民的参与权规定得较为充分。具体包括:

第一,参与国家环境管理的预测和决策过程,即参与国家国民经济和社会发展规划以及各种环境规划的制定,参与环境管理机关的管理活动。在国家环境管理中,公民有参与管理的权利,但从国家环境管理的意义上,公民的参与仅仅是通过选举、讨论和批评等方式进行。而这里,公民作为公民环境权的享有者,则是自始至终参与到国家环境管理的预测和决策过程中去,享有比行政法上更广泛的权利。如德国《联邦污染控制法》规定:制定法令和一般行政法规,"每次都应选出一个由科学组织、受影响的各方、有关的工业、有关的运输系统和州的负责污染控制的最高机关的代表们所组成的小组,并向其听取意见"。

第二,参与开发利用的环境管理过程以及环境保护制度实施过程。如美国《清洁水法》规定,公民有权参加提出修改、实施局长或任何州根据本法制定的标准、计划与规划,局长及该州应为其创造条件并予以鼓励。公民参加这种管理的方式主要是通过各种"听证会"。同时,还规定局长在公布某一种建议的排放标准时,应有60天时间,让公众对此写出书面评论。该法也规定了所有请求颁发许可证的申请和所签发的许可证的副本应向公众提供,公众可复制部分或全部内容。

第三,参与环境科学技术的研究、示范和推广等。美国《国家环境政策法》第2条规定:"最充分地利用公共和私人机构和组织以及个人提供的服务、设施和资料(包括统计资料)……"还规定:"向各州、县、市、机关团体和个人提供关于恢复、保持和改善环境质量有用的建议和情报"。据此,公民可以广泛地参与环境保护科学技术的开发研究、环境保护产品的开发研究示范和推广等。

第四,组成环境保护团体,参与环境保护的宣传教育和实施公益性环境保护行为。各种环境保护的团体和组织是公民参与的重要形式,各国法律都给予了这些团体和组织以一定的法律地位,赋予其特殊的法律主体资格,积极鼓励它们广泛参与环境保护的各项活动,这一权利是与公民的自由权紧密结合的。如日本《环境基本法》第26条规定:"国家应当采取必要的措施,促进企业者、国民或者他们组织的民间团体自发地实行绿化活动、有关再生资源的回收活动以及其他环境保全的活动"。②

第五,参与环境纠纷的调解。在设有调解程序的国家中,公民可参与污染纠纷的调解工作。如《韩国环境保护法》第54条规定,为调解环境污染引起的纠纷,在中央和地方设立环境纠纷调解委员会,其组成人员由保健社会部长官从下列各项所列代表公益的和具有工业或公共保健知识的专家中等额任命或聘请:"(1)代表公益的法律界人士、舆论界人士和有关官员;(2)具有工业或公共保健知识的环境专家、医务界人士、商业界和工业界人士以及农业和水产业人士"。1990年,美国通过了《行政纠纷处理法》和《协商立法法》,对有关的非诉讼方式解决争议的程序进行了规定。他们认为调解具有极大的优势。调解一旦达成协议,即变成"当事人之间的法律"。不允许违反,否则其他当事人可申请法院执行。

在我国,2005年国务院《关于落实科学发展观加强环境保护的决定》要求:"企业要公开环境信息。对涉及公众环境权益的发展规划和建设项目,通过听证会、论证会或社会公示等形式,听取公众意见,强化社会监督。"2006年的《环境影响评价公众参与暂行办法》对于公众参与环境影

---

① 吕忠梅:《环境法学》,法律出版社2011年版,第109页。
② 汪劲:《日本环境基本法》,《外国法译评》1995年第4期。

响评价的一般要求、组织形式等内容作出了详细的规定。2014年新修订的《环境保护法》第五章集中规定了信息公开和公众参与。其中,对于公众参与,主要反映在第56条、57条和58条上;分别规定了建设项目环境影响评价的参与、环境污染和生态破坏的举报、环境公益诉讼等事项。2015年1月7日起实施的《最高人民法院关于审理环境民事公益诉讼案件适用法律若干问题的解释》则从起诉资格、案件审理、救济方式等众多方面,夯实了社会组织等主体在环境司法领域内的参与广度和深度。

环境事务参与权是联系公民环境权公益性权益与公民环境权私益性权益的纽带,实际上是通过国家立法建立一种沟通和协调不同利益集团的利益的谈判机制和协调机制。公民环境参与权的确立,一方面使各种利益集团能够有平等的机会和有效的途径富有意义地参与到利益衡量中来,[①]通过充分表达其不同的利益诉求,建立各种利益平衡、寻求利益共存或利益妥协的方式和途径,以减少因环境保护与环境利用的巨大利益冲突引发的社会矛盾,使环境法律制度得到顺利实施;另一方面则是作为行政管理民主化的一项重要内容,建立了公众监督机制,防止因行政机关的违法或不当行为引起的环境污染和破坏,防止因行政主体的权力竞争而导致的公共利益受到损害的悲剧。它是国际社会的所有环境保护法律文件都十分重视的一项权利。

### (四)环境侵害请求权

请求权,指权利人得请求他人为特定行为(作为或不作为)的权利。[②] 而公民环境权中所包含的环境侵害请求权,是公民的环境权益受到侵害以后向有关部门请求保护的权利。它既包括对国家环境行政机关主张权利、又包括向司法机关要求保护权利,具体为对行政行为的司法审查、行政复议和国家赔偿的请求权,对他人侵犯公民环境权的损害赔偿请求权和停止不法侵害的请求权等。

在英国,很多法律中规定了对行政活动的请求权。如《污染控制法》(1974年)规定,水管理局无理拒发许可证或在许可证中加上无理的限制条件,或水管理局无理终止、中止已颁发的许可证,有关人员可向环境部大臣提出申诉。

除申诉权外,美国还规定了公民有权在法院对行政机关提出诉讼,从而建立了对环境行政的司法审查制度。《清洁水法》规定:"任何公民可代表自己对美国政府、政府其他机构或环保局提起诉讼,指控他们违反了本法规定的排放标准,或局长、州长有关这些标准的命令,或环保局长未能履行本法规定的职责。"

在我国,《环境保护法》第57条规定:"公民、法人和其他组织发现任何单位和个人有污染环境和破坏生态行为的,有权向环境保护主管部门或者其他负有环境保护监督管理职责的部门举报。公民、法人和其他组织发现地方各级人民政府、县级以上人民政府环境保护主管部门和其他负有环境保护监督管理职责的部门不依法履行职责的,有权向其上级机关或者监察机关举报。接受举报的机关应当对举报人的相关信息予以保密,保护举报人的合法权益。"这是公民、法人和其他组织向行政机关主张侵害请求权的原则性规定。该法第64条规定:"因污染环境和破坏生态造成损害的,应当依照《中华人民共和国侵权责任法》的有关规定承担侵权责任。"这是公民、法人和其他组织向法院主张环境侵权请求权的规定。除《环境保护法》外,各环保单行法也有关于环境侵害请求权的相应规定。如《大气污染防治法》第125条规定:"排放大气污染物造成损害的,应当依法承担侵权责任。"再如《水污染防治法》第86条、《环境噪声污染防治法》第61条、《固体废物污染环境防治法》第84条等都作出了类似的规定。

环境侵害请求权的意义在于使公民环境权成为一项可以通过司法程序或准司法程序进行救

---

① 刘佳奇:《基于政治认同的"PX事件"探析》,《辽宁大学学报(哲学社会科学版)》2016年第1期。
② 梁慧星:《民法总论》,法律出版社2001年版,第79页。

济的权利,它将公民环境权的实施落到了实处,也是环境利益不是反射性利益而可以成为法律权利的实证。但在各国的法律中,对此权利的承认还存在一定的程度差别。

## 二、公民环境权的法律保障

### (一) 权利保障的一般涵义

在汉语中,保障与保护是同义语,都是指使得某种东西不受侵犯和破坏。权利保障一般是指权利不受侵犯和破坏。国内有学者认为:"通常讲权利保障,有两个层面的含义:一是指权利实现时的无阻却性保障;二是指权利实现出现障碍时的司法救济性保障。无阻却性保障又包含双重含义:一方面是保障权利人的权利处于权利人的合乎法律规范的意志支配之下,权利或被行使或被放弃或被转让,都不得受到权利人以外的其他任何义务人的阻止或干预;另一方面是权利的实现必须依靠国家的帮助行为,表现在国家不仅为公民权利的实现提供各种物质条件上,还有为公民权利的实现提供社会保障上。司法救济性保障,则不仅指司法审判保障,还包括行政司法救济保障。"也有学者认为:"权利的保护方法。可以大致分为二种:公力救济与私力救济。"

从对权利保障或保护的不同认识中可以看出,权利保障包含着广泛的涵义。深入分析,可以将其分为广义和狭义。狭义的权利保障是指权利未受侵犯或破坏之前就存有的各项措施或制度的保障。广义的权利保障除上述含义外,还包括权利受侵犯、破坏之后而存在的权利救济。本书中采用广义的权利保障概念,即权利保障是包括权利救济在内的。

### (二) 公民环境权的法律保障

公民环境权的法律保障是指为公民环境权不受侵犯和破坏而采取的各种措施和制度,它既包括权利未侵犯或破坏之前就存在的各种措施和制度保障,也包括权利受侵犯、破坏之后而存在的权利救济。

从公民环境权的性质和特征出发,公民环境权的法律保障应体现实质公平、社会利益、环境安全等基本价值目标。为了实现这些价值目标,最为重要的就是实行对公民环境权的全面保护原则,即改变传统私法只保护平权主体利益、传统公法只保护国家利益的做法,对公民环境权进行网络状保护。构建从公法手段到私法手段、从程序法到实体法的全方位保障机制。

事实上,对于人权范畴的公民环境权单从某一个方面提供保障也是不够的。环境资源的公共属性决定了对公民环境权的保护必须采取集体行动并通过设置公共权力机构来实现,这种保障方式就要求有公法手段的运用,以立法的形式建立国家环境管理的体制、赋予国家环境管理的职能权限、规定国家环境管理的运作方式和步骤等,以保证全体人民公民环境权的享有和实现。同时,环境资源的价值多元性又决定了对公民环境权的保障必须采取权利个体化方式并通过公民个人的行为来实现,这种保障方式就要求有私法手段的运用,以立法的形式建立公民环境权利体系、赋予公民个人以私法上的公民环境权利、规定公民参与国家环境管理和保护个人公民环境权益的方式和步骤等。

这种从私法和公法两个方面构筑公民环境权保障机制的观点,并非我们的创造,而是人权从应有权利经由法定权利发展到实有权利的基本规律。在这方面,可以举出很多实例,如对公民人身自由的保护、财产权的保护、劳动权的保护等等。但是,必须承认的是,公民环境权由于其环境资源的公共性、消费的非排他性以及价值判断的主客观性等因素有着不同于其他人权的特性,因此,它的保障机制也不能完全套用其他的人权保护手段。

## 本 章 小 结

公民环境权理论是为了解决公民要求在良好环境中生活的权利的法律依据而产生和发展起

来的,由于其回答的是环境法的权利基础问题因而被认为是环境法的基石。公民环境权是一项确定的、独立的、新型的、复合性的人权,其内容包括环境资源利用权、环境状况知情权、环境事务参与权和环境侵害救济权。公民环境权的丰富内容决定了它是个人权利、集体权利、国家权利、人类权利以及当代人权利、后代人权利集合体的"权利束"特点,使其法律保障机制应从私法和公法两个方面加以构筑。

**【思考题】**

1. 为什么会出现公民环境权理论?
2. 公民环境权的特有法律属性是什么?
3. 为什么说公民环境权是确定的、可具体化的法律权利?
4. 公民环境权的内容是什么?

**【案例分析】**

2015年1月,吴轶通过网络举报平台向江苏省环境保护厅投诉,反映其住宅距离沿江高速公路18米,噪声污染严重,其身体健康受到很大损害,要求江苏省环保厅履行对噪声的管理和监督义务。江苏省环保厅收到投诉后,转交江阴市环保局办理。江阴市环保局回复称:按照信访条例规定,属于不予受理范围。吴轶不服诉至法院,请求判令江苏省环保厅履行监督管理法定职责。

南京市中级人民法院一审认为,沿江高速公路涉案地段环保验收工作系被告江苏省环保厅直接验收并公示的,被告对于此工程所产生的噪音扰民问题负有监督管理职责,判决责令被告于判决生效之日起30日内针对原告的投诉履行相应法定职责。[①]

**【问题】**

请用所学公民环境权的相关理论分析,本案中涉及公民环境权的哪些具体内容?

---

① 本案例选自《最高法发布环境保护行政案件十大案例》,《法制日报》2016年3月31日,第3版。

# 第三章 生态文明基本理论

## 本章要点

进入生态文明时代,人类文明发展与法治的关系产生了重大的变化。作为解决环境问题、实行环境保护而产生的一类新型法律,环境法是人类进入到生态文明阶段出现的新兴法律现象,也是法治进步的重要标志。因此,在全面实施生态文明建设的进程中,需要厘清生态文明与环境法治的关系,明确生态法治建设的法律观、伦理基础和实现路径。

## 第一节 生态文明与环境法治

环境法是为解决环境问题、实行环境保护而产生的一类新型法律,它是人类进入到生态文明阶段出现的新兴法律现象,也是法治进步的重要标志。了解人类文明发展与法治的关系,有助于加深对环境法产生的法治背景的理解,也有利于对环境法整体主义价值观的把握。[1]

### 一、生态文明与法治的历史考察

文明作为人类文化发展的成果,是人类改造世界的物质和精神成果的总和,是人类社会的整体进步状态,包括文明的理念、文明的制度、文明的运行三个部分。法律的起源与文明的出现相伴随,"法律和一定时间、空间的文明密切联系,从过去看,法律是文明的产物;从现在看,法律是维护文明的手段;从将来看,法律是推进文明的手段"。[2]

文明不同于文化,是文化发展到一定阶段的产物,[3]是人类发展到一定时期所形成的,在生产、生活、交往方式等方面具有特定特征的社会形态。[4] 历史学家认为,文明的产生有几个明显的标志——城市、文字、冶金术等技术、宗教建筑和艺术。[5] 按此标准,人类文明产生于公元前3500年左右的新石器晚期后段结束之后。[6]

#### (一) 农业文明时代有法律而无法治

人类最初是生活在森林中的灵长类动物,在采集和狩猎为生的过程中,逐渐认识了植物的生长过程并开始模仿森林的生产作用,衍生了农业。为了获得更多的食物,灌溉技术、冶金技术、畜力的使用、犁的发明、风能的利用、车轮的出现等等,人类改变自然的能力不断增强。人口的增

---

[1] 参见吕忠梅:《中国生态法治建设的路线图》,《中国社会科学》2013年第5期。
[2] 参见沈宗灵:《现代西方法理学》,北京大学出版社1992年版,第255页。
[3] 文正邦:《论法治文明》,《现代法学》1998年第2期。
[4] 张恒山:《论文明转型——文明与文明类型》,《人民论坛·学术前沿》2010年11月(中)。
[5] [美] 斯塔夫里阿诺斯:《全球通史——1500年前的世界》,吴象婴、梁赤民译,上海社会科学出版社1999年版,第105—106页。
[6] 张恒山:《论文明转型——文明与文明类型》,《人民论坛·学术前沿》2010年11月(中)。

长、食物的剩余和社会财富的积累,社会开始有能力供养祭司、士兵和官吏,也出现了最初的社会分工,带来了一个复杂的新社会——生产关系以及社会关系、社会交往、社会行为都比原始社会更加复杂,需要有更加严密的社会结构、社会组织和社会规则才能使社会保持有序。当"每一个社会相对地进步到类似的情况"①时,世界上出现了最早的法典——汉谟拉比法典、十二铜表法、秦律……。这些来自不同国家、或简单或繁琐的法律与原始社会规则具有根本性的区别:社会调整从个别的、偶然性的和任意性进入了普遍性、共同性和规范性;从自发性进到了自觉性;是从习惯同宗教、道德规范混融,权利与义务不分,进展到分化发展而形成法律规范。②正如恩格斯所指出的:"在社会发展某个很早的阶段,产生了这样的一种需要:把每天重复着的生产、分配和交换产品的行为用一个共同规则概括起来,设法使个人服从生产和交换的一般条件。这个规则首先表现为习惯,后来便成了法律。随着法律的产生,就必然产生出以维护法律为职责的机关——公共权力,即国家。在社会进一步发展的进程中,法律便发展成或多或少广泛的立法。"③

这种以农耕生产为社会物质资料来源的社会形态,"它是森林与人类之间角色的错位产物"。④ 这时,人类是生态系统居民,⑤人们基本上生活在一种至多是两到三种生态系统中,直接依赖生态系统而生存,与自然有着亲密的联系,对自然充满敬畏和神秘感。由于技术的相对不发达,人类与自然之间总体上是一种顺应的关系,自然生态系统能在整体上维持平衡。这个时期所产生的法律,最迫切的任务是处理以前氏族社会里从未有过的、复杂的社会关系,以求获得对自然改造的更多更好的成果。因此,"身份法"占据主导地位,以适应起君主政体的需要;刑法的相对发达,以满足维持社会基本秩序的需要。虽然我们可以见到一些农业文明时期涉及人与自然关系的法律条文或制度,其目的也绝非为了保护生态环境。这是一个有法律而无法治的时期。

从世界范围来看,中国的农业文明发展最为成熟、最为完善,也是持续时间最长的国家,⑥至今还保留着农业文明的相当一部分特征。以历史演进的角度看中国的现代化建设,实际上是文明的转型。在此意义上,建设社会主义法治国家,还是一项尚待完成的任务。

(二)工业文明时代有法治无生态

随着科学技术的进步,生产力水平进一步的提高,人类自16世纪起,西欧尤其是在英国开始发展工业文明,形成了一种不同于传统农耕文明的生产生活方式、社会组织方式。马克思恩格斯在这个文明发展的早期,就敏锐地看到了它不同于农业文明的一些特征,把这种生产方式称之为资本主义,并揭示了其所具有的交换主导性特征、生产高效性特征、世界性特征以及全球扩张性特征,并充分阐明了其进步性及必然灭亡性。⑦

工业文明不仅比农业文明有更高的生产效率,改造自然的规模与能力大幅度提高;而且创造了比农业文明更有效、更公正的社会管理组织、管理制度和体系,并提出了能更广泛地得到社会认同的价值观念——平等、自由、天赋权利、人身和财产不可侵犯、国家权力应当受到约束等等。法治观念及法治国家由此而生。权力制衡与约束政体出现,个人主义成为最高价值,法律完成了"从身份到契约"的巨大转变,农业文明时代的"人法"地位被"物法"所取代;产生了宪法、行政法等以约束公共权力、保障个人权利为目的的法律领域;国际法、国际贸易法日臻完善。

---

① [英]梅因:《古代法》,沈景一译,商务印书馆1959年版,第9页。
② 文正邦:《论法治文明》,《现代法学》1998年第2期。
③ 《马克思恩格斯选集》第2卷,人民出版社1995年版,第538—539页。
④ [韩]全京秀:《环境·人类·亲和》,崔海洋译,贵州人民出版社2006年版,第75页。
⑤ 余达忠:《生态文明的发生学诠释》,《三明学院学报》2009年第1期。
⑥ 张恒山:《论文明转型——文明与文明类型》,《人民论坛·学术前沿》2010年11月(中)。
⑦ 参见《马克思恩格斯选集》第1卷,人民出版社1995年版,第274—277页。

较之于农业文明,工业文明使人类由生态系统居民变成了生物圈居民,①人们可以利用整个世界范围内的各种生态系统来满足其生活需求,一种资源枯竭或受到破坏之后,可以转向其他资源。生物圈居民不仅不需要保护生态系统,而且更有可能造成掠夺式开发利用的态度。而此时的法律对于这种态度是极力支持,对于掠夺式开发利用的行为予以充分肯定的。法治观念中更是将人的社会性凸显到极致,轻视甚至忽视人的生物性;自然环境被定位为法律的客体,成为人占有、支配的对象,法治的辞典中没有生态。

不可否认,工业文明带来了科学技术的飞速发展、经济资本的大力增加、社会物质财富的空前积累,人类改造自然取得了辉煌的成果。但是,经过200年到300年的发展,这种以技术为主导、追求个人利益最大化为目标、以消耗自然资源和污染环境来实现财富增长和经济发展的文明,给人类社会带来了巨大的危机。"人口过多和环境恶化正在世界各地发生,它使得自然栖息地越来越小,生物多样性不断下降。现实世界是被市场经济和自然经济同时控制着的,人类正和剩余的生物作最后一次斗争。如果人类再继续把自己的意志强加于这个世界,那么,赢得的只是一次卡德摩斯式的'胜利':先失去了生物圈,然后整个人类也将不复存在。"②

对工业文明的反思在20世纪早期出现,重点是重新认识人与自然的关系,质疑"经济人"理性,探究"文明人跨越过地球表面,在他们的足迹所过之处留下一片荒漠"的原因。③ 20世纪30年代,英国学者坦斯勒提出了"生态系统"的概念,各种以"生态"命名的思想观念涌现,"生态学"成为一个学科,引发了人类生产方式与生活方式的变革。自20世纪中叶开始,在西方国家,尤其是美国、欧洲、日本开始发生政治生态化、法律生态化、社会生态化思潮,生态伦理、环境法产生,反公害运动、环境正义运动,环境保护执法机构、环境保护社团成立,等等,一种新的社会形态——生态文明正在形成。法治与生态的联姻,是这种文明的一个重要标志。

当今中国,正处于发展社会主义市场经济、全面建成小康社会的关键时期,面临着文明转型的巨大机遇与挑战。"每逢挑战引起卓有成效的应战,而应战接着又引起别的不同性质的挑战时。文明就生长起来了。挑战引起应战。应战一方面是对于挑战的有效反应。另一方面又是产生新的挑战的有益根源,而这种新的挑战,又要求不同的应战。"④如果说,中国全面实现小康社会的伟大进程,是要完成中国的文明转型,那么,法治国家建设与生态文明建设则是这个转型中必须完成的任务。

## 二、生态文明时代的法治建设

农业文明产生法律,工业文明孕育法治。建设生态文明,首先面临的问题是如何对待过去的文明成果。具体到法治领域,则为与生态文明相适应的法治系统应如何建立。中共十八大报告指出:"面对资源约束趋紧、环境污染严重、生态系统退化的严峻形势,必须树立尊重自然、顺应自然、保护自然的生态文明理念,把生态文明建设放在突出地位,融入经济建设、政治建设、文化建设、社会建设各方面和全过程……"这表明,中国要将生态文明建设与其他四个文明建设同步推进,既不走西方国家先污染后治理的老路,也不走停滞不前的绝路。这种思想体现在法律上,就是并非全部否定已有的法律制度与法律体系,而是要为法律注入生态文明的活力。实现这一任务,最重要的是确立生态法治的基本理念,并将其纳入立法、执法、司法和守法全过程,形成全社会一同遵行的价值追求。

---

① 余达忠:《生态文明的发生学诠释》,《三明学院学报》2009年第1期。
② [美]爱德华·威尔逊:《生命的未来》,陈家宽等译,上海世纪集团出版公司2005年版,第60页。
③ 姬振海:《生态文明论》,人民出版社2007年版,第16页。
④ [英]汤因比:《历史研究》(下),曹未风译,上海人民出版社1986年版,第334页。

生态文明的核心是尊重自然、与自然和谐共生的良性发展，它是人类对工业文明反思的结果。建立在工业文明基础上的法治社会，以经济理性为基础，形成了个人主义的法律价值观，其所确立的绝对所有权、契约自由、自己责任原则，以及法律只关照人的社会属性、割裂人的社会性生存方式与生物性生存方式的思维，导致了严重的生态问题。生态文明时代，需要以新的理性为基础，形成新的法律价值观。这种新的法律价值观以生态理性为基础，强调整体主义，综合考虑人与自然的和谐关系，注重人的社会性生存方式与生物性生存方式的协调，以可持续发展、公共利益保护、社会责任为原则，是对工业文明时代法治理念的革命。

（一）生态理性拓展法律的价值观

生态理性产生于对生态系统与生态规律的认识，是对生态环境的科学认知能力，①包括人的生态意识和生态智慧两个部分。其关键在于辨识是否处于"生态安全"状态，②并根据现实情况作出正确决策，及时调整人的行为。一般认为，生态理性包括生态意识和生态智慧两个方面的内容。

生态意识是指人类善待自然、善待环境、对生态危机觉醒的观念。这种意识包括主体自身能够使人正确对待人与自然的关系、关注生态保护、在发展经济的同时注重生态效益，而且能够从生态的角度对待他人的经济行为，积极宣传并营造一种生态氛围。③ 作为人对生态问题的根本认识，生态意识具有深化人的理性的意义：④首先，它不是从个人的、局部的、眼前的利益出发来引导人们保护生态安全，而是从人类的角度、整体和长远利益的高度来阐发保护生态安全的道德责任，反对在生态问题上出现的各种形式的利己主义。其次，它不是从纯粹的功利角度来阐发人对自然的依赖性，而是更加强调从人之为人的本质内涵上诠释人与自然和谐的根据；因而在它的视野中，生态问题的解决不是一种人类生存的某一特定阶段上用来应付特殊生存境遇的权宜之计，而是一种根本的生存原则。再次，它不是只在观念的层面上来强调保护生态安全的意义和价值，而是更强调在科学的观念引导下，提高人们保障生态安全的实践水平，即实现"知行合一"。

生态智慧是生态意识与生态知识相结合而显现出来的生态评价与判断能力以及决策能力。一方面，生态智慧意味着人在生物圈——社会共同体中自觉地尊重与保护自然的观念并对其行为的生态道德进行反思和评价，把保持生态平衡作为一种人生责任。另一方面，生态智慧意味着人具备与其职业活动及生活方式相应的生态环境知识，既能对一切与环境有关的事物作出符合生态学的评价，又能在某一活动的经济价值与生态价值发生冲突和矛盾时，作出正确的决策。

生态理性告诉我们，生态环境是一个系统，既是具有不可分性的公共资源，又是具有多功能、多价值的资源。任何个人对生态环境的开发利用行为所产生的后果都不仅仅归属于他自己，它包括了影响者与被影响者、人与自然、当代与未来。因此，个人的行为必须受到整体公平与正义的约束。

生态理性是一种建立在对人与自然关系整体性认识基础上的价值观，以这种价值观为基础的法律，必然超越个人的、局部的、眼前的经济利益，将人类的、长远的、整体的利益纳入法律的考量。也正是这种理性，催生了不同于个人主义价值追求的新型法律——环境法，引发了全球的法律革命。

---

① 胡军、蔡学英：《"经济人"与"生态人"的统一》，《湘潭大学社会科学学报》2002年第5期。
② "生态安全"是生态学的概念，意指生物在地球漫长的生物与环境协同进化过程中形成的、其生存所必需的特定的气候、温度、湿度、光照通量等生态条件均处于稳态。"生态安全"是生物圈保持生态平衡的基本要求。
③ 胡军、蔡学英：《"经济人"与"生态人"的统一》，《湘潭大学社会科学学报》2002年第5期。
④ 王左军：《时代呼唤理性生态经济人》，《中国林业》2002年第8期。

（二）可持续发展观为生态法治提供伦理支持

工业文明时期，科学技术的产生和发展以及人文主义思潮的兴起，人类建立了以人为中心的知识体系和技术体系，核心观念就是征服自然、主宰自然，摆脱自然对人的奴役。其发展观基本上是一种"工业化实现观"，它以工业增长作为衡量发展的唯一标志，把一个国家的工业化和由此产生的工业文明当做是现代化实现的标志。在现代生活中，这一发展观表现为对GDP、对高速增长目标的热烈追求。GDP增长成为国家经济发展的目标和动力。其带来的一个严重后果是：环境急剧恶化，资源日趋短缺，人民的实际福利下降，发展最终将难以持续而陷入困境。

1987年，世界环境与发展委员会发表《我们共同的未来》，系统地提出了"可持续发展"战略。它作为一种解决人与自然矛盾关系的新思维，是伴随着生态和环境问题而发展起来的对人类自身在宇宙中的位置和人与自然关系的重新审视，以新的理论观、价值观和自然观来处理人与自然之间的关系，主张在人与自然的相互作用中，在将人类的共同的、长远的和整体的利益置于首要地位的同时，还应当考虑将人类利益作为人类处理同外部生态环境关系的根本的价值尺度。它强调环境与经济的协调发展，追求人与自然的和谐。其核心思想是，健康的经济发展应建立在生态可持续能力、社会公正和人们积极参与自身发展决策的基础上。目标是既要使人类的各种需求得到满足，个人得到充分发展，又要保护生态环境，不对后代人的生存和发展构成危害。它不单纯用GDP作为衡量发展的唯一指标，而是用社会、经济、文化、环境、生活等多项指标来衡量发展。

从本质上看，可持续发展的核心是以人为本，它既坚持人与自然两个方面的和谐，又要求在二者和谐的基础上以人为发展中心，把实现人的全面发展作为一切行动和措施的最终目标，这样一种新的生态伦理观符合法律是人类社会规则的本性，可以为生态法治建设提供伦理指引。①

"主客体二元结构"与"公私法二元结构"是工业文明时代的法律基础，也是造成环境污染和生态破坏的法律思维源头。可持续发展对人与环境关系的新定位为我们重新认识法的属性、构建"人—自然—人"的新型法律关系、创制人与自然共同体规则——环境法，提供了巨大的动力与支持；也为代际公平价值观的建立并创立相关制度体系开辟了广阔的道路。

可持续发展作为一种对于人类现在与未来的新思维，突破了发展就是"经济增长"的单一思路，形成了环境与发展综合决策的新理念。在这种理念下，生态环境问题不仅仅是技术问题，生态法治的问题也不单纯是环境法一个部门法的问题，为按照可持续发展观对已有法律进行重新评价，实现法律生态化提供了依据。

可持续发展观以其高超的"妥协"艺术平衡协调各种矛盾与冲突，巧妙的缓和"人类中心主义"与"生态中心主义"的尖锐对立与紧张，为生态法治中将生态理性作为人性标准并以此为基础评估已有法律制度和行为、制定新的法律制度提供了合法性与合理性的双重伦理支持。

# 第二节　生态法治的伦理基础——可持续发展

可持续发展（sustainable development）作为一个内涵丰富的思想体系，它的出现和广为流传不是偶然的，而是人类对传统发展观进行反思的必然结果。

## 一、可持续发展的提出

作为一个明确的概念，"可持续发展"一词在1980年国际自然与资源保护联盟发布的文件

---

① 参见吕忠梅等：《超越与保守：可持续发展视野下的环境法创新》，法律出版社2003年版，第5页。

《世界自然保护战略》中首先被提出,并在同年的联合国大会上首次使用。同年,美国政府发表了《公元 2000 年世界情况报告》。这份报告使悲观派与乐观派的十年论战"告一段落",表明人们对全球问题存在的严重性以及人们在发展战略问题上"必须向新的方向转变"已经有了认识,因而已到了提出对策和制订走向可持续发展社会的步骤的时候了。1981 年美国世界观察研究所所长莱·布朗出版《建设一个可持续发展的社会》,提出了新的可持续的社会发展观。正是从这个时候起,可持续发展得以为世人所知。

1984 年,联合国成立了以布伦特兰夫人为首的世界环境与发展委员会。在布伦特兰夫人的主持下,委员会形成了著名的报告《我们共同的未来》,并在 1987 年提交联合国大会。《我们共同的未来》指出,今天的发展已使得环境问题越来越恶化,并对人类持续发展造成严重的消极影响,因此,我们需要一个新的发展途径,一个人类能持续进步的途径,我们寻求的不仅仅是若干年内、在若干地方支持人类进步的道路,而是一条一直到遥远的未来都能支持全人类进步的道路,也就是可持续发展道路。报告明确提出了可持续发展的思想,同时在环境与发展的关系上,第一次提出将环境保护和人类发展结合起来,这是人类发展观的新飞跃。"环境与发展并不是孤立的两种挑战,它们是紧密相关的。"《我们共同的未来》系统地提出和诠释了可持续发展思想,标志着一种全新的发展观——可持续发展的正式形成。

1992 年,联合国环境与发展大会在巴西里约热内卢召开,包括 102 位国家元首或政府首脑参加了此次"地球峰会"。大会以可持续发展思想为指导,通过了《里约环境与发展宣言》和《二十一世纪议程》,阐述了有关发展的 40 个领域的问题,提出了 120 个实施项目,以促进现有社会转变为可持续发展的社会,取得了广泛的国际共识,第一次将可持续发展由理论和概念推向行动,标志着可持续发展成为世界各国发展战略的主导思想。这次会议是人类诀别传统发展模式和开拓现代文明的一个重要的里程碑。

2002 年,联合国可持续发展世界首脑会议在南非约翰内斯堡举行,包括 104 个国家元首和 192 个国家的代表围绕健康、生物多样性、农业、水、能源等主题进行了广泛的讨论,并通过了《可持续发展世界首脑会议执行计划》《约翰内斯堡可持续发展承诺》等文件,明确了全球未来 10—20 年人类拯救地球、保护环境、消除贫困、促进繁荣的世界可持续发展的行动蓝图。这些文件是国际社会在可持续发展领域积极努力的最新结晶,促进了可持续发展战略的进一步实施。

**二、可持续发展的概念和特征**

(一)可持续发展的概念

1987 年,由挪威前首相布伦特兰夫人主持的世界环境与发展委员会,在对世界重大的经济、社会、资源和环境问题进行系统调查和研究的基础上,提交了长篇专题报告——《我们共同的未来》,并提出了可持续发展概念。这一概念在最一般的意义上得到了广泛的接受和认可,并在 1992 年联合国环境与发展大会上得到共识。布伦特兰提出的可持续发展定义是:"既满足当代人的需要,又不对后代人满足其自身需要的能力构成危害的发展"(WCED,1987)。它包括两个关键性的概念:一是人类需要,特别是世界上穷人的需要,即"各种需要"的概念,这些基本需要应被置于压倒一切的优先地位;二是环境限度,如果它被突破,必将影响自然界支持当代和后代人生存的能力。关于环境能力的有限性思想,技术的状况以及社会组织的状况,决定了环境满足现在和未来的各种需要的能力是有限的。衡量可持续发展有三个方面的主要指标:经济的,环境的和社会的,这三个方面缺一不可。因此,法律关于可持续发展的理解也必然与伦理、经济、社会的可持续观念紧密相关。我们认为,法律上的可持续发展,就是要实行清洁生产、合理利用资源、适当控制人口,以最终实现生态的可持续性和当代人与后代人、人与环境之间的公平。

（二）可持续发展的特征

我们认为,可持续发展要求尊重、实现和维护自然价值,实现人与自然和谐共进。在传统的经济活动中,人类往往只看到自然资源满足人类物质需要的外在价值和工具价值,而以人的利益作为唯一价值尺度,忽视自然界本身的价值,对自然持一种纯粹功利主义的态度。可持续发展观揭示了自然的内在价值,要求人们尊重自然,重新规范对自然的态度和行为,建立一种人与自然互利共生、和谐发展的新型关系,并且通过完善社会经济活动,如寻求科学的资源评估和定位方法,把资源核算纳入国民经济核算体系的方法,以及制定自然资源价格改革的经济手段,实现经济、社会,生态效益的统一。

由此看来,可持续发展包括如下特性。

(1) 公平性。强调人类的需求和欲望的满足是发展的主要目标,然而,在人类需求方面存在很多不公平因素。所谓的公平是指机会选择的平等性,可持续发展所追求的公平性原则,包括两层意思：一是本代人的公平,即同代人之间的横向公平性,要求满足全体人民的基本需求和均等的发展机会。因此,在国际环境资源法领域,要给世界各国以公平的分配权和公平的发展权,要把消除贫困作为可持续发展进程特别优先的问题来考虑。二是代际间的公平,即世代人之间的纵向公平性,要求世世代代公平地利用自然资源。

(2) 可持续性。可持续性指生态系统受到某种干扰时能保持其生产率的能力。资源与环境是人类生存与发展的基础和条件,离开了资源与环境就无从谈起人类的生存与发展。资源的永续利用和生态系统的可持续性的保持是人类持续发展的首要条件。可持续发展要求人们根据可持续性的条件调整自己的生活方式,在生态可能的范围内确定自己的消耗标准。这一原则从某一侧面也反映了可持续发展的公平性原则。如布氏在论述可持续发展"需求"内涵的同时,还论述了可持续发展的"限制"因素,因为,没有限制也就不可能持续。人类对自然资源的耗竭速率应考虑资源的临界性,可持续发展不应损害支持地球生命的自然系统。"发展"一旦破坏了人类生存的物质基础,也就不能称其为发展,而应称为衰退。可持续性原则的核心指的是人类的经济和社会发展不能超越资源与环境的承载能力。

(3) 共同性。鉴于世界各国历史、文化和发展水平的差异,可持续发展的具体目标、政策和实施步骤不可能是唯一的,但是,可持续发展作为全球发展的总目标,所体现的公平性和可持续性原则,则是共同的,并且,实现这一总目标,必须采取全球共同的联合行动。从法律上讲,可持续发展原则就是要促进人类之间及人类与自然之间的和谐。只有通过法律规范使每个人在考虑和安排自己的行动时,都能考虑到这一行动对其他人（包括后代人）及生态环境的影响,按照"共同性"原则行为,那么人类内部及人类与自然之间就能保持一种互惠共生的关系,也只有这样,可持续发展原则才能够实现。

(4) 需求性。传统发展模式以传统经济学为支柱,所追求的目标是经济的增长（主要通过国民生产总值 GNP 来反映）。它忽视了资源的代际配置,根据市场信息来刺激当代人的生产活动。这种发展模式不仅使世界环境资源承受着前所未有的压力而不断恶化,而且使人类的一些基本物质需要仍然不能得到满足。而可持续发展则坚持公平性和长期的可持续性,要满足所有人的基本需求,向所有的人提供实现美好生活愿望的机会。

### 三、可持续发展与环境保护

可持续发展认为,"发展"是一个广义的总体概念,它不等于"经济增长"。从而突破了将经济和技术增长作为社会发展的全部的传统观念,把社会发展理解为人的生存质量及自然和人文环境的全面优化。

与传统的发展观相比,可持续发展首先需要解决的是当代经济社会发展中普遍存在的非持续性问题,使之转移到可持续发展的健康轨道上来,将经济社会发展的生态代价和社会成本减少到最低限度。可持续发展本质上反映了生态文明的发展观与实现观。它具有三个明显的特点:一是它要求在生态环境承受能力可以支撑的前提下,解决当代经济社会与生态发展的协调关系。二是它要求在不危及后代人需要的前提下,解决当代经济发展与后代经济发展的协调关系。三是它要求在不危害全人类整体经济发展的前提下,解决当代不同国家、不同地区以及各国内部各地区和各种经济发展的协调关系,从而真正把现代经济发展建立在节约资源、增强环境支撑能力、生态良性循环的基础之上,使人类经济活动和发展行为保持在地球资源环境的承载能力和极限之内,确保非持续发展向可持续发展转变,最终实现可持续发展。

可持续发展的特点清楚地表明了其与环境保护的关系。

1. 发展与环境保护相互联系,构成一个有机的整体

《里约宣言》强调:"为了实现可持续的发展,环境保护工作应是发展进程的一个整体组成部分,不能脱离这一进程来考虑。"这表明,可持续发展非常重视环境保护,把环境保护作为它积极追求实现的最基本的目的之一。因为现代的发展早已不仅仅满足于物质消费和精神消费,同时把建设舒适、安全、清洁、优美的环境作为实现发展的重要目标。可持续发展也把环境建设作为实现发展的重要内容,因为环境建设不仅可以为发展创造出许多直接或间接的经济效益,而且可以为发展保驾护航,向发展提供适宜的环境资源;可持续发展还把环境保护作为衡量发展质量、发展水平和发展程度的客观标准之一,因为现代的发展越来越依靠环境资源的支撑,而随着人类科学技术的迅速发展和环境资源的急剧衰退,环境资源能为发展提供的支撑却又越来越有限了。越是在经济高速发展的情况下,环境资源就越发显得重要。因此,环境保护成为区分可持续发展与传统发展的分水岭和试金石。

2. 发展与环境权紧密相连

可持续发展认为,在环境资源保护方面,每个人都享有正当的环境权利,即享有在发展中合理利用自然资源的权利和享有清洁、安全、舒适的环境权利。可持续发展还认为环境权利和环境义务是相对的,对别人是一种权利,对自己则是一种义务,人们的环境权利和环境义务是平等的和统一的,这种权利应当得到他人的尊重和维护。环境权利和环境义务平等和统一的观点扩展到国际事务与交往中,则是国家环境资源主权与环境责任的平等和统一,即"根据联合国宪章和国际法原则,各国拥有按照其本国的环境与发展政策开发本国自然资源的主权权利,并负有确保在其管辖范围内或在其控制下的活动不致损害其他国家或在各国管辖范围以外地区的环境的责任"(《里约宣言》)。

3. 人们必须放弃传统的生产方式和消费方式

《21世纪议程》指出:"地球所面临的最严重的问题之一,就是不适当的消费和生产模式,导致环境恶化,贫困加剧和各国的发展失衡。若想达到适当的发展,需要提高生产的效率,以及改变消费,以最高限度地利用资源和最低限度地生产废弃物。"因此,可持续发展认为目前摆在世界各国面前的一个极为重要的任务,就是要及时坚决地改变传统发展的模式——即首先减少和消除不能使发展持续的生产方式和消费方式。可持续发展的思想实质,一方面是要求人类在生产时要尽可能地少投入、多产出;另一方面又要求人类在消费时要尽可能地多利用、少排放。因此,人类在诀别传统发展,实行可持续发展的时候,必须纠正过去那种单纯依靠增强投入、加大消耗实现发展和以牺牲环境来增加产出的错误做法,从而使发展更少地依赖地球上有限的资源,更多地与地球对环境污染物的承载能力达到有机的协调。

4. 发展有赖于科学技术的发展与公众环境意识的提高

可持续发展要求加快环境资源保护新技术的研制和普及,并提高公众的环境意识。它认为:解决环境危机的根本出路在于科学技术,而改变传统的生产方式和消费方式就必须首先大力发展科学技术。因为只有大量先进生产技术的研制、应用和普及,才能使单位生产量的能耗、物耗大幅度地下降,才能不断地开拓新的能源和新的材料,也才能实现既要减少投入,又能增加产出的理想的发展模式,进而使发展越来越减少对资源、能源的依赖性,也减轻对环境的排污压力。

可持续发展还非常强调人类必须改变对自然界的传统态度,即人类总是习惯于从功利主义的观点出发,为我所用,只要对人类是需要的就可以随意地开发使用。而应当树立起一种全新的现代文化观念,即用生态的观点重新调整人与自然的关系,把人类仅仅当作自然界大家庭中一个普通的成员,从而真正建立起人与自然和谐相处的崭新观念。"为了在解决全球问题中成功地取得进步,我们需要发展新的思想方法,建立新的道德和价值标准,当然也包括建立新的行为方式(《我们共同的未来》)"。为此,要进行一场艰巨的文化革命,使环境教育"重新定向,以适合可持续发展,增加公众意识并推广培训"(《21世纪议程》)。

由以上的简单论述可以看出,可持续发展与环境保护的关系十分密切,并且体现在多个方面:可持续发展既是环境保护追求的目标,又是环境保护的具体内容和措施。可持续发展既是国家环境保护战略与政策的指引,也是环境立法的观念与制度目标。

**四、可持续发展对环境法的影响**

《21世纪议程》提出:"为了有效地将环境与发展纳入每个国家的政策和实践中,必须发展和执行综合的、可实施的、有效的并且是建立在周全的社会、生态、经济和科学原则基础上的法律和法规。"由世界自然保护同盟、联合国环境规划署和世界野生生物基金会合编的《保护地球——可持续生存战略》也明确提出:各国应通过一个关于可持续性的全球宣言和盟约,使各国对可持续生存的道德准则作出承诺,并应将可持续生存原则纳入他们国家宪法和立法之中;所有国家应建立保护人权、子孙后代利益及地球生产率和多样性的环境资源法综合体系;应对现行的法律和行政控制进行审查,改进其弱点;到20世纪末,所有地方都应完成对国家法律的审查,目的是重新制定法律以适应持续生存的需要。

为实施《21世纪议程》,在联合国开发计划署的支持下,中国由国家计委、国家科委牵头,汇集50多个部门制定了《中国21世纪议程——中国21世纪人口、环境与发展白皮书》(简称《中国21世纪议程》)。该议程承认,中国过去所采用的也是不可持续发展的生产方式。《中国21世纪议程》立足中国国情,广泛归纳集中了各部门正在组织或行将实施的各类计划,包含了中国可持续发展的战略与对策、立法与实施、经济政策、费用与资金机制、教育与能力建设、人口、居民消费和社会服务、消除贫困、卫生与健康、人类住区、农业与农村、工业与交通、通信业、能源生产和消费、自然资源保护与可持续利用、生物多样性保护、荒漠化防治、防灾减灾、保护大气层、固体废物的无害化管理、团体及公众参与等21个方面的广泛内容。《中国21世纪议程》于1994年3月得到国务院批准,成为制定国民经济和社会发展计划的一个指导性文件。

《中国21世纪议程》在"可持续发展的战略与重大行动"中明确的目标是"建立可持续发展的经济体系、社会体系和保持与之相适应的可持续利用的资源和环境基础"。首项行动是"开展对现行政策和法规的全面评价,制定可持续发展法律、政策体系,突出经济、社会与环境之间的联系与协调。通过法规约束、政策引导和控制,推进经济、社会与环境的协调发展"。《中国21世纪议程》第一批优先项目计划中处于62个项目首位的项目即是《中国可持续发展的法律制定和实施》。其目标为:可持续发展立法的系统化,要按照"全面评价、制定体系、突出联系、协调发展"的原则,完成制定新法、修订原法、国际条约配套立法和能力建设等两方面的行动;并要完成现状调研、公众教育、监督制度、实施措施、司法与行政制度改革等五项实施保障任务。在评价中,凡发现不符合可持续发展原则的条款都要抓紧修改,法规约束、政策引导和调控措施则要及时补充,国际配套立法也刻不容缓。这些都充分表明,可持续发展与环境法的关系十分密切,或者说,可持续发展对于环境法具有重大影响。

### (一) 可持续发展为环境法提供全新的世界观

世界观是人对于世界的根本看法,也是对人与自然关系的最基本认识,包括了人的伦理观、法治观、文化观等各种思想意识。可持续发展提出了发展的全新概念,将代际公平问题引入人类的发展视野,对我们的世界观尤其是社会观、自然观、发展观、价值观和环境伦理意识带来了巨大的影响。

与传统的不可持续的生产方式相适应的世界观,以人类中心论和利己主义为代表。人类中心主义把人与环境、社会与自然割裂开来、对立起来,提倡人对自然的无条件统治、征服、剥削、掠夺和获取,不重视保护环境、爱护大自然和尊重其他生命的价值。利己主义只重视个人利益、眼前利益、直接利益、当代利益、经济效益和其他狭隘利益,不重视公共利益、长远利益、间接利益、后代利益、环境效益和其他合理的利益。可持续发展要求人类改变这种态度,重新认识人与自然的关系,重视自然对于人类的价值;通过认识后代人的权利使人类能够面向未来,拓展视野;通过认识自然与人类的本真关系,建立"人—自然—人"双向互动的和谐关系。这些认识对于传统法律基础的影响是革命性的,它表明环境资源法将建立在全新观念基础之上,这些观念包括:以环境道德、生态伦理为代表的新的伦理观;以环境权、生存权、发展权为代表的新的权利观;以环境文化、绿色文化为代表的新的文化观;以生态革命、绿色产品为代表的生态农业观;以清洁生产、环境无害技术、社会环境形象为代表的新的企业观;以只有一个地球、保护环境、节约资源、防治污染为代表的环境保护观;以可持续生存、可持续生产、可持续生活、可持续消费观念为代表的可持续发展观,等等。

### (二) 可持续发展为环境法提供全新的法律观

法律观是人们对于法律的根本认识和基本看法,也是法律的价值目标。可持续发展由于具有不同于传统发展的全新世界观,这些观念必然会影响到人们对法律的根本认识。具体而言,可持续发展对于人们的法律观的影响主要表现为以下方面。

1. 对传统法律的公平观的影响

可持续发展的"公平性原则"是以代际公平和代内公平、地区公平与种族公平、人类公平与环境公平为核心的全新公平观,与传统法律的主体公平或者形式公平具有根本差异,因此,可持续发展直接审查和谴责传统的法的灵魂。用可持续发展的观点看,当今世界由法律维护的不公平、不正义、不平等现象颇多,主要表现为:发展条件(基础)不平等;发展获利(结果)不平等;历史发展上的不公平(时间生态序不公平)——如代际间的不公平,历史遗留下来的有利影响和不利影响、遗产和欠账不公平等等;地域发展上的不公平,包括区域生态和地区发展不平衡——如一些地区和行政区享有政治的、经济的、政策的种种特权,而另一些地区和行政区却受到种种歧视、压制或限制;社会制度上的不公平,包括体制、阶层、行业间的不公平及部门行业内部的不公平;种族和性别之间的不公平;法律政策方面的不公平,包括政策制定和实施、法律制定和实施方面的不公平。要解决法律所导致的不公平,必须从法律的公平观本身进行革命,建立符合可持续发展需要的公平观。因此,环境法上的公平观是不同于传统法律的,环境公平是环境法的基本价值目标。

2. 对法律效益和价值观的影响

可持续发展"高效性原则"是以效益最优以及"人—自然—人"的和谐共处为核心的,这一原则对于传统法律追求"最大化"和单纯以人作为一切价值的尺度是完全不同的,可持续发展要求对法的作用、效益和价值重新评估。在法制建设过程中,无论是立法、执法还是司法,都一直存在着直接效益和间接效益、眼前效益和长远效益、局部效益和整体效益、经济效益和环境效益、人的价值和自然的价值之间的矛盾和冲突。与传统的不可持续发展模式相适应,一些法律保护的只是眼前的、局部的和直接的利益,或单项的、非综合性的利益。因此这些法律便成了人们污染和破坏环境、走不可持续发展之路的帮凶。要改变这种状况,就必须重新建立符合可持续发展要求的新的法律效益观与价值观,并将这些观念直接贯穿于整个环境资源法的原则和制度之中。

3. 对权利义务观的影响

可持续发展的"多样性原则"表明,可持续发展是多元性、多样化发展的结果,只能建立在生物多样性、区域多样性、经济多样性、社会多样性的基础上。可持续发展的实质是自我调控的、对发展后果负责的发展,它要求赋予法律主体以多种权利、自由以及相应的义务、责任。但是,传统的法律在某些方面是与传统的生产方式相联系的,其对权利赋予和义务的承担也是有局限的,公民的环境权没有受到应有的重视,没有合理的解决由于人的自然属性需要(环境权)与人的社会属性需要(自然资源开发利用权)而引发的权利冲突的合理机制,从而导致了环境问题的恶化乃至威胁人类生命健康和安全的严重局面。为此,环境资源法必须高度重视各种可能的利益冲突对人类生存和发展的各种影响,以可持续发展观为指导,以新的权利义务观妥善处理单一性与多样性的关系,将各种不同的利益诉求妥帖地纳入法律秩序的框架之内,保证人类社会的和谐发展。

(三)可持续发展对环境法制度的影响

可持续发展的法律观念,对于环境法的制度必然带来重大影响,这些影响主要反映在两个方面。

1. 对环境立法机制的影响

可持续发展作为一种新的发展观,是对现行的不可持续发展的生产方式和生活方式的重大变革,这种变革要求有使越来越多的经济关系和社会关系、经济活动和社会活动准则按照可持续发展的需要用法律的形式固定下来。这对于我们的立法机制提出了巨大的挑战,目前的环境立法和决策机制,难以满足可持续发展的要求。从法学研究的角度看,中国可持续发展对立法和决策机制还有许多深层次的问题需要探讨,如:关于建立健全立法审议制度、公众参与立法和决策制度、立法和决策影响评价和效果评估制度、立法和决策公开制度、立法和决策责任制度、立法和决策监督制度等等。为此,十分有必要开展对现行政策和法规的全面评价;建立有利于可持续发展的综合决策机制,健全立法和决策的支持体系;建立健全法部门、法文件、法规范之间的沟通协调机制,逐步建立可持续发展的政策体系、法律体系。

2. 对环境法实施和监督的影响

在中国,相对于法律制定而言,法律实施和监督更是一个重点和难点。为此,在建立有效的可持续发展法律制度的基础上,还必须通过切实可行的措施,强化执法和法律适用。当前最为重要的问题是,如何通过行政程序和司法程序的运用,使可持续发展的实体法得到落实,在执法与司法过程中,使可持续发展真正成为判断人们行为的价值标准。①为此,必须对执法者和司法人员加强环境资源法专门知识的教育培训,使他们真正懂得可持续发展的法律观念、法律制度与法律程序,通过培训将可持续发展观植入他们心中,成为他们自觉的执法与司法行为的一个部分。

---

① 相关内容可参见刘佳奇:《论可持续发展观的法律化——以法律原则为实现路径》,吕忠梅主编:《环境资源法论丛(第十卷)》,法律出版社2015年版,第29—45页。

## 第三节 生态法治的实现路径

中国一直对避免走西方国家"先污染后治理"的老路保持着清醒,在制定促进市场经济发展的法律同时,高度重视环境立法。甚至在某种程度上,环境立法的速度快于市场经济立法。① 在 1992 年联合国环境与发展大会上,我们就已经十分自豪地向世界宣布:中国已经形成了具有特色的环境法体系……

就在环境立法发展最为迅速的年代里,中国的环境污染及自然资源破坏却日趋严重,资源枯竭、环境污染、生态退化成为影响中国未来发展的最直接制约因素。现实残酷的告诉我们:环境保护的法律、政策实施的效果与立法目标差距甚大,环境法执行过程中的选择执法、扭曲执法、懈怠执法、越权执法现象比比皆是,甚至出现了地方政府充当污染企业的"保护伞"、污染受害者长期得不到救济的怪象。② 究其原因,形式上的表现是立法仍不完善,环境立法与相关法律制度的协调性仍不够,导致法律实施的困难;但根源在于可持续发展理念和生态理性并未达成社会共识,也没有纳入法治过程。主导整个社会的是"GDP"崇拜,高资金投入、高资源消耗、高环境污染和低经济效益的增长方式,物质消费欲望的极度膨胀,对自然或傲慢或敌视的无知态度。

在这样的背景下,十八大报告提出"五位一体"的总体布局,强调全社会树立生态理念,要求把生态理性和可持续发展观念纳入经济、社会、文化、政治全过程。十八届三中、四中、五中全会的召开,以及《中共中央 国务院关于加快推进生态文明建设的意见》等一系列关于生态文明建设的方针、政策相继出台,不仅将法治理念贯穿到了生态文明建设之中,而且提出了生态文明建设的具体要求,对中国特色社会主义生态文明制度建设提出了新的要求,为解决目前严重存在的环境法困境,建设生态法治开辟了广阔的空间、指明了发展方向。③

(一)完善生态环境立法

现代文明应该是建立在可持续发展观念上的"绿色文明",市场经济应该是符合可持续发展要求的"绿色经济",中国特色社会主义作为未来发展的"绿色道路",其关键是抛弃"高投入、高消耗、高消费、高污染"的非持续发展模式,创建"低投入、低消耗、低污染、适度消费"的可持续发展模式。与这样的发展模式相适应的法律才是符合"生态文明"的行为准则。但是,我国过去的法律对利用自然资源、向环境排污等各种与环境利用有关的行为并未完全从是否符合"生态文明"的角度加以规范,资源环境的生态性功能没有纳入法律所规定的行为模式,人们的行为以污染和破坏环境的方式出现时,法律对其无能为力。为化解这一突出问题,《中共中央关于全面推进依法治国若干重大问题的决定》中明确提出:"用严格的法律制度保护生态环境,加快建立有效约束开发行为和促进绿色发展、循环发展、低碳发展的生态文明法律制度。"因此,法治的首要任务是以生态文明理念为标准,将主体的行为方式以具体规则的形式确定下来,明确主体应该做什么、可以做什么、不能做什么,让人们的行为有所遵循。

---

① 中国自改革开放以来,环境立法一直在"快车道"上,全国人大常委会制定环境与资源方面的法律 30 余部,国务院制定的行政法规近 300 部,行政机关制定的规章 1 000 余件,此外,还有中国缔结和加入的国际公约、条约及其议定书等国际环境法律,各地方还颁行了大量地方性法规、地方规章。相比较而言,发展市场经济最需要的民法在中国却一直滞后,被称为"市场经济的宪法"的《物权法》到 2007 年才颁布,《侵权责任法》则更晚。

② 参见吕忠梅:《监管环境监管者——立法缺失及制度构建》,《法商研究》2009 年第 5 期。

③ 本节以下内容参见吕忠梅:《生态文明建设的法治思考》,《法学杂志》2014 年第 5 期。

1. 以生态文明理念评估和修订传统法律

客观而言,近年来各个领域的立法都对生态环境保护有所关注和回应。一些基础性法律中都有相关的制度安排,如《物权法》规定了环境用益权和空间权,《侵权责任法》规定了环境污染侵权责任,《刑法》规定了危害环境资源犯罪,《民事诉讼法》规定了环境污染公益诉讼等,这些都为解决环境问题提供了法律依据。但是,从整体上看,可持续发展和保障生态安全的理念还没有在相关法律中得到体现,现行自然资源权属制度、开发利用制度、自然资源产品价格形成机制、税收制度、产权交易制度、污染损害赔偿制度等都与生态文明建设的要求有很大的距离。而这些制度涉及中国特色社会主义法律体系的多个领域,并非在一两部法律中增加一两个法律条文就可以解决问题。因此,有必要按照"把生态文明融入经济建设、政治建设、文化建设、社会建设的各方面和全过程",以及"必须更加注重改革的系统性、整体性、协同性"①的要求,将节约资源与保护环境进行整体考量,以生态环境的空间格局、产业结构、生产方式、生活方式的整体布局为标准,全面清理现行法律法规中与加快推进生态文明建设不相适应的内容,加强法律法规间的衔接,②统筹考虑法律的立、改、废、释。

2. 以整体性思维健全生态环境法律体系

我国的生态环境立法,虽然数量不少,但一直受到非理性思路的重大影响,"摸着石头过河""成熟一个制定一个"同样是环境立法的主要指导思想。这种思路下的生态环境立法,既缺乏对立法内在体系化的思考和设计,也缺乏对立法的基础性分析和实证性研究,更缺乏符合市场经济条件的理论基础。由此带来了一些问题:一是立法变动性大,容易就一时一事作出规定,缺乏对某一社会现象全面完整的考量;二是立法的合理性不足,各部门分别从有利于自己的角度推出于己有利的法律法规,缺乏对法律运作规律和基础理论的深入研究;三是将环境立法看作是为政府监管立法,缺乏对市场机制的认识,重行政规制轻民事调整。由此带来了环境法实施过程中的诸多弊端,这些问题不解决,必将严重阻碍经济社会的发展。中国特色社会主义市场经济需要符合市场机制的生态环境立法,因此,我们必须在反思生态环境立法经验教训的基础上,以《环境保护法》修订为契机,统筹考虑制定和修改生态环境保护的相关法律,形成符合生态环境保护规律、契合市场经济发展、保障人体健康的生态环境保护法律体系。

(二)提升治理体系和治理能力现代化水平

生态环境问题的产生涉及自然与社会多种因素,与生产生活方式紧密相连,开发利用环境的行为也是多部法律的调整对象,因此,建立合理的环境执法体制,实现从"环境管理"到"环境治理"、从"分而治之"到"协同共治"的转变,是必须解决的现实问题。要改变现行的环境监管管理体制带来的环境执法困扰,改变选择性执法、扭曲执法、越权执法、懈怠执法时有发生的情况,就必须改革环境执法体制,健全和完善生态环境治理体系,提升治理能力的现代化。

1. 建立领导干部生态文明建设责任制

我国生态环境的严峻现实与不全面、不科学的政绩观及其干部任用体制有极大关系。为此,《中共中央 国务院关于加快推进生态文明建设的意见》明确提出:"建立领导干部任期生态文明建设责任制。对违背科学发展要求、造成资源环境生态严重破坏的要记录在案,实行终身追责,不得转任重要职务或提拔使用,已经调离的也要问责。对推动生态文明建设工作不力的,要及时诫勉谈话;对不顾资源和生态环境盲目决策、造成严重后果的,要严肃追究有关人员的领导责任;对履职不力、监管不严、失职渎职的,要依纪依法追究有关人员的监管责任。"事实上,对领导干部实行生态文明建设责任制,既是通过改革干部考评机制加强生态文明制度建设的重要内容,也是

① 参见《中共中央关于全面深化改革若干重大问题的决定》。
② 参见《中共中央 国务院关于加快推进生态文明建设的意见》。

转变政府职能、改革国家治理方式的重要方面。为此,要完善发展成果的考核评价体系,纠正单纯以经济增长速度评定政绩的倾向,在考核评价体系中加大资源消耗、环境损害、生态效益、产能过剩等指标的权重。所以,领导干部生态文明建设责任制并不是一项独立的制度,它是转变政府职能、创新执政理念、提升国家治理能力的重要环节。

2. 形成政府、企业、公众共治的环境治理体系

我国现行的环境管理体制是以行政区域管理为核心、国家与地方双重领导的环境保护监督管理体制。这种环境保护监管体制既有悖于公共管理的基本原理,也不符合环境保护本身的规律要求。为加大环境治理力度,《中共中央关于制定国民经济和社会发展第十三个五年规划的建议》提出"形成政府、企业、公众共治的环境治理体系"。在生态环境保护中,由于政府的多个部门的管理职能与之相关,并且存在着事实上的利益关系,必然存在着权力竞争。在这个意义上,生态环境保护的"九龙治水"属正常现象,因为生态环境功能的多样化使得没有任何一个部门可以完全胜任将生态环境的所有功能全部纳入管理的任务,必须通过权限与职责的划分,实现"九龙共治水"。① 为此,必须改革环境治理基础制度,探索和建立环保监测监察、环保督察巡视、环境信息公布、跨地区环保机构等制度,推进联合执法、区域执法、交叉执法等执法机制创新,② 严格环保执法。

与此同时,高度重视企业、社会公众的知情权、参与权、表达权、监督权,积极鼓励企业、社会公众参与,形成"政府统领、企业施治、市场驱动、公众参与"③的监管体制。建立这种多部门、多环节、多层次的监管体制,必须高度重视程序的保障运行和弥补体制缺陷功能。通过建立和健全监管体制内部的合作程序、协调程序、协同程序,完善法律实施所需要的行政执法程序、行政处理程序、行政处罚程序以及相关司法程序,建立和完善满足生态环境治理要求的公众参与程序、信息公开程序、社会监督程序等,构建生态环境保护各部门间的协调协同机制、生态环境风险评估机制、不良环境影响的公共干预机制、生态环境信息共享与公开机制、生态环境保护的公众参与机制、生态环境纠纷的行政处理机制、生态环境损害领导责任追究机制等。

(三)健全生态环境损害救济机制

由于生态环境保护涉及多种利益的调整,必然产生利益冲突与矛盾,小康社会不是一种没有利益冲突与纷争的社会,而是所有损害都能得到合理救济、各种利益冲突与纷争都能得到合理解决的社会。为此,《中共中央关于全面深化改革若干重大问题的决定》提出的最严格的源头保护制度、损害赔偿制度、责任追究制度、完善环境治理和生态修复制度以及对造成生态环境损害的责任者严格实行赔偿制度,依法追究刑事责任等要求,必须通过建立完善的生态损害责任体系和合理的纠纷解决机制加以落实。

1. 完善生态环境损害责任体系

由于生态环境侵权的特殊性,一部《侵权责任法》并不能完成生态环境损害的责任体系。我国现行的《侵权责任法》《环境保护法》《民事诉讼法》虽然都有相关规定,但因立法不系统、救济途

---

① 事实上,这种"九龙共治水"的"整合式执法"模式在我国正在形成。例如,《水污染防治行动计划》(简称"水十条")为落实各项目标,打破了"统管"与"分管"、"主管"与"协管"的固有体制障碍。在本级政府的统筹协调之下,在明确相关部门权责的基础上,根据本部门的职能定位和责任范围以"牵头"或"参与"的方式,适时、适当、适度参与水污染治理。例如,"深化重点流域污染防治"是由"环境保护部牵头,发展改革委、工业和信息化部、财政部、住房城乡建设部、水利部等参与";而"控制用水总量"又是由"水利部牵头,发展改革委、工业和信息化部、住房城乡建设部、农业部等参与"。"水十条"中诸如此类的整合式职能列举,一方面明确了相关职能部门在环境治理事务中的不同职能定位,更体现出了环境治理对相关部门实现整合式执法的迫切需要。

② 参见《大气污染防治行动计划》(国发〔2013〕37号)。

③ 参见《水污染防治行动计划》(国发〔2015〕17号)。

径不完全、实体法与程序法脱节等问题的存在,不能有效解决不能融合不同利益诉求以及调整方式分散的难题。为此,首先我们应该在《环境保护法》修订的基础上修改其相关单行法,建立环境侵害责任及其救济方式的原则性规范,明确生态环境侵权制度的基本框架;其次是建立健全生态环境损害赔偿制度,特别是通过制定专门的《环境损害赔偿法》,明确生态环境侵权的法律责任和基本救济途径和程序;再次是在《物权法》规定的环境保护相邻关系及环境用益物权的基础上修改《侵权责任法》,进一步发展我国的环境权益保护制度,完善生态环境责任体系。

2. 建立专门环境诉讼机制

从纠纷解决的角度看,诉讼当然是有效形式。但由于生态环境权益的特殊性,立法采取了公法与私法的双重保护机制,法律在赋予公民个人生态环境权利的同时,也赋予了行政管理机关相当广泛的权力,其中最为重要的是生态环境行政机关对公民个人环境权益的处理决定权。由此决定了生态环境诉讼既不是单纯的民事诉讼,也不是单纯的行政诉讼,出现了传统的行政诉讼程序和民事诉讼程序所无法解决的权利保障问题。

生态环境诉讼具有传统行政诉讼与民事诉讼不同的特点:公法手段对私法领域的介入,行政权的扩大以及对民事权利的直接裁量;需要对行政权、民事权利主张实行双重审查;进行个人利益与社会公共利益裁量;适用无过错责任和公平责任原则。这些特性要求建立专门的环境诉讼机制:第一,制定专门的程序法,解决对行政调解、行政裁决、行政确认行为的司法审查与对生态环境权益的救济问题;第二,建立专门法庭,适用特别程序;第三,完善专门的证据规则,对专家证人、证据效力、举证时限、举证责任等问题进行明确;第四,完善集体诉讼、公益诉讼等环境诉讼的支持帮助制度以及环境诉讼的社会支持制度,如法律援助、社会救助等。

3. 发展纠纷处理的诉讼替代机制

虽然生态环境诉讼机制的建立可以为解决纠纷提供保障,但是诉讼机制的适用范围是有限的,并不是解决所有纠纷的最佳手段,而且过多的诉讼可能会加剧社会关系的对抗与紧张,增加公共成本。此外,生态环境纠纷的复杂性、自然过程与社会行为的交互性、损害后果的不确定性可能造成诉讼拖延费时却难以裁判,影响当事人权益的及时实现。所以,各国在处理生态环境纠纷时,普遍采用了纠纷替代解决机制。通过强化社会纠纷解决能力,使当事人能及时、便捷、经济、平等地解决生态环境纠纷。在许多国家,一方面,纠纷解决的诉讼替代方式被有意识地纳入司法系统,让当事人"在法律的阴影下讨价还价",①诉讼程序与非诉程序在效益目标下相互渗透和相互接近,形成互补关系。另一方面,纠纷解决机制的多元化趋势愈加明显,各种各样的诉讼替代方式越来越得到重视,在保证司法审查权的前提下,司法赋予其更大的自主性。

在我国,已有的诉讼替代机制主要有调解、行政处理、仲裁等方式。这些诉讼外纠纷解决方式都可以在处理生态环境纠纷中发挥重要作用。为此,我们要进一步完善人民调解制度,培育民间组织中的调解机构,提高调解的成功率;建立生态环境纠纷仲裁制度,明确行政仲裁和民间仲裁两种方式,建立生态环境纠纷仲裁机构,完善仲裁程序,赋予法院对仲裁的司法监督权;②完善环境行政处理制度,构建环境纠纷的行政处理机制,明确对行政处理行为的司法审查原则和程序,切实维护当事人的生态环境权益。

# 本 章 小 结

环境法是人类进入到生态文明阶段出现的新兴法律现象,以生态理性为法律价值观的基础,

---

① [日]小岛武司:《司法制度的历史和未来》,汪祖兴译,法律出版社2000年版,第28页。
② 何兵:《纠纷解决机制之重构》,《中外法学》2002年第1期。

以可持续发展观为其伦理基础。可持续发展的孕育和提出标志着人类发展观的巨大变化,对环境保护和环境法的影响是全面而深刻的。在我国生态文明建设的进程中,应当通过完善生态环境立法、提升治理体系和治理能力现代化、健全生态环境损害救济机制等路径推进并实现生态法治。

【思考题】
1. 人类文明发展与法治的关系是什么?生态文明时代的法治建设有哪些需要遵循的原则?
2. 为什么要提出可持续发展?可持续发展对环境法有哪些影响?
3. 生态法治的实现路径主要有哪些?

【案例分析】
(1)我国《行政许可法》第11条规定,设定行政许可,应当遵循经济和社会发展规律,有利于发挥公民、法人或者其他组织的积极性、主动性,维护公共利益和社会秩序,促进经济、社会和生态环境协调发展。

(2)海南省文昌市国土环境资源局在针对辖区内历史遗留问题——传统椰壳碳灶的生产加工产生环境污染的问题处理上,并没有直接援用现行立法中停产整改的法律规定,而是考虑到了椰壳行业的可持续发展,主要是产业链接、人员就业、社会稳定等因素后,通过与椰壳厂签订《承诺书》的形式,允许当地的椰壳业主在三个月内一边生产一边进行整改。[①]

【问题】
请结合以上所列法条和案例分析,可持续发展对传统法律和环境法有哪些影响?

---

① 相关案例参见刘佳奇:《论可持续发展观的法律化——以法律原则为实现路径》,吕忠梅主编:《环境资源法论丛(第十卷)》,法律出版社2015年版,第43页。

# 第四章 风险预防原则

---本章要点---

风险预防是环境法的最基本原则。环境风险正越来越多地影响到现代社会,对此,环境法必须表明基本的立场。本章首先分析环境风险的概念,以及风险预防原则的涵义和意义;在此基础上用经济分析、利益分析和伦理分析的方法论证风险预防原则的必要性及合理性;最后提出风险预防原则的内容、法律适用及其实现的法律机制保证。

## 第一节 环境风险与风险预防原则

生存的安全和生活的安定是人类的基本追求之一,但世界却总是充满风险。现代社会中,随着科学技术突飞猛进的发展和人类改造自然、开发利用环境资源能力的大大提高,发生环境事故和生态灾难的几率越来越高,人类认识能力与水平的有限性与自然发展变化的无限性之间的矛盾更加突出。我们一方面在享受着转基因食品带来的高营养、高科技含量;另一方面也在承受着转基因食品所可能引起的种种不良后果。转基因食品的出现,祸兮福兮?不久的将来,人类会因为转基因食品而头上长角吗?……环境法虽然是在环境问题出现并严重化之后积极应对而产生的法律,但要从根本上解决环境问题、重建人与自然的和谐,仅仅满足于事后补救是远远不够的,必须着眼于对未来环境风险以及环境危机的预防,着眼于环境质量的改善、环境品质的提高。因此,未雨绸缪于先,亡羊补牢于后,是环境法确认环境社会关系、构建环境社会秩序、引导环境社会行为的基本选择。

### 一、环境风险

(一)环境风险的涵义

风险,其字面意义可以理解为危险、或意外事故、或损失等的可能性。① 严格来说,风险是一种潜在的危险状态,它包括两层涵义,即危险爆发的可能性与不确定性,以及危险的危害性后果(财产的损失、人员的伤亡与生态环境的破坏)。风险的内涵很广,既有自然风险、经济风险、社会风险与政治风险,也有环境风险与生态风险等。

环境风险是环境问题出现之后提出的概念。不同学科背景的研究者对环境风险具有不同的理解。在环境科学研究者看来,所谓环境风险,是指由于人类活动或者自然运动引发的,在自然环境中发生或者经过自然环境传递给人类,能对人体健康、社会财富或生态环境产生破坏、损失乃至毁灭等不利后果的不确定性事件。② 在经济学研究者的视野中,环境风险是一种与个人风险

---
① [英]戴维·M·沃克:《牛津法律大辞典》,李双元等译,法律出版社2003年版,第973页。
② 曾维华、程声通:《环境灾害学引论》,中国环境科学出版社2000年版,第136—137页。

相对而言的"公共风险"。① 日本学者对环境风险代表性的看法有:"环境污染的不确定性或对个人健康损害的可能性都可视为环境风险。""环境风险有时'因人们被环境中的污染源包围而产生生命、健康、财产损害'而被谈及";此外,还有一种所谓概率性的表达:"人们活动所产生的环境负担通过环境路径,在某种条件下可能给健康、生态系统带来的影响";"环境风险是表达环境污染所生损害的大小及其发生损害的可能性或者期待值"。② 总之,不论具体语言怎么表述,以下几点应该是基本共识:其一,环境风险的来源主要是人类活动或自然运动,通过大气、水和土壤的媒介,作用于人体健康、社会财富或生态系统。③ 其二,环境风险会对人体健康和生态安全形成严重威胁,具有危害的可能性。其三,环境风险包含着一种"不确定性",主要指人类活动对环境污染的不确定性。

环境风险主要具有如下特点:(1)风险来源的多样性。环境风险来源多样,因自然原因引起的,如山洪引发泥石流,地震、海啸破坏核电站、化工厂,致使危险物质泄漏,从而威胁人类健康;还有人为原因引起的,如由于违反操作规程或者检测检验设备失灵、突发爆炸等,化工、冶炼、造纸等企业出现严重超标排放,造成水污染等严重环境污染事故。④ (2)风险的不确定性。是指环境风险的发生时间、波及范围、规模及损害大小等往往超出人类的认知程度。不确定性预示着风险防控策略选择的难度增大。⑤ (3)风险的扩张性。由于人类活动的领域日益扩展,环境风险诱发因素增多,危害后果的规模惊人;同时,在失当的决策导致发生次生风险的概率较大。(4)风险的潜在损害性。在转化为危险或危害后果出现之前,风险对环境、人类及其他生命体往往有着极大的潜在损害的可能。(5)风险的可转化性。环境风险有转化为危险及环境事故的可能性。这种转化可能性又依赖于科学技术基础上的风险评估水准。鉴于环境风险的来源多样性、发生的不确定性、发展演变的扩张性以及潜在的严重损害性,特别是作为风险评估、防范方案设定基础的科学技术发展的延时性、过程性,决定了风险预防的高难度性。

---

① 公共风险有三个典型特征:一是市场机制无法有效地将风险的负担分配至应负责或有能力承受风险的一方;二是通过自由市场价格机制无法合理反映风险所导致的成本;三是风险产生的后果往往造成较大的社会影响。根据风险的成因,公共风险可以分为自然性公共风险和社会性公共风险两类。前者主要是人与自然交互作用的结果;后者则主要是人的因素造成的。自然性公共风险属于纯粹风险,包括巨灾风险、环境风险、公共卫生健康安全风险等;社会性风险则属于投机风险,其中包含收益的可能性,包括经济、政治和社会风险等。滕焕钦、张芳洁:"政府公共风险管理效用目标探索",载《山东社会科学》2011年第1期。

② [日]黑川哲志:《环境行政的法理与方法》,肖军译,中国法制出版社2008年版,第70、74页。

③ 譬如,由世界卫生组织(WHO)下设的国际癌症研究机构(International Agency for Research on Cancer, LARC)于2013年10月24日发布109号报告得出结论:"有充分证据证明,空气污染可以导致肺癌;还有证据显示,空气污染也会增加膀胱癌的风险。"详见《新世纪》周刊2013年第41期(2013年10月28日出版)的报道。

④ 这在法律上一般都被认定为责任事故或责任事件。如2005年11月13日中石油吉林石化分公司双苯厂发生爆炸并引发松花江水污染事件。国务院调查组认定,爆炸事故的直接起因是硝基苯精制岗位外操人员违反操作规程,在停止粗硝基苯进料后,未关闭预热器蒸汽阀门,导致预热器内物料气化;恢复硝基苯精制单元生产时,再次违规操作,导致硝基苯精馏塔发生爆炸,并引发其他装置、设备连续爆炸。事故的主要原因是吉林石化及双苯厂对安全生产管理重视不够,对存在的安全隐患整改不力,安全生产管理制度存在漏洞,劳动组织管理存在缺陷。调查组认定的污染事件的直接原因是双苯厂没有事故状态下防止受污染的"清洁下水"流入松花江的措施,爆炸事故发生后,未能及时采取有效措施,防止泄漏出来的部分物料和循环水及抢救事故现场消防水与残留物料的混合物流入松花江。污染事故发生的主要原因是吉化分公司及双苯厂对可能发生的事故会引发松花江水污染问题没有进行深入研究,有关应急预案有重大缺陷。另外,中国石油集团公司及股份公司对环保工作重视不够,对有关问题失察;吉林市事故应急救援指挥部对水污染估计不足,重视不够,未提出防控措施和要求。吉林市环保局、吉林省环保局及国家环保总局等环保行政主管部门存在不同程度的失职失察。参见"吉化特大爆炸事故及松花江特别重大水污染事件基本情况及处理结果",来源百度文库,最后访问于2011年11月28日。

⑤ 程胜高、鱼红霞:《环境风险评价的理论与实践研究》,《环境保护》2001年第9期。

(二) 环境风险的类型

1. 自然环境风险和人为环境风险

这是依据环境风险发生的原因不同对环境风险所作出的划分。自然环境风险是完全由自然活动引发的环境风险,包括地震、洪水、海啸、龙卷风、台风与风暴等自然界发生的事件(自然灾害)。这类环境风险的根本特征是与人类活动无关,完全由自然因素所引起,因此,自然环境风险几乎是不可控制的,人类所能做的只能是预测并尽量规避其损害后果。人为环境风险是由人类活动所引发的环境风险,其起因在于人类活动,是人为活动引起自然因素的变化而产生的风险,如转基因、气候变化、危险化学品安全等。由于人类活动是其产生的关键因素,所以通过对人类活动的控制就可以在很大程度上控制人为环境风险的发生及后果,相对于自然环境风险而言,人为环境风险在更大程度上是可预防的。

当然,也必须注意到,有些环境风险表面上看是自然活动引起的,但实质上也是人为活动引起的,人为因素才是其中的决定性因素,自然因素仅仅是一种传递机制,所以本质上仍然是人为环境风险。比如,洪水通常是完全由自然因素引起的,但在河流上游地区的滥采滥伐造成的水土流失也是增加甚至引起洪水这一环境风险的决定性因素。也就是说,有些所谓的自然环境风险也是可以通过对人类活动的调整而加以有效控制的。特别是在现代社会人类对自然的影响能力、影响范围和规模都十分惊人,人类活动最终导致自然环境风险的发生几率大大增加,有些环境风险已经不能简单地作为自然环境风险对待。

区别自然环境风险和人为环境风险的意义在于对其预防的法律机制是不同的。自然环境风险是自然因素自身运动的结果,由于自然运动的复杂性和各因素的关联性,对自然环境风险的人为控制不仅难以奏效,而且往往容易引起其他危险后果。所以,对自然环境风险的预防机制主要是以科学技术手段进行预测,然后以一定的方式进行规避和防范。例如,海上航行的船舶可以绕开可能有强风暴的海域;对台风可能袭击的地区以转移人员和财产的方式回避风险或者以加固房屋等方式防范风险;对于可能发生洪水的河道进行堤防加固等。总之,对于自然环境风险基本上无法从发生原因上进行控制,主要应对其可能造成的损害后果回避或防范。从这个意义上讲,对自然环境风险的预防机制是消极的,这建立在前述的理性有限的前提之上:整个自然系统是一个复杂的整体,在人类没有完全认识其运行规律之前,任何对其运行过程进行控制的企图都可能带来不可预料的后果。人类在大自然面前必须理智地保持小心翼翼。

人为环境风险的发生原因是人的行为,因此,如果对这类环境风险的发生有一定的认识,就可以通过对人的行为的控制来预防危险后果的发生。预防人为环境风险的法律机制的设计也就应当立足于对人的行为的规范。即对于任何可能影响环境的行为,都应当对其后果进行预测,并根据预测确定是否可以为该行为、以何种方式为该行为和采取什么样的补救措施。也就是说,对人为环境风险应当对其产生的原因进行积极的控制,确定地防止危险后果的发生或将损害后果控制在可以忍受的限度之内,或者在无法预料可能后果时放弃一定的行为,事先防范危险后果的发生。

2. 可预测的环境风险和不可预测环境风险

这是依据环境风险不确性的程度不同对其所作出的划分。不确定性是环境风险的根本特征,正是因为环境风险的不确定性,才有必要设计风险预防的法律制度,而环境风险确定性程度的不同是风险预防制度分析和设计的关键因素。如果是预计肯定会发生的、后果确定的环境损害,则不属于环境风险,虽然应当对其采取措施避免危害后果的发生,但不属于风险预防的范畴。

依据环境风险不确定的程度不同,可以分为可预测的环境风险和不可预测的环境风险。①

可预测的环境风险是指损害后果的种类及各种后果出现的概率可以预测的环境风险。其确定性程度较高,事先就可以依据概率论等数学方法计算出最可能的损失值,并且根据各种可能的损害后果的状况事先采取适当措施,防止损害后果的发生。这种情况下,人类可以最大限度地发挥主观能动性,趋利避害。

不可预测环境风险是指损害后果的种类及各种后果出现的确定性程度较低,对于可能发生的损害后果无法预知,或者虽然可以预知某一种或几种损害后果及其发生的大致概率,但无法预测是否有其他损害后果。不可预测的环境风险的本质特征是存在无法预测的风险后果,这就为人们采取措施防止损害后果的发生带来了困难。这种情况下,放弃某些影响环境的行为或回避可能的环境风险等消极做法甚至可能是最合适的。

## 二、风险预防原则的涵义

回顾风险预防原则的演进历程,其最早起源于 20 世纪 60 年代的德国。德国人较早地意识到要克服由不确定带来的弊端,即解决因不确定性导致的行动上的滞后性与环境保护的预防性需要之间的矛盾。20 世纪 80 年代,德国向国际北海部长会议提出了确立风险预防原则的建议,第二届国际北海保护会议接受了这一建议,会后发表的《伦敦宣言》第一次明确、系统地论述了风险预防原则:"为保护北海免受最危险物质的有害影响,即使没有绝对明确的科学证据证明因果关系之前,也应采取风险预防的措施以控制此类物质的进入,这是必要的"。同一时期,OECD 环境委员会也提出建议:各国环境政策的核心,应当是预防为主。

1987 年,《关于消耗臭氧层物质的蒙特利尔议定书》对于确立和传播风险预防理念具有重要意义,该议定书在当时对于氟氯氢化物与臭氧层破坏的关联上并没有确切科学证据的情况下仍然规定:缔约方"决定为保护臭氧层,采取预先防范性措施,平衡地控制消耗臭氧层物质的全球释放总量"。1992 年联合国环境与发展大会上通过的《里约环境与发展宣言》原则 15 被认为是风险预防原则的里程碑——"为了保护环境,各国应按照本国的能力,广泛适用预防措施。遇有严重或不可逆转损害的威胁时,不得以缺乏科学充分确实证据为理由,延迟采取符合成本效益的措施防止环境恶化"。此后,风险预防原则得到了国际环境立法的广泛认可,其适用范围从海洋环境保护逐步扩展到气候变化、危险物品管制、臭氧层保护、生物多样性保护等多个领域。20 世纪 90 年代以后通过的所有关于环境保护的国际法律文件几乎都规定了风险预防原则。更为重要的是,风险预防原则不仅已为国际环境保护条约所普遍接受和承认,而且在 1999 年澳大利亚与新西兰诉日本的南方金枪鱼、2001 年爱尔兰诉英国 MOX 核电厂等著名案例中得到了具体体现,意味着对于国际社会所有成员的可能适用。②

在国内立法方面,一些发达国家如美国、加拿大、澳大利亚等国已经确立了风险预防原则,③并出现了适用风险预防原则的司法判例。较为著名的判例有:比利时的 Wilrijk 焚烧工厂案中,法官运用风险预防原则干预了政府的许可政策,命令拥有许可证的活动停止;美国的储备矿产案中,美国法官在储备矿产公司的行为对公众健康的危害存在不确定性的情况下,作出了工厂可以

---

① 当然,这里讲的可预测和不可预测都是相对而言的,绝对的可预测就不存在不确定性,也就无所谓风险;完全的不可预测也将使风险预防失去基础。

② 对于风险预防原则在国际法上的地位至今仍存在较大争议:一种观点认为风险预防原则已经成为一项习惯国际法原则;一种则坚决反对;第三种则认为风险预防原则正在形成为一项习惯国际法原则。参见朱建庚:《风险预防原则与海洋环境保护》,人民法院出版社 2006 年版,第 244—252 页。

③ 加拿大《环境保护法》(1999 年)在前言中规定:"……加拿大政府承诺执行风险预防原则,一旦出现严重的危险或不可逆转的破坏,缺乏完全科学确定性,不得以延迟节省成本措施为理由来预防环境退化。"

不关闭,但应在合理的时间内将污染转向陆地,而不能排入苏必利尔湖的判决;澳大利亚的里斯诉国家公园和野生动物署案中,法院认为,澳大利亚作为《生物多样性公约》的缔约国之一,公约前言中规定的风险预防原则应被认为已经纳入国家立法,并据此作出了判决,从而成为澳大利亚适用风险预防原则的起点。①

鉴于英语中与"precautionary principle"相关还有"preventive principle"一词,国内也将其译为"预防原则"。但在具体的涵义上,两者还是有区别的,"preventive principle"是在对环境问题有了肯定性认识时适用,可以译为"防止原则";"precautionary principle"适用于存在更多不确定性的场合,可以译为"风险防范原则"。而实践中,这两个原则被同时使用并且没有明确的区分,而且在法律概念上区分的意义也不大。因此,本书使用统一的"风险预防原则"的概念。亦即,基于环境风险的基本特征和不同类型,以风险预防原则涵盖风险防止和风险防范的含义,建立统一的风险预防原则作为环境法的一项基本原则。其涵义是指,在现实的环境损害发生前,预测行为的环境后果并采取措施制止可能对环境造成损害、引发环境事故或者灾难的行为,防止或者防范环境风险。②

### 三、风险预防原则的地位和意义

人类在地球上生存,就必然要利用环境资源。人类利用环境资源有两种形式:一是从自然界获取物质和能量,例如开采矿物、利用水能发电等;二是向自然界排放废弃物、如废水、废气的排放。这两种利用形式都可能带来环境风险:从自然界开采物质和能量可能破坏原有的生态平衡,导致自然环境的剧烈变化而造成损害,也可能低效益地耗费掉稀缺资源,危及将来的利用而造成不利后果;向自然界排放废弃物一旦超过自然界的净化能力,就可能导致不可逆转的环境损害。以上主要是从人为环境风险分析,即使自然环境风险,也不能说与人对环境资源的利用完全无关。如果人们减少对自然灾害高发区域的开发利用,就在一定意义上减少了人类所面临的自然环境风险。因此,环境风险与环境资源的开发利用密切相关,可以说环境风险是由于对环境的不合理、过度利用造成的。

环境法作为应对环境问题而产生的部门法,规范人们开发利用环境资源的行为是其核心内容,而其规范的基本指导思想就是环境资源的合理利用。从这个意义上,风险预防原则毫无疑问是环境法的基本原则,是首要和核心的原则。其意义在于促进环境资源的合理开发利用,实现保护和改善环境、促进人与自然的和谐、增进人类福利的目标。

风险预防原则要求对环境资源进行合理利用,即平衡环境资源的开发和保留的关系,在开发利用时适当保留一定的环境资源,具体有以下几个方面的内容:第一,即使开发利用环境资源的活动本身没有直接的损害后果,也应当为将来保留适当的数量,即对于不可更新资源应当谨慎地节约利用,对可更新资源要保护和促进其再生能力,以保证人类在将来的发展中仍能以合理的成本获得必需的各种资源,而不能因为当代的利用而损害将来的合理利用。第二,如果开发利用环境资源的活动本身会影响和改变自然环境而导致环境风险,则应对这种开发利用活动进行限制,

---

① 唐双娥:《环境法风险防范原则研究》,高等教育出版社 2004 年版,第 98—133 页。
② 需要说明的是,有学者所言环境法的预防原则即我们所称风险预防原则。如台湾学者陈慈阳先生将预防原则作为环境法的第一项基本原则,认为预防原则主要在说明环境政策与环境法仅是对具体环境破坏之反应,亦即不仅限于抗拒环境具有威胁性之危害及排除已产生之损害,而是更进一步积极地在一定危险性产生之前就预先防止其对环境及人类生物之危害性的产生,并持续地致力于基本自然生态的保护及美化。就内涵而言,陈先生所提之预防原则不是在对环境产生具体危险时,对具体危险立即反应,而是如有危害出现可能时,或根本无危害出现时,事先且预防性地对"人"加以保护或对生态环境加以美化,使其免于因为环境品质丧失或环境破坏而遭到损害。此处所谓危害,并非具体的危险,而是有可能危及生态环境,并造成人之损害的征兆。

也就是在一定程度内保留自然的原始状态,以减少环境风险。第三,在利用环境资源的各种可能方式之中,应选择环境损害后果最小或环境风险程度最低的方式。这是对环境资源的积极的合理利用,区别于消极的合理利用,即环境资源的保留。第四,向自然界排放废弃物实质上是对环境资源的一种特殊利用,因其更容易导致环境风险的发生,所以对于产生废弃物的活动本身、废弃物的处理都应考虑避免环境风险,使废弃物的产生、处置都是合理的。

## 第二节 风险预防原则的内涵

### 一、风险预防原则的适用条件

一定意义上讲,任何开发利用资源环境的活动都会导致环境风险,而自然环境风险又非人为因素控制的,因此,在一定的时空条件下完全避免环境风险是不可能的。但是,为了人类的生存和安全,保持自然生态环境的和谐状态,避免不可逆转的环境损害的发生,促进人类社会的可持续发展,又必须对环境风险进行预防,这是忍受环境风险还是预防环境风险的矛盾。从另外一个角度,人类的生存和发展必须开发利用环境资源,而为了将来的利益和可持续发展又必须保留一定的环境资源,这是环境资源的利用和保留之间的矛盾。这些矛盾的解决,有赖于环境风险预防标准的确立和环境资源利用和保留之间平衡尺度的确立。也就是说,风险预防原则的适用必须满足一定的条件。

(一)环境风险被怀疑到一定的程度

对风险预防原则而言,有关环境危害的科学不确定性是其支点所在。进一步说,环境风险的不确定性源于人们了解某一主题的需求和实际上了解该主题的程度之间存在差距。① 或者说,环境风险的不确定性源于人类认识能力的有限性。环境领域的不确定性意味着:人类活动对于环境风险的危害肯定有作用,但对环境受到威胁的程度、风险危害的性质和严重程度或者因果关系等问题的认知能力有限。这种不确定性包括:是否存在环境风险的危害? 如果存在,这种危害是否会发生?

然而,这并不意味着,人类有限认知领域内所有的"科学不确定"都是风险预防原则的适用对象。其原因在于,对于环境风险不采取规制措施会同风险预防原则相冲突,因为我们会受到可能发生的风险的影响。但是,采取规制措施本身也可能带来新的风险,这同样会和风险预防原则相冲突。② 所以,面对科学不确定性、面对未知的环境风险,法律的基本态度既不能是"按兵不动",也不能是"草木皆兵"。对此,法律必须采取审慎的态度去观察和预见,只有环境风险的危害需要被怀疑到一定的程度,才是风险预防原则的适用前提。如严重的、不可逆转的或重大的风险(there is threats of serious or irreversible environmental damage)。在《里约宣言》《生物多样性公约》《联合国气候变化框架公约》以及《澳大利亚政府间环境协议》中都有相应规定。

(二)采取的风险预防措施符合成本—效益分析

即使是最粗糙的、最草率的或最反复无常的关系调整或行为安排,在其背后总有对各种相互

---

① 实事求是地说,不确定性并非一个贬义词,但不幸的是,使用的频繁使得它已经带有混乱、无能和不恰当的意思,忧虑、怀疑、犹豫不决、疑惑、猜疑成为不确定性的同义词。参见[美] H.W.刘易斯:《技术与风险》,杨健等译,中国对外翻译出版公司1994年版,第78页。
② 转引自陈海嵩:《风险预防原则理论与实践反思——兼论风险预防原则的核心问题》,《北方法学》2010年第3期。

冲突和相互重叠的利益进行评价的某种准则。① 如何具体评价和判断"风险被怀疑到了一定的程度"并采用适当的风险预防措施,同样需要某种准则。风险预防原则要求采取符合成本—效益分析的风险预防措施,实质上就是具体确定环境风险预防的标准和环境资源利用和保留的尺度,从而建立具体的法律制度来实现对环境风险的预防和保证对环境资源的合理开发利用。也就是说,只要在总体上对人类有利的活动原则上就应当允许或鼓励,而总体上对人类不利的就应当禁止。其中,成本包括各种直接的物质或非物质的投入、潜在的损失等效用或利益的丧失。效益则包括各种物质或非物质的产出、损失的避免等效用或利益的获得。而且,成本和效益的分析也不一定能够完全以经济学意义上的量化分析的方式进行。在有些时候需要依赖于人们的普遍价值观念进行定性判断。总之,进行成本—收益分析仅是手段,其目的是实现人与自然的和谐,即在不损害生态系统的前提下追求人类自身的利益。

1. 定性的成本—效益分析

从定性的角度,不同类型的环境风险要考虑不同的要素。对于自然环境风险的规避,成本主要是减少对特定资源的利用而带来的损失,如为回避可能的风暴而绕航或暂停航行的损失,或者为了避免洪水灾害而搬迁的损失等;效益主要体现在回避了风险而避免的损失,这是不确定的损失,需要一定的预测和估算。对自然环境风险的防范,成本是采取防范措施的投入,如加固堤防的支出等,以及防范措施失败仍要承担的损失;效益也体现为因回避风险而避免的损失。对于人为环境风险,能够有效防止的,防止的成本是采取预防措施的直接开支、采用替代措施增加的开支和减少的收益及放弃一定行为而减少的收益,收益主要是防止风险而避免的损失,这通常可以准确测算的。对于人为环境风险的防范,如果采取消极的防范措施,即放弃可能带来环境风险的行为,则成本就是放弃该行为而减少的收益,效益主要是放弃该行为减少的支出及避免的风险损失,后者往往有很大的不确定性;如果采取积极的防范措施,成本包括采取该措施的支出、直接成本支出及未能防范风险所带来的损失,效益主要是该行为产生的直接收益、如果能防止风险发生所避免的损失。

2. 定量的成本—效益分析

从定量的角度,环境风险预防的成本—效益分析应考虑以下问题。

(1) 现值问题。预防环境风险所产生的成本和收益通常都不是同一时间点的成本和收益,这需要在操作上通过现值换算将其转换为同一个时间点的成本和收益,从而达到比较的合理基础。即对于各种成本和收益都以会计上的复利现值(或终值,意义上区别不大)转换方法换算为现在或另外某一确定时间点的真实价值,再进行量的比较。当然,在环境风险的预防上,由于成本和效益的可计量性、复利率的确定标准等问题,不可能达到会计上的精确度,但这种计算在原理上是一致的,而且也应当达到相当程度的量的确定性。需要注意的是,对于不可逆转的环境损失,可以认为是成本无限大,现值换算后仍然是成本无限大,这也是我们不惜代价要避免产生不可逆转的环境损失的原因。

(2) 环境风险的估算问题。环境风险的估算要考虑其概率和规模,这是确定环境风险带来的损失大小的依据。可能发生的环境风险的规模是环境损失后果的严重程度和量的规定性,不同环境风险的规模可以以不同的量化标准表示。如水中大肠杆菌的含量超过了法定的游泳用水标准,则沿海水污染对旅游业可能造成的影响就可以用染上胃肠炎的游泳人数来表示。概率是描述某个特定事件发生的机会。如果某个概率是建立在科学观测和估算的基础之上,我们称之

---

① [美]罗斯科·庞德:《通过法律的社会控制》,沈宗灵译,商务印书馆2012年版,第62页。

为客观概率;反之如果某个概率是通过专家和决策者的判断得到的,我们就称之为"主观概率"。环境风险的每一种损失后果,在理论上都有一个对应的发生概率。只是这种概率需要一定的方法去测算。而由于环境风险的特殊性,对其概率的测算有较大的主观性,在很多时候是"主观概率"有时甚至是无法测算的。环境风险各种可能损失后果的规模与相对应的概率的乘积相加后的结果,就是该环境损失结果的期望值。依据环境风险的概率和规模计算的期望值就是我们预测环境风险损害后果和进行成本—效益分析的基础。

(3) 环境风险预防成本和效益的量化标准问题。环境风险预防除与经济利益、经济价值和人的生命健康利益、生命价值相关外,还与环境生态利益和环境价值相关,这就使得环境风险预防中成本与效益的量化标准很难统一,而成本—效益比较的基础又必须是量化的标准统一或至少具有可比性。解决的途径之一是仅将相互比较的成本效益对象的量化标准统一,进而进行比较,而不强求将其统一为经济指标;其二只能是在不同的标准体系之间以普遍的价值观念为基础进行大致的比较,这样的比较有较大的随意性,但可以回避量化标准体系之间相互转化的困难。

3. 无穷大的环境风险

有些环境风险的损害后果是对环境不可逆转的、严重的、长久的损害,如大坝倒塌、化工厂的爆炸事故、核电站放射性物质的泄漏、水介传染病等,这就是无穷大的环境风险。对于无穷大的环境风险,如果采取消极的预防措施,即放弃相关的影响和利用环境资源的行为,保留自然的原有状态,则不管因此而放弃的利益有多大,都应该认为是值得的,即符合成本—效益原则。但通常情况下,对无穷大的环境风险采用保留的态度是恰当的。如果采取积极的预防措施,即不放弃利用环境资源的同时采取措施防止这种风险发生,则必须进行另一层次的成本—效益分析,即比较采取预防措施的成本和可能取得的效果,而且必须考虑,如果预防措施失败,产生的后果是不是能够承担的。在没有把握可以预防无穷大的风险后果时,积极的预防措施是不可取的。

**二、风险预防原则的本质**

在本质上,风险预防原则是对环境法传统思维的转变。该原则的提出,是为解决环境危害的科学不确定性问题而选择的一种基本法律态度。传统理念认为:在科学未能证明"环境是有害的"之前就假定"环境是安全的"。换言之,即在科学不确定性面前持观望和等待的态度。这样,科学不确定性就成为潜在的污染者、规制机关不采取事前行动的一个理由,甚至"权利来源"——当有关环境问题的危害存在着科学不确定性时,潜在的污染者可以以科学没有证实为由拒绝采取措施加以预防。如美国至今仍然以矿物燃料燃烧不会引起温室效应为由,拒绝批准《京都议定书》。而规制机关则将是否作出决定的责任转移给科学家,以避免被指责其规制行为是武断的或没有科学依据。如20世纪70年代即有初步证据表明汽油中的铅可能危害人体健康,但我国直到1998年才开始要求禁止使用含铅汽油。如此,很多具有潜在环境危害性的物质或活动因为这种科学上的不确定性而得以继续使用或进行。①

从某种意义上讲,臭氧层破坏、全球变暖、生物多样性锐减等现代环境问题的一个重要特征,就是存在太多的科学不确定性。在这种情况下,如果仍然持观望和等待的态度,直到科学能确切地证明环境危害的因果关系后再来采取措施,恐怕已是于事无补。最为关键的并不是采取预防措施的必要性,而是采取预防措施的时间。因此,即使没有充分的科学证据,只要有造成严重或不可逆转环境损害的威胁的存在,就必须采取预防措施。

---

① 唐双娥:《环境法风险防范原则研究》,高等教育出版社2004年版,第2页。

## 第三节 风险预防原则的内容

风险预防原则是针对环境恶化结果发生的滞后性和不可逆转性的特点提出来的。要求人们对环境风险的发生及后果进行预测,并依据预测采取防止、防范或规避等措施,努力避免造成大量环境损失的环境风险。因此,环境法上风险预防原则的内容包括环境风险的识别、沟通、管理、冲突协调等几个方面。

### 一、环境风险的识别

环境风险的识别,是指在环境风险的不利后果发生之前,运用各种方法系统地、连续地认识所面临的各种环境风险以及分析环境风险发生的潜在原因。环境风险的识别是风险预防的基础和起点,具体包括一般识别和个案识别。

(一)一般识别

人类的生产、生活过程中总会遇到各种各样的风险。因此,人们从经验上会形成预测和防范风险的一般意识。在环境问题日益严重的情况下,有关环境风险的一般识别也日益受到重视。

一方面,环境风险的一般识别体现为对自然环境风险的技术性识别。自然环境风险是人类始终面临的风险,而且其发生与人类的活动无关,为了免遭自然灾害之苦,现代文明社会基本上都建立了一套完整的识别系统、例如天气预报系统,森林火灾预警系统等。这种识别是具体情况下进行环境风险的详细分析、评价、预测的基础,从其中探索出的自然规律也是预防环境风险的重要依据。

另一方面,环境风险的一般识别是对人类活动整体环境影响的分析、评价、预测,如对于温室气体排放、森林面积减少、臭氧层破坏的环境后果的分析、评价、预测。以自然科学的研究成果为基础,对人类活动的总体环境后果进行识别,可以确定环境管理和控制的总体目标,明确单个行为的最终环境影响,指导人们的生产、消费行为,作为环境风险预防个案识别的基础。

(二)个案识别

环境风险的一般识别有助于确定环境管理控制的总体目标,但是真正实现对环境风险的预防仍要落实到具体的个案。环境风险的个案识别以一般识别为基础,具体分析、评价、预测环境风险的状况。

首先,要分析具体环境风险的发生机制。根据已往的经验和已知的客观规律,分析各个环境事件的影响因素及其作用规律,从而识别环境风险的各种可能后果。

其次,确定环境风险的规模和严重程度。对于各种可能的环境风险后果,都应当估计其可能造成的环境损害的种类、程度及长期影响,从而大致上量化环境风险的规模。

最后,估算环境风险发生的概率和期望值。即分别估算每一种环境风险的可能后果发生的概率,并结合对环境风险规模的预测估算环境风险损失的期望值。这是环境风险预测的最终结果和决定环境风险预防措施的依据。

环境风险的识别不可避免地带有主观性。为了尽可能达到环境风险预防的目标,增强环境风险识别的客观性是必要的。在进行环境风险的分析、评价、预测时,应当持谨慎的态度,尽量保留环境资源,而不应当"大胆"预测,造成不必要的环境损害后果。

### 二、环境风险的沟通

由于环境风险的识别需要以科学理性作为基础,而科学理性的实现、事实问题的解决都有赖于专业知识的运用,①仅凭政府的专业技术能力难以妥善地处理好问题。② 因此,作为科学理性和专业技能的"代言人"——专家,自然应当在环境风险预防过程中扮演重要的角色。不仅如此,作为环境风险预防效果的最终享受者和结果的最终承受者,公众对环境风险的认知除了受环境风险本身的特性影响之外,还会受到诸如人格特征、认知偏差等个人因素的影响。③ 这就意味着,环境风险预防过程中所涉的多元主体,可能对环境风险作出差异化的识别结果。作为环境风险预防事务的组织者、领导者和最终决策者,政府需要在多元主体之间围绕着风险问题而开展沟通工作。这在风险管理领域和社会政策领域被称为"风险沟通"(risk com-munication)。就字面意思而言,环境风险沟通可以指任何有关环境风险的公共的或私人的沟通和交流。这一过程涉及多种多样的信息,既包括有关风险性质的信息,也包括表达关切、看法的信息,或者对风险信息或风险管理的立法和机构安排做出反应的信息。④

风险沟通的主要目标是取得有关各方对风险认识上的一致。通过多元主体(公众、政府、专家)之间的交流和沟通:一方面,公众可以获得一些有关风险的专业知识和风险评估的详细信息,这有利于促成公众形成对环境风险的客观认知和合理态度,进而能够接受专家对环境风险的评估,从而理性地看待环境风险。另一方面,政府以及专家可以了解公众的担忧、焦虑、关切和诉求,并能有针对性地发布信息、进行反馈、甚至调整决策,从而让公众参与决策。通过这两方面的努力,最终,风险沟通可以达致各利益相关者在风险认识上的一致,从而消弭冲突的基础。⑤

### 三、环境风险的管理

所谓环境风险的管理,是指将环境风险可能造成的不良影响减至最低的管理过程。环境风险的基本特征是不确定性。但这种不确定性并不意味着环境风险完全不可应对。环境风险的管理就是建立在环境风险相对可以应对的基础之上。

(一)环境风险的识别

事实上,某些环境风险的可能后果的种类是有限的,真正能造成较大损害的可能只有一两种情况。并且,可以预知每一种损害后果的发生状况、发生机制;确知各种后果发生的概率,对各种后果都有合理的预防措施制止损害的发生或控制损害的程度,也就是说,有确定的符合成本—效益原则的措施可供采用。对此,环境风险的管理就是要"防止"这类损害较严重的环境危害后果的发生,管理的措施有根据特定损害后果的发生机制,改变其中的关键因素,从而彻底避免有害后果的发生;或者控制并采取措施防止损害后果的扩散及损害程度。如对于某一生产过程可能产生的有害废物,可以改变生产工艺消除产生这种废物的可能,也可以对产生的废物进行技术处理或填埋,以控制损害后果的发生,从而达到"防止"环境风险的目的。

(二)环境风险的沟通与管理

在某些情况下,某些难以识别的环境风险有更大程度的不确定性,即对其可能发生什么样的损害后果也无法确知。在这种情况下,采取积极的预防措施通常也不能完全避免损害后果的发生,即达到"防止"的目标。因而只能概然性地减少这种环境风险发生的可能,即"防范"环境风险。环境风险防范包括两种具体的防范类型。

---

① 参见王锡锌、章永乐:《专家、大众与知识的运用——行政规则制定过程的一个分析框架》,《中国社会科学》2003年第3期。
② [日]米丸恒治:《私人行政——法的统制的比较研究》,洪英等译,中国人民大学出版社2010年版,第66页。
③ 谢晓非、郑蕊:《风险沟通与公众理性》,《心理科学进展》2003年第4期。
④ 转引自华智亚:《风险沟通与风险型环境群体性事件的应对》,《人文杂志》2014年第5期。
⑤ 华智亚:《风险沟通与风险型环境群体性事件的应对》,《人文杂志》2014年第5期。

1. 环境风险的积极防范

环境风险的积极防范是在不放弃影响环境的活动和利用环境资源的情况下,采取一定的可以抵御一定程度风险的措施,降低环境风险发生的可能性及风险损害程度。如预先加固河堤可以减少洪水灾害的发生,但不能保证完全避免;危险品的贮运中加固贮运设备、严格保管制度也只能减少危险品泄露的可能性。

2. 环境风险的消极防范

环境风险的消极防范是为了回避一定的环境风险,放弃影响环境的活动或减少对环境资源的利用,以保留自然的原有状态。其主要措施包括但不限于:(1)保持环境资源的质量,即不对环境质量造成不可逆转的损害,保证环境质量在将来仍适合人类的生存和发展。在空气质量和气候条件方面,保留质量尤为重要。(2)保留环境资源的数量。即节约利用不可更新资源,合理利用可更新资源,保证将来仍可获得人类生存和发展所必需的环境资源。(3)保留选择机会。即要保持人类自然资源的多样性,保证将来仍有可供选择的多种多样的环境资源。这在生物多样性的维持上尤为重要。(4)对自然环境风险采取规避风险的措施,即退出自然环境风险影响的区域或减少对自然灾害高发区域的利用。

### 四、环境风险的冲突协调

前文已述,环境风险的不确定性源自人类认知能力的有限。这就意味着,在对某一环境风险的预防过程中,囿于人类认知能力的有限性,可能出现"按下葫芦浮起瓢"的情况——为了消弭一个环境风险而造成或引发了另外一个环境风险。不仅如此,人类面临的环境风险数量、类型众多,消弭不同环境风险所采用的措施可能是相异的甚至相斥。有鉴于此,对于环境风险的管理并非简单的对某一环境风险进行"防止"或"防范",而是要在行动方案效益与其实际或潜在的风险以及降低的代价之间谋求平衡,以选择较佳的管理方案,即对环境风险的冲突协调。如环境风险管理者在需要对人体健康或生态风险作出管理决策时,可有多种可能的选择。决策的过程必须在潜在风险和下列因素之间取得平衡:(1)消费者的期望;(2)宣传教育以便消费者作出选择;(3)企业所需付出的代价及最终转嫁到消费者身上的费用;(4)控制和减轻人体与生态暴露的能力;(5)对商贸的影响;(6)采用危害较小替代物品的可能性;(7)加强管理的能力;(8)对未来法规政策的影响。①

## 第四节 风险预防原则的法律适用

### 一、风险预防原则的法律地位和法律效力

(一)风险预防原则的法律地位

正如"诚实信用原则"作为民法中的"帝王"条款、确立了民事主体守法的一般性义务一样,在环境法领域,也需要确立这样的一般性义务条款。根据国内外学界的研究,风险预防原则能够担此重任,这是因为该原则在实践中被视为形成了一种实质性的谨慎义务,即将预防环境危害发生的一般义务延伸到这样的范围——预防那些未被科学确切证明的、可能危害环境的行为。

风险预防原则成为保护环境的一般义务的意义在于:有关环境损害存在着不确定性可能成为不采取预防措施的理由之一,因为在缺乏有关环境危害绝对证据的情况下,政府机构面临向社

---

① 郭文成、钟敏华、梁粤瑜:《环境风险评价与环境风险管理》,《云南社会科学》2001年第S1期。

会证明应当采取防范性的措施是正当的、理由充分的难题。但如果将风险预防原则确定为保护环境的一般义务,那么这种不确定性便无法成为政府机构和企业不采取预防措施的"权利"来源。因此,风险预防原则一旦确立,就可以发挥价值目标功能,成为环境法目的解释的直接依据,实现对某些应然的环境利益的保护,从而预防一定危害的发生。

### (二) 风险预防原则的法律效力

风险预防的思想最初产生于国际环境保护领域中,在很多国际环境保护条约及其他文件中都有反映。风险预防原则是国际环境法的一项重要原则,指导着国际环境保护法律的发展。

环境问题不管是否跨国,都有共同的本质特征。在国内法上确立风险预防原则不仅十分必要,也完全可行。因此,环境法应当确立风险预防原则的基本原则地位,以其指导环境立法、执法活动。

在环境立法上,有必要在环境基本法中明确规定风险预防原则。在法律的制订中,应当充分考虑环境风险预防的需要,以立法形式促进环境资源的合理利用和适当保留,创建符合并有助于实现风险预防原则的法律机制和法律制度,始终贯彻风险预防原则,以实现环境立法的最终目的。

在环境法律的实施中,除了对有关风险预防原则的法律制度的直接执行外,其他涉及环境法实施的活动,也应当以风险预防原则为指导,保证不违背风险预防原则的要求,确保风险预防原则的基本指导原则地位。

风险预防原则的真正实现,除了确立其基本原则的地位,还需要具体的法律机制和法律制度的配合。在此仅提出有关法律机制的基本框架。

## 二、风险预防原则的法律适用要素

探求风险预防原则的适用要素,其目的在于将风险预防原则适用的动态环节予以抽象、概括,使其具有较强的可操作性,能够在环境保护领域发挥应有的功能与作用。①

### (一) 不确定性

确定与不确定实际上是针对人类活动与环境损害之间因果关系而言的,也是与风险有密切关系的一个问题。如果有科学证据能够充分证明人类活动与环境损害之间存在因果关系,那我们就称之为确定的风险,反之则称之为不确定的风险。

随着科学技术的不断进步和经济的高速发展,人类活动对环境造成损害的不确定性风险越来越多,科学上的不确定性成为困扰环境法的一个问题。但是,现有的法律规定几乎从没有具体指出在既定的场合应当如何采取谨慎措施。为解决该问题,人们引入了解决风险不确定性的方法,即阈值的确定。

### (二) 阈值的确定

阈值就是适用风险预防的临界线,其作用主要是解决适用依据问题,同时也防止风险预防原则的滥用。依照风险预防原则,在采取具体预防的行动之前,必须确定某一活动产生的潜在危害程度。换言之,就是要明确:环境风险导致的潜在危害达到多大时,采取风险预防的措施才是正当的。此时,确定阈值具有决定性意义,因为它关系到是否需要采取风险预防原则,采取怎样的风险预防原则,以及在实施风险预防原则中允许对效益和成本进行平衡的程度。

目前的国际条约和文件对阈值的规定,概括起来有高、低两种情形:(1) 较高的阈值。较高的阈值是指环境风险导致的潜在危害必须是重大的,否则就不采取风险预防的措施,听任环境风险继续存在。在实践中,全球公域保护立法例如臭氧层保护、生物多样性保护、濒危野生动植物保

---

① 朱建庚:《风险预防原则与海洋环境保护》,人民法院出版社 2006 年版,第 170—179 页。

护以及海洋生物资源保护等领域对于适用风险预防原则的阈值规定较高。相关国际公约规定,在适用风险预防原则时,环境风险导致的危害必须是"重大的""严重的"、"不可逆转的",其原因在于:导致产生环境风险的原因,如燃烧矿物燃料导致气候变化、基因改良致人类健康和环境受到危害等,都是既有风险危害也有风险收益的活动,因此,风险预防原则在全球公域保护的领域得以适用的阈值自然要高,这是立法者对风险和收益进行平衡的结果。(2)较低的阈值。较低的阈值是指对环境风险导致的潜在危害要求不高,只要达到合理的程度,就可以采取措施。在实践中,环境污染防治领域中适用预防原则的阈值规定较低,其原因在于:该领域中几乎都是高风险危害、几乎没有任何收益的活动,因此,风险和收益平衡的结果自然倾向于禁止或者限制这些活动。

不同的国际条约或文件对风险预防原则适用阈值的规定存在较大差异,其要求的幅度从不利的影响到不可逆转的影响。一般认为:在风险引起的危害大于收益的领域如污染防治领域,适用预防原则的阈值较低;而在可能带来大的收益的领域,风险预防原则适用的阈值较高一些。但应注意的是,并不能因此将风险预防原则的适用绝对化——认为风险预防原则在任何情况下都是正当的。风险预防原则在适用前,必须满足一定的阈值,即所谓的门槛。作为前置条件的阈值,可以防止风险预防原则的滥用,使得该原则更具科学性与适用性。本质上,阈值的不同只是说明在不同的场合,风险预防原则适用的严格程度不一样,到底采用何种阈值取决于不同国家或者国际组织的解释以及不同的社会、文化背景和环境风险的具体情形。①

(三)利益的平衡

绝对的风险预防原则可能被滥用,较弱的风险预防原则又无法发挥应有的功能;因此,多数情况下,风险预防原则总是处在中间状态,这是在风险预防原则中引入平衡因素的结果。事实上,合理的和能被接受的风险预防原则也必须纳入成本效益等考虑因素。风险预防原则的合理运用,必须关注如下问题。

1. 风险预防原则中的平衡因素

适用风险预防原则时,我们不得不追问:在环境风险的危害后果没有实际发生之前,就应从法律上加以规制,要求潜在的污染者或者规制者采取防范性措施的合理性何在?显然,只有当风险达到一定的阈值,才能根据风险预防原则采取适当的措施加以防范。采取何种措施能更好地实现风险预防的目标,则需要根据风险的大小和对环境的要求而定,利益平衡决定了不可能一味地禁止或者限制一切产生环境风险的行为或活动。

2. 成本与效益的评估

经济学家强调,绝对的风险预防原则要加以贯彻,代价将非常高,而且以后可能出现的新信息可能表明,先前采取的风险预防措施根本是不必要的。鉴于此,欧盟2000年在《关于风险预防原则的公报》中提出了采取风险预防原则措施必须符合相称性的要求,成本效益分析方法则成为评估风险预防措施是否符合相称性的经济标准和方法。实践中,要求采取符合成本效益的风险预防措施的条约有:2001年的《国际控制有害船底防污系统公约》、1992年的《里约宣言》等等。

(四)适当预防措施的采用

由于环境问题和风险差异较大,所以为实施风险预防原则而采取的措施差异也较大。从客观上讲,不同的人类活动可能引起不同的环境风险,使得要想作出一个统一的风险预防措施规定相当困难。从主观方面看,人们对于风险预防原则本身及应当采取何种程度的风险预防措施,存在较大的认识差异。因此,风险预防的具体措施不可能确定,需要在实践中加以明确。目前,较

---

① 唐双娥:《环境法风险防范原则研究》,高等教育出版社2004年版,第161页。

多采用风险预防措施的领域有：禁止和限制、最佳可行技术和最佳环境实践、清洁生产等。

### 三、风险预防原则实现的法律机制

#### （一）总体控制机制

最大的环境风险是整个环境发生不可逆转的变化的风险。因此，从总体上控制环境的要素及环境整体的利用程度，保证其处于正常状态，就显得十分重要。

环境法总体控制机制的主体是整个社会利益的代表者，通常是一国政府，控制机制是：政府以行政手段或资源管理手段，确定环境资源的开发利用政策、原则直至一定时期的开发利用范围和数量，限制各类污染物的排放总量及排放方式等，有效控制环境各要素及环境整体的状况。

#### （二）生态预警机制

在整体性的环境风险预防上，建立生态环境灾害的预警机制是实现风险预防原则的重要方面。生态预警机制的运作包含几个方面：一是生态环境安全指标的确定，即根据科学研究的结果和人们的一般期望及经验，明确一定的指标，作为预测环境风险的参考。例如土地沙漠化面积和程度、森林覆盖率、水污染程度等指标都在一定程度上指示了相关环境风险的发生可能性。二是生态环境指标的监测，即建立监测网络、测量相关指标数值。三是根据指标的实际值和控制参考值分析环境风险发生的概率、危害程度等，并采取相应的措施防止或者防范环境风险的发生。

#### （三）公众参与机制

风险预防原则的实施需要协调各方主体的利益。公众参与机制，就是以各种途径明确公众参与环境决策的程序和方法，使社会公众有机会知悉与其自身利益有关的环境活动并参与到相关的环境决策中，表达自己的意愿，维护自身利益。包括政府对环境要素各种总量的控制、具体环境项目的实施，都需要社会的广泛参与，以保证决策的民主性和合理性，防止不合理决策造成或者加大环境风险。

#### （四）行政控制机制

风险预防原则的实现势必需要相当的强制性手段。以行政管理的方法在必要的领域内实施风险预防原则，部分采用行政法的运行机制，对造成环境风险的行为进行制止，是实现风险预防原则的重要方式。

#### （五）市场调控机制

以政府的总体控制机制为基础，借用市场运行的方法，构建适当的市场调控机制是实现风险预防原则的重要途径。即：以政府确定的各种可利用环境资源总量为基础，将其以一定方式分配给市场主体，由市场主体在政府的监控下自由利用，并承担其行为造成的环境风险后果，促使其积极采取措施预防环境风险。这是在政府控制下的市场运行机制。

当然，风险预防原则的实现最终要落实到环境法制度的设计上，这不仅需要现有环境法律制度的修改完善，还需要制度的创新，将风险预防作为环境资源开发利用和环境保护的基本指导思想，在这方面还要更加细致的理论研究和制度设计。

### 四、风险预防原则在中国的实现

将风险预防确立为环境法的一项基本原则不仅是先进国家的普遍做法。更为重要的是，确立风险预防原则，可以为在科学上的不确定性的情况下优先保护环境和人类的生命健康安全提供重要的法律依据，更有利于降低人类面临的越来越多、越来越高的环境风险。① 特别是作为发展中国家的中国，同样应该从环境问题造成的巨大损失和社会损害中认识到风险预防原则的极

---

① 朱建庚：《风险预防原则与海洋环境保护》，人民法院出版社 2006 年版，第 266—267 页。

度必要性。只有确立风险预防原则，才可能尽量避免环境损害或者将其消除于生产过程之中，真正做到防患于未然。为此，中国环境法已经作出了一定的努力。

首先，风险预防原则在环境保护基础性法律中已有所表现。虽然，修订后的《环境保护法》没有明确宣布将"风险预防"作为其基本原则，也没有关于风险预防原则的直接立法表述。但是，该法第5条规定了"预防为主"的基本原则。前文已述，"预防原则"这一立法用语有涵盖"风险预防原则"的可能性和可行性。换言之，《环境保护法》至少未排除风险预防作为其立法宗旨，并为风险预防原则的实现预留了一定的立法空间。进一步说，这种立法空间在其后的内容中得到了印证和利用。《环境保护法》第39条规定："国家建立、健全环境与健康监测、调查和风险评估制度；鼓励和组织开展环境质量对公众健康影响的研究，采取措施预防和控制与环境污染有关的疾病。"该条中出现了"风险"概念，确立了国家针对环境与健康问题的风险预防义务，是我国环境立法的一大进步。第39条的加入，是环境法学者持续关注环境与健康问题并不断呼吁立法的结果，①至少表明风险预防原则已经逐渐得到立法者的认可，是我国环境法确立风险预防原则的良好开端。

其次，风险预防原则在环保单行立法中亦有所体现。如修订后的《大气污染防治法》第78条规定："国务院环境保护主管部门应当会同国务院卫生行政部门，根据大气污染物对公众健康和生态环境的危害和影响程度，公布有毒有害大气污染物名录，实行风险管理。排放前款规定名录中所列有毒有害大气污染物的企业事业单位，应当按照国家有关规定建设环境风险预警体系，对排放口和周边环境进行定期监测，评估环境风险，排查环境安全隐患，并采取有效措施防范环境风险。"显然，作为重要的环保单行法，修订后的《大气污染防治法》在制度设计上贯彻了《环境保护法》第39条预防环境健康风险的基本思路，使风险预防的立法理念得以延续和深化。②

最后，风险预防作为基本法律原则在部分地方性立法中已经得到初步实现。如2016年出台的《湖北省土壤污染防治条例》第3条就明确规定："土壤污染防治应当遵循保护优先、预防为主、风险管控、综合治理、污染者担责的原则。"在此，"风险管控"已经成为与"预防为主"并列提出的基本原则。虽然，不能据此就武断地认为，中国的环境法中已经出现了"风险预防原则"，但这至少可以说明，中国环境法已经开始在考量法律基本原则的过程中纳入环境风险的预防问题，并已经对此作出了直接的立法回应。

综合以上立法现象，我们至少可以得出如下结论：虽然中国环境法尚未明确将风险预防原则作为基本法律原则，但立法中已经开始贯彻风险预防的立法宗旨，甚至在基本法律原则层面开始直接回应环境风险预防的问题。相信，随着中国环境法的不断发展，风险预防原则最终将完整、全面、深入地展现在中国环境法之中，真正成为中国环境法的基本原则和基本态度。

现阶段，除了在法律基本原则的层面推进对风险预防的"直接表达"外，在我国环境法中充分实现风险预防原则，还有以下几个方面的具体要求。

（1）建立强制禁止和淘汰制度。某些高度危险和有毒的物质造成环境危害的可能性极大，根据风险预防原则的要求，应在法律上明确禁止或淘汰该种产品的生产和使用以及相关生产活动的进行。

---

① 吕忠梅：《〈环境保护法〉的前世今生》，《政法论丛》2014年第5期。
② 事实上，贯彻预防环境风险这一立法宗旨不止于环保单行法层面。新近出台的地方性立法对此也有贯彻，如《天津市危险化学品企业安全治理规定》（2015年）第14条规定："危险化学品企业应当建立风险管控制度，对设备运行、人员操作、工艺流程、安全设施等方面开展危险有害因素辨识和分析，采用相应的安全评价方法进行风险评估，及时采取对策措施。"再如《四川省辐射污染防治条例》（2016年）第31条也规定："可能产生辐射污染的单位应当进行辐射事故风险评估，制定辐射事故应急预案，并报送所在地县级地方人民政府环境保护主管部门备案。"

(2) 建立针对某些特定活动或产品的"白名单"制度。在传统的环境法中,对有毒、有害活动或产品之生产和使用的控制,通常通过"黑名单"制度实现。没有列入"黑名单"的活动或产品,就是对环境无害的。根据风险预防原则,鉴于存在大量科学上的不确定性,"黑名单"所能涵盖的范围十分有限,而只有那些已被证明对环境是安全的活动或产品,才应该被认为是对环境无害的。这些活动或产品就构成了"白名单"。而对于"白名单"之外的活动或产品来说,除非有充分证据表明其对环境是安全的,否则就会被假定为环境上是有害的。只有在"白名单"上的活动或产品,才能被允许生产和使用。

(3) 在一定程度上,以"最佳可得技术"标准取代传统环境标准。传统的环境标准是以环境具有一定的纳污能力为前提的,企业承担的污染控制义务也以环境标准为基础。风险预防原则拒绝接收环境具有吸收能力的观点,而将焦点转移到减少或消除污染物向环境的排放上。因此,应在一定程度上,以现有的"最佳可得技术"标准取代传统的环境标准,采取更加严格的污染控制。例如,美国《清洁水法》就要求已有的污染者采用"经济上可实现的最佳可得技术"作为控制污染的第一步,新的污染者则被要求运用"最佳可得证明控制技术"。从欧盟的实践看,目前的"最佳可得技术"基本上是指清洁生产工艺。

(4) 完善现有的相关制度。环境规划制度、环境检测制度、环境影响评价制度和环境与健康制度风险预防原则联系较为紧密。应根据风险预防的要求,对上述制度给予完善。其中,环境影响评价制度的完善最为重要,在进行环境影响评价时,应注意开展生态评估,对某些特殊开发项目或活动可能造成的生态影响进行风险评估。

根据《环境保护法》第39条的规定,我国应对目前的环境与健康工作制度加以完善。具体而言:① 健全环境与健康管理体制。需要改变目前环境与健康管理存在的科技与法律断裂、权力与权力断裂、政府与社会断裂的现状,建立系统思维,建立高效运转的协同机制,推动地方成立环境与健康工作领导小组,逐步建立监测网络互联、信息共享、危机处理责任共担为核心的部门协作机制;② 强化环境与健康问题调查制度。针对环境健康问题突出、群众反映强烈议论多的一些重点地区,应及时开展环境与健康专项调查,为决策提供参考;③ 建立并完善环境健康风险评估制度。环境健康风险评估是(Environmental Health Risk Assessment,EHRA)是环境与健康工作的基本工具,是指利用现有的毒理学、流行病学及实验研究等最新成果,按一定准则,对有害环境因素作用于特定人群的有害健康效应(病、伤、残、出生缺陷、死亡等)进行综合定性与定量评估的过程。通过风险评估,建立环境与健康风险管理信息服务系统。

(5) 加强对生态特别保护区的保护。根据风险预防原则,一方面,在生态特别保护区中,任何活动都必须考虑风险预防的要求,确保生态保护区域不受干扰;另一方面,禁止该区域内以任何形式排放污染的行为,以防范潜在的环境风险。

## 本 章 小 结

恩格斯曾经提醒我们:"不要过分陶醉于我们对于自然的胜利。对于每一次这样的胜利,自然界都要报复我们。每一次胜利,在第一步都确定取得了我们预期的结果,但在第二步和第三步有了完全不同的出乎意料的影响,常常是把第一个结果又取消了。"我们在开发利用环境资源的时期,时时刻刻面临着被自然界"报复"的风险,正视这种风险并采取适当的预防措施才是维持人类社会持续发展的正确选择。这就要求:首先,要正确认识环境风险和环境资源的开发利用,认识风险预防原则的重要意义。其次,要运用各种理论工具并结合环境保护的实践经验,对环境风险预防的必要和可能限度进行分析,明确贯彻实施风险预防原则的措施和标准。第三,要正确把握落实风险预防原则的内容和法律适用,以及实现风险预防原则的法律机制,将其体现在环境法律制度的构建和环境保护的实践中。

**【思考题】**
1. 何谓风险预防原则,如何认识它在环境法中的地位和意义?
2. 如何贯彻风险预防原则?
3. 风险预防原则实现的法律机制有哪些?

**【案例分析】**
2013年5月,中国石油在昆明安宁的1 000万吨/年炼油项目遭到民众的反对。其中人们反应最强烈的,是这个炼油厂将生产PX(学名为"1,4—二甲苯",又叫"对二甲苯",重要的大宗化学基础原料)。无独有偶,2007年6月在厦门、2011年8月在大连,以及2012年10月在宁波的PX项目都遭到了市民的集体抵制,并在公众的抗议声中"停摆"。我国已成为世界最大的PX生产和消费国,中国的经济社会发展已经离不开PX。但是,许多反对PX的人都基于这样一种"恐慌"心理:你可以建,但别建在我家后院,即所谓的"邻避效应"。

对于PX,人民日报曾在《揭开PX的神秘面纱》一文中提到:"根据国际标准,PX不算危险化学品,与我们喝的咖啡同属'可能致癌物'。"该文还指出:"PX解决了自然纤维与粮食争地的问题,也是提高汽油品质的必需品。"不仅如此,韩国、日本、新加坡等周边国家的PX项目,甚至与当地居民区比邻而居。

**【问题】**
请结合风险预防的相关知识分析,"谈PX色变"这类的"邻避事件"为什么会在全国各地反复出现?应当如何应对此类事件的发生?

# 第五章 沟通与协调机制

---
**本章要点**

环境法是一个新兴的法学领域。由于其采取了不同于传统法律的态度，将人与自然的关系纳入了社会关系的考量范畴，从而得以建立新的法律规则。那么，这些新的规则与传统法律规则之间存在不可逾越的鸿沟吗？如果两类法律之间完全对立，新的规则可以完全替代既有规则吗？如果替代是不可能的，那它们之间应该是一种怎样的关系呢？针对这些问题，本章的主要目的在于确立环境法与传统法律沟通与协调的观念，包括环境法与传统法律的关系定位，环境法与传统法律沟通与协调的主要体现，以及沟通与协调的具体实现路径等。

---

## 第一节 环境法与传统法律的关系

在环境法出现以前，原有的法律已经建立了调整人与自然关系的基本规则，如土地、动植物都被界定为法律关系的客体，在民法上为"物"或财产，在刑法上为"侵财型犯罪"的对象。这种将土地、动植物确定为财产并加以保护的法律规则的出现是人类社会进步的需要，也是符合人类发展基本规律的，因为财产权是人生存和发展的基本手段，是公民的基本人权。但是，因为这些法律只考虑了人的社会属性，忽视了人的自然属性，在建立调整社会关系的规则时简单地将自然看作是与人类无关的客体，从而导致了人与自然关系的矛盾与冲突，直至出现了大规模的环境污染与破坏。环境问题的严重性迫使我们重新思考人与自然的关系，重新思考法律在调整人与自然关系方面的理念与规则。

环境法正是人类经过重新思考后所进行的新的法律选择，可供选择的方法有两种：一是打破旧世界，建立新规则；二是在原有规则的基础上进行延拓。如何选择的前提是，如何认识新旧规则之间的关系，如果新规则可以完全替代旧有规则，彻底推翻旧有规则是完全必要而且是可能的；如果新规则并不能完全解决旧有规则已经规范的问题，旧规则就还有存在的必要性。而考察环境法的历史轨迹可以发现，环境法作为一种新兴的法律同样必须遵循法律发展的基本规律。法律的发展，与社会经济政治条件紧密相连，如在奴隶与封建社会时期，刑法产生并发达；在市场经济时期民商法、行政法产生并发达；并不是有了民商法就不要刑法，有了行政法就不要民商法，相反的是新的法律产生以后会与旧有法律更加紧密地配合协调。因为，已有法律所调整的社会关系也是人类发展所必须规范或者纳入法律秩序的关系，新的社会关系出现以后，需要做的是如何将受到新的社会关系影响的那部分关系纳入法律的轨道，而不是更不能彻底破坏已经纳入法律秩序的那部分关系。否则，新的法律带来的不是秩序而是新的更大的混乱。在此意义上，我们说环境法将被传统法律所忽视的人与自然的关系纳入考虑的范围，重视环境资源的生态功能与属性，这并非意味着环境法不考虑人与人的社会关系，更不意味着要取代原有的法律规则。也就是说,环境法的产生和发展并不是一个新规则完全替代旧规则的过程,而是不断在旧有规则基础上发展的结果。

具体而言,环境法对旧有规则的发展呈现出两条路径:一条路径是对原有的法律规则进行拓展,如在民法方面,对于最初出现的污染损害赔偿诉讼,人们习惯于按照过错原则、个人责任等传统方法来解决,结果是污染者永远有理,受害者得不到赔偿。为了使受害人得到救济,逐渐产生了从过错推定到无过错责任的新型归责原则,并产生了与之相适应的一整套救济制度。同样,在行政法方面,由于受到职权法定原则的规制,政府直接担当环境管理的责任必须首先经过法律的授权;于是,各国修改宪法或者颁布专门法律,赋予政府环境管理的职能与职权,形成了具有环境管理特色的新制度。另一条路径则是对原有法律规则进行渗透,对已有规则进行制度限制,如在民法方面对所有权的限制,在行政法方面对经济管理权的限制等等。因此,环境法与传统法律的关系并非对立或者完全不能相容,相反,环境法要建立"人—人"和"人—自然"两类关系的融合规则,实现"人—人"和"人—自然"关系的双重和谐,必须与传统法律相互沟通、相互渗透、相互协调,我们将这种方法称之为"沟通与协调"。

## 第二节 环境法是沟通与协调之法

沟通与协调对任何的法律部门都有其重要意义。从这个角度上讲,沟通与协调机制对于众多法律部门具备一般性和普适性;与此同时,沟通与协调机制对于环境法尤为重要。环境法的发展不可能是一个割裂过去的孤立进程,宏观来看,它是整个社会科学领域理论与实践发展和进步的一个环节;具体而言,它更是法学领域理论与实践不断变革与完善的有机组成部分。因此,环境法的发展只能是在不断的沟通与协调的过程中推动自身与相关法律部门的相互促进,这是环境法发展的基本前提和自我实现的必然要求。

### 一、沟通

所谓沟通,是指环境法与各法律领域的交流和对话,目的是在相互理解的基础上建立共同认可与接受的新目标、新理念、新原则。沟通是双向的交流,它意味着沟通的双方在向对方介绍自身基本情况的同时,了解并掌握对方的基本情况,在相互了解的过程中不断增加相互之间的认知程度。表面看来,传统法律的不足导致了环境法的产生,但是我们也看到,环境法的出现以及发展秉承了大量的传统部门法领域的理论资源,环境法与民法、行政法、刑法等传统的法律部门有着密切的理论渊源,环境法得以生成并不断壮大,它们之间的密切联系和相互影响是显而易见的。如环境侵权虽然是一种新的制度——特殊侵权制度之一,但它依然是侵权制度的一部分,民法中有关环境污染的特殊侵权责任从环境法产生之初就是其重要的理论渊源。或者说,环境侵权制度的产生弥补了传统侵权法的不足,为传统侵权法输入了新鲜血液。另外,行政法的规范在环境法的发展过程中也发挥出了重要的作用,刑法作为最严厉的法律手段,也一直表现出了对环境犯罪问题的关注。

由此我们可以看到,环境法并不是凭空产生,从其产生和发展的过程来看,正是在传统法律部门的基础上环境法得以逐步地形成和发展。同时,环境法的不断发展又在一定程度上促进和推动了传统法律部门的更新和进化,这原本就是一个交互作用的过程。环境法规则和传统法律规则之间的关系并不是非此即彼,新旧替代的关系,而是在法律体系的大树上生长出了新的枝干,它们同根同源。如在21世纪的中国必须制定"绿色民法典",以回应生态文明时代的需要;但是,"绿色民法典"并非环境法典,而是在不动摇民法基本宗旨的前提下对民法典的绿化,是"斑驳的绿""星星点点的绿"。正是在此意义上,环境法才被称为21世纪的法律领头羊,成为促进法学理论、法律制度、法律方法走向未来的"革命性"动力。

## 二、协调

所谓协调,是指在沟通的基础上,按照新理念而对具体法律原则和制度的系统性考虑,通过统筹安排,将新目标、新理念、新原则贯穿到法律之中,最终达致共同目标的实现。协调是沟通的理性结果。沟通的基本目标在于在相互理解的基础上彼此的认可与接受,但这种认可和接受并不是盲目的和无原则的,而是以沟通为前提相互协调的结果。实际上,环境法与外界在沟通基础上的协调自其产生时起就从未停止过:一方面,环境问题所具有的科学技术性,使得作为环境问题的主要解决方式之一的环境法,包含了大量的技术规范、操作规程、环境标准等技术性的规范内容。另一方面,随着人们对环境问题认识的逐渐深入,人们逐渐意识到环境问题不仅仅是一个技术问题,它更是一个重大的经济社会问题,需要从更加广泛的角度去寻求解决问题的办法。在这种情况下,环境法的内容中又能够明显地感受到经济学、管理学、社会学、伦理学等不同领域对其影响的"痕迹"……

但是,无论环境法与相关科学领域如何进行充分、有效的协调,其本质属性终究是"法"。作为"法"这一家族的"新成员",环境法必须面对与传统法律部门如何协调的问题。固然,传统的法律部门未考虑生态利益的保护,只在人与人的社会关系中区分、确认了各种利益的归属及其纠纷的解决。这在相当程度上造成甚至助长了近现代意义上环境问题的产生和发展,也催生了环境法这一新兴法律部门的出现。但是,这并不意味着新生的环境法一定要彻底颠覆传统的法学理论和法律体系,它只是在传统的法律思维模式中纳入生态利益的考量,使生态利益进入整体利益衡量的范畴,通过和其他部门法及相关学科的沟通,协调"人与自然"共同体中的各种利益,达致人类社会的可持续发展。同时,这也不意味着传统的民法、行政法、刑法等法律部门就一味固守传统的法律思维、法学理论、法律制度体系不放,一概排斥在本领域对环境问题采取力所能及的应对措施。如我国《侵权责任法》就专设"第八章 环境污染责任",明确规定了环境污染侵权的归责原则、举证责任等核心问题;①我国《物权法》的制定,就已经从资源可持续利用、环境保护的角度进行了相应的制度安排,透出了"绿色"。② 正是通过环境法与相关法律部门之间的充分协调,一方面推动环境法与传统法律各自领域的理论更新与进化,另一方面也在自我调整和完善的过程中逐步实现与相关领域法学理论、法律制度体系的衔接与相互印证和支持。

## 三、沟通与协调的主要体现

### (一)沟通与协调的层次

#### 1. 法的价值层次的沟通与协调

法的价值,主要是指法律在发挥其作用的过程中所能够保护和增进的价值。人类社会之所以需要法律,需要发挥法律调整社会生活关系的作用,目的就是为了保护和增进这些事关人类福祉的价值,如平等、秩序、效率、安全等。这些价值构成了法律所追求的理想和目标。③ 与此同时,诚如美国著名法学家庞德所言:"在法律史的各个经典时期,无论在古代和近代世界里,对价值准

---

① 详见《侵权责任法》第65、66、67、68条。

② 例如,《物权法》第90条规定,不动产权利人不得违反国家规定弃置固体废物,排放环境污染物、水污染物、噪声、光、电磁波辐射等有害物质。《物权法》以基本法的形式首次对环境保护相邻权作出了规定,不得任意弃置固体废物、排放各种污染物是人们最基本的环境保护义务。一方面可以使相邻人获得最有效的权利保障,另一方面也为我国的环境权立法以及环境保护基本法的修改奠定了权利基础。相关内容可以参见吕忠梅:《"绿色"斑斓〈物权法〉》,《前进论坛》2007年第6期。

③ 参见张志铭:《法的价值》,网址:http://www.jus.cn/ShowArticle.asp?ArticleID=3251。

则的论证、批判或合乎逻辑的适用,都曾是法学家们的主要活动。"① 也就是说,法律的价值是永恒的,但对价值的评价及其内涵的理解则是批判的、发展的。环境法作为新兴的法律领域,既继承了传统意义上法的价值的"衣钵"——继续对平等、秩序、效率、安全等价值的追求;作为在反思工业文明的过程中形成的法律领域,又对法律追求的价值赋予了新的内涵。如,平等价值在传统法律部门的意义上,往往局限在当代人的、个体间的平等。而环境法为贯彻可持续发展观,将平等价值的内涵在时间和空间两个维度上做了拓展。一方面,各国和地区都平等地享有发展的机会,即区际平等;另一方面,当代人的发展不能建立在牺牲后代人发展的可能性的基础上,资源环境应该在世代间进行合理的分配,即代际平等。

2. 法律原则层次的沟通与协调

建立正当的法律秩序,必须首先确立一些基本的判断标准,表明法律以怎样的视角、从怎样的逻辑起点来观察、分析并规范人类的行为。这种标准就是我们通常所说的法律原则。诚然,传统的法律部门均已凝练出较为成熟的法律原则。但是,在反思和重新定位人与自然关系的过程中:一方面,环境法发展和确立了一些新的法律原则,如风险预防原则。这些新的法律原则反映了法律观察、分析资源环境问题的新态度、新视角,在一定程度上被其他法律部门所接纳和认同。② 另一方面,传统法律部门对已有的法律原则进行反思和完善,使之更加契合人与自然和谐共处、促进可持续发展的价值观。如公序良俗是民法的基本原则之一,最初只有违反人伦的行为属于违反公序,而时至今日,公序良俗应当符合创新、协调、绿色、开放、共享的新发展理念。③

3. 法律规则层次的沟通与协调

资源环境问题绝不是孤立存在,而是诸多社会问题中的一类,涉及社会生活的方方面面。因此,资源环境问题不可能单独依靠环境法或民法等逐一加以应对,必然需要在环境法与民法等其他法律部门之间形成相互援引、相互补充、相互配合的状态。如环境侵权行为虽然与民事侵权有天然的联系,但其背后却有着许多让民法"不曾相识"的新内涵。④ 于是,我们看到,许多国家建立的环境侵权责任制度,不仅同时出现在民法与环境法的立法中,而且法律规则之间也相互援引、相互补充、相互支撑,如《德国民法典》与《德国环境责任法》,《法国民法典》与《法国环境法典》,还有日本的《公害健康受害赔偿法》,芬兰《环境损害赔偿法》等。在我国,《侵权责任法》第八章专门规定了"环境污染责任",而《环境保护法》第64条则规定:"因污染环境和破坏生态造成损害的,应当依照《中华人民共和国侵权责任法》的有关规定承担侵权责任。"⑤

(二) 沟通与协调的结构

1. 直线结构

所谓"直线结构",是指在法律体系中处于较高层级或位阶的系统,与处于较低层级或位阶的系统之间进行的沟通与协调。具体包括:(1) 环境法与宪法的沟通与协调。宪法处于整个法律体系中的最高位阶,是环境法体系建构的基本遵循。同时,环境法在反思工业文明的过程中,对宪法有着特殊的下位法需求。如环境权作为一项基本人权在环境法领域被提出后,必然涉及环境权如何入宪的问题,以实现其从"应有权利"发展到"宪法权利"。而一旦宪法中确认了环境权

---

① [美]罗斯科·庞德:《通过法律的社会控制》,沈宗灵译,商务印书馆1984年版,第55页。
② 如风险预防已经渗透到行政法、刑法、民法等传统法律部门的理论研究中,可参见金自宁:《风险规制与行政法治》,《法制与社会发展》2012年第4期,劳东燕:《风险社会与变动中的刑法理论》,《中外法学》2014年第1期,刘水林:《风险社会大规模损害责任法的范式重构——从侵权赔偿到成本分担》,《法学研究》2014年第3期等。
③ 郭明瑞:《用好公序良俗原则》,《人民日报》2016年3月28日,第16版。
④ 关于环境侵权的特殊性,可详见吕忠梅:《论环境侵权的二元性》,《人民法院报》2014年10月29日,第8版。
⑤ 吕忠梅:《论环境侵权责任的双重性》,《人民法院报》2014年11月5日,第8版。

的基本人权地位,则必然涉及该权利在环境法体系中如何具体表达的问题,即实现从"宪法权利"向"实有权利"的过渡。(2)环境法体系内部下级子系统与上级系统进行沟通与协调。如修订后《环境保护法》增设按日连续处罚制度,环境保护部为规范实施按日连续处罚出台了《环境保护主管部门实施按日连续处罚办法》;生态补偿制度在行政法规、地方性法规中首先得到广泛适用,之后被《环境保护法》的修订所采纳。

2. 互联结构

所谓"互联结构",是指在法律体系中处于相同层级或位阶的各系统相互之间进行的沟通与协调。具体包括:(1)环境法与其他部门法的沟通与协调。如环境法与民法、行政法、刑法、诉讼法等之间的沟通与协调。(2)环境法内部各子系统之间的沟通与协调,如污染防治法与生态保护法之间的沟通与协调、污染防治单行法与生态保护单行法之间的沟通与协调。

3. 多向结构

所谓"多向结构",是指沟通与协调既发生在不同层级或位阶的系统之间,又同时发生在层级或位阶相同的系统之间,这是一种综合性、全方位的沟通与协调。如,《美国国家环境政策法》规定:"所有联邦政府机构均应当对其现有的法定职权、行政法规定以及各项现行政策和程序进行一次清理,以确定其是否存在有妨害充分执行本法宗旨和规定的任何缺陷或矛盾。"显然,这种沟通与协调是多维度的,既存在直线结构的沟通与协调,又存在互联结构的沟通与协调。

(三)沟通与协调的机制

1. 立法机制

立法是全面实施依法治国的基础,也是环境法形成和表达沟通与协调的必要途径和方式。通过立法机制实现沟通与协调具体表现为:(1)法律的制定,如通过制定《民法典》实现环境权的民法保护。(2)法律的修改,如《环境保护法》的修改,将《侵权责任法》的适用范围从污染环境扩展至"污染环境和破坏生态造成损害"。① (3)法律的废止,如《环境噪声污染防治法》的颁布,使得此前作为噪声污染防治综合性规范的《环境噪声污染防治条例》得以废止。(4)法律的解释,如全国人民代表大会常务委员会根据司法实践中遇到的情况,对《刑法》第341条第一款规定的非法收购国家重点保护的珍贵、濒危野生动物及其制品的含义和收购;《刑法》第341条第二款规定的非法狩猎的野生动物如何适用刑法有关规定的问题作出了趋严的解释。②

2. 执法机制

法律的生命力在于实施,执法是实现从应然法到实然法的关键环节。虽然,执法权的实现需要通过立法加以配置,但在依法行政的基本前提下,通过合作执法、综合执法、执法信息共享等具体方式,既有助于提升法律的实际执行效果,又能够将立法中的沟通与协调体现在法律的实施过程中。如《中共中央关于全面推进依法治国若干重大问题的决定》就提出:"重点在食品药品安全、工商质检、公共卫生、安全生产、文化旅游、资源环境、农林水利、交通运输、城乡建设、海洋渔业等领域内推行综合执法,有条件的领域可以推行跨部门综合执法。"《水污染防治行动计划》中也提出:"加强部门协调联动,建立全国水污染防治工作协作机制,定期研究解决重大问题。"可见,执法同样是实现沟通与协调的重要机制之一。

---

① 《环境保护法》第64条规定:因污染环境和破坏生态造成损害的,应当依照《中华人民共和国侵权责任法》的有关规定承担侵权责任。

② 具体解释如下:知道或者应当知道是国家重点保护的珍贵、濒危野生动物及其制品,为食用或者其他目的而非法购买的,属于刑法第341条第一款规定的非法收购国家重点保护的珍贵、濒危野生动物及其制品的行为。知道或者应当知道是刑法第341条第二款规定的非法狩猎的野生动物而购买的,属于刑法第312条第一款规定的明知是犯罪所得而收购的行为。

3. 司法机制

司法是最正式也是最终的法律实施机制。在司法机制中,沟通与协调的具体表现包括但不限于:(1)为适应环境司法专门化的需要,在民事、刑事、行政审判机构基础上成立专门审判机构负责审理环境资源类案件,如 2014 年最高人民法院成立环境资源审判庭。(2)为适应资源环境类案件审理的特殊需要而发布相关司法解释,如《最高人民法院、最高人民检察院关于办理环境污染刑事案件适用法律若干问题的解释》《最高人民法院关于审理环境侵权责任纠纷案件适用法律若干问题的解释》。(3)在司法裁判过程中,将环境法与其他法律部门的法律规则加以配合适用等。

4. 守法机制

守法是主体对法律的内心拥护和真诚信仰。其内容既涵盖了民法、行政法、刑法等传统法律规范,也必然包括环境法律规范,如垃圾分类、节约用水、信息公开、公众参与等。因此,无论是不违反法律的规定,还是模范地将法律内化于心,守法主体对各类法律规范均应有所遵循。在这一过程中,包括环境法在内的各类法律规范得以通过守法机制实现沟通与协调。如某企业依法申请排污许可,这一守法过程至少需要行政许可法和污染防治法的沟通与协调。

## 第三节 沟通与协调的具体实现路径

可持续发展的价值目标是沟通与协调合法性的基础。将可持续发展确立为环境法和相关法律部门的价值目标,是在法价值层面将可持续发展予以认同和明确。由此,则可以之为主线,构建符合可持续发展要求的法律体系。在宪法层面明示可持续发展,再在位阶较低的法律、法规层面,以可持续发展作为评价和衡量的标准,对法律、法规进行全方位地立、改、废、释,使整个法律体系契合可持续发展的内涵。

事实上,不仅是环境法,整个法律体系中确立和贯彻可持续发展这一价值目标正在成为现实,在城乡规划、农业、基础设施建设等诸多领域的立法中,都已将实现可持续发展作为其立法目标或者基本原则。如《广州市珠江游经营管理办法》第 4 条规定:"珠江游行业发展应当遵循科学规划、合理开发、安全环保和可持续发展的原则,实现社会效益、经济效益、生态效益相统一。"

### 一、实现"权力—权利"的重构

环境保护是需要政府与市场共同作用的领域。市场失灵是产生政府管理的原因,政府失灵则是市场作用的范畴,它们各自都具有一定的优势与劣势。政府管制的优势在宏观领域。政府的劣势领域主要是大量分散的环境权益冲突,而这些冲突正是当今最主要的环境问题。市场正是对分散的、个别的、大量发生的活动进行有效调节的机制,将政府的宏观管理与市场方法有效结合起来配置环境资源,需要相应的法律制度,这一制度正是将国家环境管理权力与公民环境权利相结合的环境法制度。① 显然,环境法首先继承并延续了权利和权力这对法律上的基本范畴;②同时,环境法的出现,不仅突破了传统的环境管理模式,也打破了传统法律部门对立与分割的僵局,实现了权力—权利的重构。

1. 重构公民与国家的关系

政府的环境管理权来自全体公民的委托,应该服务于人民主权,但在事实上,这种政府代理

① 吕忠梅:《环境权力与权利的重构——论民法与环境法的沟通和协调》,《法律科学》2000 年第 5 期。
② 参见郭道晖:《试论权利与权力的对立统一》,《法学研究》1990 年第 4 期。

制度有可能发生异化。其一,政府异化为非责任政府,公民除了向政府进行申诉以外,不能采取其他有效的监督措施,政府也不负任何赔偿责任。其二,政府代理有可能异化为强制代理,公民由权利人转向义务人。一方面,公民大量纳税以维持环境管理制度;另一方面却不能处理与自己有关的环境事务。公民环境权是克服制度异化的有力武器,它要求整个环境管理以公民的环境权利为中心,以公民的权利制约政府权力。当政府不履行其环境管理的职责和履行职责不当时,公民有权向法院起诉,促使政府改正错误并负担赔偿责任。当公民之间的环境权益发生冲突时,则可以通过政府以外的仲裁、司法或其他程序予以解决,使公民获得一定程度的意思自治权。

2. 重构私法与公法的关系

近代关于公法、私法的划分,贯穿的一个基本思想就是公法不能干预私法关系。此外,在它们各自的内部,还有各种部门法的划分,在民商分立的国家还有民法和商法的划分。在这些部门之间,从立法体系、审判制度到学科设置,都有严格的界限。这种公、私法对立和部门法分割的局面,不符合法制的科学性、系统性要求,也不能满足社会问题综合调整的需要。因此,现代立法的趋势,是在承认公、私法划分的相对合理性和各部门法相对独立性的同时,承认并强调公、私法之间和各部门法之间的相互渗透和相互配合的必要性。在这种渗透和配合的过程中,产生一些介乎公、私法之间和跨部门的综合性法律制度。它们不仅填补了由于公、私法对立和部门法分割造成的空白,也加强了公、私法之间和部门法之间的联系。环境法正是这样一种法律的典型代表:通过立法,一方面使公民参与环境管理的权利空间增大;另一方面也促使公民认真看待自己的权利,形成强烈的权利意识和独立个体意识,尊重他人的权利,不滥用自己的权利,以权利作为维系人与人之间关系的纽带,以"平等"的身份参加法律活动。

3. 重构权利与权力的关系

近代法律是在罗马法复兴的基础上发展而来的。它有两个基本信念:第一,法律现象是守恒的,它使人相信,可以通过一套逻辑严密的概念体系,一劳永逸地将各种法律现象有条不紊地纳入法律制度的调整范围;第二,法律价值的单一性使人相信,现行法律秩序所维持的价值体系是唯一的和至高无上的,因而不允许承认该体系外其他价值的合法性。现代社会生活的发展变迁,一方面打破了法律现象守恒的神话,把大量前所未有的生活现象和社会问题提到了法律面前;另一方面冲破了法律价值单一的桎梏,要求多元价值并存沟通,以求得不同利益诉求和不同价值取向之间的调和与兼容。环境法就是这样一种要求立法者和法官以重实际、讲实效的务实作风,针对严重的环境问题,根据有关的法律政策,制定适宜的规则或解决方案的法律。在这些规则和方案中,权力与权利不是相互对立和分割的,而是相互沟通和统一的,它们共存于可持续发展的目标和任务之下。

## 二、环境法与其他法律部门的沟通与协调

环境法以可持续发展、人与自然的和谐为其价值目标,然而该目标的实现仅仅依靠环境法单独的力量尚且薄弱,需要众多法律部门的协同配合。某种程度上言,环境法的革命性,就在于环境法与相关法律部门的沟通与协调,在于"绿化"其他法律部门。也就是通过环境法与其他法律部门的沟通与协调,将可持续发展这一价值目标内化到各个法律部门之中,从而与环境法"合作",共同实现人与自然的和谐。

(一) 环境法与民法

虽然环境法与民法的功能不同,然而二者的沟通和协调,可能且可行。

之所以可能,是因为民法同环境法一样,始终都在关注人与自然的关系问题。只不过,人与自然的关系问题在近代民法典上就是主体和客体的关系,人作为权利的主体,自然作为权利的客

体。土地、森林、河流、矿藏乃至动物都是民法上的物,民法关心的是如何最大限度发挥物的效用,实现资源的有效利用,满足人之所需。时至今日,日益恶化的自然环境,难以为继的自然资源,让人们逐渐意识到自然不是无限攫取的对象,而是人类相生相伴的伙伴。① 在这样的背景下,现代民法需要回应时代需求,包括人与自然关系的调整、绿色生产、生态安全、生物安全、人群健康等。由此可见,处理好人与自然的关系,既是环境法的任务,也是传统民法发展到今天必须面对的问题。

之所以可行,是因为民法同环境法确有互相支持、互相配合之空间和载体。一方面,从理论上讲,民事权利作为基础权利,必要时才能用公法予以救济。民法难以完成对自然资源的修补,这恰好为环境法的发展提供了空间,相互配合会产生最佳效果。民法中的利益冲突是指发生在平等主体之间的、与人身和财产有关的利益冲突,一旦超出平等主体在人身和财产领域的冲突,必须由其他部门法发挥相应的协调功能,环境法就是重要的组成部分。② 而环境法所要实现的环境权利与环境权力需要重构,也需要对民法进行生态化的改造和变革,将自然环境的理念引入民法中。另一方面,从法治实践和需求上讲,《中共中央关于全面推进依法治国若干重大问题的决定》提出,加强市场法律制度建设,编纂民法典。"法典编纂之举是立法史上一个世纪之大事业。国家千载之利害、生民亿兆之休戚,均依此而定"(编者注:日本学者穗积陈重语)。党的十八届三中、四中、五中全会持续对推进生态文明建设作出专门部署,"绿色"被确定为"十三五"时期必须树立的发展理念。民法典如何贯彻绿色发展理念,回应环境资源挑战,实现民法制度的生态化拓展,审判工作如何统筹处理人与自然、经济与环境、个体利益与公共利益等多重关系,是民法与环境法共同面对的重大课题。③ 也就是说,民法典的编纂既是中国民法发展中的重要时刻,更为环境法与民法进行沟通与协调提供了最佳的平台和载体。

若按照德国民法典的基本构造,将其体系区分为总则、物权、债权、亲属、继承。那么未来中国民法典的编纂可以在如下方面实现环境法与民法的沟通与协调:在总则编,可以增加保护公民环境权益的表述并将环境保护义务确立为民事主体的当然义务,比如规定"民事主体有环境保护的义务""民事法律行为的实施应当符合环境保护的要求"等。还可以通过法律解释的办法,将民法的基本原则予以扩大解释,比如在公平原则、诚实信用原则、权利不得滥用原则、公序良俗原则中加入生态利益的考虑和环境保护的衡量。在物权编,在物的经济价值中加入生态价值的考量,对物的概念进行重新阐释,也就是整合物的经济价值与生态价值和其他非经济价值,并将环境保护义务纳入物的概念之中,建立环境物权制度。在债权编,构建环境合同制度,同时针对环境侵权之特殊性发展侵权行为法,如确立无过错责任原则、因果关系推定的实施、扩张损害赔偿的范围、适当地适用惩罚性赔偿原则。因为亲属和继承与人身密切相关,因此环境保护的义务可以在规定民事主体时予以附加,而不需要专门创设新的制度。需要强调的是,在继承编中,对物的继承应当以不破坏其生态属性为限,比如不可人为地分割本属一体的生态性物,此时可以借助拍卖、竞价、对方当事人的经济补偿等办法予以分割,而保持其完整性和可循环性。在此基础上,为改变环境法和民法的割裂现实,可将环境权益的救济性保护纳入侵权请求权范畴,防御性保护纳入物上请求权范畴,明确授权公民得在纯粹环境损害场合提起私益诉讼。④ 同时,完善诉讼法

---

① 王轶:《民法典的立法哲学》,《光明日报》2016年3月2日,第14版。
② 参见孙佑海、徐川:《我国应当制定一部什么样的民法典?——"环境法学与民法学的对话"会议综述》,《企业与法》2015年第6期。
③ 刘牧晗、罗吉执笔:《环境权益的民法表达——"环境权益与民法典的制定"学术研讨会综述》,《人民法院报》2016年2月17日,第8版。
④ 鄢斌、吕忠梅:《论环境诉讼中的环境损害请求权》,《法律适用》2016年第2期。

中的代表人诉讼、公益诉讼等程序性请求权制度,构建环境权益保护的请求权基础规范体系。①

(二)环境法与刑法

传统刑法制度与环境法的要求相去甚远:首先,传统刑法的立法指导思想或宗旨是对人身或财产权的保护,立足于经济性判断之上。没有以环境效益或生态性判断为基础的刑事法律制度,即使是有一些与资源或环境相关的罪名规定,与环境保护的要求也有一定的差距。如在我国过去的盗伐森林罪以盗伐木材的经济价值为定罪量刑标准,而倘若盗伐珍稀濒危树种则有可能因经济价值不高不够定罪量刑条件,但该行为的后果可能是不可挽回的物种灭绝。其次,传统刑法所规定的犯罪行为多为故意对人身或财产的直接侵害,而环境污染或破坏则主要不是针对具体的个人或财产进行,它是以环境为介质而产生危害的行为,过失行为居多,这种行为的犯罪构成与传统刑法规定的犯罪构成显然存在差别。最后,传统刑法所规定的刑罚多以人身刑为刑罚手段。而环境污染或破坏的后果都相当严重,不仅使受害人遭受的损失巨大,而且环境犯罪的目的多为牟取利益。所以,对环境犯罪刑罚手段主要不是人身刑。因此,建立环境法与刑法的沟通与协调机制,就是要逐步修改刑法制度中与环境法可持续发展理念相违背的部分,使之与环境法协调。同时,在环境法的责任条款中,对承担刑事责任的情形予以详细明确的规定。

当然,在环境法与刑法的沟通与协调过程中,面临着诸如刑法的谦抑性与不断扩展环境刑法适用范围之间的矛盾,环境刑法所应保护的法益究竟为何等问题。② 但毋庸置疑的事实是,环境法与刑法的沟通与协调正在不断地发生和发展。如《刑法修正案(八)》将《刑法》第 338 条由"重大环境污染事故罪"修改为"污染环境罪",降低了犯罪构成条件,增强可操作性。③ 在此基础上,《最高人民法院 最高人民检察院关于办理环境污染刑事案件适用法律若干问题的解释》进一步将以环境为介质而产生危害的行为,纳入污染环境罪的适用范围。④ 再如,我国台湾地区"水污染防治法"中,就有对承担刑事责任的情形予以详细明确的规定:"事业无排放许可证或简易排放许可文件,且其排放废水所含之有害健康物质超过排放流水标准者,处负责人三年以下有期徒刑、拘役或科或并科新台币二十万元以上一百万元以下罚金。"⑤ 此外,刑法也开始更加重视在环境刑事案件适用人身刑之外的其他刑事责任实现方式,以更加适应和契合在应对环境问题的过程中适用刑法和刑罚的终极目的——保护和恢复环境。如《最高人民法院 最高人民检察院关于办理环境污染刑事案件适用法律若干问题的解释》第 5 条规定:"实施刑法第三百三十八条、第三百三十九条规定的犯罪行为,但及时采取措施,防止损失扩大、消除污染,积极赔偿损失的,可以酌情从宽处罚。"

---

① 刘牧晗、罗吉执笔:《环境权益的民法表达——"环境权益与民法典的制定"学术研讨会综述》,《人民法院报》2016年2月17日,第8版。

② 相关问题可参见刘艳红:《环境犯罪刑事治理早期化之反对》,《政治与法律》2015年第7期,以及焦艳鹏:《刑法生态法益论》,中国政法大学出版社2012年版。

③ 修改前的《刑法》第338条规定:"违反国家规定,向土地、水体、大气排放、倾倒或者处置有放射性的废物、含传染病病原体的废物、有毒物质或者其他危险废物,造成重大环境污染事故,致使公私财产遭受重大损失或者人身伤亡的严重后果的,处三年以下有期徒刑或者拘役,并处或者单处罚金;后果特别严重的,处三年以上七年以下有期徒刑,并处罚金。"修改后的条文规定:"违反国家规定,排放、倾倒或者处置有放射性的废物、含传染病病原体的废物、有毒物质或者其他有害物质,严重污染环境的,处三年以下有期徒刑或者拘役,并处或者单处罚金;后果特别严重的,处三年以上七年以下有期徒刑,并处罚金。"

④ 例如,《最高人民法院 最高人民检察院关于办理环境污染刑事案件适用法律若干问题的解释》第1条规定:实施刑法第338条规定的行为,具有下列情形之一的,应当认定为"严重污染环境":"(一)在饮用水水源一级保护区、自然保护区核心区排放、倾倒、处置有放射性的废物、含传染病病原体的废物、有毒物质……"可见,在某些情况下,污染环境这种介质的行为也已经可以被认定为污染环境罪。

⑤ 台湾地区"水污染防治法"第36条。

### （三）环境法与行政法

传统行政法制度与环境法可持续发展的价值目标有很大差距：第一，传统行政法以约束或控制政府权力为核心，对于行政机关的自由裁量权作了较为严格的限制。而环境问题广泛复杂，各种因素相互作用，地区、时间、气候等差别甚大，要求国家的环境管理必须具有科学性、区域性和灵活性，需要有较大的视情置宜的权力。第二，传统行政法以权力行使作为基本的行为方式，单方面为相对人设置权利义务，且对相对人具有拘束力。而环境保护必须符合生态规律，以实现环境资源的优化配置。这一方面要求国家在环境保护方面拥有统一管理权，另一方面又必须充分利用非权力手段，与相对人进行商议，取得相对人的认可或同意。在这种情况下，仅仅依靠权力手段不足以对环境实行有效的保护。第三，传统行政法手段运用于维护国家安全和社会秩序领域，在发生了严重危害社会秩序或他人人身财产安全的后果时才对相对人施以管制，一般不介入相对人相互之间的民事法律关系。而环境问题具有污染破坏容易、治理恢复困难的特点，要求环境保护必须以预防为主，国家或政府要事先采取措施并且直接限制相对人之间不利于环境保护的民事法律行为。因此，要及时修改传统行政法中不利于环境保护的内容和制度，迎合行政法的最新发展趋势，实现环境法与行政法的沟通与协调。

当前，环境法与行政法的沟通与协调也正在不断实现。如修改后的《立法法》第82条规定："省、自治区、直辖市和设区的市、自治州的人民政府，可以根据法律、行政法规和本省、自治区、直辖市的地方性法规，制定规章。"这改变了此前只有"省、自治区、直辖市和较大的市的人民政府"才能制定地方政府规章的法律规定，扩大了地方政府在环境保护领域行政立法权，为行政主体因地制宜地制定本地区的环境保护法律制度提供了新的法律依据。再如，借助公共行政、多中心治理等理念和方法，行政主体在环境保护方面也不再单纯采用处罚、强制等"压制型"行政管理手段，行政指导、行政合同、行政奖励等"柔性"行政手段被越来越多的适用。行政主体与相对人在环境保护领域的协商、参与日渐增多，二者间的关系正在从传统行政法的对立向合作、共治的方向发展。[①] 此外，计划行政、风险行政、应急行政等行政法理论和规范的出现，还说明行政法在时间尺度上在不断向事前拓展行政权的适用范围。[②] 总之，环境问题的发展为行政法理论和制度的发展提供了新思考、新契机，而新型行政活动形式的不断出现也为环境法解决环境问题提供新手段、新模式。

### （四）环境法与诉讼法

中国实行的民事、行政、刑事三大诉讼分立，三类诉讼各有标的、程序、裁判形式。因此，法院分别设置了民事、行政、刑事审判机构，各个审判机构的业务相互分隔。在这种诉讼体制下，一般案件的审理没有问题，但对于复杂的环境纠纷，问题就比较大了。因为一个环境纠纷可能既涉及民事法律关系又涉行政法律关系，或者说既有污染者与受害者之间的纠纷，也有污染者、受害者与环境管理机关之间的纠纷。可以说，环境纠纷的出现，对传统诉讼法理论和制度带来了挑战，也为其发展提供了机遇。这就需要在传统三大诉讼彼此分离的框架内，对环境法上起诉主体的范围、起诉资格、受案范围、诉讼时效、诉讼中的程序和技术性等问题进行规定，建立环境法与民事诉讼法、刑事诉讼法、行政诉讼法的沟通与协调机制。比如扩大起诉主体的范围、尽快构建

---

① 例如，《环境保护法》第22条规定："企业事业单位和其他生产经营者，在污染物排放符合法定要求的基础上，进一步减少污染物排放的，人民政府应当依法采取财政、税收、价格、政府采购等方面的政策和措施予以鼓励和支持。"

② 例如，《突发事件应对法》第23条规定："矿山、建筑施工单位和易燃易爆物品、危险化学品、放射性物品等危险物品的生产、经营、储运、使用单位，应当制定具体应急预案，并对生产经营场所、有危险物品的建筑物、构筑物及周边环境开展隐患排查，及时采取措施消除隐患，防止发生突发事件。"

公益诉讼制度、科学合理地延长诉讼时效、确立多元证明标准体系、扩大证据的来源等等。当前，为全面推进依法治国方略，中国正在进行司法体制改革，其中重要的内容之一就是诉讼体制的改革。在改革的进程中，已经开始从诉讼类型、诉讼主体、受案范围、证明标准等方面对环境法与诉讼法实现沟通与协调进行探索。

首先，环境污染和生态破坏类案件的诉讼类型已经在私益诉讼的基础上又增加了公益诉讼，为更好地维护人身、财产等私益之外的环境公共利益提供了诉讼途径。如《环境保护法》第 58 条规定："对污染环境、破坏生态，损害社会公共利益的行为，符合下列条件的社会组织可以向人民法院提起诉讼……"公益诉讼的出现和实践，既丰富了诉讼法理论与实践，又体现了环境法整体主义的基本价值。与此同时，私益诉讼的受案范围也在不断扩大，更加有利于对资源环境的保护。如修订后的《行政诉讼法》在受案范围中明确增加了"对行政机关作出的关于确认土地、矿藏、水流、森林、山岭、草原、荒地、滩涂、海域等自然资源的所有权或者使用权的决定不服的"这种情况，①更加有力地保护了相对人的自然资源合法权属。

其次，诉讼主体从之前的"当事人""利害关系人"等与案件有直接关系的主体，发展到有关社会组织、检察机关等代表公共利益且与案件无直接利害关系的主体。如 2012 年修订的《民事诉讼法》第 55 条规定："对污染环境、侵害众多消费者合法权益等损害社会公共利益的行为，法律规定的机关和有关组织可以向人民法院提起诉讼"；再如《全国人民代表大会常务委员会关于授权最高人民检察院在部分地区开展公益诉讼试点工作的决定》授权最高人民检察院在生态环境和资源保护、国有资产保护、国有土地使用权出让、食品药品安全等领域开展提起公益诉讼试点。

再次，囿于环境资源类案件的因果关系往往难以完全确定，在诉讼过程中对被侵权人和污染者采取了多元证明标准。如根据《最高人民法院关于审理环境侵权责任纠纷案件适用法律若干问题的解释》的规定，被侵权人根据《侵权责任法》第 65 条规定请求赔偿的，仅需提供证明以下事实的证据材料：(1) 污染者排放了污染物；(2) 被侵权人的损害；(3) 污染者排放的污染物或者其次生污染物与损害之间具有关联性。而污染者则必须举证证明下列情形之一，人民法院才应当认定其污染行为与损害之间不存在因果关系：(1) 排放的污染物没有造成该损害可能的；(2) 排放的可造成该损害的污染物未到达该损害发生地的；(3) 该损害于排放污染物之前已发生的；(4) 其他可以认定污染行为与损害之间不存在因果关系的情形。②

最后，环境资源类案件的具体证据来源进一步扩大。囿于环境资源类案件具有较强的专业技术性，不仅当事人取证还是人民法院依职权调取证据存有相当的难度，很多情况下凭借人民法院或当事人原有的认知能力和知识结构，甚至难以对案件事实、违法行为、损害结果、因果关系链条等诉讼中的核心问题进行准确判断。因此，调查报告、检验报告、检测报告、评估报告或者监测数据、专家意见等新的证据来源开始出现并得到认可。如《最高人民法院关于审理发布环境民事公益诉讼案件适用法律若干问题的解释》规定，当事人申请通知有专门知识的人出庭，就鉴定人作出的鉴定意见或者就因果关系、生态环境修复方式、生态环境修复费用以及生态环境受到损害至恢复原状期间服务功能的损失等专门性问题提出意见的，人民法院可以准许。再如《最高人民法院关于审理环境侵权责任纠纷案件适用法律若干问题的解释》规定，负有环境保护监督管理职责的部门或者其委托的机构出具的环境污染事件调查报告、检验报告、检测报告、评估报告或者

---

① 详见《行政诉讼法》第 12 条。
② 参见《最高人民法院关于审理环境侵权责任纠纷案件适用法律若干问题的解释》第 6、7 条。

监测数据等,经当事人质证,可以作为认定案件事实的根据。① 这些新的证据来源,有助于通过诉讼解决环境资源纠纷,也是环境法与诉讼法沟通与协调的重要表现。

### 三、环境立法体系内部子系统的沟通与协调

环境法体系庞杂、内容众多,将各个子系统进行相对的分门别类,最终纳入环境法这一框架之内,需要沟通与协调机制的作用。主要包括污染防治法和生态保护法的沟通与协调、污染防治法与生态保护法中的各专门法的沟通与协调。

*1. 污染防治法与生态保护法的沟通与协调*

理论上,将环境法区分为污染防治法和生态资源保护法,原因大致有二:一是因为环境法的历史变迁。环境法的发展史,一般是从污染防治开始,后扩展到生态资源保护,最后到污染防治与生态资源保护相结合,而实现"大环境法"的终极目的。二是因为污染防治法与生态资源保护法所针对的对象有一定的差异,前者多是对污染物的防御和控制,重在治理;后者多是对生态资源要素的保护,重在保护和建设。足见,两者的区别主要在于侧重点和着眼点不同,然而两者还存在相通之处:皆作用于生态资源的具体要素或者整体;皆以可持续发展作为价值目标。这是两者沟通与协调机制建立的根基。

一般说来,污染防治的目的是为了生态资源保护,生态资源保护当然包括污染防治的内容,因此,必须将两者结合起来。实践中,沟通和协调机制的建立主要依靠环境法上具体制度的实施,比如环境标准制度、环境影响评价制度、许可证制度、环境物权制度等等。正是这些具体的制度将污染防治法与生态资源保护法贯穿到了一起。

*2. 污染防治法、生态保护法中的各专门法的沟通与协调*

资源环境具有多功能性、多用途性,但其多功能、多用途之间存在有限的兼容性。对资源环境单一功能的过分追求、利用可能造成其他功能的减损甚至丧失。如作为开发利用滩涂资源的重要手段,填涂造地固然发挥了滩涂作为后备土地资源的功能,为沿岸地区的经济社会发展拓展了空间、提供了新的土地资源。但是,在填涂造地的过程中,尤其通过填涂造地片面、过分追求土地空间拓展的过程中,相关活动也产生了"负效应"——严重挤占并减损了滩涂的生态环境效益。因此,沟通与协调污染防治法、生态资源保护法中的各专门法主要是指:以可持续发展为目的,站在生态资源整体保护的立场上,对各专门法之间不协调甚至是冲突或矛盾的地方,进行修改。尤其是在立法层面,抵制"部门立法"的倾向,对环境法两大组成部分中的各专门法,通盘考虑、彼此协调,防止各种环境专门立法成为各个部门"争权夺利"的工具。②

### 四、环境行政执法与环境司法的沟通与协调

如果有了法律不能有效实施,那再多法律也是一纸空文,依法治国就会成为一句空话。③ 所

① 参见《最高人民法院关于审理环境民事公益诉讼案件适用法律若干问题的解释》第15条,以及《最高人民法院关于审理环境侵权责任纠纷案件适用法律若干问题的解释》第10条。
② 如水质、水量的问题表面上看分属生态保护与污染防治两个领域,在我国由《水法》和《水污染防治法》分别调整,水利和环保两部门分别主管,但对于水生态整体安全而言,水质与水量是水生态安全保障问题的两个制约性因素,它们的联系并不会因为"部门立法""政出多门"而自动分离。如果不能协调水质与水量、环保与水利等部门之间的关系,后果只能是水安全危机的加重而不是水生态安全保障的加强。因此,在应对水问题的过程中,要实现水质、水量的统一管理,生态保护法与污染防治法就必须通过整合规划和区划、加强部门协调和协同等方式进行必要的沟通与协调。实践中,《浙江省水污染防治条例》第7条就规定:"省环境保护、水行政主管部门应当会同省有关主管部门根据生态环境功能区规划和水资源禀赋、环境容量等情况,编制《浙江省水功能区、水环境功能区划分方案》,报省人民政府批准后实施。"制定统一的水功能区、水环境功能区划分方案,为水质水量统一管理创造了条件,更体现了污染防治法、生态保护法中的部门法的沟通与协调。
③ 申孟哲整理:《习近平论依法治国》,《人民日报海外版》2014年10月17日,第9版。

以,我们不要仅仅看立法的美好愿望,而要看实施后的结果。① 作为立法之后环境法律运行的重要组成部分,环境执法与环境司法虽然存在主体、性质、具体功能等方面的差异,但二者共负保障环境立法有效实施的责任当无疑问。特别是在中国环境法律体系基本形成的背景下,环境法最重要的任务之一就是关注法律的实施,即通过法律实施实现维护和保障环境法秩序。这凸显了法律实施过程中,环境执法与环境司法进行沟通与协调的重要性。理论上讲,环境执法与环境司法的沟通与协调,能够使法律实施过程理顺二者之间的关系、形成保障环境法律实施的合力。同时,沟通与协调的过程既可以不断发现环境立法存在的不足或者缺陷,为完善立法提出问题,又可以提出解决环境执法、环境司法问题的方案而为完善环境立法积累经验。而在中国,环境执法与环境司法的沟通与协调之所以必要且重要,还因为在生态文明建设和环境保护工作中,面临着执法与司法的"双难"困境。

"环境行政执法难"。中国环境法存在一个明显的问题,就是将自身定位为"行政管理法",在法律制度设计上更多注重的主要是行政手段、命令式监管,不停地给环境行政执法者授权。仅以现行《水污染防治法》为例,其责任的追究方式基本上是运用处罚、强制等行政手段,责任的实现方式基本是警告、罚款、关停、责令履行义务等行政不利后果。这虽然加大了环境执法的力度,但过度膨胀的环境行政权力,却使得以罚代刑、有罪不究等情况时有发生,环境行政执法对于环境司法有"越俎代庖"之嫌。不仅如此,过快扩张的环境行政权力也带来了权力不当行使的追责等问题,大量的行政责任、内部责任固然必要,但通过司法追究行政主体履责不当的责任显然更加符合法治的理念和需求。

"环境司法难"。据最高人民法院环境资源审判庭的消息,2011年到2013年,全国各级法院受理的环境资源案件年均约3万件,而与全国法院每年1000多万件案件相比,这个量实在太少。另据《2014年中国环境状况公报》,2014年各地环保部门向公安机关移送涉嫌各类环境违法犯罪案件虽然已经是过去10年总和的2倍,但总数也只有2180件。与此形成鲜明对比的是,环境行政执法机关受理的环境矛盾纠纷是同期进入诉讼程序的15倍。以上现象至少表明,环境行政执法与环境司法在环境纠纷处理、案件移送等方面明显缺乏必要的沟通与协调,导致司法在环境纠纷处理过程中难以发挥应有作用。面对纠纷,民众愿意上访而不是诉讼,更愿意找政府而不是找法院。即使案件进入司法程序,囿于环境资源类案件本身具有科学技术性,不仅受害者甚至司法机关对于此类案件的识别、判断都存在不足,取证难、鉴定难、认定难、判决难的问题给司法介入环境纠纷带来困难。而环境行政执法主体却拥有专业的环境技术、信息、组织等资源,若能将资源合理配置在环境司法中,必然有助于解决环境司法存在的现实难题。

解决上述现实困境,需要通过环境行政执法与环境司法二者间必要的沟通与协调加以破解。具体而言:

(1) 为环境司法介入环境问题留足立法空间。环境司法是维护社会公平正义的最后一道防线。在维护公众环境资源权益方面,司法可以更好地发挥定纷止争、恢复社会秩序、再造社会关系的重要职能,满足人民群众的合理利益诉求,促进社会和谐稳定。健全环境法治体系、真正具备钢牙利齿,需要环境司法的关键支撑。因此,在环境立法过程中,给环境司法介入环境问题以必要、充分的空间,是环境行政执法与环境司法沟通与协调的前提和基础。

(2) 加强环境行政执法与环境司法的衔接。通过完善案件移送机制,明确案件移送的职责、时限、程序和监督等要求。② 特别是加强司法机关与环保部门等在侦办环境污染犯罪案件中的联

---

① 柯华庆:《科斯命题的博弈特征与法律实效主义》,《中山大学学报(社会科学版)》2008年第2期。
② 曹娴:《司法联动共治环境违法》,《湖南日报》2015年6月6日,第3版。

动程序,环保部门应厘清环境污染犯罪罪名及构成要件,对照排查犯罪线索,规范处理涉嫌犯罪的环境污染案件。① 发现环境违法行为涉嫌犯罪的,应当及时将案件移送司法机关。同时,在应对环境纠纷的过程中,应完善诉调对接和综合调处机制,最大限度发挥人民法院与环保等部门的优势,共同化解矛盾纠纷。②

(3) 环境行政执法为环境司法提供必要的保障。考虑到环境资源类案件具有专业性,环境行政执法主体应当发挥其专业技术优势,为环境司法的介入提供必要的技术、信息、服务支持和保障。如《北京市水污染防治条例》第93条规定:"环境保护行政主管部门和有关社会团体可以依法支持因水污染受到损害的当事人向人民法院提起诉讼,并在确定污染源、污染范围及污染造成的损失等事故调查方面为当事人提供支持。"

(4) 环境司法依法保障环境行政强制执行。环境行政主体对环境违法行为实施行政处罚或科处改正义务后,往往涉及处罚或义务的强制执行问题。依据现行法律法规的有关规定,环境行政主体可以在一定的条件下向人民法院申请强制执行。如《黑龙江省松花江流域水污染防治条例》第61条规定:"采取行政强制措施产生的费用,由违法者承担。违法者拒不承担费用的,采取行政强制措施的环境保护行政主管部门可以申请人民法院强制执行。"可见,环境司法可以通过介入行政强制执行的方式,为环境行政执法目标的最终实现提供保障。

(5) 环境司法克服环境行政执法不力。环境司法介入既是民事纠纷的必要解决机制,更是监督环境行政权力正当行使的必要手段。如美国《清洁空气法》(1970年)第3004条a款规定:"任何人可以以自己的名义对任何人包括美国政府、政府机关、公司或个人等提起诉讼。"也就是说,环境司法介入环境资源类案件不能局限在"治民"上,更应通过审理各类环境行政诉讼案件,探索人民检察院提起行政公益诉讼、提出检察建议等方式,发挥环境司法的"治官"功能。

## 本 章 小 结

环境法与传统法律不是有你无我的关系,环境法的产生和发展并不是一个新规则完全替代旧规则的过程,而是不断在旧有规则基础上发展的结果。因此,在环境法与传统法律之间,需要进行沟通与协调。即在相互理解的基础上建立共同认可与接受的新目标、新理念、新原则,通过统筹安排,将新目标、新理念、新原则贯穿到法律之中,最终达致共同目标的实现。这一过程,主要表现在人与自然的关系的沟通与协调、法律基本范畴的沟通与协调、环境法与其他法律部门的沟通与协调、环境立法体系内部各个子系统的沟通与协调、环境执法与环境司法的沟通与协调等方面。

【思考题】

1. 环境法与传统法律之间是什么关系?为什么说沟通与协调是环境法发展的基本前提和自我实现的必然要求?
2. 环境法与其他法律部门如何实现沟通与协调?
3. 环境行政执法与环境司法如何实现沟通与协调?

【案例分析】

2012年到2013年初,泰州常隆公司等6家化工企业,在生产过程中排出大量副产盐酸、废酸等危险废物。为了降低废酸处理成本,这些企业以每吨1元的价格,通过"销售"或直接交付方

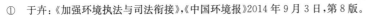

① 于卉:《加强环境执法与司法衔接》,《中国环境报》2014年9月3日,第8版。
② 周继业:《强化执法司法联动 形成环保工作合力》,《新华日报》2014年5月21日,第B4版。

式,提供给没有危险废物处置资格的江中等4家公司,同时给予20—100元补贴,致使2万多吨废酸等危险废物被偷倒进了如泰运河、古马干河,后流入长江。经曝光和环保部门调查后,上述企业14名嫌疑人被抓获,并被以环境污染罪判处有期徒刑。随后,泰州市环保联合会作为民事公益诉讼原告,泰州市检察院作为支持起诉机关,将常隆公司等6家企业诉至泰州中院,要求6家公司承担环境修复费等民事责任。2014年9月10日,泰州中院开庭审理此案,判决6家企业赔偿环境修复费合计1.6亿余元。

一审宣判后,常隆公司等企业向江苏省高级人民法院提出上诉,并于12月4日和12月16日两次开庭审理。2014年12月30日,江苏省高级人民法院对此案作出终审判决。判决确认:泰州市环保联合会依据现行法律规定提起诉讼,具备环境民事公益诉讼的原告资格。上诉的常隆公司等企业处理涉案副产酸的行为,与环境损害结果之间存在因果关系。据此,维持一审判决中1.6亿多元的环境修复赔偿金额。判决同时裁定,终审判决生效之日起1年内,涉案6家公司若能通过技术改造对副产酸循环利用,明显降低环境风险,且1年内没有因环境违法行为受到处罚,那么,这些企业已经支付的技术改造费,可以凭环保行政主管部门出具的企业环境守法情况证明、项目竣工环保验收意见和具有法定资质的中介机构出具的技术改造投入资金审计报告,向泰州中院申请在延期支付的40%额度内抵扣。

**【问题】**

在本案中,环境法的沟通与协调机制是如何具体体现的?

# 第二编

## 环境法规范

# 第六章 环境法的独立

---
**本章要点**

本章主要对环境法的独立进行分析。首先,环境法独特的价值取向、特定的调整对象以及综合系统的调整方法为环境法的独立提供了充分的理论依据;另外,业已形成的完备的环境法律体系也为环境法的独立提供了有力的立法支持;还有,环境法自身所具有的预防性、生态性和社会性等基本特征将环境法与其他法律部门作了明确的区分。

---

## 第一节 环境法独立的理论依据

环境法在法学理论体系中是否是独立的领域,涉及法学基本理论尤其是部门法理论的认识和理解。只有明确了环境法的独立性,才能确定环境法基本制度、法律规范等范畴。

关于环境法的独立,学者的看法并不一致。从发展过程看,环境法是在 20 世纪 60 年代以后,随着环境资源问题日趋严峻,为加强环境保护的需要而迅速发展的新兴法律领域。这类新兴法律对传统的法理学提出了挑战,也对法理学的变革与创新提出了迫切要求。在我国,部门法理论一直居于主导地位,按照这一理论难以将环境法作为独立的法律,因此,有的法理学者将环境法理解为行政法一个分支。更为严峻的是,部门法理论直接影响了我国的法制建设实践,在全国人大常委会确立的立法体系中,没有将环境法作为一个独立的子系统,而是将其分列在行政法律体系、经济法律体系两个部分①。国务院新闻办公室 2008 年 2 月发布的《中国的法治建设》白皮书,以及 2011 年 10 月发布的《中国特色社会主义法律体系》白皮书②,都将环境法分列在经济法、行政法两个部分。

理论与现实都表明,关于环境法地位的认识既需要从法理学层面加以深刻反思,也需要对环境法实践加以总结与提炼,探索新兴法律的发展规律。这既为环境法建立理论基础,也为法理学的创新提供支撑。因此,正确认识环境法在中国法律体系中的地位十分重要。

### 一、环境法独立的判断标准

#### (一)传统部门法理论的缺陷和不足

在传统法学理论中,确立部门法的基本标准有二,即调整对象和调整方法③。其中,调整对象是基础性的和主要的标准,调整方法是次要和派生的标准。客观而言,这两个标准为确定特定法

---
① 参见全国人大法律工作委员会研究室:《中国特色社会主义法律体系读本》,中国法制出版社 2011 年 5 月。
② 参见中华人民共和国国务院新闻办公室:《中国特色社会主义法律体系》,人民出版社 2011 年 10 月。
③ 这里需要说明,调整对象说主要是苏联法理学的观点,并非所有国家法理学"经典",由于中国法理学从苏联而来,因此这种观点根深蒂固。最好是能引用我国一些法理学教材的说法。

律领域的部门法归属提供了相对明确和可操作性的参照和依据。然而,在肯定其必要性的前提下,也必须明确指出,一个法律部门的独立,首先应该是在价值上的独立,或者说应该具有与其他法律部门明显差异的价值取向,这一点应成为一个独立法律部门的最为坚实的理论基础。但遗憾的是,在传统的部门法研究思路中,在这个方面是存在着明显的缺陷和不足的,这实际上也从一个侧面反映了长期以来,整个法学理论研究在价值层面分析和研究的不足。对此,美国著名的法理学家埃德加·博登海默明确指出:"19 世纪和 20 世纪多少忽视了法理学的一个重要方面,即对法律的基本性质及法律秩序所应当追求的基本目标和价值进行哲学分析。"①

因此,在对环境法的独立性进行分析和论证时,应该首先克服传统部门法研究思路在价值层面研究的不足,充分地分析和论证环境法在价值取向上的独特性,并以此显示环境法作为独立法律部门最为重要的理论象征。

(二)环境法独特的价值取向

价值是一个较为抽象的理论范畴,不同的研究者从不同的方面和角度对法律的价值作出了总结和概括。而对于特定的法律领域而言,简单地说,价值体现了该法律领域存在的意义,它不仅是该法律领域基本的法律精神和观念在质的方面的规定和总结,同时也是该法律领域在进行是非判断和取舍时的最终标准和依据。价值的基本特点在于自身强烈的应然性和稳定性以及其对特定法律领域理论与实践的普遍约束性。一般来说,在司法实践中,"当法官在未规定案件中创造新的规范或废弃过时的规则以采用某种适时规则的时候,价值判断在司法过程中会发挥最大限度的作用。……简言之,在不受先已存在的规范和原则指导的相互冲突的利益间进行选择,就需要价值判断。"②

从整个法学领域的基本理念变迁的过程来看,在从"身份到契约"的运动中,现代意义上的法律逐渐形成,而环境法的形成和出现,则在原有的基础上,进一步推动着现代法律从"契约到伦理"的前进。相比较而言,从"身份到契约"和"从契约到伦理"是两个在内涵方面截然不同的过程,从"身份到契约"的运动是从根本上摆脱伦理控制和影响的过程,但以环境法出现为契机而兴起的从"契约到伦理"的运动,"是法律与伦理二次整合的初步尝试,也是最为彻底的、革命性最强的尝试。"③因此,从基本法律理念的角度来看,伦理是环境法价值的基本依托和内核。伦理,尤其是作为环境法价值的环境伦理,目前依然是一个有待深入研究的领域,学者们在不断推动着该方面理论研究的深入。具体而言,对于作为环境法价值基础的环境伦理的理解,至少需要把握以下三个方面:首先,环境伦理更为强调人与自然之间的道德关系;其次,环境伦理肯定人类之外其他生命和非生命物质存在的内在价值;最后,环境伦理的基本目标和归宿在于人与自然的和谐而非对立。

民法作为法律现代性理念体现最为集中的领域,也是一个典型的弱伦理的法领域,这个基于工具理性、认知理性的法,弱化了道德理性和审美理性。民法所鼓励和倡导的竞争动机映射了生活于民法框架中的群体与大自然之间的破坏性征服关系,很大程度上起到了鼓励以破坏性方法开发利用大自然的作用。与此相反,环境法则更为强调道德理性和审美理性,这是一种非功利、非工具、非实用的理性形式,强调人对自然的美学感受能力,是环境法的本性之一,环境法力图树立一个充满情感、体验、直觉等要素的人,对自身利益以外的物质的、精神的世界都努力予以关照。

---

① 郭成伟主编:《中外法学名著指要》,中国法制出版社 2000 年版,第 482 页。
② [美] 博登海默:《法理学:法律哲学与法律方法》,邓正来译,中国政法大学出版社 2004 年版,第 527 页。
③ 张锋:《自然的权利》,山东人民出版社 2006 年版,第 137 页。

总之,环境法在价值层面上的独特取向表现出了环境法与其他法律部门在根本上的差异,也是环境法独立最为重要的理论象征。

## 二、环境法的领域性学科特性

在传统的法学理论研究中,说到法律部门或部门法,主要是指调整同类社会关系的法律规范的有机综合体。这种理论研究模式的初衷在于,因为社会关系的多样性,需要多种多样的法律规范与之相适应并加以调整,那么在这个过程中,对于某一类社会关系,大体上是由同一类法律规范来调整的,于是就在理论上把这同一类法律规范称之为是一个独立的法律部门。而且,是否调整特定的社会关系领域,即是否有独立的调整对象是在理论归纳中对部门法进行划分的最主要的依据。

之所以主张环境法是一个独立的法律部门,除了其本身独特的价值取向之外,它调整社会关系的特殊性也是其中一个重要的理论依据。环境法所调整的社会关系,或者说调整对象,是因保护和改善生活和生态环境,防治污染和其他公害所产生的社会关系。在我国的现实生活和法律实践中,这种社会关系已经存在并正在由环境法这一特定的新兴法律部门进行调整,这种明确的调整对象的客观存在,从根本上把环境法与其他法律部门进行了区分。

把环境法分割并分别纳入经济法体系或行政法体系之中的做法是不妥的。因为法律部门主要是根据调整不同的社会关系来划分的,环境法与经济法或行政法的调整对象是根本不同的。虽然经济法的理论一直在不断地发展和完善,但总的来说它的调整对象主要是特定的经济关系,一般认为主要是国家与经济组织之间、经济组织与经济组织之间,以及它们与公民个人之间在某些经济活动和经济管理过程中发生的经济关系;而行政法主要是调整在行政管理活动中行政主体与相对人之间的行政关系,主要是行政上的隶属关系。而环境法所调整的社会关系中虽然也包含有经济关系和行政关系的因素,但主要还是与环境保护相关的社会关系,其基本特征在于保护和改善人类在自然界中的生存和发展条件、保障公众健康和生命安全、维持生态系统的良性循环,以促进经济和社会的可持续发展。环境法调整的社会关系中所涉及的经济关系或行政关系,都包含于保护和改善环境的过程中,而且都是起着次要的或辅助性的作用,完全服务于环境法根本目标,大多环境保护的社会关系并不包含经济关系或行政关系。比如在环境影响评价工作中,提供环评服务的机构与建设单位的关系就不包含经济或行政的因素。这些都使环境法与经济法、行政法等邻近法律部门有着明确的界限,不应加以混淆。

## 三、环境法的综合系统特性

所谓调整方法,是指在调整社会关系时,用以影响社会关系的手段。比如通常所说的民事手段、刑事手段、行政手段等,而且在传统的法律理论中也往往以此为依据作出了民法、刑法、行政法的区分,比如刑法之所以能成为一个独立的法律部门的重要原因之一就在于它是以刑事制裁(刑罚)来调整社会关系的。

不可否认,环境法所调整的社会关系十分广泛,在实践中的确需要多种调整方法并涉及其他多种法律部门,但是以调整方法的多样性并涉及多种部门法为理由而否定环境法是独立法律部门的观点是不正确的。

首先,对法律调整手段作出民事、行政及刑事的划分,从某种意义上来说,其划分标准主要是根据强制程度的不同把调整手段进行类型区分,然后把不同强制程度的法律调整手段适用于不同类型的社会关系。其中隐含的一个基本前提在于对于一类社会关系只适用于一种强制程度的法律调整手段,要么是民事的、要么是行政的、要么是刑事的。这样的调整模式或划分标准从根本上决定于传统社会形态中相对简单的社会关系类型和较为单一的社会利益格局。然而时至今日,新的社会关系层出不穷,社会利益格局也日趋复杂,即便是同类社会关系,为平衡与协调其中多重利益主张与冲突,也往往需要不同强制程度的法律调整手段予以调整。因此,如果仍坚持一类社会关系只能适用一种调整方法,并以此为依据作出法律部门的划分,就忽略了社会客观存在对法律调整的现实需求。

其次,环境问题的特点和内在规律决定了环境法调整方法的综合性和某些法律制度的综合性。就环境和自然资源要素自身的特点来看,环境和自然资源自身功能的多样性及其开发利用的多目标性决定了其承载的利益必然是多重的,即便其包含的公共利益,也是多元主体利益的整合,它既可能体现在国家身上,也可能体现在个人身上,那么对环境问题的解决就不仅要对利益主张的正当性进行判断,而且还必须在多种正当的利益主张中进行衡量与取舍。因此,对该问题的法律调整不可能只局限在或公或私的视野内,而必须遵循一种混合和兼容的思路,力争实现利益的共生。而且,当前如此严峻的环境资源局势,实际上反映的是环境和自然资源在整体上自然供给的短缺,要从根本上解决问题,必须通过人化作用的介入弥补自然更新的不足,扩大环境和自然资源的供给。以此为前提,就必须在一定程度上确认环境和自然资源的社会资产属性,进而在一定程度和范围内实现环境与自然资源的社会化生产与供给,那么在这样的情况下,仅有传统意义上的以管理为核心的法律调整模式是不够的,就当前的情况而言,在有效强化政府管理职能的同时,环境法也在逐步形成社会化、市场化运营的理念,环境法的基本功能也在原有的基础上不断地进行着拓展。环境法这样的进化趋势也必然决定了在法律调整手段的选择上,只能是综合性的,根据现实需要而选择强制程度不同的调整方法与手段。

因此,环境法调整手段的综合性,不仅不能成为否认环境法是独立法律部门的理由,相反,它正是环境法作为一个新兴的独立法律部门的重要特征之一。

## 第二节　环境法独立的立法支持

要成为一个独立的法律部门,仅有从理论角度出发的论证是不够的,从现实的角度来看,它还必须具有已经形成一定的规模效应的法律体系,包括有足够重要或足够数量的法律法规。目前,从我国的相关立法实践来看,环境法已经发展成为一个内容丰富、功能相对齐备、结构较为合理、数量繁多的环境法律体系,并日益获得相当重要的社会地位,正在发挥重要的社会影响和社会作用。来自现实立法的支持,是环境法取得独立法律部门地位的重要支持因素,也有学者将其作为环境法已经形成独立法律部门的标志。对此我们可以从环境法的体系与环境基本法地位的确立两个方面加以认识。

### 一、环境法的体系

综合我国现行的环境立法,环境法的体系由以下七个部分构成。

#### (一) 宪法关于环境保护的规定

宪法是规定国家制度和社会制度的基本原则、公民的基本权利和义务、国家机关的组织与活动原则的根本大法,任何法律都必须以宪法为依据,环境法也是如此。

宪法关于环境保护的规定,是环境法的基础,是各种环境法律、法规和规章的立法依据。从主要内容上来看,宪法中对环境保护的规定一般是规定国家在环境保护方面所负的职责,国家应采取的保护自然环境、防治污染和其他公害的基本对策,环境立法权限划分以及公民在环境保护方面的权利和义务等。

我国《宪法》对环境保护作了一系列的规定,其中最具代表性的是《宪法》第 26 条的规定:"国家保护和改善生活环境和生态环境,防治污染和其他公害。"这一规定把环境保护作为一项国家职责和基本国策在宪法中予以了确认。除此之外,在我国的《宪法》中还有关于自然资源权属及其保护和合理利用、名胜古迹等特殊环境要素保护等一系列与环境保护有关的规定。上述各项规定,为我国相关的环境立法提供了基本的指导原则和立法依据。

(二)环境保护基本法

环境保护基本法,是在环境法发展到一定阶段出现的对环境保护方面的重大问题进行全面、系统调整的综合性实体立法,它主要是对环境保护的目的、范围、管理体制、基本原则、主要制度、法律责任等方面作出规定。在世界范围内来看,环境基本法的出现是环境法向完备阶段发展的重要象征,它标志着人们对环境问题认识的逐渐深入和法律制度设计的日趋完善。

我国早在 1979 年就颁布了《中华人民共和国环境保护法(试行)》,并在此基础上,经过修改在 1989 年 12 月重新颁布了《中华人民共和国环境保护法》,对于这部法律的性质虽然存在不同认识,但从内容上看,这部法律对我国环境保护的任务、对象、管理体制、基本原则和制度、法律责任等重要问题作出了全面的规定。该法应该是我国其他单行环境法律法规的立法依据,并在我国环境法律体系中,除了宪法之外占据了核心的基础性地位。对此,我们将在以后章节专门论述。

(三)环境保护单行法律、法规

环境保护的单行法律、法规,是以宪法和环境保护基本法为依据,针对特定保护对象而进行的专门立法,这方面的立法是宪法和环境保护基本法的具体化。

由于历史和现实的一些原因,我国环境保护的单行法律、法规可大致地划分为以下两个基本的组成部分。

1. 有关污染防治的立法

污染是环境问题最为集中的表现,有关预防和防治污染的立法也历来是环境保护立法的重中之重,现代意义上的环境法是由最初的污染防治法发展起来的。在环境法的发展过程中,不仅形成了数量众多的污染防治的单行立法,甚至在各国的环境保护基本法中,也能明显看出来对污染防治偏重的倾向。

根据环境污染产生的原因和表现形态的不同,污染防治立法主要是从两个方面展开。

首先,针对本身就具有污染性的物质或因素进行的立法,比如废水、废气、废渣、粉尘、噪声、恶臭气体等,目前我国这个方面的立法主要有《大气污染防治法》《水污染防治法》《固体废物污染环境防治法》《环境噪声污染防治法》《海洋环境保护法》,以及一些相关的实施细则和条例。

除此之外,还有针对某些有毒有害物质安全管理的立法,这些对于人们日常生产、生活必不可少的有毒有害物质自身并不必然具有污染性,但如果由于保管或者安全管理措施不善而泄露或散发进入环境,那么将造成严重的环境污染,因此,必须通过相关立法加强对该类物质的安全管理。根据目前我国的立法实践,针对这个问题的立法主要是围绕化学危险品、农药、放射性物质、电磁波辐射等四个方面展开。

2. 有关生态保护的立法

这方面的立法主要是为了规范人们开发利用自然资源的行为,保证对自然资源的适度开发,平衡对自然资源社会需求与自然供给之间的关系,促进人类社会与自然界的可持续发展。目前我国在这个方面的立法主要有《水法》《土地管理法》《渔业法》《矿产资源法》《森林法》《草原法》《野生动物保护法》《水土保持法》《防沙治沙法》以及一些相关的实施细则和条例。

另外，从我国目前有关自然资源立法的指导思想和主要内容来看，该方面的立法在一定程度上表现出了"重开发利用轻保护"的倾向，这一点已经广泛引起理论界和实践部门的广泛关注，在今后立法发展和完善的过程中，这个问题应该可以得到逐步地改善和解决。

当然，上述两个方面的划分也并非绝对，两个立法分支并存局面的形成在很大程度上取决于人们对环境问题的阶段性认识以及相关机构设置的现实状况，从今后立法的发展趋势上来看，污染防治立法和自然资源开发利用及保护立法的一体化发展的倾向将更为明显。比如在我国2002年颁布的《环境影响评价法》中，既有污染防治的内容，也有关于自然资源开发利用和保护的规定。

### （四）环境标准

环境标准是我国环境法体系中非常特殊也是非常重要的组成部分。环境标准是具有法律性质的技术规范，它主要是通过一些技术指标的确定，控制污染，维持一定的环境质量，从而保护人体健康、社会财富和自然生态平衡。从某种程度上来说，环境标准是在环境法领域判断合法与非法的基本参照。根据我国目前有关的法律规定，我国已经形成三类两级的环境标准体系。

### （五）地方性环境保护法规、规章

为体现环境立法原则性与灵活性相结合的基本要求，在保证环境法制统一的前提下兼顾各地方的现实需要，在我国环境法律体系中还存在有大量的地方性环境保护法律法规。根据2015年修订实施的新《立法法》第72条的规定，省、自治区、直辖市的人民代表大会及其常务委员会在不同宪法、法律、行政法规相抵触的前提下，可以制定地方性法规。设区的市的人民代表大会及其常务委员会在不与宪法、法律、行政法规和本省、自治区的地方性法规相抵触的前提下，可以对城乡建设与管理、环境保护、历史文化保护等方面的事项制定地方性法规，报省、自治区的人民代表大会常务委员会批准后施行。省、自治区的人民代表大会常务委员会对报请批准的地方性法规，应当对其合法性进行审查。除省、自治区的人民政府所在地的市，经济特区所在地的市和国务院已经批准的较大的市以外，其他设区的市开始制定地方性法规的具体步骤和时间，由省、自治区的人民代表大会常务委员会综合考虑本省、自治区所辖的设区的市的人口数量、地域面积、经济社会发展情况以及立法需求、立法能力等因素确定，并报全国人民代表大会常务委员会和国务院备案。目前，我国共有284个设区的市，其中的49个较大的市，已经享有地方立法权，235个设区的市的地方立法权尚待批准。

我国疆域辽阔，不同区域之间环境状况存在相当大的差异，这就为各地方性的环境保护法规和规章提供了必要的用武之地，它们在一定程度上保障和支持了国家环境立法在不同地区的顺利贯彻和实施。

### （六）相关部门法中有关环境保护的规定

由于环境保护的广泛性和复杂性，其所涉及的社会关系的领域也必然是类型多样的。基于这样的客观现实，尽管专门的环境立法数量众多，但仍不足以完全覆盖环境保护所涉及的社会关系的全部，这就必然需要在相关部门法中针对专门环境立法的不足作出相应的规定，以增强环境法体系的完整性。从实践来看，这方面的立法也是大量存在的，比如民法中有关于相邻关系、自然资源权属、无过错责任等方面的规定，刑法中有关于破坏环境资源保护罪的规定，劳动、卫生立法中有关于企业内部噪声防护的规定等。这些规定都是环境法体系的重要组成部分。

这些相关部门法中有关环境保护的规定，对于环境法体系的形成和发展是非常必要的。一方面，它们与专门的环境立法在结构和功能方面构成了衔接和互补，增强了环境法体系的严密性和完整性；另一方面，很多相关部门法中有关环境保护的规定不仅是现代环境法产生和形成的重要渊源,同时也将是环境法在今后发展过程中理论与实践创新的重点所在。

(七)与环境保护有关的国际条约与协定

国际条约与协定主要是指我国参加和批准的国际法中有关环境保护的规定。这方面内容主要包括我国参加、批准并对我国生效的一般性国际条约或协定中与环境法有关的规定,以及专门性国际环境法条约或协定,比如《气候变化框架公约》《生物多样性保护公约》《联合国湿地公约》等。这些国际公约和协定,除了我国声明保留的条款之外,其效力优先于国内法,任何组织和公民都必须严格遵守。但是,这些国际条约和协定,只有通过国内法的规定进行转化,才能真正得以贯彻和实施,有关的司法与执法部门也不能直接援引这些国际条约与协定作为环境法制实践的依据。

## 二、环境保护基本法的性质与地位

(一)环境保护基本法的概念

环境保护基本法又称为环境保护基干法,是指一个国家制定的全面调整环境社会关系的法律文件。这个法律文件以对人类环境的合理开发利用、保护改善为立法目的和法律控制的内容,以规定公民的环境权利义务以及国家的环境保护职责和管理权限为核心内容,以全面协调人类与环境的关系为宗旨,对一国环境法律秩序的建立、确认和保障发挥基础与核心作用。环境保护基本法通常表现为一个国家的最高环境立法,如美国的《国家环境政策法》、苏联的《苏俄自然保护法》、日本的《环境基本法》等等。一般认为,环境保护基本法的颁布,是一国环境保护法制化的标志,也是一国环境保护或环境管理水平的标志,它体现着一国的社会文明程度和发展的观念。

环境保护基本法是在人类面临严重的环境问题,重新审视人类与环境的关系,选择新的不同于传统发展模式的生产方式和生活方式的产物。它虽然仅仅只是一个法律文件,但具有划时代的意义,无论是对于环境法还是环境法学的产生和发展都具有决定性作用。理解环境保护基本法,必须把握如下几点。

1. 环境保护基本法是人类正确认识自然、重新检讨人类传统生活方式、规范人类活动对环境的影响的产物

世界上最早颁行的环境保护基本法是美国 1969 年的《国家环境政策法》,迄今仅四十多年的历史。环境问题早已存在,也有不少国家颁行过一些单行法律法规试图解决环境问题,但始终未将环境问题的解决与人类的生产方式、生活方式或发展模式联系起来。直到 1966 年联合国在世界范围内组织人类环境问题的大讨论,才使人们真正认识环境与发展、环境与资源、环境与人口的关系,认识到需要有统一的发展目标和发展战略,需要有统一的法律。1972 年斯德哥尔摩人类环境会议的召开,《人类环境宣言》的出台,使人们对环境问题的认识产生了质的飞跃,只有这一时期才有可能出现环境保护基本法。事实上,1972 年前后也正是世界各国制定环境保护基本法的第一个高峰期,大多数国家的环境保护基本法是在这个时候出台的。

2. 环境保护基本法的产生是因为环境社会关系客观上需要有统一的法律调整

人类与环境的关系自人类产生以来便伴随着社会经济的发展,而人类的社会经济活动又无一不与环境紧密联系。在相当长时期内,由于人类生产力发展水平的限制,人类活动对于环境的不良影响还不足以对人类自身的发展构成威胁,或人类囿于认识的局限还不足以预见这种威胁,所以法律在人类与环境的关系领域尚未发挥积极的作用,也未进行系统的规范。但人类进入现代社会以后,随着人类生产力水平的迅猛提高,人类对环境的影响日益增大,各种新的与环境有关的行为与活动不断出现,而这些行为与活动过程中所产生的社会关系日益复杂并呈现出特殊性,这就在客观上要求有专门的法律对于这类社会关系进行统一调整,确立一致的调整原则和规

制内容。环境保护基本法正是在环境问题、环境保护与环境社会关系日益复杂的客观条件下产生的。

3. 环境保护基本法是确立环境法的基本原则与制度、建立环境法律秩序的重要保障

环境问题产生之初,各国曾试图运用各种传统的法律手段对这类社会现象进行调整。但是,环境问题的特殊性以及传统法律手段的局限性都使得各种利用传统法部门或法律措施的内容拓展以覆盖环境保护领域的企图归于失败。根源于自由主义、个人本位或国家本位的传统法律制度无法也无力调整环境社会关系。必须出现真正体现社会利益本位、保障当代人与后代人权利的新的法律制度与原则。较之于已经经过几百年甚至上千年历史的传统法律部门,这一全新的法律必须有贯穿一致的立法宗旨,要有不同于传统法律部门的规范体系和制度体系,更要有一个能够全面反映这些新的法律观念、法律意识、法律制度的法律文件。因此,即使是在美国这样典型的英美法系国家,其环境保护基本法也是以成文法形式并由联邦颁布的。

4. 环境保护基本法的内容是随着人类对环境保护的认识不断提高而向纵深发展的

环境保护基本法作为一个国家环境政策的集中体现,与该国环境问题及环境保护的特点密切相关,也与人类对环境问题的认识直接联系。1992年,联合国环境与发展大会通过的《关于环境与发展的里约热内卢宣言》(又称《地球宪章》)将可持续发展作为全球环境保护的根本目标,继《人类环境宣言》以后又一次使人类对环境问题的认识产生了新的飞跃。随后,各国纷纷对环境保护基本法进行了检讨,一些过去没有环境保护基本法的国家迅速制定并颁行了环境保护基本法,如泰国以及拉丁美洲诸国;一些已经制定有环境保护基本法的国家根据可持续发展的要求进行了修订或重新制定新的基本法,如日本将过去的《公害对策基本法》予以废止,重新制定并颁布了《环境保护基本法》(1993年),完成了环境保护以公害治理为主到全面保护环境的过程。1992年以来,世界各国方兴未艾的颁行环境保护基本法的热潮也说明了这一问题。

正是基于以上认识,我们才认为专门的环境立法是环境法独立性的基础,而环境保护基本法则是环境法独立的基本标志。

(二)环境保护基本法的地位

环境保护基本法的地位是指该法在一国法律体系中所处的位置。具体而言,它应包括两方面的内容:其一是环境保护基本法在某一国家立法体系中与其他法律文件相比较而言所处的位置;其二是环境保护基本法在某国环境法体系中所处的位置。而这两方面又是相互联系的。学者们通常从不同的角度来认识这一问题。

由于各国立法体制的不同,关于基本法与普通法的划分标准很难统一。如在我国,划分的标准是立法机关的立法权限,即由全国人民代表大会制定的法律为基本法,由全国人大常委会制定的法律为普通法。据此标准,《环境保护法》与《水法》《森林法》《水污染防治法》《大气污染防治法》等一系列有关环境保护的法律都是由全国人大常委会颁布的,它们应属于同一层次的法律,不存在孰高孰低的问题,更不应有普通法与基本法的区别。这样的话,《环境保护法》根本不可能与《刑法》《民法通则》等法律同日而语。

但是,《环境保护法》无论是内容、作用还是立法目的、结构又都的确不同于其他的环境保护法律,那么,应如何认识这一问题呢?

有学者认为,美国《国家环境政策法》在美国环境法体系中占有比较特殊的地位。被称之为"保护环境的国家基本章程"。《国家环境政策法》在美国环境法体系中的地位主要是由其性质和作用决定的。就其性质而言,它是一部从宏观方面调整国家基本政策的法律,它对一切联邦行政机关补充了保护环境的法律义务和责任,它以统一的国家环境政策、目标和程序改变了行政机关在环境保护问题上的各行其是、消极涣散的局面。就其作用而言,它规定的环境影响评价程序迫

使行政机关把对环境价值的考虑纳入决策过程,改变了行政机关忽视环境价值的行政决策方式。它在美国历史上第一次为行政机关正确对待经济发展和环境保护两方面利益和目标创造了内部和外部的条件。由于《国家环境政策法》的特殊性质和作用,同其他的环境法律相比,它在美国环境法体系中显然处于更高的位置。

基于对环境基本法性质与作用的认识,我们认为,《环境保护法》也应是一部环境保护基本法,它在中国环境法体系中占有核心地位;同时,作为环境保护基本国策法制保障的基本法,《环境保护法》不仅在其他基本法立法和实施过程中应该得到遵守,而且也是普通法律法规的立法依据,环境基本法在我国法律体系中也具有非常重要的位置。

首先,《环境保护法》调整的内容和范围涉及环境保护的整个领域,全面调整环境社会关系,既规定了国家的环境保护职责,也规定了公民、法人、社会的环境保护权利和义务。它以统一的立法宗旨、立法目标规定了中国环境保护的基本原则和基本法律制度,对环境保护的两大内容——生态环境保护和污染防治均作了系统规定,并确立了中国的环境管理体制。这些内容,是其他环境法律法规所不具备也不可能具备的。

其次,《环境保护法》所规定的基本原则和制度为其他环境保护法律法规的制定提供了法律依据。《环境保护法》的一个重要特点,就是具有较强的原则性,这些原则性的规定是我国环境保护成功经验的总结,将这些成功的经验措施上升到法律的高度,这就意味着将以国家强制力,以法律的权威性来推动这些大政方针和政策措施的实行。这不仅有利于保障我国环境保护事业的长期稳定发展,也能为我们制定其他单项法律、法规提供依据。《环境保护法》所确定的保护生态环境和防治污染的各项法律制度,不仅范围广泛,而且都是基本规范。

再次,《环境保护法》是全国人大常委会通过的法律,并不影响其基本法的性质,更不能否认其作为基本法的地位与作用。如在我国民法体系中,《民法通则》与《合同法》《婚姻法》都是由全国人民代表大会通过的法律,但并不能说明它们都是民事基本法或否认它们之间存在的上下位关系。环境法体系中的各项法律也是如此,也不能因为它们是通过同一立法机关并经由同一程序制定的就可以否认其性质、内容和作用上的差别,否认它们之间应有的逻辑联系。因此,对于《环境保护法》地位的基本认识必须建立在科学求实的基础上,否则,会造成理论与实际的严重背离,引起不必要的混乱。

总之,环境保护基本法在环境法体系中占有重要地位,其效力仅次于宪法,一切环境立法都必须遵循宪法和基本法。同时,我国的其他基本法如民法、刑法、行政法等涉及环境保护的规定,也必须与《环境保护法》相协调。

（三）环境保护基本法的主要内容

环境保护基本法作为一个国家为保护改善环境和合理开发利用自然资源而对有关重大问题加以全面综合调整的法律文件,虽然在不同的国家有不同的名称和不同的具体内容,但是,面对环境问题,各国的环境保护基本法都遵循相同的环境保护客观规律和几乎一致的立法宗旨。因此,环境保护基本法在世界各国有着大致相同的内容:明确一国环境保护的对象或环境法的保护对象;宣布国家在环境保护方面的基本对策和措施;建立环境管理机构,规定环境管理体制、组织机构及其职责权限;规定公民及其社会团体在环境保护方面的权利与义务;规定环境保护的基本法律制度;规定违法者应承担的法律责任;规定在环境法中适用的民法、行政法、刑法、诉讼法规范。

我国的第一部环境基本法制定于1979年,当年9月13日第五届全国人民代表大会常务委员会第十一次会议通过了《环境保护法(试行)》,共七章33条。《关于〈中华人民共和国环境保护法(试行)〉(草案)的说明》指出:"《环境保护法》是一个基本法,主要是规定国家在环保方面的基本方针和基本政策。"1983年全国人大常务委员会决定修改《环境保护法(试行)》，1989年12月26日，第七届全国人大常委会第十一次会议正式通过《环境保护法》，共六章47条。该法施行20余年，在我国的环境保护工作中发挥了重要的作用，但是随着经济社会的发展，带着浓重计划经济色彩的原《环境保护法》日益显示出其在解决日趋严重的环境问题方面的不足。2011年初，全国人大常委会正式启动修法程序，历经人大常委会四次审议，面向社会公众两次征求意见，最终于2014年4月24日由第十二届全国人大常委会第八次会议审议通过了新的《环境保护法》，并于2015年1月1日正式施行。该法号称"史上最严格"的环境保护法，共七章70条，其主要内容如下。

第一章"总则"共12条。规定了立法目的、环境保护的基本原则、环境保护财政投入、环境保护宣传教育与舆论监督、环境管理体制以及环境日等。

第二章"监督管理"共15条，确立了环境保护规划制度、环境标准制度、环境监测制度、环境影响评价制度、区域联防联控制度、现场检查制度、环境保护目标责任制和考核评价制度等，同时对环境保护等部门的行政强制措施权以及人大监督环境保护工作等方面进行了规定。

第三章"保护和改善环境"共12条，对地方政府环境责任、生态保护红线和自然保护区的保护、开发利用自然资源、生态补偿、大气、水、土壤环境保护、农业和农村环境保护、海洋环境保护、城乡建设、绿色采购、绿色消费、生活废弃物分类回收、公民环境保护义务以及环境与健康管理等方面进行了规定。

第四章"防治污染和其他公害"共13条。主要规定了清洁生产和资源循环利用、三同时制度、排污者防治污染责任、排污税费制度、总量控制制度和区域限批制度、排污许可管理制度、严重污染环境的工艺、设备和产品淘汰制度、环境事故应急制度、农业和农村环境污染防治和环境污染责任保险制度等。

第五章"信息公开和公众参与"为新增的一章，共6条。该章节的增加，是我国环境立法的重大突破，对环境权利及其保障机制、环境信息公开的主体、内容和方式、企业环境信息的公开、公众参与环境影响评价、环境举报制度以及环境民事公益诉讼制度等进行了规定。

第六章"法律责任"共11条。规定了违反环境保护法的行政责任、民事责任、刑事责任，包括按日计罚制度、排污者超标超总量排污的法律责任、违反环境影响评价的法律责任、违反信息公开的法律责任、环境损害的侵权责任、环境服务机构的连带责任、地方政府及其相关部门的法律责任等，同时还对环境损害赔偿的诉讼时效作了规定。

新《环境保护法》在推动建立基于环境承载能力的绿色发展模式、建立多元共治的现代环境治理体系、强化义务与责任、完善制度体系等方面取得了一系列突破，尤其是立法目的转型和法律机制创新意味着我国环境基本法已经上升到更高的层面。①

1. 立法目的的突破与转型

《环境保护法》第1条对立法目的进行了更新："为保护和改善环境，防治污染和其他公害，保障公众健康，推进生态文明建设，促进经济社会可持续发展，制定本法。"相较于原来的立法目的"为保护和改善生活环境与生态环境，防治污染和其他公害，保障人体健康，促进社会主义现代化建设的发展，制定本法"，主要有三个改动：一是以"环境"替代"生活环境与生态环境"。生活环境与生态环境本身并无严格的划分，以"环境"替代更能准确表达本法所要保护的对象，其具体范围留待下一条来明确。二是将原来的"保障人体健康"改为"保障公众健康"，体现了环境保护立

---

① 参见吕忠梅:《〈环境保护法〉的前世今生》，《环境资源法论丛》(第10卷)，法律出版社2015年版。吕忠梅主编:《中华人民共和国环境保护法释义》，中国计划出版社2014年版，第5—10页。

法应当更多从公共利益出发的指导思想。三是将"促进社会主义现代化建设的发展"改为"推进生态文明建设,促进社会经济可持续发展",将环境保护的立法目的提升到生态文明和可持续发展的高度,体现了整体主义、保护优先的现代理念,是新《环境保护法》在目标定位上的突破与转型。

具体考察,《环境保护法》所规定的各具体目的之间存在递进关系。

第一,《环境保护法》的直接目的是保护和改善环境、防治污染和其他公害。环境保护法律制度实施的直接目的是保护环境,即保护环境免受污染和破坏,对于已经被污染和破坏的环境采取措施加以改善,预防和治理污染和其他公害。亦即解决公众能够看到或者感受到的环境问题,是第一层次的目的。

第二,《环境保护法》的实质目的是为保障公众健康。保护环境的实质目的是保护人类自身,脱离对"人"的保护而谈论纯粹的生态保护并无意义。在个体层面,对人的保护就是通过保护环境以保障人体健康;但环境本身的公共属性要求更多从整体层面来看问题,即通过保护环境以保障公众健康。保障公众健康建立在"保护和改善环境、防治污染和其他公害"的基础之上,是第二层次的目的。本次修改以"公众健康"替代原先的"人体健康",反映了环境保护目的导向的变化,与环境的公共属性和环境保护的公益目标更加契合,体现了现代生态环境保护的整体主义理念,是中国环境法治的一大突破。

第三,推进生态文明建设、促进经济社会可持续发展是《环境保护法》的最终目的。虽然环境保护法强调保护环境的重要性,但也并非否定经济发展,生态文明应当是在生态和谐的前提下最后人类社会发展的文明形式。相较于原先"环境保护与经济社会发展相协调"的规定,新《环境保护法》体现了作为经济目标与环境保护目标之调和的可持续发展观念,在环境保护法律制度的设计中具有指导性地位。《环境保护法》的立法目的表述以"推进生态文明建设、促进经济社会可持续发展"收尾表明其最终目标是实现生态文明和经济社会可持续发展。

2. 法律机制创新与系统化

(1) 经济社会发展与环境保护协调机制。《环境保护法》第4条宣示:"保护环境是国家的基本国策。""国家采取有利于节约和循环利用资源、保护和改善环境、促进人与自然和谐的经济、技术政策和措施,使经济社会发展与环境保护相协调。"完善了环境规划制度、环境影响评价制度、政府责任制度,确立了"保护优先、预防为主、综合治理、公众参与、损害担责"原则,规定了专家参与决策程序,建立了环境与发展协调机制。

(2) 统一监管机制。环境的公共性要求统一监管,它涉及环境与发展的宏观衡量,即整体上采取环境保护措施的力度决定了经济发展的环境基础和资源供给,需要在环境与发展总体平衡的思路下进行决策。《环境保护法》明确了环境保护主管部门的统一监督管理职权,为实施统一监督管理建立了体制基础,并规定了区际合作制度、环境标准制度、重点污染物排放总量控制制度、排污许可管理制度、生态保护制度、环境与健康制度等。

(3) 公众参与机制。环境利益在很大程度上是公共利益,公众参与所要解决的是环境利益与经济利益之间的平衡问题。《环境保护法》在总则中规定环境保护宣传教育及舆论监督,并专设"信息公开和公众参与"一章,规定了公民的知情权、参与权、监督权,政府和企业信息公开,对公众参与环境影响评价,环境公益诉讼等制度作了规定。

(4) 决策实施机制。环境与发展的微观平衡也是综合决策所要解决的问题。因此,对企业和生产经营者的行为进行管制的各项制度都应当从环境与发展平衡的角度重新考量,使之符合可持续发展的目标。《环境保护法》规定了生态补偿制度、全过程控制污染制度、清洁生产和循环利用制度、环境监测制度等,保障环境与发展综合决策可以在环境资源开发利用全过程得到贯彻实施。

(5) 责任追究机制。责任的追究不仅是对既往决策的评价和追纠,也具有对未来决策的指导和约束意义。责任机制法律强制力的体现,也是环境法实施的保证。《环境保护法》强化了各级政府、环保部门环境监管的权力、义务与责任,明确了企业和生产经营者的责任制度,通过规定责任形式以及责任追究程序,建立了《环境保护法》的责任追究机制。

新《环境保护法》的立法成就获得了普遍认同,但是,也存在不少缺憾。一是基本法地位未获。新《环境保护法》还是由全国人大常委会通过的,从立法效力上看,依然没有获得基本法的地位。二是公民环境权依然没有得到明确宣示。三是保障公众健康未落实。在制度体系中对公众健康的关注不够,缺乏相应的保障措施。四是风险预防理念未立。总体上这部法律依然具有浓厚的末端治理色彩,没有很好贯彻风险预防理念,尚未形成"风险管理—冲突管理—危机管理"的完整治理体系。

## 第三节 环境法的基本特性

对于环境法的特征,我国法学界的认识虽然表述不一,但都大同小异,概括起来不外乎综合性、技术性、社会性、共同性等几个特性。本书认为,环境法作为一个新兴的法律部门,除具有法律的一般共性外,还具有以下三个区别于其他法律部门的明显特征。

### 一、预防性

所谓预防性,是指环境法具有在环境污染和破坏发生之前,采取各种法律上的预防性手段和措施,防止环境问题的产生和恶化,或者把环境污染和破坏控制在最小的限度内的特性。

(一) 预防性的成因

环境法之所以具有预防性的特征,是由环境污染和破坏的特性所决定的。

1. 环境污染和破坏,其后果往往比较严重

如震惊世界的"八大公害"污染事件,都造成了严重的人员伤亡和重大的经济损失,后果都十分严重。1984年12月3日发生的印度博帕尔农药场毒气泄漏事件,造成2 000多人死亡,20多万人伤残。因此,必须防污染于未然。

2. 环境受到污染后,要消除因污染受到的危害,往往需要较长的时间,有的甚至难以消除

如有些有机有毒化合物和重金属,化学稳定性极强,在自然界中很难被微生物所分解。再如有机氯农药滴滴涕,在自然条件下的半衰期长达几十年,在泥土中可以转化成更稳定的物质,其残效期和持久性更长,在相当长的时间内都难以消除其污染。

3. 自然环境和自然资源遭到破坏,导致生态失衡以后,要使生态环境恢复正常十分困难,有的甚至难以恢复

如在臭氧层受到破坏问题上,即使现在人类立即停止生产与使用破坏臭氧层的氟氯化碳类物质,臭氧层也要大约100年的时间才能恢复到原来的水平。再如由于滥砍滥伐,滥垦草原,破坏植被而引起的水土流失,土地沙化问题,要得到解决,需要很长时间,因为土壤的形成过程非常缓慢。土壤一旦流失或沙化,就很难恢复。

4. 环境污染对人体健康的危害极大,会导致一系列疾病的发生,而且这些疾病不易被发现,也不易治疗,甚至会被后代承继

如世界"八大公害"中的"富山事件",因炼锌场的废水污染,形成一种"骨痛病",1931年就出

现此病,几十人死亡。由于环境污染引起的疾病,一般是经过长期积累、潜伏形成的,因此,一旦疾病发生,就很难治愈。目前,人们已经发现有很多化学物质可以致癌、致畸、致突变,重金属等污染致害甚至会随母婴传播而危害下一代。

5. 从经济损益情况看,环境遭受污染和破坏后再去治理往往要付出高昂的代价,与污染和破坏环境时所获得的经济利益相比得不偿失

目前我国每年因环境损害造成的损失已近2 000亿元人民币,其中还不包括对人体健康等造成的损失。对遭到污染和破坏的环境进行治理,所需付出的代价是惊人的,而且还远远不能满足实际需要。随着我国国力的增强,这一笔费用还会继续增加。可见,对环境污染和破坏采取预防为主的措施,可以起到事半功倍的作用。

6. 环境问题具有难以预见性和不确定性

由于科学发展的局限性,人类对一些环境问题的认识往往需要一个很长的过程。在这个过程中,人类必须采取相应的措施,防止环境问题的发生和发展。若等到科学对环境问题作出全面解释后再采取措施,可能为时已晚。

(二)预防性的体现

由于上述原因,我国的《环境保护法》充分体现了预防为主的精神。《环境保护法》第11条规定"县级以上人民政府应当将环境保护工作纳入国民经济和社会发展规划",并规定国家和地方环境保护规划的编制、报批和实施制度,还要求"环境保护规划应当与全国主体功能区规划、土地利用总体规划和城乡规划等相衔接"。第15条规定:"编制有关开发利用规划,建设对环境有影响的项目,应当依法进行环境影响评价。未依法进行环境影响评价的建设项目,不得开工建设。"第29条规定:"国家鼓励和引导公民使用节能、节水、节材和有利于保护环境的产品及再生产品,减少废弃物的产生。"这类规定在新环境保护法中占很大比重,充分体现了预防为主的精神。要更好地贯彻预防为主的精神,当前必须采取以下措施。

(1)进一步建立和完善有关的环境保护制度,并切实加以执行,严格控制新的环境污染和破坏。这些制度包括环境影响评价制度、"三同时"制度等。预防为主原则,其核心是要做到防患于未然,严格控制新污染、新破坏的产生。要做到这一点,就必须严格执行环境影响评价、"三同时"等基本法律制度,加强对基本建设项目、技术改造项目和区域开发项目的管理,把环境问题解决在开发建设之前或开发建设之中,使新建、改建、扩建的项目尽可能少的出现新的环境问题。

(2)全面做好环境保护计划、规划和布局工作。要防止新的环境问题出现,就应当在总体上协调好环境与发展的关系,做到环境与发展并重,把环境保护纳入国民经济和社会发展计划之中,使环境保护工作在宏观上得到重视,有强大的社会、经济保障,为做好预防工作提供前提条件。同时,要做到预防为主,还要做好规划和布局工作,即在经济建设和社会发展中,对工业、农业、城市、乡村、生产和生活等各个方面作出统一考虑,把环境保护作为其中的重要组成部分进行统筹安排。不但要从经济学角度,还要从生态学角度进行规划和布局。这就要求我们在制定经济和社会发展规划、国土规划、区域规划、城市规划及生产和技术改造规划时,充分考虑到环境保护的要求,并采取相应的措施,防止环境问题的出现。

## 二、生态性

环境法具有很强的生态性,是法律生态化的集中体现。

(一)环境法不仅反映社会经济规律,还反映自然生态规律

现代环境问题既是社会经济问题,同时也是生态问题;现代环境保护工作是一项科学技术性很强的活动;旨在解决环境问题,为环境保护工作服务的环境法必须建立在科学理论和科学技术

的基础上。而这科学理论和科学技术,主要就是指生态科学理论和生态科学技术。环境法的目的和任务,是保障合理开发、利用、保护和改善环境,而自然界是按照自己所固有的客观规律发展的,不以人的意志为转移;因此,环境法必须遵循自然生态规律、必须依靠科学技术才能达到其目的。环境法的根本宗旨,是协调人与自然的关系。而人与自然的关系,有其特定的规律。环境法必须遵循人与自然相互作用的规律。

(二) 环境法的指导思想是可持续发展观

在传统的人类中心主义环境伦理观的影响下,环境立法的目的也是以人类为中心的,在立法上反映出"经济优先""人类优先"的思想。现代环境法建立在可持续发展伦理观的基础上,其立法目的体现出"生态安全""环境公平"的价值理念。1979年《欧洲保护野生生物和自然界的伯尔尼公约》、1992年的《生物多样性公约》、《世界自然宪章》、美国1973年的《濒危物种法案》、1992年《森林原则宣言》、1980年国际自然保护同盟提出的生物多样性公约草案等,都是这种新的价值理念在国际环境法和国内环境法立法目的上的体现。正如亚历山大·基斯在论及国际环境法的目的时指出的那样,保护整个生物圈的目的直接影响到法律的发展。首先,它超出了对经济有益的环境要素的保护,主张环境应在整体上受到保护,包括一切生命形式,而不考虑它们对人类的用处,主张承认人类对于保护整个生物圈的责任;其次,承认环境的各部分是相互依存的,如空气、土壤、水、植物和动物;再次,"环境公平"思想中理应包括三个方面的内容:一是今天活着的人之间在分配环境利益方面的公平;二是代际之间尤其是今天的人类与未来的人类之间的公平;三是物种之间公平,即人类与其他生物物种之间的公平。

### 三、社会性

(一) 环境法的本位是社会本位

法的本位,是指法的基本观念,或基本目的,或基本作用。环境法的本位是社会本位。

1. 体现社会整体利益

一国的社会利益结构可以分解为个人利益、国家利益、团体利益和社会整体利益。环境法体现了社会整体利益:环境法的最终目的就是要保护人类的环境利益,维护生态平衡。

2. 实现社会安全

环境法保护生态安全,生态安全是社会安全的基础,若无生态安全,则会使一个社会的安全结构充满了生态的不确定,最终导致社会安全的瓦解。

3. 实现环境领域的社会公平

社会公平的现代概念是指:每个社会成员,仅仅因为他是社会成员之一,就有权不仅享有其他成员所提供的个人生活所需,而且有权享受每一个都想得到而实际上却是对人类福利有益的一切好处和机会。环境法旨在环保领域实现社会公平:通过可持续发展的法律和政策,实现代内公平和代际公平;通过调整人与自然的关系,实现自然公平;通过环保产业促进法,促进生态失衡地区结构合理化,促进新兴环保产业的发展;通过合作社法,促进社会成员走经济与生态的可持续发展之路。

4. 实现社会合作

环境法在环保领域架接了社会合作的桥梁:通过环保团体,促进环保主义者之间,环保主义者和厂商之间的合作;通过将公司视为团体,促进股东与环保主义者之间的合作;通过合作社,促进合作社成员之间的环保合作;通过公众参与,促进环境政策的民主化,实现社会合作。

(二) 环境法构建的是社会调节机制

社会调节机制,是指国家以社会管理者的身份或社团、非政府组织以社会公信力为媒介,完成的社会生活交往模式,它是为了克服诸多社会问题来实现人的全面尊严和社会安全,它是建立在社会资本的基础之上的。社会调节机制主要包括了社会公共干预措施、社会保障措施、社会交涉措施、社会自治措施等。

环境法主要是从环保领域来完成社会调节机制的规则构筑:环境法通过强化社会资本,克服病态社会资本,建立社会生活中的"中小企业与大企业""环保主义者与经营者""合作社与公司""调控主体与被控主体""环保主义者与消费者"之间良性的、互动的"合作—扩展"秩序,来达到社会和谐发展的目的;环境法不仅运用奖励措施——政府奖励、社团奖励与资助,促进技术进步与环保产业的发展,而且建立社会评价机制;环境法要求国家在制定经济、环境政策时,不仅要有专家委员会的意见,还要有听证会,听取社团、公众代表的意见。

(三) 环境法的法律关系具有社会公共性

在环保领域,两个主体之间的社会关系并不是单一的,而是多向的:在社会基准调整下形成基本的环保关系;在作为环保团体成员中,形成由团体契约调整的环保关系;在个人契约中,又形成作为生态人与其他主义者的环保关系。因此,我们可以说,环境法的法律关系,是由环境法调整的"社会的""公共型"的社会关系而形成的权利义务关系。这种法律关系具有以下特点:在社会基准的作用下,其权利与义务往往是合一的;在团体契约作用下,其权利与义务具有对称性;在个人契约作用下,弱者权利多义务少,强者权利少义务多。

(四) 环境法的调整的基本手段是公共干预与公众参与

1. 社会公共干预

社会公共干预是指国家以社会管理者的身份或由社团对社会生活进行调控、调节、管制的措施和手段。社会公共干预的主要意义在于构成一个"国家(政府)—社团—个人"的等差有序的社会调节的权力结构,政府可以以社会管理者的身份制约社团的不正当的利己倾向,而社团可以以自身的名义或其成员的名义制约政府,防止政府滥用行政权力,构成合理的有机"社会治理结构":构成"调控—管制"、"禁止—劝告"、"惩罚—奖励"、"抑制—扶植"的"硬—软"权力谱系,以最大限度的整合社会资源,实现社会和谐发展;有利于社团的壮大与成熟,在最大限度上克服由于政府权力更迭对经济、社会、文化、生态发展造成的震荡。

2. 公众参与

公众参与是指公众通过结社等方式,参与社会生活,影响和引导社会发展。其主要意义在于将体制外的"民众自力救济"转化为体制下的权利诉求,以避免大规模的群体性事件造成体制动荡;通过体制内的最大限度参与,可以实现社会民主,增强社会资本,以促进国家政治民主在高水平的层面上实现;通过公众参与,可以保障公众的私权、社会权以及公民权;可以避免政府失灵——官僚主义、寻租现象等;也可以避免市场失灵。

在环保领域,环境法正是实践了上述两原则,进而形成有别于民商法与行政法的基本法律制度:利用环境政策的调节功能,协调经济与生态、社会的发展;通过环保组织保障环境利益;利用环保产业政策,鼓励与扶植环保产业的发展,抑制甚至禁止污染产业的发展,扶植和鼓励各地区的生态平衡;将环保运动纳入体制内,强化社会生活的公众参与机制。

(五) 环境法的法律责任是社会责任

法律的社会责任,主要从以下几个方面来强调:随着法律社会化的进程,出现公法私法相融合的趋势,出现了在现代立法过程中,某一具体法律,采用民法责任、行政责任、刑事责任并用的法律责任设置结构;出现了一些重要的法律责任制度,如"两罚制""惩罚性赔偿责任"既不能归入公法也不能归入私法;过错责任的归责原则,让位于无过错责任原则;单一的救济方式演变成多种救济方式以及综合的救济方式的出现。

在环保领域,环境法的法律责任亦为社会责任。

1. 惩罚性赔偿责任

所谓惩罚,应该是公权所为;而所谓赔偿,乃填补损失,系私法所为。惩罚性赔偿则有机地融入了公法、私法的因素,演变成一种社会责任。在工业发达国家,惩罚性赔偿责任制度运用较广。在我国,环境法中运用较广的是所谓的"中国特色的惩罚性赔偿",即行政处罚加民事赔偿。

2. 强制性的环保责任保险制度

在社会化大生产的情况下,如将环保责任一味交由生产厂商承担,环保主义者和环境受害者的权益难以得到足够的经济支持。因此,必须建立一种合理的社会承担机制——建立强制的环保责任保险制度,利用商业保险体制来分散风险;建立社会、社区环保赔偿基金会,对受害者先行支付补偿费用,再由基金会对厂商行使追索权。当厂商面临破产有无法支付之虞时,则由社区产品赔偿基金会支付必要的赔偿金。对行政机关不当决策造成的损失,先行弥补,然后取得代位求偿权,利用团体诉讼机制向国家索赔。这种赔偿基金会经费来源于社会公众的捐助;所在地公司、企业一定比例的费用支持;国家财政补贴等。

## 第四节 环境法律规范的分类与特性

### 一、环境法律规范的分类

环境法作为综合性的法律部门,是由多种法律规范所组成的既有综合性又相对独立的法律系统。环境法中不仅有专门的环境法律规范,而且有宪法、行政法、民法、刑法、诉讼法律规范。这些法律规范对于传统法规都有所突破,形成了具有双重属性的法律规范形式,即既带有传统法律部门法律规范的属性,又有环境法律规范的特征。从另一个角度说,不仅专门的环境法律法规中存在民事、刑事以及行政等多种性质的法律规范,各传统法律部门的立法中也都有环境法律规范。为正确地理解环境法律关系和环境法律法规,必须对环境法中的各种法律规范有比较清楚的了解。对于环境法律规范,按不同标准可以进行不同的分类。

(一) 形式上的分类

按照环境法律规范的表现形式,可将其分为宪法规范、行政法规范、民法规范、刑法规范、诉讼法规范、技术规范。

(1) 宪法规范。包括《宪法》和宪法相关法中的环境法规范。宪法是规定国家制度和社会制度的基本原则、公民的基本权利和义务、国家机关的组织与活动原则的根本大法,在中国特色社会主义法律体系中居于统帅地位。[①] 任何法律都必须以宪法为依据,环境法也是如此。环境法中的宪法规范一般是规定国家在环境保护方面所负的职责,国家应采取的保护自然环境、防治污染和其他公害的基本对策、环境立法权限划分以及公民在环境保护方面的权利和义务等。这些规范作为宪法原则,是制定其他环境法律法规的宪法依据。

(2) 行政法规范。行政法是关于行政权的授予、行政权的行使以及对行政权的监督的法律规范,调整的是行政机关与行政管理相对人之间因行政管理活动发生的关系,既保障行政机关依法行使职权,又注重保障公民、法人和其他组织的权利。在环境法中占有很大的比重。因为国家

---

① 中华人民共和国国务院新闻办公室:《中国特色社会主义法律体系》(白皮书),2011 年 10 月。下文有关部门法的界定都参照该"白皮书"。

承担的环境管理职责必须具体通过代表国家的职能部门或行政机关才能实现。完善健全的环境行政法规范是调整国家环境管理关系的基础,是环境保护得以有效进行的法律保障。

(3) 民法规范。民法是调整平等主体的公民之间、法人之间、公民和法人之间的财产关系和人身关系的法律规范,遵循民事主体地位平等、意思自治、公平、诚实信用等基本原则。人们在开发利用和保护改善环境的活动中,经常涉及民事权利和义务。但传统民法理论与实践如无主物先占权、绝对所有权、无过错责任原则等等在适用环境保护时出现了很大的缺陷,甚至根本不利于环境保护。为此,必须在环境保护方面确定特殊的民法规范,如限制传统民法上所有权,对其权能进行控制,采取特殊的归责原则等等。实践证明,没有传统民法的发展就没有环境保护法。

(4) 刑法规范。刑法作为规定犯罪和刑罚的法律规范,在环境法中也得到了运用。一般是根据环境保护的需要制定专门环境刑事条款,有一些国家将分散在各环境法规中的刑事条款汇集起来,编纂了关于"危害环境罪"或"公害罪"的专门法。危害环境罪是原刑法中所没有的罪名,它也是根据环境保护的需要确定的。危害环境罪具有特定的犯罪构成,其主体、主观要件和客观要件都与传统刑法有较大不同,刑罚和量刑标准也有特点。环境刑事法律规范是环境法律规范中不可缺少的重要组成部分。

(5) 诉讼与非诉讼程序法规范。诉讼与非诉讼程序法是规范解决社会纠纷的诉讼活动与非诉讼活动的法律规范。环境社会关系复杂多样,环境纠纷的解决需要多样的诉讼与非诉讼程序法规范。这些环境法规范也具有自己的特点,主要有诉权的扩大、诉讼对象的范围广泛、举证责任的倒置、因果关系推定和诉讼时效延长等。《民事诉讼法》(2012 年)以及《环境保护法》(2014年)都规定了环境公益诉讼,最高人民法院《关于审理环境民事公益诉讼案件适用法律若干问题的解释》(2015 年)、《关于适用〈中华人民共和国民事诉讼法〉的解释》(2015 年)等司法解释为环境公益诉讼提供了更详细的法律规范。

(6) 技术规范。为控制污染、保护环境,环境法往往对开发利用和保护环境所采用的设备、设施、工艺、操作规程等技术要求作出规定。各种标准、规则和规程构成了环境法中的技术规范。这些技术规范是经过国家制定和认可的法律规范,具有国家强制性和普遍约束力。应该承认,技术规范在环境法中占有相当大的比重。

(二) 性质上的分类

根据环境法律规范中权利义务产生的原因,可以将其分为强行性规范与任意性规范。

(1) 强行性规范又称命令性规范,是指那种由法律明确规定权利义务,当事人必须履行,不允许法律关系的参加者相互协议或任何一方加以变更或违反的法律规范,它一般表现为义务性规范和禁止性规范两种形式。在环境法律规范中,存在大量的强行性规范是由环境保护的社会公益性所决定的。环境保护虽然有利于全社会,但它却不是私人经济决策和行动的目标,并且常常会与私人利益或追求利益最大化的目的直接发生冲突。因此不可能由私人主动作出这样的决策。但是,环境保护又必须借助于私人的经济决策和行动来实现,否则,环境保护是一句空话。所以,环境法必须运用强行性规范,明确当事人的权利与义务,限制、禁止其危害环境的行为。

(2) 任意性规范是指那种在法律范围内允许法律关系参加者自己确定相互权利义务的具体内容的法律规范。在这类规范中,当事人在法律规定的范围内享有一定的选择权。环境法中的任意性规范主要表现为大量的提倡性、激励性规范以及对平等主体一定自由的赋予。环境法作为国家运用公法手段调整公法领域和私法领域关系的社会法,它一方面要保护国家管理的权威性,另一方面也要注重运用客观规律。尤其是环境保护要求做到以预防为主,采取事先的行动而避免破坏性后果的产生,这就更需要借助于市场主体的事前决策和主动的行动。因此,环境法在采用强行性规范限制、禁止当事人危害环境的行为的同时,还要采用大量的任意性规范,通过给予私人以一定的自主决定权,引导、扶助和激励私人进行有利于环境保护的经济活动。

将环境法律规范区分为强行性规范和任意性规范是有益的。环境保护规划、环境保护政策需要贯彻预防为主原则,它们的有效实施在很大程度上依靠社会的接受程度,采取强行性规范和任意性规范相结合的形式有利于环境保护目标的实现。实践中,各国环境法也的确采用了广泛赋予公民和社会团体环境保护权,积极引导、刺激和扶助私人进行环境保护的法律措施。而在我国,过去对提倡性规范的运用注重不够,属于亟待加强的领域。

## 二、环境法的综合调控体制

环境法体现环境保护活动中的国家意志,是一国法律体系的有机组成部分,它必然具有法律规范所具有的共同属性。然而,由于环境保护的广泛性和环境管理的多元性,环境法所调整的对象和方法又同其他法律部门有着明显的区别,因此,它在表现和实现国家意志的方式方法上有自己鲜明的特性,环境法对于环境社会关系的调整采取了综合调控体制。

环境法对环境社会关系的调整,是指统治阶级通过运用法律形式影响人类—环境系统的活动过程,从而达到建立、维护和发展有利于统治阶级的环境秩序的目的。然而,在一定的社会制度中,采取怎样的法律形式对环境社会关系进行调整,并不取决于统治阶级的"自由意志",而是由环境社会关系的客观需要所决定的。环境法作为调整环境社会关系的法律,在整个国家法律制度中的地位和作用,也是由它所调整的环境社会关系在社会经济生活中的作用所决定的。环境社会关系与社会生产和生活的密切联系性决定了环境法的内在本质是环境保护与国家行政权力的结合。

人类在生存发展过程中不断与环境发生作用,各种自发形成的环境管理早已存在。随着国家的产生,奴隶制度下即开始出现了国家干预环境的法律形式。随着生产力的迅速发展和科学技术的进步,一方面环境问题逐渐发展成为威胁人类自身生存和发展的大问题,国家不得不加强对环境保护的干预,承担起保护环境的职责;另一方面环境问题发展到一定程度又将引起经济和社会的不稳定,国家不会任其发展,必然主动积极地对环境进行干预。实践证明,环境问题及其与能源、粮食、人口等问题的综合作用所造成的对人类生存和发展的感悟,要求必须人类彻底改变观念,从全面协调人类—环境关系的角度对环境问题进行宏观调控。而能够担当起这一重任的只有国家也只可能是国家。国家实现其管理职能的基本方式就是建立代表国家的相应职能机构,赋予其权力,以对全社会实施环境管理。于是,在现代法治国家,国家干预环境的法律必然得到迅速发展,并且在社会生活中发挥重要的作用。所以,可以认为环境法就是国家干预环境保护的法律规范的总称。

然而,环境社会关系又具有广泛性、复杂性和综合性,国家行政权力的干预是环境保护主要的也是最重要的手段,但仅仅依靠这种单一的手段是不够的。环境保护涉及各行各业、方方面面,是千百万人的事业。国家的行政管理虽以其直接强制性和简便性为特征,但它却容易置管理相对人于对立和被动的地位,不利于调动和发挥相对人的积极性,失之于僵硬和机械;况且,环境社会关系中也还存在着与行政关系相互独立的民事关系及其他管理关系。因此,对环境社会关系的法律调整不可能也不应该是单一的,除了行政法律手段以外还必须有其他法律手段。环境法实际上采取的是一种综合运用法律部门的手段和对环境实行综合调控的体制。

第一,综合调控体制就是要综合运用各个法律部门的手段,对环境社会关系实行综合调整。由于环境问题的客观性、多层次性和与多种性质的经济关系的密切联系性,使得环境社会关系具有不同的性质,不可能由某一法律部门进行全部调整,必须针对不同性质的环境社会关系,运用不同的法律部门的调整手段,实现对环境社会关系的调整。

第二,在对环境社会关系实行综合法律调整的过程中,各个法律部门是互相配合、互相联系和互相作用的。而这种互相配合和影响是以各个法律部门保持各自的特殊功能和属性为前提的,并不因为它们对于环境社会关系的调整而失去其原有的性质。所以,在环境法中,存在着多种法律规范,如宪法规范、民法规范、刑法规范、行政法规范、诉讼法规范等,由于这些法律规范既保持了其原法律部门的属性又因与环境问题的联系产生了一些新特点,所以,我们将其称之为环境民法规范、环境刑法规范、环境行政法规范、环境诉讼法规范等。

第三,对于环境社会关系实行综合法律调整,主要依靠行政法。环境行政法是调整环境社会关系的主要法律规范,除此以外的民法、刑法、行政法、经济法、劳动法、科技法等也对环境保护发挥着调整作用。

各个法律部门手段的综合调整,比它们在孤立状态下的单独调整作用更大。在综合调整中,各法律部门规范不仅对它所调整的环境社会关系产生直接的作用,同时对其他法律部门规范所调整的环境社会关系能够产生间接作用。从总体上看,综合调整还有利于清除各法律规范之间不协调甚至矛盾的现象,产生法律调整的整体效应。

值得指出的是,环境法的综合调控体制是指法律部门相互影响和相互作用的制度,是以环境保护法为龙头的各相关法律部门相互协调和配合的法律制度,从理论上将直接调整环境社会关系的法律规范单独划为一类,称之为环境法,并形成专门的环境法体系是必要的。环境法学的重要任务就是研究环境法律规范与其他法律部门规范的区别,探讨其内在规律。因而,环境法采取综合调控体制并不能阻碍其成为独立的法律部门,恰恰是环境法所建立的沟通与协调机制的体现。

### 三、环境法的综合决策机制

（一）综合决策机制的提出

1992年,我国参加了联合国环境与发展大会,签署了《21世纪议程》。为落实联合国环境与发展大会的要求,中国政府制定了《环境与发展十大对策》。1994年3月25日,国务院通过了《中国21世纪议程——中国21世纪人口、环境与发展白皮书》,强调要建立有利于可持续发展的综合决策机制。这是世界上最早的国家环境与发展综合决策的文件之一,它把中国的经济、社会、资源与环境结合为一体,构成了一系列综合性的、长期的、渐进的可持续发展战略框架。它明确提出,要逐步促进可持续发展的协调管理机制的形成,"在决策过程中实现经济、社会、资源和环境因素的综合决策:各级政府部门在重大决策和设立有关重要项目时,要同时进行可持续发展影响的评价和审查是否符合区域开发整治规划的要求;提高行政和决策方面的透明度,通过建立非政府性的咨询机构以及大众信息网等,使有关社会团体、公众有效地参与决策过程;有系统地监测和评估发展进程,以便各级政府与各部门评估可持续发展的成效;通过政策协调,提高资源分配方面合理性。"

2003年初,国务院发布实施《中国21世纪初可持续发展行动纲要》(以下简称《纲要》)。该《纲要》也明确提出了"运用行政手段,提高可持续发展的综合决策水平"的要求。此后,国务院和环境保护部的一系列文件中都提出了建立综合决策机制的要求[①]。十八届三中全会通过的《中共中央关于全面深化改革若干重大问题的决定》(以下简称《决定》)对生态文明建设进行了制度安排,推进将生态文明建设融入经济建设、政治建设、文化建设、社会建设的全过程。2013年11月,中共中央成立"全面深化改革领导小组",下设"经济体制和生态文明体制改革专项小组",该专项

---

① 如《关于环境保护若干问题的决定》、原国家环保总局制定的《全国环境保护工作(1998—2002)纲要》、国务院发布的《全国生态环境保护纲要》、《国家环境保护"十五"计划》、《关于落实科学发展观加强环境保护的决定》等都强调要建立环境与发展综合决策机制。

小组的名称与工作范围都直接将环境与发展问题相提并论,是对建立综合决策的最好诠释。

(二)环境与发展综合决策法律机制的内涵

环境与发展综合决策,"是人口、资源、环境与经济协调、持续发展这一基本原则在决策层次上的具体化和制度化。通过对各级政府和有关部门及其领导的决策内容、程序和方式提出具有法律约束力的明确要求,可以确保在决策的'源头'(即拟订阶段)将环境保护的各项要求纳入有关的发展政策、规划和计划中去,实现发展与环保的一体化。"①

综合决策思想形成并得到迅速发展,是因为人们在反思产生环境问题的原因时,发现了非综合决策的种种弊端。正如世界环境与发展委员会在1987年发表的《我们共同的未来》所批评的:"负责管理和保护环境的机构与负责经济的机构在组织上是分开的。……政府未能使那些政策行动损害环境的机构有责任保证其政策能防止环境遭受破坏。"②这种机构职能上的分隔造成了从根本上消除环境问题的困难,其结果就是环境危机不断加重并可能发生总爆发。所以,这种机构上(或制度上)的缺陷是环境退化的根本性原因。为此,"预测和防止环境破坏的能力,要求在制定政策时,既考虑经济、贸易、能源、农业和其他方面,同时也考虑生态方面。"③《我们共同的未来》针对环境与发展决策过程分隔现象,提出了建立环境与发展综合决策的主张,包括改革有关政策、建立新的决策机制、完善相关法律制度,确保在决策层次实现环境与发展的统筹考虑等。④

环境与发展综合决策作为基于生态环境对于人类发展的多重利益所产生的一种协调利益、平衡关系的方法,通过建立经济发展与环境保护的双向互动分析,实现经济、环境、社会三个子系统和谐发展。⑤

综合决策可以将科学发展观法律化、制度化和具体化,通过对各级政府和有关部门的决策内容、程序和方式提出具有约束力的明确要求,确保在决策的"源头"(即拟订阶段)将生态文明建设的各项要求纳入有关的发展政策、规划和计划中去,为贯彻执行阶段打下坚实的基础。

综合决策要求环保部门与经济管理部门在制定、执行有关决策时进行广泛的合作,并采取协调一致的行动。在贯彻执行有关的政策与计划时,通过各部门间的相互协调、积极配合,严格执行法律法规,以有效防止各部门之间"争权夺利、推诿责任",堵塞执法漏洞,避免出现"有权的无力管、该管的没有权"的异常现象。

综合决策高度重视公众参与的作用。公众可以通过综合决策平台,及时了解掌握环境质量状况,预防和对付有损于自己和他人环境利益的各种环境违法政策;公众参与还能使政府的决策反映实际情况并符合民心民意,加强公众与执法部门之间的了解与支持,减少消除相互之间的摩擦与冲突。既有利于公众环境意识的提高,也有利于法律的普及与教育,从而保证法律得到较好的遵守与执行。

综合决策要求有一个完备的决策监督体制与之相适应,将各部门及其领导的决策行为置于法律的监督之下,以有效防止他们滥用职权、超越职权,或躲避法律、逃避责任,并在决策者违反法律或构成犯罪时依法及时追究其相应的法律责任,借以敦促各级政府与相关部门依法行政,增强环境法的权威性,维护法律的统一与尊严。⑥

---

① 王曦:《建立环境与发展综合决策机制实施可持续发展战略》,《经济界》2003年第5期。
② 世界环境与发展委员会《我们共同的未来》,王之佳等译,吉林人民出版社1997年版,第11页。
③ 同上书,第17页。
④ 夏光等著:《环境与发展综合决策:理论与机制研究》,中国环境科学出版社2000年版,第13页以下。
⑤ 吕忠梅:《环境与发展综合决策的法律思考》,《甘肃社会科学》2006年第6期。
⑥ 王曦、秦天宝:《中国环境法的实效分析:从决策机制的角度考察》,《环境保护》2000年第8期。

(三) 环境与发展综合决策的利益关系调整

1. 法律公平观下的利益关系调整

环境与发展综合决策的法律机制就是以法律制度分配和确定主体有关环境保护和经济发展的权利(力)义务、协调和平衡环境与发展之间关系、公平保护各主体的环境利益和经济利益的过程和方式。这对于立法者而言,是以公平为价值取向,在确定法律关系的判断标准与调整原则的基础上,构建相关制度的过程。

(1) 环境利益与经济利益。环境与发展综合决策就是要在决策过程中协调环境与发展的关系、兼顾环境利益和经济利益,但是如何"兼顾"值得考量。按照法律的公平原则,经济发展应当建立在资源的永续利用和良好的环境质量之基础上。因此,环境利益与经济利益的平衡应当遵循三原则:一是优先保证基本的生存权利和健康权利;二是维持资源再生能力;三是对不可再生资源应当节约利用。在这种理念下,民商事法、经济法、行政法以及环境法必须在立法原则、主要制度上进行统筹考虑,建立沟通协调机制。

(2) 环境平等与经济平等。将环境保护与经济发展综合考虑,公平的状态应当是:经济发展的受益者应当承担更多的环境保护义务,因为现代经济的发展在很大程度上是以开发环境资源为代价的。法律应当承认利用环境资源的平等权利,但由于自然禀赋的不同,不同地区经济发展的环境成本不同,必须要通过建立环境资源所有权与使用权制度、用途管制制度、规划制度、税收制度、生态补偿制度、资源有偿使用制度、环境容量使用权交易制度、责任保险制度等在实现效益最大化的同时保障实质上的平等。

(3) 自由与管制。在对环境资源自主性利用的意义上,环境利用的自由与经济发展的自由具有同一性。但是,两者的关系并非那么简单。现代经济发展强调对自由的保护,而环境保护更强调管制,环境管制又是为了保护人们在适宜环境中生活的自由。环境保护与经济发展都需要一定程度的管制,但这种管制应当以保护自由为目的而不是以限制自由为目的。换言之,为了自由的管制才是公平的,必须明确政府权力与市场权利的关系,界定政府、企业、个人的行为规则,既鼓励企业追求利润,又规定企业的社会责任;既要求政府加强对企业的监管,又要求政府为公众提供良好的环境保护公共服务。

(4) 私人利益与公共利益。环境保护和经济发展都涉及私人利益和公共利益的协调,但经济利益更多地表现为私人利益,而环境利益更多地表现为公共利益。当二者产生冲突时,公平原则要求使公共利益应当得到优先保护,但有两个限制:一是应对私人为公共利益而遭受的合法利益损失进行补偿;二是应将公共利益限定在有关社会公众整体利益的范围内。这就需要运用公共利益优先理念确立限制私人利益范围、程度以及程序的制度,并确立合法利益补偿制度等,以保证利益调整目标的实现。

(5) 环境安全与经济安全。这里的环境安全与经济安全是宏观意义上的,都是法律要绝对加以保护的价值。环境危机固然可能导致人类的重大损失甚至毁灭,经济危机也同样是不可接受的,因此,不能一味发展经济而危及环境安全,也不能绝对保护环境而导致经济衰退,必须建立环境安全与经济安全的共同"底线"。这就需要通过确立生态红线制度、规划制度、循环经济制度、清洁生产制度、环境质量标准制度等,在环境安全与经济安全之间建立平衡协调机制。

2. 建立在环境与发展中求生存的权利顺位

法律的核心要素是权利,法律机制运作的主线是权利的运行。因此,建立环境与发展综合决策的法律机制,必须将发展和环境等问题转换为权利问题,进而按照法律公平的标准,划定权利边界,确立权利保护原则与制度。

生存权是人性在法律上最为真实和基本的反映,是人权体系中最低限度的权利、首要权利。

生存权的主体包括集体和个人,个人生存权是生存权的核心和关键,具体体现为生命健康权和基本生活保障权,两者都是人安身立命之最为基础之前提①。发展权作为一项人权,是生存权的当然延伸,是指人的个体与人的集体参与、促进并享受其相互之间在不同时空限度内得以协调、均衡、持续地发展的一项基本人权②,是发展机会均等和发展利益共享的权利③。环境权是指公民享有的在不被污染和破坏的环境中生存及利用环境资源的权利④。它包括环境资源利用权、环境状况知情权、环境事务参与权和环境侵害请求权⑤,环境权既是个人权利也是集体权利,涵盖实体性权利与程序性权利两大范畴⑥。

生存权、发展权和环境权都基于人的生理属性与社会属性而产生,具有一定的同质性;又因为它们保护利益的不同而具有差异性。然而,三者在保护方法与实现手段上存在共通性。生存权、发展权和环境权的人权属性决定了对之必须进行多元化的保护。因此,要实现环境与发展综合决策,必须以公平为标准,明晰权利顺序。在某种程度上,生存权、发展权和环境权表征了人的不同需求层次,生存权是第一阶段的需求、发展权是第二阶段的需求、环境权是第三阶段的需求。但三个阶段的区分并非绝对,因为从总体上看,环境与发展最终是统一的,生存权、发展权和环境权相辅相成、互为因果。

生命价值至高无上,是环境与发展的起点和最终归宿,也是法律所追求的最高价值。人的生存包括自然意义和社会意义两个方面,完整的人是自然属性和社会属性的统一体,人的本性则在于自然属性和社会属性的共生与和谐。自然属性的生存主要依托环境,社会属性的生存主要依赖社会。因此,完整意义上的生存必须植根于环境与发展,只有协调好环境与发展的关系,使两者都能得到稳步之提升,才能求得真正的高质量生存。基于此,应明确三种权利之间的顺位。

(1) 生存权优先。对生存权、发展权和环境权的综合考量,应以在环境与发展中求生存为其目标。在这个体系中,生存权居于核心,是目的性价值;环境权与发展权则围绕生存权而生、而为,属工具性价值。⑦ 换言之,生存权优先于发展权和环境权,生存权是发展权和环境权的出发点及最终归宿。一方面,生存权指引着发展权和环境权的运行,是发展权和环境权运行的目的;另一方面,生存权的保障与实现,需要发展权和环境权的实际运行与充分张扬。生存权优先,当然意味着当发展权、环境权与生存权发生冲突时,生存权不可牺牲,且生存权绝对正当。

(2) 环境权与发展权衡平。环境权追求生态自然的和谐,发展权则主张发展机会均等和发展利益共享,两者都是为了人类更好地生存,只不过在服务于人类更高意义上的生存目的时,有所侧重。环境权与发展权的物质基础和根植点都在于环境资源,但分别立足于环境资源的不同属性。在经济社会运行过程中,过分强调发展权,将可能引发环境资源过度消耗、环境质量加速恶化、生物多样性过快消失,导致环境资源耗竭和生态系统崩溃,使发展权实现的物质基础丧失。反之,过分强调环境权,又可能因发展不充分而带来停滞,加剧贫困,贫困既限制对现有的污染治理和生态保护的投入,又可能加剧对环境资源的过度开采和开发,最终危及环境权实现的基础。⑧

---

① 李锐泽:《国际人权法论》,载《人权论集》,首都师范人学出版社 1992 年版,第 318 页。
② 汪习根:《发展权法理探析》,《法学研究》1999 年第 4 期。
③ 汪习根:《发展权含义的法哲学分析》,《现代法学》2002 年第 6 期。
④ 吕忠梅:《论公民环境权》,《法学研究》1995 年第 6 期。
⑤ 吕忠梅:《沟通与协调之途——论公民环境权的民法保护》,中国人民大学出版社 2005 年版,第 44 页以下。
⑥ 吕忠梅:《再论公民环境权》,《法学研究》2000 年第 5 期。
⑦ 吕忠梅、陈虹:《论经济法的工具性价值与目的性价值》,《法商研究》2000 年第 6 期。
⑧ 李挚萍:《经济法的生态化——经济与环境协调发展的法律机制探讨》,法律出版社 2003 年月第 1 版,第 115 页以下。

因此,必须在环境权与发展权之间建立衡平机制,不能顾此失彼。①

中国要将生态文明建设与其他四个文明建设同步推进,必然要建立与之相适应的法治系统,这个系统必须体现生态文明和生态伦理的价值诉求,对工业文明时期的法律进行生态化改革。在这种新的法治体系中,环境问题不仅仅是技术问题,法治问题也不单纯是一个部门法的问题,而是需要所有法律的共同参与。②

(四)建立环境与发展综合决策的环境法机制

实现综合决策必须形成统一的决策原则、制度,采取相应的保障措施,建立适合综合决策需要的良性机制。这种机制必须通过对各级政府和有关部门及其领导的决策内容、程序和方式提出具有法律约束力的明确要求,确保在决策的"源头"(即拟订阶段)将环境保护的各项要求纳入有关的发展政策、规划和计划中去,实现发展与环境的一体化。这种顺畅的决策机制至少必须包括如下方面。

一是政府权力合理配置机制。政府权力的配置必须将经济、社会和资源环境结合在一起,综合考虑。正如世界环境委员会所指出的:可持续性要求对决策的影响承担更广泛的责任。作出这些决策的人应对其决策对他们国家的环境资源产生的影响承担责任。他们必须把重点放在环境破坏的根源而不是症状上。预测和防止环境破坏的能力,要求对政策的生态方面同经济、贸易、能源、农业和其他方面同时加以考虑。在这个决策机制中,应该有中央与地方的权力纵向配置与政府各职能部门之间的权力横向配置原则、制度以及相应的保障措施;有权力监督与违法行使或不当行使权力的救济原则、制度与保障措施。

二是公众参与机制。综合决策的前提是各种利益诉求的充分表达,这就需要建立必要的利益诉求表达的公众参与机制,使政府决策者能够在充分听取各方面意见的基础上,进行综合判断与选择。在公众参与机制中应该有政府信息公开与公民知情权保障的原则、制度以及措施;有公众利益救济的原则、制度与保障措施。

三是利益综合平衡机制。在环境与发展综合决策的系统中,经济、环境、社会三个子系统既有和谐的一面,又有冲突的一面。冲突主要来自人类的经济活动对环境和社会的不良影响。必须建立利益综合平衡机制,应该包括不同利益选择与选择的原则、制度与保障措施,不同利益主体的利益补偿原则、制度与保障措施;利益主体的利益侵害救济原则、制度与保障措施。

综合决策在我国还缺乏法律制度的保障,环境与发展综合决策机制并没有真正建立。2014年修订的《环境保护法》充分体现了十八大、十八届三中全会决定的精神,在建立环境与发展综合决策的法律机制方面,有了实质性进展。

首先,确立了经济建设与环境保护相协调的原则。新修订的《环境保护法》将原《环境保护法》有的"使环境保护与经济建设相协调"修改为"使经济建设与环境保护相协调"原则,并明确了环境保护坚持保护优先、预防为主、综合治理、公众参与、损害担责的原则。而且为贯彻实施这些原则规定了具体的制度,包括环境规划制度、专家参与决策程序、环境影响评价制度、政府责任制度。其次,明确了统一监管,包括区域统一管理制度、区际合作制度、环境标准制度、量控制制度、生态保护制度等。再次,规定了决策实施机制,包括生态补偿制度、全过程控制制度、清洁生产和循环利用制度、环境监测制度。另外,规定了责任追究机制,包括管理者责任制度和企业和生产经营者的责任。

---

① 李挚萍:《经济法的生态化——经济与环境协调发展的法律机制探讨》,法律出版社2003年月第1版,第116页以下。

② 吕忠梅:《建设美丽中国的法治路线图》,《中国社会科学》2013年第5期。

总体上看,新修订的《环境保护法》初步建立了环境与发展的综合决策法律机制,为实现"五位一体"战略,建设"美丽中国"进行了积极的努力,但离建立完善的综合决策法律机制还有很大距离。一方面,综合决策的理念需要贯彻到所有现行立法中,既有立法任务繁重的现实困难,更有传统部门立法理念的窠臼难以脱离;另一方面,新法在1989年《环境保护法》基础上修改而成,既有不可能将旧制度完全摒弃的客观实际,也有生态文明法治理念并未完全建立的潜在阻力。这也意味着,建立环境与发展综合决策法律机制的理论与实践任重道远,还需要经过艰苦的努力,才能臻于完善。

(五)建立环境与发展综合决策机制的配套性保障措施

除了新修订的《环境保护法》在建立环境与发展综合决策机制有了实质性进展外,我国在环境法治的其他方面还探索了建立环境与发展综合决策机制的配套性保障措施,包括:环境保护领域的大部制改革、党政同责与生态环境损害终身追责、生态环境审计等。

1. 环境保护领域的大部制改革

所谓"大部制",就是在政府的部门设置中,将那些职能相近、业务范围趋同的事项相对集中,由一个部门统一管理,最大限度地避免政府职能交叉、政出多门、多头管理,降低行政成本。2008年,根据《国务院关于机构设置的通知》(国发[2008]11号),设立环境保护部,作为国务院正部级组成部门。环保部仍负责拟订并实施环境保护规划、政策和标准,组织编制环境功能区划,监督管理环境污染防治,协调解决重大环境保护问题,还有环境政策的制订和落实、法律的监督与执行、跨行政地区环境事务协调等任务。中央环保主管部门由"局"升"部"的变动,使国家环保职能在规划、政策、执法、重大环境问题解决上的综合协调能力的增强,有利于在讨论国家经济社会发展的重大决策时随时提供意见,将环境保护真正纳入国家宏观决策,进而有利于实现环境与发展的综合决策。

2. 党政同责与生态环境损害终身追责

党和政府在国家经济社会发展过程中起着主导性作用,同样对于生态环境质量的好坏也负有重要责任。以往由于对地方各级党委领导成员在生态环境保护方面的责任没有规定,地方党委、政府主要领导成员往往难以追责到位,容易出现"权责不对等"的现象。2015年8月9日起,由中共中央办公厅、国务院办公厅印发的《党政领导干部生态环境损害责任追究办法(试行)》(以下简称《办法》)正式施行。《办法》首次将地方党政"一把手"作为同责的追责对象。作为针对党政领导干部开展生态环境损害追责的制度性安排,《办法》是用制度治党、严格规范党政领导干部决策权力的长效机制,是环境与发展综合决策机制的根本性、保障性措施。

《办法》共19条,涉及制定依据、制定目的、适用对象、追责对象、追责原则、追责事由、追责主体、考核评价、追责程序、责任形式、追责申诉、追责后果、公正追责等内容。通过一项一项具体规定,突出了党政领导干部对生态环境保护的政治责任,而且是党政同责,谁决策、谁负责,显性责任即时惩戒,隐性责任终身追究。针对县级以上地方各级党委、政府及其有关工作部门的领导成员,中央和国家机关有关工作部门领导成员,以及上述工作部门的有关机构领导人员,在决策、执行、监督和利用职务影响过程中所造成的25种情形进行追责,紧扣对生态环境负面影响大、社会反响强烈的党政领导干部履职行为设定追责情形,实行"行为追责"和"后果追责"相结合,追责形式包括诫勉谈话、责令公开道歉、组织处理、党政纪处分等。《办法》依据党委和政府及其相关部门在决策、执行、监管中的责任,针对地方党委和政府主要领导成员确定了8种追责情形,针对地方党委和政府有关领导成员确定了5种追责情形,针对政府有关工作部门领导成员确定了7种追责情形,针对利用职务影响的党政领导干部确定了5种追责情形。责任主体与具体追责情形一一对应,在实践中有利于增强追责的针对性、精准性和可操作性;防止责任转嫁、滑落,确保权责一致、责罚相当。

在生态环境损害责任终身追究方面。当前的诸多环境问题,细究起来不难发现,地方党政领导为了追求自己任内短期的经济增长政绩,不考虑地方可持续发展的需求,错误决策,最终导致环境污染或者生态破坏。习近平总书记多次强调,对那些不顾生态环境盲目决策、造成严重后果的人,必须追究责任,而且终身追究。为贯彻这一要求,《办法》第4条明确规定:党政领导干部生态环境损害责任追究,坚持终身追究的原则。《办法》第12条规定:"实行生态环境损害责任终身追究制。对违背科学发展要求、造成生态环境和资源严重破坏的,责任人不论是否已调离、提拔或者退休,都必须严格追责。"

《办法》的出台和实施,对于加强党政领导干部损害生态环境行为的责任追究,促进各级领导干部牢固树立尊重自然、顺应自然、保护自然的生态文明理念,增强各级领导干部保护生态环境、发展生态环境的责任意识和担当意识,推动生态环境领域的依法治理,不断推进社会主义生态文明建设,都具有十分重要的意义。实行生态环境损害责任终身追究制度是督促党政领导干部在生态环境领域正确履职用权的一把制度利剑和一道制度屏障,通过明晰领导干部在生态环境领域的责任红线,从而实现有权必有责、用权受监督、违规要追究。①

3. 生态审计

生态审计("ecological audit/auditing"或"eco-audit/auditing")与环境审计("environmental audit/auditing")的含义基本相同,是指对生产、生活活动过程中产生的环境问题的抑制、消除或改善环境而进行的经济活动的真实性、合法性、效益性进行监督、鉴证、评价,使之符合可持续发展要求的一种独立监督行为。② 环境审计最初是一项企业自愿的合规性审计。在20世纪60年代末,美国国会出台了许多环保法规,并加大了违法处罚力度。在此背景下,一些石油开采、化工、冶炼等大型制造业企业为防范环境违规风险,评价经营活动是否符合环保法规的要求,产生了环境审计的需求。20世纪80年代,随着全球环境污染问题的日益凸显,环境保护问题受到重视,在此背景下,西方环境审计步入快速发展时期,突出表现在各国有关环境审计的项目或标准的出台。历经二十多年的发展,环境审计已成为企业和政府等组织进行环境管理不可或缺的工具。进入21世纪,不论是理论上还是实践上,环境审计都取得了进一步发展,不断成熟完善。

我国的环境审计实践最初是从国家审计机关对环保资金的审计开始的。1985年和1993年,国家审计署两次对兰州等20个城市开展了排污费的征缴和使用情况审计。1995年开罗会议以后,我国的环境审计工作日益受到重视,审计署及其驻地方办事处先后在环境保护资金、生态建设、建设项目环境影响、大气污染防治等领域开展了环境审计。国家审计机关在其力所能及的范围内(传统的国家审计、内部审计、民间审计领域),积极推动环境审计实践,但由于各级审计组织的职责、权限等方面的限制,这种实践和推动始终没有超出传统审计框架的范围。因此我国的环境审计主要仍然是传统审计在环境领域的拓展,以政府环境审计为主导,重点关注对环保资金的审计。如青岛市南区审计局通过探索和创新多元生态审计工作格局,推进了区域资源环境保护与可持续发展,达成了生态审计与传统审计的"三融合":融合财政审计,重点关注环境保护资金投入和使用情况;融合政府投资项目审计,重点关注项目是否执行环保"三同时"制度;融合经济责任审计,重点关注领导干部履行资源管理和生态环境保护职责情况。③

党的十八届三中全会通过的《中共中央关于全面深化改革若干重大问题的决定》指出,对领

---

① 盛若蔚:《损害生态环境,终身追责!》,《人民日报》,2015年8月18日,第11版。
② 邵旭:《环境审计在推进生态文明建设中的作用及实施路径》,《经济研究导刊》2015年第26期。
③ 张沁琳:《从环境审计到生态审计:历史渊源与演进逻辑》,《财会月刊》2015年第24期。

导干部实行自然资源资产离任审计。2014年《环境保护法》指出,国家实行环境保护目标责任制和考核评价制度。政府应将环境保护目标完成情况作为对环境保护监督管理部门及其负责人考核评价的重要依据。2014年7月颁布的《党政主要领导干部和国有企业领导人员经济责任审计规定实施细则》指出,自然资源资产的开发利用保护以及生态环境保护是地方各级党委和政府主要领导干部经济责任审计的主要内容之一。

环境审计对相关违法、违规行为及政策效果的约束是生态文明建设中相关法律法规完善的必备手段;对管理机构设置、执行效率、问责体系的评价,是国家、企业生态规划层面制度构建的要素。同时,环境审计的预防功能强调法的效力和强制性,能约束行为主体规范自身行为,切断潜在风险源。环境审计的揭示功能要求审计部门对生态文明建设的管控程度与处罚程度依法进行披露,是防止职业道德与寻租行为,促进市场生态文明的威慑系统。环境审计的抵御功能则能透过现象看到本质,从更深层次反映生态文明建设问题存在的实质,以更有效地促使执法主体履行职责。生态文明建设背景下,国家环境战略的实施需要政府、企业、公众的共同努力,其中政府起着重要的主导作用。政府部门履行环境责任方式的不同,环境责任可以细分为决策责任、执行责任和监管责任。政府环境责任审计以政策审计、项目审计、资金审计、监管审计为主要内容,检查国家资源环境政策、法规、规划的贯彻落实,环境保护资金的分配、管理和使用,资源环保工程项目的建设运营情况,维护资源环境安全,推动生态文明建设。政府环境责任审计的核心在于环境责任的界定,在开展决策责任、执行责任和监管责任审计的基础上,界定政府政策制定责任、政府项目投资责任、政府项目资金管理责任和政府监管责任,同时区分个人责任和集体责任,并出具环境责任审计报告,以问责为保障机制,确保环境责任审计的制度化和规范化。①

## 本 章 小 结

环境法的独立是毋庸置疑的,对这个问题的理解和分析可以从以下三个方面展开。首先,环境法独立具有充分的理论依据。环境法的出现,有力地推动了现代法律从"契约到伦理"的前进,环境伦理作为环境法的价值基础,表现了环境法独特的价值取向。在现实生活和法律实践中,环境法对因保护和改善生活和生态环境、防治污染和其他公害所产生的社会关系的调整,充分说明了环境法调整对象的特定性。环境法调整手段的综合性,也是环境法作为一个新兴法律部门的重要特征。其次,环境法独立具有有力的立法支持。目前,环境立法已经形成一个内容丰富、功能相对齐备、结构较为合理、数量繁多的环境法律体系,环境保护基本法的地位也得到了确认,立法对环境法的关注和重视,是环境法取得独立法律部门地位的重要支持因素。还有,除了法律的一般共性之外,环境法还具有预防性、生态性、社会性的基本特征,它们将环境法与其他法律部门作出了明确的区分,从另外的角度为环境法的独立提供了有力的佐证。环境法法律规范可以从不同角度进行分类,认识环境法律规范的综合性与环境法调控体制的综合性是正确理解环境法的基础,建立规范有效、权责分明的综合决策机制对环境法律体系的完善和有效实施都至关重要。

【思考题】
1. 怎样理解环境法独特的价值取向?
2. 为什么综合系统的调整方法可作为环境法独立的重要特征?
3. 如何理解环境基本法?中国真的不需要环境基本法吗?

① 马志娟、韦小泉:《生态文明背景下政府环境责任审计与问责路径研究》,《审计研究》2014年第6期。

4. 怎样理解环境法律规范的综合性？
5. 如何理解环境法综合决策机制的新发展？

【案例】

2008年2月，国务院新闻办公室发布《中国的法治建设》白皮书，在"二、中国特色的立法体制和法律体系"这一部分中明确指出：

"经过多年不懈的努力，以宪法为核心的中国特色社会主义法律体系基本形成。当代中国的法律体系，部门齐全、层次分明、结构协调、体例科学，主要由七个法律部门和三个不同层级的法律规范构成。七个法律部门是：宪法及宪法相关法、民法商法、行政法、经济法、社会法、刑法、诉讼与非诉讼程序法。三个不同层级的法律规范是：法律，行政法规，地方性法规、自治条例和单行条例。"

2011年10月国务院新闻办公室又发布《中国特色社会主义法律体系》白皮书，在"二、中国特色社会主义法律体系的构成"中重申：

"中国特色社会主义法律体系，是以宪法为统帅，以法律为主干，以行政法规、地方性法规为重要组成部分，由宪法相关法、民法商法、行政法、经济法、社会法、刑法、诉讼与非诉讼程序法等多个法律部门组成的有机统一整体。"

这两个白皮书都将所有的自然资源保护的法律法规纳入经济法，而将所有污染防治的法律法规纳入行政法。在《环境保护法》修订过程中，甚至在新的《环境保护法》已经实施之后，还有实务工作者甚至法学家认为环境法就是传统民法规范、刑法规范、行政法规范的组合，不能作为一个独立的法律部门。

请结合国内外环境法发展的历史和现状，以及我国社会发展和法治的要求，对此作出评析。

# 第七章 环境民法

---- 本章要点 ----

民法的利益激励机制是其他公法手段无法替代的有效解决环境问题外部性的途径,因此扩大对诚信原则和公序良俗原则的解释、建立环境人格权、实现物权的"绿化"、构建环境合同制度、创新侵权与民事责任制度,都是现代民法应对环境问题的冲击作出的回应。与一般侵权行为相比,环境侵权行为的认定不以行为人主观上有过错为必要,且构成环境侵权的侵害行为、损害事实、因果关系皆有特殊之处。在责任承担上,包括精神损害赔偿的损害赔偿和适用利益衡量的排除危害是主要形式。此外,共同环境侵权行为的责任承担和无过错责任的免责事由也是环境侵权法中的要点。

## 第一节 环境民法概述

德国《民法典》第90条规定:"动物不是物。它们由特别法加以保护。除另有其他规定外,对动物准用有关物的规定。"《牛津法律大词典》也认为:"从逻辑上讲,并非不可能将法律人格赋予动物、群体、公共机构、基金会、协会等其他实体。"美国甚至有这样一个案例,普林斯顿市有一条狗,常欺负别的家犬,导致三位居民联名起诉到法院,经过陪审团两天的审判,这条狗被无罪释放。这说的是民事主体范围的扩大,既有立法层面的,也有司法层面的,体现的是为了保护动物赋予其法律上的人格。本章并非专门讨论民事主体范围扩大的问题,而是以此为切入点探讨民法在环境保护中的作用,即为了保护动物,有些国家已将民法上的主体制度适用于动物。除了主体制度,民法的基本原则、人格权制度、物权制度、合同制度、侵权制度等都可以在环境保护中发挥重要的规范作用。

当前,法律对于环境的保护已进入全方位的多元治理阶段。由于环境问题日益复杂和严重,以行政管制为主导治理模式的弊端逐渐显现,因此,除了环境行政法,各国均采纳以市场机能为本位的环境经济手段,采纳协商或民主参与的做法,取代抗争式的格局。这些正是民法的调整范围,并且民法的利益激励机制、补偿机制是其他公法手段所无法代替的。但必须承认,民法制度的个人本位与环境利益的社会公益属性之间的矛盾是不可忽视的客观存在,民法不可能解决所有的环境问题,民法作用的发挥必须是以不破坏民法的基本属性为前提的。因此,本章依然立足于民法自身的体系构建来介绍民法中的环境法规范。

### 一、民法基本原则新解

民法在本质上是一个开放的权利体系,否则,它绝对不会有永久的生命力,新的权利是民法生生不息的源泉。因此,民法除了要确认既有的权利体系之外,也要为承认、接纳新的权利留下缺口和空间。其实,民法本身已经为此提供了机制,这就是"诚实信用"与"公序良俗"作为民法基本原则的普遍确立。诚实信用与公序良俗是随着时代的发展而变化的,其结果必然会产生一系列游离于既有权利体系之外的权利现象。民法的发展史无疑是一部权利发展史。由于社会经济文化环境的变迁,大陆法系已经在传统的物权、债权、人身权以外,确认了融合财产权和人身权的新的权利形态——知识产权,那么,为什么不能承认环境权这种融合财产权和人身权的新型权利组合形态呢?

（一）民法基本原则的概念和功能

民法基本原则,是效力贯穿于整个民法制度和规范之中的民法根本规则,是指导民事立法、民事司法和进行民事活动的带有普遍指导意义的基本行为准则。民法基本原则既是对作为民法主要调整对象的商品经济关系的本质和规律的集中体现,又集中反映了统治阶级在民事领域所实行的基本政策和所持的基本态度。在民法中,基本原则也是必须要遵守的,"因为它是公平、正义的要求,或者是其他道德层面的要求"。

在民法对社会关系的调整中,民法基本原则可以有效地弥补传统民法之不足。民法基本原则作为一种不确定规定,与具有相对确定性的民法规范、条款、概念一道,将确定性与不确定性、精确性与模糊性融为一体,是民法对于未来可能出现的种种不能为规范、条款、概念所涵盖的权利现象进行调整的弹性空间。

民法基本原则所用的许多法律概念从其内涵上看都具有"空筐结构"特性,可以作不同的理解。"在一个民主的社会里,基本的法律都有很长的寿命,立法者必须考虑到将行之久远的法律对他们所不能预料到的情况将如何处理,因而设定像基本原则这样的稀疏的有意义形式,向有权机关提供广阔的解释空间,以使其通过解释的形式补充和发展法律。"但是,对基本原则的解释又不能是任意的,立法者有通过立法保证一个社会中稳定的价值观念的连续性的责任。采取"空筐结构"式的概念表达方式,正是这样一种既能为解释者留下弹性空间,又能保证解释者的解释不会超出解释客体的内在属性范畴的立法技术。这样的结构,决定了基本原则的解释者必须在自己的主观意志与立法者所作的价值限定之间的范围内进行解释。这样,解释者的主观意志是被解释的基本原则的新生命力的来源,也是解释者可以在维护既有根本价值的前提下,对于相互冲突的新旧利益关系,进行衡平的工具。相对于环境权的民事权利构造而言,诚实信用与公序良俗原则就是这样的"空筐结构"。

（二）诚实信用原则新解

诚实信用原则在现代民法上既是当事人进行民事活动的行为准则,又是法官享有自由裁量权的依据。从语义上看,"诚实信用"来源于西方,在罗马法中为 Bona Fide,法国法中为 Bonne Foi,英美法中为 Good Faith,德国法中为 True Und Glauben,日本法中为"信义诚实"。学者认为:"诚实信用"是德文的直译。据《布莱克词典》的解释,是(或)怀有善意;诚实的,公开的和忠诚的;没有欺骗或欺诈。真实的;实际的;没有假装或伪装。清白无辜的;持信任和依赖的态度;没有注意到欺诈,等等。结合中文的理解以及中国文化传统,"诚实"要求人们在进行民事活动时实事求是,对他人以诚相待,不为欺诈行为。"信用"要求人们在进行民事活动时要讲究信誉,恪守诺言,严格履行自己承担的义务,不得擅自毁约。从实质上看,"诚实信用原则就是要求民事主体在民事活动中维持双方的利益平衡,以及当事人利益与社会利益平衡的立法者意志。……目的在于保持社会稳定与和谐的发展。三方利益平衡是这一原则实现的结果,当事人以诚实、善意的态度行使权利,履行义务,法官根据公平正义进行创造性的司法活动是达到这一结果的手段。"

诚实信用原则的发展在大陆法经历了罗马法、近代民法和现代民法三个阶段,在英美法系也经过长期的发展,成为现代民法的一个基本原则。诚实信用由债法原则向民法基本原则转变,体现了民法的内在价值取向的变迁。这一过程可以简单地概括为从对自由的追求向对以安全的保障为主的一系列价值的转变。诚信原则，作为一条法律原则，从规范内容的角度看，它是社会生活对人们信义诚实不欺诈的道德要求，是法律的义务性规定；从规范的形式看，它的内涵、外延不确定，以模糊性和概括性为特征；其所具有的解释、补充及造法功能，使司法者在适用法律时得以行使自由裁量权，衡平利益，追求个案处理中的实质正义，以实现社会和谐稳定发展之目的。因此这一原则的适用效果更重在国家整体调控下的秩序安全。可以说是国家采用的满足一定历史时期的特定价值需求的一种立法技术手段。

现代民法中诚信原则的确立以追求民法的安全价值为目标，实现了立法方式从追求法律的确定性而牺牲个别正义到容忍法律的灵活性而追求个别正义的转变。它通过两个方面发挥作用：首先，它是对当事人进行民事活动时必须具备诚实、善意的内心状态的要求，对当事人进行民事活动起着指导作用；其次，诚信原则是对法官自由裁量权的授予。

由于诚信原则的实施在本质上是当事人双方利益以及当事人利益与社会利益的平衡问题，涉及当事人以及法官对于这些利益的衡量及判断，而判断是需要标准的。尽管诚信在很大程度是一个道德要求，但它作为一项法律原则被确定则具有了法律的规定性。确定一些判断是否诚信的标准或者说提出一些下位概念不仅是必要的而且也是可能的，诚信原则应该体现主观性与客观性的统一。具体而言，贯彻诚信原则一方面要对当事人的诚实、善意的内容提出要求；另一方面则需要使法官明确利益衡量的原则以及安全价值的内涵。

在传统的民法中，环境保护以及生态安全并未成为人们民事行为的内在要求，更没有成为法官行使自由裁量权的价值标准。从诚信原则利益衡平的功能以及追求安全价值的目标的本质来看，在现代社会环境问题与环境保护成为巨大的生态问题以及诱发个人利益与社会利益严重冲突的社会问题时，将环境保护要求以及生态安全价值纳入诚信原则是必然也是必需的。

（三）公序良俗原则新解

公序良俗原则，是指民事主体在进行民事活动时不得违反社会公共秩序和善良风俗，不得违反社会一般道德准则和国家的一般利益。公序良俗作为民法基本原则的出现，在于立法者不可能就一切损害公共秩序和善良风俗的行为都作出具体的禁止性规定，只能通过一般条款，授权法官针对具体案件进行价值补充，禁止现行法上未作禁止的事项，以求判决的社会妥当性。由此可见，基于公序良俗原则的这种实质精神，其内容必然也是随着社会的发展而不断变迁的。自其产生以来，时代的发展不断赋予公序良俗以新的含义，它也以其巨大的灵活性、包容性处理着现代市场经济中发生的各种新问题，在协调各种利益冲突、保护弱者、维护社会正义方面发挥着极为重要的功能。

当代社会，人类与环境的关系、经济发展与环境保护的关系已经形成剧烈的冲突，环境恶化直接威胁着人类的生存与发展。许多破坏环境、威胁人类生存空间的活动往往是通过看似"自由""合法"的民事行为来实现的，由于法律的滞后性特点以及环境问题的复杂性，民法也无法对这些行为一一作出禁止性规定。因此，无论是对社会的妥当性考虑，还是人类社会健康发展的要求，都应将可持续发展视为公共秩序的要求，将环境道德作为现代社会的善良风俗。

具体而言，对于污染或破坏环境的民事法律行为，即使法律没有明确规定禁止，也应根据公序良俗原则认定其属于不适法行为，公序良俗原则内容的这种扩充，使环境的民法保护获得生态化基础，也为民法规范、条款和制度的生态化解释提供了依据。

二、环境人格权

1987年美国出现了这样的案例：经纽约市政府批准建在纽约市中心公园西侧的大楼在下午

的公园内形成巨大阴影,遭市民强烈反对并诉至法院,控告政府与开发商侵犯了民众权益,因为"公园不仅其土地属于大家,且任何人不得剥夺和妨碍人们在公园享受阳光的权利",法院裁定大楼必须降低高度到不遮蔽照向公园的阳光。

这个案例判决的权利基础是阳光权,即公民享有享受自然光的权利。此类新型环境权的性质归属,在学界还存在争议,有人权说、财产权说、人类权说、人格权说。权利是法律保护的利益,将阳光权中体现的利益理解为人身利益或精神利益是可行的,因为阳光权保护的是自然人的身心健康、生活舒适利益,这些都直接与人身有关。因此,可以将民法中的人格权概念作扩大解释,将诸如阳光权、通风权等新型环境权作为人格权的一个类型进行保护,使之进入民法的体系,发挥民法保护环境利益的作用。

但目前我国《民法通则》中的人格权制度,与环境保护相关的只有生命健康权,这对环境保护是不足的。"首先,生命健康权的保护以对人身权的直接侵害为构成要件,而环境污染和破坏行为在大多情况下不具备这一特征;其次衡量是否造成生命健康权侵害的标准是医学标准,尤其是对健康权的侵害是以产生疾病为承担责任的标准。此外,生命健康权的保护将环境资源的美学价值等其他价值完全排除在人格利益之外,不承认环境资源对人类生存质量的意义。"因此,在环境人格权问题上,我国的民事立法还任重道远。与立法形成鲜明对比的是,司法判决走在了前面,如题为《黑龙江一女士赢"阳光权"——窗户被遮挡每平方米获赔500元》的报道,其他地方也有类似案例,有些地方以"采光权"概念出现。

### 三、环境物权

静如一草一木,动如流水轻风(空气),我们即可称之为环境要素、也可称之为自然资源。这种称呼的多样性本身就表明了环境资源兼具生态价值和经济价值,一方面环境要素是生态系统的组成部分,人类作为生态系统的成员必须遵守生态系统封闭性、循环性规律的制约;另一方面,环境要素为人类整体的存续提供基本的物质基础,人类的衣食住行无一不依赖对自然的索取;并且自然保护区的建立表明人们已开始自觉地意识到自然的精神价值,即审美的、历史的、文化的、科学的价值等。如法国国际环境法学家亚历山大·基斯指出:"有几个公约不是保护自然界本身,而是保护人类拥有的审美观念。例如,1940年10月12日的《美洲国家动植物和自然美景保护公约》提到'美洲自然美景'……"

但民法上的物权制度作为资源配置的基本制度,将"感性的、活泼的、充满生机和精神的自然抽象为实用性、功能性、工具性的物质,盖因它在撤去自然的一切特殊性后,才有可能贯彻它的普遍的价值计算和交换法则"。即传统物权法并未将环境资源的生态价值和其他非经济价值融入其概念以及制度之中。但现实是这多种价值的物质载体是同一的,因此必须实现物权法的生态化,又称物权法的"绿化","整合物的经济价值、生态价值和其他非经济价值,并将环境保护义务纳入物的概念之中的过程"。具体说来主要包括以下几个方面。

对自然资源的利用必须强化"禁止权利滥用"原则。权利滥用禁止是指存有加害于他人目的的权利行使被看作是违法的,不被承认为正当行为。"禁止权利滥用"所包含的"不以损害他人财产之方式使用你自己的财产""不允许没有补偿的损害行为"等观念对于环境保护都是十分有利的。我国的法律依据是《民法通则》第7条的规定:"民事活动应当尊重社会公德,不得损害社会公共利益,破坏国家经济计划,扰乱社会经济秩序。"将对环境的破坏作为判断"权利是否滥用"的标准可强化对环境的保护。例如,对土地的利用不得违反国家的土地规划,如果违反土地规划,可能造成环境的恶化,如耕地的破坏、环境污染以及水土流失等,将直接影响到可持续发展战略的实现,这种利用土地的行为即构成权利滥用。另外,根据我国《土地管理法》第74条的规定,因挖沙、取土、采矿等行为破坏耕地的种植条件或因开发土地造成沙化、盐渍化、水土流失的,即使行为人拥有土地使用权,也构成权利滥用。

现代各国民法中,相邻权制度也在向着有利于环境保护的方向发展。比如英国,1936年发生的噪音扰民案件中,在一居民区内,被告所养的公鸡连续打鸣达几个星期,附近的居民联合提起诉讼,判决的结果是构成侵扰。由此看出,相邻的含义已由"相邻接"发展为"邻地通常不以毗邻土地为限,所谓邻地,凡因土地所有人使用权利可遭受损害之土地,均包括在内",即某工厂的粉尘飘落相隔数里的土地,也可构成相邻。在此基础上发展而来的环境保护相邻权,是"就环境污染和破坏而言,权利人因行使企业的营业权,利用自己或他人的土地经营或从事开发建设活动而产生废水、废气、废渣、粉尘、辐射、噪音、热量、振动、地面下陷等侵害,危害邻人身体健康和财产的,如果超过社会容许限度,则构成权利滥用、环境侵权"。目前,可对《民法通则》第83条的规定"不动产的相邻各方,应当按照有利生产、方便生活、团结互助、公平合理的精神,正确处理截水、排水、通行、通风、采光等方面的相邻关系。给相邻方造成妨碍或者损失的,应当停止侵害,排除妨碍,赔偿损失"作扩大解释,将相邻拓展为毗邻、邻近以及通过媒介产生相邻三种含义,发挥相邻权保护环境的作用。

在19世纪中叶,英国出现了一种新的地役制度形式,即所谓限制性约据(Restrictive Covenants),即类似于大陆法系的地役权制度,它是根据土地买卖合同而产生的,经登记而对任何取得供役地的人生效,供役地所有人负有不违反城乡规划、不实施有损环境的行为等不作为义务,地役权人有权请求强制执行。在地役权制度中,对环境利益享有者或者因为环境的破坏会遭受损害或有遭受损害之虞的民事主体来说,均可基于其物权提起诉讼,根据物权来获得比债权更强和更有效的保护。鉴于我国土地所有权只有国家所有和集体所有两种,目前在土地使用权出让与划拨中设定保护环境义务的地役权是可行的,有利于对整个环境的保护。

还可设立环境使用权这种用益物权,并在此基础上建立环境使用权交易制度。环境使用权是环境利用人依法对环境资源占有、使用和受益的权利,可以归于物权法体系中的用益物权。实践证明,在环境保护中引入市场手段,是一种能够保障环境安全的有效方法。创建于美国的"排污权交易制度",就是在国家允许的一定的排污总量最高限额的前提下,允许将各个主体的排污配额在市场中进行交易。在我国,由于水资源的稀缺性,也正在尝试建立"水权"用益物权,建立水权交易市场,以期通过市场的手段实现水资源的合理配置,进而达到维护环境安全的目标。

### 四、环境民事请求权

请求权在权利体系中居于枢纽之地位。任何权利,无论其为相对权或绝对权,为发挥其功能,或恢复不受侵害之圆满状态均须借助于请求权之行使。① 我国新修订的《环境保护法》第58条关于公益诉讼的规定并未对公民环境损害诉讼予以授权,在公民缺位、环境公益诉讼乏力的背景下,如何通过民事请求权制度在公共性环境损害和公民私权保护之间建立有效的沟通渠道,从而架设起公民参与环境保护的桥梁,是我国亟待解决的问题。②

环境损害应当既包括环境要素和生态功能退化而产生的公民健康权益的公共性侵害,也应当包括公民非财产性(生态性)权益受损的事实。③ 环境损害请求权的适用对象则应当既包括"因为对水、土壤、空气、气候、植物和动物以及它们之间的相互关系的侵害"而产生的公共性私权侵害,也应当包括基于对自然资源所有人(使用权人)生态性私权的侵害两方面的内容。

大陆法系的法国倾向于以侵权请求权实现环保诉求;德国则通过《环境责任法》赋予自然资

---

① 梁慧星:《民法总论》,法律出版社2001年版,第79页。
② 鄢斌、吕忠梅:《论环境诉讼中的环境损害请求权》,《法律适用》2016年第2期。本节内容源自该文。
③ 吕忠梅等:《侵害与救济:环境友好型社会中的法治基础》,法律出版社2012年版,第10—18页。

源之所有权人在物权请求权中附带恢复环境原状的请求。美国《超级基金法》授权公民就纯粹环境损害可申请政府行政救济。尤其是德国1990年作为民事立法的《环境责任法》具有开创性意义,该法直接保护的对象是受环境侵害之个人利益,但也对环境本身提供了间接性保护。其第16条规定:"如果对某物的损害同时构成对自然或风光的损害,那么赔偿得以受害人能够恢复原状为限,即使恢复原状之费用超过原物价值,也非不合理的。"该条款对侵权行为人课以恢复自然原状之义务,实际上突破了《德国民法典》第249、251条的规定,即在自然之损害无法恢复原状或恢复费用畸高情形下,所有权人得依生态评估之结果请求金钱赔偿。《环境责任法》第16条的开创意义在于建立了德国公民环境损害请求权的规范基础,但该条并未将公民环境损害请求权明确为一项独立的请求权,而只是依附于公民环境侵权救济的诉讼请求之一。

从环境损害请求权到独立的环境请求权,是公民环境健康权益保障的时代要求。然而,独立的环境请求权需要首先解决环境损害的请求权基础。

(一)环境损害请求权基础的特殊性

(1)公共性环境利益与私益性财产利益的竞合。环境侵权同时具有对私益和公益的双重损害。"自然环境作为人类生存和发展的物质基础,是典型的公共利益。实际上,形式上的自然环境受害——各种污染和生态破坏的背后,是人类的公共利益受害,或者是人类的共同权利受害。"①这里所谓的"人",实则是没有民法上的那种意义上的只有私益的"人",而是出现了环境法意义上的具有公益性质的"人"。

(2)生态利益与法定人格利益的重叠。生态利益在特定情形下是可以向人格利益转化的。从哲学的角度来看,人的主体性主要体现在人与人的关系和人与物的关系中。从人与自然的关系出发,个人应当享有适宜的、健康的生存环境,享受自然本身的美学价值,从而体现其作为主体的尊严。"人的伦理价值不再是仅受到静态的保护,随着商品经济的发展,人格价值与财产的鲜明对立开始模糊起来,人可以像拥有财产那样拥有某些人格价值。"②人格概念的扩张使得将环境人格利益纳入人格权法的保护范围成为可能。

(3)行政性救济与私法救济的交叉。随着战后社会性私权的提出和缔约过失、利他合同、注意义务、新型权利构架以及责任客观化等判例的类型化,私法自治逐步向社会自治发展,私法之环境保护功能日益显著。一方面,团体诉讼和环境基本权成为公法的焦点;另一方面,围绕相邻权、健康权和环境请求权以及一般人格权的环境保护功能也引发了民事司法的一系列革新。私法自治支配下的当代侵权责任法被赋予特殊功能,严格责任甚至可以取代公法上的禁止性规范;现代危险控制理论更强调私法的事后规制这一新功能。立法进一步将视线从设定行政许可转移到对各种侵权行为结果的监控和污染者义务的强调。

从某种意义上讲,环境问题促成了公法、私法在这一领域的融合,但是,在环境损害的私权保护这个问题上,尤其是环境司法如何适应这一制度现象问题上,挑战是显而易见的。

(4)私益性诉权与环境公益诉讼的并行。从发达国家环境问题的历史轨迹看,在污染治理阶段,各国不无例外地遵循了政府管制的原则。在环境修复阶段,公众环境健康权益的实现则更多地采用了以私权为中心的社会共治路径,私益性诉权与环境公益诉讼相并行。"环境公益诉讼是一种特别诉讼,是现代社会中公民共同行为的有机组成部分。它'代表的是国家的政治意愿,即民权和共同体成员的主张和保护应当通过司法机制或正当组成或认可的裁判所得以救济和实施。基于此,通过提供政府第三职能,即在权力和重要程度上与立法、行政这两项职能地位相同

---

① 吕忠梅:《环境侵权的遗传与变异——论环境侵害的制度演进》,《吉林大学社会科学学报》2010年第1期。
② 马俊驹:《从人格利益到人格要素——人格权法律关系之客体界定》,《河北法学》2006年第10期。

的司法机关对公益作为回应的政府机制'。"①目前,国内已有的研究忽视了环境这一概念中由环境的生态服务功能所产生的生态性私益的存在;对环境公益诉讼作为公民私益性诉讼的法律授权这一性质也有认识上的偏差并直接导致立法将公民排除在环境公益诉讼之外。新《环境保护法》第17条的公民环境健康权条款也并未落地,环境公益诉讼和私益性诉权均处于尴尬境地。

(二)环境损害请求权基础的法源构造

1. 侵权责任法上"民事权益"的理解与适用

尽管现代民法已经建立了以环境污染受害人为中心的侵权救济制度,无过错责任、因果关系的证明责任、损害额度的计算等特殊问题也均在司法中有所发展。但是,纯粹环境损害现象并未成为私法尤其是侵权法单独保护的客体。生态环境利益能否纳入传统侵权法保护的个人"权益"范畴,是将环境损害纳入侵权责任体系从而解决私法之环境保护手段缺失的关键所在。迪特尔·梅迪库斯认为,民法典上的权利是"仅在承担人(权利主体)可以与标的(权利客体)相区分的场合,始可称为权利。生命、身体、健康和自由等不能理解为主观权利,这些都是人的性质,与人本身并不能分别开来,所以称为人格利益或生命利益"。②《侵权责任法》上的环境侵权应当理解为对权利之外的法益和善良风俗之侵害。因此,尽管公民环境权并未成为法定权利,但这并不妨碍公民环境权益适用民法保护。由于环境侵权行为之特殊性,存在侵权行为本身并未违反法律规定但客观上造成损害结果的情形,这与《侵权责任法》第6条第1款过错责任原则发生表面上的冲突。有学者认为,可获得损害赔偿之救济的损害必须具有内在的不法性,③由于《侵权责任法》第1条中的"合法权益"包括了以权利形态直接赋予主体以一定的利益,也包括对相关义务人课以义务的方式。环境侵权在有些情形下虽然没有违反法律以权利形态直接赋予主体的一定利益,但对于环境保护的相关保护性法益,侵权人负有不侵犯的义务。因而,基于后者意义上的行为宜认定其违法性存在。

2. 环境人格利益的规范基础

从世界范围内看,在第一代以污染防治为目标的环境法之后,第二代环境法更强调基于公民在人格尊严、健康和福利有保障的环境中生存的权利。我国当前既要解决严重的环境污染,保障公民基本的生存利益,同时也要通过生态修复满足公民对于环境健康和福利的要求。对于不受所有权保护的生态环境,其所蕴含的生态利益可以理解为人类自然属性所应当享有的人格利益之一种,此利益是与人的生命、健康密切相关,既是基础性权利,也是生态性人格的时代要求。尽管该利益尚未成为一项具体的法定权利,但因其与生命权、健康权之关系,将之纳入民事权益范畴之中是合理而必要的。我国《民法通则》第98条规定公民享有生命健康权,第123条的规定也体现了对公民生命权和健康权的保护④,此规定可以成为环境人格利益请求权的规范基础。新修订的《环境保护法》第39条规定:"国家建立、健全环境与健康监测、调查和风险评估制度;鼓励和组织开展环境质量对公众健康影响的研究,采取措施预防和控制与环境污染有关的疾病。"该条款作为不完全的环境损害请求权规范基础,是我国环境法从第一代走向第二代的标志之一,同时也为环境损害成为健康权、生命权保护的客体提供了特别法根据。

---

① 吕忠梅:《环境公益诉讼辨析》,《法商研究》2008年第6期。
② [德]迪特尔·梅迪库斯:《德国债法分论》,杜景林、卢湛译,法律出版社2007年版,第68页。
③ 薛军:《损害的概念与中国侵权责任制度的体系化构建》,《广东社会科学》2011年第1期。
④ 《民法通则》第123条规定:"从事高空、高压、易燃、易爆、剧毒、放射性、高速运输工具等对周围环境有高度危险的作业造成他人损害的,应当承担民事责任;如果能够证明损害是由受害人故意造成的,不承担民事责任。"

3. 环境损害物上请求权基础

对于环境损害物上请求权之行使,鉴于生态损害本身的特点,恢复原状请求之优先性问题被高度重视。基于对生态价值的保护,生态损害的经济赔偿应该主要用于恢复原状。理论上,物权请求权分为原物返还请求权、排除妨害请求权、消除危险请求权、恢复原状请求权、损害赔偿请求权。以《海洋环境保护法》为例,第1款之私人妨害场合,当事人应当得以同时主张赔偿损失、排除妨碍、消除危险。生态恢复之责任通过防御性请求权的主张也是可以实现的。

综上所述,环境损害请求权制度的目的在于通过将私法手段引入环境保护,真正实现公民为私益而主张权利,在维护公民环境权益的同时,实现环境治理的公共目标。从污染防治走向环境健康是我国生态文明建设的必由之路,也是公民权利彰显的制度要求。尽管环境损害可以从现有民事规范中寻找请求权的规范基础,但是独立的环境请求权并不成立,民法与环境法的制度桥梁并未打通。但是,现阶段环境保护的现实要求充分发挥环境司法的能动性,对公民以物权法为基础提起的防御性请求权,以人格权制度和侵权责任法提起的救济性请求权等环境私益诉讼持开放态度。

### 五、环境合同

合同制度是重要的民事法律制度,但近代合同制度的发展趋势是涵盖的关系日益复杂,导致其外延扩大而内涵减少,合同成为一种形式化的法律制度,扩展到法律的各部门和法学各领域。环境法在协调环境资源的公共性所要求的国家管理意志与私人性所要求的个人意志时,可以借助合同这一外在形式,建立统一的环境合同制度,以实现环境法的价值目标。在环境法实践中,已出现环境使用权交易、旅游资源利用、水权转让等利用合同制度的做法。

### 六、环境侵权

迄今为止,民法中的侵权制度对于维护人们的环境权益进而保护环境所起的作用,是其他民事法律制度所无法比拟的,从理论到实务成果显著。同时,鉴于环境物权、环境合同等制度在本书其他章节中有专题介绍,因此,本章集中介绍环境侵权及其导致的民事责任问题。

## 第二节 环 境 侵 权

在现代社会以前,侵权行为是指不法侵犯他人利益并导致他人受损的行为,救济受害者的主要方式是损害赔偿,并以行为人的过错为归责原则。但工业社会以来,出现了一系列产品责任事故、交通事故、医疗事故和环境污染致害事件,使得传统的侵权制度受到冲击,在此我们仅论述环境侵权制度。

环境侵权概念的提出将对运用民事法律手段保护环境起到重要作用。但到底何为环境侵权行为,不仅学术界观点不一,在立法上,目前各国亦尚未形成统一的概念。在英美法系,立法沿袭了传统的"妨害行为";在德国法上被称为"不可量物侵害";法国法则称为"近邻妨害";日本法又称为"公害"。

在环境法的视野内,环境侵权是指因产业活动或者他人的原因,致自然环境污染或破坏,并因而对他人人身权、财产权、环境权益或公共财产造成损害或有损害之虞的事实。环境侵权具有二元性,因环境侵权产生的环境纠纷具有复合性。①

---

① 吕忠梅:《论环境侵权的二元性》,《人民法院报》2014年10月29日,第8版。吕忠梅:《论环境侵权纠纷的复合性》,《人民法院报》2014年11月12日,第8版。

## 一、环境侵权的二元性

环境侵权看似与传统民事侵权并无太大差异,但其背后却有着许多新内涵,这就是环境侵权的"二元性",包括多个方面的内涵。

### (一)原因行为及损害形式的二元性

传统民法上的侵权客体要么是"物",要么是"权利",都是明确并且静止的。但是,在环境法上,自然环境是一个整体,处于物质循环、能量流动、信息传递的运动过程中,生态平衡规律始终与人的行为共同发挥作用,因此,环境侵权的原因行为多元、侵害客体处于运动之中、损害形式相互关联。

从原因行为上看,环境侵权行为可分为环境污染行为与生态破坏行为。环境污染行为是人们对资源的不合理利用,使有用的资源变为废物进入环境的活动。生态破坏行为则是人们超出环境生态平衡的限度开发和使用资源的活动。这两种行为是人们对自然环境利用的不同方式,其构成具有"人—自然—人"的互动性,不是单纯的人与人之间的行为。

从损害形式上看,环境污染行为和生态破坏行为所引起的损害是环境污染和生态破坏,并且这两种形式可以相互转化。环境污染是指人的活动向环境排入了超过环境自净能力的物质或能量,从而使自然环境的物理、化学、生物学性质发生变化,产生了不利于人类及其他生物的正常生存和发展的影响的现象。而生态破坏是指人类不合理地开发利用环境的一个或数个要素,过量地向环境索取物质和能量,使它们的数量减少、质量降低,以致破坏或降低其环境效能、生态失衡、资源枯竭而危及人类和其他生物生存与发展的现象。实际上,环境污染和生态破坏都是人类不合理开发利用环境的结果,掠夺性开发利用自然环境造成生态破坏,将从自然索取的物质和能量不加以充分利用而使其成为废物排入环境又会造成环境污染,因而,环境污染和生态破坏不能截然分开。两者互为因果,严重的环境污染可以导致生物死亡从而破坏生态平衡,使生态环境遭受破坏;生态环境破坏又降低了环境的自净能力,加剧污染的程度。

### (二)损害后果的二元性

在民法上,侵权法上的损害包括几种类型:一是财产损害;二是人身伤害;三是精神损害。它们都是对"人"的损害。这表明,民法上的侵权责任是一种对人责任。但是,在环境法上,侵权行为的直接损害形式是环境污染或生态破坏,它们是对"环境"的损害。对"人"的财产损害、人身损害以及精神损害是环境污染或生态破坏的后果,这是由于环境侵权行为是由"人—环境—人"的互动关系所必然产生的特点。

由此,环境侵权行为可能引起的损害形式有两种:即环境污染和生态破坏,它们均会产生对"人"的损害和对"环境"的损害。行为人所从事的活动都不是直接针对他人的财产或者人身,而是指向自然环境,如向水体、大气、土壤排放污染物,砍伐森林、猎杀野生动物、围湖造田等等,但这些行为造成的后果既有对他人人身、财产、精神的损害,又有对自然环境本身的损害,如水污染、大气污染、土壤污染、水土流失、野生动物灭绝、湖泊死亡等等。但有些时候,可能是对"人"的损害与对"环境"的损害并存;而在某些情况下,可能只有对"环境"的损害,而没有可归属于具体"人"的损害。

### (三)救济主体的二元性

如果说,对"人"的损害,我们可以依循民法的思路,将受害人确定为救济主体,基本没有问题。但是,将这种思路用到对"环境"的损害中则不然,因为这里已经没有了民法上的那个作为个人利益主体的"人"。"环境"作为公共产品,所涉及的利益主体是"人类"——当代或世代在这个地球上生活的"人"。此时,确定救济主体,就无法依"受害人"标准。实际上,谁应该或者可能成为"环境"损害的救济主体?这是民法上的侵权制度不可能回答的问题。其实,这是环境侵权不可能完全纳入民法的直接原因,也是建立环境公益诉讼制度以确定环境侵权的救济主体的直接理由。环境法的产生、一些国家的环境责任专门法产生都与此直接关联。

(四)价值目标的二元性

环境侵权不是单一侵权行为所引起的单一后果,而是一个类概念或者说是对各种不同类型的环境侵权行为所引起的不同后果的综合概括,其内涵、外延、本质特性、价值取向都不能为传统民法上的侵权概念所完全囊括。可以说,环境侵权是源于民法上的侵权又超出了民法上的侵权的一个新概念,其存在价值目标的二元性。

(1) 环境侵权的主体既包括民法上的个人主体,也包括环境法上的类主体——人类,此"人"非彼"人",其所体现的法律观是完全不同的。

(2) 环境侵权制度所保护的利益既包括民法上的个人利益,也包括环境法上的公共利益,使其所保护利益具有了二元性,即个人主体的人身、财产、精神利益以及人类共同的环境利益或生态利益;但此"利"非彼"利",难以装进一个口袋。

(3) 环境侵权行为既有民法上的单纯人的行为,也有环境法上的"人—自然—人"互动行为,使其原因行为具有二元性,即环境污染和生态破坏,并且环境污染行为与生态破坏行为各自具有特性,应该为这两类行为建立相应的诉讼制度,但此"诉"非彼"诉",不能适用一样的诉讼规则。

(4) 环境侵权的损害后果既包括民法上的各种形式,也包括环境法上的特殊损害形式,使其损害后果具有了二元性,即对人身、财产、精神的损害以及对自然环境的生态价值、生态功能、生态服务能力的损害,此"害"非彼"害",其救济方式应当存在差异。

正是因为环境侵权的二元性,并且直接导致实践中所产生的一个纠纷关涉私益与公益、有形主体与无形主体、个人损害与生态损害、直接利益与间接利益、实际损失与未来风险等多重因素,在纠纷解决过程中存在复杂的因果关系、难以计量的损害后果、行为的不可谴责性等难题,一些环境保护先进国家对环境侵权建立了双重的救济机制并通过诉讼专门化方式,建立特殊诉讼规则将有关因素纳入统一考虑,并制定了专门的立法,如日本的《公害健康受害赔偿法》、德国的《环境责任法》等等。与此同时,也建立了相应的纠纷解决程序以及公益诉讼制度,我国侵权责任法与环境保护法虽然对环境侵权都作了相关规定,但都比较原则,没有真正体现环境侵权的特殊性,难以应对环境问题严重、纠纷频发、维权事件不断的严峻形势。其根本原因在于对环境侵权的理性认识不足,因此,澄清认识应该成为建立合理的环境侵权救济机制的开端。

## 二、环境侵权纠纷的复合性

环境纠纷是随着日益严重的环境问题而出现的一类新的社会冲突形式,环境侵权行为是引发纠纷的主要原因。环境侵权纠纷既可以发生在公民之间、法人之间、公民与法人之间,也可以发生在公民、法人和国家行政机关之间;其争议的内容主要是环境使用权益,包括私益与公益。这是由环境侵权行为二元性所形成的现象,笔者称之为"复合性"。只有正确认识和把握环境侵权纠纷的复合性,才可能建立环境纠纷解决的合理制度。

(一)环境侵权纠纷中的利益复合性

在一般意义上,传统纠纷争议的标的是某种财产权、人身权或者二者的竞合,争议的主要目的是对财产权和人身权受到的损害进行复原或者补偿。它是单一的因当事人之间的财产关系或人身关系而产生的利益冲突,比如损坏他人物品,伤害他人身体。在这样的纠纷中,首先是冲突双方的权利义务明确、主体明确,其次是冲突双方因对明确的权利直接侵害而产生纠纷。

在环境侵权纠纷中,冲突可能直接发生,比如向某人承包的鱼塘大量排污导致鱼类死亡,砍伐某林场的森林导致财产损失等;然而可能更多的冲突是"间接"发生,争议双方并不存在传统意义上的财产关系或人身关系。如严重的雾霾天会使人们的呼吸系统受害,在这个过程中,有企业或者个人的排污行为(工厂排放、农民燃烧秸秆),也有环境的运动规律(气象条件、地理位置),还有受害人自身的健康状况,它是经由环境的"媒介"作用而形成的后果。此时,造成危害后果的行为并非直接作用于受害对象,而是作用于周围的环境,并经过环境发生了复杂的转化、代谢、富集等物理的、化学的、生物化学的过程后,对人身和财产造成损害。

值得注意的是,即便是直接发生的冲突,大多也隐含着"间接"的利益关系,比如向某人承包的鱼塘排污导致鱼类死亡、砍伐某林场的森林导致财产损失,直接的利益冲突是行为人与鱼塘承包人、林场之间的财产权冲突,间接的利益冲突是鱼塘、森林作为生态要素对不特定多数人的生态服务功能——清洁的水、清洁的空气、优美的景观所产生的环境权冲突。

环境侵权纠纷就是这种"直接"利益冲突与"间接"利益冲突复合的表现形式,其争议内容不仅包括一般意义上的财产权利和人身权利,而且包括人们的生态环境权利。实际上,环境侵权纠纷既有私益之间的冲突,也有私益与公益之间的冲突,是两种不同性质的权益的"复合",这种复合性必然带来的问题是:环境侵权纠纷的"直接"冲突中,因为是私益之间的争议,所以其主体是确定的、利益是现实的;而在"间接"冲突中,因为发生在私益与公益之间,公益主体不确定甚至是未知的,利益是未来的甚至是看不见的,如果法律上不设定特殊机制,这种"间接"冲突可能因为主体缺失、权利归属不明而形成不了"纠纷",因无人主张权利而没有救济。

### (二) 环境侵权纠纷形式的复合性

环境侵权的原因行为有环境污染和生态破坏两类。相应的环境侵权纠纷即污染性侵权纠纷和生态性侵权纠纷。污染性侵权纠纷是指由于个人或企事业单位在经济社会活动中排放污染物导致他人财产、人身以及环境损害而产生利益冲突;生态性侵权纠纷是指个人或企事业单位在经济社会活动中破坏生态环境导致他人财产、人身以及环境损害而产生的利益冲突。这两类纠纷的利益冲突形成原因及过程有很大的不同。

环境污染行为的标志是向环境"排放污染物",是对环境的"二次利用",后果表现为对"人"的损害和对"环境"的损害。笔者将其过程抽象为"排放污染物—环境—'人'……生态"。在这个过程中,行为的表现形式单一,对"人"的损害可以确定。因此,在污染侵权纠纷中,私益间的冲突占有很大成分。即便没有公益主体,个人也可以将争议目的直接限定在私益范围内,不考虑私益与公益冲突问题。

而生态破坏行为是对环境资源的"一次利用",其行为的方式复杂多样、目的各异,如采伐森林、开垦荒地、引进新物种、创造新物种等等。虽然后果也表现为对"人"的损害和对"环境"的损害,但其过程却是"生态破坏—环境—生态……'人'"。在这个过程中,生态破坏行为与"人"的损害之间不仅没有明显的直接联系,没有什么确定的标志性行为;而且由于生态关系自身的多元化,是否会造成"人"的损害以及会造成怎样的损害具有不确定性。在这种情况下,更重要的是,这里的人是"此人"非"彼人"——人群或者人类。因此,在生态侵权纠纷中,私益与公益间的冲突占有更大成分。在没有公益主体的情况下,私益主体不会也不能主张权利,争议无从形成。

两类纠纷的差异性,导致了不同纠纷中私益间冲突、私益与公益冲突的内容不同,形成了环境侵权纠纷的不同争议目的以及对纠纷解决机制的不同要求。

(1) 以环境污染行为致人损害为表现形式的环境侵权纠纷。这种纠纷纯粹为私益间冲突,受害人主张私法上的请求权,要求填补个人利益。如物权法规定的相邻权纠纷,由于这类纠纷可以得到及时处理,不会造成对环境的损害,因此,可以完全依照民法规则解决。

(2) 以环境污染行为致人损害、致环境损害为表现形式的环境侵权纠纷。这种纠纷既有私益冲突,也有公益冲突,但受害人主张私法上的请求权,要求填补个人利益,不主张环境权益。笔者将此类纠纷称之为"私益性公益纠纷",如侵权责任法规定的环境污染侵权行为,由于环境污染行为实际上既造成了私益损害,也造成了公益损害,如果在纠纷处理中只考虑私益填补,将导致对环境损害的责任落空。因此,必须在适用民法规则的同时,考虑环境修复或者公共利益保护问题,在损害事实、损害范围、填补方式等方面做双重考量。

(3) 以生态破坏行为致环境损害、致人损害为表现形式的环境侵权纠纷。这种纠纷既有公益冲突,也有私益冲突,虽然受害人可以主张私法上的请求权,但其权利能否得到救济有赖于公益的确认。笔者将其称之为"公益性私益纠纷",如环境保护法规定的市场化生态补偿,由于对一定区域的生态开发行为首先是对公益的损害,同时也会造成该区域内的个人私益损害,但该生态开发行为是否会造成私益损害,取决于对公益损害的判断。换言之,必须先确定公益损害的存在,才可能考虑对私益的填补。因此,处理这类纠纷,也必须在考虑公益性生态补偿问题的同时,考虑对个人利益的填补。

(4) 以生态破坏行为致环境损害为表现形式的环境侵权纠纷。这种纠纷只有公益冲突,是否会带来私益冲突尚不确定,只有公益主体可以主张权利。笔者将其称之为"公益纠纷",如野生动物保护法规定对森林破坏行为导致生物多样性丧失的责任。虽然我们知道,生物多样性丧失将对人类的生存和发展带来毁灭性影响,保护生物多样性关系到当代人和后代人的共同利益,但却无法将这种利益归于个人,只有按照公益保护规则加以处理。

这里的环境侵权纠纷的不同组合形式,仅仅是从理论上所做的简单分类,就足以说明其与传统侵权纠纷的巨大差异。实际上,环境侵权纠纷在现实生活中,会表现得更为复杂。有的单一的污染与破坏行为不会造成损害,但多个污染行为或者多个破坏行为、一个污染行为与一个破坏行为结合,就会造成侵害,导致纠纷。共同侵权行为导致的环境侵权纠纷情况更为复杂,与民法上的共同侵权相比,这种共同侵权行为存在主体无共同意思联络、行为时间与空间并非共同、只是由于环境的媒介作用而产生了侵害事实,也可能出现"私益性纠纷""私益性公益纠纷""公益性私益纠纷""公益纠纷"的情形。

其实,环境侵权纠纷的形式复合性,意味着纠纷解决机制的特殊需求。在立法上,要为这些纠纷的解决提供合理的实体法与程序法依据;在司法过程中,对于这些纠纷的处理,需要法官有扎实的法律理论基础、建立环境法的整体性思维、有事实认定与法律适用的智慧与技巧。正基于此,环境司法的专门化才获得存在的价值,具有必要与可能。

## 第三节　环境民事责任

一般认为,民事责任成立有四个构成要件:损害结果、行为的违法性、损害结果与违法行为之间具有因果关系、主观上的过错。但是,环境侵权行为的构成要件的通说是三要件说,即侵权损害事实、侵权行为、侵权损害与侵权行为之间存在因果关系,因为,环境侵权民事责任实行无过错责任归责原则。

### 一、环境侵权的无过错责任

侵权行为法的全部规范都建立在归责原则理论之上。所谓归责原则,是指以何种根据确认和追究侵权行为人的民事责任,它解决的是侵权民事责任的基础问题。[1] 一定的归责原则决定着

---

[1] 张新宝:《中国侵权行为法》,中国社会科学出版社1998年版,第42页。

侵权行为的分类,也决定着责任构成要件、举证责任的负担、免责条件、损害赔偿的原则和方式、减轻责任的根据,等等。① 归责原则"是侵权行为法及其理论的最核心问题"。② 现代侵权责任归责原则体系是由过错责任原则、过错推定责任原则和无过错责任原则三个归责原则构成的,不再将公平责任作为独立的归责原则,只是将其作为一种责任形式。③

过错责任原则是侵权行为法的一个永恒的原则。过错责任,"不是人类的发明,而是人类的发现,它是自然依存于人的行为之上的一条亘古不变的规律"。④ 过错归责原则强调人的意思及主观心理状态的可谴责性,是人类理性主义的产物;同时也符合商品经济发展的需要。因为若每个人对自己在任何情况下产生的损害都要负赔偿责任,就必然使人们畏首畏尾,动辄得咎,从而妨碍自由竞争和商品经济的发展。因此,作为人类理性和商品经济发展的产物,过错归责原则具有相当的合理性和进步性,在19世纪替代加害原则(同态复仇)成为世界各国民法中规定的承担民事责任的一般原则。

20世纪50年代以后,因环境污染造成的危害空前突出,因此引起的损害赔偿案件也急剧增加。在这些诉讼中许多污染损害都是出于事故性污染,而不是出于污染者的故意或过失,且危害范围相当广泛。这使得无过错责任很快被引入环境侵害领域,并成为世界各国环境民事责任立法的一个重要特点。如1993年《德国联邦环境法典》第31条规定,任何经营法律指定营业的工厂或者制造、使用、运输、废弃危险物并向环境排放,应当依法向受害人承担赔偿责任。法国的无过错责任原则是通过判例对《法国民法典》第1384条后半句"对其所保管的物所产生的损害亦应赔偿责任"赋予新的含义而确立的。该条后半段被赋予新的含义后,尤其适用于处理与技术发展相关的危险。造成环境污染的工矿企业设施和有毒有害物质具有高度危险性,一旦这些设施和物质引起环境污染损害,理所当然应适用无过错责任原则。也有人认为在法国,多数场合下对污染损害赔偿所适用的民事责任是依据相邻关系原理,当在此基础上造成损害时即产生"严格责任"。为此,原告不必证明被告之过失,同时即使被告提出其行为是遵守政府法规者也不能免除责任。日本的《公害对策基本法》也确立了无过错责任原则,但适用范围有限,仅有大气污染和水质污染造成的危害适用,并且其对象仅及于人身伤害,而不包括财产损害。我国《民法通则》第106条第2款明确规定了无过错归责原则:"公民、法人由于过错侵害国家的、集体的财产,侵害他人财产、人身的应承担民事责任。"

(一) 无过错责任引入环境侵权领域的原因

第一,人类科技发展水平的限制还不可能完全避免和防止环境污染和破坏。现代企业所从事的生产活动本身往往具有高度危险性。企业即使没有过错,采用了当时科学技术认为最安全的专门措施,仍会给人造成巨大的财产和人身损害。如果坚持过错责任原则,显然无法对无辜的受害者提供救济。

第二,如前所述,环境侵害是一种复杂性侵害。受害者在很多时候既无法证明加害者所排放的确切污染物质,也无法证明因果关系,甚至在某些情况下连加害者都无法确认,更无法证明加害者的主观心理状态。并且受害者多为城市居民和农民,不可能具备相当的科学技术水平。如果坚持过错责任原则,要受害者提出关于加害人有过错的证据,无异于剥夺受害者的胜诉权。同时也会放纵污染环境的行为,从而造成更大的损害。

① 王利明:《侵权行为法归责原则研究》,中国政法大学出版社1992年版,第19页。
② 杨立新:《中国侵权行为法理论体系的重新构造》,《法律适用》2004年第7期。
③ 杨立新:《侵权行为法专论》,高等教育出版社2005年版,第72页。
④ 麻昌华:《21世纪侵权行为法的革命》,《法商研究》2002年第6期。

第三,无过错责任的本质在于对不幸损害之合理分配。在一定意义上,造成污染的企业获利是建立在污染环境和给他人造成一定损害的基础之上的,他们理应对由此产生的风险负责而不仅仅是对过错的责任。此即所谓"利之所生,损之所归",符合公平合理的民法精神。同时,企业通常比受害者在经济上处于更有利的地位,它可以通过价格、保险等方式让社会分担其赔偿责任。

第四,实行无过错责任,可增强企业的责任心,促使他们对自己所从事的事业予以高度注意,尽量采用先进的技术设备来防止污染的发生。

在我国,环境侵权损害适用无过错责任已由一系列法律、法规作出明确规定。1987年实施的《民法通则》第106条第3款规定:"没有过错,但法律规定应当承担民事责任的,应当承担民事责任。"这是我国民事基本法第一次明确规定了无过错责任。但早在1982年8月23日颁布的《海洋环境保护法》中就已确立了海洋环境污染损害的无过错责任原则。该法第42条规定:"因海洋环境污染受到损害的单位和个人,有权要求造成污染损害的一方赔偿损失。"第43条规定:"由于不可抗拒的自然灾害,经过及时采取合理措施仍不能避免对海洋环境造成污染损害的,免予承担赔偿责任。"随后颁布的《大气污染防治法》《水污染防治法》等环境保护单行法都对无过错责任作出了规定。1989年修订颁布的《环境保护法》则把无过错责任的适用扩大到了各种环境污染损害。该法第41条第1款规定:"造成环境污染危害的,有责任排除危害,并对直接受到损害的单位或者个人赔偿损失"。2014年修订的《环境保护法》第64条规定:"因污染环境和破坏生态造成损害的,应当依照《中华人民共和国侵权责任法》的有关规定承担侵权责任。"而《侵权责任法》第65条明确规定:"因污染环境造成损害的,污染者应当承担侵权责任。"这些都规定了环境民事责任的无过错归责原则。

(二) 环境民事责任的无过错归责原则的特征

环境民事责任的无过错归责原则内涵是:"一切污染危害环境的单位、个人只要对国家、其他单位或者个人客观上造成了损失(包括财产、人身损失),即使主观上没有过错,也应该承担民事赔偿责任。"①它具有如下法律特征。②

(1) 不考虑双方当事人的过错。民法上的"过错"包括加害人的过错和受害人的过错。环境法上的无过失责任,不考虑这两种过失。如希腊第1650/1986号《环境保护法》第29条规定:"任何导致环境或其他损害的自然人或法人都必须承担损害赔偿责任,除非当事人能够证明损害是由不可抗力或第三人故意行为所致。"③

(2) 不能推定加害人有过错。有些环境污染和破坏行为本身并不具有非难性,即使是通过过错概念的客观化和举证责任倒置也难以确定加害人有过错,无法用体现了法律对行为人的行为的否定评价的过错概念来衡量。如发展经济或采用高新技术的行为本身是合法的,是社会所应允许乃至鼓励的行为,不能用过错来衡量,因此,不能推定行为人有过错。如芬兰1994年颁布的《环境损害赔偿法》第7条第1款规定:"行为导致了环境损害者原则上必须承担赔偿责任,即使该损害并非因故意或过失所导致。"

(3) 因果关系是决定责任的基本要件。在过错责任原则下,过错是决定责任的最终要件,而在无过错责任下,决定责任的最终要件不是行为人有无过失,而是取决于损害结果与其行为之间

---

① 韩德培、陈汉光:《环境保护法教程》(第7版),法律出版社2015年版,第360页。
② 吕忠梅:《沟通与协调之途——论公民环境权的民法保护》,中国人民大学出版社2005年版,第269—271页。
③ 本节引用的国外法律规定均转引自[德]克雷斯蒂安·冯·巴尔:《欧洲比较侵权行为法(下册)》,中国台湾元照出版社2003年版,第581—582页。

是否有因果关系,并且这种因果关系不要求有严格的、直接的证明,只要推定的因果关系存在,致害人就要承担责任。如《德国环境责任法》第 6 条规定:"如果案情表明,已经发生的损害可能是由某一设备导致时,就推定损害是由该设备导致的。"

(4) 有民法和环境法的特别规定。无过错责任仅适用于法律有特别规定的情况。实际上,国外有关无过错责任的立法,也对该责任的范围作了法定限制,以适当限制无过错责任承担者的责任范围。如德国《环境责任法》则不仅详细规定了责任主体,而且规定了责任范围。德国法不赔偿纯粹经济损失,只有当"导致当事人死亡,身体伤害或健康损害或导致物损时",环境责任法才适用。

(5) 通常与保险制度、责任分担制度相联系,并且通过这些制度加以实现。因为环境危害受害范围大,需要赔偿的金额大,采取无过错责任,一方面可能因致害方经济能力的限制而使受害方得不到及时赔偿;另一方面也可能因巨额的赔偿导致致害方破产,这些都有损于法律的公正、社会的稳定和可持续发展,而通过建立保险制度和责任分担制度则可以分散风险,既保证受害人得到及时赔偿,也减轻致害方的经济负担。因为在此时,侵权救济已不再是致害人与受害人个别人之间的问题,而是社会性问题,对于这类问题的解决,需要建立社会化的赔偿机制。损害赔偿的社会化,实际上是把环境侵害所发生的损害,在某种意义上视为社会的损害而由社会分担,使受害人得到救济,注重实现损害补偿功能而将处罚和制裁作用降至最低。损害赔偿社会化的方式较多,主要有建立公害补偿基金或生态补偿基金、建立互助合作金、实行商业保险等。

(三) 环境民事责任的免责条件

严格地说,在我国环境污染责任认定中适用的无过错责任是一种"相对无过错责任",即在规定无过错责任的同时,设定这样或那样的免责事由,这也是绝大多数国家适用无过错责任制度的通例。依据我国法律的规定,因下列原因造成的损害,加害人将不承担责任。

第一,不可抗力。根据我国《民法通则》第 153 条的规定,不可抗力是指"不能预见、不能避免并不能克服的客观情况"。不可抗力有两种:一种是自然现象,即自然灾害,如地震、火山爆发、台风、洪水、山崩、海啸等;一种是某些社会现象,如战争行为、社会动乱等。但应注意的是《环境保护法》(1989 年)第 41 条的规定:"完全由于不可抗拒的自然灾害,并经及时采取合理措施,仍然不能避免造成环境污染损害的,免予承担责任。"《海洋环境保护法》以及修订前的《水污染防治法》和《大气污染防治法》也都作了同样的规定。这意味着事故发生后,如果不及时采取合理的救治措施,就不能以不可抗力免责。这实际上否定了无过错责任不考虑当事人主观过错与客观过错的最基本条件,而是过错推定。① 2008 年修订实施的《水污染防治法》第 85 条②的规定不仅第一次在环境法律中明确采用了"不可抗力"的术语,而且抛弃了"完全"和"并经及时采取合理措施"等限制;2014 年修订的《环境保护法》(第 64 条)以及 2015 年修订的《大气污染防治法》(第 125 条)则更直接地规定因污染环境和破坏生态造成损害的应当依法承担侵权责任。这或许是环境法与民法"沟通"的实质性的成果。

第二,受害者自身责任。我国《水污染防治法》第 85 条第二款规定:"水污染损害是由受害人故意造成的,排污方不承担赔偿责任。水污染损害是由受害人重大过失造成的,可以减轻排污方

---

① 吕忠梅著:《沟通与协调之途——论公民环境权的民法保护》,中国人民大学出版社 2005 年版,第 276 页。
② 《水污染防治法》(2008 年)第 85 条规定:"因水污染受到损害的当事人,有权要求排污方排除危害和赔偿损失。由于不可抗力造成水污染损害的,排污方不承担赔偿责任;法律另有规定的除外。水污染损害是由受害人故意造成的,排污方不承担赔偿责任。水污染损害是由受害人重大过失造成的,可以减轻排污方的赔偿责任。水污染损害是由第三人造成的,排污方承担赔偿责任后,有权向第三人追偿。"

的赔偿责任。"该条款明确了因受害人过错可免除排污者的责任的情形。无过错责任原则并不排除受害人过错为造成损害的全部原因时,由有过错的受害人承担责任,《民法通则》关于高度危险作业和饲养动物造成他人损害等的无过错责任都体现了此法律精神。

可见,只有环境受害人的"故意"和"重大过失"才能构成污染危害环境者免责的特别抗辩事由。如果污染损害后果是由受害者的轻微过失(即"一般过失")引起,则只能酌情减轻污染行为人的责任。因为环境一旦被污染,将影响每一个人的生活的各个层面,令人防不胜防;现代社会生活的快节奏也使得人们难免出现一般过失。如果仅仅因为受害者的轻微过失就免除加害人的责任,违背了无过错责任制度所追求的公平正义的根本目的。

第三,第三人的过错。第三人过错指除受害方和排污方以外的第三人,对于受害方的损害发生具有过错,则排污方免于承担民事责任。但根据我国法律的规定,只有第三人的行为是造成受害方损害的唯一原因时,即排污方与损害后果之间完全没有关系,排污方才能免责。如《海洋环境保护法》第 43 条规定:"完全是由于第三者的故意或过失造成污染损害海洋环境的,由第三者承担赔偿责任。"《水污染防治法》第 85 条规定:"水污染损害是由第三人造成的,排污方承担赔偿责任后,有权向第三人追偿。"《侵权责任法》第 68 条规定:"因第三人的过错污染环境造成损害的,被侵权人可以向污染者请求赔偿,也可以向第三人请求赔偿。污染者赔偿后,有权向第三人追偿。"环境侵权领域引入追偿制度的第三人过错责任成为排污者免责的科学制度构造,意味着环境法更趋成熟、发达。

## 二、环境民事责任的构成要件

### (一) 损害事实

损害事实也称为损害结果,是指因污染或破坏环境的侵权行为对他人环境权益所造成的不利影响。① 损害事实既是侵权行为所产生的危害和后果,又是承担侵权责任的依据。值得注意的是,在环境侵权责任中,侵权所造成的损害事实不仅包括环境资源的经济价值损害,而且包括生态性价值以及其他非生态性价值损害,其损害后果体现为财产损失、人的身心健康损害、当代人和后代人的生存条件损害等。我国现行《环境保护法》第 64 条规定"因污染环境和破坏生态造成损害的",使用的是"损害"一词,与《侵权责任法》第 65 条规定的"因污染环境造成损害的,污染者应当承担侵权责任"中使用的"损害"这一立法术语相一致。但是,我们必须重视,环境"损害"与民事权益"损害"在内涵与外延上差异较大,需要因应环境侵害的特殊规律,重视环境侵害一旦产生则难以逆转的特性,把握好环境侵害对象可能是明确的具体主体,但是更常见的是相当地区范围内不特定的多数人和物。进而将损害事实这一要件解释为损害结果和损害危险这两个部分,② 以彰显环境法预防为主的原则。

根据我国《民法通则》第 124 条的规定,环境侵权行为的成立以给他人造成了财产、人身上的损害为前提;但是,基于环境问题的复杂性,越来越多的人认为只要有侵害事实即可,而不以损害结果的发生为必要,这样使人们能够在仅有侵害事实而未有损害结果时追究环境侵权行为者的责任,令其停止侵害、排除妨碍等。此外,还应该将损害结果做扩大理解,除传统的人身、财产损害之外,还包括环境损害。环境损害包括两个方面:第一,生活环境的损害。如果人为的活动对环境的不利影响超越环境质量限度,则意味着生活环境受到损害,人们难以安适地生活。第二,生态环境的损害。生态环境损害并不仅仅是某种环境要素本身的损害,还可能造成其他多种损害。但这种思路在我国目前的民法规则体系中并无体现。应该说,民法中环境权的直接规定是

---

① 窦玉珍、马燕主编:《环境法学》,中国政法大学出版社 2005 年版,第 173 页。
② 张梓太:《环境法律责任研究》,商务印书馆 2004 年版,第 94 页。

认定生活环境损害的依据;而自然资源生态价值进入民法的物权体系是生态环境损害能得到民事救济的根源所在。这一切都还有待于我国民法的"生态化"进程。

## (二)污染危害环境的行为

这种行为既包括具有违法性的行为,也包括不具有违法性的行为,即合法行为。简言之,只要行为人实施了污染或破坏环境的行为,即便这种行为是合法的,且具备了环境民事责任构成的其他要件,环境民事责任即可构成。即承担环境侵权民事责任不以行为的"违法性"为要件。

一般民事侵权责任以侵权行为具有"违法性"为必要条件,《民法通则》第124条也规定环境侵权行为是"违反国家保护环境防止污染的规定"的行为,但是,环境污染常常是企业生产的副产品,企业有关行为并不是当然为法律所禁止的行为。在环境侵害中,经常存在"合法"行为损害他人人身和财产的情况,如不超标排污引起的污染,由于环境因素的相互作用致人损害等。因此,我国的《环境保护法》(1989年)第41条第1款规定:"造成环境污染危害的,有责任排除危害,并对直接受到损害的单位和个人赔偿损失。"《环境保护法》(2014年)第64条规定:"因污染环境和破坏生态造成损害的,应当依照《中华人民共和国侵权责任法》的有关规定承担侵权责任。"而《侵权责任法》第65条明确规定:"因污染环境造成损害的,污染者应当承担侵权责任。"可见,新、旧《环境保护法》和《侵权责任法》都注重保护环境的法定义务,强调环境侵害不以违法性为前提,而是以污染环境或破坏生态行为导致损害的客观性作为承担环境民事责任的要件。其实,关于此类环境污染损害赔偿的案件,国家环境保护局1991年10月10日曾以《关于确定环境污染损害赔偿责任问题的函》(〔91〕环法函字第104号)专门作出执法解释。该解释明确指出:根据《环境保护法》(1989年)第41条和其他有关污染防治的法律规定,"承担污染损害的条件,就是排污单位造成环境污染危害,并使其他单位或者个人遭受损害。现行有关法律法规并未将有无过错以及污染物的排放是否超过标准,作为确定排污单位是否承担赔偿责任的条件","至于国家或者地方规定的污染物标准,只是环保部门决定排污单位是否需要缴纳超标排污费和进行环境管理的依据。"

## (三)污染危害环境的行为与损害事实之间的因果关系

环境侵权责任构成要件中的因果关系指的是环境致害行为与损害事实之间的因果关系,即受害人的损害是行为人污染环境的行为造成的。在传统的民事责任中,要求的是违法行为与损害结果之间具有因果关系,由于环境民事责任不以违法行为为构成要件,因而强调其侵害行为的危害后果,将其表述为致害行为与损害后果之间的因果关系。同时,在环境污染损害中,要证明损害事实与损害行为之间具有因果关系往往比较困难。因此,环境民事责任中的因果关系是一个比较复杂的问题,环境污染行为与后果之间有环境因素的介入加大了证明因果关系的难度,所以在环境民事责任中不要求有传统民事责任上的那种严密的、直接的、必然的因果关系证明,而是放宽了因果关系方面的旁证,采用"因果关系推定"等新的证明方法。

一般侵权行为大多直接作用于受害人,环境侵权则要通过环境这一中介物,企业排放的污染物先在环境中迁移、扩散和转化,再作用于人体和财产。如日本四大公害事件中的"水俣病"事件,金属冶炼厂排放的含有汞元素的污水先与水域中的藻类结合生成甲基汞,再经由藻类—鱼—人的食物链,直至居民发生神经中毒症状,死亡几十人,前后经过十多年之久。加害主体、加害行为以及损害事实都因为环境的自然作用过程而变得十分不易把握,并且环境污染作为生产活动的副产品,与每一个具体生产过程的联系都比较紧密,多因一果、一因多果的情况时常发生,且并不表现为直接的联系性。在某些情况下,对于环境侵害所发生的严重后果,即使是当代最先进的科学技术也无法作出全面、真实的解释,因果关系难以被充分认识。并且要查明污染损害的原因需要丰富的科学知识和大规模的科学调查,公民个人要进行这种证明事实上是极其困难的。

针对环境侵权责任的因果关系的证明,日本学者提出了"盖然性学说"(又称事实推定说),英美法上有"优势证据理论",德国则将证据法上的"间接反证说"灵活运用在环境侵权因果关系证明中。当然,最具说服力的还是"疫学因果论"。该学说对疫学上可以考虑的若干因素,利用统计的方法、调查各种因素与疾病间的关系,选择相关性较大的因素对其作综合研究判定因果关系。所谓疫学,指针对集体现象的疾病,探明其发生、分布与社会生活的因果关系,寻求对策,防止疾病发生的科学。疫学因果关系具体根据以下几个条件进行判断:第一,污染要素或因子在发病前发生过作用;第二,污染因子的作用与发病率成正比,该因子的作用程度越显著,则该病患者的比率越高,该因子在一定程度上被消除,则该病患者的比率及病重程度下降;第三,该因子作为致病原因的结论与生物学的说明不发生矛盾。但该学说仅适用于环境污染所致疾病的损害,无法用于所有环境侵权造成的损害,具有一定的局限性。

我国在司法实践中的做法类似于德国法上的"间接反证说",即只要受害者提供初步证据证明自己受到损害的事实,举证责任就转移到加害人一方,如果加害人不能证明损害事实不是自己造成,那么就可以推定加害人的行为与损害事实之间存在因果关系,加害人应当承担民事责任,我们称之为举证责任倒置。因为在一般的民事侵权案件中,举证责任实行"谁主张谁举证",包括侵害行为与损害结果之间的因果关系是由原告负举证责任的,而在环境侵权案件中,将原由原告承担的举证责任,改为由被告承担。1992年7月14日,最高人民法院《关于适用〈民事诉讼法〉若干问题的意见》第74条规定:因环境污染引起的损害赔偿诉讼,"对原告提出的侵权事实,被告否认的,由被告负责举证"。从此,我国的公害民事赔偿诉讼中正式确立了"举证责任转移"原则。① 最高人民法院于2001年12月21日公布、2002年4月1日起生效施行的《关于民事诉讼证据的若干规定》第4条第3项进一步明确规定:"因环境污染引起的损害赔偿诉讼,由加害人就法律规定的免责事由及其行为与损害结果之间不存在因果关系承担举证责任。"《水污染防治法》(2008年)第87条明确规定:"因水污染引起的损害赔偿诉讼,由排污方就法律规定的免责事由及其行为与损害结果之间不存在因果关系承担举证责任。"首次以法律的形式规定了排污方的举证责任。紧接着,2009年制定的《侵权责任法》(第66条)规定:"因污染环境发生纠纷,污染者应当就法律规定的不承担责任或者减轻责任的情形及其行为与损害之间不存在因果关系承担举证责任。"这些规定确立了环境民事责任"因果关系推定"的证明规则。

### 三、环境民事责任形式

对于一般民事责任,《民法通则》第134条规定了承担民事责任的10种形式②:(1) 停止侵害;(2) 排除妨碍;(3) 消除危险;(4) 返还财产;(5) 恢复原状;(6) 修理、重作、更换;(7) 赔偿损失;(8) 支付违约金;(9) 消除影响、恢复名誉;(10) 赔礼道歉。这些民事责任的形式,可以单独适用,也可以合并适用。

根据《环境保护法》(2014年)第64条和《侵权责任法》第15条的规定,环境民事责任形式包括:(1) 停止侵害;(2) 排除妨碍;(3) 消除危险;(4) 返还财产;(5) 恢复原状;(6) 赔偿损失;(7) 赔礼道歉;(8) 消除影响、恢复名誉。相比《民法通则》的上述规定,删去了"支付违约金",该民事责任形式应属于违反合同的民事责任;还删去了"修理、重作、更换",该民事责任形式可合并于"恢复原状"责任形式之中。现行环境保护单行法中,环境民事责任形式大都沿用原《环境保护

---

① 韩德培、陈汉光:《环境保护法教程》(第7版),法律出版社2015年版,第372页。
② 《侵权责任法》第15条规定了8种承担侵权责任的方式,即删去了"支付违约金"(该方式应属民事责任另一种责任形式即属于违反合同的民事责任)和"修理、重作、更换"(因为这种责任形式可合并于"恢复原状")。

法》第41条所规定的赔偿损失和排除危害两种,但是新修订的《环境保护法》(2014年)、《大气污染防治法》(2015年)都没有再列举这些责任形式,而只是规定要依法承担侵权责任。但是,不能因此认为环境民事责任就只有侵权损害赔偿了,因为不仅有《侵权责任法》上述具体规定,而且,《水污染防治法》(2008年)第85条、《海洋环境保护法》第90条、《环境噪声污染防治法》第61条都明确规定了"排除危害"和"赔偿损失"的责任形式,《固体废物污染环境防治法》第85条更是规定:"造成固体废物污染环境的,应当排除危害,依法赔偿损失,并采取措施恢复环境原状",即除了"排除危害"和"赔偿损失"之外,还列举性规定了"恢复原状"的责任形式。通说认为,排除危害"是指国家强令造成或者可能造成环境污染危害者,排除可能发生的环境污染危害,或者停止已经发生并予以消除继续发生环境污染危害的一种民事责任形式","实际上包括了《民法通则》规定的停止侵害、排除妨碍和消除危险三种民事责任形式,并且都属于民事责任形式中预防性的责任形式"。① 因此,应该说,环境民事责任不能局限于"赔偿损失",而应包含《侵权责任法》第15条规定的8种,尤其是其中的"停止侵害""排除妨碍""消除危险""恢复原状""赔偿损失"等责任形式,必须尽快克服诉讼和非诉讼解决环境纠纷的实践中只关注损害赔偿的不恰当做法。"停止侵害""排除妨碍""消除危险"是具有明显预防性的环境民事法律责任形式,与事后补偿性的"赔偿损失"这种责任形式相比,更适合环境保护工作的需要。与其在污染危害产生以后花昂贵的代价进行清除或治理,不如采取措施排除危害,防患于未然。②

(一)损害赔偿

这是承担环境民事责任的一种最常见的责任形式,指环境侵权行为人以自己的财产补偿其行为给他人所造成的人身伤害和财产损失。根据《环境保护法》第64条、《侵权责任法》第15—18条和第20、21条的规定可知,赔偿损失的范围包括:侵害他人造成人身损害的赔偿;侵害他人人身权益造成财产损失的赔偿;侵害他人人身权益造成严重精神损害的赔偿三种。

(1)侵害他人造成人身损害的赔偿范围。人身损害的赔偿是指行为人侵害了他人的生命健康权益致伤、致残、致死等后果而承担的金钱赔偿责任,是属于一种民事法律救济制度。我国《民法通则》和《侵权责任法》均对其赔偿范围、方式等作了规定。《民法通则》第119条规定:"侵害公民身体,造成伤害的,应当赔偿医疗费、因误工减少的收入、残废者生活补助费等费用;造成死亡的,还应当支付丧葬费、死者生前扶养的人必要的生活费等费用。"其中,"医疗费"是与治疗受害人密切相关的必要费用,通常包括诊察费、治疗费、化验费、检查费、药费、住院费等医治人身伤害的费用,以及与医疗有关的受害人本人和必要的陪护人员交通费、住宿费、伙食补助费和营养费等。"因误工减少的收入"包括受害人与必要的陪护人员因误工所减少的收入。"残废者的生活补助费等费用"具体包括:不低于当地居民基本生活标准的生活补助费、伤残用具费(购买必要的功能辅助器的费用)、因伤残而增加的生活上的必需的费用;伤残护理费用、因伤残而变更职业的新职业学习费用。对于依靠受害人实际扶养而又没有其他生活来源的人的必要生活费的赔偿,其数额可根据实际情况确定。

(2)侵害他人人身权益造成财产损失的赔偿范围。财产损失包括直接损失和间接损失。《侵权责任法》第19条规定:"侵害他人财产的,财产损失按照损失发生时的市场价格或者其他方式计算。"财产完全损毁、灭失时,要按照该物在市场上所具有的标准全价计算。若该物已使用多年的,应按市场全价进行折旧计算。若无市场流通价,则可按照有关部门评估价格计算。除了这些直接损失之外,还包括间接损失,即可得利益的减少,被侵权人基于财产而可能产生的利益的减少。

---

① 韩德培、陈汉光:《环境保护法教程》(第7版),法律出版社2015年版,第370页。
② 李爱年、周训芳、李慧玲:《环境保护法学》,湖南人民出版社2012年版,第139页。

(3)侵害他人人身权益造成严重精神损害的赔偿范围。1986年《民法通则》第120条第一次规定了精神损害赔偿制度。2004年5月1日起施行的《关于审理人身损害赔偿案件适用法律若干问题的解释》也对精神损害赔偿问题作了相应的规定:"因生命、健康、身体遭受侵害,赔偿权利人起诉请求赔偿义务人赔偿财产损失和精神损害的,人民法院应予受理。"《侵权责任法》第22条规定:"侵害他人人身权益,造成他人严重精神损害的,被侵权人可以请求精神损害赔偿。""他人人身权益"包括被侵权人本人的生命权、健康权、姓名权、名誉权、肖像权、隐私权、监护权等,但不包括侵害财产权益。只有这些人身权益受到"严重"损害时,被侵权人才可以请求精神损害赔偿。最高人民法院2001年发布的《关于确定民事侵权精神损害赔偿责任若干问题的解释》第8条明确规定:因侵权致人精神损害,但未造成严重后果,受害人请求赔偿精神损害的,一般不予支持;造成严重后果的,法院才能支持。赔偿金的计算应该考虑侵权人的主观状态、被侵权人的伤残情况和遭受精神痛苦的情形。

(二)"停止侵害""排除妨碍""消除危险"

这三种责任形式是最具有源头控制特性的责任形式,应该在实践中予以高度重视。

只要污染和破坏生态环境的侵害行为还在继续、妨碍正常生活与生产的环境污染和生态破坏因素还存在、对受害人以及对生态环境本身的危害还实际存在,受害人就可以首先要求侵害人承担停止侵害、排除妨碍、消除危险等民事责任,如果向法院诉请,法院应该予以支持,法院可发令侵权人停止侵害、排除妨碍、消除危险,或者在判决书中责令侵害行为人停止污染或者破坏环境行为、排除妨碍、消除危险。这些责任形式可以及时制止侵害行为。其适用条件是:致使环境污染或者生态破坏行为仍在继续发生;受害人要求排除的妨碍是实际存在,而且是非法的;请求消除的危险必须是实际存在的威胁生命、财产安全但尚未发生事实上的危害。

(三)恢复原状

《中国共产党第十八届中央委员会第五次全体会议公报》和《中华人民共和国国民经济和社会发展第十三个五年规划纲要》都明确要求"加强生态保护修复""筑牢生态安全屏障""坚持保护优先、自然恢复为主,实施山水林田湖生态保护和修复工程""推进自然生态系统保护与修复",表明国家最高层已经将生态恢复和修复作为国家重大政策。因应这一宏观政策的要求,环境民事法律制度应该从微观层面、从具体个案中更加重视对受污染和破坏的生态环境恢复原状。

恢复原状是指将被侵犯的财产或权利恢复到被侵害前的原有状态。西方发达国家治理环境的经验表明,被污染的环境经过综合治理,物理意义上的恢复原状虽然不可能,但使其恢复到原来的环境状态是可能的。如伦敦的泰晤士河、欧洲的莱茵河都曾经因滥用和污染而成为著名的死河,甚至导致环境灾难和瘟病流行,经过治理,都重现生机。我国一些资源法律中把"恢复原状"作为行政处罚方式,这是由我国自然资源的国有性质决定的。《固体废物污染环境防治法》第85条已明确规定了恢复环境原状的责任承担方式。

在司法实践中,最高人民法院对恢复原状进行了司法解释,将其明确为"修复生态环境",以避免发生从物理意义上理解"恢复原状"造成案件的错判。最高人民法院《关于审理环境民事公益诉讼案件适用法律若干问题的解释》(法释〔2015〕1号)(以下简称《环境公益解释》)第20条第1款规定:"原告请求恢复原状的,人民法院可以依法判决被告将生态环境修复到损害发生之前的状态和功能。"第2款则明确提及了"修复生态环境"这一表述。《关于审理环境侵权责任纠纷案件适用法律若干问题的解释》(法释〔2015〕12号)第14条也做了类似规定:"被侵权人请求恢复原状的,人民法院可以依法裁判污染者承担环境修复责任。"述条款只是对《民法通则》《侵权责任法》中恢复原状的特别解释,而非创设新的责任承担方式。环境侵权适用恢复原状或修复生态环境责任至少要具备两个条件:第一,须有修复的可能;第二,须有修复的必要。如果环境的污染、破坏在现有技术条件下难以修复,或者修复的代价过高,明显不合理,则应采用其他责任方式来代替恢复原状。

目前急需要对恢复原状制定有关标准或技术准则。暂时可以以被污染的环境要素恢复到符合国家或地方的环境质量标准的要求即可;对于生态破坏的恢复原状,则要求恢复到环境要素原有的功能。例如,要求被污染的鱼塘或水道恢复到可供养殖或其他正常利用的状态,要求被破坏的耕地恢复到可供耕种的状态,等等。

### 四、共同环境侵权行为的责任承担

现代公害通常是以多个企业的事业活动为原因而发生的所谓复合公害。例如日本四日市和川崎市因大气污染造成的哮喘病等,就是多个工厂烟囱排放的硫化物相互重合蓄积致浓度升高,使大气遭到严重污染,从而成为呼吸器官疾患的原因。要搞清复合公害中单个企业对损害发生的作用度,对于受害者绝不是一件容易的事。日本《民法》第719条规定"数人因共同的侵权行为给他人造成损害时各自连带负担赔偿之责",使受害者能得到及时、完全的救济。我国《民法通则》(第130条)中也有类似规定:"二人以上共同侵权造成他人损害的,应当承担连带责任。"但《民法通则》的规定不够具体和明确,甚至导致有人仍然认为行为人之间的意思联络,即行为人之间有共同的故意或过失是其成立的必要要件。在环境侵权中受害者难以证明侵权人主观上有过错,更不用说证明行为人之间具有共同过错了。因此,在环境侵权实践中,应对《民法通则》第130条作灵活运用。只要具备下列条件,就可认定行为人构成共同侵权行为,对受害者承担连带赔偿责任:(1)数个排污者污染源位置相近,大致同时开始作业并有污染物的持续排放;(2)数个排污者排放的污染物都有可能造成损害后果;(3)损害后果已经发生,但不能认定具体是何人造成损害。共同侵权被认定后,受害者不必一一举证各个行为人的赔偿责任比例,可向其中任何一人提出请求并获得全部赔偿,责任的分担比例只是排污者内部的追偿问题。

受害者处于极为有利的地位,但对企业来说并不是一个理想的制度,尤其对于那些对损害的发生明显作用比例小的企业来说,未免过于苛刻。日本的相关立法对我们有一定的借鉴作用。日本《水质污染防止法》第20条规定,法院在适用共同侵权制度时,要斟酌考虑作用度明显较小的排污者的赔偿责任额。

## 本 章 小 结

用私法的手段控制环境问题,有利于促进人们在日常生活中对污染进行控制和监督的自觉意识和责任意识。本章从环境保护的视角,审视了民法的基本原则,挖掘传统民法原则的环境法价值,对环境人格权、环境物权、环境民事请求权、环境合同等环境民事法律的基本构造作出了分析,然后,集中阐释了环境侵权突出的二元性特征以及因此而形成的环境纠纷的复合性特征,这些是环境民事责任的认识论基础。环境侵权实行无过错责任,这是各国的共识。环境民事责任的构成普遍采行三要素模式,即:损害事实、污染危害环境的行为、污染危害环境的行为与损害事实之间的因果关系。环境民事责任形式最常用的是损害赔偿,更能体现环境保护规律的"停止侵害""排除妨碍""消除危险"等责任形式值得高度重视,"恢复原状"责任形式有其独特价值,这有利于在个案中及时实现生态修复。共同侵权行为人承担连带责任有利于对受害者及时救济,也有利于强化排污者的责任意识,但是有必要在具体适用中考虑排污者对损害的作用度。

【思考题】

1. 如何看待民法的"生态化"?怎样正确认识民法在环境保护中的地位和作用?

2. 环境侵权行为的构成要件是什么？
3. 为什么环境侵权适用无过错的归责原则？按照我国法律的规定，其免责要件有哪些？
4. 精神损害赔偿能用于环境污染的受害者吗？
5. 环境侵权民事责任与传统民事责任是否存在差异？

## 【案例】

### (一) 河北省乐亭县企业合法行为造成环境损害赔偿案①

河北省乐亭县农民孙有礼等18人共同集资在大清河、滦河入海口滩涂开办了6家养殖场，从事海水养殖。2000年10月上旬，大量的工业污水奔涌而至，造成这些养殖场2 000多万元的经济损失。孙有礼等18位农民遂将上游的迁安第一造纸厂、迁安化工有限责任公司等9企业告上天津海事法院，认为上述9家企业所排工业污水超标，导致养殖场损失，请求法院判令上述企业排除污染危害，并赔偿其经济损失2 000余万元。上述各企业均否认养殖场水污染事故系由其排污所致。河北省迁安化工有限责任公司特别强调其系达标排放，并出示了由当地环保部门颁发的企业达标排放证书及相关文件，以证明其排污行为是合法的，即使污染损害的事实成立，其也无须承担赔偿责任。

天津海事法院经审理查明：除迁安化工有限责任公司以外，其余8家企业所排污水均超过规定的排放标准；上述9家企业所排污水中含有悬浮物、重金属、挥发哇酚等大量有害物质；上述9家企业所排污水涌入孙有礼等人开办的6家养殖场，致使养殖场经济损失约为1 366万元。2002年4月12日法院依法作出一审判决：(1)判令上述9家企业赔偿孙有礼等18人所遭受的经济损失共计1 365.97万元；(2)责令9被告立即停止侵害，不得再排污水入海，消除继续污染养殖区域的危险。河北省迁安化工有限责任公司的污水排放虽未超标，属合法达标排放，但同样应对孙有礼等18人承担污染损害赔偿责任。

当事人对此判决不服而上诉。二审法院认为原告水产品损失应该以批发价而非零售价计算；原告等在签订承包合同时应考虑到上述企业多年排污的历史原因，在靠近排污河道和入海口从事养殖业有一定的风险，应自行承担由于对养殖环境风险评估不足的相应损失；迁安化工有限责任公司被当地环保部门确定为达标排污企业，在承担民事责任上应与超标排放企业有所区别。2003年3月24日，二审法院作出判决，维持一审判决第(2)项，将第(1)项改判为：迁安第一造纸厂等8家超标排污企业连带赔偿原告损失655.325万元；迁安化工有限责任公司单独承担赔偿责任14万元，不承担连带责任。

### 【问题】

(1) 迁安化工有限责任公司合法达标排放污水能否免除污染损害赔偿责任？为什么？
(2) 环境民事责任有哪些形式？法院对9被告的"连带责任"的判决是否恰当？

### (二) 2 227户梨农诉某市交通委员会生态侵权案②

2004年，某市一农业区2 227户梨农(以下简称原告方)以某市交通委员会、省交通厅公路管理局、市公路管理处、区公路管理所、区国道路段收费站、区交通局、区公路管理段等七家单位为被告(以下简称被告方)，向法院提起诉讼称：原告方所在农业区作为本省梨树生产基地，梨子的

---

① 王树义主编：《环境与自然资源法学案例教程》，知识产权出版社2004年版，第86—93页；王灿发主编：《环境与资源保护法案例》，中国人民大学出版社2005年版，第192—197页。
② 吕忠梅主编：《环境法案例辨析》，高等教育出版社2006年版，第72页。

收成一直居全省前列。但从1997年被告方在穿行该区的国道路段(以下简称国道)种桧柏后,梨子的收成逐年下降。2003年春末夏初大面积爆发梨锈病,13 706.35亩约115.13万株梨树全部绝收,给原告方造成了巨大的经济损失。经省内外专家考察后认定,该灾害系因国道栽种的桧柏所致,且经此严重的梨锈病侵害,该地区的梨树2004年依然绝收,对2005年产量仍将产生影响,以后必然再次爆发此种灾害。梨锈病并非自然灾害,而是由于被告大量栽种桧柏破坏了原有良好的农业生态环境所致。被告作为公路主管部门和国道的管理者及维护者,在对公路行道树实施改造时,不经科学论证,不考虑对周围农业生态环境的影响,盲目栽种与梨树有天敌之称的桧柏,造成了原告巨大的经济损失,应当依法承担民事责任。请求法院判令被告立即清除国道沿线栽种的桧柏树;依法判令被告赔偿经济损失并承担诉讼费开支。

被告方未向法院提交书面答辩状,但提供了相关证据,主要欲证明:(1)被告方与有关单位通过签订绿化合同方式种植行道树是合法行为;(2)梨锈病是一种常见的梨树病害且可防可治,柏树的存在并不必然导致梨锈病的发生,梨锈病的发生和流行是由多种因素促成的,梨树减产的原因更是多方面的;(3)原告提供的梨树种植面积、受害梨树株数以及所遭受的损失证据不实。

受案法院对双方当事人提供的证据,法院委托鉴定结论,以及依职权进行的调查进行了庭审质证,经审理查明的主要事实为:1995年11月到1998年2月间,被告方在国道路旁种植了桧柏。2003年原告所在区域大部分梨园程度不同地发生了梨锈病,主要是由以下因素造成的:(1)桧柏的存在;(2)气候因素,梨树开花和展叶期遇到罕见的连阴雨气候,为梨锈病菌从桧柏侵染到梨树提供了极为有利的条件且给药剂防治带来了困难;(3)梨园部分梨树老化、衰弱、树体抵抗力下降,加重了发病程度。同时还查明了其他相关事实。

本案经一审法院判决,驳回原告诉讼请求。其理由为:桧柏只是梨锈病的发生条件之一,仅有桧柏的存在并不必然导致梨锈病的发生。被告方中区交通局、区公路管理段虽然是桧柏的种植者、管理者,市交通委员会、省交通厅公路局、市公路管理处因行政隶属和行业管理关系,对涉案路段负有一定职责,但他们的行为与原告之间的损失并没有法律上的因果关系,且原告请求赔偿数额的依据不能成立;区公路管理所、区国道路段收费站不是本案适格被告,故原告要求上述被告承担民事责任的请求均不能成立。

【问题】
(1) 该案是否属于环境侵权案?应该适用何种归责原则?
(2) 梨农损失与种植桧柏之间存在因果关系吗?

# 第八章 环境刑法

---
***本章要点***
---

本章旨在介绍用刑法手段保护环境的必要性。同时在介绍各国环境刑法立法模式的基础上,结合案例对我国现行刑法规定的环境犯罪罪名作了全面介绍。为正确地适用刑法的相关规定,对全部环境犯罪的构成要件进行了必要的分析。

## 第一节 环境刑法的一般理论

### 一、刑法适用的必要性

2004年判决的武汉市汉阳仙山村苯酚泄露案被称为"湖北环境污染犯罪第一案"(以下简称湖北第一案),被告人方某某、何某某和王某某分别被控以重大环境污染事故罪和环境监管失职罪。这两个罪名都是1997年《刑法》新规定的罪名,可见,保护环境除了让行为人承担行政责任和民事责任以外,刑事责任也是环境法律体系中不可或缺的重要一环。

英国法律史学家亨利·梅因曾在其著作《古代法》中提出:"一个国家文化的高低,看它的民法和刑法的比例就能知道。大凡半开化的国家,民法少而刑法多,进化的国家,民法多而刑法少。"①这话指出了社会和法治发展的一般性规律,但是,不能片面理解为不重视刑事法律,环境法治较发达的欧洲就很重视运用刑事手段保护环境②。现代国家的环境刑事责任制度的创设和发展始于20世纪70年代,并且首先是在一些经济社会发达的国家。例如,日本在1970年颁布了《关于危害人体健康的公害犯罪制裁法》,美国在20世纪70年代初《清洁空气法》《清洁水法》《资源保护和回收法》等环境法的立法和修订中,增补了相应的环境刑事法律责任条款。这是因为人们意识到严重的污染破坏环境的行为具有应受刑罚处罚的社会危害性。斯德哥尔摩环境会议召开的时候,很多著名科学家还批评环境保护思想"荒谬",称这种思想可能使科学和工业进步以及社会发展的速度放慢,更不用说将污染破坏环境的行为定罪量刑了。但日本学者藤木英雄在其同时期的著作《公害犯罪》中写道:"作为公害受害的明显例子,有水俣病事件,特别是胎儿性水俣病患者的例子。凡是目睹过这种惨状的人都会感到,如果连这还不算犯罪的话,那也就没有什么犯罪可言了。"③

1978年在布达佩斯举行的第十届国际比较法大会和1979年在汉堡举行的国际刑法学会第

---

① [英]亨利·梅因:《古代法》,沈景一译,商务印书馆1996年,第207页。
② [荷]迈克尔·福尔、[瑞]冈特·海因:《欧盟为保护生态动刑:欧盟各国环境刑事执法报告》,徐平、张浩、何茂桥译,中央编译出版社2009年版。
③ [日]藤木英雄:《公害犯罪》,丛选功等译,中国政法大学出版社1992年版,第4页。

十二届大会上,各国达成共识,认为刑事责任作为国家对环境施加影响的最严厉的手段,必须得到充分运用,但同时也明确它只能作为"最后手段",即在其他较缓和的措施特别是行政措施不能奏效时才可采取。这一共识明确了刑事手段在环境保护中的必要性,以及环境刑事手段作用及其基本限度。

## 二、环境刑事立法模式

"法无明文规定不为罪",现代国家都规定了罪刑法定原则,环境犯罪也不例外。但由于各国经济发展水平和自然环境的差异,以及法律文化传统的不同,各国形成了不同的环境刑事立法模式。大致有三种。

### (一)制定专门的刑事法律

制定环境犯罪专门的刑事法律,通常是基于两个原因:一是随着环境问题更为普遍甚至更为严重,而同时人们的环境需求越来越旺盛,以至于必须用刑事手段惩戒环境犯罪行为并教育公民保护生态环境;二是急需要用刑事手段保护环境,但是刑法不能提供基本的法律依据,而又不宜马上修改刑法,于是就先制定环境犯罪专门的刑事法律。日本20世纪五六十年代发生的汞、砷中毒等一系列公害事件引起了日本社会各界的强烈反应,也促进了日本环境法制的发展进程。1970年,日本在世界范围内首次颁布了《关于危害人体健康的公害犯罪制裁法》,即《公害罪法》,分立法目的;对故意犯罪的惩罚;对过失犯罪的惩罚;两罚规定;推定;公诉时效和第一审的裁判权共七个条文。这一专门立法率先确立了环境犯罪。1974年修改其刑法典,增加了污染饮用水的犯罪和气体泄漏污染环境犯罪。虽然,刑法典和特别刑法都立足于对传统法益的保护,没有把环境法益作为刑法直接保护的对象,如《关于危害人体健康的公害犯罪制裁法》第2条规定:"由于企业的业务活动而排放有害于人体健康的物质并对公众生命和健康造成危害者,处三年以上有期徒刑或300万日元以下的罚金;致人伤亡者,处七年以下有期徒刑或500万日元以下的罚金。"但其对环境犯罪认定中的难点问题作了规定,如因果关系推定;并且已开始把危险犯引入危害环境罪,体现了环境保护预防为主的特点。刑事特别法的立法模式具有立法操作简单、灵活的特点。

### (二)在环境保护法中规定刑事规范

美国环境刑事法律规范规定在诸如《清洁空气法》等一系列主要环境法的相应条款中。但这些法律条款的规定是比较抽象的,其原因在于美国国会在通过这些刑事法律责任条款时,关注的问题是是否需要规定环境刑事法律责任来对付危害环境行为,而不必考虑这些条款适用的具体对象和具体条件,这些对象和条件留待法官在具体的案件中考虑。因此,一方面只要这些条款符合美国宪法的规定就容易得到国会的接受并获得通过;另一方面,环境刑事法律责任条款适用的对象、条件和方法是通过美国联邦和州法院的判例来确立的,通过这些判例,环境刑事法律责任条款得到详细的解释。这种法律机制,不仅与美国的法律传统一脉相承,并使美国环境法形成了环境刑事法律责任立法与现实相联接的灵活、有效的特点。

### (三)在刑法典中规定专门章节

1980年联邦德国对其刑法典进行了修改,增设了"危害环境罪"专章,规定了污染水域罪、污染空气和噪声污染罪、废物危害环境罪、非法从事核设施罪、非法处置核燃料罪、破坏特别保护区罪和严重危害环境罪等七个独立罪名。一般污染和破坏环境罪的刑事法律责任通常为五年以下自由刑和罚金刑,而对严重危害环境罪的处罚则较重,如该法第330条规定:"严重污染水域、废物严重污染环境、严重非法从事核设施、严重非法处置核燃料,以及严重破坏特殊保护区的,处十年以下自由刑。"在统一后的德国于1992年7月15日修正公布的德国刑法典中,这个专章未做任何改动。德国通过在刑法典中设立环境犯罪专章,不仅使得追究环境犯罪行为人的刑事法律责任有了权威性的立法规定,也使得定罪量刑有了科学的依据。

我国1979年《刑法》以及《关于惩治捕杀国家重点保护的珍贵、濒危野生动物犯罪的补充规定》《关于惩治严重破坏经济的罪犯的决定》《关于惩治走私罪的补充规定》等补充性立法中,均未规定"污染环境罪"或者"破坏环境资源罪"。虽然其中有破坏水资源的犯罪,破坏矿产资源的犯罪,盗伐或滥伐林木的犯罪,非法捕杀珍贵、濒危野生动物的犯罪,非法捕捞水产品的犯罪,非法猎捕的犯罪,污染环境的犯罪等,但是,这些规范的立法宗旨都不是为了保护和改善环境,只不过客观上起着这种作用而已。1997年修订的《刑法》第六章第六节集中规定了"破坏环境资源保护罪"类。

### 三、环境犯罪的特点

环境犯罪与传统的反社会、反道德的犯罪行为不同,因此不是一开始就受到刑事谴责和否定性评价的,这也是导致人们环境犯罪意识淡薄的原因。

首先,绝大多数环境犯罪都是人们正常生活、生产活动的"附产品"。无论是现代工业化、商业化的生产过程,还是人们的日常生活,都不能不利用自然资源,并向环境排放废弃物。这一切不仅不是犯罪,反而是人类生存权的体现,甚至是为社会谋福利的事情。只是有关方式和程度超过了环境和社会能容忍的限度,产生了严重污染破坏环境的后果,应受刑罚惩罚。

其次,环境犯罪直接针对环境进行,对人体的危害是间接的。传统的犯罪观中有一个基本观点,即认为能用眼睛看见实际危害的行为的犯罪趋向是强烈的。即传统犯罪的受害者的感觉是明显的;而环境犯罪中,因为排污行为与人体反应之间的时间间隔和空间距离,受害者很难及时将所受侵害与犯罪行为直接联系起来,犯罪行为人也容易将自己的行为与受害者所受的损害隔离开来,而减少负罪感和责任感。

最后,行为的后果严重,危害性更大。环境犯罪是严重污染破坏生态环境的行为,其带来的后果比一般环境违法行为的后果更为严重,对生态环境、公众健康和社会发展的危害性更大。

### 四、环境刑事法律责任的形式

按照我国刑法的规定,环境犯罪人承担的刑事法律责任形式与一般犯罪人并无异处,但罚金刑的运用在其中尤为注重。罚金刑一方面对环境犯罪行为人获取的非法经济利益予以剥夺、打击和预防犯罪,另一方面收取的罚金可以用于对环境损害进行补救。但环境犯罪和传统犯罪的不同之处很多,如环境犯罪人一般不具有人身危险性,环境犯罪的后果难以完全恢复等,因此将这些犯罪人收监执行刑罚,对刑罚资源是一种浪费;同时若将已造成的环境损害完全交由国家进行补救,导致政府不堪重负;也无法体现环境保护"预防为主"的原则。如何寻找更为有效的刑事处罚手段成为完善我国环境刑法的重要部分。新的刑罚措施要贯彻惩罚和教育相结合的原则,并且要起到补偿环境的效果。这方面,国外的判例和相关规定值得我们借鉴。如"在1987年美国的一个判例中,法官判处被告2年缓刑,条件是被告人必须对不同的行业组织作3次关于环境犯罪危害的报告。……通过环境刑事法律责任的实现活动来积极地寻找各种方法宣传环境法律规定。"此外,1997年1月1日生效的《俄罗斯联邦刑法典》有关环境犯罪及处罚的规定中也规定了限制自由的强制性工作和劳动改造的刑罚手段。其260条第2款规定:"对各个类别森林中的树木、灌木和藤本植物,以及不属于森林储备资源的各种植物进行非法砍伐和损坏以致使其停止生长的,如果这些行为是(1)多次实施的;(2)利用自己职务地位的人实施的;(3)数量巨大的,处数额为最低劳动报酬100倍至200倍或被判刑人1个月至2个月的工资或其他收入的罚金,或处180个小时至240个小时的强制性工作,或处1年以上或2年以下的劳动改造,或处6个月以下的拘役,并处或不并处3年以下剥夺担任一定职务和从事某种活动的权利。"类似这样的规定就是责令犯罪人用自己的劳动去恢复被损害的环境。法院可以对认罪态度较好、主观恶性不大的环境犯罪人判决其以劳动恢复被损害的环境。我国也越来越多地采取这种方式,2010年3月13日,中央电视台以《保卫环境 司法"亮剑"》为题,请吕忠梅教授、王灿发教授等杰出的环境司法理论和实务工作者为嘉宾对福建省柘荣法院"复植补绿"的案例进行点评和讨论。福建全省甚至全国很多法院都纷纷借鉴,有法院甚至发布关于"复植补绿"的规范性文件规定有关条件、程序和监管措施。①

## 第二节 环境犯罪的构成要件

环境犯罪构成是指刑法规定的、反映具体环境犯罪行为的社会危害性及其程度、用以判定是否构成环境犯罪所必需的一切主观和客观要件的有机整体,是使行为人承担环境刑事责任的根据。每一种环境犯罪的成立都必须具备四个方面的构成要件,即犯罪主体、犯罪主观方面、犯罪客体和犯罪客观方面。

### 一、犯罪主体

犯罪主体是指实施了危害社会行为的单位和个人,"单位"包括《刑法》第30条规定的"公司、企业、事业单位、机关和社会团体"。"个人"是指达到法定年龄并具有责任能力的我国公民。此外,犯罪主体还包括在我国领域内实施了《刑法》所禁止的危害社会行为的外国人、无国籍人及其单位。这些主体也适用于破坏环境资源保护罪类中,因此,我国环境犯罪主体既包括自然人,也包括单位。《刑法》第407条、408条和第410条等规定了负有环境保护监督管理职责的行政机关工作人员、林业主管部门的工作人员和土地管理机关工作人员的犯罪,这些与环境保护相关的犯罪的主体是具有一定职务或者身份的人,这类主体是犯罪的特殊主体。

在环境犯罪案件中,单位成为犯罪主体的频率是很高的。现代大多数国家在刑法中都规定了单位犯罪及其刑事法律责任,尤其是在环境犯罪领域。我国1997年《刑法》第31条对单位犯罪的处罚原则作出了规定,第346条更是明确规定了对单位犯破坏环境资源保护罪的处罚:"对单位判处罚金,并对其直接负责的主管人员和其他直接责任人员,依照本节各该条的规定处罚。"在确定单位环境犯罪主体时,要弄清单位刑事责任能力的合法存在性与自身的完整性。所谓合法存在性,指单位依法成立,且正常存续期间,如在此期间犯环境方面的犯罪,单位应承担刑事责任。如果是非法成立的组织或以已不存在的单位的名义进行环境方面的犯罪,则应追究自然人的刑事责任。所谓完整性是将单位作为一个整体,而非其他组织的某一部分。在明确单位合法存在的前提下,将单位的经济活动看作是单位的代表、主管人员或直接责任人员,经过单位决策机关授意或批准,为了单位的利益,以单位的名义实施了危害环境的犯罪行为,除对直接责任人员以自然人的处罚原则处罚外,单位作为一个完整的组织亦应承担相应的罚金刑。

### 二、犯罪主观方面

环境犯罪的主观方面是指环境犯罪行为人对自己污染和破坏环境行为产生危害结果所持的心理态度,即故意或者过失的犯意。我国《刑法》第14条规定:"明知自己行为会发生危害社会的结果,并且希望或者放任这种发生,因而构成犯罪的,是故意犯罪。故意犯罪,应当负刑事

① 梅贤明、陈茹:《福建:"复绿补植"的恢复性司法模式》,《人民法院报》2013年4月21日第5版。

责任。"第 15 条规定:"应当预见自己的行为可能发生危害社会的结果,因为疏忽大意而没有预见,或者已经预见而轻信能够避免,以致发生这种结果的,是过失犯罪。过失犯罪,法律有规定的才负刑事责任。"因此,行为人实施犯罪行为时的心理态度包括故意和过失,并且刑法惩治的犯罪绝大多数是故意犯罪。过失犯罪必须法律明确规定才负刑事责任。需要进一步明确的是,破坏自然资源的犯罪(第 340—345 条)的主观方面多为直接故意,且往往伴有牟取暴利或者其他非法利益的目的、动机;污染环境资源犯罪(第 338、339 条)的主观方面为间接故意,如果是直接故意实施的,应定为危害公共安全罪或者侵犯公民人身权利罪。

近年来,在一些国家的环境犯罪及刑事责任的立法中,无过失责任的概念得以运用。如日本修改后的《空气污染控制法》《水污染控制法》规定,只要排污物对公众生活或身体造成了损害,无需查明排污者的主观心理即可追究其刑事责任。关于严格责任在环境犯罪认定中的确立,在我国学术界也引起了一场大讨论。赞同者的理由如下:一是符合罪刑相适应原则;二是有助于加强排污者的责任感;三是符合刑罚的目的。反对者认为:一是《刑法》确定了罪刑法定原则,而刑法中并未规定严格责任制度;二是单个企业按合理标准正确排污不可能预见到共同排污相互作用造成的污染后果,追究单个企业的刑事责任似乎有失公平;三是在双罚制下,代表企业的自然人在企业无过失的情况下,也要承担刑事责任显得过于苛刻;四是对企业处以罚金刑,目的之一在于对污染结果的治理和补偿,民事、行政手段也可起到类似作用。现行法律体现的是根据主观恶性和客观危害性相结合的原则确认和追究刑事责任,关于严格责任的争论似乎没有必要,但从长远发展的角度,这种争论是有益的。

### 三、犯罪客体

按照传统的刑法理论,犯罪客体是指由刑事法律所保护的,并为犯罪行为所侵犯或威胁的社会关系。具体到环境犯罪的客体,可以说是我国环境刑法中争论最多、分歧最大的一个问题。这些争鸣观点大体可归纳为以下七种。

(1) 公共安全。环境犯罪侵犯的是不特定的多数人的生命、健康和重大公私财产的安全。

(2) 经济秩序。危害环境罪的对象为环境要素,其中多为经济资源,它们是我国经济建设的物质基础,危害环境的犯罪必然破坏社会主义经济秩序。

(3) 双重客体或多重客体。双重客体说认为,环境犯罪的客体是为刑法所保护的,而为环境犯罪所直接侵犯的人与自然之间的生态关系和为环境犯罪所间接侵犯的人与人之间的社会关系。多重客体说认为,破坏环境资源保护罪的一般客体是刑法所保护的而为犯罪行为所侵害的社会主义社会利益,同类客体是社会管理秩序,直接客体是国家、单位、公民的环境权益。

(4) 复杂客体。环境犯罪侵犯的客体是国家环境资源保护制度、公民的环境权以及与环境有关的人身权和财产权。

(5) 环境社会关系。环境犯罪的客体是环境违法行为所侵害的特殊社会关系,即环境保护法律关系。

(6) 环境保护制度。破坏环境资源保护罪的客体应为国家对环境保护及污染防治的管理制度。

(7) 环境权。环境犯罪侵害的是国家、法人和公民的环境权。

(8) 环境法益。环境犯罪侵害的是环境法益,即应当用环境刑事法律规范保护的利益。环境犯罪的客体既包括人类利益也包括纯粹的自然利益,强调自然利益具有独立价值。具体说来,环境犯罪的客体是人类的生存或安全,包括人的生命、健康或重大的财产等直接法益以及维持直接法益的自然生态系统或其要素等间接法益。

现行《刑法》将"破坏环境资源保护罪"归入"妨碍社会管理秩序罪",实质是将该类罪的客体视为"国家对资源的管理秩序"。在国外刑法和环境法律中,已开始出现将受污染、破坏的环境因素或自然资源直接规定为环境犯罪的客体。如德国政府1978年通过了《同危害环境罪进行斗争的法律草案》,不仅将对人而且对诸如水、空气和土壤等从生态观点来说需要保护的客体造成威胁,对环境造成危险,对社会造成特别损害的各种行为都列入刑法典增设的危害环境罪章。即刑法承认环境同生命、健康和财产这些重要性早已不言而喻的个人福利具有同样的价值。

### 四、犯罪客观方面

犯罪的客观方面包括犯罪行为、危害结果、犯罪行为与危害结果之间的因果关系,但并不是每种环境犯罪的客观方面都包括这三个方面。我们先来看三个立法例。

(1) 美国《资源保护和回收法》规定,故意非法运输、储存、处理、处置和出口危险废弃物的行为,可处5年以下的监禁或每日5万美元的罚金,或者二者并处。

(2) 日本1970年《公害罪法》第2条规定,凡伴随工厂或事业单位的企事业活动而排放有损于人体健康的物质,给公众的生活或身体带来危险者,应处三年以下的徒刑或三百万日元以下的罚金。

(3) 我国《刑法》第338条规定,违反国家规定,排放、倾倒或者处置有放射性的废物、含传染病病原体的废物、有毒物质或者其他有害物质,严重污染环境的,处三年以下有期徒刑或者拘役,并处或者单处罚金;后果特别严重的,处三年以上七年以下有期徒刑,并处罚金。

第一个立法例规定的是行为犯,即行为人只要实施了法律禁止的一定行为就可构成犯罪,无论是否有实际危害,是否使受害者处于某种危险之中。第二个立法例规定的是危险犯即行为人污染或破坏环境的行为严重威胁环境及人身或财产,即可构成犯罪。第三个立法例规定的是结果犯,行为人实施了污染或破坏环境的行为,并"严重污染环境",才构成犯罪。《刑法》规定的环境犯罪,属于结果犯的占大多数,属于行为犯的较少,属于危险犯的没有。2013年6月17日最高人民法院、最高人民检察院联合发布的《关于办理环境污染刑事案件适用法律若干问题的解释》显示出重视行为犯的倾向,如第一条对"严重污染环境"的解释中的前五项都是只要求有排放行为。

至于具体的行为方式,我们仍将环境犯罪行为归纳为污染行为和破坏行为两类。污染环境行为仅指行为主体在生产、运输、管理等利用环境过程中的排放行为,一般不包括生活中的倾倒垃圾、排放污水等行为。如向土地、水体、大气排放、倾倒或者处置危险废物的行为,将境外固体废物进境倾倒、堆放、处置的行为,擅自进口固体废物用作原料的行为等,这些都是作为的方式。当然,也有不作为的方式,比如企业明知自己的生产经营必将造成环境的污染,但仍不采取任何防范或补救措施,当为而不为从而导致环境污染事故发生,就是典型的不作为污染环境行为。破坏环境的行为,指行为主体在开发、利用环境过程中非法砍伐林木、捕杀珍贵濒危动植物等摄取自然资源,改变或破坏生态环境的行为,只能由作为形式构成。

环境犯罪的危害后果包括对大气、水体及野生动植物等环境要素或整个生态平衡造成的损害,还可能包括进而对人身或财产造成的损害。但如果某种行为仅仅是对一人或多数人的人身或财产造成了损害,而没有对环境要素或生态平衡造成实际损害,就不属于环境犯罪的结果。这是我们在认定环境犯罪的危害后果、进而认定环境犯罪时必须注意的问题。

在结果犯的认定过程中,还有一个问题是必须解决的,即污染或破坏环境的行为应当与其造成的危害结果存在刑法上所要求的因果关系。传统的犯罪理论在判断因果关系是否成立时,通常采用相当因果关系论,即基于一般人可能认识的事实,有此因必有此果。环境犯罪中的破坏自然资源犯罪,与传统犯罪因果关系的证明一样,判断较为简单。但污染环境犯罪的因果关系因为污染的潜伏性、自然界的自我作用等原因而难以确认。如何科学地认定污染环境犯罪的因果关系已成了刑法发展面临的一大问题。这方面,日本最早确立了认定环境污染犯罪因果关系的推定原则,如日本《关于危害人体健康的公害犯罪制裁法》第5条规定:"如果某人由于工厂或企业的业务活动排放了有害于人体健康的物质,致使公众的生命和健康受到严重的损害,并且认为在发生严重损害的地域内正在发生由于该种物质的排放所造成的对公众生命和健康的严重损害,此时便可推定此种损害纯系该排放者所排放的那种有害物质所致。"我国在司法实践中,借鉴了环境保护先进国家的经验,运用了一些合理的推定原则。

## 第三节　环境犯罪罪名

1997年《刑法》及迄今共九个"修正案"中除了第六章第六节集中规定的"破坏环境资源保护罪"类之外,还有走私罪、渎职罪等罪中有相关的规定,可以将这些犯罪称为"相关环境犯罪"。因此,通常说的"环境犯罪"是狭义上的环境犯罪,即"破坏环境资源保护罪"类,而广义上的环境犯罪应该包括相关环境犯罪。本章此前都是从狭义上分析环境犯罪,本节有必要对"相关环境犯罪"也作简要分析。

**一、破坏环境资源保护罪**

《刑法》第六章"妨害社会管理秩序罪"中的第六节专门规定了"破坏环境资源保护罪"类,共9个条文(第338—346条),其中第338条、第339条是关于向环境排放和处置污染物质而发生的犯罪,可以将其归纳为"环境污染型罪";第340—345条共6条是关于自然资源破坏行为导致的犯罪,可以将其概括为"资源破坏型罪"[①];第346条则是关于单位犯破坏环境资源保护罪的处罚规定,这一规定适用于上述两种类型的所有犯罪。

(一)环境污染型罪

环境污染型罪共两个条文,涉及污染环境罪、非法处置进口的固体废物罪、擅自进口固体废物罪、走私固体废物罪等罪名。

1. 污染环境罪

《刑法》第338条原来规定:"违反国家规定,向土地、水体、大气排放、倾倒或者处置有放射性的废物、含传染病病原体的废物、有毒物质或者其他危险废物,造成重大环境污染事故,致使公私财产遭受重大损失或者人身伤亡的严重后果的,处三年以下有期徒刑或者拘役,并处或者单处罚金;后果特别严重的,处三年以上七年以下有期徒刑,并处罚金。"2011年2月25日,第十一届全国人大常委会第十九次会议审议通过了《刑法(修正案八)》,本条被修订。修订后的第338条规定:"违反国家规定,排放、倾倒或者处置有放射性的废物、含传染病病原体的废物、有毒物质或者其他有害物质,严重污染环境的,处三年以下有期徒刑或者拘役,并处或者单处罚金;后果特别严重的,处三年以上七年以下有期徒刑,并处罚金。"主要修订体现在三个方面:一是将构成要件中的犯罪结果由"造成重大环境污染事故,致使公私财产遭受重大损失或者人身伤亡的严重后果"修改为"严重污染环境",即只要造成了重大环境污染,无论是否属于污染事故,都将被追究刑事责任。二是将排放、倾倒或者处置的物质,由"危险废物"修改为"有害物质",其范围大大拓宽,有助于降低环境刑事犯罪的门槛。三是删除了"向土地、水体、大气"排放、倾倒或者处置的规定,无

---

① 我国区域性生态系统破坏问题日益突出,这类问题往往是污染、资源破坏以及物种引入或物种灭绝等行为造成的。鉴于此,有学者提出在"环境污染型犯罪""资源破坏型犯罪"之外还应该考虑增设"严重损害生态罪",这样"破坏环境资源保护罪"类逻辑上才是完整的。参见肖爱、吴正鼎:《论〈刑法修正案(八)〉第46条之完善》,《时代法学》2011年第2期。

论是否向土地、水体、大气排放、倾倒或者处置,都可以构成犯罪,也进一步拓展了刑法打击"严重污染环境"的行为范围。

2013年6月17日,最高人民法院和最高人民检察院联合发布了《最高人民法院、最高人民检察院关于办理环境污染刑事案件适用法律若干问题的解释》,自2013年6月19日起施行。该司法解释的第1条和第3条分别对第338条的"严重污染环境"和第338条、第339条中的"后果特别严重"的情形的认定作出了详细的、计量化的规定,还对"公私财产损失""有毒物质"等作出了解释,并对案件所涉的环境污染专门性问题的确定设立了规则。这一司法解释前所未有地强化了环境污染型罪司法适用时的可操作性。还值得指出的是,该司法解释第1条列举的14种"严重污染环境"的情形中,前五种都只是针对"排放、倾倒、处置"等排污行为本身,而并没有对行为造成的人身和财产损害作出要求,这有利于更好地利用刑事手段规制排污行为,更好地预防和控制环境污染的蔓延。

2. 非法处置进口的固体废物罪、擅自进口固体废物罪、走私固体废物罪

根据《刑法》第339条第一款,只要是违反国家规定,将境外的固体废物进境倾倒、堆放、处置的,无论是否造成环境污染、是否造成人身伤亡和公私财产损失,都属于"非法处置进口的固体废物罪",应处五年以下有期徒刑或者拘役,并处罚金,造成重大环境污染事故,致使公私财产遭受重大损失或者严重危害人体健康的,处五年以上十年以下有期徒刑,并处罚金;后果特别严重的,处十年以上有期徒刑,并处罚金。

第339条第二款规定了"擅自进口固体废物罪"。根据该规定,即使是有合理的理由利用进口固体废物用作原料,如果是未经国务院有关主管部门许可而擅自进口固体废物,只要造成重大环境污染事故,致使公私财产遭受重大损失或者严重危害人体健康,都应处五年以下有期徒刑或者拘役,并处罚金;后果特别严重的,处五年以上十年以下有期徒刑,并处罚金。

非为利用进口废物作原料,只是以原料利用为名而进口不能用作原料的固体废物、液态废物和气态废物,就构成了"走私废物罪",依照《刑法》第152条第二款、第三款的规定定罪处刑,即"处五年以下有期徒刑,并处或者单处罚金;情节特别严重的,处五年以上有期徒刑,并处罚金"。单位犯此罪的,对单位判处罚金,并对其直接负责的主管人员和其他直接责任人员判处第152条第二款所规定的刑罚。

(二) 资源破坏型罪

"资源破坏型罪"即《刑法》第340—345条关于破坏自然资源的犯罪,共有12个罪名。可以大体上归为如下5个小类。

1. 非法捕捞水产品罪

这也是《刑法》第340条规定的罪名。行为人违反保护水产资源法规,在禁渔区、禁渔期或者使用禁用的工具、方法捕捞水产品,情节严重的,处三年以下有期徒刑、拘役、管制或者罚金。

2. 破坏动植物资源罪

这一小类罪包括《刑法》第341条规定的"非法猎捕、杀害珍贵、濒危野生动物罪""非法收购、运输、出售珍贵濒危野生动物、珍贵、濒危野生动物制品罪""非法狩猎罪"以及第344条规定的"非法采伐、毁坏国家重点保护植物罪""非法收购、运输、加工、出售国家重点保护植物、国家重点保护植物制品罪"共5个罪名。

非法猎捕、杀害珍贵、濒危野生动物罪(《刑法》第341条第1款)是指违反野生动物保护的法律法规,猎捕、杀害国家重点保护的珍贵、濒危野生动物的行为。对该罪应处五年以下有期徒刑或者拘役,并处罚金;情节严重的,处五年以上十年以下有期徒刑,并处罚金;情节特别严重的,处十年以上有期徒刑,并处罚金或者没收财产。"国家重点保护的珍贵、濒危野生动物"是指《野生

动物保护法》规定的"国家重点保护的野生动物"而不是"地方重点保护野生动物",该法第9条第一款规定:"国家对珍贵、濒危的野生动物实行重点保护。国家重点保护的野生动物分为一级保护野生动物和二级保护野生动物。国家重点保护的野生动物名录及其调整,由国务院野生动物行政主管部门制定,报国务院批准公布。"而根据该条第二款,"地方重点保护野生动物","是指国家重点保护野生动物以外,由省、自治区、直辖市重点保护的野生动物"。地方重点保护野生动物名录由省级人民政府制定并公布,报国务院备案。《最高人民法院关于审理破坏野生动物资源刑事案件具体应用法律若干问题的解释》(法释[2000]37号)第1条称,"珍贵、濒危野生动物"包括列入国家重点保护野生动物名录的国家一、二级保护野生动物。列入《濒危野生动植物种国际贸易公约》附录一、附录二的野生动物以及驯养繁殖的上述物种。

非法收购、运输、出售珍贵濒危野生动物、珍贵、濒危野生动物制品罪(《刑法》第341条第1款)是指违反野生动物保护法律法规,收购、运输、出售国家重点保护的珍贵、濒危野生动物及其制品的行为。对该罪的处刑与对非法猎捕、杀害珍贵、濒危野生动物罪的处刑一样。

非法狩猎罪(《刑法》第341条第2款)是指违反狩猎相关法律法规,在禁猎区、禁猎期或者使用禁用的工具、方法进行狩猎,破坏野生动物资源,情节严重触犯《刑法》构成犯罪的行为,对该罪应处三年以下有期徒刑、拘役、管制或者罚金。该罪的犯罪对象为除国家重点保护的珍贵、濒危野生动物之外的其他野生动物。如果猎捕的是国家重点保护的珍贵、濒危野生动物,则应该以非法猎捕、杀害珍贵、濒危野生动物罪论处。其中的"情节严重"是指未持有狩猎证的、屡教不改的或者是数量较大的,等等情形。

非法采伐、毁坏国家重点保护植物罪(第344条)是指违反国家规定,非法采伐、毁坏珍贵树木或者国家重点保护的其他植物的行为。对本罪应处三年以下有期徒刑、拘役或者管制,并处罚金;情节严重的,处三年以上七年以下有期徒刑,并处罚金。根据《野生植物保护条例》第2条规定,"本条例所保护的野生植物,是指原生地天然生长的珍贵植物和原生地天然生长并具有重要经济、科学研究、文化价值的濒危、稀有植物。药用野生植物和城市园林、自然保护区、风景名胜区内的野生植物的保护,同时适用有关法律、行政法规。"第10条规定:"野生植物分为国家重点保护野生植物和地方重点保护野生植物。国家重点保护野生植物分为国家一级保护野生植物和国家二级保护野生植物。"1992年10月林业部发布了《关于保护珍贵树种的通知》并重新修订了《国家珍贵树种名录》,将珍贵树种分为两级,一级37种;二级95种。凡载入该《国家珍贵树种名录》以及《野生植物保护条例》附件《国家重点保护的野生植物名录》所列的树木皆为国家重点保护植物。未列入这两个名录的树木,不能成为本罪的对象。

非法收购、运输、加工、出售国家重点保护植物、国家重点保护植物制品罪(第344条)是指非法收购、运输、加工、出售珍贵树木或者国家重点保护的其他植物及其制品的犯罪行为。对本罪处刑与对"非法采伐、毁坏国家重点保护植物罪"的处刑一样。

3. 破坏林木资源罪

破坏森林林木资源的犯罪包括盗伐林木罪、滥伐林木罪、非法收购、运输盗伐、滥伐的林木罪三个罪名。

盗伐林木罪(第345条第1款、第4款)是指违反《森林法》的规定,以非法占有为目的和秘密的方法砍伐国家、集体或者他人森林或者其他林木,触犯《刑法》构成犯罪的行为。如果盗伐森林或者其他林木数量较大的,处三年以下有期徒刑、拘役或者管制,并处或者单处罚金;数量巨大的,处三年以上七年以下有期徒刑,并处罚金;数量特别巨大的,处七年以上有期徒刑,并处罚金。盗伐国家级自然保护区内的森林或者其他林木的,从重处罚。2000年12月12日最高人民法院《关于审理破坏森林资源刑事案件具体应用法律若干问题的解释》中的第4条规定:盗伐林木

"数量较大",以二至五立方米或者幼树一百至二百株为起点;盗伐林木"数量巨大",以二十至五十立方米或者幼树一千至二千株为起点;盗伐林木"数量特别巨大",以一百至二百平方米或者幼树五株至一万株为起点。

滥伐林木罪(第345条第2款、第4款)是指违反森林法的规定,滥伐森林或者其他林木,触犯《刑法》构成犯罪的行为。滥伐是指无采伐许可证或者未按照采伐许可证规定的地点、数量、树种、方式而任意采伐本单位所有或者管理的、或者本人自留山上的森林或者其他林木的行为。滥伐数量较大的,处三年以下有期徒刑、拘役或者管制,并处或者单处罚金;数量巨大的,处三年以上七年以下有期徒刑,并处罚金。滥伐国家级自然保护区内的森林或者其他林木的,从重处罚。

非法收购、运输盗伐、滥伐的林木罪(第345条第3款)是指违反《森林法》的规定,非法收购、运输明知是盗伐、滥伐的林木,触犯《刑法》构成犯罪的行为。情节严重的,处三年以下有期徒刑、拘役或者管制,并处或者单处罚金;情节特别严重的,处三年以上七年以下有期徒刑,并处罚金。

4. 破坏矿产资源罪

破坏矿产资源的犯罪包括非法采矿罪和破坏性采矿罪两个罪名。

非法采矿罪(第343条第1款)是指违反矿产资源法的规定,未取得采矿许可证擅自采矿,擅自进入国家规划矿区、对国民经济具有重要价值的矿区和他人矿区范围采矿,或者擅自开采国家规定实行保护性开采的特定矿种,触犯《刑法》构成犯罪的行为。情节严重的,处三年以下有期徒刑、拘役或者管制,并处或者单处罚金;情节特别严重的,处三年以上七年以下有期徒刑,并处罚金。

破坏性采矿罪(第343条第2款)是指违反矿产资源法的规定,采取破坏性的开采方法开采矿产资源,造成矿产资源严重破坏,触犯《刑法》构成犯罪的行为。对该罪应处五年以下有期徒刑或者拘役,并处罚金。根据《矿产资源法》第30条的规定,"破坏性开采方法"包括对具有工业价值的共生矿和伴生矿未采取综合性开采措施、对暂时不能综合开采或者必须同时开采而暂时不能综合利用的矿产,以及含有有用成分的尾矿未采取保护性措施而造成矿产资源破坏和浪费的严重后果等。根据《关于审理非法采矿、破坏性采矿刑事案件具体应用法律若干问题的解释》(2003年6月3日起施行),"采取破坏性的开采方法开采矿产资源"是指行为人违反地质矿产主管部门审查批准的矿产资源开发利用方案开采矿产资源,并造成矿产资源严重破坏的行为。

5. 非法占用农用地罪(第342条)

该罪原称"毁坏耕地罪",2001年8月31日第九届全国人大第二十三次会议通过的《刑法修正案(二)》将其修改为"非法占用农用地罪"。该罪是指违反土地管理法规,非法占用耕地、林地等农用地,改变被占用土地用途,数量较大,造成耕地、林地等农用地大量毁坏,触犯《刑法》构成犯罪的行为,处五年以下有期徒刑或者拘役,并处或者单处罚金。其中,"非法占用"是指未经批准或者采取欺骗、行贿等手段获取批准而占用耕地、林地;"改作他用"是指将耕地、林地改作建窑、建房、建坟、挖砂、采石、取土、堆放废物或者其他活动毁坏种植条件、破坏耕地、林地等;"数量较大"是指非法占用基本农田5亩以上或者非法占用基本农田以外的耕地10亩以上。①

(三) 单位破坏环境资源保护罪

《刑法》第346条专门规定了单位犯破坏环境资源保护罪类的处罚规则。单位犯第338条至第345条规定之破坏环境资源保护罪的,对单位判处罚金,并对其直接负责的主管人员和其他直接责任人员,依照各罪规定相应予以刑罚。单位犯本罪主观方面为故意,并伴有牟取单位非法利

① 参见《最高人民法院关于审理破坏土地资源刑事案件具体应用法律若干问题的解释》(法律[2000]14号)。

益的犯罪目的。这种犯意可通过单位负责人表示,也可以是单位领导层集体决定。对单位犯破坏环境资源保护罪类的刑罚实行"双罚"制,即对单位判处罚金,同时对单位直接负责的主管人员及其他直接负责人员,判处破坏环境资源保护罪类各具体犯罪所规定的刑罚。

## 二、相关环境犯罪

### (一)走私罪

《刑法》第三章"破坏社会主义市场经济秩序罪"第二节规定了"走私罪",其中与环境资源保护有关的有第151条第1款规定的走私核材料罪、第151条第2款规定的走私珍贵动物或其制品罪、第151条第3款规定的走私珍稀植物或制品罪;还有第152条规定的走私废物罪。

走私核材料罪(第151条第1款):走私核材料的,处七年以上有期徒刑,并处罚金或者没收财产;情节特别严重的,处无期徒刑,并处没收财产;情节较轻的,处三年以上七年以下有期徒刑,并处罚金。

走私珍贵动物或其制品罪(第151条第2款):走私国家禁止进口、禁止出口的珍贵动物及其制品的,处五年以上十年以下有期徒刑,并处罚金;情节特别严重的,处十年以上有期徒刑或者无期徒刑,并处没收财产;情节较轻的,处五年以下有期徒刑,并处罚金。

走私珍稀植物或制品罪(第151条第2款):走私国家禁止进出口的珍稀植物及其制品的,处五年以下有期徒刑或者拘役,并处或者单处罚金;情节严重的,处五年以上有期徒刑,并处罚金。

走私废物罪(第152条):逃避海关监管将境外固体废物、液态废物和气态废物运输进境,情节严重的,处五年以下有期徒刑,并处或者单处罚金;情节特别严重的,处五年以上有期徒刑,并处罚金。根据《最高人民法院关于审理走私刑事案件具体应用法律若干问题的解释(二)》(法释〔2006〕9号)第6条,"情节严重"是指逃避海关监管,走私国家明令禁止进口的废物或者国家限制进口的可用作原料的废物达到1吨以上25吨以下、或未经许可走私国家限制进口的可用作原料的废物达到20吨以上不满100吨、或走私国家禁止进口的废物并造成重大环境污染事故的情形。根据该解释的第7条,"情节特别严重"是指走私国家禁止进口的废物或者国家限制进口的可用作原料的废物的数量,超过本解释第六条规定的数量标准,或者达到了规定的数量标准并造成重大环境污染事故,或者虽未达到规定的数量标准但造成重大环境污染事故且后果特别严重的情形。

该罪是2002年通过的《中华人民共和国刑法修正案(四)》在第152条里增加的一款。2003年8月21日,最高人民法院、最高人民检察院联合制定并发布的《关于执行〈中华人民共和国刑法〉确定罪名的补充规定》指出,根据《刑法修正案(四)》第2条规定的罪状,将本罪的罪名确定为"走私废物罪",同时决定取消《刑法》原第155条第(三)项"走私固体废物罪"罪名。

需要指出的是,该条款规定的是"逃避海关监管"走私废物的情形,目的在于惩罚这种逃避监管的行为。而作为"破坏环境资源保护罪"类的第339条规定的"走私废物罪"则意在打击以原料利用为名,采取欺骗手段进口不能用作原料的废物,对这一种情况的走私废物罪并不要求以"情节严重的"为条件。

如果单位犯上述走私罪的,都得对单位判处罚金,并对其直接负责的主管人员和其他直接责任人员,依照上述各罪予以刑罚。

### (二)渎职罪

《刑法》第九章规定了渎职罪,其中与环境资源管理有关的内容包括:第407条规定的违法发放林木采伐许可证罪;第408条规定的环境监管失职罪;第410条规定的非法批准征用、占用土地罪和非法低价出让国有土地使用权罪;第413条第1款规定的动植物检疫徇私舞弊罪,第2

款规定的动植物检疫失职罪。

(1) 违法发放林木采伐许可证罪。该罪规定,林业主管部门的工作人员违反《森林法》的规定,超过批准的年采伐限额发放林木采伐许可证或者违反规定滥发林木采伐许可证,情节严重,致使森林遭受严重破坏的,处三年以下有期徒刑或者拘役。其中,"情节严重,致使森林遭受严重破坏"的情形包括:发放林木采伐许可证允许采伐数量累计超过批准的年采伐限额,导致林木被采伐数量在10立方米以上的;滥发林木采伐许可证,导致林木被滥伐10立方米以上的;滥发林木采伐许可证,导致珍贵树木被滥伐的;批准采伐国家禁止采伐的林木,情节恶劣的;其他情节严重的情形。①

(2) 环境监管失职罪。该罪是指负有环境保护监督管理职责的国家机关工作人员严重不负责任,导致发生重大环境污染事故,致使公私财产遭受重大损失或者造成人身伤亡的严重后果,触犯刑法应受刑罚的行为。对该罪应处三年以下有期徒刑或者拘役。

(3) 非法批准征收、征用、占用土地罪。该罪是指国家机关工作人员徇私舞弊,违反土地管理法规,滥用职权,非法批准征收、征用、占用土地,情节严重,触犯刑法应受刑罚的行为。对该罪应处三年以下有期徒刑或者拘役;致使国家或者集体利益遭受特别重大损失的,处三年以上七年以下有期徒刑。

(4) 非法低价出让国有土地使用权罪。该罪是指国家机关工作人员徇私舞弊,违反土地管理法规,滥用职权,非法低价出让国有土地使用权,情节严重,触犯刑法应受刑罚的行为。对该罪应处三年以下有期徒刑或者拘役;致使国家或者集体利益遭受特别重大损失的,处三年以上七年以下有期徒刑。

(5) 动植物检疫徇私舞弊罪。该罪是指动植物检疫机关的检疫人员徇私舞弊,伪造检疫结果,触犯刑法应受刑罚的行为。对该罪应处五年以下有期徒刑或者拘役;造成严重后果的,处五年以上十年以下有期徒刑。

(6) 动植物检疫失职罪。该罪是指动植物检疫机关的检疫人员严重不负责任,对应当检疫的检疫物不检疫,或者延误检疫出证、错误出证,致使国家利益遭受重大损失,触犯刑法应受刑罚的行为。对该罪应处三年以下有期徒刑或者拘役。

## 本 章 小 结

为了应对严重的环境问题,各国分别通过制定专门的环境刑事法律、在环境保护法中规定刑事责任条款、在刑法典中规定专门章节等方式,构建环境刑事法律规范体系,以预防和打击本国的环境犯罪。我国1997年修订的《刑法》在第六章中专设一节"破坏环境资源保护罪",且全国人大常委会根据实际需要,在迄今通过的九个刑法修正案中,以多个条文对罪刑条款内容进行了修改和补充,尤其是《刑法修正案(八)》对《刑法》第338条的重大修改,降低了刑法保护环境的门槛,拓展了环保领域刑法适用的范围,增强了刑法打击环境犯罪的可操作性,2013年最高人民法院、最高人民检察院联合发布司法解释,进一步明确了污染环境罪的定罪量刑标准。我国环境刑事法律规范体系化得以进一步完善。因为环境犯罪往往是社会正常行为的"副产品"、行为与结果之间存在时空上的距离,但是环境犯罪的后果往往更严重,危害性更大,因此,环境刑事责任方式不能局限于传统刑罚方式,尤其是要加强预防性以及对恢复环境质量的重视,以创新环境刑事责任方式。环境犯罪的定罪量刑离不开对环境犯罪构成要件的分析。环境犯罪构成是指刑法规定的、反映具体环境犯罪行为的社会危害性及其程度、用以判定是否构成环境犯罪所必需的一切

---

① 最高人民法院:《关于审理破坏森林资源刑事案件具体应用法律若干问题的解释》(法释[2000]36号)第20条。

主观和客观要件的有机整体,是使行为人承担环境刑事责任的根据。每一种环境犯罪的成立都必须具备四个方面的构成要件,即犯罪主体、犯罪主观方面、犯罪客体和犯罪客观方面。我国已经形成了"环境污染型罪""资源破坏型罪"以及"相关环境犯罪"(如走私废物罪、环境监管失职罪等)共20多个罪名的环境犯罪罪名体系。

**【思考题】**

1. 环境犯罪的客体是什么?刑法典中其他章节是否还有环境犯罪的规定?
2. 我国环境刑法中是否应规定危险犯和无过失责任原则?
3. 你认为对环境犯罪行为人适用非刑罚化的处罚方法可行吗?可以采用哪些非刑罚化的处罚方法?
4. 除刑法典中的相关规定,你认为还有哪些危害环境的行为应被认定为环境犯罪?

**【案例】**

**杨军武重大环境污染事故案**①

杨军武于1993年开办独资企业天马纸厂,设立在利用黄河水灌溉农田和解决城市供水问题的引黄干渠附近。该厂自投产以来,一直没有配备污水处理设备,生产过程中产生的含有挥发酚等有毒物质的污水,都积存在工厂附近的坑里,靠自然蒸发,渗入地下或者排入引黄干渠。天马纸厂因向引黄干渠排放污水,曾经受到引黄管理局的经济处罚。1997年10月上旬,天马纸厂的污水坑决口,大量污水流入与引黄干渠一闸之隔的壕沟里,将壕沟中的引黄支渠(当地人俗称斗渠)淹没。10月14日下午,杨军武在明知壕沟里积存着大量污水的情况下,指派该厂工人郑武强、杨新红,以修理引黄干渠闸门启闭机上的传动齿轮为由,借故将闸门提起,致使壕沟里的部分污水流入引黄干渠。10月15日上午,引黄管理局五级站站长刘自强发现干渠内进入污水后,找到该厂责令杨军武即时排除污水。杨军武虽然采取了排污措施,但是未能将污水完全排净,亦未将闸门堵严。当天下午3时许,引黄管理局五级站开机通过引黄干渠向水库管委会管辖的樊村水库供水两个多小时。10月16日早6时许,当引黄水流入樊村水库时,引黄管理局工作人员看到有大量污水同时进入水库,库存的41万方水被污染,遂逆流而上查看,发现污水来自天马纸厂积存污水的壕沟中。此时,原来被污水淹没的引黄支渠已经露出,壕沟里的污水也所剩不多。

由于引黄管理局在发现污水进入樊村水库后,未能及时将此情况通知水库管委会,因此水库管委会又将被污染的水供给供水公司,使该公司的供水系统被严重污染。为避免发生饮水事故,供水公司只得将北城区的供水中断三天。引黄管理局供给樊村水库的水共计41万方,价值24.6万元,已被水库管委会拒付水费。水库管委会为清除污染支付各项费用73 495元,后将41万方被污染的水以3.6万元卖给运城盐化局。扣除所卖水费,水库管委会的实际经济损失为37 495元。供水公司因污染遭受各项经济损失共计10.76万元,其中2 000元是为清除污染而购置特种工具使用。案发后,杨军武已经给引黄管理局和水库管委会各赔偿3万元。

运城市人民法院依据《水污染防治法》和1997年《刑法》第338条,于1998年9月17日以重大环境污染事故罪判处杨军武犯有期徒刑二年,并处罚金5万元人民币。杨军武赔偿附带民事诉讼原告人引黄管理局经济损失24.6万元(含已付的3万元);赔偿水库管委会经济损失37 495元(含已付的3万元);赔偿供水公司经济损失75 320元。二审法院维持了原判。

---

① 《最高人民法院公报》,1999年第2期,第63—64页。

【问题】

1. 如何认定环境犯罪的危害结果?
2. 如何理解和认定环境犯罪的因果关系?
3. 本案是1997年《刑法》实施后首例以重大环境污染事故罪认定的判例,如果发生在2014年,该如何定罪量刑?

# 第九章 环境行政法

---
**本章要点**

环境及环境保护的外部性所导致的环境保护领域的市场失灵是世界各国政府积极介入环境保护领域的必要前提。我国的环境保护立法具有明显的"管理法"特点,绝大多数法律都设定相关行政主管部门为法律的执行主体并授予了管理权,这正是国家履行环境保护义务的体现。通过运用行政法手段对人们的环境行为进行管理,在任何国家都是环境法中最基本的也是最主要的内容。本章主要介绍了环境行政法的一般原理,环境行政责任和环境纠纷的行政处理等内容。

---

## 第一节 环境行政法的必要性

人类出于对经济利益无休止的追逐,一方面对自然资源进行掠夺性的开发利用,如对森林资源的滥砍滥伐,另一方面又把环境当作垃圾场,肆无忌惮地向环境排放各种废弃物,而丝毫未考虑环境有限的承载能力。于是,环境问题出现了,并已危及人类的生存和发展,人们开始关注并寻求保护环境的方法。1970年,美国首次举行"地球日"活动,达成了一些重要共识,主要包括:制定和修改法律,加强对污染的控制;政府应在环境保护方面发挥更大的作用;要求参与政府在环境行动的决策过程;要求了解政府掌握的有关环境资料;要求政府听取公民意见和建议等。由上述共识可知人们已经意识到:环境保护既需要国家权力进行干预,又需要公众之参与。

从历史的角度考察,环境问题的存在和发展,使得国家必须在环境资源保护方面承担起责任,把环境保护作为国家的一项基本职能。这种转变始于20世纪70年代。20世纪70年代初,人们仍仅把环境问题视为由于生产所带来的污染问题,把环境保护工作看成一个技术问题,国家在环境保护领域所能做的只不过是投入一定的资金和技术,辅之以相应的法律和行政的保证来治理污染。然而,这种方法并没有遏制住环境的恶化。1972年在瑞典斯德哥尔摩召开的人类环境会议所达成的共识改变了传统的观点,在观念和实践上成为环境保护的一个转折点。会议认为,环境问题不仅是一个技术问题,也是一个重要的社会经济问题。环境问题的解决,不能仅仅依靠科技的方法,还必须用经济的、法律的、行政的、综合的方法和措施,从其与社会经济发展的联系中全面加以解决。若如此,就必须把环境保护作为国家的一项基本职能。20世纪中期发生在发达国家的由于环境问题所导致的社会动荡、政局不稳的严峻现实,也使发达国家的政府认识到:环境问题已成为与政治、经济密切相关的重大社会问题,必须把环境保护作为国家的一项基本职能。于是,在20世纪70年代,一些发达国家的政府,如英、美、法、日等国家,分别在中央设立和强化了环境保护的专门机构。与此同时,很多国家在其宪法中规定了国家保护环境的原则和对策,公民环境保护的基本权利和义务,把环境保护作为国家之职责定为宪法原则。

就我国而言,对环境问题严峻性和国家在环境保护方面应承担的责任的认识也存在一个逐渐重视和加强的过程。新中国成立以后至20世纪70年代初,我国的环境与资源管理工作由有关部委兼管。1974年,国务院成立了由20多个部组成的主管和协调全国环境工作的环境保护领导小组。1982年成立了城乡建设环境保护部。建设部下属的环保局为全国环境保护的主管机构。另外,在国家计划委员会内增设了国土局,其职责也与环境保护有关。1984年5月,根据《国务院关于环境保护工作的决定》成立了国务院环境保护委员会,负责研究、审定环境保护的方针、政策,提出规划要求,领导、组织和协调全国的环境保护工作。1984年12月,城乡建设环境保护部下属的环保局改为国家环保局,同时也作为国务院环境保护委员会的办事机构,负责全国环境保护的规划、协调、监督和指导工作。与此同时,根据国务院的决定,国务院有关19个部委设立了司局级的环保机构。在冶金部、电子工业部和解放军系统还成立了部级的环境保护委员会。然而,环境问题的日趋严重,使得国家认识到必须加强国家环境保护的力度。于是于1998年,国家环保局升格为部级的国家环保总局,撤销了国务院环境保护委员会。另外,依《环境保护法》的规定,省、市各级政府建立了环境保护专门机构,工业较集中的县一般也设立了专门机构或由有关部门监管。我国宪法也明确规定:"国家保护和改善生活环境和生态环境,防治污染和其他公害。"宪法的规定,彰显了国家在环境保护方面的责任,明确了环境保护是我国的一项基本国策。

  在理论层面上,国家应承担环境保护的职责亦有其坚实的基础。由于现代社会高度工业化造成今日全球环境严重损害,以致危害到人类生存的基础,于20世纪60年代引发了一场关于环境权的大论战。在这场争论中,美国密执安大学的萨克斯教授提出的"环境公共财产论"和"环境公共信托论"备受关注。他认为阳光、空气、水等环境要素就其自然属性及其对人类社会的极端重要性而言,在当今受到严重污染和破坏,以致威胁人类正常生活的情况下,应为全体国民的共享资源,是全体国民的共同财产。为合理支配和保护该财产,共有人委托国家来管理。从而,环境保护就成为国家的一项职责。

  从现实的层面上而言,市场经济条件下价值规律对环境资源保护的无功能也是国家担当环境保护职责的重要原因。在市场经济条件下,社会的一切活动都要通过市场来进行,市场在资源的配置上起着基础性作用。市场机制通过价格信号来反映各类资源的相对稀缺程度,调节和实现社会资源的分配。但市场并非万能,它在环境保护方面存在很大的局限性。按照理想的市场机制理论,市场主体之间的所有交易都要通过市场进行,实际并非如此。如某一企业使用了清洁的空气和水等环境资源,却并不向因空气和水受到污染从而利益受损的人进行相应赔偿,从而产生了所谓的外部性。这种外部性由于其一般不能通过市场价格表现出来,故而难以通过市场机制自身对其所造成的后果进行补偿和纠正。同时,环境资源如空气属公共资源,不具有消费上的排他性,任何人都可以为了满足自身的需要而加以利用,无需通过市场获得。环境资源的这种特性,容易导致"搭便车"的现象。没人愿意为环境保护积极地承担义务,从而导致环境质量越来越差。市场机制对环境保护的无功能在此也暴露无遗。此外,环境资源的公共性特征还要求在环境保护上采取"集体行动",目前最经济、最行得通的办法,就是由政府组织环境保护行动。实践也证明,环境问题要求人类对其自身活动进行宏观调控,而能够担此重任的只有国家。

  上述论证充分说明环境保护是国家的一项基本职责。而要国家承担该职责,就必须赋予其环境行政权。所谓环境行政权是一定的与环境资源保护有关的行政主体为完成其环境保护的行政任务、履行环境保护的行政职责以及实现国家的环境保护职能而享有的国家权力。它自创设始就以保护社会公共利益为目标,公益性是其显著特征。由于创设环境行政权的目的在于通过有权机关行使职权,达到环境保护的目的,因此就必须对该权力进行合理的配置,对其运行规定合理的规则、程序,使其能够得以公平、高效的行使,以解决环境问题,保护人类赖以生存的环境。同时,由于该项权力最终必须落实到具体的行政机关,并进而由具体的公务人员行使。于是,另一个层面的问题出现了。一般认为,享有行政权力的政府是为了实现公共利益而行使权力,实施各种管制,政府自身没有独立的利益诉求。该观点隐含一个假设,即政府是一个超越个人之上的、利他的和全知全能的组织体。但这种假设是难以成立的。因为如上所讲,环境行政权最终必须落实到具体的行政机关,并进而由具体的公务人员行使。理性地分析,公务人员负责执行一定范围内的行政任务,应恪尽职守,不应有任何的个人利益取向和价值偏好,甚至个人之荣辱好恶之感都不应有。但公务员是现实生活中活生生的自然人。有其自身的基本生活需求,他要追求自身经济效益的最大化,要表现自己的个性及欲望,需要获得社会的认同和尊重。故而,公务员在执行公务时,不可能没有自己的价值取向,不可能不融入自己的世界观和方法论。公务员在理论上可以理所当然地被假定为一个"经济人"。就政府而言,它的任何一级组织,也有其自身的利益取向,因为它们自身也面临着评价、政绩、生存和发展的问题,因此,政府自己也在追求其统治租金的最大化,亦即权力效益的最大化。在我国环境资源保护的现实中,"权力部门化,部门利益化,利益个人化"即是一种典型的表现。为此,在对环境行政权进行定位时,必须考虑其特性,既要使其具有强制性、支配性,又要防止其被滥用。而"不受限制的权力乃是世界上最有力的,最肆无忌惮的力量之一,而且滥用这种权力的危险始终存在。"所以,在对环境行政权进行合理配置,对其行使的目的、规则和程序进行规范的同时,必须要规定相应的行政法律责任及落实的途径。上述所及内容都属于行政法的内容,须由行政法加以规定。另外,国家进行环境资源保护,除了需要环境行政法规定一些事后治理的制度、措施外,还必须由环境行政法规定完善的事前预防、综合治理的制度、措施,以落实国家前瞻性的环境保护预防政策,因为它包含环境保护进程中三大内涵,即事先之规划与预防、行为管制与诱导,环境危险性可能性与具体危险发生之应变与处理措施之规范等。

抛开国家和政府的层面,众所周知,清洁的空气、水等环境要素,是人类生存的基本物质保障。因此,保护和维持一个适于人类生存的环境,与每个人的利益息息相关,是整个社会、民族乃至全人类的共同事业。1972年人类环境会议通过的《人类环境宣言》原则一明确指出:"人类有权在一种具有尊严和健康的环境中,享有自由、平等和充足的生活条件的基本权利,并且负有保护和改善这一代和将来世世代代的环境的庄严责任。"既然享有一个适于人类生存的环境是人类的一个基本权利,那么,对于任何有害于环境的行为,人类有权依法予以监督和制止。因此,环境保护需要公众参与以维护自己的利益。同时,环境保护是一项复杂的系统工程,仅靠政府的力量无法实现保护的目的,因此也需要社会公众的配合、参与。我国宪法和环境保护法对公众的环境保护参与权已有明确的规定。社会公众参与环境保护,就需要由行政法对公众的权利、义务、参与的程序、法律责任等作出明确的规定。

由于环境行政也必须遵循行政法的一般原理,其行政行为也受到行政合法性原则和效率原则的约束,本书的第三部分将要论述环境行政法的一些基本制度,本章主要从环境行政管理体制与主要措施和环境行政责任方面论述环境行政法的特殊问题。

## 第二节 环境行政管理体制

### 一、环境行政管理

环境行政,也称为国家环境管理,是指国家环境管理职能部门依法行使对环境保护工作的预测、决策、组织、指挥、监督等活动的总称。具体来说是政府、环境行政机关或其他组织依照宪法和法律所享有的,以保护环境为目的从事各种与环境有关的管理和服务活动。

现代意义上的环境行政管理最早出现在西方发达国家,它在目的和理念上与传统的国家对自然资源的开发利用管理有着根本的区别。传统的环境行政管理只是从资源经济实现或者自然资源管理秩序的角度对自然资源开发利用行为予以许可或征收税费,忽视自然资源作为生态系统的有机部分所具有的生态功能和价值。而现代环境行政管理则将环境生态利益和经济利益作为有机整体。面对资源的经济耗用功能与环境的生态共生功能之间的竞争关系,要求我们在进行对生态系统有影响的活动时必须遵循生态规律,尊重生态规律,把对资源的开发利用限制在一定阈值内,避免损害生态系统的机构的完整性和功能的稳定性而导致的生态失衡。

现代意义上的环境行政管理,是民众的生存和健康需要对政府环境保护义务的必然要求。20世纪60年代,西方国家的环境污染和生态破坏问题突出,各国环境保护运动蓬勃发展,人们纷纷指责政府只顾经济发展,忽视公众的身体健康。这种来自社会公众的巨大压力迫使政府开始制定各种防治污染和生态破坏的法律,设立专门的以环境保护为主要职责的环境行政管理机构并赋予其环境行政权力来开展有效的环境管理。

我国在20世纪70年代以前设置了许多自然资源管理行政主管部门,这些部门的主要任务是开发利用自然资源,并对所属的开发企业进行生产管理,对自然资源开发利用带来的环境污染和生态破坏问题,未设监管职责。1971年,针对工业"三废"污染问题,国家计划委员会设立了"三废"利用领导小组,对工业"三废"开展综合利用工作,这可以说是新中国建立以后政府组建的第一个具有环境保护职能的机构。然而,该机构虽然在客观上防治了污染,保护了环境,但该机构的设立目的是为了对废物进行综合利用或处置,提高经济效益,而不是降低污染对整个生态环境的破坏和影响。因此,从严格意义上说,这个机构还不能算做是现代意义上的行使环境行政权的机构。1972年我国派代表团出席了联合国人类环境会议,认识到了发达工业生产所伴随的环境污染问题,在我国工业化过程中也一定会产生,接受了环境保护思想的启蒙和教育。1973年我国召开了第一次全国环境保护工作会议,将环境保护工作提上了政府工作的议程。会后,国务院发表《关于保护和改善环境的若干决定试行草案》,要求"各地区、各部门要设立精干的环境保护机构,给它们以监督、检查的职权"。随后,国务院环境保护领导小组办公室成立(简称国环办),带动地方也开始陆续建立类似的地方性环境保护管理机构,现代形态的环境行政管理开始在我国出现。1979年,《环境保护法(试行)》颁布,成立单独的环境保护行政主管部门,标志着我国环境行政管理的有效和专门职责的正式确立。此后随着国家和社会对环境问题认识和实践的不断深入,随着经济高速增长下环境污染和生态破坏的加剧,环境保护和污染治理任务加重,全国的环境行政管理机构体系迅速建立和完善。1982年,环境保护局成立,隶属于城乡建设环境保护部。1988年独立出来,成为副部级的国务院直属机构。1998年,国家环保局升为正部级的国家环保总局,2008年升为环保部,环境行政管理也得到了进一步的强化和明确。

### 二、环境行政管理体制的内容

(一)环境行政管理体制的概念

体制是指"有关组织机构的设置、领导隶属关系以及管理权限划分等方面的体系和制度"①。环境行政管理体制,即环境行政管理的机构设置、职能配置及其相互关系,换言之,就是国家管理环境保护事务的行政组织结构体系、各环境行政管理机构之间的职权配置以及环境保护行政管理职能的运行机制。解决的是谁管、管什么和怎么管的问题。在环境管理体制方面,我国环境立法选择了以行政区域管理为核心、国家与地方双重领导的环境保护管理体制——各级人民政府

---

① 章立军主编:《法学辞典》,上海辞书出版社1999年版,第325页。

对辖区环境质量负总责,国家和地方分别设立环境保护部门,作为"环境保护主管部门",县级以上人民政府有关部门和军队环境保护部门,作为"环境保护分管部门"。2014年新环保法修改,延续了这一环境行政管理体制。① 与国外的环境学者在讨论环境管理体制这一问题时往往会考虑企业和公众的参与不同,我国学者所指的环境管理体制大多只是针对政府内部机构的设置,企业和公众的参与则被视为环境管理体制的外部作用机制,而不纳入体制本身的范畴。因此,我国环境行政管理体制也称为环境监督管理体制。造成这种认识和理解的原因,一方面是由于我国目前的公共管理模式与西方国家差异很大;另一方面我国环境管理以"政府是'理想人'"作为人性假设基础。人们对解决环境问题的基本认识就是赋予政府更多的环境管理权力,加强政府对环境的监管。这种认识在西方国家因"市场失灵"引发环境问题而获得了实证基础,在我国更有政府主导市场经济建设的体制基础。于是,我国从1979年制定《环境保护法(试行)》开始,到现在已经颁行的若干国家环境保护的法律、法规、行政规章以及环境保护的地方性法规、规章,基本上都以向政府及其职能部门授权为主要内容,以企事业单位为规制对象,也就是"监管者监管"的"一元结构"模式。我国现行的以区域管理为主的环境管理体制和以行政手段为主的监管机制,在实践中出现了一些地方政府环境监管偏离环境保护目标,甚至成为当前制约环境保护法律实施的严重障碍的现象。从根本上讲,现行的环境保护监管体制既有悖于公共管理的基本原理,也不符合环境保护本身内在规律的要求。② 因此,应该建立政府、企业和公众共同管理"三元结构"模式,将企业和公众参与纳入调整范围,将环境管理,由"政府直控"转变为"社会制衡"的管理模式。

(二)环境行政管理体制的结构

环境行政管理体制的内容大致可以分为三个部分:组织结构、权力配置结构和职权运行机制。

组织结构是指国家对享有环境行政管理权的行政管理机构的具体设置以及机构之间的相互关系。拥有一定职权的环境行政管理机构是环境行政管理体制的核心和重要组成部分,主要包括环境行政机关、授权的环境行政机构、受委托的机构与社会组织三个部分。环境行政机关是指按照宪法和组织法的规定设立的,以行使环境行政权,对国家的环境事务进行管理的国家行政机关。环境行政机关可以分为中央环境管理机关和地方环境行政管理机关,在我国主要是指国务院、环境保护部、各级地方人民政府及其环境保护主管部门。授权的环境行政机构是指由有权机关以法律、法规形式授予而获得相应环境行政权力的环境行政主体。在我国这类授权主体比较多,如《环境保护法》第10条第2款规定的被授权主体。受委托的组织,是指接受环境行政机关的委托,以委托行政机关的名义实施环境行政决定,并由委托行政机关承担由此所产生的法律责任的组织。在我国现阶段,委托社会组织或机构来从事环境行政管理的情况还很少,主要是各环保局的职能机构如环境监察机构、环境应急与事故调查中心、环境监测站以及环境保护部设置的环境保护六大督查中心等各类派出机构。

权力配置结构指各种环境行政管理机构横向的职权分工、权限划分以及纵向的职权位阶等。我国环境管理权力配置结构包括四个层次:一是环保行政权力在中央和地方之间的上下级垂直配置;二是环保行政权力在跨行政区的同级政府之间的配置;三是同级政府所属的不同部门或机构之间的配置,如环保局、林业局、水利局、农业局等部门之间的配置;四是环保行政权力在具体

---

① 参见《中华人民共和国环境保护法》(1989年)第7条和《中华人民共和国环境保护法》(2014年)第10条规定的各级环境保护部门的法律地位。

② 吕忠梅:《监管环境监管者:立法缺失及制度构建》,《法商研究》2009年第5期。

的一个部门的内部机构之间的分工。

职权运行机制是指享有环保监管权力的环境行政管理机构的职权运行方式、行政程序以及各机构之间开展环境事务进行行政协作的方式等,如行政决策的机制、行政执行机制、环保行政事务的部门协调机制、公众参与机制以及监督机制等。

(三) 环境行政管理体制模式

从世界各国情况来看,环境管理体制管理模式大体有三种类型,即分散管理模式、集中统一模式和混合模式。在分散管理模式下,环境管理职能分别由政府不同部门行使。这些部门主管的业务范围有可能给环境造成污染和破坏,或有可能受到环境污染破坏的有害影响。如意大利、荷兰等国都实行这种体制。实行分散管理模式的优点是各专业管理部门熟悉本部门的业务,可以把环境管理与业务管理有机地协调起来。存在的弊端是当业务目标与环境目标发生冲突时,容易从本位主义出发,以牺牲环境利益来谋求业务目标的实现。另外,由于分散管理缺乏统一协调,容易产生管理漏洞。成立相应的协调机构成为弥补分散管理体制的不足的重要举措,如意大利政府专门成立了"部际委员会",荷兰政府规定由公共卫生和环境卫生大臣负责环境卫生方面的协调工作。集中统一管理模式是把环境管理职权授予专门从事环境保护工作的机构,由该机构负责全国的环境管理工作。美国、日本等国采取这种管理体制。但是,集中管理体制会使得在管理中涉及的一些技术性、业务性强的环境问题难以解决。因此,采取这种管理体制的美国政府和日本政府一般都比较注重咨询机构的建设,这些咨询机构都由环境问题专家组成。美国政府成立了环境质量委员会,日本政府成立了公害对策审议会。分散与统一相结合的混合管理模式,通常是由中央政府设立专门的环境管理机构,负责全国的环境管理工作和协调工作。中央政府有关的部门也承担环境管理职责,负责本部门的环境管理。英国和法国基本上采取的是这种模式。实行分散与统一相结合的管理体制,可以把环境管理与部门业务管理结合起来,发挥部门技术优势,促使各部门积极治理污染。同时,又可以强化政府的监督协调作用,保证国家环境政策的有效实施。但是,采用这种管理体制,面临专门环境管理机构与各专业管理部门双方的职能清晰界定困难的问题,难免会出现职能交叉的现象。

我国的环境保护行政管理体制是各级环境保护行政主管部门统一监督管理与各有关部门分级、分部门监督管理相结合的环境管理体制,可归属为混合管理模式。具体分为两种类型:区域管理模式和部门管理模式。区域管理模式也称为"块块管理"模式,它是将同一区域内的环境问题,不分行业、不分领域、不分类别均纳入该区域环境管理范围的管理模式。我国《环境保护法》中关于"地方政府对本辖区环境质量负责"的法律规定就是区域管理模式的基础和法律依据。这里的区域目前主要依赖国家的区域行政管理体制和模式,以"行政区划"为主。随着整体性环境问题和跨行政区域性环境问题的出现,以及综合生态系统管理理念的兴起,以注重生态功能整体性为基础的"流域""区域"管理模式也开始出现,如流域、自然保护区等环境管理机构的设立。部门管理模式也称为"垂直管理"或"条条管理"模式,这种管理模式以部门业务所涉及的环境保护职能为核心,上级部门对下级部门实施环保业务指导和相应的监督管理。包括对资源保护的部门管理和污染防治的部门管理。前者如农业、林业、水利、海洋等资源部门依照有关法律的规定对所管辖领域的环境保护进行的管理。后者如公安、交通、农业等涉及环境污染的部门依照有关法律的规定对相关领域的污染防治工作实施监督管理。

如前所述,我国现行的以区域管理为主的环境管理体制和以行政手段为主的监管机制,使得环境统一监管能力薄弱、各部门环境监管职能横向分散、上下级环境保护部门的纵向分离、区域性环境保护的地区分割,环境监管效果出现偏差,不能适应当前经济发展要求和民众对环境质量的要求。十八届五中全会公报提出,国家将实行省以下环保机构监测监察执法垂直管理制度。

即将推行的省级以下环保机构监测监察执法垂直管理制度,需要"权力整合",同时需要"责任下沉"。如何明确基层环境保护主管部门法人主体地位、环境监察机构行政主体资格等,是落实省以下环保机构监测监察执法垂直管理的首要问题。

### 三、主要环境行政措施

环境行政措施灵活多样,其中环境行政许可和环境行政强制是行政部门最常用的措施,因为这两种措施往往会对行政相对人的权利产生限制,因而这也是最容易引起环境行政纠纷的环境行政措施,因而在这里集中介绍这两种环境行政措施。

（一）环境行政许可

行政许可,是指行政机关根据公民、法人或者其他组织的申请,经依法审查,准予其从事特定活动的行为。环境行政许可,是指有关行政机关根据公民、法人或者其他组织的申请,基于环境保护之目的进行依法审查后,准予其从事特定活动的行为。

环境行政许可的范围和种类非常广泛。环境行政许可是行政主体基于生态环境保护之目的实施的行政许可,其范围的界定取决于对"生态环境保护之目的"的界定。环境问题已渗透到现代经济社会的各个层面,造成"生态环境保护"的边界也不断扩大。"环境保护"最初的内涵局限于污染防治,目前扩展至自然资源的保护,呈现出环境法与自然资源法相融合的趋势。随着"可持续发展观"的提出,"环境保护"的内涵出现了污染防治法、自然保护法和能源法相互融合的趋势,循环经济、动物福利、应对气候变化、节约能源、可再生能源等均被归入环境保护的领域。经有关学者清理,截至2012年11月30日,我国现行有效的法律、行政法规和国务院决定共设定环境行政许可项目511项,包括污染防治类许可、自然资源保护类许可、特殊区域环境保护类许可、动物福利类许可、城乡景观美化类许可、物质循环管理类行政许可、能源类许可、为环境保护提供社会化服务的专业机构、专业人员资格、资质类许可八种类别。① 可见,具有环境行政许可权的行政主体除了各级环境保护主管部门,还包括各级人民政府和依法对有关方面的环境问题实施监管的部门、机构。

由于环境保护立法的分散性和环境保护内容涉及的广泛性,我国立法在环境行政许可的项目设定上存在设置不科学、设置不明确以及许可事项之间缺乏系统性、协调性和时效性等问题,这需要在立法实践中逐步完善。2014年《环境保护法》修订,取消了建设项目竣工环境保护验收这一行政许可事项,可以说是环境行政许可设置上注重科学性、明确性以及许可事项之间系统性、协调性和时效性的一个典范。

（二）环境行政强制

依据《行政强制法》,行政强制包括行政强制措施和行政强制执行。行政强制措施,是指行政机关在行政管理过程中,为制止违法行为、防止证据损毁、避免危害发生、控制危险扩大等情形,依法对公民的人身自由实施暂时性限制,或者对公民、法人或其他组织的财物实施暂时性控制的行为。行政强制执行,是指行政机关或者行政机关申请人民法院,对不履行行政决定的公民、法人或者其他组织,依法强制履行义务的行为。环境行政强制包括环境行政强制措施和环境行政强制执行。

1. 环境行政强制措施

环境行政强制措施是指环境行政机关为制止、预防违法行为或者在紧急情况下依法采取的对行政相对人的财产或行为加以限制,使其保持一定状态的各种方式和手段。环境行政强制措

---

① 姜敏:《我国环境行政许可制度研究》,西南政法大学博士学位论文,2013年,第25—29页。

施又包括一般行政强制措施和应急行政强制措施。

在《环境保护法》修订之前，我国环境法律中只赋予环保行政机关施行应急强制措施。即环保部门涉及的主要是《行政强制法》第9条第（五）项其他行政强制措施，也就是该法第3条规定的行政强制措施的应急处置措施，即发生或者即将发生自然灾害、事故灾难、公共卫生事件或者社会安全事件等突发事件，行政机关采取应急措施或者临时措施，依照有关法律、行政法规的规定执行。如《水污染防治法》第62条规定，饮用水水源受到污染可能威胁供水安全的，环境保护主管部门应责令有关企业事业单位采取停止或者减少排放水污染物等措施。本条是关于防止饮用水水源受到污染，威胁供水安全时环保部门应采取的环境行政强制应急措施的规定。2014年新修订的《环境保护法》，首次在国家法律层面赋予环保有权部门在必要时对造成污染物排放的设施、设备进行查封、扣押的强制措施，使得环保部门执法有了硬手段，能更直接、有效地杜绝污染企业恢复生产，及时制止违法排污行为。

2. 环境行政强制执行

环境行政强制执行是指国家机关对不履行环境行政机关依法作出的行政处理决定中规定的义务的行政相对人，采取强制手段，强迫行政相对人履行义务，或达到与履行义务相同状态的行为。环境行政强制执行又包括环境行政机关自行强制执行和环境行政机关申请人民法院强制执行。我国采用以申请人民法院强制执行为主，行政机关自力执行为辅的模式。

目前我国现行环境法律和行政法规中也没有赋予环保行政机关直接行政强制执行权，而只是有一些间接行政强制执行方式，如代履行和加处罚款或者滞纳金。《固体废物污染环境防治法》第55条、《水污染防治法》第76条和第83条以及《放射性污染防治法》第56条中对代履行作了专门规定。这里要指出的是，《行政强制法》第53条规定，当事人在法定期限内不申请行政复议或者提起行政诉讼，又不履行行政决定的，没有行政强制执行权的行政机关可以自期限届满之日起三个月内，依照本章规定申请人民法院强制执行。这意味着环保行政机关申请人民法院强制执行的期限，不再适用最高人民法院《关于执行〈中华人民共和国行政诉讼法〉若干问题的解释》（法释〔2000〕8号）第88条的规定，即"行政机关申请人民法院强制执行其具体行政行为，应当自被执行人的法定起诉期限届满之日起180日内提出。逾期申请的，除有正当理由外，人民法院不予受理"。

新《环境保护法》增加的按日计罚，属于行政强制中的执行罚的一个种类。世界各国所规定的按日计罚存在着两种模式，即作为行政处罚的英美法模式和作为执行罚的大陆法模式。英美模式是对于持续的环境违法行为直接进行按日连续处罚。大陆法模式对于环境违法行为，不论是否持续，先作为"一次"进行处罚，并通知限期改正，届期仍未改正的，再按日连续处罚。这两种模式各有利弊。我国立法出于对环境的保护，促成违法者尽早停止违法行为的按日计罚最能符合环境保护立法的法律目的。因此，我国《环境保护法》采用了执行罚的大陆法模式。

## 第三节　环境行政责任

### 一、环境行政责任概述

（一）环境行政责任的概念

行政法学研究中根据行政责任的主体归属，对"行政责任"的概念有三种不同的理解：一是指行政主体违反行政法律规范而应当依法承担的不利后果，也称违法行政责任；二是指行政相对人违反行政法律规范而应当依法承担的不利后果;三是指既包括行政主体,也包括行政相对人违反行政法律规范而应当依法承担的不利后果。我们这里是在第三种意义上讨论环境行政责任,是指国家环境行政主体及其工作人员,以及作为环境行政相对人的公民、法人或者其他组织违反环境行政法律规范应承担的不利法律后果。

环境行政责任是指环境行政法律关系的主体在违反环境行政法律规范时应承担的法律后果。责任承担者多为企业、事业单位及其领导人员、直接责任人员,也包括其他公民。一般而言,行政违法行为就其社会危害性与犯罪行为相比较轻,故而行政责任较之于刑事责任要轻。该责任与环境行政违法行为之间有一定的因果关系,环境行政责任是环境行政违法行为所引起的法律后果。

环境行政责任具有如下特征。

(1) 环境行政责任是环境行政法律关系主体的责任,它包括环境行政管理主体和环境行政管理相对人的责任。

(2) 环境行政责任是一种法律责任,任何环境行政法律关系主体不履行法律义务都应承担法律责任。

(3) 环境行政法律责任是环境行政违法行为的必然后果。环境行政法律责任的承担须以环境行政违法行为的存在为前提,没有违法行为就无所谓法律责任。

(二) 环境行政责任构成要件

1. 行为人的行为具有违法性

行为人的行为的违法性即行为人是否实施了法律所禁止的行为或违反了法律所规定的义务。如果行为人实施了法律禁止的行为或违反了法律规定的义务,即可判定违法性存在。行为的违法性是承担行政责任的必要条件,否则,行为人便不承担行政责任。

我国新修订的《环境保护法》第60条至第63条、第65条、67条、68条对行政违法行为作出了明确规定。对违法排污者、对环境影响评价机构、环境监测机构以及从事环境监测设备和防治污染设施维护、运营的机构的弄虚作假行为、对上级政府、环保主管部门对下级政府和下级环保主管部门的监管责任以及直接责任人,追究行政责任时,均要求行为具有违法性。

2. 行为人有主观过错

行为人承担行政责任的主观要件是行为人主观上存在故意或过失。如某一企业,若故意把在生产过程中产生的废水排入河流,则我们可以说行为人有过错,则可让其承担相应的行政责任;但如果废水流入河流是由于不可抗力的因素所致,该企业在事故发生后采取积极措施以减轻消极后果,那么,该企业由于主观上没有过错,则不承担行政责任。

然而,在环境污染与破坏案件中,如何判断行为人具有过失,则是一个颇为棘手的问题。有的国家在环境污染和破坏案件中判断行为人是否有过失的客观标准主要依据注意义务。该注意义务又分为一般注意义务和特殊注意义务。对于某些专业性和技术性较强又容易造成危险的特殊行业,适用特殊注意义务的标准。注意义务一般都有明确的规定。在环境立法比较发达的国家日本,其公害法则规定,如果行为人设置了符合法律规定的污染防治设施,即使发生了危害,也不认定其有过失,不构成非法侵害,不承担行政责任。近年来,日本环境法学界又提出了"忍受限度论",危害如已超过所谓的忍受限度,无论是否设置法定设备,其行为都属不法侵害。

3. 行为的违法后果

依据我国环境保护法的规定,危害后果不是承担行政责任的必要条件。亦即在法律规定的情况下,有些行为即便没有造成危害后果,亦属违法,应承担行政责任。当然,对于某些行为,必须产生了危害后果才承担行政责任。依据2014年新修订的《环境保护法》有关行政责任条款的规定,危害后果均不是违法者承担行政责任的必要条件。只要行为具有违法性、行为人有主观过错就需承担行政责任。

4. 违法行为与危害后果之间具有因果关系

污染和破坏环境的行为与其所造成的损害结果之间的因果关系,往往不像一般违法行为那样容易判断。环境污染和破坏所致损害大多是致害行为与污染物作用机制共同完成;环境污染物种类繁多,相互之间以及与环境之间作用形式复杂,使得在因果关系认定方面容易出现偏差。绝大多数环境侵害是污染物长期累积的结果,其危害也有一定的潜伏期。这使得危害行为与行为所致后果之间存在时间差,表现出不连续性和不紧密性。并且由于其经历的时间长,或者距离远,在日常生活认识上,几乎杳无踪迹,难以追查。因此,一些关于判定环境侵害因果关系的理论应运而生,对传统的因果关系理论进行调整。

当然,在法律规定不以危害后果作为承担行政责任的条件时,因果关系的认定就不存在。

(三) 环境行政责任的分类

环境行政违法行为必然引起法律上的后果,即产生行政责任。从环境行政违法行为后果来看,在法律上主要表现为两个方面:一是对环境违法行为人进行惩罚;二是对环境行政违法行为进行补救。与此相适应,行政责任的形式可分为惩罚性行政责任和补救性行政责任。

惩罚性的行政责任指的是行政违法行为必然导致的在法律上对违法主体进行惩罚的法律后果。具体形式包括通报批评、行政处分和行政处罚。其中通报批评既适用于环境行政主体又适用于环境行政相对人,行政处分适用于环境行政主体或环境行政相对人内部,行政处罚只能适用于环境行政相对人。

补救性的行政责任是指环境行政违法行为的主体补救履行自己的法定义务或补救自己的违法行为所造成的危害后果的法律责任。这类责任既适用于环境行政主体,又适用于环境管理相对人。其传统的补救性的行政责任的形式包括:承认错误、赔礼道歉、恢复名誉、消除危害、履行职务、撤销违法、纠正不当、返还权益、恢复原状、行政赔偿、支付治理费用、停业治理等。2010年由环保部修订通过的《环境行政处罚办法》第12条关于"责令改正"的规定尤其值得关注,第一次将责令改正明确定性为"行政命令",将其与环境行政处罚相区分开来。责令改正是指行政主体责成违法行为人停止和纠正违法行为,以恢复原状,维持法定的秩序或者状态。在环境保护领域,责令改正的救济性、教育性、恢复性及相对惩罚性正好与环境问题的严重性、环境违法的正当性、高违法收益性及环境风险的不确定性相对应,因此相较传统的环境行政处罚罚种具有特殊的意义。然而,这种特殊的意义制度归属何在,在环境法领域是一个具有争议的话题。现行环境立法规定并未给责令改正的定性提供统一的依据,责令改正的理论研究及立法实践皆呈现杂糅混沌的状态。《环境行政处罚办法》第12条的出台正是基于此现状,试图在环境行政处罚领域平息立法及实践中的争议。该条规定:责令改正或者限期改正违法行为的行政命令的具体形式有:责令停止建设;责令停止试生产;责令停止生产或者使用;责令限期建设配套设施;责令重新安装使用;责令限期拆除;责令停止违法行为;责令限期治理;法律、法规或者规章设定的责令改正或者限期改正违法行为的行政命令的其他具体形式。根据最高人民法院关于行政行为种类和规范行政案件案由的规定,行政命令不属行政处罚。行政命令不适用行政处罚程序的规定。《环境行政处罚办法》通过立法明确责令改正的制度归属、具体形式及适用程序。然而,考察其他国家或地区关于行政命令的研究成果,我们不难发现,行政命令概念与责令改正的"行政命令说"中所指称的概念存在不小的差别,前者皆指行政机关订定规则的抽象行为。从词源考察,我国《辞海》中的行政命令解释为"国家行政机关颁布的施政命令",简称"政令"。行政法学者也将行政命令定义为:"是指行政机关在其职权范围内就特定事项向不特定的公民、法人和其他组织发布有关行政文件的抽象行政行为。"①因此,可资借鉴的国外相关学说和渊源,以及我国的权威解释和概念都支持将行政命令理解为一种抽象行政行为。可见,将"责令改正"这一救济性行政与行政处罚区分开来,将其归入"行政命令"制度范畴,其定位是值得商榷的,会对行政行为概念体系造成混乱。鉴于此,"责令改正"的救济性行政行为归入补救性的行政责任类型似乎较为合适。另外,2014年《环境保护法》第60条将"责令限制生产、停产整治"和"责令停业、关闭"新增为环境行政处罚的形式,其表达与立法内涵界限与适用也存在混淆之嫌。如何厘清这两种形式的环境行政处罚与环境行政命令的内涵,以及确立二者之间的衔接,也是一个值得探讨的问题。

(四) 环境行政责任的实现

环境法律关系主体在违反环境法律、法规以后,就应承担相应的法律责任。关于责任的承担,通常表现为两种方式:当事人主动承担和在法定组织追究下承担。一般而言,环境法律关系主体都是在法定组织追究下承担相应的责任。

在我国,有权追究行政责任的组织包括各级人民政府及其行政管理部门和人民法院。各级人民政府及其行政管理部门依法追究环境行政主体的行政责任;人民法院可以在行政诉讼的范围内追究环境行政主体的行政责任,撤销或部分撤销具体行政行为,变更显失公正的行政处罚,决定行政赔偿等。此外,对于下级人民政府或者下级环境管理部门的违法行为,上级人民政府或者上级环境管理部门也可以予以撤销或者改正。

环境管理相对人的行政责任则有法定行使环境行政权的机关追究。在我国主要是各级人民政府、各级人民政府的环境行政主管机关以及分管机关。除行政赔偿外,几乎所有的行政责任形式,都可适用于环境行政相对人。

## 二、行政制裁

行政制裁亦称制裁性的行政责任或惩罚性的行政责任,它是指对违反环境法律、法规的行为所设定的惩罚措施。行政制裁是与行政补救(或称补救性的行政责任)相对应的一种行政责任。

我国环境法律、法规对行政制裁的责任形式作了规定,这主要是因为其适用具有重要的现实意义。

(1) 预防危害后果的发生。如责令限期治理、吊销许可证或营业执照等责任的适用,能有效避免环境污染危害后果的发生或防止危害结果的扩大。

(2) 起到预防、惩罚违法行为的目的。行政补救只能弥补环境违法行为所造成的财产方面的危害后果,不具有惩罚性,因而不能达到敦促环境法律关系主体遵守环境法律、法规,预防违法行为的目的。而行政制裁却不同,它具有惩罚性。它通过规定严格的惩罚措施,如罚款、吊销许可证、留用察看、开除等,促使环境法律关系主体遵守有关法律、法规,以有效地防止环境污染和破坏的发生。

行政制裁按其制裁方式的不同,分为两大类:行政处罚和行政处分。依据新《环境保护法》和《环境行政处罚办法》,行政处罚的具体种类有警告、罚款、责令停产整顿、责令停产、停业、关闭、暂扣、吊销许可证或者其他具有许可性质的证件、没收违法所得、没收非法财物、行政拘留以及法律、行政法规设定的其他行政处罚种类。根据新《环境保护法》、各种自然资源保护和污染防治单行法,以及《环境保护违法违纪行为处分暂行规定》,环境行政处分的形式包括:警告、记过、记大过、降级、降职、撤职和开除七种形式。《环境保护法》修改,将"引咎辞职"增设为行政处分形式,对担任领导职务的人员因工作严重失职造成重大损失或者恶劣社会影响时,或者领导人员对

---

① 罗豪才:《中国行政法讲义》,人民法院出版社1992年版,第124页。

此重大损失负有领导责任时,都应当引咎辞去领导职务。这是一种专门针对特定身份人员的非常严厉的行政处分形式,其严重性仅仅次于"开除"。简而言之,环境保护领域中,受行政处分主体是违法单位中负有环境保护监督管理职责的主管人员或者是直接责任人员;行政处分形式包括记过等8种。此外,在实践中还有"留用察看"(也称开除留用察看)的处分形式。

### 三、行政处罚

(一) 行政处罚的概念和特征

行政处罚是指具有行政处罚权的环境行政主管机关和其他依法享有环境监督管理权的机关对违反环境法律、法规尚不构成刑事犯罪的单位和个人给予的一种行政制裁。行政处罚具有以下特征。

(1) 处罚权行使主体的特定性。行使处罚权的主体只能是环境行政机关、国务院和各级人民政府以及其他享有环境监督管理权的机关。

(2) 处罚对象的广泛性。行政处罚的对象包括所有违反环境法律、法规,造成或可能造成环境污染、破坏的单位和个人。

(3) 处罚方式的多样性。我国环境法律、法规规定了以下行政处罚方式:警告、罚款、责令停止生产或使用、征收排污费滞纳金、责令停业或关闭、责令退还非法占用的土地、限期拆除或没收在非法占用的土地上新建的建筑物及其他设施、责令停止开采、没收违法所得、吊销许可证等。并且多种处罚方式可以并用。

(二) 行政处罚的种类

行政处罚依不同的标准可以进行不同的分类。如按其性质来划分可分为申诫罚、财产罚、能力罚、人身罚四种。申诫罚是指对违法行为人的名誉、声誉施以一定的影响,使其产生一定的压力,以示警诫,不致重犯的处罚,如警告;财产罚是以财物为内容的处罚,如罚款、没收违法所得等;能力罚是对违法行为人的权利能力、行为能力给予限制、中止或取消的处罚,如吊销许可证、责令停业关闭等;人身罚则是对人身自由给予限制的处罚,如行政拘留。我国《行政处罚法》以及环境法律、法规是按其处罚方式来划分的,主要分为以下几种。

(1) 警告。警告是环境行政主管部门对违法者的谴责与警戒,是对其精神上的惩诫。它是行政处罚中最轻微的一种处罚方法。依我国环境法的规定,警告主要适用于情节轻微的环境违法行为。

(2) 罚款。罚款是特定的国家行政机关对违反环境法律、法规,危害、破坏环境的单位和个人依法实施的一种经济行政处罚措施,它是适用最广泛的行政责任形式之一。几乎所有的环境法律、法规都有罚款的规定。

(3) 没收违法所得、没收非法财物。没收违法所得、没收非法财物是特定的行政机关将行为人违法所获得的财物或非法财物强制无偿收归国有的一种行政处罚措施。如《土地管理法》第37条规定:买卖或者以其他形式非法转让土地的,由县级以上人民政府土地主管部门没收违法所得;对不符合土地利用总体规划将农用地改为建设用地的,没收在非法转让的土地上新建的建筑物和其他设施。

(4) 责令限制生产、停产整治。排污者超过污染物排放标准或者超过重点污染物排放总量控制指标排放污染物的,县级以上环境保护主管部门可以责令其采取限制生产、停产整治。为了贯彻前述规定,环境保护部于2014年10月24日发布了《环境保护限制生产、停产整治暂行办法》,明确规定了5种适用限产、停产和4种适用关闭的具体情形。并严格规定了调查取证、审批、决定、实施整改、改除、后督察等实施程序。

(5) 责令停业、关闭。排污者超过污染物排放标准或者超过重点污染物排放总量控制指标排放污染物,情节严重的,报经有批准权的人民政府批准,责令停业、关闭。

(6) 吊销许可证和具有许可证性质的证书。吊销许可证是一种较为严厉的行政处罚措施,它是指由特定的行政机关吊销违法行为人从事某项活动必需的许可证,以剥夺其从事某项生产或经营活动权的处罚。它只对严重违反环境法律、法规的行为实施。如《矿产资源法》规定:超越批准的矿区采矿的,责令退回本矿区范围内开采。拒不退回本矿区范围内开采,造成矿产资源破坏的,吊销采矿许可证;违反矿产资源法规定,将探矿权、采矿权倒卖牟利的,吊销勘查许可证、采矿许可证。

(7) 行政拘留。现行《环境保护法》第63条规定了排污者四种情节严重的违法行为,尚不构成犯罪的,除依照有关法律法规规定予以处罚外,由县级以上人民政府环境保护主管部门或者其他有关部门将案件移送公安机关,对其直接负责的主管人员和其他直接责任人员,处10日以上15日以下拘留;情节较轻的,处5日以上10日以下拘留。

(三) 行政处罚的原则

行政处罚的原则是指环境行政处罚中必须遵守的基本行为准则。依我国环境法律、法规的规定,行政处罚应遵守下列原则。

(1) 处罚法定原则。该原则包括两个方面的具体内容:一是法无明文规定不得处罚,亦即只有在环境法律、法规以及有关法律、法规有规定的情况下,才能给予行为人以处罚。没有法定依据的行政处罚无效;二是应由法定的行政机关按照法定的程序进行处罚。法定的行政机关主要是各级环境保护行政和管理部门,以及享有环境行政处罚权的其他有权部门,如各级人民政府、公安机关等。法定的程序主要是国家环保总局《关于环境保护行政处罚办法》中规定的程序以及其他有关法定程序。

(2) 公正性原则。公正性原则要求行使行政处罚权的环境管理部门在依法处罚时,应公正合理地行使其自由裁量权。公正合理地行使自由裁量权在我国尤为重要。因为我国的环境立法存在过于原则抽象的缺陷,这使得自由裁量权的行使在环境执法中的作用显得十分重要,如果在环境执法中不秉承公正性原则,则可能导致同一事件或相同、相似事件出现不同处罚后果的现象,从而导致不公平的结果。公正合理地行使自由裁量权,一方面要求在程序上做到公正合理,如应在实施处罚时告知被处罚人有陈述权、申辩权、申请复议权等;另一方面,处罚的方式应做到过罚相当,即处罚要与违法行为的性质、情节、危害后果相当,避免事轻罚重或事重罚轻。

(四) 行政处罚的情节

我国环境法律、法规规定的行政处罚的种类很多,但选择哪一种行政处罚形式,必须考虑其行为的性质及情节。环境行政处罚情节,是指环境保护监督管理部门对破坏或者污染环境者实施行政处罚时,作为处罚轻重和免予处罚的各种情况。这些情况概括起来可分为从轻、减轻或者免予处罚情节、从重处罚情节和免于处罚三大类。《行政处罚法》《治安管理处罚法》《环境行政处罚办法》和《规范环境行政处罚自由裁量权若干意见》,对环境保护领域中行使环境保护行政处罚权的情节及其种类作了系统、明确的规定。

1. 从重处罚情节

从重处罚情节是指在法定限度内,给予违法者适用较重的行政处罚形式或者较大数额罚款的情节。《行政处罚法》对从重处罚情节未作规定,但根据《治安管理处罚法》和《环境行政处罚办法》,以及《规范环境行政处罚自由裁量权若干意见》,可将环境保护领域中行政处罚的从重情节归纳如下。

(1) 主观恶意的,从重处罚。恶意的环境污染或者破坏行为,常见的有"私设暗管"偷排的、用稀释手段"达标"排放的,非法排放有毒物质的,建设项目"未批先建""批小建大""未批即建成投产",以及"以大化小"骗取审批的,拒绝、阻挠现场检查的,为规避监管私自改变自动监测设备的采样方式、采样点的,涂改、伪造监测数据的,拒报、谎报排污申报登记事项的,等等。

(2) 后果严重的,从重处罚。环境污染或者破坏造成饮用水中断的,严重危害人体健康的,群众反映强烈以及造成其他严重后果的,从重处罚。

(3) 区域敏感的,从重处罚。环境污染或者破坏行为对生活饮用水水源保护区、自然保护区、风景名胜区、居住功能区、基本农田保护区等环境敏感区造成重大不利影响的,从重处罚。

(4) 屡罚屡犯的,从重处罚。环境违法行为人被处罚后12个月内再次实施环境违法行为的,从重处罚。

此外,对于具有下列情节的污染或者破坏环境者,也应当从重处罚:(1) 威胁、诱骗他人或者教唆不满18周岁的人污染或者破坏环境的;(2) 妨碍环境保护监督管理人员现场检查或者其他执法活动的;(3) 对检举人、证人打击报复尚不构成犯罪的,等等。

2. 从轻、减轻处罚情节

"从轻"处罚情节,是指在法定限度内适用较轻的处罚形式或者较少的罚款金额的情节;"减轻"处罚情节是指在法定的限度以下适用较轻的处罚形式或者较少的罚款金额的情节。

《行政处罚法》第27条对从轻或者减轻处罚情节,作了如下的规定:当事人有下列情形之一的,应当依法从轻或者减轻行政处罚:(1) 主动消除或者减轻违法行为危害后果的;(2) 受他人胁迫有违法行为的;(3) 配合行政机关查处违法行为有立功表现的;(4) 其他依法从轻或者减轻行政处罚的。

环境保护部关于《规范环境行政处罚自由裁量权若干意见》还提出如下的情节可以从轻处罚:(1) 主动改正或者及时中止环境违法行为的;(2) 环境违法行为所致环境污染轻微、生态破坏程度较小或者尚未产生危害后果的;(3) 一般性超标或者超总量排污的。

需要注意的是,行政处罚的轻重,应当与违法者违法事实、性质、情节和社会危害程度相当,故在考虑采用从轻或者减轻处罚的手段时,要全面综合考虑违法者违法行为的具体情况和悔改的情节,对于法定只能从轻不能减轻处罚的,不能给予减轻处罚;对于法定可以给予从轻处罚的,也应坚持在法定幅度内从轻处罚。

3. 免予处罚情节

"免予处罚"是指行为人的行为已符合行政法行为的构成要件,但因具备法律所规定的特定条件,故不再追究其法律责任因而免予行政处罚。《行政处罚法》第27条第二款规定:"违法行为轻微并及时纠正,没有造成危害后果的,不予行政处罚。"《环境行政处罚办法》第7条也作了类似的规定:"违法行为轻微并及时纠正,没有造成危害后果的,不予行政处罚。"从上述规定可知,行为人实施了违法行为,但存在法律规定的特殊情节,如行为轻微并及时纠正没有造成危害后果等而免予处罚。这与《行政处罚法》第25—26条规定不同。后者指不满14周岁未成年人和在不能辨认或者不能控制自己的行为时有违法行为的精神病患者,他们虽实施了污染或者破坏环境的违法行为,但因存在前述不能承担违法责任的能力,故免除对其行政处罚;前者的行为则是属于行为违法但情节显著轻微而不予处罚。两者不应混同。

(五) 行政处罚案件的管辖

管辖可分为地域管辖、级别管辖、指定管辖、交办管辖和移送管辖五种。

(1) 地域管辖。《行政处罚法》第20条规定:"行政处罚由违法行为发生地的县级以上地方人民政府有行政处罚权的行政机关管辖。"

（2）级别管辖。指各类环境保护监督管理部门依法对本系统内部上、下级管辖权的划分。违反级别管辖的行政处罚无效。

（3）交办管辖。指上级环境保护监督管理部门将某种行政处罚案件交由同一系统的下级办理。不同系统环境保护监督管理部门之间无权实施交办管辖。

（4）指定管辖。指上级环境保护监督管理部门可对某一行政处罚案件，指定由下级有行政处罚权的同一系统环境保护监督管理部门办理。指定管辖发生的原因有二：一是因特殊原因（如自然灾害）使原具有对该案件管辖权的行政部门不能行使行政处罚权；二是同系统的行政部门对某一案件管辖发生争执，经协商未达成协议。这时，可由共同的上级部门①指定其中某一行政部门管辖。

（5）移送管辖。指已提起行政处罚程序的行政部门，发现不属于自己管辖而将案件移送有管辖权的部门处理。移送管辖是对某一具体案件管辖的移送，并非指该行政部门整个管辖权的移送。

（6）跨行政区域管辖。最高法院设立巡回法庭，审理跨行政区域重大行政和民商事案件，高级人民法院经最高法院批准可以根据审判工作的实际情况，确定若干法院跨行政区域管辖行政案件。

2010年3月1日颁布实施《环境行政处罚办法》。该办法对环境保护行政处罚案件的管辖作了具体的规定。

《环境行政处罚办法》第2章，具体规定了环境保护行政主管部门对行政处罚案件的管辖②如下。

（1）县级以上地方环境保护行政主管部门管辖本行政区域的环境保护行政处罚案件。

（2）两个以上环境保护主管部门都有管辖权的环境行政处罚案件，由最先发现或者最先接到举报的环境保护主管部门管辖。

（3）对跨行政区域污染的行政处罚案件管辖。由污染行为发生地的环境保护行政主管部门管辖。

（4）对管辖发生争议的行政处罚案件。由争议双方报请共同的上一级环境保护行政主管部门指定管辖。

（5）对实施行政处罚有困难的案件的管辖。下级环境保护行政主管部门对其管辖的案件重大、疑难或者实施处罚有困难的，可报请上级环境保护行政主管部门指定管辖。

上级环境保护行政主管部门认为下级环境保护行政主管部门实施行政处罚确有困难或者不能独立行使处罚权的，经通知下级环境保护行政主管部门和当事人，可对下级环境保护行政主管部门管辖范围内的案件直接实施行政处罚。上级环境保护行政主管部门也可将其管辖的案件交由具有行政处罚权的下级环境保护行政主管部门实施行政处罚。

（6）内部移送。不属本机关管辖的案件，应当移送有管辖权的环境保护主管部门处理。

受移送的环境保护主管部门对管辖权有异议的，应当报请共同的上一级环境保护行政主管部门指定管辖，不得再自行移送。

（六）环境行政处罚的程序

行政处罚的程序是指实施行政处罚的步骤。一般分为立案、调查取证、决定、送达、执行等五个阶段。

---

① 一般指同级人民政府。
② 其他环境保护监督管理部门的行政处罚案件管辖，至今尚未见有关规定。

(1) 立案。环境保护监督管理部门发现或者接受举报有关环境污染危害的违法行为或事件,经初步审查认为符合下列条件的,应予立案登记:第一,有违法行为或危害后果;第二,依法应当或者可以给予行政处罚;第三,属于其管辖范围。立案后,成立调查小组,并指定一名负责人。

(2) 调查取证。在此阶段,调查人员要收集证据,询问证人,进行必要的现场勘查、专业鉴定,听取管理相对人陈述和申辩等。

(3) 决定。进行行政处罚必须以事实为根据,以法律为准绳,在调查取证的基础上作出行政处罚决定。

(4) 送达。作出处罚决定的环境保护行政主管部门应及时将处罚决定正本送达被处罚人,同时将副本送达与案件有关系的单位。

(5) 执行。被处罚人收到处罚通知后,在法定期限内既不申请复议,也不提起行政诉讼或主动履行处罚决定规定的义务时,作出处罚决定的机关,可依法申请人民法院强制执行。

## 四、行政处分和纪律处分

### (一) 行政处分

1. 行政处分的概念

行政处分是指国家机关、企业、事业单位、社会团体依照行政隶属关系,根据有关法律、法规对有违法行为尚不构成刑事犯罪的所属人员实施的一种行政制裁。所谓行政隶属关系是指这些国家机关、企事业单位、社会团体之间依法存在行政上的领导与被领导的关系。所谓有关法律、法规则是指环境保护法律、法规以及《公务员法》《企业职工奖惩条例》等。国家机关工作人员、企业单位的职工受到行政处分的种类各不相同。根据有关法规的规定,对国家工作人员的行政处分有以下八种:警告、记过、记大过、降级、降职、撤职、留用察看和开除。而对企业单位职工的行政处分有七种:警告、记过、记大过、降级、撤职、留用察看和开除。

2. 行政处分的特征

行政处分具有以下特征:

(1) 从其性质来看,它是一种违反环境法律、法规的法律责任,而不是违反本单位内部规章的纪律责任。

(2) 从实施处分的主体来看,它不是专门从事环境资源管理的机关,而是受处分人员的所在单位或政府主管机关。

(3) 从行政处分的对象来看,它只包括个人而不包括单位。它通常发生在单位违法而被行政处罚或承担民事责任的同时,对其直接责任人员进行行政处分。

(4) 违法行为不构成犯罪。如单位违法,造成重大环境污染和破坏事故,导致公私财产重大损失或者人身伤亡的严重后果,负有直接责任的主管人员和直接责任人员构成犯罪的,则不应给予行政处分,而应依法追究刑事责任。

3. 行政处分的程序

若对被处分人给予行政处分,首先应对被处分人所犯错误的事实进行调查核实,取得证据;其次应经过一定的会议讨论,允许被处分人进行申辩,处分结论允许其签注意见,包括异议和保留意见;处分决定应经上级主管部门批准后生效;处分决定应书面通知被处分人,并记入本人档案;受处分人如对所受处分不服,可在法定期限之内(企业职工为10日,国家行政机关工作人员为1个月)向作出处分的机关申请复议或向上级领导机关提出申诉。

### (二) 纪律处分

2006年10月27日监察部和国家环境保护总局联合发布《环境保护违法违纪行为处分暂行

规定》(以下简称《处分暂行规定》),对环境保护违法违纪行为进行行政处分和纪律处分。我国行政法学中,纪律处分往往和行政处分的定义混用,并无严格的区别。2006年《处分暂行规定》作此区分,很大的程度是由于对"行政"一词的理解上。因为狭义的"行政"仅指国家行政机关的"行政",为了与其他单位(包括企业、事业单位等)的管理活动相区分,即对成员中违反其组织章程的制裁方式称"纪律处分",以区别于国家行政机关对违反内部行政规定人员的行政制裁方式。

(三) 纪律处分与行政处分的区别

纪律处分与行政处分,虽同属于对不够刑事惩罚的轻微违法违纪行为的行政惩罚措施,且都是对直接责任人员实施,但也存在以下的区别:(1) 对象不同。行政处分的对象是国家行政机关中有环境保护违法行为的直接责任人员;纪律处分的对象是企业中由国家行政机关任命的有违反环境保护违纪行为的直接负责的主管人员。(2) 制裁形式不同。纪律处分的形式中,除与行政处分相同的七种处分形式之外,还具有独有的纪律处分形式——"留用察看"。(3) 依据不同。行政处分所依据的是环境保护法律、法规和规章;纪律处分一般依据企业事业单位内部的行政纪律规定、组织章程和《环境保护违法违纪行为处分暂行规定》。

关于纪律处分的程序,我国至今尚未作统一的规定,实践中多是沿用行政处分的程序。

# 本 章 小 结

环境问题的特点决定了环境行政法在整个环境法中的地位与作用,大量的环境法制度都是行政法制度,因此,它也必须遵循依法行政和效率行政的原则。环境行政责任与环境行政制裁是环境法中不同于一般行政法制度的重要内容,尤其是救济性环境行政责任是符合环境保护要求、实现可持续发展的一项重要制度,值得认真研究和实施。

【思考题】

1. 为什么说环境保护需要行政法?
2. 试比较环境行政责任与一般行政责任的异同。
3. 环境管理体制的完善应该考虑哪些方面?我国环境管理体制存在什么问题?如何改革完善?
4. 环境行政责任与环境民事责任有何异同?

【案例】

(一) 佛山市三英精细材料有限公司诉佛山市顺德区人民政府环保行政处罚案①

2011年12月2日,广东省佛山市顺德区环境运输和城市管理局(以下简称区环运局)以佛山市三英精细材料有限公司(以下简称三英公司)在生产过程中排放废气的臭气浓度超标为由,对该公司作出《限期治理决定书》,要求2012年1月31日前完成排放臭气浓度治理达到《恶臭污染物排放标准》的要求,并经环运局验收合格;逾期未申请验收或未完成限期治理任务,将按规定责令停业、关闭;要求该公司分析臭气浓度超标排放原因,制定限期治理达标计划以及落实各项污染防治措施,确保污染物达标排放。

2012年2月9日,三英公司向区环运局申请治理验收。顺德区环境保护监测站受区环运局委托,于同年4月26日、6月28日对该公司进行臭气排放监测,两次监测报告均显示臭气浓度未达标。区环运局遂于2012年8月29日组织验收组现场检查并对法定代表人进行调查询问,告

---

① 本章两个案例均选自《最高人民法院公布环境保护行政案件十大案例》,《人民法院报》2014年12月21日,第3版、4版。

知该公司验收结果:即存在未提交限期治理方案、废气处理技术不能确保无组织废气达标排放、排放废气的臭气浓度超标、使用的燃油不符合环保要求等四个方面的问题,未通过限期治理验收。

2013年1月11日,顺德区人民政府作出《行政处罚告知书》,同年3月18日经听证后作出《行政处罚决定书》,决定三英公司自收到行政处罚决定书之日起停业、关闭。该公司不服提起行政诉讼,请求法院撤销上述《行政处罚决定书》。

佛山市中级人民法院一审认为,三英公司对顺德区人民政府作出处罚决定的职权依据及行政程序并无异议。原告认为上述两次臭气排放监测的采样点与频次不符合法定要求,未能排除其他干扰因素,故监测报告的结论不能作为定案依据。经查,顺德区环境保护监测站具有废气污染物检测的法定资质,该监测站两次臭气采样点即监测位置为三英公司厂界敏感点,符合《恶臭污染物排放标准》及国家环境保护总局《关于恶臭物无组织排放检测问题的复函》规定。原告认为臭气监测采样点的设置不合法的主张于法无据,但亦未提供充分证据证明上述臭气监测采样点存在其他干扰因素。至于采样频次问题,该监测站两次臭气监测均采用了4次*3点的监测频次并取其中最大测定值,但频次间隔不足2小时,存在一定瑕疵。但该瑕疵不足以推翻监测报告结论的正确性。由于原告在治理期限届满后,经两次监测臭气排放浓度仍未达到《恶臭污染物排放标准》的要求,且存在其他相关环保问题,经区环运局报请顺德区人民政府依照《广东省珠江三角洲大气污染防治办法》有关规定对原告作出停业、关闭的行政处罚决定,认定事实清楚,证据充分,适用法律正确,遂判决驳回原告诉讼请求。原告上诉后,广东省高级人民法院二审判决驳回上诉,维持原判。

【问题】
1. 该案中三英公司应该承担哪一种行政责任?为什么?
2. 本案中追究行政责任是否符合法定程序?
3. 本案中法院裁判的理由和依据是什么?是否充分?

### (二)动感酒吧诉武威市凉州区环境保护局环保行政命令案

甘肃省武威市凉州区环境保护局(以下简称区环保局)接到其辖区陆羽茶楼对动感酒吧环境噪声污染的投诉后,组织环境检查执法人员和环境检测人员先后于2012年11月23日、12月20日和12月22日22时5分至23时5分,对动感酒吧环境噪声及环境噪声污染防治情况实施了现场检查(勘查)和采样检测,其夜间场界4个检测点环境噪声排放值分别达到58.9 dB(A);55.4 dB(A);52.9 dB(A);56.9 dB(A);均超过国家《社会生活环境噪声排放标准》(GB22337—2008)规定的环境噪声排放标准。区环保局于2012年12月22日制作了检测报告,认定动感酒吧夜间噪声达58.9分贝,超过国家规定的排放标准,其行为违反了《环境噪声污染防治法》第43条第二款规定,并依据该法第59条规定,于2013年1月18日对动感酒吧作出责令改正违法行为决定书:责令其立即停止超标排放环境噪声的违法行为,限于2013年2月28日前,采取隔音降噪措施进行整改,并于2013年2月28日前将改正情况书面报告。动感酒吧于2013年2月27日向区环保局提交了防噪音处理报告及申请,证明已整改,同时申请对整改后的噪音再次测试,区环保局未予答复,也未再组织测试;同年4月17日,动感酒吧就区环保局于1月18日作出的上述责令改正违法行为决定书向武威市环保局申请复议,复议机关以逾期为由不予受理。遂以区环保局为被告,诉请法院撤销上述责令改正违法行为决定书。

武威市凉州区人民法院一审认为,被告区环保局执法主体资格、执法程序合法。被告的检测报告所适用的检测标准(《社会生活环境噪声排放标准》)与原告所述的检测标准(《标准声环境质量标准》)是法律规定的二个不同的标准,前者是适用于对营业性文化娱乐场所、商业经营活动中使用的向环境排放噪声的设备、设施的管理、评价与控制的排放标准,后者是适用于声环境质量评价与管理的环境质量标准,被告检测噪音的方式方法并不违背法律规定,其检测结果合法有效,遂判决维持被告作出的责令改正违法行为决定书。动感酒吧上诉后,武威市中级人民法院二审认为,被上诉人在夜间经营期间环境噪声排放及环境噪声污染噪声已超过《社会生活环境噪声排放标准》规定限度,其行为违反了《中华人民共和国环境噪声污染防治法》第43条第二款"经营中的文化娱乐场所,其经营管理者必须采取有效措施,使其边界噪声不超过国家规定的环境噪声排放标准"的规定,原判认定事实清楚,适用法律准确,判决驳回上诉、维持原判。

**【问题】**
1. 本案存在哪些法律关系?
2. 本案中动感酒吧整改后申请测试的行为是否适当?

# 第十章 环境诉讼

---
**本章要点**

环境诉讼的前提是公民环境权和国家环境管理权。越来越多的国家在框架立法中规定争议解决程序,行政机制或者准司法机关处理,处理行政机关的决定提起的诉讼。主要目的是避免普通诉讼程序中的固有的迟延、技术性和费用,提高决策速度。但是对于其他法律诉讼,比如民事诉讼或者刑事诉讼,则通过普通司法程序进行。环境诉讼理论的更新是环境保护公众参与的要求,同时也是落实国际法律规定的要求,最根本的是环境权保护的要求。

---

## 第一节 环境诉讼的一般理论

### 一、环境诉讼的概念

环境诉讼,是指法院依法对环境法律主体主张的环境争议作出裁判,保护当事人合法环境权利的活动。

环境诉讼的基础是国家保护的环境权利。一定利益在被人们认识到之后,可以通过法律的形式成为法律上保护的利益。法律保护的利益受到侵害时,权利主体一般可以向法院主张救济。无法通过司法救济加以保护的权利不是完全意义上的权利。在现代社会中,人们环境意识的提高使得人们意识到自己的环境利益,并且积极地主张保护该利益。有关保护和协调法律主体的环境利益的法律即是对此作出的反应,并且构成了环境诉讼的基础。

环境诉讼的前提是环境主体的环境权利或环境义务发生争议,并且要求法院作出裁判。环境诉讼的内容是解决环境纠纷,协调当事人的利益,调整环境社会关系。环境诉讼作为国家的正式司法活动,必须依法进行。环境诉讼的实质,是国家行使其强制力,保护和协调环境利益,达到保护和改善环境的目的。

环境诉讼法即有关环境诉讼程序的法律规范,是指经国家制定或认可的确定环境诉讼活动以及调整环境诉讼活动中诉讼关系的法律规范的总称。它是贯彻和实施环境实体法的重要手段。中国目前还没有关于环境诉讼的专门性程序法,仅在环境保护基本法和各个单行法中有些分散的、简略的规定。这种现象与加强环境法制建设的要求不相适应。

### 二、环境诉讼法律关系

环境诉讼法律关系是指法院和一切诉讼当事人以及诉讼参加人之间存在的以环境诉讼权利、义务为内容的,并且由诉讼法律规范调整的环境社会关系。环境法的综合性和广泛性决定了环境诉讼法律关系的广泛性和复杂性。环境法律关系的特殊性决定了环境诉讼法律关系的特殊性,使其既具有传统诉讼法律关系的基本属性,也具有自身的特点。

环境诉讼法律关系的主体即环境诉讼权利、义务的承担者,包括所有在环境诉讼中享有诉讼权利、承担诉讼义务的人。环境诉讼法律关系的客体即环境诉讼主体之间诉讼权利和诉讼义务指向的对象。环境诉讼法律关系的内容,就是环境诉讼主体之间由诉讼法律规范确认并保证实现的诉讼权利和诉讼义务。不同的主体享有不同的诉讼权利,承担不同的诉讼义务。环境诉讼中的主体的范围比传统诉讼法律主体的范围广。

环境诉讼法律事实,是能够引起环境诉讼法律关系的发生、变更或者消灭的客观情况,包括事件和行为两大类。事件是不以人们的意志为转移而引起环境诉讼法律关系的发生、变更或消灭的客观情况。行为是指引起环境诉讼法律关系发生、变更或消灭的行为。诉讼行为是诉讼法上的主要法律事实。

### 三、环境诉讼的法律依据

一般来说,环境诉讼的法律依据包括如下几类。

1. 宪法

宪法构成一个国家的根本大法,其他一切规范性法律文件都必须符合宪法。宪法中与环境有关的法律规定构成了环境诉讼的直接或间接法律依据。

很多较早制定的宪法中没有环境保护条款,但是可以通过法律解释,赋予公民环境权利,要求政府承担环境保护职责。与此相反,很多较晚制定的宪法中都规定了国家应保证环境质量,规定公民有权享有清洁、健康的环境。随着可持续发展思想的传播,很多国家的宪法也规定了可持续发展的内容。

在明确环境条款的宪法中,也存在两种不同的立法模式。一种模式是规定国家负有保护环境的义务,但是没有直接规定公民享有环境权利。比如中国1982年《宪法》第26条规定:"国家保护生活环境和生态环境,防治污染和其他公害。"在该立法模式中,公民的环境权利是通过国家的义务反射出来的。另外有些国家的宪法直接规定了公民的环境权利,比如菲律宾《宪法》第二章第16条规定,国家应保护和促进人们拥有平衡和健康的、符合自然规律和和谐的生态的权利。同时由于不同国家对于宪法的可诉性采取了不同的做法,因此是否可以将宪法条款作为环境诉讼的直接依据,各国不尽相同。

2. 行政法

行政法是关于行政权力的组织分工和行使、运作,以及对行政权力监督并进行行政救济(或补救)的法律规范的总称。作为环境行政诉讼法律根据的行政法,既包括一般意义的行政法,也包括环境行政法,主要是《行政诉讼法》《行政复议法》《行政许可法》以及《环境保护法》等等。由于环境行政职权的法定性与强制性,因此立法应在一般行政法与环境行政法之间保持体系上的一致性。比如1989年的《环境保护法》第40条规定:"当事人对行政处罚决定不服的,向作出处罚决定的上一级机关申请复议,对复议决定不服的,可以在接到复议决定之日起15日内,向人民法院起诉。当事人也可以在接到处罚通知之日起15内,直接向人民法院起诉。"这一规定与后面陆续出台的一般行政法相矛盾。新《环境保护法》中没有此项规定。《行政复议法》第9条对行政复议的提起期限作出规定:"公民、法人或者其他组织认为具体行政行为侵犯其合法权益的,可以自知道该具体行政行为之日起六十日内提出行政复议申请。"《行政诉讼法》第45条对行政复议和行政诉讼的衔接作出规定:"公民、法人或者其他组织不服复议决定的,可以在收到复议决定书之日起十五日内向人民法院提起诉讼。复议机关逾期不作决定的,申请人可以在复议期满之日起十五日内向人民法院提起诉讼。"

3. 民法

民法是调整平等民事主体之间的财产关系和人身关系的法律规范的总称。无论是大陆法系国家还是普通法系国家,民法中都发展出很多与环境有关的法律规范,构成环境诉讼的民法依据。比如在日本,《日本民法典》《国家赔偿法》以及《矿业法》中都有民法性质的与环境密切相关的条款。中国的《民法通则》《侵权责任法》《环境保护法》及其环境保护单行法中都有一些环境民事法律规范。

4. 刑法

为了更好地保护环境,有必要发挥刑事惩罚的严厉性。为此,很多国家纷纷制定或者修改其刑法,打击造成严重环境污染或者破坏的行为人。有的国家还规定了环境方面的法人犯罪及其刑罚。比如中国在1997年修订《刑法》时,在第27章第7节中专门规定了破坏环境资源保护罪。2013年最高人民法院、最高人民检察院发布《关于办理环境污染刑事案件适用法律若干问题的解释》,针对办理环境污染刑事案件取证难、鉴定难、认定难等实际问题,对有关环境污染犯罪的定罪量刑标准作出了新的规定,进一步加大了打击力度,严密了刑事法网。

5. 诉讼法

诉讼法是关于诉讼程序的法律规范的总称,其任务是从诉讼程序方面保障实体法的正确实施。程序法与实体法有着密切的联系,程序法规范是实体法规范在程序方面的要求。环境实体法的特殊性决定了环境诉讼法规范的特殊性。从全世界范围来看,很少有国家单独制定环境程序法,而是在传统诉讼法的基础上,对环境诉讼作出一些特殊规定。

除了上述主要部门法外,其他部门法也有程度不同的相关规定可以作为环境诉讼的法律依据。

**四、环境诉讼的种类**

环境法具有综合性,它综合运用了各种法律手段调整环境社会关系。环境实体法中综合了民事法律规范、行政法律规范和刑事法律规范,环境社会关系包括民事法律关系、行政法律关系和刑事法律关系。由于法律关系的多样性,环境诉讼也针对不同的法律关系,适用不同的程序。我们可以将环境诉讼分为环境民事诉讼、环境刑事诉讼以及环境行政诉讼。本章以下各节对此分开论述。

## 第二节 环境民事诉讼

**一、环境民事诉讼的概念与特征**

环境民事诉讼,是指环境主体在其环境民事权利受到或者可能受到损害时,为了保护自己的合法权利,依民事诉讼程序,向法院对侵权行为人提起的诉讼。环境民事诉讼涉及的是平等主体之间环境权利义务的争议,其目的是请求法院确认原告享有的权利和被告负有的义务,并且请求法院判令被告履行某种义务,以满足原告的权利要求。

环境民事诉讼大致与一般的民事诉讼相同,也适用民事诉讼法中的各项规定,但是由于环境法在实体法上有许多有别于传统民法的特殊法律规范,比如归责原则等,因此环境民事诉讼在某些方面又与普通民事诉讼有所不同,具有自身的一些特点。

(一) 原告

在传统的民事诉讼中,原告必须是与该案有直接利害关系的公民、法人和其他组织。为了限制公民的诉权,传统民事诉讼法规定任何人不得对与自己无关的财产主张权利。虽然《环境保护法》第6条规定:"一切单位和个人都有保护环境的义务,并有权对污染和破坏环境的单位和个人进行检举和控告。"但是这里的控告不同于起诉。也就是,并不是所有的人都具有诉权。

为了更好地保护和改善环境,客观上需要扩大原告的范围。修订后的《民事诉讼法》第55条对此作出了立法回应。该条规定:"对污染环境、侵害众多消费者合法权益等损害社会公共利益的行为,法律规定的机关和有关组织可以向人民法院提起诉讼。"新《环境保护法》第58条规定了公益组织提起环境公益诉讼的原告资格:对污染环境、破坏生态,损害社会公共利益的行为,符合下列条件的社会组织可以向人民法院提起诉讼:(1)依法在设区的市级以上人民政府民政部门登记;(2)专门从事环境保护公益活动连续五年以上且无违法记录。诉权的扩大对于环境权益的保护具有十分积极的意义。

首先,环境污染和破坏不仅损害直接利害关系人的利益,而且损害间接利害关系人的利益。环境污染和破坏往往通过环境损害他人的利益,大量的受害人都不是直接利害关系人。如果根据传统的民事诉讼法,他们将无法取得救济。扩大原告的范围,有利于保护间接受害人的利益,实现更大范围内的公平和正义。其次,扩大原告的范围有利于实现环境民主原则。环境诉讼是公民参与环境民主活动的重要形式。再次,扩大原告的范围有利于环境公益组织参加环境民主活动。环境公益组织拥有的资源、人力和财力比普通公民多,可以更加有效地参加环境管理。但是依据传统的民事诉讼法,环境公益组织往往不具有原告资格。为了发挥环境公益组织的作用,法律应当扩大原告的范围。

有些国家已经扩大了原告的范围,允许公民为了保护环境而向排污者提起诉讼。比如美国法律规定,只要某人能够证明,他有权使用或者享受自然资源,或者他本人的生计依赖于这些自然资源,尽管他既不享有资源的所有权,也不是某一污染行为的直接受害者,但可以"保护公共利益"为由而向排污者起诉。

集团诉讼对于环境保护也有重要意义。集团诉讼作为典型的扩大诉权的形式,现在在环境民事诉讼中得到了广泛运用。多个受害人可以联合起来,运用共同的力量,要求污染者承担责任,实现个人难以实现的效果。在这种集团诉讼中,每一个原告自身都具有原告的主体地位。

为了方便环境组织运用集团诉讼的形式保护环境,有些国家的法律修改了集团诉讼的概念。比如美国最高法院公布的集团诉讼的资格为:凡一集团中的某个成员受污染之害,该集团的其他人都具有提起集团诉讼的资格,他们都可以作为原告出庭。英国也有类似规定。通常各种环保团体通过吸收某些对环境要素有权益的人参加;在这些人的环境权益受到侵害时,该团体即可获得集团诉讼的起诉权。这种方法广泛地为各种环保团体或特殊利益集团当作重要手段加以使用。

(二)举证责任

举证责任包括两个方面:谁负有举证责任以及需要证明的程度,后者也就是证明标准问题。

在传统的民事损害赔偿诉讼中,一般都要求受害人提出,加害人有过错、有损害事实、加害行为与损害事实之间有因果关系以及受害人本人没有过错等证据。但是在环境民事诉讼中,这样的"举证",受害者是难以做到的。受害者对于工厂的排污行为是否出于过错,无法知道,也很难收集和提供有关的事实证据。而且污染造成的损害往往有一个积累的过程,涉及复杂的科学技术问题,受害人根本无法确定。要求受害人提出因果关系的充分证据,实际上不可能,这样无异于剥夺了受害人的胜诉权。因此,为了及时有效地制止污染和破坏环境资源及其对人身或财产造成的损害,保护受害人的合法权益,许多国家在环境实体法上规定无过错责任的同时,在环境保护程序法上也相应地采取了举证责任转移的原则,将原告举证责任改为被告举证责任。原告在提出初步证据之后即完成举证责任。除非被告能够证明其行为不可能发生污染和破坏环境资源的损害后果,否则即负有责任。该规定有利于保护受害人的利益,有利于保护环境。比如美国密歇根州1970年《环境保护法》规定:原告只需要提出初步证据,证明污染者已经或者很可能有污染行为,案件即可成立,若被告否认有该污染行为和危害后果,则必须提出反证。日本在处理公害纠纷中,也采用了这一制度。

我国的环境民事诉讼也采用了举证责任转移制度。《最高人民法院关于适用〈中华人民共和国民事诉讼法〉若干问题的意见》第74条明确规定：因环境污染引起的损害赔偿诉讼由被告负举证责任。

但是举证责任的转移只是部分要件事实而不是全部,换言之它并不等于原告可以不提供证据或者不对自己提出的证据进行证明。此时,原告依然需要就环境污染的损害事实、损害后果及其因果关系提供证据并进行一定程度的证明,以获得法官对其诉讼请求的确信与支持。在国外可以通过采用间接证明的方法降低证明标准。这些间接方法包括疫因学证明、大致推定、间接反证等方法。

中国目前的环境诉讼非常艰难,为了切实保护受害人的利益,需要确立多级证明标准、确定不同主体、不同证明对象的不同标准,并且确定相关证明方法。

（三）诉讼时效的延长

在法理上,诉讼时效作为一种消灭时效,是权利人向法院以诉讼程序提出保护其权益的期间。立法从保护权利人的合法权益以及社会关系稳定的考虑出发规定诉讼时效。但是由于环境损害具有潜在性和缓发性,客观上需要较长的诉讼时效。新《环境保护法》第66条规定："提起环境损害赔偿诉讼的时效期间为三年,从当事人知道或者应当知道其受到损害时起计算。"该时效较为恰当,可以较好地平衡当事人的利益。

《民法通则》还规定了最长时效。该时效为20年,从权利被侵害时起计算。该规定可能会在环境法上不利于环境污染受害者权利救济。比如在日本的水俣病案件中,从排放含有甲基汞的污染物到出现大量的水俣病患者,前后几乎经过了半个世纪。如果依据20年的最长时效,将会使受害者无法提起诉讼。因此有必要作特殊规定。

## 二、环境民事诉讼的分类

在我国,可以根据民事纠纷的性质将环境民事诉讼分为如下几种。

（1）停止侵害之诉。是指要求已经从事或正在从事污染和破坏环境资源的违法民事行为人停止其活动的诉讼。这是一种积极的诉讼,有利于防止环境资源破坏的进一步扩大。环境法中的污染预防原则要求停止侵害之诉在环境民事诉讼中占有较大比例。

（2）排除妨碍之诉。这是由财产权或环境权受到他人开发利用环境资源活动的不利影响的人提起的民事诉讼。

（3）消除危险之诉。这种诉讼是对真实地计划从事某种活动,并会对自己环境民事权利造成危害的人提起的诉讼。在这种诉讼中环境侵害行为尚未现实发生,但却潜伏着发生的必然性。这是一种积极的诉讼,可以有效地防止环境资源的破坏和污染。

（4）恢复原状之诉。这种诉讼是在环境侵权行为已造成环境资源质量的恶化或环境资源因素的损害,并且被恶化或损害的环境资源的质量或环境质量因素能够恢复的情况下提起的。这种诉讼是一种积极的诉讼,在防治环境资源污染和破坏方面起着重要的作用。

（5）损害赔偿之诉。这种诉讼是在环境侵权行为已经对自己的财产或人身造成实际损害,但又不能通过恢复原状的情况下提起的诉讼。这是一种消极的诉讼。在环境资源的破坏和环境污染中,因为它既不能恢复原状,又难以使污染停止,因此,适用范围较窄。

需注意的是,在实践中,可以同时提起两种或两种以上的环境民事诉讼。根据环境法中的预防为主原则,应当加强和扩大停止侵害之诉、排除妨碍之诉、消除危险之诉、恢复原状之诉的运用。

### 三、环境民事诉讼的基本规定

(一) 环境民事诉讼案件的管辖

根据《民事诉讼法》关于管辖的规定,并结合环境民事诉讼的特点,环境民事诉讼案件的管辖主要有两类。

1. 级别管辖

级别管辖是确定由哪一级人民法院负责审理具体环境民事案件的基础,根据《民事诉讼法》的规定,各级法院的分工如下。

(1) 除按《民事诉讼法》规定应由其他人民法院审理的以外,基层人民法院管辖第一审环境民事案件。

(2) 中级人民法院依法管辖的第一审环境民事案件有三类:重大涉外案件、在本辖区有重大影响的案件、最高人民法院确定由中级人民法院管辖的案件。可见,中级人民法院受理的第一审环境民事案件一般应是案情复杂、涉及范围广、对社会影响较大或诉讼标的较大的案件。"重大涉外案件"由中级人民法院管辖,一般的涉外环境民事案件应由基层人民法院管辖。

(3) 高级人民法院管辖在本辖区内有重大影响的第一审环境民事案件。

(4) 最高人民法院管辖在全国有重大影响的以及它认为应当由其审理的环境民事案件。最高人民法院是国家的最高审判机关,它对案件作出的判决或裁定是直接发生法律效力的终审判决或裁定。

2. 地域管辖

环境民事诉讼案件涉及的地域管辖主要包括:

(1) 一般地域管辖。公民、法人或者其他组织提起的环境民事诉讼,由被告住所地人民法院管辖,公民作为被告的住所地与经常居住地不一致时,由经常居住地人民法院管辖。

(2) 特殊地域管辖。《民事诉讼法》第 29 条规定:"因侵权行为提起的诉讼,由侵权行为地或者被告住所地人民法院管辖。"环境民事诉讼案件中,很多是由环境侵权行为引起的,这时既可适用一般地域管辖原则,也可适用特殊地域管辖原则。侵权行为地,一般是指构成侵权行为的法律事实所在地,既包括侵权行为发生地,又包括侵权危害结果地。因此,对因环境侵权行为引起的环境民事诉讼案件,侵权行为地人民法院或被告住所地人民法院均有管辖权。

(3) 专属管辖。环境民事案件的专属管辖主要涉及因港口作业中的侵权行为而发生环境纠纷提起的民事诉讼,这类案件由港口所在地人民法院享有排他的专属管辖权。

环境民事诉讼主要是由于环境侵权引起的。被告住所地往往就是污染源或者是侵权行为发生地。因此根据上面的不同管辖规定在很多情况可以得到相同的结论。如果同一诉讼中的几个被告住所地、经常居住地在两个以上人民法院辖区的,则出现共同管辖的局面,各个人民法院对此环境民事诉讼都有管辖权。

(二) 环境民事纠纷的调解

根据民事诉讼法有关人民法院依法调解的规定,人民法院可以主持对环境民事纠纷的调解,调解可以在判决前的任何阶段进行,对于调解达成协议的,人民法院应制作调解书,写明诉讼请求、案件事实和调解结果,由审判人员、书记员署名,加盖人民法院印章,送达当事人。调解协议书经双方当事人签收后,即具有法律效力。

对于环境民事纠纷,人民法院进行调解必须遵循如下原则:(1) 必须是双方当事人自愿接受调解,包括接受调解方式和调节结果,不得强迫达成协议。(2) 调解应在查清事实之后进行,分清是非。(3)调解不成或调解书送达前一方反悔的,人民法院应及时判决,防止强行调解、违法调解以及久调不决等现象的发生。

### (三)环境民事诉讼第一审程序

环境民事诉讼的第一审程序包括普通程序和简易程序。对于事实清楚、权利义务关系明确,争议不大的简单环境民事案件基层人民法院及其派出法庭审理时,可适用简单程序。除此以外,环境民事案件的第一审程序一般应采用普通程序。普通程序由以下几个步骤组成。

1. 起诉和受理

(1) 起诉条件。根据我国《民事诉讼法》的规定,提起环境民事诉讼必须符合下列条件。

第一,原告是与本案有直接利害关系的公民、法人和其他组织。依此规定,只有自己的环境资源民事权益受到他人侵犯或者与他人发生争议时,公民、法人和其他组织才有权提起环境民事诉讼,才有资格成为原告。

第二,有明确的被告。如果没有明确的被告,民事争议也就失去了对立面,人民法院就无法审理该"民事案件"。环境民事诉讼在起诉时也应有明确的被告。

第三,有具体的诉讼请求和事实、理由。提起环境民事诉讼必须有明确、具体的诉讼请求。

第四,属于人民法院受理民事诉讼的范围和受诉人民法院管辖。

(2) 起诉形式。提起环境民事诉讼有口头和书面两种形式。一般情况下,起诉应当向人民法院递交起诉状并按照被告人数提出副本。但是,如果原告人书写诉状确有困难,也可以口头起诉,由人民法院记入笔录,并告知对方当事人。

2. 审查和受理

人民法院收到起诉状或接到口头起诉后,应按《民事诉讼法》第119条规定的起诉条件和其他有关法律要求进行审查。经审查,认为符合起诉条件的,应当在7日内立案,并通知当事人;认为不符合起诉条件的,应当在7日内裁定不予受理。

3. 审理和判决

根据《民事诉讼法》的规定,环境民事案件的审理和判决遵守如下程序。

(1) 审理的准备。人民法院受理环境民事诉讼案件后,应当进行审理前的准备。审理前的准备是民事审判的一个重要阶段和必经程序,其主要内容有:

第一,发送有关诉讼文书。在立案之日起5日内,人民法院应当把起诉状副本送达被告。被告在收到起诉状副本之日起15日内提出答辩状。被告享有答辩权,并且有权处分该项权利。被告提出答辩状的,法院应在收到之日起5日内将答辩状副本送达原告。但是,被告不提交答辩状的,并不影响法院对案件的审理。

第二,告知当事人权利和其他事宜。在受理案件通知书和应诉通知书中,人民法院应当向当事人告知有关的诉讼权利义务,也可以口头告知。在合议庭组成人员确定后,应当在3日内告知当事人,以便当事人提出回避请求。

第三,审核诉讼材料、调查取证。审判人员在庭审前必须认真审核诉讼材料,如起诉状、答辩状及有关证据材料。根据需要调查收集必要的证据。

(2) 开庭审理。开庭审理是民事诉讼第一审普通程序中最重要的诉讼阶段,其顺序为开庭前的准备、审理开始、法庭调查、法庭辩论、合议庭评议等。

根据《民事诉讼法》的规定,人民法院审理民事案件,除涉及国家秘密、个人隐私或者法律另有规定的以外,应当公开进行。因此,环境民事案件一般也应公开审理。法律同时规定:涉及商业秘密的案件,当事人申请不公开审理的,可以不公开审理。如果环境民事案件涉及有关当事人的商业秘密,又依法申请不公开审理的,人民法院可以决定不公开审理。

法庭调查和法庭辩论是开庭审理的主要环节。按《民事诉讼法》的规定,法庭调查的顺序是:① 当事人陈述,一般应按原告、被告、第三人的顺序进行;② 审判长告知证人的权利义务,证人作证,审判员宣读未到庭的证人证言;③ 出示或宣读有关证据,依次出示书证、物证和视听资料,宣读鉴定结论,宣读勘验笔录。法庭辩论的一般顺序是:① 原告及其诉讼代理人发言;② 被告及其诉讼代理人答辩;③ 第三人及其诉讼代理人发言或者答辩;④ 互相辩论。在法庭辩论终结后,由审判长按照原告、被告、第三人的先后顺序征询各方最后意见。

(3) 判决。人民法院适用普通程序审理的环境民事案件,应当在立案之日起 6 个月内审结;有特殊情况需要延长的,经院长批准,可以延长 6 个月;如果还需延长,则应报请上级人民法院批准。人民法院对案件审结后,一律公开宣判。当庭宣判的,应当在 10 日内发送判决书;定期宣判的,宣判后立即发给判决书。

(四) 环境民事诉讼的第二审程序

1. 上诉的条件和方式

在环境民事诉讼中,当事人不服地方人民法院第一审判决和裁定的,有权向上一级人民法院提起上诉。对第一审判决不服的,应在判决书送达之日起 15 日内上诉;对第一审裁定不服的,应在裁定书送达之日起 10 日内上诉。

在环境民事诉讼中,上诉应当递交上诉状。上诉状应当通过原审人民法院提出,并按照对方当事人或者代表人的人数提出副本,如果当事人直接向第二审人民法院上诉的,第二审人民法院应当在 5 日内将上诉状移交原审人民法院。

2. 上诉的审理方式和程序

根据《民事诉讼法》的规定,第二审人民法院对上诉的环境民事案件可采取两种审理方式:一般情况下,应当组成合议庭,开庭审理;但是,如果经过阅卷和调查,询问当事人,事实已核对清楚,合议庭认为不需要开庭审理的,也可以进行裁判。第二审人民法院审理上诉案件,适用第一审普通程序。

3. 裁判

对上诉的环境民事案件,第二审人民法院经审理后可作出维持原判、依法改判、发回重审等裁判。

(1) 原判决认定事实清楚,适用法律正确的,应判决驳回上诉,维持原判决。

(2) 原判决适用法律错误的,依法改判。

(3) 原判决认定事实错误或者认定事实不清,证据不足,应裁定撤销原判决,发回原审人民法院重审,或者查清事实后改判。

(4) 原判决违反法定程序,可能影响案件正确判决的,应裁定撤销原判决,发回原审人民法院重审。

第二审人民法院的判决和裁定,是终审的判决和裁定。第二审的判决、裁定,最高人民法院的判决、裁定,以及超过上诉期没有上诉的判决、裁定都是发生法律效力的判决、裁定。

(五) 执行程序

已经发生效力的民事判决、裁定以及其他应当履行的法律文书,当事人必须履行。一方拒绝履行的,对方当事人可以向人民法院申请强制执行。民事诉讼法规定的强制执行措施包括:

(1) 人民法院有权向银行、信用合作社和其他有储蓄业务的单位查询被执行人的存款情况,冻结、划拨被执行人应当履行义务部分的存款。有权扣留、提取被执行人应当履行义务部分的收入。

(2) 人民法院有权查封、扣押、冻结并依法拍卖、变卖被执行人应当履行部分的财产。

(3) 人民法院有权对隐匿财产的被执行人及其住所或者财产隐匿地进行搜查。

(4) 申请人发现被执行人有其他财产和收入的,可以随时申请人民法院执行。

(5) 被执行人应当加倍支付迟延还债期间的债务利息。

### (六) 当事人的诉讼权利和义务

法人由其法定代表人进行诉讼,其他组织由其主要负责人进行诉讼。诉讼人的诉讼权利包括:请求司法保护;委托代理人;申请回避;收集提供证据;进行辩论;请求调解;自行和解;提起上诉;申请强制执行。当事人在享有诉讼权利的同时,也要承担相应的诉讼义务。这些义务包括:必须依法行使诉讼权利;遵守法庭秩序和诉讼程序;服从判决或裁定,履行发生法律效力的判决书、裁定书和调解书。

### (七) 涉外环境民事诉讼

《民事诉讼法》对涉外民事诉讼作了规定,这些规定同样适用于涉外环境民事诉讼,具体如下:(1) 外国人、无国籍人、外国企业和组织在我国领域内进行环境民事诉讼,适用我国民事诉讼法。(2) 中华人民共和国缔结或者参加国际条约同我国民事诉讼法有不同规定的,适用国际条约的规定,但我国声明保留的条款除外。(3) 外国人、无国籍人、外国企业和组织在人民法院起诉、应诉,同中华人民共和国公民、法人和其他组织享有同等的诉讼权利义务。(4) 外国法院对中华人民共和国公民、法人和其他组织的民事诉讼权利加以限制的,中国法院对该国公民、企业和组织的民事诉讼权利,实行对等原则。

## 第三节 环境刑事诉讼

### 一、环境刑事诉讼的概念和特征

环境刑事诉讼,是指国家检察机关或依照法律规定可以提起自诉的当事人为追究环境犯罪者的刑事责任而向人民法院提起的诉讼。

环境刑事诉讼的目的是为了准确、及时地查明环境犯罪事实,正确运用法律,惩罚犯罪分子,教育公民自觉遵守环境法律,积极同环境犯罪作斗争,以维护社会主义法制,保护环境资源。由于危害环境的犯罪具有其他一般刑事犯罪所不具备的特点,因此,应有专门的环境刑事诉讼法或在刑事诉讼法中设立专章进行相应的规定,这样才有利于司法机关依法准确及时地对环境刑事案件进行审理,威慑和惩罚犯罪,保护环境和人民的生命财产。但是,我国目前还没有这方面的专门规定,因此,环境刑事诉讼基本上是依照现行《刑事诉讼法》的规定进行。

环境刑事诉讼是国家司法机关行使国家刑罚权的活动。在整个诉讼活动中,分别由公安部门、人民检察院和人民法院行使侦查、检察和审判权,代表国家对危害环境资源、构成犯罪的行为给予应有的刑事制裁。环境刑事诉讼中依法应承担刑事责任、受到刑事制裁的主体,不仅指具有刑事责任能力构成环境犯罪的自然人,而且包括法人。作为惩罚环境犯罪的最有效的方法,环境刑事诉讼在环境保护中具有重要的意义。

环境刑事诉讼不同于环境行政诉讼和环境民事诉讼,它是对因污染和破坏环境造成严重危害后果,依法构成犯罪的行为人提起的请求科以刑罚的诉讼。它具有如下特征:

(1) 环境刑事诉讼是一种公诉,它的起诉人只能是人民检察机关,其他任何机关和个人无权提起。

(2) 其诉讼程序适用《刑事诉讼法》。

(3) 提起环境刑事诉讼的目的在于使环境犯罪者受到刑罚处罚,并预防其他人从事环境犯罪。

### 二、环境刑事诉讼的基本规定

(一) 环境刑事案件的管辖

根据我国《刑事诉讼法》的规定,环境刑事案件的管辖分为职能管辖和审判管辖。

1. 职能管辖

根据《刑事诉讼法》的规定,人民法院直接受理不需要侦查的轻微的环境刑事案件。实践中主要指污染和破坏环境资源的后果较轻、情节非常简单、不需要专门立案进行侦查,只要对原告和被告人进行询问、讯问和调查就可以查明事实真相的案件。人民检察院直接受理国家工作人员因渎职、玩忽职守、重大责任事故等侵犯公民环境权益,造成人身伤亡或财产重大损失需要追究刑事责任的案件,以及人民检察院认为需要自己直接受理的其他案件。公安机关直接受理人民法院或人民检察院直接受理的案件以外的其他所有环境刑事案件。

2. 审判管辖

审判管辖分为级别管辖、地域管辖和专门管辖。

(1) 级别管辖。依据《刑事诉讼法》规定,基层人民法院管辖绝大多数的第一审普通环境刑事案件,中级人民法院管辖可能判处无期徒刑、死刑的普通环境刑事案件,以及涉外的环境刑事案件;高级人民法院管辖在全省、自治区、直辖市有重大影响的第一审环境刑事案件。最高人民法院管辖在全国范围内罕见或国际上有重大影响的环境刑事案件。

(2) 地域管辖。依据《刑事诉讼法》规定,环境刑事案件由犯罪地的人民法院管辖。环境犯罪地包括环境犯罪行为地和结果地等。如果由被告人居住地的人民法院审判更为适宜的环境刑事案件,可以由被告人居住地的人民法院管辖,对于几个同级人民法院都有管辖权的环境刑事案件,应由最初受理的人民法院负责审判。上级人民法院可以指定下级人民法院审判管辖不明的案件,也可以指定下级人民法院将案件移送其他人民法院审判。

(3) 专门管辖。依照法律规定应由专门人民法院管辖的环境刑事案件,由专门人民法院管辖。

(二) 立案、侦查和起诉

公安机关或者人民检察院发现犯罪事实或犯罪嫌疑人,应当按照管辖范围,立案侦查。公安机关、人民检察院或者人民法院对于报案、控告、举报、自首,都应当接受。对于不属于自己管辖的,应当移送主管机关处理,并通知报案人、控告人、举报人及自首人;对于不属于自己管辖而又必须采取紧急措施的,应当先采取紧急措施,然后移送主管机关。环境刑事诉讼的材料一般来源于机关、团体、事业单位和公民个人对环境犯罪的检举和控告,犯罪分子的自首及公、检、法部门在行使职权中自行发现等。立案的条件是有犯罪事实发生,并且需要追究刑事责任。

环境资源刑事案件的侦查权由公安机关和人民检察院行使。在侦查阶段通过侦查搜集证据,查明犯罪事实,确定犯罪人,制止和预防犯罪。侦查终结,对需要依法起诉追究刑事责任的环境资源犯罪,由人民检察院依法提起公诉。

环境刑事案件的起诉分为自诉和公诉。依照《刑事诉讼法》规定,自诉案件包括"告诉才处理"的案件和其他不需要进行侦查的轻微刑事案件。《环境保护法》第 6 条规定:"一切单位和个人都有保护环境的义务,并有权对污染和破坏环境的单位和个人进行检举和控告。"《刑事诉讼法》也规定,机关、团体、企业、事业单位和公民发现有犯罪事实或犯罪嫌疑人,有权利也有义务向公安机关、人民检察院或者人民法院提出控告检举。因此实践中发现环境犯罪的公民和单位均有权利和义务进行控告。环境资源行政管理部门或有关监督管理部门在处理环境纠纷时,对于危害环境资源后果严重、依法构成犯罪的环境污染和破坏案件,应积极主动将有关材料移交公安机关、人民检察院或人民法院,由其追究有关人员、单位的刑事责任。人民检察院和公安机关应从保护环境的大局出发,对污染和破坏环境资源、构成犯罪的人依法积极侦查追诉,使危害环境的犯罪分子得到应有的惩罚。

(三)刑事案件的审判和执行

环境资源刑事案件经自诉人起诉或人民检察院提起公诉,经人民法院审查立案便进入了审判阶段。《刑事诉讼法》对环境资源刑事案件审判的原则、审判制度、审判组织及具体程序,以及执行程序、二审程序、死刑复核程序、审判监督程序均作了具体规定,应严格适用。在司法实践中应充分考虑环境资源刑事犯罪的特点和环境资源刑事诉讼的特殊性。在对犯罪者定罪量刑时,实体法律规范的适用,要根据《环境保护法》以及有关单行法规的规定,依照《刑法》以及其他刑事法律规范关于危害环境的犯罪的规定定罪量刑,同时,要准确把握危害环境资源的犯罪与其他刑事犯罪在犯罪构成上的区别,保护无罪的人不受追究,使环境资源犯罪者得到应有的惩罚。

## 第四节 环境行政诉讼

### 一、环境行政诉讼概述

环境行政诉讼,是指环境管理行政相对人认为环境行政管理机关或其工作人员的具体行政行为非法损害了自己合法的环境权益,而依法向法院起诉,法院依法对该争议进行审理的活动。在有些国家,法院仅仅有权对具体行政行为的合法性进行审查,在另外一些国家,法院既可以对合法性进行审查,也可以对适当性进行审查。《行政诉讼法》第6条规定:"人民法院审理行政案件,对具体行政行为的合法性进行审查。"

环境行政诉讼在环境法中占有重要地位。由于环境行政执法是实施环境法的主要方式,环境行政机关需要作出大量的、广泛的具体行政行为,这必然会导致大量的行政争议。为了保障行政相对人或其他人的合法权益,防止违法行政,保证法律的正确实施,有必要设立行政诉讼制度。

根据修订后的《行政诉讼法》第49条的规定,提起环境行政诉讼必须符合下列条件。

(1)原告是行政行为的相对人或与行政行为有利害关系的公民、法人或者其他组织。

(2)有明确的被告。

(3)有具体的诉讼请求和事实根据。

(4)属于人民法院受案范围和受诉人民法院管辖。

### 二、环境行政诉讼的特征

环境行政诉讼具有如下特征。

(1)环境行政诉讼的原因是因环境行政管理相对人不服环境管理机关的具体行政行为而引起的争议。

(2)争议中的具体行政行为必须是法律、法规明文规定的可诉行为。

(3)原告是环境行政管理的行政相对人,包括法律、法规规定必须接受环境行政管理机关管理的公民、法人或其他组织。

(4)被告具有恒定性,即被告一定是行使环境监督管理权、作出具体行政行为的环境行政管理机关。

(5) 诉讼的标的是环境管理行政争议,亦即环境行政管理机关在实施环境监督管理权时与相对人发生的争议。

(6) 环境行政诉讼是一个三方之间的法律关系,是在法院主导下解决环境行政争议的活动。

(7) 环境行政诉讼是由行政相对人发动的诉讼,如果没有行政相对人的起诉,法院无权受理。

(8) 在环境行政诉讼中,当事人的法律地位平等。

### 三、环境行政诉讼的受案范围

根据《行政诉讼法》第12条、《最高人民法院关于贯彻执行〈中华人民共和国行政诉讼法〉若干问题的意见(试行)》等法律文件,公民、法人和其他组织可以在对下列具体行政行为不服时向法院提起行政诉讼。

(1) 对环保部门作出的罚款、吊销许可证和执照、责令限期治理、没收财物等行政处罚不服的。

(2) 对限制人身自由或者对财产的查封、扣押、冻结等行政强制措施不服时。

(3) 认为环境保护机关侵犯法律规定的经营自主权的。

(4) 认为符合法定条件申请环境管理机关颁发许可证和执照,环境管理部门拒绝颁发或者不予答复的。

(5) 申请环境管理机关履行保护环境、防止污染和其他公害以保护其人身权、财产权的法定职责,环境管理机关拒绝履行或者不予答复的。

(6) 认为环境管理机关违法要求履行义务的。

(7) 认为环境管理机关侵犯其人身权、财产权的。

(8) 对环境管理机关就赔偿问题所作的裁决不服的。

(9) 对环境管理行政机关依照职权作出的强制性补偿决定不服的。

(10) 对环境管理行政机关处理资源权属纠纷的行政决定不服的。

(11) 对环境管理行政机关处理违法行为引起的纠纷以及处理环境污染纠纷作出的行政决定不服的。

(12) 法律、行政法规规定的可以提起行政诉讼的其他环境行政案件。

### 四、环境行政诉讼的原告

根据《行政诉讼法》,对该法规定的受案范围内的具体行政行为不服并且提起诉讼的公民、法人和其他组织是原告。有权提起诉讼的公民死亡,其近亲属可以提起诉讼。有权提起诉讼的法人或者其他组织终止,承受其权利的法人或者其他组织可以提起诉讼。综合而言,行政诉讼的原告是不服可诉具体行政行为的行政相对人或者其近亲属、承受其权利的法人或者其他组织,与该案有直接的利害关系。

《行政诉讼法》的规定使得作为行政管理间接相对人和环境受害人的公民以及作为环境公益组织的环保团体难以提起行政诉讼。比如,如果公民或者环保公益团体以政府行动、计划以及政府对污染型企业、事业单位的审批等违反有关环境法律法规、损害人们的环境权为由提起行政诉讼,或者针对环境行政中行政机关与污染企业互相勾结、放任企业污染或者破坏环境的行为、在符合法定的环境管制权限的要件时仍然不行使法定职权的现象,为了保护居民人身权、财产权和正当环境权益不受侵害,而对环境行政机关提起的要求其履行法定职责的管制措施请求诉讼等,这类环境诉讼将因为原告对诉讼标的不具有直接的利害关系而缺乏诉讼主体地位,无法提起诉讼。

但是环境民主原则要求公众参与环境管理,环境行政诉讼正是公众参与环境管理的最基本、最重要的途径。环境行政诉讼对于消除和防止环境污染和破坏具有很大的作用,因此法律应当放宽原告的诉讼主体资格限制。扩大诉讼主体资格也是发展环境公益组织的需要。环境公益组织不是为了自身的利益工作,而是为了公共利益而从事相关活动。如果法律对原告的主体资格作出较为严格的限制,环保公益组织将因为缺乏主体地位,不能够运用环境行政诉讼的方式推动环境保护事业的发展。大陆法系和英美法系的很多国家都放宽了环境行政诉讼的原告主体资格限制,中国有必要借鉴先进国家的经验,放宽原告的诉讼主体资格。

### 五、环境行政诉讼的管辖

环境行政诉讼的管辖,是指各级各地法院受理第一审环境行政诉讼案件的分工和权限。

管辖问题是涉及某一环境诉讼能否有效进行的首要问题,原告只有到享有管辖权的人民法院提起环境行政诉讼,案件才可能得到受理。否则,诉讼无从开始。根据《行政诉讼法》的规定,环境行政诉讼的管辖包括如下内容。

(1) 一般的第一审环境行政案件,由基层人民法院管辖。对国务院各部门或者省、自治区、直辖市人民政府所作的有关环境管理的具体行政行为提起的行政诉讼和其辖区内重大复杂的第一审环境行政案件,由高级人民法院管辖。最高人民法院管辖全国范围内重大、复杂的第一审行政案件。

(2) 环境行政诉讼由环境行政机关所在地人民法院管辖。一般由最初作出具体行政行为的环境行政机关所在地人民法院管辖;对经复议改变原具体行政行为的,也可以由复议机关所在地人民法院管辖。经过复议的案件,可以由复议机关所在地人民法院管辖。对限制人身自由的强制措施不服,有被告所在地或原告所在地人民法院管辖。因不动产提起的环境行政诉讼,由不动产所在地人民法院管辖。

(3) 两个以上人民法院都有管辖权的案件,原告可以选择其中一个人民法院起诉;原告向两个以上有管辖权的人民法院起诉,由最先收到起诉状的人民法院管辖。对于不属于自己管辖的案件,应及时移送至有管辖权的人民法院。上级人民法院对下级法院因特殊原因不能行使管辖权以及对管辖权有争议而不能协商解决的案件实行指定管辖。上级人民法院有权提审下级人民法院管辖的第一审环境行政案件。下级人民法院则可以申请由上级人民法院审判其管辖的第一审案件。

### 六、环境行政诉讼的举证责任

《行政诉讼法》第34条规定:"被告对作出的具体行政行为负有举证责任,应当提供作出该具体行政行为的证据和所依据的规范性文件。"根据该规定,在环境行政诉讼中,被告负有举证责任。环境行政机关提供证据的,只限于作出原行政处罚或其他行政处理决定时所依据的那些证据。《行政诉讼法》第35条规定:"在诉讼过程中,被告不得自行向原告和证人收集证据。"也就是说,环境行政管理机关在诉讼开始以后,不能自行去收集和补充证据。《行政诉讼法》该规定在于限制行政机关的行为,要求行政机关依法行政,保护当事人的合法权利。依法行政的一个要求就是在作出行政行为时具备充分的、依法定程序取得的证据。

### 七、环境行政诉讼的诉讼时效

《行政诉讼法》对诉讼时效作了规定,超过规定的诉讼时效期限,胜诉权即告消灭。

《行政诉讼法》规定的诉讼时效有两种:一是对复议决定不服的,可以在收到复议书之日起

15日内向人民法院提起诉讼;二是直接向人民法院起诉的,应当在知道作出具体行政行为之日起3个月内提出。法律另有规定的,依法律规定。

## 八、环境行政诉讼的执行

执行已经发生效力的判决或裁定,是具体落实法律责任的重要内容。执行将直接关系到法律的权威,是法律的国家强制性的具体体现。

《行政诉讼法》对执行作了较为明确的规定:

(1) 行政相对人拒绝履行判决、裁定的,行政机关可以向第一审人民法院申请强制执行或依法强制执行。对于行政机关拒绝履行生效判决、裁定的,第一审人民法院可以采取通知银行划拨、罚款、向有关机关提出司法建议以及对构成犯罪者追究刑事责任等措施。

(2) 对于行政相对人对具体行政行为在法定期限内不提起诉讼又不履行的,行政机关可以申请人民法院强制执行,或者依法强制执行。

# 第六节 环境公益诉讼

## 一、环境公益诉讼的概念

厘清环境公益诉讼的概念,是确认环境公益诉讼的原告,寻找到其请求权基础的前提。理论界关于环境公益诉讼的概念,可谓百家争鸣。我国学者一般认为,环境公益诉讼制度,是指特定的国家机关、相关团体和个人,对有关民事主体或行政机关侵犯环境公共利益的行为向法院提起诉讼,由法院依法追究行为人法律责任的制度。在这个界定的基础上,学者们进一步将环境公益诉讼分为环境民事公益诉讼与环境行政公益诉讼。环境民事公益诉讼即公民或组织针对其他公民或组织侵害环境公共利益的行为,请求法院提供民事性质的救济的诉讼。而环境行政公益诉讼则是公民或法人以行政机关的具体环境行政行为损害环境公共利益为由,向法院提起的司法审查之诉。也有学者认为,以被诉对象及诉讼目的来界定环境民事公益诉讼更为合理。例如,环境民事公益诉讼应定义为:法定的组织或个人根据法律规定,为了保护社会环境公共利益对违反环境法律、侵害环境公共利益的一般民事主体,向法院提起诉讼要求其承担民事责任,由法院按照民事诉讼程序依法审判的诉讼。

我国立法虽然没有直接对公益诉讼的类型进行分类,但是从立法和政策所透露出的改革趋向来看,我国事实上采用了环境民事公益诉讼与环境行政公益诉讼的二元划分。

(一) 环境民事公益诉讼

新修订的《民事诉讼法》第55条规定了环境民事公益诉讼,"对污染环境、侵害众多消费者合法权益等损害社会公共利益的行为,法律规定的机关和有关组织可以向人民法院提起诉讼。"新修订的《环境保护法》进一步规定:"对污染环境、破坏生态,损害社会公共利益的行为,符合下列条件的社会组织可以向人民法院提起诉讼。"最高人民法院《关于审理环境民事公益诉讼案件适用法律若干问题的解释》第1条规定:"法律规定的机关和有关组织依据民事诉讼法第五十五条、环境保护法第五十八条等法律的规定,对已经损害社会公共利益或者具有损害社会公共利益重大风险的污染环境、破坏生态的行为提起诉讼,符合民事诉讼法第一百一十九条第二项、第三项、第四项规定的,人民法院应予受理。"由此可知,我国立法上所认可的环境民事公益诉讼是指法律规定的机关和有关组织对已经损害社会公共利益或者具有损害社会公共利益重大风险的污染环境、破坏生态的行为提起的民事诉讼。

### （二）环境行政公益诉讼

我国现行立法没有规定环境行政公益诉讼。但是，2014年10月中共中央《关于全面推进依法治国若干重大问题的决定》提出探索检察机关提起公益诉讼制度。为落实这一改革举措，最高人民检察院先后发布《检察机关提起公益诉讼试点方案》和《人民检察院提起公益诉讼试点工作实施办法》，在上述方案和办法中明确检察机关除了可以提起民事公益诉讼之外，还可以提起行政公益诉讼，并且环境行政公益诉讼是试点的关键领域。《人民检察院提起公益诉讼试点工作实施办法》第28条规定："人民检察院履行职责中发现生态环境和资源保护、国有资产保护、国有土地使用权出让等领域负有监督管理职责的行政机关违法行使职权或者不作为，造成国家和社会公共利益受到侵害，公民、法人和其他社会组织由于没有直接利害关系，没有也无法提起诉讼的，可以向人民法院提起行政公益诉讼。"由此可知，环境行政公益诉讼是指生态环境和资源保护负有监督管理职责的行政机关违法行使职权或者不作为，造成国家和社会公共利益受到侵害，法律规定的机关、组织向人民法院提起的行政诉讼。

## 二、环境公益诉讼的管辖

根据《民事诉讼法》及相关司法解释的规定，环境民事公益诉讼案件由污染环境、破坏生态行为发生地、损害结果地或者被告住所地的中级以上人民法院管辖。中级人民法院认为确有必要的，可以在报请高级人民法院批准后，裁定将本院管辖的第一审环境民事公益诉讼案件交由基层人民法院审理。经最高人民法院批准，高级人民法院可以根据本辖区环境和生态保护的实际情况，在辖区内确定部分中级人民法院受理第一审环境民事公益诉讼案件。因污染海洋环境提起的公益诉讼由污染发生地、损害结果地或者采取预防污染措施地的海事法院管辖。对同一侵权行为分别向两个以上人民法院提起公益诉讼的，由最先立案的人民法院管辖，必要时由它们的共同上级人民法院指定管辖。

2015年首次实行的巡回法庭制度对于环境公益诉讼的管辖也产生影响。最高人民法院设立了两个巡回法庭，作为其派出的常设审判机构。第一巡回法庭位于广东省深圳市，受理广东、广西、海南三省区内应当由最高人民法院审理的一审、二审、申请再审的民商事案件、行政诉讼案件、刑事申诉案件，以及涉港澳台民商事案件和司法协助案件等。此外，就地解决三省区的来信来访案件。第一巡回法庭作出的判决、裁定和决定是最高人民法院的判决、裁定和决定。第二巡回法庭位于辽宁省沈阳市，其巡回区包括辽宁、吉林、黑龙江三省，负责东北三省具有一定影响力的民事、商事、行政等案件的审办，因此，某些情况下，在上述六个省份内发生的环境民事公益诉讼或环境行政公益诉讼案件由最高人民法院巡回法庭管辖。

## 三、环境公益诉讼的原告

依据新《环境保护法》第58条的规定，对污染环境、破坏生态、损害社会公共利益的行为，符合下列条件的社会组织可以向人民法院提起诉讼：(1)依法在设区的市级以上人民政府民政部门登记；(2)专门从事环境保护公益活动连续五年以上且无违法记录。

此项规定首次将社会组织明确写入法条，赋予社会组织以环境公益诉讼的原告资格，扩大了环境公益诉讼的原告范围。依照法律、法规的规定，在设区的市级以上人民政府民政部门登记的社会团体、民办非企业单位以及基金会等，可以认定为该条规定的社会组织。

此外，将国家机关纳入环境公益诉讼的主体范畴的做法也有利于扩大环境公益诉讼的主体范围，有利于环境公益诉讼的有效进行。目前，国家正在探索检察机关提起公益诉讼制度。另外，我国宪法和法律规定："国家保护环境和自然资源，防治污染和其它公害。"我国海洋环境护法规定："对破坏海洋生态、海洋水产资源、海洋保护区，给国家造成重大损失的，由依照本法规定行使海洋环境监督管理权的部门代表国家对责任者提出损害赔偿要求。"

### 四、环境公益诉讼的归责原则

我国《侵权责任法》第 65 条规定:"因污染环境造成损害的,污染者应当承担侵权责任。"环境污染侵权责任是无过错责任,侵权人承担责任的前提不是发生了损害结果,而是存在侵权行为这一事实。二人以上共同为污染环境行为的,视主观恶意不同分为共同侵权和分别侵权。共同侵权是指二人以上有意识的共同侵权行为,共同侵权的每个侵权人均承担由其共同侵权行为造成的全部责任;分别侵权是指主观上没有联系的两个或两个以上行为人为侵权行为,并造成同一损害结果,分别侵权的各侵权人对其侵权行为所造成的损害结果的部分承担责任,即每个侵权人承担按份责任。以上所述侵权人包括单位和个人。

### 五、环境公益诉讼的举证责任

《环境保护法》第 64 条规定:"因污染环境和破坏生态造成损害的,应当依照《中华人民共和国侵权责任法》的有关规定承担侵权责任。"《侵权责任法》第 66 条规定:"因污染环境发生纠纷,污染者应当就法律规定的不承担责任或者减轻责任的情形及其行为与损害之间不存在因果关系承担举证责任。"即,环境污染侵权人对其行为与损害之间的因果关系承担举证责任,而原告则对其他诸如损害的发生等事实提供线索或证据。

原告请求被告提供其排放的主要污染物名称、排放方式、排放浓度和总量、超标排放情况以及防治污染设施的建设和运行情况等环境信息,法律、法规、规章规定被告应当持有或者有证据证明被告持有而拒不提供,如果原告主张相关事实不利于被告的,人民法院可以推定该主张成立。

## 第七节 环境司法专门化

环境侵权行为的二元性特征导致一个环境污染或破坏行为关涉私益与公益、有形主体与无形主体、个人损害与生态损害、直接利益与间接利益、实际损失与未来风险等多重因素。传统侵权法对于这类纠纷中复杂的因果联系、难以计量的损害后果、行为的不可谴责性等难题无力应对。因此,必须打破现有体制机制的障碍,实现环境司法专门化。许多国家设立专门的环境法院(法庭),如美国佛蒙特州环境法院、澳大利亚新南威尔士州土地与环境法院、新西兰环境法院等。环境司法专门化包含了审判组织专门化、审判人员职业化、审判机制专门化三个方面。①

### 一、审判组织专门化

环境司法要实现专门化,首要的必须实现审判组织专门化。没有专门化的审判组织,就无法养成有持续性审判经验的法官,也无法实施符合环境案件审判的制度机制的组织基础。早在 20 世纪末,我国就已经开始了环境审判组织专门化的探索。二十多年来,审判组织专门化已经取得了较大的发展。审判组织专门化历程大致可以分为三个阶段:第一阶段(萌芽期)为 2007 年之前,这一阶段的典型特征是多与环保系统紧密联合,如辽宁省先后在沈阳、丹东、大连等地环保局设立了十余个环保法庭作为派出机构,但此后由于无案可审,除铁西和东陵两区外,其余试点均被撤销。第二阶段(初创期)为 2007—2012 年,以贵阳创设"环保法庭"为起点,在能动司法大旗下,无锡、云南、海南、福建等地紧随其后,环保法庭数量增至 120 余家。第三阶段(发展期)为 2013 年以来,随着生态文明战略地位的提升,环保法庭数量得到较大攀升,不仅开始向省级层面拓展,且组织架构和诉讼程序也开始向纵深发展。目前,包括最高法院在内的各地法院已经先后

---

① 参见吕忠梅等:《环境司法专门化:现状调查与制度重构》,法律出版社 2017 年 1 月版。

设立了环境资源审判庭、合议庭或者巡回法庭 456 个。从组织形式看,现行试点主要采取审判庭、派出法庭、合议庭和巡回法庭四种模式。

### 二、审判人员的专门化

环境司法专门化最终要落实到法官的生态理念与裁判能力。环境审判的法官需要具备丰富审判经验的同时,更应熟练掌握各项环境法律法规,能够利用环境法律思维对现实中纷繁复杂的环境案件进行深入剖析,作出准确合理的法律判断。由于我国环境法学教育开展较晚,绝大部分法官缺乏环境法的专业训练。需要通过加大培训力度的方式,提升审判人员的专业素养,培养一支精英化、复合型的环境司法审判队伍。同时,要善于借助专业力量,建立环境司法专家库,聘请专家作为证人或人民陪审员,提供专业参考意见,提升环保案件审判的专业化水平。

### 三、审判机制的专门化

(1) 管辖制度创新。对于环境公益诉讼案件、环境污染或生态破坏跨行政区划的案件,以及其他类型的环境资源案件,实行由部分中、基层法院跨行政区划集中管辖;为了充分体现环境要素的整体性和流动性特点,建立以流域或生态功能区划分管辖区域的专门管辖制度;将涉及环境资源的民商事案件与行政乃至刑事案件统一归口由一个业务庭进行审理的模式,以形成集聚优势、培养专家法官、统一裁判尺度、扩大审判影响、提升司法权威。

(2) 诉讼制度创新。针对环境案件的特点形成有特色的证据保全、诉前禁令、依职权调取证据、举证责任分配以及由生态环境专家担任顾问、人民陪审员等制度;进一步扩大公益诉讼受理条件、完善公益诉讼的证据调查制度、构建多样化的环境责任履行和承担方式、建立促进公益诉讼发展的诉讼费用负担制度,健全完善环境公益诉讼程序规则;围绕环境诉讼的管辖、审理、执行等制度,以及举证责任分配、证明标准确定、因果关系认定、责任承担方式等问题开展系统研究,根据环境资源侵害的特殊性建立符合生态环境保护需要的专门诉讼程序。

## 本 章 小 结

由于环境实体法存在多种法律规范形式,目前在我国环境诉讼分别按照不同性质的法律规范适用相应的程序法规范,由此形成了环境民事诉讼、环境刑事诉讼和环境行政诉讼。但由于环境实体法的一些特殊规定,环境诉讼在适用三大诉讼法时也还应遵循环境法的特别规定。国外的环境诉讼制度有一些先进的经验,如原告主体资格的扩大、环境保护部门参加诉讼、诉讼时效的延长、公益诉讼等,都值得我们进行深入研究后借鉴。

【思考题】
1. 有没有必要建立专门的环境诉讼制度?为什么?
2. 环境民事诉讼有什么特点?无过错责任对环境民事诉讼产生了哪些影响?
3. 环境刑事诉讼中的自诉案件如何确定?
4. 环境行政诉讼是否应该进行对环境行政行为的合理性审查?
5. 环境公益诉讼是独立的环境诉讼形式吗?能否分为环境民事公益诉讼和环境行政公益诉讼?我国环境公益诉讼该如何发展完善?

【案例】
(一) 刘某与市农机局环境污染侵权损害赔偿案①

某市农业机械管理局(下称农机局)与宿舍相邻,中间为一坪场,刘某住在该局宿舍内。自

① 《湖南省高级人民法院民事判决书》[(2006)湘高法民再终字第 102 号]。

1982年以来,农机局对市农用机动车的培训、维修、年检及喷漆作业一直在该院内坪场进行。由于居民意见大,市环保局于1998年下达了"吉环治字[1998]第007号城市环境管理限期治理通知书",认为农机局"在生活区、办公区实行有毒、有害作业(喷漆)","限期1998年8月28日以前进行治理","治理措施搬迁"。2001年8月28日市环保局又以吉环违改字(2001)05号"环境违法行为改正通知书"认定农机局"在单位宿舍院内进行喷漆活动,产生含苯有毒气体,对周围居民造成影响",责令农机局"1.喷漆过程在室内进行,尽量减少恶臭气体溢出;2.尽快重新选址,喷漆活动不再在院内进行"。但农机局在对农用机动车年检时,除了整车喷漆不在院内进行外,仍然在院内年检喷字。由于喷漆气体中含有苯,原告刘某认为其恶性淋巴癌系市农机局喷漆作业所致,要求法院判令被告停止侵害,排除障碍,并赔偿损失。

一审认为,农机局在生活区院内坪场进行农用机动车培训、维修、年检及喷漆作业,客观上对刘某及其附近居民的生活环境造成了一定的污染损害,农机局应立即停止上述作业。虽然喷漆气体中含有害物质"苯",但由于致癌的原因存在着多种可能性,故对刘某要求被告赔偿其医疗费及精神损失的诉讼请求不予支持,遂判决农机局在本判决下达之日立即停止在其院内进行农用机动车的培训、维修、年检及喷漆作业,并驳回刘某的其他诉讼请求。

原告不服,向州中级人民法院提起上诉。二审认为,被上诉人市农机局在坪场内进行农用车的培训、维修、年检及喷漆作业,使有害之"苯"混浊于空气中,对上诉人刘某等住户及周围环境客观上造成一定影响,故被上诉人市农机局应立即停止其年检及喷漆作业。上诉人患恶性淋巴癌是否因喷漆造成的,缺乏扎实证据证实。原判认定的事实清楚,处理恰当,上诉人的上诉理由不能成立,根据《民事诉讼法》第153条第1款之规定,判决驳回上诉,维持原判。

原告仍不服二审生效判决,向州人民检察院申诉。州人民检察院依法报请省人民检察院向省高级人民法院提起抗诉,指出环境污染引起的损害赔偿属特殊侵权行为,适用无过错责任,应根据最高人民法院《关于民事诉讼证据的若干规定》第4条第1款第3项的规定,受害人只需证明加害人有污染环境的行为,受害人有损害结果,加害人则应就污染环境行为与受害人的损害结果之间不存在因果关系承担举证责任。在本案中,刘某举证证明市农机局有污染环境的行为和他被诊断为患有淋巴癌的损害事实。根据举证责任分配原则,市农机局负有证明其污染环境的行为与刘某患癌症之间不存在因果关系的举证责任,市农机局没有举出该证据,应承担败诉的责任。

省高级人民法院指令州中级人民法院另行组成合议庭进行再审。再审法院认为,根据《关于民事诉讼证据的若干规定》第4条第1款第3项规定,刘某应当举证证明污染事实和损害结果的存在。现刘某举出的污染事实存在的两个依据,即市环保局分别于1998年和2001年向农机局发出的《城市环境管理限期治理通知书》和《环境违法行为改正通知书》不能作为认定污染事实的依据。首先,两通知均未认定污染程度和污染范围这一基本事实。污染程度是确定污染事实的最基本的依据。本案中的污染程度应为空气中含有有毒物质的多寡,是否超过国家和有关部门确定的标准,超过多少。污染程度标准,决定是否存在污染。污染范围是指污染覆盖的区域。本案中应界定以原审被上诉人市农机局为中心多少范围受喷漆空气污染。根据污染程度,污染范围还应划分重污染区、一般污染区、轻污染区和无污染区。这样才有可能确定受污染损害的对象。第二个通知只叙述喷漆气体中含有有毒物质苯,但并没有载明含苯的多少,附近哪些区域会受污染。因为空气中或多或少含有有毒气体,一般没有污染,只有达到一定的密度才构成污染,现没有密度数据,无法确定是否构成污染。就是有污染也还要划分污染区,只有对污染区域内生活的居民才构成污染侵害。其次,两通知书只是一般意义上的环境违法行为确认,多是按照法律法规和有关操作规定作出的。主要是依照在生活区、办公区不得实行有毒有害作业(喷漆)规定作出的。以此而作为认定污染事实的依据,缺乏扎实的证据。综上,刘某没有提出环境污染的事实,即使有损害结果出现,也不能适用举证倒置的举证责任分配原则。故抗诉机关使用举证倒置原则的抗诉理由不能成立。刘某没有提供新的证据证实污染事实,对其诉讼请求不予支持。原判认定事实清楚,适用法律正确,处理适当,应当维持。依照《民事诉讼法》第 184 条、第 186 条、第 188 条,参照《民事诉讼法》第 153 条第 1 款第 1 项的规定,经审判委员会讨论决定,判决维持该院(2002)州民终字第 383 号民事判决。

原告仍不服,向省人民检察院申诉,最高人民检察院于 2006 年 1 月 11 日向最高人民法院提出抗诉,提出:原再审判决适用法律方面存在错误:(1) 终审判决认定刘某没有提出环境污染事实,认定事实错误。(2) 再审判决认为,市环保局发出的两通知书不能作为认定污染事实的依据,无法律依据。(3) 再审判决认定本案"即使有损害结果的出现,也不能适用举证倒置的举证责任分配原则",无法律依据。在本案中,再审判决并没有依法律规定让市农机局负举证责任,市农机局没有举出自己没有造成污染的证据,也没有证明其喷漆的行为与刘某患淋巴癌之间没有因果关系。市农机局对造成的环境污染且造成人身伤害,应当依法承担民事责任。

最高人民法院要求省高级人民法院予以再审。省高级人民法院认为,市环保局作出的"两个通知书",足以认定市农机局实施了环境污染行为。原再审法院以刘某举证不能为由,否定污染事实,不符合客观事实。但是,"由于目前无法准确界定各种癌病的起因,在此情况下,如果适用举证责任倒置原则,以市农机局举证不能为由推定本案所涉市农机局环境污染行为与刘某患癌病损害结果之间存在必然的因果关系,缺乏事实依据"。因此,驳回再审申请人的申诉,维持原再审判决。

**【问题】**

1. 本案的法律争论点有哪些?法院在各审中是如何处理这些问题的?
2. 结合本案分析因果关系与"举证责任倒置"的关系。

### (二) 朱某、环保联合会与集装箱公司环境污染侵权纠纷案①

原告朱某、某环保联合会诉称,被告某集装箱公司在黄田港口作业过程中产生铁矿粉粉尘污染,严重影响了周围的空气质量和居民的生活环境,并将含有铁矿粉的红色废水非经处理直接冲洗排入下水道,经黄田港排入长江,影响附近居民饮用水安全,同时,集装箱公司在作业过程中产生的噪声影响了周围居民生活。请求判令被告停止侵害,使港口周围的大气环境符合环境标准,排除对周围居民的妨碍;判令被告立即对铁矿粉冲洗进行处理,消除对饮用水源地和取水口产生的危险;判令被告立即将黄田港和港口附近的下水道恢复原状,铁矿粉泥做无害化处理。

被告辩称,集装箱公司码头是该市港口公共码头的重要组成部分,于 1987 年建成,主要接卸煤炭、黄沙、花岗岩等货种。2001 年企业改制后,根据该市钢铁企业的原料状况,从 2004 年下半年期,增加了以接卸铁矿石为主的货种。接卸铁矿石(粉)对环境的确存在一定的影响,主要问题是粉尘对周围居民的影响,集装箱公司对此采取了一些应对办法。2009 年 5 月以后,由于居民反映情况,市政府召开了协调会议,就解决环境污染问题做了全面部署,公司根据地方政府协调处理意见,进一步完成了一些整改措施,取得了居民的谅解。

法院审理查明:集装箱公司于 2001 年 12 月 26 日进行企业改制,经工商行政管理部门核准经营范围为"码头和其他港口设施经营;在港区内从事货物装卸、驳运、仓储经营;国际集装箱运

---

① 余耀军、张宝、张敏纯:《环境污染责任——争点与案例》,北京大学出版社 2014 年版,第 290 页。

输、普货运输、货场、货物联运;建材的销售等"。2004年下半年起,集装箱公司自行增设铁矿石(粉)货种接卸作业,但一直未做环境影响评价也未经建设行政主管部门立项审批,且已经作为该公司的主要经营项目,作业过程中,采用露天接卸作业,造成了铁矿石粉尘直接侵入周边居民住宅;同时,对散落在港区路面和港口外道路上的红色粉尘,采用冲洗方式,冲洗的污水直接排入周边河道和长江水域,在河道中积淀,并致河面呈红色。原告朱某等周边居民以影响其生活为由,多次向该公司反映情况,自发组织拦堵运输货车,要求其消除环境污染。为消除环境影响,集装箱公司采取了相应改善措施。2009年5月14日,市人民政府召开了解决集装箱公司港口接卸铁矿石(粉)作业环境污染问题协调会议,并于5月16日形成"专题会议纪要",要求集装箱公司进行整改。集装箱公司根据会议纪要采取了改善环境污染措施,但仍未彻底消除污染现象。原告朱某等周边80多位居民向环保联合会信访反映集装箱公司在从事铁矿石(粉)接卸、驳运过程中产生的污染。该环保团体根据信访反映情况进行了实地调查,认为集装箱公司在江阴黄田港从事铁矿石(粉)作业,已经造成了周边环境大气污染、水污染,严重影响了周边地区空气质量、长江水质和附近居民的生活环境,为此,原告朱某代表周边居民与原告环保联合会共同于2009年7月6日向法院提起环境民事公益诉讼。

法院受理后,于2009年7月7日对被告集装箱公司作业现场和周边环境进行了现场勘验,裁定责令被告集装箱公司立即停止实施污染侵害行为。法院迅速召集双方当事人进行听证,责成被告集装箱公司在案件未审结之前,采取切实可行方案和措施,迅速改善环境质量状态。为此,集装箱公司再次对以前整改措施进行全面检查,彻底封堵污水排放管口,调整风向作业时间,减少粉尘对周边居民的污染,同时,对周边紧邻河道进行了清淤,改善了水体质量。

另查明:环保联合会是由国务院批准设立、隶属于环保部管理的一个非营利社团组织,主要职能是从事全国范围内环境投诉案件调查、代理诉讼、代理投诉人与地方政府协调处理环境案件等。

法院认为:本案被告集装箱公司未依法进行环境影响评价,也未经建设项目行政主管部门依法审批,于2004年自行增设铁矿石(粉)的港口接卸作业,属于违法行为。被告作业过程中,对港口周边大气环境和地表、水域造成了污染侵害,影响了周边居民的正常生活,原告朱某作为居民之一依法有权代表受到污染影响的全体居民主张被告集装箱公司停止实施污染环境的行为。环保联合会作为非营利的社团组织,依据国家批准的主要职能,为维护生态环境和周边居民的生活环境有权提起民事公益诉讼。

被告集装箱公司已在案件受理前后采取了一系列措施减少污染,该公司据此向本院申请调解处理。

经审查原告朱某、环保联合会的诉讼请求以及被告集装箱公司申请调解的理由,结合本案实际情况,根据《环境影响评价法》关于"建设项目必须经过环保部门环境影响评价后方可建设;已经建成的建设项目未经环境影响评价的,如符合行业准入条件,责令限期补办手续"的规定,依法主持调解,双方当事人达成如下协议:

(1)被告集装箱公司在本调解协议签订之日起15日内向企业所在地行政主管部门申请补办港口铁矿石(粉)装卸作业的环境影响评价、建设项目立项审批等相关的行政许可审批手续;在90日内仍未获得行政许可的,必须立即停止铁矿石(粉)的接卸、储运业务。

(2)被告集装箱公司自本调解协议签订之日起90内申办期内,在港口铁矿石(粉)装卸过程中,必须做到无尘化作业,不得向周边河流、水域排放任何影响水体质量的污染物,不得产生超过国家规定标准的噪声。

(3)被告集装箱公司自本调解协议签订之日起每30天向本院书面报告本调解协议上述两

条协议的履行情况,并附当地环境保护行政主管部门的环境监测报告。

**【问题】**
1. 结合本案分析环境公益诉讼适格原告主体有哪些?原告主体资格应如何确定?
2. 本案如果判决污染损害赔偿,赔偿金该判给谁?

# 第三编

## 环境法制度

# 第十一章 环境管理基本制度

---
**本章要点**

环境管理基本制度是环境法基本原则的制度化,是国家环境管理职能在环境法上的体现。该制度调整在环境管理过程中形成的社会关系,以环境管理的职权职责及行使为核心内容,是一切从事自然资源开发和环境利用的公民、法人、其他组织及行使环境监督管理权的行政机关都必须严格遵守的法律制度。环境管理基本制度具体包括环境规划制度、环境标准制度、环境资源承载能力监测预警制度、环境保护目标责任制、环境影响评价制度、环境监测制度、联合防治协调制度、激励机制、环境监察制度。

---

历经三十多年的环境立法,我国已经建立起了比较完备的环境管理制度体系。环境管理制度包含基本制度和特别制度,前者是依据环境法基本原则、基本理念而确立,普遍适用于环境保护各个领域的法律规范,而后者则是单项环境保护立法中为实现法律目标而确立的具有特殊性和针对性的法律措施和方法。《环境保护法》作为环境保护领域的综合性法律,规定了环境管理的基本法律制度。以管理行为实施的不同时间阶段为标准,将环境管理的基本制度分为源头控制基本制度和过程控制基本制度两大类。源头控制基本制度强调对可能影响环境状况和质量的行为事先进行有效的监督和指导,过程控制基本制度侧重于对影响环境行为的具体性、干预性管理,使既定的环境管理目标在实践中得到贯彻落实。

## 第一节 源头控制基本制度

一般而言,源头控制基本制度是对影响环境行为的抽象性、预防性管理,其作用是对可能影响环境状况和质量的行为事先进行有效的监督和指导;使行为人在事前了解自己的行为可能造成的环境影响,及时采取有效的预防措施,使行为更加理性。源头控制基本制度主要有环境规划制度、环境标准制度、环境资源承载力监测预警制度、环境保护目标责任制度和环境影响评价制度。

### 一、环境规划制度

(一)环境规划制度的含义

环境规划是对一定时期内环境保护目标和措施所作出的规定,是环境决策在时间和空间上的具体安排。通过规划对环境资源的开发利用和保护进行事前安排,决定着环境资源可利用总量,也是实施环境资源总量控制的基础,决定着环境与发展之间平衡点的确定。环境规划以环境容量和环境承载力为基础,科学地确定人类可以开发利用环境的限值,从而在源头上对人类总活动或者人类环境行为的总影响进行合理限制,促使人开发利用环境的总行为或者人类环境行为的总影响保持在环境容许的限度之内。这样一方面避免了人类总活动或者人类环境行为的总影响超出环境容量和环境承载力的极限,预防环境问题的发生;另一方面要求人们根据环境容量和环境承载力的限值要求预先安排治理措施,解决已经出现的环境问题。①

环境规划作为行政规划的一个类型,具备了行政规划具有的一切性质。首先,作出环境规划的主体应当是行政主体,即职权法定性。其次,环境规划具有统筹性、全面性、导向性和协调性。最后,环境规划是一个静态和动态的结合体。此外,环境规划相比一般意义上的行政规划还具有其自身特殊的属性。② 其一,环境规划的目的主要不是经济社会的发展,而是要求我们依据有限的环境资源及其承载能力,对人们的经济社会活动进行约束,以便调控人类自身的活动,协调人与自然的关系。换言之,环境规划的目的具有明显的环境保护性。如《国家环境保护"十二五"规划》制定的目的就是"推进'十二五'期间环境保护事业的科学发展,加快资源节约型、环境友好型社会建设"。其二,环境规划的对象不是经济社会发展的领域,而是某个或某些环境要素或污染物。如《重点区域大气污染防治规划》《长江中下游流域水污染防治规划》规划的对象分别是空气和水这两种环境要素,而《重金属污染综合防治"十二五"规划》的规划对象则是汞、铬、镉、铅和砷等五种污染物。其三,环境规划不仅仅是依据行政区划进行规划,更重要的是依据环境功能进行规划。如《重点区域大气污染防治规划》《长江中下游流域水污染防治规划》等环境规划的出现一再表明环境规划的依据已经不局限于行政区划,其依据乃是环境功能。

在规划日益受到重视的大背景下,伴随着环境问题日益严峻、环境保护日益受到全世界广泛的关注,环境规划作为行政规划的一类在环境监管领域使用范围逐步扩大、内容逐步丰富、数量逐步增多。无论是在实行市场经济的工业发达国家(如美、日、德等国)还是在中国,环境规划都已经成为环境治理的重要手段。它是环境政策、目标和措施的具体体现,是环境保护工作的总部署,是环境管理的核心和龙头,是协调环境与发展、人与环境关系的基本工具。③ 环境规划制度是环境规划工作的法定化、制度化,是通过立法形成的关于环境规划工作的系列规则。2014《环境保护法》对环境规划的编制主体、规划内容及不同规划间的衔接等方面均作出了规定。2015 年修订的《大气污染防治法》第 2 条也规定,防治大气污染,规划先行。

(二)环境规划的体系

我国的环境保护实行统一和分工负责管理体制,有关规划的编制和实施也分别由行使不同监督管理权的主管部门掌管,并没有一部统一的环境规划,而是形成了由国民经济和社会发展五年规划的环境保护篇章、全国主体功能区规划、国家各类生态建设和保护规划、专项环境保护规划等共同组成的以保护环境与资源为目的规划体系。

1. 五年规划纲要中的环境保护篇章

从 1975 年起,国务院环境保护领导小组在其制订的《关于制定环境保护十年规划和"五五"(1976—1980 年)计划》中就规定要把环境保护纳入国民经济和社会发展计划,提出了"五年控制、十年基本解决环境污染问题"的行政目标。在中国国民经济与社会发展的第六个五年计划时期,中国首次根据《环境保护法(试行)》的规定将国家环境保护"六五"计划(1981—1985 年)作为一个独立的篇章纳入国家国民经济与社会发展计划之中,为中国后来的环境保护规划纳入国家规划奠定了基础。"七五"(1986—1990 年)期间,全国广泛开展环境调查、环境评价和环境预测工作,环境保护规划的技术方法、普及有了很大发展。1989 年颁布的《环境保护法》规定:"国家制

① 王昌森:《关于构建环境规划法的思考》,中国海洋大学 2014 年博士学位论文。
② 刘佳奇:《协调与整合:论环境规划的法律规制》,《河北法学》2013 年第 6 期。
③ 刘佳奇、罗念:《论环境规划法律规制问题的研究范式》,《清华法治论衡》2015 年第 1 期。

定的环境保护规划必须纳入国民经济和社会发展计划。"从1989年起,尤其是"八五"期间,环境保护计划无论在科学性还是可操作性上都有一定的发展。"九五"和"十五"开始,国家重申必须落实"经济建设、城乡建设、环境建设同步规划、同步实施、同步发展"的战略方针,从此环境保护规划进入了提高的新阶段。"十一五"期间,国家将环境保护作为贯彻落实科学发展观的重要内容,作为转变经济发展方式的重要手段,作为推进生态文明建设的根本措施,将两项污染物总量控制指标作为国民经济和社会发展的约束性指标。[①]

2012年全国人大通过了"十二五"规划纲要,该规划纲要设立了题为"绿色发展""建设资源节约型、环境友好型社会"一篇(第六篇)计六章,分别就积极应对全球气候变化、加强资源节约和管理、大力发展循环经济、加大环境保护力度、促进生态保护和修复以及加强水利和防灾减灾体系建设作出了安排。

2016年全国人大通过了"十三五"规划纲要,该规划纲要设立了题为"加快改善生态环境"一篇(第十篇)计七章,分别就加快建设主体功能区、推进资源节约集约利用、加大环境综合治理力度、加强生态保护修复、积极应对全球气候变化、健全生态安全保障机制、发展绿色环保产业作出了安排。

2. 全国主体功能区规划

2006年《国民经济和社会发展第十一个五年规划纲要》授权国务院编制全国主体功能区划。2011年6月国务院正式发布了《全国主体功能区划》。

《全国主体功能区划》规定,国土的开发利用要"以保护自然生态为前提、以水土资源承载能力和环境容量为基础进行有度有序开发,走人与自然和谐的发展道路"。并基于这一理念划定了优化开发区、重点开发区、限制开发区和禁止开发区四类主体功能区。《全国主体功能区划》划定了25个地区为国家重点生态功能区作为限制开发区。限制开发区域内"限制进行大规模高强度工业化城镇化开发,以保持并提高生态产品供给能力"。以长白山森林生态功能区为例,在该功能区内禁止非保护性采伐,要求植树造林,以涵养水源,防止水土流失,并保护生物多样性。划定了1 443处作为禁止开发区。禁止开发区内"严格控制人为因素对自然生态和文化自然遗产原真性、完整性的干扰……实现污染物'零排放',提高环境质量"。

与以往的国家综合性开发利用环境与资源保护规划相比,《全国主体功能区划》的最大特点,在于它打破了以往全国传统行政区划界限,要求今后的各类政策以及考核模式等都将以功能区为单位展开。[②]

3. 国务院主管部门编制的环境与自然保护规划

2014年《环境保护法》第13条规定,国务院环境保护主管部门会同有关部门,根据国民经济和社会发展规划编制国家环境保护规划;县级以上地方人民政府环境保护主管部门会同有关部门,根据国家环境保护规划的要求,编制本行政区域的环境保护规划。环境保护规划是各级政府和各有关部门在规划期内要实现的环境目标和所要采取的防治措施的具体体现,其内容主要包括生态保护和污染防治的目标、任务、保障措施等。如《国家环境保护"十五"规划》要求,到"2005年,二氧化硫、尘(烟尘及工业粉尘)、化学需氧量、氨氮、工业固体废物等主要污染物排放量比2000年减少10%……酸雨控制区和二氧化硫控制区二氧化硫排放量比2000年减少20%"。

除了国务院环境保护部门外,其他有关部门也依法享有环境保护与资源保护管理的职权,它们可以单独或者与环保部门联合编制有关的规划并报国务院批准发布并实施。有关部门编制的

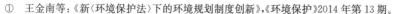

① 王金南等:《新〈环境保护法〉下的环境规划制度创新》,《环境保护》2014年第13期。
② 汪劲:《环境法学》,北京大学出版社2014年版,第134页。

环境与自然保护规划既有专项规划,也有行业和地区规划,如全国生态环境保护纲要与全国生态环境建设规划、松花江流域水污染防治规划(2006—2010年)、全国生物物种资源保护与利用规划纲要、中国水生生物资源养护行动纲要、全国湿地保护工程实施规划、天然林保护工程规划,等等。地区规划主要是跨行政区域的,为了确保大区域的生态安全,如《珠江三角洲环境保护规划》就实施了"红线调控、绿线提升、蓝线建设"的三线战略,将生态环境的敏感区域设置为红线范围,在这些区域实施限制经济发展,优先保护环境的策略,以确保大区域的生态安全,防止环境损害的产生。环境规划主要设定了指令性的规划目标,要求相关主体为达到预期的目标必须做出或者不做出相应的行为,从而达到预防环境损害发生的效果。

除了国务院主管部门编制的环境规划外,依据环境保护法的规定,县级以上地方人民政府环保部门会同有关部门,根据国家环境保护规划的要求编制本行政区域的环境保护规划。

(三)环境规划的编制

我国规划类型众多,相互关系复杂。当前,国民经济与社会发展规划、主体功能区规划、土地利用规划、城乡规划、环境保护规划是我国在社会经济发展、资源有效配置及保护等方面起主导作用的几种规划类型。但受价值取向、部门利益、专业限制、沟通不畅等因素的影响,规划内容表述不一、指标数据彼此矛盾、规划管理"分割"等规划"打架"问题时有发生。① 因此,2014年《环境保护法》第13条不仅要求"环境保护规划的内容应当包括生态保护和污染防治的目标、任务、保障措施等规定",而且规定"环境规划应与主体功能区规划、土地利用总体规划和城乡规划等相衔接",保证了环境规划能够体现国家"五位一体"的发展战略、国家与地方规划体系的协调性、相关规划之间的有机衔接与配合,有利于规划落实与有效实施。2014年,国家发改委、国土部、环保部和住建部四部委联合下发《关于开展市县"多规合一"试点工作的通知》,"多规合一"试点是深化改革的一项要务,旨在推动国民经济和社会发展规划、城乡规划、土地利用规划、生态环境保护规划等多个规划的相互融合。"十三五"规划纲要特别提出,以市县级行政区为单元,建立由空间规划、用途管制、差异化绩效考核等构成的空间治理体系。建立国家空间规划体系,以主体功能区规划为基础统筹各类空间性规划,推进"多规合一"。

中共中央、国务院于2015年9月印发了《生态文明体制改革总体方案》,该方案支持市县推进"多规合一",统一编制市县空间规划,逐步形成一个市县一个规划、一张蓝图,同时提出创新市县空间规划编制方法:"探索规范化的市县空间规划编制程序,扩大社会参与,增强规划的科学性和透明度。鼓励试点地区进行规划编制部门整合,由一个部门负责市县空间规划的编制,可成立由专业人员和有关方面代表组成的规划评议委员会。规划编制前应当进行资源环境承载能力评价,以评价结果作为规划的基本依据。规划编制过程中应当广泛征求各方面意见,全文公布规划草案,充分听取当地居民意见。"

环境规划编制过程是一个科学决策的过程,其程序包括如下方面。

(1)对象调查:包括区域环境质量现状、自然资源现状及相关的社会和经济现状调查,明确存在的主要问题,并作出科学分析和评价。

(2)历史比较及有关环境问题的分类排队:在区域现状调查和掌握资料的基础上,对历史上的环境资源状况进行分析比较,对环境问题进行分类,根据环境问题的严重程度进行排队,以便有重点、有针对性地制订方案予以解决。

(3)目标导向预测:根据区域社会经济发展规划,预测区域社会经济发展对环境的影响及其

---

① 王金南等:《新〈环境保护法〉下的环境规划制度创新》,《环境保护》2014年第13期。

变化趋势,结合相关规划的协调性需要,预定环境规划的目标导向,经过反复论证,最后确定区域环境规划目标。

(4) 拟制方案:根据环境预测目标以及预测结果的分析,拟定若干种环境规划方案草案,以备择优选用。

(5) 系统分析,择优决策:在对各种规划草案进行系统分析和论证的基础上,筛选最佳环境规划草案。根据实现环境规划目标和完成规划任务的要求,对选出的环境规划草案进行修正、补充和调整,形成正式环境规划。经过法定程序批准与公布,形成有法律效力的规划。

(四) 环境规划的管理和实施

国家环境规划是全国环境保护工作的基础,2014年《环境保护法》第13条规定,由国务院环境保护主管部门会同国务院有关部门依法行使国家环境保护规划的编制权,国务院则依法行使国家环境保护规划的批准权。既实现了编制主体与批准主体的分离,以避免部门利益对环境规划的影响,也体现了国家对环境保护规划工作的重视程度。在国家的规划体系中,环境保护规划属于专门规划,或者说,国家环境保护规划与国民经济和社会发展规划之间是专项规划与综合规划的关系。因此,国家环境保护规划应当根据国民经济和社会发展规划的总体要求进行编制,由国务院批准并对外公布,既有助于进一步提升政府的公信力,也有助于各级政府、企业、公民等充分了解国家环境保护规划,从而促进规划的贯彻实施。地方环境保护规划是指县级以上人民政府对本行政区域内环境保护工作的总体部署。地方环境保护规划根据国家环境保护规划的要求制定并由同级人民政府批准并公布。

根据中国当前环境污染严重的现状,在总结过去环境保护成功经验的基础上,2014年《环境保护法》第20条建立了区域、流域联防联治制度,明确要求对跨行政区域的重点区域、流域环境污染和生态破坏实行统一规划、统一标准、统一监测、统一的防治措施。这是对环境规划的新要求。

环境保护规划的实施,一般指对已经批准的各级、各类计划的具体落实和实现。根据有关法律规定,各级人民政府要认真组织环境规划的实施,纳入地方政府环境保护目标责任制考核内容。由于各类规划在实际编制过程中,出发点、实施人、监督者不同,各类规划在实施时亦存在矛盾。正在试点的"多规合一"不仅要求各类规划在编制内容上的衔接,亦考虑规划实施的协调。如广州"三规合一"初衷是解决规划实施层面的问题,以区为单位进行"三规合一"编制,由广州市统筹。

由于中国现行环境法律并未对环境规划的编制与执行规定相应的法律后果,因此,需要加强环境规划法规体系的建设,以实现环境规划制度运作过程的规范化、程序化和制度化。环境规划法制建设不仅要对拟订、实施和评估各个环节中相关管理部门的职权内容和范围进行设定,还要制订各个环节中所必须遵守的程序规定以及相关的处罚规定。建议国家制订《环境规划管理办法》,并在此基础上制订各种地方性法规,把规划编制、审批、实施、评估、问责和公众参与等过程以法律的形式固定化,形成全面的环境规划法规体系,做到环境规划制度有法可依,依法实施。另外,环境规划应作为社会经济发展类规划的基础性规划,为社会经济发展类规划提供依据与指导。①

## 二、环境标准制度

(一) 环境标准制度的含义

环境标准是国家根据人体健康、生态平衡和社会经济发展对环境结构、状况的要求,在综合

---

① 王金南等:《新〈环境保护法〉下的环境规划制度创新》,《环境保护》2014年第13期。

考虑本国自然环境特征、科学技术水平和经济条件的基础上,对环境要素间的配比、布局和各环境要素的组成以及进行环境保护工作的某些技术要求加以限定的规范。其主要内容为技术要求和各种量值规定,为实施环境法的其他规范提供准确、严格的范围界限,为认定行为的合法与否提供法定的技术依据。

环境标准制度是法律上有关环境标准的制定、实施等的具体要求。环境标准制度是随着环境法制的建立而逐步发展起来的。国际标准化组织在1972年开始指定环境基础标准和方法标准,以统一各国环境保护工作中的名词、术语、单位以及取样、监测、分析方法等。我国自1973年颁布《工业"三废"排放试行标准》开始,逐步建立了环境标准体系与环境标准法律制度。2014年《环境保护法》第15、16条,2015年《大气污染防治法》第8—13条,《水污染防治法》《环境保护标准管理办法》等均对我国的环境标准制度作了切实、可行的规定。

环境标准制度是环境行政的起点和环境管理的重要依据。环境标准是用具体数字来体现环境质量和污染物排放应控制的界限。违背这些界限,污染了环境,即违背了环境保护法。环境执法与实施环境标准是紧密联系的,如果没有各类标准,环境法律将难以具体依循。环境执法中很多具体的环境法律制度的适用必须以环境标准作为准则和检验标准,如征收超标排污费、建设项目环评、"三同时"验收、环境监测的开展等等都无不以环境标准作为基础和重要前提,否则所有的具体制度都只会徒有其表,不能很好地规制现实生活,比如限期治理制度的实施必须以环境标准作为考察其制度绩效的准则,没有标准作为参照的限期治理必然会走向制度的异化。

(二)环境标准的分级与分类

依据2014年《环境保护法》的规定,我国环境标准主要包含环境质量标准、污染物排放标准。除此以外,在具体实施监测、测定和技术分析时,还要按照一定的科学方法进行,因此,依据《环境标准管理办法》,一些基础性、方法性的技术规范也属于环境标准的范畴。总体上,我国环境标准包括环境质量标准、污染物排放标准、环境监测方法标准、环境基础标准和环境样品标准等五大类。此外,根据《环境标准管理办法》(1999年)的规定,环境保护部(国家环保总局)需要在全国环境保护工作范围内统一技术要求而又没有国家环境标准时,还可以制定行业标准性质的环境保护部标准。如果按照级别(制定主体)来分,环境标准可分为国家环境标准、地方环境标准。截至2012年底,我国国家和地方发布的各类环境标准共计1 494项,现行1 312项。其中,国家环境质量标准14项,国家污染物排放标准138项,环境监测规范705项,管理规范类标准437项,环境基础类标准18项;现行地方污染物排放标准63项。①

1. 环境质量标准

环境质量标准,是为保护人体健康、社会物质财富安全和维护生态平衡,对环境中有害物质或因素含量的最高限额和有利环境要素的最低要求所作的规定。它是一个国家环境政策和环境质量目标的具体体现,是衡量一个国家、一个地区环境是否受到污染的尺度,是制定污染物排放标准的依据。按照环境要素的不同,可分为大气环境质量标准、水环境质量标准、土壤环境质量标准、噪声环境质量标准等。环境质量标准是为将环境污染控制在一定程度内,明确设定能体现环境状况的具体数值,以此作为环境行政展开、评估行政效果的依据。

环境质量标准包括国家环境质量标准和地方环境质量标准。其中,国家环境质量标准在整个环境标准中处于核心地位,是国家环境政策目标的综合反映和体现,是国家实行环境保护规划、控制污染以及分级、分类管理环境和科学评价环境质量的基础,是制定污染物排放标准的主

① 参见环境保护部2013年1月发布的《国家环境保护标准"十二五"发展规划》,http://www.mep.gov.cn/gkml/hbb/bwj/201302/t20130222_248380.htm,最后访问时间2016年2月20日。

要科学依据,也是判断某地域环境质量状况和是否受到污染的直接依据。[①]

需要说明的是,2014年《环境保护法》第15条第三款特别规定了鼓励环境基准研究的内容。这是针对我国过去环境标准制订过程中存在的问题而专门进行的规定。环境基准是环境质量基准的简称,指环境中污染物对特定保护对象(人或其他生物)不产生不良或有害影响的最大剂量或浓度,是一个基于不同保护对象的多目标函数或一个范围值。环境基准主要是通过科学实验和科学判断得出,它强调"以人(生物)为本"及自然和谐的理念,是科学理论上人与自然"希望维持的标准"。环境基准和环境标准是两个不同性质的概念,环境基准是一个科学术语,由环境物质与特定对象之间的剂量——效应关系确定,不包含社会、经济、技术等人为因素,也不具有法律效力,但它是制定环境质量标准的基础和科学依据。因此,环境基准直接决定了作为环境标准体系核心的环境质量标准的科学性和合理性,这也是国家鼓励开展环境基准研究的主要原因。

2. 污染物排放标准

污染物排放标准,是为了实现环境质量目标,结合技术经济条件和环境特点,对排入环境的污染物或者有害因素所作的控制规定。它包括污染物排放浓度标准和污染物排放总量标准。浓度标准,又称浓度控制标准,是以经济上的可行性为根据而为污染源规定的排放标准,一般以某种污染物在载体中的百分比表示。总量标准,又称总量控制标准,是以环境容量为根据而为污染源规定的排放污染物的数量限额。一般以一定时间内排放污染物的总量表示。如从环境要素角度观察,污染物排放标准包括污水综合排放标准、大气污染物综合排放标准、固体废物污染控制标准、恶臭污染物排放标准等。

污染物排放标准是针对污染物排放所规定的最大限值。编制污染物排放标准的主要依据是环境质量标准,并按照不同类别的功能区规定与之相应的排放限值,适用于所有经划定的不同环境质量功能区内的污染源。

3. 其他类别的环境标准

其他类别的环境标准是指除环境质量标准和污染物排放标准以外的,由政府主管部门、行业或企业制定的推荐性或自愿性标准为主的技术规范。主要包括环境监测方法标准、环境样品标准、环境基础标准、环境保护行业标准和企业排放标准。

环境基础标准,是在环境保护工作范围内,对有指导意义的符号、指南、导则等所做的规定。它是指定其他环境标准的技术基础,其目的是为制定和执行各类环境保护标准提供一个统一遵循的准则,避免各标准间的相互矛盾。

环境监测方法标准,是在环境保护工作范围内,以抽样、分析、试验等方法为对象而制定的标准。它是制定、执行环境质量标准、污染物排放标准的主要技术依据,其目的是为了使各种环境监测和统计数据准确、可靠并具有可比性。

环境样品标准,是为了在环境保护工作和环境标准实施过程中标定仪器、检验测试方法、进行量值传递而由国家法定机关制定的能够确定一个或多个特性值的物质和材料。它是一种实物标准。

环境保护行业标准既包含环境保护部在需要而又没有国家环境标准可遵循时制定的标准,又包含其他主管部门制定的环境保护行业标准。企业排放标准,是指企业自行制定的比国家或地方更为严格的污染物排放标准。《标准化法》第6条规定,已有国家标准或者行业标准的,国家鼓励企业制定严于国家标准或者行业标准的企业标准,在企业内部适用。

---

① 汪劲:《环境法学》,北京大学出版社2014年版,第126页。

### (三) 环境标准的制定和实施

根据 2014 年《环境保护法》的规定，国务院环境保护主管部门制定国家环境质量标准、制定国家污染物排放标准和其他国家级环境标准。省、自治区、直辖市人民政府对国家环境质量标准中未作规定的项目，可以制定地方环境质量标准；对国家环境质量标准中已作规定的项目，可以制定严于国家环境质量标准的地方环境质量标准；对国家污染物排放标准中未作规定的项目，可以制定地方污染物排放标准；对国家污染物排放标准中已作规定的项目，可以制定严于国家污染物排放标准的地方污染物排放标准。而且，地方环境质量标准及地方污染物排放标准应当报国务院环境保护主管部门备案。

制定环境标准应遵循以下原则：以保护人体健康和改善环境质量为目标，促进环境效益、经济效益、社会效益的统一；环境标准应与国家的技术水平、社会经济承受能力相适应；各类环境标准之间应协调配套；标准应便于实施与监督。制定环境标准应遵循下列基本程序：编制标准制(修)订项目计划；组织拟订标准草案；对标准草案征求意见；组织审议标准草案；审查批准标准草案；按照各类环境标准规定的程序编号、发布。根据 2015 年《大气污染防治法》的规定，国务院环境保护主管部门或者省、自治区、直辖市人民政府制定大气环境质量标准，应当以保障公众健康和保护生态环境为宗旨，与经济社会发展相适应，做到科学合理；国务院环境保护主管部门或者省、自治区、直辖市人民政府制定大气污染物排放标准，应当以大气环境质量标准和国家经济、技术条件为依据。而且要求制定主体制定大气环境质量标准、大气污染物排放标准，应当组织专家进行审查和论证，并征求有关部门、行业协会、企业事业单位和公众等方面的意见。省级以上人民政府环境保护主管部门应当在其网站上公布大气环境质量标准、大气污染物排放标准，供公众免费查阅、下载。

强制性的环境标准一经颁布，即具有法律效力，必须严格实施。《标准化法》第 7 条规定："国家标准、行业标准分为强制性标准和推荐性标准。保障人体健康，人身、财产安全的标准和法律、行政法规规定强制执行的标准是强制性标准，其他标准是推荐性标准。"其第 14 条又规定，强制性标准，必须执行。依据以上规定，在环境标准中，环境质量标准、污染物排放标准属于强制性环境标准，必须执行。除此之外的环境标准属于推荐性环境标准。此外，国家鼓励采用推荐性环境标准，若推荐性环境标准被环境质量标准和污染物排放标准等强制性环境标准引用，则推荐性环境标准具有了强制性，必须执行。如针对国家环境监测方法标准的实施，《环境标准管理办法》第 18 条规定，被环境质量标准和污染物排放标准等强制性标准引用的方法标准具有强制性，必须执行。强制性的环境标准具有法律效力，该法律效力主要表现在环境标准具有比照性和导向性的效力。所谓比照性的法律效力，是指环境标准中的指标内容或者技术要求可以作为判断行为是否违法的标准。所谓导向性的效力，是指强制性环境标准要求行为如何做，行为人就应如何做。行为人如果不按照技术要求和检验方法履行义务，就应当按照环境法律法规的规定承担相应的行政法律后果。按照我国《环境保护法》《大气污染防治法》和《水污染防治法》等环境法律、法规的规定，环境标准虽然具有法律效力，但不具有自动实施的作用。要发挥其法律效力，也应当与环境法律法规的指引性规范一起发挥作用。

环境标准作为一种技术规范，必须紧跟科技和社会的发展，在其落后于科技和社会发展需要时应予以修订，才能达到最佳的实施效果。2015 年《大气污染防治法》规定，大气环境质量标准、大气污染物排放标准的执行情况应当定期进行评估，根据评估结果对标准适时进行修订。《环境标准管理办法》第 15 条规定，国家环境标准和环境保护部（国家环境保护总局）标准实施后，环境保护部（国家环境保护总局）应根据环境管理的需要和国家经济技术的发展适时进行审查，发现不符合实际需要的，应予以修订或者废止。如为贯彻《环境保护法》和《放射性污染防治法》，保护环境,保障人体健康,加强放射性污染防治工作,环保部于2016年3月29日发布了《电子直线加速器工业CT辐射安全技术规范》(HJ785—2016)和《辐射环境保护管理导则 核技术利用建设项目环境影响评价文件的内容和格式》(HJ10.1—2016)两项环境保护标准,停止实施《辐射环境保护管理导则 核技术应用项目环境影响报告书(表)的内容和格式》(HJ/T10.1—1995)标准。

### 三、环境资源承载能力监测预警制度

（一）环境资源承载能力的含义

环境资源承载能力是指在一定的时间和一定的区域范围内,在确保生态环境良性循环和自然资源合理开发利用的前提下,环境资源能够承载的人口数量及相应的经济社会活动总量的能力和容量。①

生态环境和自然资源为经济社会发展提供必要的支撑,任何技术都无法替代,经济社会发展总是伴随着土地、矿产、能源、水等资源的消耗。改革开放以来,我国在创造世界经济奇迹的同时也导致了生态环境与资源保障的严峻挑战,污染严重、资源短缺、环境质量恶化等问题十分突出。据统计,我国人均水资源量仅为世界人均水平的28%,人均耕地资源仅为世界平均水平的40%,三分之二的湖泊富营养化,环境资源超载现象非常严重和普遍。为了应对环境资源超载问题,自2004年国务院发布《关于深化改革严格土地管理的决定》开始,国家逐步提出了实行最严格的土地管理制度、最严格水资源管理制度的要求并发布了规范性文件。党的十八大报告、十八届三中全会决定更明确提出,加强生态文明制度建设,要完善最严格的耕地保护制度、水资源管理制度、环境保护制度。要求建立环境资源承载力监测预警机制,对水土资源、环境容量和海洋资源超载区域实行限制性措施。

但是,环境资源承载力是一个动态变化过程,受到人口规模、开发程度、城镇化规模、产业发展、基础设施建设、空间布局、气候和自然条件等多重因素的影响,要实施最严格的生态环境保护制度,必须建立监测预警机制,以便实时掌握当前的环境资源承受能力,制定符合当前环境资源形势的决策部署和相关政策,找准承载力的制约因素和薄弱环节进行补充强化,避免因过度开发突破环境资源承载力的底线,损毁生态环境的自我恢复的能力,出现不可逆的后果。为此,2014年《环境保护法》第18条明确规定:"省级以上人民政府应当组织有关部门或者委托专业机构,对环境状况进行调查、评价,建立环境资源承载能力监测预警机制。"《大气污染防治法》第93条亦规定:"国家建立重污染天气监测预警体系。国务院环境保护主管部门会同国务院气象主管机构等有关部门、国家大气污染防治重点区域内有关省、自治区、直辖市人民政府,建立重点区域重污染天气监测预警机制,统一预警分级标准。可能发生区域重污染天气的,应当及时向重点区域内有关省、自治区、直辖市人民政府通报。"

（二）环境资源承载能力的基本内容

环境资源承载能力是一个涵盖资源和环境要素的综合概念,其要素应分为环境承载要素、资源承载要素、能源承载要素等,进一步细分可包括大气环境、水环境、土壤环境、土地资源、水资源、矿产资源、能源等基本要素。

1. 环境承载能力

环境承载能力按要素划分,可分为水、大气、土壤等的承载能力,其中大气承载能力因为空间污染的来源复杂性、远距离扩散性成为社会关注的焦点。当前我国一些发展中的顽疾在积累和演化过程中致使我国环境质量逐步恶化,甚至不可逆转,环境承载能力是环境资源承载能力体系

---

① 贾彦鹏:《资源环境承载力监测预警机制研究》,国家发展与改革委员会经济体制与管理研究所网站,http://www.china-reform.org/?content_545.html,2015年4月4日访问。

中最脆弱和敏感的要素,是一条不容突破的底线。环境承载能力不仅会随着时间有所变化,而且还会因人们对不同的环境所要求的质量不同而不同。影响一个区域的环境承载力的主要因素有:科技的进步、区域内人类经济活动模式和区域外因素等。环境承载能力监测预警机制的建立就是要通过引导科技进步、调整产业结构、优化区域发展布局等,提高环境承载能力。

2. 资源承载能力

资源承载能力按照要素划分,也可分为土地资源承载能力、水资源承载能力等。

土地资源承载力是指在一定时期和空间范围内,土地资源所能承载的人类各种活动规模和强度的极限。从土地为人类提供服务能力出发,土地资源是人类耕地保障、经济建设、生活空间、生态空间的载体,土地资源承载能力的表现形式就是耕地、建设用地、居住用地、生态用地的适宜面积。

水资源承载能力主要由水环境容量(纳污能力)和水资源的供给能力两部分组成。水环境容量是指水的纳污能力,在一定的水质或环境目标下,某水域能够允许承纳的污染物最大数量,这个环境容量对人类活动的支持能力同样影响到水资源承载力的大小。水资源供给能力主要是指能被人类生产生活所用的部分,水资源供给能力的大小必须考虑生态平衡的问题。

资源承载能力监测预警机制的建立就是要通过规范资源开发利用行为、促进资源节约、保护生态平衡,提高资源承载能力。

3. 能源承载能力

能源载力是指城市能源系统满足城市能源负荷需求,所承受的能源系统在规模、强度和速度上的发展能力,能源环境承载力与能源资源丰富程度、能源基础设施完善程度、能源系统效率等因素直接相关。虽然能源也可归于资源范畴,但从利用角度看,能源有其特性,尤其是它与环境承载能力和资源承载能力也有着复杂关系。如燃气或风力资源丰富,则可多用清洁和可再生能源减缓能源与环境的压力。环境保护力度越大、大气环境容量承载力越高,就可以支撑越多的环境排放,如脱硫率达到90%以上则可多使用煤。水资源和土地资源相对丰富就可以支撑相对多的人口和建筑建设量等。一般来说,人民生活水平越高、社会经济发展程度越高,其支撑力越大,但所需的能源消耗越大,造成的环境压力越大。建立能源承载能力监测预警机制,可以更好地处理环境、资源、能源承载能力之间的关系,促进可持续发展,保障生态安全。

(三)环境资源承载能力监测预警机制的建立

1. 落实主体功能区战略,划定生态红线

严格落实《全国主体功能区规划》和各省制定的主体功能区规划,建立国土空间开发保护制度,严格按照主体功能区定位推动发展。落实最严格的资源环境管理制度,牢固树立生态红线观念,划定并严守生态红线,扩大森林、湖泊、湿地等绿色生态空间,增强水源涵养能力和环境容量,让透支的环境资源逐步休养生息。

2. 确定环境资源承载能力测算方法

科学测算区域的环境资源承载能力是国土空间规划的基础,是划定主体功能定位的基本依据,建立系统规范的环境资源承载能力综合评价指标体系至关重要。环境资源承载能力测算结果应成为确定合理的人口规模、产业规模、建设用地供应量、资源开采量、能源消费总量、污染物排放总量的依据。国家鼓励相关科学研究,鼓励信息技术、先进方法的应用。

3. 建立环境资源承载能力统计监测工作体系

布局建设覆盖区域范围内所有敏感区、敏感点的主要污染物监测网络,完善环境资源信息采集工作体系,建立环境资源承载能力动态数据库和计量、仿真分析以及预警系统。深入研究不同发展情景下的资源压力、环境影响及其时空特征,使资源环境承载力的动态性特征在评价过程中加以体现。加强资源环境承载力监测评价的规范化与标准化工作,积极开展区域承载力监测评价与示范。

4. 建立环境资源承载力预警响应机制

开展定期监控,设立环境资源承载力综合指数,设置预警控制线和响应线。建立环境资源承载力公示制度。做好与之关联的环境资源制度政策的配套和衔接。充分发挥环境资源承载力的指标作用,以承载力为依据,合理确定产业规模,对国土规划目标、任务和主要内容进行适当调整。做好预警应对工作,及时落实好限产、限排等污染防控措施。大力加强环境执法监管,严格问责,在环境污染重点区域,有效开展污染联防联控工作,逐步建立协作长效机制。

### 四、环境保护目标责任制

(一)环境保护目标责任制的含义

环境保护目标责任制是一种具体落实地方各级政府和有关污染单位对环境质量负责的行政管理制度。一个区域、一个部门乃至一个单位环境保护的主要责任者和责任范围,运用目标化、定量化、制度化的管理方法,把贯彻执行环境保护这一基本国策作为各级领导的行为规范,推动环境保护工作的全面、深入发展,是责、权、利、义的有机结合。

环境保护目标责任制是以我国的国情为基础的,为改善环境质量、实现国家环境保护目标而建立的实施机制。我国的环境污染问题严重,在很大程度上是由于唯GDP的发展理念与管理模式引起的。生态文明建设上升为国家总体战略,既是对唯GDP发展理念的反思,也是对这种发展方式进行纠正。如何切实地让各级政府及其负责人承担环境保护责任,是其中最重要的内容。十八届三中全会决定明确提出,要建立生态审计制度、绿色GDP核算体系,对决策失误造成严重生态破坏和环境污染的党政主要负责人实行终身问责。环境保护目标责任制是这一要求的重要体现,2014年《环境保护法》第26条规定:"国家实行环境保护目标责任制和考核评价制度。县级以上人民政府应当将环境保护目标完成情况纳入对本级人民政府负有环境保护监督管理职责的部门及其负责人和下级人民政府及其负责人的考核内容,作为对其考核评价的重要依据。考核结果应当向社会公开。"第27条规定:"县级以上人民政府应当每年向本级人民代表大会或者人民代表大会常务委员会报告环境状况和环境保护目标完成情况,对发生的重大环境事件应当及时向本级人民代表大会常务委员会报告,依法接受监督。"环境保护目标责任制的类型包括:

(1)确定政府任期目标和环境管理指标,通过行政机构逐层签订责任书,对指标进行层层分解,逐级下达,直至企业。这种类型最普遍,其中"五长负责制"最具代表性,即省长对市长、市长对区县长、区县长对乡长或厂长经理签状,层层负主责。

(2)各个系统、各个部门都签责任书。这样立体垂直进行杜绝了死角和缺口,使各行各业、方方面面都有保护环境的义务和责任。

(3)政府直接与企业签订责任书或实行环境保护指标承包。政府依据本市工业企业承包经营责任制的执行情况和环保工作任务的轻重,分批下达实行企业环境保护责任制的企业名单,与企业厂长或经理签订"企业环保目标责任书"。

环境保护目标责任制对于环境保护具有重要意义。首先,环境保护目标责任制明确了保护环境的主要责任者、责任目标和责任范围,解决了"谁对环境质量负责"的这一首要问题,按要求是一把手负总责。在过去相当长的时间里,资源的利用和保护环境方面没有明确的责任,呈现一种责任界定模糊状态。在治理污染、保护资源和环境方面又互相推诿。资源利用和培植不合理,必然会导致低效、浪费和对环境的严重污染。而环境保护目标责任制诱发了内在动因,启动了责任机制,有效地解决了环境保护责任不明的弊端。环境保护目标责任制的责任者主要是政府的行政首长,因而行政制约有很强的力量。通过层层签订责任书,层层分解环境责任,逐级负责,这就使各个层次的领导都有了责任压力,加之以广泛的社会舆论监督和必要的奖罚手段,会进一步强化行政制约机制的作用。地方各级人民政府、环境保护主管部门和相关部门对本行政区域的环境质量负责,包括两个层次的内容:一是宏观层次的环境保护目标责任,包括具体目标确定及相应的考核评价标准,同时明确人大对政府环境保护工作的质询、监督制度,共同构建政府环境职责履行的政治责任机制,保证环境保护的社会压力可以通过法定程序传导到政府,督促政府重视环境保护工作。二是微观层次的政府环境违法责任追究制度,包括对违法责任人的追责机制,以及政府对违法后果的赔偿等补救制度,以对政府具体执法行为进行约束,促使政府及时、正确执行环境保护法律法规。

其次,环境保护责任的各项指标层层分解、落实,各级政府和有关部门都按责任书项目的分工承担相应的任务,使环境保护由过去环保部门一家主导负责,逐步发展为各部门各司其职,各负其责,齐抓共管。有利于协调环保部门和政府有关部门齐抓共管环保工作,调动各部门的积极性,大家动手,改变过去环保部门一家孤军作战的局面。而且环境保护目标责任制有助于理顺环境管理体制,克服在环境管理工作中存在的推诿、扯皮现象。因此,全面推行环境保护目标责任制,对多层次、全方位推进环境保护工作,有着十分重要的意义。

最后,通过与企业签订责任书,明确企业及企业负责人的环境保护任务,不仅可以增强企业环境保护的积极性,同时有利于把环保工作从软任务变成硬指标,实现由一般化管理向科学化、定量化、指标化管理的转变。而且增加了环保工作的透明度,有利于动员全社会对环境保护参与和监督。

(二)环境保护目标责任制的实施

1. 实施程序

实施环境保护目标责任制,是一项复杂的系统工程,涉及面广,政策性和技术性强,任务十分繁重。实施程序主要包含环境保护目标与指标设定、环境保护指标分配及环境保护指标考核。①

(1)环境保护目标与指标设定。环境保护目标设定构成环境保护目标责任制和考核评价制度的起始内容。但需注意的是,所设定的环境保护目标只有转化为环境保护指标才能保障环境保护目标责任制和考核评价制度的运行。环境保护目标设定更多涉及的是政治过程而非法律程序,一旦设定环境保护目标,便具备了一定的法律意义。环境保护目标通常需要明确时间概念和时间节点,便于民众进行检验及进行最终考核。

(2)环境保护指标分配。指标分配是整个环境保护目标责任制的关键环节,遵循自上而下的指标分解过程。先是上级地方政府将环境保护指标分配给下级地方政府,同时,地方政府将本行政区域内的环境保护指标分配给各个企业。环境保护指标以签订责任书等形式进行分配。

(3)环境保护指标考核。环境保护指标考核是目标责任制的最后环节,它主要包括考核主体、考核对象、考核方法、考核程序、考核后果及其运用等一系列政策法律规定的综合。环境保护指标考核占据非常重要的地位,它不仅有利于促进制度执行者积极和创造性地执行环境保护工作,还有利于辨识执行过程中出现的错误或不足,达到不断修正或调整原定环境指标,以便实现环境保护目标。对于环境保护目标责任完成情况的考核,法律规定了三种形式:一是定期向所在地的人民代表大会或常委会报告环境保护目标责任完成情况,接受权力机关监督。二是纳入政府领导班子及其成员的年度考核和任期考核,作为对领导干部综合评价的重要内容。三是对

① 参见王清军:《文本视角下的环境保护目标责任制和考核评价制度研究》,《武汉科技大学学报(社会科学版)》2015年第1期。

环境保护目标责任进行专项考核。无论以何种方式进行考核,结果都必须公开,接受社会监督。

2. 实施监督

对于未完成国家确定的环境质量目标的地区,2014年《环境保护法》第44条第二款明确规定,省级以上人民政府环境保护主管部门应当暂停审批其新增重点污染物排放总量的建设项目环境影响评价文件。2014年《环境保护法》第26条明确规定县级以上人民政府应当将环境保护目标完成情况纳入对本级人民政府负有环境保护监督管理职责的部门及其负责人和下级人民政府及其负责人的考核内容,作为对其考核评价的重要依据。2015年中共中央办公厅、国务院办公厅印发了《环境保护督查方案(试行)》《关于开展领导干部自然资源资产离任审计的试点方案》《党政领导干部生态环境损害责任追究办法(试行)》,明确了"党政同责",实行地方党委和政府领导成员生态文明建设一岗双责制。以自然资源资产离任审计结果和生态环境损害情况为依据,明确对地方党委和政府领导班子主要负责人、有关领导人员、部门负责人的追责情形,其中就包含贯彻落实中央关于生态文明建设的决策部署不力,致使本地区生态环境和资源问题突出或者任期内生态环境状况明显恶化的。党政领导干部生态环境损害责任追究形式有:诫勉、责令公开道歉;组织处理,包括调离岗位、引咎辞职、责令辞职、免职、降职等;党纪政纪处分。组织处理和党纪政纪处分可以单独使用,也可以同时使用。追责对象涉嫌犯罪的,应当及时移送司法机关依法处理。

### 五、环境影响评价制度

（一）环境影响评价制度的含义

第二次世界大战以后,全球经济加速发展,由此带来的环境问题也越来越严重,环境公害事件频繁发生。人们开始关注人类活动对环境的影响,并运用相关学科的研究成果,预测和评估拟议中的人类活动可能会给环境带来的影响和危害,并有针对性地提出相应的防治措施。经过一段时间的实践,1964年在加拿大召开的国际环境质量评价会议上,首次提出了"环境影响评价"的概念。1969年,美国国会通过的《国家环境政策法》首次以法律的形式将环境影响评价作为一项法律制度确定下来,很快为许多国家和地区的环境立法所仿效。

从概念的整体理解来看,环境影响评价又称环境影响质量预测评价,或环境未来评价,通常是指对拟定的政策和规划以及建设项目实施后可能造成的环境影响进行分析、预测和评估,提出预防或者减轻不良环境影响的对策和措施,及进行跟踪监测的方法和制度。其中对政策和规划进行环评相对于评价具体的建设项目更具有战略性,故国际上通常称其为"战略环境影响评价"。日本《环境科学大辞典》把环境影响评价定义为:"是在制定开发计划和进行建设项目时,事前对这一开发计划和建设项目将给大气、水体、土壤、生物以及由它们组成的环境系统造成何等影响,其结果又将对人类的健康、生活环境和自然环境,以及经济、文化、历史环境造成何等影响所进行的调查、预测和评价。但是在制度上实施包括公布、归纳此等结果的资料、文件以及征询地区居民和有关人员的意见,并把这些意见反映在决定中的程序。"我国《环境影响评价法》第2条明确规定:"本法所称环境影响评价,是指对规划和建设项目实施后可能造成的环境影响进行分析、预测和评估,提出预防或者减轻不良环境影响的对策和措施,进行跟踪监测的方法与制度。"环境影响评价制度,是环境影响评价活动的制度化和法定化,通过立法确定环境影响评价活动的相关规则,以法定方式赋予环境影响评价结果的执行效力。

我国是最早实施建设项目环境影响评价的发展中国家之一。1975年5月,国家计委、建委和国务院领导小组转发的《全国环境保护工作会议情况的报告》中提出了我国环境影响评价制度的概念,并在1979年颁布的《环境保护法(试行)》中首次对这一制度作了规定。该法第6条规定:

"一切企业、事业单位的选址、设计、建设和生产,都必须防止对环境的污染和破坏。在进行新建、改建和扩建工程时,必须提出对环境影响的报告书,经环境保护部门和其他部门审查批准后才能进行设计",从此,我国从立法上确立了环境影响评价制度。为了全面落实环境影响评价制度,1981年原国务院环境保护委员会、国家计委和国家经委联合发布了《基本建设项目环境保护管理办法》,对环境影响评价的范围、内容、程序作了具体规定。1986年国家又对《基本建设项目环境保护管理办法》作了修订,又颁布了《建设项目环境保护管理办法》,把评价的范围从原来的基本建设项目扩大到所有对环境有影响的建设项目,并针对评价制度实行几年的情况对评价内容、程序、法律责任等作了修改、补充和更具体的规定。为了进一步加强对建设项目环境保护的管理,1998年11月18日,国务院审议通过了《建设项目环境保护管理条例》,对1986年的《基本建设项目环境保护管理办法》进行补充、修改、完善,并提升为行政法规。

1989年《环境保护法》第13条和其他环境法律法规对环境影响评价制度作了进一步规定。2003年我国颁行了《环境影响评价法》,对环境影响评价制度作出综合规定,并专章规定了"规划环境影响评价"。国务院2009年颁布《规划环境影响评价条例》,将环评制度由建设项目延伸到规划层次,无疑是一个重大进步。2014年《环境保护法》根据我国环境影响评价的现状,对环境影响评价制度作了进一步完善,《环境影响评价法》将据此予以修订。除此之外,我国通过各种单项环境立法对环境影响评价制度作了规定。如1982年颁布的《海洋环境保护法》(1999年、2014年两次修订)、1984年颁布的《水污染防治法》(1996年、2008年两次修订)、1987年颁布的《大气污染防治法》(2000年、2015年两次修订)、1988年颁布的《水法》(2002年修订)、1988年颁布的《野生动物保护法》(2004年、2009年两次修订)、1995年《环境噪声污染防治法》、1996年《固体废物污染环境防治法》等法律中分别对海洋、水、大气、水资源、噪声、固体废物等的环境影响评价制度作了明确的规定。

环境保护部于2016年4月15日印发了《关于积极发挥环境保护作用促进供给侧结构性改革的指导意见》。该指导意见要求加强规划环评与建设项目环评联动,全面开展产业园区、公路铁路及轨道交通、港口航道、矿产资源开发、水利水电开发等重点领域规划环评。对于重点领域相关规划未依法开展环评的,不得受理其建设项目环评文件。对于已依法开展规划环评的,要将规划环评结论及审查意见作为项目环评审批的重要依据。

(二)环境影响评价制度的基本内容

1. 环境影响评价的对象

美国《国家环境政策法》规定:"凡是联邦政府的立法建议或其他对人类环境有重大影响的联邦行动,都必须进行环境影响评价。"即是说,由联邦政府行政机关向国会提出的议案、立法建议、申请批准的条约,以及由联邦政府资助或批准的工程项目、制定的政策、规章、计划和行动方案,都必须进行环境影响评价。"对人类环境有重大影响"有两个评判标准:背景和强度。背景,指以社会整体、受影响地区、受影响利益和行为地点等方面背景为基础的对行动的环境影响进行分析。强度,指影响的严重程度。这里的"行动"包括新的和正在进行的行动及按照法律规定应当做但未做的法律行为。

我国2014年《环境保护法》第19条第一款规定:"编制有关开发利用规划,建设对环境有影响的项目,应当依法进行环境影响评价。"这与《环境影响评价法》规定的内容是一致的,明确了我国必须进行环境影响评价的范围是开发利用规划和建设项目。此外,2014年《环境保护法》对政策环评也作了原则规定,这是对环境影响评价范围的新要求。

(1) 规划

如果不从各种开发建设活动的源头即规划阶段预防环境问题,就无法彻底地从源头上保护环境，也不能指导政策或规划的发展方向，因此 2003 年实施的《环境影响评价法》将规划纳入了环境影响评价的对象范围。然而，由国务院有关部门、设区的市级以上地方人民政府及其有关部门组织编制的规划范围很广、种类繁多，不可能也没必要都进行环境影响评价。为此，《环境影响评价法》只规定对综合性规划和专项规划进行环境影响评价。综合规划性规划是指土地利用规划和区域、流域、海域的建设、开发利用规划。专项规划分为指导性规划和非指导性规划。指导性的专项规划是指在专项规划中，主要是提出预测性、参考性指标的一类规划；非指导性专项规划是指在专项规划中指标和要求比较具体的一类规划。指导性专项规划和非指导性专项规划适用的评价方法不同。

规划环评在决策链的前端，及早介入，能使规划更绿色、更环保、从源头预防。但目前很多地方的区域规划、流域规划、城市规划和产业规划仍忙于粗放型地铺摊子、上项目，生态文明仍然停留在理念层面。规划环评法律硬要求难以奏效的主要原因是，没有追责机制，规划环评意见难以形成刚性约束，规划环评中未评先批的现象比较普遍。所以，环保部将依据新环保法和《党政领导干部生态环境损害责任追究办法(试行)》的相关规定制定《规划环评责任追究办法》，让违法责任人付出代价。

（2）建设项目

根据《环境影响评价法》和《建设项目环境保护管理条例》的规定，凡是从事对环境有影响的建设项目都必须进行环境影响评价，范围包括工业、交通、水利、农林、商业卫生、文教、科研、旅游、市政等对环境有影响的一切基本建设项目、技术改造项目、区域开发建设项目、引进的建设项目（三资企业的建设项目）。国家根据建设项目对环境的影响程度，对建设项目的环境影响评价实行分类管理。建设单位应当按照《建设项目环境影响评价分类管理名录》（已于 2015 年 3 月 19 日修订）的规定，分别组织编制环境影响报告书、环境影响报告表或者填报环境影响登记表，其中，建设项目所处环境的敏感性质和敏感程度，是确定建设项目环境影响评价类别的重要依据。

从建设项目环评制度执行情况来看，环评本应该伴随污染源全生命周期，作为企业预测、评价污染源环境影响并不断完善污染治理措施的一种手段，包括建设项目前期的环评、建设期出现重大变动时的环评、运营期的跟踪评价以及涉及累积影响时的环境影响后评价。但在我国，绝大多数企业仅仅将环评作为建设项目的"准生证"，以拿到建设项目环评的批复为最终目标，将环评及其批复要求束之高阁。所以，必须加强建设项目的环境影响后评价。为规范建设项目环境影响后评价工作，环保部于 2015 年 4 月 2 日通过了《建设项目环境影响后评价管理办法(试行)》。该管理办法规定，建设项目环境影响后评价应当在建设项目正式投入生产或者运营后三至五年内开展（原审批环境影响报告书的环境保护主管部门也可以根据建设项目的环境影响和环境要素变化特征，确定开展环境影响后评价的时限）；建设单位或者生产经营单位完成环境影响后评价后，应当依法公开环境影响评价文件，接受社会监督；对未按规定要求开展环境影响后评价，或者不落实补救方案、改进措施的建设单位或者生产经营单位，审批该建设项目环境影响报告书的环境保护主管部门应当责令其限期改正，并向社会公开。

（3）经济、技术政策

政策被纳入环评对象并非易事。在《环境影响评价法》审议环节，九届全国人大环资委 2000 年底提出了环评法草案，尽管该草案提出了政策环评的设想，但遗憾的是，在三次审议过程和部门协调环节，始终未能达成一致，最后不得不以放弃"政策环评"为条件，环评法才于 2002 年底得以通过。在《环境保护法》修改过程中，环保部于 2011 年向环资委提交的建议稿，明确提出了"政策环评"的立法建议，但环资委 2012 年 8 月提请人大常委会初审的修正案草案并无相关内容。环保部反复建议增加政策环评内容。在 2013 年 10 月提请全国人大常委会三审的《环境保护法》

修订草案稿中,"政策环评"终于被纳入草案,并于2014年4月24日四审通过。2014《环境保护法》第14条规定:"国务院有关部门和省、自治区、直辖市人民政府组织制定经济、技术政策,应当充分考虑对环境的影响,听取有关方面和专家的意见。"这是对政策产生的环境影响进行评价的新规定,与美国、加拿大、荷兰等国广泛开展战略环境评价,将政府及政府相关部门制定的公共政策、规划作为环境影响评价的内容有相通之处。与处于决策链末端和中端的具体建设项目、行业或地区规划相比,处于决策链源头的宏观政策显然对环境更具全局性、持久性的影响,一旦决策失误所造成的环境灾难将不可估量。因此,政府在制定技术、经济政策的过程中,充分考量政策对环境可能造成的影响以提高决策的质量,建立起环境、经济、社会综合的决策机制。

考虑到我国经济、技术政策的制定所牵涉的范围很广、不确定性大,政策制定还没有明确的程序,目前在我国建立政策环境影响评价制度还存在诸多的困难,因此,并未明确规定政策环评制度,只是作出了原则性规定,为进一步实现对政策环评的系统性制度构建提供了法律依据并留有充分的立法空间。今后,可以通过《环境影响评价法》等相关立法的修订以及配套法律制度的建立,最终形成政策环评制度。

2. 环境影响评价的公众参与

公众参与整个环境影响评价报告的制定与实施的全过程,是美国环境管理战略的一个显著特点。美国《国家环境政策法》第102(c)条将环境影响评价制度宣布为美国的环境政策,不仅规定联邦政府的所有机构的立法建议及其他重大联邦行动建议,在决策之前要进行环境影响评价,编制环境影响评价报告书,而且要征求公众意见,进行公众评议作为编制环境影响评价报告的必经程序和内容。美国公众参与环境影响评价制度有以下特点:(1)参与评价对象的广泛性。包括对人类环境质量有重大影响的立法活动、官方政策、正式计划、规划等;(2)参与评价的现实性。公众基本是在环境影响评价报告书定稿前参与,规定在环境影响评价草案阶段,应征求具有法定职能或专门知识的联邦机关的意见;征求被授权制定和实施环境标准的适当的国家和地方机构、任何街道对建议中的行动的环境影响评价报告的机关的意见;征求任何申请人的意见;征求公众意见的利害关系人的意见;在任何情况下,其他机构或个人都可以在90天内对最终的环境影响评价报告主动表示意见;(3)参与评价的有效性。1978年美国《国家环境政策实施程序条例》对公众参与意见的反馈作了非常详尽的规定。对于无论个人还是集体的意见都给予积极的回应,而且不论意见是否被采纳,都被附在最终的环境影响评价报告书中或写在勘误表中。

我国《环境影响评价法》对于规划环评、项目环评的内容及编制方式、程序、审批权限作了明确规定,其中一个非常重要的环节是明确规定了公众参与。原国家环境保护总局于2006年颁布了《环境影响评价公众参与暂行办法》,明确了环境影响评价中的公众参与原则及程序。2014年《环境保护法》第五章"信息公开与公众参与"中,也对环境影响评价过程中的公众参与问题进行了专门规范。较之前的环保法,新法有关公众参与的发展包括:一是公众参与的时间提前,明确规定在报批环评前征求公众意见,避免了有的项目环评报告做好了才征求意见;二是明确了参与公众的范围,只要可能受影响的公众,都要征求意见;三是强调了应当充分征求公众意见,对公众的参与程度作了要求;四是规定环评报告要全文公开,没有充分征求意见的可以退回。

(1)信息公开。建设单位或者其委托的环境影响评价机构、环境保护行政部门应当按照规定,采用便于公众知悉的方式,向公众公开有关环境影响评价的信息。公开的方式可以是一种也可以是多种,包括在特定场所提供环境影响报告书的简本、制作专题网页、在公共网站或者专题网站上设置链接以及其他便于公众获取环境影响报告书的方式等。2014年《环境保护法》要求"负责审批建设项目环境影响评价文件的部门在收到建设项目环境影响报告书后,除涉及国家秘密和商业秘密的事项外,应当全文公开"。

(2)参与对象的确定。建设单位或者其委托的环境影响评价机构、环境保护行政部门,应当综合考虑地域、职业、专业知识背景、表达能力、受影响程度等因素,合理选择被征求意见的公民、法人或者其他组织。被征求意见的公众必须包括受建设项目影响的公民、法人或者其他组织的代表。

(3)公众参与的方式和期限。建设单位或者其委托的环境影响评价机构应当在发布信息公告、公开环境影响报告书的简本后,采取调查公众意见、咨询专家意见、座谈会、论证会、听证会等形式,公开征求公众意见。征求公众意见的期限不得少于10日,并确保其公开的有关信息在整个征求公众意见的期限之内均处于公开状态。

环境影响报告书在报审或重新审核前,环境影响评价机构可以通过适当方式,向提出意见的公众反馈意见的处理情况。环境保护行政部门应当在受理建设项目环境影响报告书后,在其政府网站或者采用其他便利公众知悉的方式,公告环境影响报告书受理的有关信息。公告的期限不得少于10日,并确保其公开的有关信息在整个审批期限之内均处于公开状态。公开征求意见后,对公众意见较大的建设项目,可以再次公开征求公众意见。

(4)公众意见的反馈。2014年《环境保护法》第56条第2款规定,发现建设项目未充分征求公众意见的,应当责成建设单位征求公众意见。因此,环境保护行政部门可以组织专家咨询委员会对环境影响报告书中有关公众意见采纳情况的说明进行审议,判断其合理性并提出处理意见,当公众认为建设单位或其委托的环境影响评价机构对公众意见未采纳且未附具说明的,或者对未采纳公众意见的理由说明不成立的,应当向负责审批或者重新审核的环境保护行政部门反映,并附具明确具体的书面意见。环境保护行政部门认为有必要时,可以对公众意见进行核实。

土地利用的有关规划、区域、流域、海域的建设、开发利用规划的编制机关,在组织进行规划环境影响评价的过程中,可以参照《环境影响评价公众参与暂行办法》的规定考虑公众意见。

3. 环评机构的管理

环评机构是为环境影响评价提供技术服务的机构。截至2014年2月,全国共有环评机构1158家,其中甲级机构192家,乙级机构966家。多年来,环评机构在环评工作中发挥了重要的技术支撑和技术服务作用,但也存在一些突出问题:一些环评机构内部管理制度不完善,质量审核体系不健全,环评工程师负责制流于形式,档案合同管理混乱;一些环评机构编制报告书(表)过程中不踏勘现场、不开展环境状况调查、不分析数据可靠性和代表性,甚至弄虚作假;一些环评机构超越资质范围从业,出租、出借资质,甚至通过提供虚假材料等欺骗手段取得资质。为规范环评从业行为,促进环评机构健康发展,环境保护部于2014年3月3日发布了《关于进一步加强环境影响评价机构管理的意见》。该意见提出:一是要营造更加公平开放的环评市场,加大环评资质信息公开力度,全面公开环评资质受理和审查情况,全面公开环评机构资质等级、评价范围、工作业绩和环评专职技术人员相关信息;各级环境保护行政主管部门及其工作人员不得与环评机构发生利益关系,不得为建设单位指定或向建设单位推荐环评机构,不得在环评机构参股分利;严禁地方各级环境保护行政主管部门以备案等方式设置准入条件,限制外埠环评机构在本地承接环评业务。二是要加快事业单位环评体制改革,全面推进事业单位环评体制改革,现有事业法人类型的环评机构要通过体制改革,形成独立企业法人类型的环评机构,逐步建立起产权清晰、权责明确、政企分开、管理科学的现代企业制度,成为自主经营、自担责任的市场主体。三是应加强环评专职技术人员管理,严禁将本机构兼职或未在本机构供职的外单位人员作为环评专职技术人员,用以申请环评资质。四是要求环评机构建立和完善报告书(表)从业务承接到资料存档的全过程管理制度,环评机构要努力提高报告书(表)的科学性和规范性,确保报告书(表)内容客观真实和环评结论正确可信。为落实《关于进一步加强环境影响评价机构管理的意见》,环境保护部于 2015 年 4 月 2 日修订发布了《建设项目环境影响评价资质管理办法》,该办法对环评机构的资质条件、资质的申请与审查进行了规定,尤其强调对环评机构的管理和监督检查。监督检查包括抽查、年度检查以及在环境影响报告书(表)受理和审批过程中对环评机构的审查。监督检查时可以查阅或者要求环评机构报送有关情况和材料,环评机构应当如实提供。

4. 不依法进行环境影响评价的法律后果

我国 2014 年《环境保护法》第 19 条第二款规定:"未依法进行环境影响评价的开发利用规划,不得组织实施;未依法进行环境影响评价的建设项目,不得开工建设。"明确了不依法进行环评的法律后果。

(1)未依法进行环评的规划,不得组织实施。我国规划环评制度建立以来虽然取得了重要进展,但规划环评工作进展不均衡。部分地区的开发区规划环评执行率不足 50%,一些地方中小流域开发处于无序状态,部分重要产业基地建设也没有依法开展规划环评。为解决规划环评执行不力的问题,2014 年《环境保护法》对开发利用规划未依法进行环评的法律后果作出了明确规定。开发利用规划是具体项目规划和建设的依据,开发利用规划不能组织实施就意味着整个规划区域内的开发利用活动不能进行。

(2)未依法进行环评的建设项目,不得开工建设。建设项目环评属于事前预防性措施,但《环境影响评价法》第 31 条要求未依法进行环评而擅自开工建设的单位"限期补办手续",这给建设项目开通了"先上车,后买票"的后门。为弥补《环境影响评价法》的缺陷和不足,2014 年《环境保护法》明确规定,未依法进行环境影响评价的建设项目,不得开工建设。

(3)对不依法进行环评的责任人进行追究。依据 2014 年《环境保护法》第 63 条的规定,对建设项目未依法进行环境影响评价,被责令停止建设,拒不执行的行为,除依照有关法律法规规定予以处罚外,由县级以上人民政府环境保护主管部门或者其他有关部门将案件移送公安机关,对其直接负责的主管人员和其他直接责任人员,处 10 日以上 15 日以下拘留;情节较轻的,处 5 日以上 10 日以下拘留。

为避免在环境影响评价过程中,作为服务机构的环境影响评价机构与委托人恶意串通、故意出具虚假评价文件,2014 年《环境保护法》第 65 条亦规定,环境影响评价机构在有关环境服务活动中弄虚作假,对造成的环境污染和生态破坏负有责任的,除依照有关法律法规规定予以处罚外,还应当与造成环境污染和生态破坏的其他责任者承担连带责任。为了明确什么行为属于这里的"弄虚作假",增强实际操作性,统一法律适用标准,最高人民法院发布的《最高人民法院关于审理环境侵权责任纠纷案件适用法律若干问题的解释》明确规定,环境影响评价机构与委托人恶意串通或者明知委托人提供的材料虚假而出具严重失实的评价文件的,应当认定为《环境保护法》第 65 条规定的弄虚作假。

(4)对环评机构的责任追究。环评机构违法环评,除了应依据《环境保护法》第 65 条承担连带责任外,还应依据《建设项目环境影响评价资质管理办法》》承担行政责任。环评机构拒绝接受监督检查或者在接受监督检查时弄虚作假的,由实施监督检查的环境保护主管部门处三万元以下的罚款,并责令限期整改六至十二个月。环评机构涂改、出租、出借资质证书或者超越资质等级、评价范围接受委托和主持编制环境影响报告书(表)的,由环境保护部处三万元以下的罚款,并责令限期整改一至三年。环评机构不负责任或者弄虚作假,致使主持编制的环境影响报告书(表)失实的,依照《环境影响评价法》的规定,由环境保护部降低其资质等级或者吊销其资质证书,并处所收费用一倍以上三倍以下的罚款,同时责令编制主持人和主要编制人员限期整改一至三年。

## 第二节　过程控制基本制度

相对于源头控制制度，过程控制制度是对影响环境行为的具体性、干预性管理，其作用是使既定的环境管理目标在实践中得到贯彻落实，避免或减少人类的开发利用活动对环境造成的不良影响。过程控制基本制度主要有环境监测制度、联合防治协调制度、激励机制、环境监察制度。

### 一、环境监测制度

（一）环境监测制度的含义

环境监测是指根据保护环境的需要，运用物理、化学、生物等方法，对反映环境质量的某些代表值进行长时间的监视和测定，跟踪其变化及其对环境产生影响的过程。

环境监测工作是指围绕环境监测展开的一切活动，包括监测计划、组织、具体操作、编报、管理等活动。环境监测制度是环境监测工作的制度化、法定化，是通过立法形式形成的有关环境监测工作的一套规则。目前，确定我国环境监测制度的法律规范主要是环境法律、法规中有关环境监测的条款和专门性的环境监测法规、行政规章、技术指南。

《全国环境监测管理条例》对环境监测的任务作出了明确的规定，主要有三个方面：一是进行环境质量监测，对组成环境的各项要素进行经常性监测，及时掌握、评价并提供环境质量状况及发展趋势；二是进行环境污染监测，即对各个有关单位排放污染物的情况进行监视性监测，为执行各种环境法规、标准，实施环境管理提供准确、可靠的监测数据；三是进行环境科研和服务监测，发展环境监测技术，为环境科技的发展积累背景数值和分析依据。

县级以上环境保护部门所属环境监测机构依据本办法取得的环境监测数据，应当作为环境统计、排污申报核定、排污费征收、环境执法、目标责任考核等环境管理的依据。

（二）环境监测的主体①

除排污单位以外，《环境保护法》对环境监测的行为主体并未明确界定，但从监管主体的职责方面以及第65条规定的法律责任，可以大致归纳出以下三类。

第一类是由国务院环境保护主管部门或者各级人民政府组织的"有关部门"或其附属机构。《环境保护法》第17条第二款规定："有关行业、专业等各类环境质量监测站（点）的设置应当符合法律法规规定和监测规范的要求……"保留了"有关部门"自行开展环境质量监测的权力。结合第一款"国家建立、健全环境监测制度。国务院环境保护主管部门制定监测规范，会同有关部门组织监测网络，统一规划国家环境质量监测站（点）的设置，建立监测数据共享机制，加强对环境监测的管理"的规定，环境质量监测的行为主体，应当是"有关部门"本身或其附属机构，而国务院环境保护主管部门有专门机构从事环境质量监测，也是应有之义。除环境质量监测之外，按照第18条、第47条的相关规定，此类机构的任务还应包括"对环境状况进行调查、评价"以及突发环境事故的监测和评估工作。其定位应是环境保护主管部门或相关部门的技术支持单位，具备比较明显的公益属性。

第二类是《环境保护法》第42条规定的"排污单位"。该条规定："重点排污单位应当按照国家有关规定和监测规范安装使用监测设备，保证监测设备正常运行，保存原始监测记录。"该部分内容是对该条规定中"排放污染物的企业事业单位和其他生产经营者"污染防治责任的具体落实措施。

---

① 李国刚等：《"新环保法"对环境监测职责定位的研究思考》，《中国环境监测》2014年第3期。

第三类是接受委托的"专业机构"或者提供服务的"环境监测机构"。按照《环境保护法》第18条的相关规定,省级以上人民政府"对环境状况进行调查、评价"的实施主体可以是"有关部门",也可以是委托的"专业机构"。前者从根本上讲是政府行为,后者则是市场行为。另外,《环境保护法》第65条规定:"环境影响评价机构、环境监测机构……在有关环境服务活动中,……"明确指出"环境监测机构"是"环境服务活动"的主体之一。显然,与接受委托的"专业机构"类似,开展环境服务活动的环境监测机构的环境监测行为也属于市场行为。

从环境监测的内容上看,环境状况的监测活动应由国务院(或国务院环境保护主管部门)和省级人民政府组织实施,环境污染公共监测预警活动则由县级以上人民政府负责,即县级以上各级人民政府均有相应的环境污染公共监测预警职责。企事业单位的监测活动由其自行负责。因此,为了实施环境监测的统一监督管理,需要进一步明确环境质量监测、应急和预警监测、排污单位监测、环境与健康监测等领域的组织和实施主体的职责范围,进一步明确"组织"和"委托"的途径、机制和方式,进一步明确"有关部门"和"专业机构"所指及其属性、职能、资质资格等。

(三)环境监测的监管

《环境保护法》第17条、第18条、第20条、第32条、第33条、第39条、第42条和第47条,分别从中央人民政府、地方各级人民政府以及企事业单位层次对其法定义务和职责进行了规定,反映出我国环境监测的监管,既有统一监督管理、又有部门职责,既有国家监管、又有地方职责。其中,国家的环境监测统一监督管理职责主要体现在应该由国务院建立健全环境监测制度(包括调查、监测、预警、应急、评估、信息发布等),由国务院环境保护主管部门建立健全统一的环境监测规范、网络和站(点),组织实施跨行政区域的统一监测,并依法监督法律执行和统一监管成效等方面。对环境监测的管理主要包括对监测质量的管理、监测报告的管理和对检测对象的管理。

1. 对监测质量的管理

环境监测乃是为了记录环境质量的细微变化,所以监测质量就非常重要,而保证监测质量也是各级环境监测站的重要技术基础和管理工作。为了保证监测数据的准确可靠,我国对此专门有《环境监测质量管理规定》等行政规章以及相关技术指南予以规定。《环境保护法》第17条、第63条对此也作出了明确规定。各级环境监测站受同级环境保护行政主管部门的领导,业务上受上一级环境监测站的指导。

2. 环境监测报告的管理

定期发布环境状况公报,是一项重要措施。为了确保数据信息的高效传递,及时提出各种环境监测报告,为环境管理提供有效、及时的服务,有关行政法规规定了环境监测简报制度、环境监测季报制度、环境质量报告书制度、环境监测年鉴制度和数据资料管理制度。环境质量报告书是环境监测的综合成果,是环境管理的重要依据。该报告书由各级环境保护行政部门组织,以监测站为主要力量,协调各有关部门共同编写,由各级环境保护行政部门定期报送同级人民政府和上级环境保护行政部门。该报告书按内容和管理的需要,分年度环境质量报告书和五年环境质量报告书两种。所有监测数据、资料、成果均为国家所有。

3. 监测对象的管理

为了保证监测工作得以顺利进行,环境法律、法规规定,排污单位应对污染物排放口、处理设施的污染排放定期检测,并纳入生产管理体系;应按规定使排污口符合规定的监测条件。不具备检测能力的排污单位可委托环境保护行政部门对环境监测站或委托经其考核合格并经环境保护部门认可的有关单位进行监测。监测人员依法到有关排污单位进行现场检查或监督性监测时,被检查、监测单位必须密切配合,如实反映情况,提供必要的资料和监测工作条件。经环境保护行政部门授权,排污单位每月10日前向当地环境保护行政部门环境监测站报告上月排污和处理设施的监测结果。

4. 环境监测机构的法律责任

《环境保护法》第65条规定,环境监测机构在有关环境服务活动中弄虚作假,对造成的环境污染和生态破坏负有责任的,除依照有关法律法规规定予以处罚外,还应当与造成环境污染和生态破坏的其他责任者承担连带责任。

(四)环境监测制度的完善①

我国环境监测制度存在许多不足,严重影响监测结果的真实性,从而无法给排污申报核定、排污费征收、环境执法、目标责任考核等环境管理提供精确科学的依据,环境监测制度亟需完善。

1. 制定相对统一的环境监测标准

我国虽然建立了不少关于环境监测的部门和相关的工作单位,譬如,除了国家的检测局外,还有农业部、水利部、科技部、环保部以及一些地方的相关管理部门,然而这些部门进行着各种各样的关于环境监测的调查却并没有一个统一的标准和切实可行的操作方法,环境监测工作处于一个多头管理的状态,导致国家检测局得到的关于环境监测的数据不统一,不利于环境监测的顺利进行。因此,为了更好地规范我国的环境监测工作,提高我国的环境监测工作的可执行性,我国的相关环境监测部门应该积极参考国际的统一标准,加快制定统一的环境监测标准。

2. 加强环境监测建设的资金投入

环境监测工作的进行要依靠先进的环境监测仪器,这些先进的仪器设备对环境监测工作非常重要,如果缺少这些设备,环境监测的结果很有可能不准确,从而影响环境监测的有效进行。但是,我国在环境方面的投入还相当不足,一些老化的设备没有资金改善,先进的设备没有资金购买,设备急需更新。经费不充足、设备不先进的现状严重制约着我国环境监测工作的顺利进行,影响了我国环境保护工作的开展。环境监测站是环境监测工作的核心,这里得到的数据是最真实、最可靠的,所以,我们首先要在环境监测站的建设上投入大量资金,为环境监测工作的开展打下坚实的基础。其次,我们还要积极调整思路,通过多方引进资金来改善环境监测工作各方面的条件。最后,我们还要在国家政策允许的条件下,引进市场体制,通过竞争机制的指引增强人们对环境检测工作的积极性。

3. 建立严格的监督管理部门

在环境监测的实践中,还广泛存在着环境监测力度不够的问题,这些问题在一定程度上也影响了环境监测工作效能的发挥。我们要建立一个严格的监督管理部门,对相关部门的环境监测工作进行实时监督以督促其加强对污染源的监督力度。同时,更好地管理环境监测站所得出的第一手监测数据,保证环境监测工作的真实性和可靠性。

## 二、联合防治协调制度

(一)联合防治协调制度的含义②

在生态环境保护工作中,生态环境的自然属性与行政管理区划的人为属性始终存在矛盾。一个自然的生态系统分属不同的行政区域或者一个行政区域分属不同的自然生态系统是现代国家管理中的常态。虽然在生态环境保护过程中,自然生态系统内不同的行政区都是污染的制造者同时也是受害者,但由于各行政区处于生态系统的不同位置导致受到的污染或破坏程度以及治理力度不尽相同,十分容易带来个别地区的"搭便车"现象,只污染破坏不治理或多污染破坏少

---

① 吕志祥:《环境法》,中国言实出版社2014年版,第81页。
② 常纪文:《中欧区域大气污染联防联控立法之比较——兼论我国大气污染联防联控法制的完善》,《发展研究》2015年第10期。

治理,在享受其他地区治理外部正效应的同时将自身的污染成本转移给相邻地区,最终损害整个区域内的环境质量,造成环境治理中的"公地悲剧"。经济一体化的日益推进,以及环境污染的流动性和跨区域性,导致跨行政边界环境问题的产生,而原有的区域化环境行政管理模式很难有效地处理跨区域环境污染问题,使得地域邻接地区之间的矛盾加重。在此背景下,联合防治协调制度应运而生。① 联合防治协调制度又称为联防联控机制,是同级别的行政区域协同运用组织和制度等资源综合实施污染防治、生态保护措施的制度体系。该制度具有如下特点②:

(1) 主体是平等地位的行政区域,通过协议方式建立横向联系机制。联合防治协调机制中的区域专指横向关系上互相不具有行政隶属关系的行政区。如京津冀、长三角、珠三角等,这些行政区间的协同无法完全借助同一行政区内行政权力的垂直运行模式,因而需要具有符合自身特点的运行模式。

(2) 治理对象具有区域性、流动性。大气是一个循环流动的整体,流域是自然形成的汇水区,一个区域内的霾污染、水污染会很快扩散到相邻区域。

(3) 必须采取综合治理手段。大气污染、水污染的产生是复合性和复杂性因素综合作用的结果,采用单一的防治手段难以取得成效。因此,联合防治协调机制在具体的手段选择上必须处理好政府与市场的关系,综合运用管制工具、市场工具,并确保已有法律制度的切实实施。

联合防治协调制度始于国外区域大气污染防治和流域管理的实践。在我国,联合防治协调机制的建立来自环境保护实践,经历了先出台政策后上升为法律的过程。

在地区合作层面,以京津冀、长三角、珠三角为首的大气污染重灾区在中央的统一部署下,自2004年起,便已试点启动规范化的区域大气污染防治合作。在京津冀及周边地区,为确保北京奥运会空气质量达标,经国务院批准,环境保护部与北京、天津、河北、山西、内蒙古、山东6省(区、市)以及各协办城市,于2008年建立了区域大气污染联防联控机制,实行统一规划、统一治理、统一监管,取得了很好的效果。2010年,长三角积极探索区域大气污染联防联控工作机制,编制和启动了"2010年上海世博会长三角区域环境空气质量保障联防联控措施",划定了以世博园区为核心、半径300公里的重点防控区域,加强合作沟通,严格控制污染物排放,成效显著。2014年1月7日,由长三角地区三省一市和国家八部委组成的长三角区域大气污染防治协作机制启动,通过了《长三角区域大气污染防治协作小组工作章程》,明确了协商统筹、责任共担、信息共享、联防联控的协作原则及五项具体职能,以及近期要着重抓好的十个方面协作和联合行动。在珠三角地区,福建、江西、湖南、广东、广西、海南、四川、贵州、云南九个省区和香港、澳门两个特别行政区(简称"9+2")于2004年6月签订了《泛珠三角区域合作框架协议》,各方同意建立区域环境保护协作机制,在清洁生产、水环境保护、生态环境保护、大气环境保护等方面加强合作,制定区域环境保护规划。

在国家规划层面:(1) 经国务院批复,环境保护部、发展改革委和财政部于2012年12月发布了《重点区域大气污染防治"十二五"规划》,总结了区域联防联控的探索,指出了当前大气污染防治工作中存在的问题,要求统筹区域环境资源、优化产业结构与布局,加大落后产能淘汰、优化工业布局,加强能源清洁利用、控制区域煤炭消费总量,深化大气污染治理、实施多污染物协同控制,创新区域管理机制,提升联防联控管理能力,并重点突出了区域污染联防联治的措施。(2) 鉴于大气污染日益严重,国务院于2013年9月10日发布了《大气污染防治行动计划》(俗称"大气十条"),提出了包括区域协作与属地管理相协调、实施分区域分阶段治理在内的总体

---

① 肖爱、李俊:《协同法治:区域环境治理的法理依归》,《吉首大学学报(社会科学版)》2014年第5期。
② 陈贻健:《治霾之道:构建区域联防联控机制》,《中国社会科学报》2013年2月2日。

目标。(3)鉴于京津冀是大气污染的重灾区,环境保护部、发展改革委、财政部等六部门于2013年9月17日发布了《京津冀及周边地区落实大气污染防治行动计划实施细则》,既规定了一体化的行动要求,也针对北京、天津、河北、山西、内蒙古和山东针对性地提出各自的淘汰、减排、控制、管理、调整和优化任务等。

在国家政策层面,2013年11月《中共中央关于全面深化改革若干重大问题的决定》针对现实的环境问题,提出要加快改革,要求划定生态保护红线、推动地区间建立横向生态补偿制度、建立陆海统筹的生态系统保护修复和污染防治区域联动机制,为地区间建立和完善区域污染联防联治的体制、制度和机制奠定了改革基础。

在国家立法层面,国务院办公厅于2010年转发了环境保护部等部门共同制定的《关于推进大气污染联防联控工作改善区域空气质量的指导意见》,全面提出大气污染联防联治的目标、思路、方法和要求。在吸取实践经验的基础上,2014年修订的《环境保护法》确立了联防联控机制,其第20条规定:"国家建立跨行政区域的重点区域、流域环境污染和生态破坏联合防治协调机制,实行统一规划、统一标准、统一监测、统一的防治措施。"2015年修订的《大气污染防治法》以专章的形式规定了"重点区域大气污染联合防治"。

(二)联合防治协调制度的具体内容

1. 联合防治协调制度的适用范围

按照《环境保护法》的规定,建立联合防治协调机制的对象包括重点区域和流域。根据2012年环保部、国家发展改革委、财政部的《重点区域大气污染防治"十二五"规划》,确定的重点区域包括:京津冀、长江三角洲、珠江三角洲地区等,涉及19个省、自治区、直辖市,面积约132.56万平方公里,占国土面积的13.81%。根据环保部、国家发展改革委、财政部、水利部的《重点流域水污染防治规划(2011—2015年)》,重点流域包括松花江等10个流域,涉及23个省(自治区、直辖市),254个市(州、盟),1 578个县(市、区、旗)。《大气污染防治法》第86条规定:"国家建立重点区域大气污染联防联控机制,统筹协调重点区域内大气污染防治工作。国务院环境保护主管部门根据主体功能区划、区域大气环境质量状况和大气污染传输扩散规律,划定国家大气污染防治重点区域,报国务院批准。"

建立联合防治协调机制的范围包括环境污染和生态破坏两个方面,具体应根据建立联合防治协调区域、流域的特点以及环境污染和生态破坏的情况,采取针对性措施。

2. 联合防治协调制度的具体实施

根据《环境保护法》的规定,联合防治协调机制的方法要求实行"五个统一",即统一规划、统一标准、统一监测、统一防治措施。具体应由相关行政区域按照"五个统一"的要求,经过协商以协议方式建立体制、明确运行程序、成立实施机构、鼓励公众参与、完善监督机制。

虽然《环境保护法》对联合防治协调机制作了规定,但仅仅是原则性的。从理论上看,联合防治协调机制适应了生态环境保护的客观规律,并能够对相关区域的经济、科技、能源、法律等手段进行整合,是一种有效的综合治理模式。因此,建立和完善联合防治协调机制的各项制度也应遵循协同思维,整合已有法律制度并切实在联合防治区域内实施。如果说在法律上建立联合防治协调制度的目的在于治理环境污染、保护生态环境,防止污染转移或对生态环境整体造成损害,那么,联合防治协调机制就不是在现有法律制度之外另辟蹊径,而是要确保各项法律制度在联合防治区域内的实现。① 其中几项主要制度如下。

---

① 陈贻健:《治霾之道:构建区域联防联控机制》,《中国社会科学报》2013年2月2日。

(1) 区域主体制度。区域主体制度解决的是哪些行政区、通过什么样的组织形式进行区域联防联控。确定区域主体制度主要包括三方面的内容：首先，应科学地进行区域划分，在科学调研分析的基础上确定重点区域及流域的范围；其次，应明确法律授权，在现有的区域间环保部门或政府间行政协议的基础上，明确联合防治主体的法律地位；最后，明确实施主体的组织形式，以确保联防联控的效果。

(2) 排放总量控制目标制度。根据科学测算的结果核定该区域、流域的污染物排放总量控制目标，然后再进行分配。在分配时应当综合考虑各地的经济社会发展水平、自然资源和环境条件等因素。

(3) 联合执法制度。联合执法是一种常态性的制度，为保证联合执法的顺利实施，应建立和完善相关的监测、考核、评估、处罚建议等制度。区域联防联控机制并不产生新的执法权，它的执法权依据仍来源于各个行政区政府的法定权力。

(4) 突发性污染和破坏事件应急制度。面对日益严峻的污染和破坏情况，除了常规的日常防控之外，还必须在突发性污染和破坏事件发生时作出及时、有效、充分的应对，这就需要在区域联防联控机制中建立突发性污染和破坏事件应急应对制度。

(5) 公众参与制度。联合防治协调机制本身是多元共治体制的重要内容，在这个体制中，必须极其重视公众参与。在规划、监测、执法等各个环节切实赋予并保障公众的知情权、参与权、监督权、环境权益损害的救济权，才能真正发挥联合防治协调的功能。

### 三、激励机制

#### （一）激励机制的含义

激励机制是运用市场机制进行环境保护的一种措施，是指国家根据生态规律和经济规律，综合运用价格、成本、利润、信贷和利息税收等经济杠杆以及环境责任制等经济方法，向各相关利益主体提供的一种非强迫性的、具有灵活选择性的手段，以限制破坏环境的经济活动，激励有利于环境改善的经济活动。

激励机制的建立是对过去环境保护主要依靠行政手段进行监管所导致的环境保护动力不足问题反思的结果。由于环境资源和环境保护的公共产品属性，在现有政治经济制度下，无论是作为环境保护政策制定者或主要提供者的政府，还是作为市场中的利益个体，由于个体理性和群体理性的竞争，以各自利益为核心的行为模式，必然导致各主体都企图在环境保护中巩固强势地位，获取环保利益。两者都会因为缺乏有效的具有选择性的激励而无法克服"市场失灵"和"政府失灵"，同时就阻碍了对新的更有效率路径的寻觅，既不能阻止滥用环境资源的倾向，又不能成功地提供环境保护所需要的公共产品。因此，单纯依靠行政监管的环境保护机制必然会出现动机与动力的双重问题。要解决这一问题，必须进行新的制度安排，最关键的是建立能够达到激励兼容的制度；既能有效地激励企业行为，使企业有动机采取必要的技术措施减少对环境的污染；也能激励监督者和公众，使监督者有动力实行有效的监督，使公众有动力去进行环境保护。《环境保护法》在规定环境行政管理制度的同时，还建立了运用市场手段保护环境的激励机制，该法第21条、第22条、第23条对相关内容作出了规定。

激励机制的主要特征是：(1) 它是以刺激、推动、诱导等方式来间接影响被管理者的意志和行动，而不是强制。发挥市场机制的作用，对环境经济行为的调控是通过市场信号的刺激，而不是直接的行为限制（政府权力的直接干预）来实现。例如环境保护中运用经济手段，可以使资源使用者以他们认为最有利的方式自发地对某种经济刺激作出反应。(2) 它所运用的经济杠杆，都是以价值形式表现的。从一定意义上说，它是以对价值规律的认识和适用为基础的。(3) 它的实质和核心在于贯彻物质利益原则,注意通过各种经济杠杆,从物质利益上处理国家、企业和劳动者三者的经济关系,使三者利益正确地结合起来,使企业和劳动者从物质利益上关心劳动成果和生产的发展,关心技术进步,讲究经济核算、经济效益、经济责任,充分调动企业广大劳动者的积极性。即从利益上来处理国家、企业和个人之间、污染者与被污染者之间、代际以及上下左右之间的各种经济关系,达到控制有损于环境的活动,调动各方面保护环境积极性的目的。(4) 有政府机构参与,经济手段必须通过行政管理予以实施。①

(二) 激励机制的内容

在我国的环境保护实践中,激励机制被广泛应用,国家也先后出台了各种政策,如 2010 年国务院发布的《关于进一步加大工作力度确保实现"十一五"节能减排目标的通知》、2011 年环境保护部发布的《关于环保系统进一步推动环保产业发展的指导意见》、2011 年财政部、国家发展改革委《关于开展节能减排财政政策综合示范工作的通知》、2007 年《国务院关于促进资源型城市可持续发展的若干意见》等等,这些政策性文件中都有激励机制的内容。2003 年颁布的《清洁生产促进法》(2012 年修订)及 2008 年颁布的《循环经济促进法》均规定了激励机制。2014 年修订的《环境保护法》,在总结过去激励政策成功经验的基础上,按照全面深化体制改革的要求,在法律制度层面完善了激励机制。激励机制包括以下三个方面。

1. 激励环保产业发展

《环境保护法》第 21 条规定:"国家采取财政、税收、价格、政府采购等方面的政策和措施,鼓励和支持环境保护技术装备、资源综合利用和环境服务等环境保护产业的发展。"这是关于激励环境保护产业发展的规定。

环保产业是具有高增长性、吸纳就业能力强、综合效益好的战略性新兴产业。发展环保产业一方面为污染防治提供先进的技术、装备和产品,提升传统产业、促进产业结构调整,加快经济发展方式转变;另一方面可以有效地启动国内市场,拉动需求,形成新的经济增长点,发展绿色经济、抢占后金融危机时代国际竞争制高点。国家采取措施激励环保产业发展,是十分重要的战略选择。环境保护产业激励的对象主要为环境保护技术装备、资源综合利用和环境服务业,从理论上讲,环保产业的范围会随着科学技术的发展而变化,不能只局限于列举。

2. 激励市场主体节能减排

《环境保护法》第 22 条规定:"企业事业单位和其他经营者,在污染物排放符合法定要求的基础上,进一步减少污染物排放的,人民政府应当依法采取财政、税收、价格、政府采购等方面的政策和措施予以激励和支持。"这是对市场主体减少污染排放的激励。

企业排放污染物的行为具有负外部性,不可避免地会对其他利益相关者、社会公众产生不利的影响。经济激励是解决环境污染外部性的重要方法,通过市场传达有益的和良好的信号,促使生产者和经营者主动内化自身成本,减少污染物的排放。目前,国家正在试点的碳排放权交易市场、水权交易市场,都是通过市场机制激励企业减少排污、节约资源的重要措施。

3. 支持市场主体转产、搬迁、关闭

《环境保护法》第 23 条规定:"企业事业单位和其他生产经营者,为改善环境,依照有关规定转产、搬迁、关闭的,人民政府应当予以支持。"这是对市场主体为改善环境而转产、搬迁、关闭的激励。

市场主体是经济利益最大化的追求者,但企业为了保护环境而停产、搬迁或关闭时,其经济

① 多淑金、董春辉:《运用经济手段加强我国环境保护的必要性》,《中国环境管理干部学院学报》2005 年第 4 期。

利益必然受到影响,实际上承担了环境保护的社会责任。法律对于主动承担环境社会责任的市场主体,当然应该通过财政、税收、信贷等多种手段加以鼓励和支持。

（三）主要激励措施

《环境保护法》等法律规定了政府对市场主体进行激励的主要措施。如《大气污染防治法》第50条第二款规定,国家采取财政、税收、政府采购等措施推广应用节能环保型和新能源机动车船、非道路移动机械,限制高油耗、高排放机动车船、非道路移动机械的发展,减少化石能源的消耗。

1. 财政方法

财政的方法是对政府财政收入和支出水平所作的决策,其主要的手段包括预算、国债、购买性支出和财政转移支付等手段。为支持和鼓励环保产业的发展、鼓励企业节能减排或者转产、关停、搬迁,政府可以综合运用多种财政方法:引导环保资金的投入,完善相关金融政策,形成节能减排的激励和约束机制,对生产环保产品的企业、节能减排企业提供财政补贴;加大对环保企业的无偿资金援助,采取财政贴息、财政担保等形式,支持民营环保企业的发展,支持污染企业自愿转产、搬迁、关闭;发行国债增加对环境保护的投入,发行中长期环保建设债券;鼓励外资企业、地方政府、民营企业进入环保产业,使投资主体逐渐多元化,扩大环保产业融资渠道,等等。《环境保护法》第8条规定:"各级人民政府应当加大保护和改善环境、防治污染和其他公害的财政投入,提高财政资金的使用效益。"2015年修订的《大气污染防治法》第3条规定:"县级以上人民政府应当将大气污染防治工作纳入国民经济和社会发展规划,加大对大气污染防治的财政投入。"

2. 税收手段

税收是基于政治权力和法律规定,由政府专门机构向居民和非居民就其财产或特定行为实施强制、非罚与不直接偿还的金钱或实物课征,是国家最主要的一种财政收入形式。税收除了组织财政收入外,还有调控社会经济、监督经济活动的功能。利用税收支持和鼓励环境保护,至少有如下的做法:对企业免征或减征税;设立较长的特许期和宽限期,在宽限期内免征或减征所得税等;建立环保税,等等。《循环经济促进法》第44条规定:"国家对促进循环经济发展的产业活动给予税收优惠,并运用税收等措施鼓励进口先进的节能、节水、节材等技术、设备和产品,限制在生产过程中耗能高、污染重的产品的出口。具体办法由国务院财政、税务主管部门制定。企业使用或者生产列入国家清洁生产、资源综合利用等鼓励名录的技术、工艺、设备或者产品的,按照国家有关规定享受税收优惠。"《清洁生产促进法》亦明确规定,国务院应当制定有利于实施清洁生产的财政税收政策,依法利用废物和从废物中回收原料生产产品的,按照国家规定享受税收优惠。

3. 价格工具

价格一般是指进行交易时,买方所需要付出的代价,它是价值的货币体现。因为价格具有标度、调节、信息和分配等多种功能,所以价格可以发挥多重作用:在市场经济中反映商品供求关系的变化;国家通过价格而实施宏观调控,以此来影响和调节市场中对于某类商品的需求量。由此,国家可以通过制定政策,对某些商品价格进行干预,以此参与国民收入的分配和再分配,从而鼓励和支持环境保护:提高资源购买的价格,从源头上抑制资源的购买数量;制定鼓励人们节约资源能源消费的价格政策;制订鼓励企业节能减排的价格政策;对环境污染产品实行价格限制,等等。如《循环经济促进法》第46条规定:"国家实行有利于资源节约和合理利用的价格政策,引导单位和个人节约和合理使用水、电、气等资源性产品。国务院和省、自治区、直辖市人民政府的价格主管部门应当按照国家产业政策,对资源高消耗行业中的限制类项目,实行限制性的价格政策。对利用余热、余压、煤层气以及煤矸石、煤泥、垃圾等低热值燃料的并网发电项目,价格主管部门按照有利于资源综合利用的原则确定其上网电价。"

4. 政府采购

政府采购是各级国家机关、事业单位和团体组织,为了从事日常的政务活动或者为了满足公共服务的目的,使用财政性资金采购依法制定的集中采购目录以内的或者采购限额标准以上的货物、工程和服务的行为。在政府采购中推行"环保优先",实施"绿色采购",是鼓励环境保护的重要举措和途径,更可以带动整个市场形成环境友好、资源节约的良好风气。《环境保护法》第36条第二款规定:"国家机关和使用财政资金的其他组织应当优先采购和使用节能、节水、节材等有利于保护环境的产品、设备和设施。"《循环经济促进法》第47条规定:"国家实行有利于循环经济发展的政府采购政策。使用财政性资金进行采购的,应当优先采购节能、节水、节材和有利于保护环境的产品及再生产品。"《清洁生产促进法》第16条第一款规定:"各级人民政府应当优先采购节能、节水、废物再生利用等有利于环境与资源保护的产品。"

5. 押金返还

押金返还的实质内容,在于对可能造成污染的产品的销售征收附加费。当符合条件时,例如把用过的或废弃的物品送到集中地,从而避免了污染,这笔费用可以退还。押金返还一般由制造商自愿执行。押金返还的产生是与固体废弃物污染的加剧紧密相关的。自20世纪60年代以来,随着瓶装、罐装饮品的推广,工农业液剂的大量使用,废旧汽车轮胎和废旧汽车电池等的大量产生,固体废物污染问题日益突出,各国开始寻求治理这一问题的经济手段。美国、加拿大、瑞典、挪威、澳大利亚、丹麦、法国、德国、荷兰和韩国等都对金属容器、塑料容器和玻璃瓶等实行了押金返还制度。这些容器的返还率一般在60%以上,许多达到了90%。表明政策效果较好。瑞典和挪威还对汽车残骸实行了这项制度,返还率达到80%以上。我国《循环经济促进法》规定,国家鼓励通过以旧换新、押金等方式回收废物。

**四、环境监察制度**

(一)环境监察制度的含义

环境监察是在环境现场进行的执法活动,它是一种具体的、直接的、"微观"的环境执法行为,是环境保护主管部门及其相关部门实施监督、强化执法的主要途径之一。环境监察的特点是"日常、现场、监督、处理",不同于一般的环境管理,其任务是依法对污染源排放污染物情况和对海洋及生态破坏事件实施现场监督、检查,并参与处理。环境监察制度是有关环境监察权的授予及行使、环境监察任务与程序、环境监察效力等相关法律规范的总和。

在我国,环境执法的形势依然十分严峻。不可持续经济增长方式造成的环境危害十分严重,企业片面追求经济利益最大化对环境污染和破坏后果日益显现,企业偷排偷放、违法排污严重损害公民环境权益、影响群众生命财产安全,环境污染损害人群健康的事件频繁发生。同时,环境保护工作中的有法不依、执法不严、违法不究,行政不作为现象仍然存在。为了加大环境法律执行力度,我国的环境监察工作由原来的环境监理开始起步,逐步形成了有专门队伍、有明确工作任务、有执法程序、有执法手段的较为完善的环境监察工作机制。为加强和规范环境监察工作,加强环境监察队伍建设,提升环境监察效能,环境保护部于2012年7月4日颁布了《环境监察办法》。其第2条规定,环境监察,是指环境保护主管部门依据环境保护法律、法规、规章和其他规范性文件实施的行政执法活动。第3条规定,环境监察应当遵循以下原则:教育和惩戒相结合;严格执法和引导自觉守法相结合;证据确凿,程序合法,定性准确,处理恰当;公正、公开、高效。2014年《环境保护法》在总结环境监察工作经验基础上,对环境监察权的授予和行使、环境行政强制手段等作了系统规定。

## （二）环境监察权及其行使

《环境保护法》第 24 条规定："县级以上人民政府环境保护主管部门及其委托的环境监察机构和其他负有环境保护监督管理职责的部门，有权对排放污染物的企业事业单位和其他生产经营者进行现场检查。"《环境监察办法》第 4 条规定："环境保护部对全国环境监察工作实施统一监督管理。县级以上地方环境保护主管部门负责本行政区域的环境监察工作。各级环境保护主管部门所属的环境监察机构，负责具体实施环境监察工作。"《环境监察办法》第 5 条规定："环境监察机构对本级环境保护主管部门负责，并接受上级环境监察机构的业务指导和监督。各级环境保护主管部门应当加强对环境监察机构的领导，建立健全工作协调机制，并为环境监察机构提供必要的工作条件。"这意味着，县级以上环境保护主管部门和其他负有环境保护监督管理职责的部门享有环境监察权。《大气污染防治法》第 29 条规定："环境保护主管部门及其委托的环境监察机构和其他负有大气环境保护监督管理职责的部门，有权通过现场检查监测、自动监测、遥感监测、远红外摄像等方式，对排放大气污染物的企业事业单位和其他生产经营者进行监督检查。被检查者应当如实反映情况，提供必要的资料。实施检查的部门、机构及其工作人员应当为被检查者保守商业秘密。"

根据法律规定，环境监察权可以自己行使，也可以委托行使。委托执法是环境保护主管部门设立的环境监察机构根据行政委托实施环境现场监督检查，并依照法定程序执行或运用环境法律法规，从而直接强制地影响行政相对人权利和义务的具体行政行为。委托执法需以委托人的名义进行，执法后果也由委托人承担。

环境监察机构的主要任务包括：监督环境保护法律、法规、规章和其他规范性文件的执行；现场监督检查污染源的污染物排放情况、污染防治设施运行情况、环境保护行政许可执行情况、建设项目环境保护法律法规的执行情况等；现场监督检查自然保护区、畜禽养殖污染防治等生态和农村环境保护法律法规执行情况；具体负责排放污染物申报登记、排污费核定和征收；查处环境违法行为；查办、转办、督办对环境污染和生态破坏的投诉、举报，并按照环境保护主管部门确定的职责分工，具体负责环境污染和生态破坏纠纷的调解处理；参与突发环境事件的应急处置；对严重污染环境和破坏生态问题进行督查；依照职责，具体负责环境稽查工作；法律、法规、规章和规范性文件规定的其他职责。

其中，环境监察主要通过现场检查方式进行，现场检查是一种具体行政行为，通过查看排放污染物的企业事业单位和其他生产经营者的生产场所、生产设施、环境保护设施以及污染物排放设施，了解和掌握行政相对人的守法情况，督促其履行义务。现场检查的执法人员有进入现场、调取资料、收集证据的权力。目的在于收集信息，了解行政相对人的守法状态。现场检查会对行政相对人的实体权利和义务产生影响，但现场检查行为本身并不直接决定行政相对人的实体权利和义务。现场检查的结果，存在两种可能性：一是未发现相对人违法或者不履行法律义务的情况；二是发现相对人存在违法或者不履行法律义务的情况，可能会引起行政强制、行政处罚等后续行为。因此，现场检查必须按照法定程序进行，为此，环保部专门颁布了《环境监察办法》《环境监察执法证件管理办法》，规范现场检查行为。现场检查可以分为例行检查和突击检查，定期检查和不定期检查，对辖区内所有排放污染物的企业事业单位和其他生产经营者的普遍检查和针对特定的排放污染物的企业事业单位和其他生产经营者的个别检查。实施现场检查的部门、机构及其工作人员应当为被检查者保守商业秘密。实施现场检查的执法人员有违法行为，应当依法承担法律责任。

## （三）行政强制权及其行使

《环境保护法》第 25 条规定："企业事业单位和其他生产经营者违反法律法规规定排放污染

物,造成或者可能造成严重污染的,县级以上人民政府环境保护主管部门和其他负有环境保护监督管理职责的部门,可以查封、扣押造成污染物排放的设施、设备。"这是对行政强制权的规定,它与现场检查权有密切联系,但是一种独立的行政权力。行政强制措施可能是现场检查的后续措施,也可能由其他执法行为引起。

查封、扣押是我国《行政强制法》规定的行政强制措施。查封,是指行政机关对某些动产或者不动产实施就地封存,不允许财产所有权人、使用权人使用或处分的行政强制措施。扣押,是指行政机关将有关财产置于自己控制之下,以防止当事人毁损或转移的行政强制措施。《环境保护法》将其具体运用于环境保护领域,强化了环境行政执法权。

实施查封、扣押的行政主体,是县级以上人民政府环境保护主管部门和其他负有环境保护监督管理职责的部门。查封、扣押的行政相对人,是企业事业单位和其他生产经营者。适用查封、扣押的情形,是污染者违反法律法规规定排放污染物,造成或者可能造成严重污染。查封、扣押的对象,是造成污染物排放的设施、设备。

查封、扣押作为行政强制措施,应当遵守《行政强制法》所规定的合法性、适当性、教育与强制相结合原则。实施查封、扣押时,应遵守实施行政强制的一般性程序要求,根据《行政强制法》第18条的规定,行政机关实施行政强制措施应当遵守下列规定:(1)实施前须向行政机关负责人报告并经批准;(2)由两名以上行政执法人员实施;(3)出示执法身份证件;(4)通知当事人到场;(5)当场告知当事人采取行政强制措施的理由、依据以及当事人依法享有的权利、救济途径;(6)听取当事人的陈述和申辩;(7)制作现场笔录;(8)现场笔录由当事人和行政执法人员签名或者盖章,当事人拒绝的,在笔录中予以注明;(9)当事人不到场的,邀请见证人到场,由见证人和行政执法人员在现场笔录上签名或者盖章;(10)法律、法规规定的其他程序。该法第19条规定,情况紧急,需要当场实施行政强制措施的,行政执法人员应当在24小时内向行政机关负责人报告,并补办批准手续。行政机关负责人认为不应当采取行政强制措施的,应当立即解除。

(四)环境监察的稽查

严峻的环境形势从客观上要求环保部门进一步加大执法力度,严厉打击环境违法行为。但是,环境执法不规范、不到位的问题却比较普遍,环境保护部2012年专项稽查数据显示,42.6%的污染源现场监察记录存在记录不规范问题,18.7%的污染源现场监察记录存在记录与企业污染源现场的历史守法状态不符问题,49.9%的行政处罚案卷调查取证材料存在证据不完整、不规范问题。现有执法状况表明,环保系统迫切需要进一步加强环境执法队伍内部的规范化管理。同时,2014年《环境保护法》将"违规审批""包庇违法""未依法作出停业、关闭决定""发现或接到举报未及时查处""违法查封、扣押""篡改伪造监测数据""未依法公开政府环境信息""截留、挤占或挪用排污费""其他违法行为"9种情形明确列入追责范围,环境监察队伍的追责压力巨大。为有效应对严峻环境形势,规范执法行为、提升执法能力,履行好新修订的《环境保护法》所赋予的监管职责,在历经5年全国稽查试点的基础上,环境保护部出台了《环境监察稽查办法》。该办法规定,环境监察稽查是指上级环境保护行政主管部门对下级环境保护行政主管部门依照《环境监察办法》开展环境监察工作情况进行的监督、检查。环境保护部环境监察局负责全国稽查工作的指导和监督,环境保护部各环境保护督查中心、设区的市级以上环境保护行政主管部门的环境监察机构具体承担本行政区的稽查工作。环境监察稽查分为:一是日常稽查,即上级环境保护行政主管部门按照日常稽查计划,对下级环境保护行政主管部门实施的环境监察工作开展的稽查;二是专项稽查、专案稽查,即上级环境保护行政主管部门按照专项稽查计划,对下级环境保护行政主管部门实施的一项或多项环境监察工作开展的稽查;三是专案稽查,即上级环境保护行政主管部门对通过日常督查或检查发现、群众投诉举报、上级督办、有关部门移送或下级环境保护行政主管部门主动申请稽查等渠道获悉的具体问题,以立案调查形式开展的稽查。

《环境监察稽查办法》具有以下五方面的特点:(1)弱化了不同环境监察机构间职责的差异,统一了稽查内容。(2)突出了稽查工作的专业性,对稽查人员提出了更高的政治素质和业务水平要求,要求能够摒弃个人利益、公正执法,并熟练掌握环境监察工作技能。(3)体现了稽查工作的严肃性和规范性,对稽查程序和文书制作进行了严格规范,最大限度地避免了稽查的随意性。(4)突出了赏罚分明、罚过相当的原则,列出了5种表扬和15种惩戒情形,规定了"三种内部处理"和"两种外部处理"措施。(5)体现了责任划分的合理性,划分了承办人、批准人、单位负责人、上级环保部门的具体责任。同时,为了解决地方保护主义对环境监测监察执法的干预,环保部正在着手改革环境治理体系,即实施省以下环保机构监测监察执法的垂直管理。

【思考题】

1. 2014年《环境保护法》对环境规划的编制与管理作出了哪些创新性的规定?
2. 我国为何要建立环境资源承载能力监测预警制度?其内涵如何?
3. 什么是联合防治协调制度?其与区域环境治理有何关联?
4. 激励机制的原理是什么?法律规定有哪些激励机制?
5. 什么是环境影响评价?为什么要建立环境影响评价制度?

【案例题】

2005年3月22日,兰州大学生命科学院客座教授张正春参观圆明园时,发现园内正在进行大规模铺设防渗膜的工程。由于担心铺设防渗膜将破坏圆明园的整体生态系统和古典园林风格,张正春立即将此事告知媒体。经媒体报道后,圆明园防渗工程引发极大的争议。随后,北京市环保局正式介入调查,发现该工程于2004年底前就已展开,实际整个工程已经基本完成。但是,该工程一直未履行任何环境影响评价手续。对此,圆明园管理处解释称,防渗工程范围主要集中在重点景区的湖底,只做底层防渗,不做侧防渗,以保护原有的驳岸遗址和沿岸植物的生存环境。在防渗工程的技术处理手段上,采取复合土工膜防渗技术,可以栽植水生植物,以保持良好的水生生态环境。2005年3月31日,原国家环保总局叫停圆明园东部湖底防渗工程。4月1日,责令圆明园管理处立即依法补办环评审批手续。4月13日,环保总局首次就圆明园遗址公园湖底防渗工程举行了公众听证会,听取专家、公众的意见。5月17日,圆明园委托清华大学环境影响评价室承担该项目环境影响报告书的编制工作。6月下旬,清华大学编制完成了《圆明园东部湖底防渗工程环境影响报告书》。鉴于该工程的社会影响,国家环保总局在其官方网站上全文刊登。该报告书的结论是圆明园东部湖底防渗工程没有依法进行环评,原工程方案存在严重缺陷,在工程设计和建设过程中,缺乏全面有效的生态保护措施,造成了水生生态系统的严重破坏,建议以工程实施现状为基础,兼顾短期影响和长期效果,综合考虑工程的环境效益、经济效益和社会效益,进行综合改进。7月7日,在没有举行任何听证会的情况下,国家环保总局决定同意环评报告书的结论,要求对圆明园东部湖底防渗工程进行全面整改。

【问题】

1. 该项目是否需要进行环境影响评价?
2. 如果需要进行环评,如何看待本案环境影响评价的编制主体和审批主体?
3. 在本案中,"公众参与"原则是否得到充分体现?

# 第十二章 保护和改善环境法律制度

---
**本 章 要 点**
---

生态与自然资源保护是环境保护的重要内容。为维持生态系统的平衡稳定、保证自然资源的永续开发利用,必须严格实施生态保护红线、自然保护区、生物多样性保护、生态补偿等生态保护制度;同时应加强环境要素的保护;建立健全环境与健康保护、绿色消费、生活废弃物分类处置等相关制度。

---

保护和改善环境法律制度是指为防治生态破坏、维持生态系统的平衡,保护生态环境、改善环境要素和质量,从而实现对自然资源的可持续利用和生态平衡之法律制度的总称。保护和改善环境的主要目的在于保证自然资源的永续开发利用,支持所有生物的生存能力。生态保护与污染防治是环境保护不可或缺的两个方面,对于一个健全的环境法律制度体系来说,保护与改善环境和控制环境污染都是必需的。过去的《环境保护法》被诟病为污染防治法,其中一个重要的原因是该法对生态环境保护的重视不够,导致相关法律制度的缺失。2014年《环境保护法》在很大程度上对这一不足进行了弥补,大大加强了保护和改善环境的制度内容,建立了许多新的法律制度,使得这部法律更加符合环境保护领域综合性法律的定位。其中的生态红线制度、生态功能区划制度、自然保护区制度、生物多样性保护制度、生态补偿制度等等,都是为了加强生态环境、自然资源保护而设的。根据2014年《环境保护法》及相关法律法规的规定,我们将保护和改善环境的法律制度归纳为三类:生态保护制度、环境要素保护制度、改善环境制度。

## 第一节 生态保护制度

### 一、生态保护红线制度

(一)生态保护红线制度的概述

1. 生态保护红线制度的含义

"生态保护红线"就是对自然生态环境免遭破坏的底线,也可以把它称为维护国家生态安全的"生命线"。具体可以将其定义为:为了维护国家的生态安全,维持社会经济的可持续发展,保障人民生活环境和身体健康,在保证生态良好,环境质量达标和资源的利用效率等各方面必须严格实行的空间边界与数量限值,包括生态功能保障基线、环境质量安全底线和自然资源利用上线。其中生态功能保障基线是指为了维护生态系统稳定,保障生态安全和实现人类社会的可持续发展而在重点生态功能区、生态脆弱区、生态敏感区划定的生态空间;环境质量安全底线是指为了保障人民群众的居住、饮食、适宜的生活和工作环境等基本生存需要而界定的环境质量安全阈值;自然资源的利用上线是指为了达到资源的合理开发和永续利用而界定的符合资源利用规律要求的一种资源利用强度和方式。

2. 生态保护红线制度的产生和发展

红线的概念最早被应用于城市规划,用以划分城市建设用地范围,原始含义是指不可逾越的边界或禁止进入的范围。"红线"应用于生态保护领域便产生了"生态保护红线"概念。

早期,国内外虽没有明确提出"生态保护红线"这一概念,但在自然景观、生态用地及生物栖息地保护等方面,都隐约渗透着"生态保护红线"的本质理论。1872年,美国首次设立国家公园,开创了生态自然资源和历史文化遗迹保护的先河。自美国成立第一个国家公园后,这种对于自然资源保护的意识就在世界各地传播开来,各国根据所处的地域环境、自然条件等因素,形成各具特色的资源保护模式。以加拿大为例,为保护自然生态系统、重要生物栖息地、维持生物多样性等重要生态功能,设立自然保护区系统。这个庞大的系统在国家层面包括国家公园、国家海洋保护区、国家野生动植物保护区、国家候鸟禁猎区、国家首都保护地、加拿大遗产河流系统等;在省级有省立公园、荒野保护区、省立自然保护区、鸟类禁猎区和生态保护区等;还有地区级和地方级的保护区,都属于保护用地的大范畴。以欧盟为例,20世纪逐步形成了覆盖全欧的生态保护网络——Natura 2000,通过建立生态廊道开展区域合作,以保护野生动植物物种、受到威胁的自然栖息地和物种迁徙的重要地区为主要目的,实现了欧盟生物多样性统筹、系统保护与可持续发展。国际上,相似的概念还有"森林区""自然公园区""生物圈保护区"及"全球保护区(IUCN-GPAP)"等。国内生态保护则起步较晚,20世纪50年代,我国确立了第一个自然保护区——鼎湖山自然保护区。随着全国自然保护区数量不断增加,1994年,国家出台《自然保护区条例》,针对国内自然保护区进行了统一的管理措施。各地虽叫法不同,但其目的都是为加强生态系统稳定、健康而划定的需要特殊保护的区域,与生态保护红线的原始含义相类似,是其早期的探索实践。

进入21世纪后,保护与可持续发展的理念才得以深入人心,国内陆续涌现出与环境资源领域相关的红线概念。2005年,广东省首次提出珠三角区域"红线调控、绿线提升、蓝线建设"的总体战略,要求对省内部分区域实行红线管控。随后,深圳市在国内首推生态控制线,规定控制线内的面积限制城市建设,不准新建、改建、扩建生产经营项目,并且原有项目必须进行搬迁,实行最严格的土地利用限制。生态控制线是城市规划红线向环境资源红线转型的重要突破,被认为是生态保护红线的原形;2007年,国家提出划定"18亿亩耕地红线",农田作为粮食安全的保证,也是重要的生态屏障,政策将优质耕地划入基本农田实行永久保护,这是首次引起社会各界关注的一条红线;2011年,国内林业局、环保局、水利局等纷纷响应国家号召,划定了各自职能范围内的红线,包括林地和森林、湿地、水资源红线等,限定了全国林地、森林、湿地面积的阈值,提出了全国水资源开发利用、用水效率和水功能区纳污的控制值等。在区域生态红线方面,国家海洋局提出在环渤海地区划定海洋生态红线,严格控制产业发展,维护区域生态安全,禁止一切开发活动的实施;2013年8月,江苏省编制了《江苏省生态红线区域保护规划》,实施生态空间保护和管控细化,提出分区与分级双管理,划定15大类779块生态红线区域,总面积24 103.49平方公里,占全省面积的22.2%,成为国内首个正式意义上的生态保护红线实践应用成果。

2013年11月,中共十八届三中全会正式提出"划定生态保护红线,改善环境质量"的要求,这是生态保护红线概念首次在党中央文件中出现,表明中央正式确立划定生态保护红线的任务。2014年初,环保部印发《国家生态保护红线——生态功能基线划定技术指南(试行)》,成为我国首个生态保护红线划定的纲领性技术指导文件,明确提出了生态红线的类型、特征、划定技术流程和方法、成果要求等。同时,为充分验证生态保护红线划定技术方法的可操作性与准确性,环保部在全国范围内开展了划定试点工作,着重对内蒙古、江西、广西、湖北等四个区域内的重要生态功能区、脆弱区等区域划定生态红线,通过组织现场边界勘定及调研,完成并深化试点省域生态保护红线划定方案。目前,环境保护部正在试点省份工作的基础上,联合相关部委在全国范围开展生态保护红线划定工作,计划出台相关的管理措施与法律规范,明确各级行政单位在生态红线区域生态保护的责任和义务,对生态红线区域实行最严格的管控制度,努力构建严守生态安全底线、保障国家生态安全、促进经济社会可持续发展的长效机制。生态红线不仅要对生物多样性保育区提供保护,更重要的是要保护重要生态功能区,如水源涵养区、防风固沙区、水土保持林、珍稀生物繁衍区,以及保护生态敏感区和脆弱区,如土壤侵蚀区、沙漠化敏感区、盐渍化敏感区、石漠化敏感区、酸雨敏感区、海岸带、湿地、城市森林等。2014年《环境保护法》虽然规定了生态保护红线制度,但很不具体。目前,"生态保护红线"更多是体现在政策层面的确认和强调,体现了国家以强制性手段强化生态保护的坚定决心与政策导向,是我国生态环境保护领域的重大战略决策与制度创新,也是现阶段生态文明建设的重要内容[①]。

(二)生态保护红线的体系

生态红线管理是在空间、数量、结构、功能等范畴内对生态系统各要素生态安全阈值的一种管控,其实质是通过生态红线体系的建构达到保护生态系统安全的目的。生态红线管理是生态红线与管理制度的结合,是红线划定、落地、监管、追责等一系列管理制度、措施和手段的综合。生态保护红线不是简单的生态空间面积底线,而是基于对区域自然资源禀赋、经济发展情况、特色主导产业及结构特征、资源能源效率、环境基础设施及排污纳污情况等现状分析,全面掌握、识别区域发展特征的前提下,对各种影响生态环境安全的要素进行分类辨识,提出区域经济发展造成环境安全的关键问题,针对每一类进行深入分析及阈值条件研究,建立一种不可突破的底线思维。该制度以生态空间占用、资源开发消耗和污染排放累积三种类型为主的区域开发风险源为理论扩展依据,结合生态学原理,形成生态空间、资源开发及环境保护三个方面的生态保护红线体系。

1. 生态空间红线

生态空间红线,是指为维护区域生态系统服务功能,保障生态环境安全、人民群众健康和社会经济可持续发展,而必须划定保护的国土空间范围。按照区域生态保护特征,将生态空间红线划分为重要生态功能区、生态环境敏感区、生态系统脆弱区三类。此外,法律明确规定的其他受保护用地也应作为禁止开发区补充纳入生态空间红线内。从管理角度来说,生态空间红线是区域应实施生态保护的国土空间维持底线。

重要生态功能区红线是在涵养水源、保持水土、防风固沙、调蓄洪水、保护生物多样性等方面具有重要作用[②],关系全国或较大范围区域生态安全、以提供动态服务为主的国土空间。生态环境敏感区是对人类生产、生活活动具有特殊敏感性或具有潜在自然灾害影响,极易受到人为的不当开发活动影响而产生生态负面效应的地区。生态系统脆弱区是生态环境系统组成结构稳定性较差,抵抗外在干扰和维持自身稳定的能力较弱,易于发生生态退化且自我修复能力较弱、恢复时间较长的区域。生态空间红线是当前讨论、研究和应用最为广泛和成熟的一项生态保护红线,也是社会关注的焦点。生态空间红线作为生态保护国土空间的保有底线,一旦划定,不可肆意突破。禁止开发区,主要是我国当前相关法律规定必须严格保护的国土空间,比如自然保护区、饮用水源保护区、基本农田保护区、国家地质公园、国家森林公园等。严格来说,这些法定受保护的国土空间应属于区域重要生态功能区、生态环境敏感区和生态系统脆弱区红线范围内,但是受评价技术局限,也可能出现部分区域在这三类基本红线区范围外,这部分区域也应作为补充纳入生

① 陈海嵩:《"生态红线"的规范效力与法治化路径》,《现代法学》2014年第4期。
② 仄林:《牢固树立生态红线观念,推动绿色循环低碳发展》,《浙江林业》2013年第6期。

态红线范围内。

#### 2. 资源开发红线

资源开发红线,是指为维持区域可持续发展,促进资源能源合理、高效利用和维护自然资源安全储备,对区域资源的开发和保护提出的目标管控线。从管理目标出发,包括资源消耗控制线、资源效率控制线及资源储量控制线。从形式上,资源开发红线主要通过构建区域资源开发和保护的管控指标体系来确立。资源消耗控制线是基于特定发展情况下,维持区域可持续发展要求下的资源消耗总量合理临界值,从管理角度看,是针对资源消费规模总量的警告上线。资源消耗控制线的确立,主要通过构建煤炭、石油、汽油为主的化石能源消耗,水电资源消耗及土地资源占用等资源规模消耗控制指标体系,并设置合理管控目标值来实现。

资源效率控制线是人类在自然资源开发、利用过程中,为提升资源利用效率、促进资源合理开发目的而提出的一系列资源产出效率控制值。从管理角度而言,是针对资源开发利用效率高低的调控线。资源效率控制线主要通过构建能源、水资源、土地资源及其他物料资源的开发、利用效率指标体系,并设置相应的管控目标值确立。

资源储量维持控制线是维护区域生态系统平衡、保障必要生态安全而对区域内具有重要保护价值的自然生态资源保有量的目标控制值。从管理角度而言,是一条针对自身禀赋资源保护的维持底线。资源储量维持控制线的确立,主要通过针对区域水域、耕地、滩涂湿地、森林、自然岸线等重要生态资源构建相应的管控指标体系及管控目标值。

#### 3. 环境保护红线

环境保护红线,是指为保障人居环境健康和社会经济可持续发展,对区域内环境污染物的排放行为及区域应满足的环境质量要求提出的目标管控线。从管理目标出发,包括污染物排放总量控制线、污染物排放浓度控制线和环境质量控制线。从形式上,环境保护红线主要通过构建区域环境保护管控指标体系来确立。污染排放总量控制线是区域内维持一定环境质量目标,水、气、土壤等环境中污染物允许排放的总量上限值。从管理角度看,是针对污染物排放规模总量的警告上线。

现阶段可以结合国家污染物总量控制体系,提出区域主要污染物的总量控制指标来实现管控。污染排放浓度控制线是区域内维持一定环境质量目标,水、气、土壤等环境中污染物允许排放的浓度控制值。从管理角度看,是针对污染物排放浓度高低的调控线。现阶段可以结合国家、地方已颁布的各类环境污染物排放标准、行业排放标准等法规要求,提出区域主要污染物的浓度控制指标来实现管控。环境质量水平控制线是区域内环境质量达到环境功能区划要求,实现水、气、土壤等环境要素质量的目标控制值。从管理角度看,是一条针对区域自身环境质量水平保护的维持底线。现阶段可以结合国家、地方提出环境功能区质量控制体系,提出区域主要环境要素的环境质量控制指标来实现管控。

### (三) 生态保护红线的越线责任

#### 1. 越线责任的涵义

越线就是无视红线规定,违反环境义务,超过生态红线划定的范围或限值。生态红线划定后,意在通过实施严格的管控措施来达到以下目标:一是使划定的保护区域和保护对象保持一定的稳定性,不得随意进行挤占和破坏;二是划定区域内的环境和资源状况得到相应的保护或逐步改善,不得突破生态系统安全阈值。

越线责任的追究,前提是明确责任主体。越线责任的主体主要有两类:一是政府部门及其工作人员;二是企事业单位或其他环境资源利用者。其中后者绝大多数是为了追求经济效益,对环境资源进行盲目或掠夺式开发利用,造成环境严重污染和资源过度浪费。这类主体通常是越线责任的直接主体。政府部门及其工作人员承担越线责任,往往表现在对环境资源保护负有法定义务的行政管理部门,在制定政策规划或履行职责过程中"有法不依""违法不究"或者"滥用行政权力",致使生态红线失守,生态环境遭受破坏。明确政府部门及其工作人员的越线责任主体地位,对生态红线管理具有决定性的意义。

越线责任的追究,关键是明确责任内容。明确红线管理中的责任主体承担何种责任,承担多大的责任,不仅具有事前预防的作用,也具有事后补救的意义。生态红线管理中的越线责任,既有政治责任,也有法律责任。政府部门及其公务员在生态红线管理过程中没有依照党委和政府的政策要求履行职责,应该承担一定的政治责任。对越线行为较轻,危害不大的责任主体应要求其承担恢复原状、赔偿损失等民事法律责任。对违反生态红线行政管理法规或规定的具有行政管理关系的行政相对人和管理者,应要求其承担一定的行政法律责任。对严重破坏生态红线、已构成犯罪的行为主体要避免以罚代刑,严格追究其刑事责任。越线责任的追究,目标是保障生态安全。追究越线责任不是目标,而是手段。我们的目标是通过管理层面上的越线责任追究,筑牢生态红线,保障生态安全,为国家未来的社会经济发展预留足够的生态空间、环境容量和自然资源。生态安全的实现靠的是优化的国土格局、可持续利用的自然资源、达标的空气质量、健康的水质等各方面的共同参与,而越线责任的追究正是保证以上生态安全要素得以良好实现的重要手段。严格追究越线责任,就是要确保生态红线区域能够维持并不断提高不同生态产品的供给能力,以支撑非生态红线区域的社会经济发展,最终实现生态安全的目标。

2. 越线责任的法律规定

关于生态红线管理中的越线责任追究,2014年《环境保护法》作了相对比较集中的规定。

首先,在责任形式方面,《环境保护法》规定了越线行为的民事、行政和刑事责任体系。例如,该法第64条规定了民事责任:"因污染环境和破坏生态造成损害的,应当依照《中华人民共和国侵权责任法》的有关规定承担侵权责任。"该法第68条规定了行政责任:"地方各级人民政府、县级以上人民政府环境保护主管部门和其他负有环境保护监督管理职责的部门有下列行为之一的,对直接负责的主管人员和其他直接责任人员给予记过、记大过或者降级处分;造成严重后果的,给予撤职或者开除处分,其主要负责人应当引咎辞职……"该法第69条规定了刑事责任:"违反本法规定,构成犯罪的,依法追究刑事责任。"

其次,在追责方式方面,《环境保护法》第57条规定了环境举报制度:"公民、法人和其他组织,对任何单位和个人的污染环境和破坏生态的行为,有权向环境保护主管部门或者其他负有环境保护监督管理职责的部门举报;对地方各级人民政府、县级以上人民政府环境保护主管部门和其他负有环境保护监督管理职责的部门不依法履行职责的行为,有权向其上级机关或者监察机关举报。"该法第58条还规定了环境公益诉讼制度,对污染环境、破坏生态、损害社会公共利益的行为,符合条件的社会组织可以向人民法院提起诉讼。

## 二、自然保护区制度

### (一)自然保护区制度的发展历程

自然保护区是指对有代表性的自然生态系统、珍稀濒危野生动植物物种的天然集中分布区、有特殊意义的自然遗迹等保护对象所在的陆地、陆地水体或者海域,依法划出一定面积予以特殊保护和管理的区域。我国自然保护区制度是自新中国成立时开始建立,经历了三个阶段的发展。①

---

① 曹明德、黄锡生:《环境资源法》,中信出版社2004年版,第322—323页。

1956—1966年是自然保护区制度的创建阶段。1956年第一届全国人民代表大会第三次会议上,要求"划定天然禁伐区"的提案被认为是我国自然保护区建设的开端,标志着以划定自然保护区保护环境与资源的方式已引起立法者的关注。此后,1962年9月国务院发布了《国务院关于积极保护和合理利用野生动物资源的指示》、1963年5月国务院又颁布了《森林保护条例》等。这一阶段,自然保护区制度仅是初创,少见相关正式法规,内容也单调、零乱,但提出的一些理念和原则,指导并促进了当时自然保护区建设和管理,并为该制度的发展和完善埋下了坚实的基础。

1966—1977年是自然保护区制度缓慢发展时期。这一时期,因"文革""左倾"的影响,自然保护区被作为修正主义产物进行批判,自然保护区建设被迫中断,已建的自然保护区有的被撤销,有的被破坏殆尽。因此,我国自然保护区制度并无实质的发展。进入70年代后,因自然资源和生态环境问题日益严重,为应对这一情况,产生了一系列与自然保护区有关的法规和其他规范性文件,如《国务院关于保护和改善环境的若干规定(草案)》(1973年11月13日)、《森林采伐更新规程》(1973年10月10日农林部颁布)、《关于保护、发展和合理利用珍贵树种的通知》(1975年11月10日农林部发)等。

1978年至今是自然保护区制度迅速发展时期。自从1978年首次将环境保护工作列入《宪法》,我国的自然保护区建设和立法重新振兴起来,进入了迅速发展时期。1979年10月林业部等八个部委联合发布了当时唯一的一个关于自然保护区工作的综合性文件——《关于加强自然保护区管理、区划和科学考察工作通知》。1985年7月,经国务院批准、林业部发布了《森林和野生动物类型自然保护区管理办法》。1994年国务院颁布了《自然保护区条例》。1995年5月,国家科委批准由国家海洋局公布施行《海洋自然保护区管理办法》。1997年10月,农业部下发了《水生动植物自然保护区管理办法》等。其中《自然保护区条例》是自然保护区保护和管理方面的综合性法规,它对自然保护区的原则、建设、管理和相关措施作了全面的规定,为建立现行自然保护区法律体系奠定了坚实的基础。2014年《环境保护法》第29条第二款规定:"各级人民政府对具有代表性的各种类型的自然生态系统区域,珍稀、濒危的野生动植物自然分布区域,重要的水源涵养区域,具有重大科学文化价值的地质构造、著名溶洞和化石分布区、冰川、火山、温泉等自然遗迹,以及人文遗迹、古树名木,应当采取措施予以保护,严禁破坏。"使得我国自然保护区法律体系更加完善。

自然保护区能为人类保存完整的生态系统的天然"本底",是保存动植物物种的天然贮存库和进行科学研究的天然实验室,也是普及自然科学知识的自然博物馆。它对于保护自然环境和自然资源,维持生态平衡,探索自然的发生演变规律和资源的合理利用方式,促进经济建设和科学、文化、教育事业的发展具有重要意义。

(二)自然保护区的设立

根据《环境保护法》和《自然保护区条例》的规定,自然保护区制度的内容如下。

1. 建立自然保护区的条件

划定自然保护区的目的是对特殊区域生态环境进行保护,这类区域的确定,必须考虑生态环境要素及其所在区域环境的特殊性、典型性、重要性和保护的必要性。根据《自然保护区条例》第10条的规定,凡具有下列条件之一的,即应当建立自然保护区:典型的自然保护区域、有代表性的自然生态系统区域以及已经遭受破坏但经保护能够恢复的同类自然生态区域;珍稀、濒危野生动植物物种的天然集中分布区域;具有特殊保护价值的海域、海岸、岛屿、湿地、内陆水域、森林、草原和荒漠;具有重大科学文化价值的地质构造、著名溶洞、化石分布、冰川、火山、温泉等自然遗迹;经国务院或者省、自治区、直辖市人民政府批准,需要予以特殊保护的其他自然区域。

2. 自然保护区的类型

根据自然保护区所保护区域生态环境的特征和重要性,我国的自然保护区分为国家级自然保护区和地方级自然保护区,实行分级管理。在国内外有典型意义、在科学上有重大国际影响或者有特殊科学研究价值的自然保护区,可列为国家级自然保护区。国家级自然保护区以外的,在当地具有典型意义和较大影响,具有重要科学研究价值和一定保护价值的自然保护区列为地方级自然保护区。地方级自然保护区也可以分级管理,一般分为省级、市级和县级三级。自然保护区的命名,通常是其所在地地名加"国家级自然保护区"或"地方级自然保护区",以表明其级别。对有特殊保护对象的自然保护区,可以在自然保护区所在地地名后加特殊保护对象的名称。

3. 自然保护区的功能划分

自然保护区分为核心区、缓冲区和实验区。自然保护区内保存完好的天然状态的生态系统以及珍稀、濒危动植物的集中分布地,划为核心区,核心区是自然保护区的"核心",是自然保护区根本价值之所在,实行最为严格的管理和保护。核心区外围可以划定一定面积的缓冲区,只准进入从事科学研究活动。缓冲区外围划为实验区,可以进入从事科学试验、教学实习、参观考察、旅游以及驯化、繁殖珍稀、濒危野生动植物等活动。原批准建立自然保护区的政府认为必要时,可以在自然保护区的外围划定一定面积的外围保护地带。

(三) 自然保护区的管理

国外自然保护区的管理模式大致可以分为三种:第一,多部门分散管理。最典型的就是美国。在美国,保护区主要由联邦内政部和商务部负责。这种管理模式是由美国立法各部门分工细致、职权划分严格的传统所决定的。需要指出的是,这种模式因部门分工及职权划分容易出现冲突,目前已被许多国家所摒弃。第二,由环境保护部门主管,如日本环境厅下设的自然保护局总体负责,世界上许多国家都是采用这种管理体制。第三,由专门的部门统一管理,如英国在1949年就设立了专门从事自然保护区管理的机构——自然管理委员会。后两种模式均是对自然保护区采用统一管理,区别仅仅是专门设立管理机构还是由环境保护部门承担,从目前的国际形势来看,对自然保护区实行统一管理是一种趋势,有利于管理机构明确职权,履行义务,所以为多数国家所接受;同时,在许多国家自然保护包括自然保护区管理工作主要是由环境保护部门承担。

在我国,根据2014年《环境保护法》的规定,各级人民政府对具有代表性的各种类型的自然生态系统区域,珍稀、濒危的野生动植物自然分布区域,重要的水源涵养区域,具有重大科学文化价值的地质构造、著名的溶洞和化石分布区、冰川、火山、温泉等自然遗迹应当采取措施加以保护,严禁破坏。根据自然保护区工作的特点和要求,国家对自然保护区实行综合管理与分部门管理相结合的管理体制。作为环境保护的主要职能部门,国务院环境保护主管部门负责全国自然保护区的综合管理;国务院林业、农业、地质矿产、水利、海洋等有关行政部门作为与各种特殊生态环境因素管理密切的部门,在各自的职责范围内,主管有关的自然保护区,其具体的管理权限由有关的法律规范进一步明确;县级以上地方人民政府负责自然保护区管理的部门的设置和职责,由省、自治区、直辖市人民政府根据当地具体情况确定。

1. 设立自然保护区管理机构

《自然保护区条例》第21条第一款规定,国家级自然保护区,由其所在地的省、自治区、直辖市人民政府有关自然保护区行政主管部门或者国务院有关自然保护区行政主管部门管理;地方级自然保护区,由其所在地的县级以上地方人民政府有关自然保护区行政主管部门管理。同时,其第二款规定,有关自然保护区行政主管部门应当在自然保护区内设立专门的管理机构,配备专业技术人员,负责自然保护区的具体管理工作。由此可见,自然保护区的管理机构是自然保护区开展资源保护、科学研究以及日常管理的常设机构。自然保护区管理机构应当制定自然保护区的各项管理制度,并履行法律法规和有关主管部门赋予的职责。管理经费由自然保护区所在地的县级以上地方人民政府安排。国家对国家级保护区的管理,给予适当的资金补助。公安部门可根据需要在自然保护区内设置派出机构。

2. 对自然保护区内各项活动的管理

除法律有明确规定外,禁止在自然保护区内进行砍伐、放牧、狩猎、捕捞等生产经营性活动。禁止任何人进入自然保护区的核心区。因科学研究的需要,必须进入核心区从事科研工作的,应事先向自然保护区管理机构提交申请和活动计划,并经省级以上人民政府有关部门批准。禁止在缓冲区开展旅游和生产经营活动,确因科学研究、教学实习需要进入自然保护区缓冲区的,应当事先向自然保护区管理机构提交申请和活动计划,经自然保护区管理机构批准。在国家级自然保护区的实验区开展参观、旅游活动的,由自然保护区管理机构提出方案并经省级主管部门审核后,报国务院主管部门批准。在自然保护区的核心区和缓冲区内,不得建设任何生产设施。实验区内不得建设污染环境、破坏资源或者景观的生产设施。在自然保护区的外围保护地带建设的项目,不得损害自然保护区内的环境质量。

### 三、生物多样性保护制度

(一) 生物多样性的含义

地球上物种的存亡受自然规律的支配,优胜劣汰,适者生存。自从地球上存在生命以来,已经有千百万种植物和动物灭绝或消亡,有些灭亡属于自然演化过程。但因为人类活动造成的影响,物种灭绝速度人为地提高了1 000多倍。据估计,每天有100种或每15分钟有一种物种从地球上永远消失了。世界生物多样性正在锐减。为了拯救地球上的生物多样性,维系自然生态系统的安全,保护人类赖以生存的环境,1992年,150多个国家在巴西里约大会上签署了《生物多样性公约》,此后175个国家批准了该公约。中国政府于1992年6月11日在联合国环发大会上签署了《生物多样性公约》,并于1993年1月5日批准了《公约》,成为世界上率先批准《公约》的少数几个国家之一。根据《生物多样性公约》的定义,生物多样性是指"所有来源的活的生物体中的变异性,这些来源包括陆地、海洋和其他水生生态系统及其所构成的生态综合体;这包括物种内、物种之间和生态系统的多样性"。即生物多样性包括生物种类的多样性、基因的多样性和生态系统的多样性三个层次,是生物及其与环境形成的生态复合体以及与此相关的各种生态过程的总和。物种多样性是生物多样性在物种上的表现形式,也是生物多样性的关键,它既体现了生物之间及环境之间的复杂关系,又体现了生物资源的丰富性。基因多样性是指生物体内决定性状的遗传因子及其组合的多样性。生态系统多样性是指生物圈内生境、生物群落和生态过程的多样性。

(二) 生物多样性面临的威胁与保护意义

1. 生物多样性面临的威胁

中国是世界上12个具有"巨大生物多样性"的国家之一,生物多样性资源十分丰富。我国具有脊椎动物6 266种,占世界的10%;共有高等植物约3万种,仅次于马来西亚和巴西,居世界第三;属于我国特有的种属较多,其中陆栖脊椎动物占世界的19%(约479种),高等植物占50%—60%;我国是世界上培育物种和野生亲缘物种的8个作物起源中心之一。同时,中国生态系统多样性非常丰富。中国具有陆生生态系统的各种类型,包括森林、灌丛、草原和稀树草原、草甸、荒漠、高山冻原等。由于不同的气候、土壤等条件,又进一步分为各种亚类型约600种。同时,中国海洋和淡水生态系统、湿地类型也很齐全。我国生物遗传资源丰富,是水稻、大豆等重要农作物的起源地,也是野生和栽培果树的主要起源中心。据不完全统计,我国有栽培作物1 339种,其野生近缘种达1 930个,果树种类居世界第一。我国是世界上家养动物品种最丰富的国家之一,有家养动物品种576个。但是,因我国人口的扩张,经济快速、粗放式增长,城镇化、工业化不断推进,使得资源过度利用、环境污染加剧以及气候变化严重,再加上外来物种入侵和转基因生物的环境释放,严重威胁着物种生存和生物资源的可持续利用。30年来,一方面中国经济实现了高速发展;但另一方面,自然资源被蚕食鲸吞。大规模无序的水电开发,湿地、森林、草场、海洋的破坏性利用,无一不在挤压原生态的自然空间,而这正是生物多样性赖以存在的基础。自然空间被挤压,一些物种的栖息地越来越少,并被人为地割裂成片段,互相之间并无连通,这对物种的繁衍、生存都会产生极大的负面影响。当前中国生物多样性的总体发展态势令人担忧。生物多样性丧失的整体趋势目前没有得到根本性转变。

(1) 部分生态系统功能不断退化。我国人工林树种单一,抗病虫害能力差。90%的草原不同程度退化。内陆淡水生态系统受到威胁,部分重要湿地退化。海洋及海岸带物种及其栖息地不断丧失,海洋渔业资源减少。

(2) 物种濒危程度加剧。据估计,我国野生高等植物濒危比例达15%—20%,其中,裸子植物、兰科植物等高达40%以上。野生动物濒危程度不断加剧,有233种脊椎动物面临灭绝,约44%的野生动物呈数量下降趋势,非国家重点保护野生动物种群下降趋势明显。

(3) 遗传资源不断丧失和流失。一些农作物野生近缘种的生存环境遭受破坏,栖息地丧失,野生稻原有分布点中的60%—70%已经消失或萎缩。部分珍贵和特有的农作物、林木、花卉、畜、禽、鱼等种质资源流失严重。一些地方传统和稀有品种资源丧失。

2. 保护生物多样性的意义

生物多样性的价值是巨大的,是人类赖以生存的基础。一是它提供着人类基本所需的全部食品、许多药物和工业原料。作为人类基本食物的农作物、家禽和家畜等均源自生物。发展中国家80%的人口使用传统医药,它们多是动植物,如中药用到了5 100多个物种的动植物。世界上现有药品配方的一半来自野生生物。人类还利用生物多样性提供各种工业原料,如木材、纤维、橡胶、造纸原料、淀粉、油、树脂、染料、醋、蜡、杀虫剂和其他许多化合物。有数据显示,全球生物多样性每年还可产生3万亿美元的价值。二是生物多样性具有重要的生态功能。它是维持生态系统平衡的必要条件,它能维系自然界能量流动、促进物质循环、改良土壤、涵养水源、调节气候。在生态系统中,野生生物之间具有相互依存和相互制约的关系,它们共同维系着生态系统的结构和功能,提供了人类生存的基本条件(如水、呼吸的空气),保护人类免受自然灾害和疾病之苦(如调节气候、洪水和病虫害)。某些物种的消亡可能引起整个系统的失衡,甚至崩溃,人类的生存环境也就要受到影响。三是多姿多彩的自然环境与生物也给人类带来美的享受,是艺术创造和科学发明的源泉。物种多样性对科学技术的发展是不可或缺的,如仿生学的发展离不开丰富而奇异的生物世界。飞机来自人们对鸟类的模仿;船和潜艇来自人们对鱼类和海豚的模仿;火箭升空利用的是水母、墨鱼反冲原理。

生物多样性是人类赖以生存的条件,是经济社会可持续发展的基础,是生态安全和粮食安全的保障。正因为生物多样性具有如此重要价值,对其进行保护具有重大意义。2010年国际生物多样性中国行动的口号是"生物多样性就是生命,生物多样性就是我们的生命"。保护生物多样性是保护人类社会赖以生存和发展的基础。保护并维持生物多样性确保了生态系统产品和服务的持续供应,当生物多样性丧失和减少的时候,随之而来的将是荒漠化加剧、自然灾害频发、疾病肆虐和农业歉收。建立生物多样性保护制度的目的,在于保护和拯救生物多样性,使它们向当代人提供最大的利益,并保持满足后代需要的潜力,以实现人类社会的可持续发展。

## (三) 生物多样性保护制度的内容

生物多样性保护制度是通过控制人类开发利用环境活动，遏制生物多样性减少所可能造成的恶化人类生存环境、限制人类生存与发展机会的选择的制度规范的总和。生物多样性保护制度应该对破坏生态环境、可能导致生物多样性减少的行为加以严格控制，但显然这不是一部法律或者一个制度可以完成的任务。我国政府发布了一系列生物多样性保护相关法律，主要包括野生动物保护法、森林法、草原法、畜牧法、种子法以及进出境动植物检疫法等；颁布了一系列行政法规，包括自然保护区条例、野生植物保护条例、农业转基因生物安全管理条例、濒危野生动植物进出口管理条例和野生药材资源保护管理条例等。相关行业主管部门和部分省级政府也制定了相应的规章、地方法规和规范。2014年《环境保护法》对我国的生物多样性保护制度作了原则规定，其第30条规定："开发利用自然资源，应当合理开发，保护生物多样性，保障生态安全，依法制定有关生态保护和恢复治理方案并予以实施。引进外来物种以及研究、开发和利用生物技术，应当采取措施，防止对生物多样性的破坏。"

2010年9月，国务院批准了《中国生物多样性保护战略与行动计划》(2011—2030年)，确立了我国生物多样性保护政策框架。提出建立我国生物多样性保护制度战略的指导思想是：统筹生物多样性保护与经济社会发展，以实现保护和可持续利用生物多样性、公平合理分享利用遗传资源产生的惠益为目标，加强生物多样性保护体制与机制建设，强化生态系统、生物物种和遗传资源保护能力，提高公众保护与参与意识，推动生态文明建设，促进人与自然和谐。该计划还确定了保护优先、持续利用、惠益共享三大原则。明确了生物多样性保护的近期目标是到2015年，力争使重点区域生物多样性下降的趋势得到有效遏制。中期目标是到2020年，努力使生物多样性的丧失与流失得到基本控制。远景目标是到2030年，使生物多样性得到切实保护。该计划还根据我国的自然条件、社会经济状况、自然资源以及主要保护对象分布特点等因素，将全国划分为8个自然区域，即东北山地平原区、蒙新高原荒漠区、华北平原黄土高原区、青藏高原高寒区、西南高山峡谷区、中南西部山地丘陵区、华东华中丘陵平原区和华南低山丘陵区。综合考虑生态系统类型的代表性、特有程度、特殊生态功能等因素，划定了35个生物多样性保护优先区域，包括大兴安岭区、三江平原区、祁连山区等32个内陆陆地及水域生物多样性保护优先区域，以及黄渤海、东海及台湾海峡和南海等3个海洋与海岸生物多样性保护优先区域。

生物多样性保护制度涉及甚广，以下重点介绍野生动植物的保护及对外来物种入侵的法律控制。

### 1. 野生动物的保护

野生动物一般指非人工驯养、在自然状态下生存的各种动物。《野生动物保护法》(1988年制定，2004年、2009年两次修正)第2条第二款规定：本法规定保护的野生动物，是指珍贵、濒危的陆生、水生野生动物和有益的或者有重要经济、科学研究价值的陆生野生动物和其他野生动物。由于野生动物种类繁多，而并非所有的野生动物均需保护。因此，法律规定实行重点野生动物名录制。《野生动物保护法》第9条规定："国家对珍贵、濒危的野生动物实行重点保护。国家重点保护的野生动物分为一级保护野生动物和二级保护野生动物；国家重点保护的野生动物名录及其调整，由国务院野生动物行政主管部门制定，报国务院批准公布。地方重点保护野生动物，是指国家重点保护野生动物以外，由省、自治区、直辖市重点保护的野生动物。地方重点保护的野生动物名录，由省、自治区、直辖市政府制定并公布，报国务院备案。国家保护的有益的或者有重要经济、科学研究价值的陆生野生动物名录及其调整，由国务院野生动物行政主管部门制定并公布。"现行《国家重点保护野生动物名录》(1988年制定，2003年调整)共列出了一级保护野生动物97种、二级保护野生动物161种。同时，我国是《濒危野生动植物种国际贸易公约》缔约国，于1993年将该公约附录一和附录二所列非原产我国的所有野生动物分别核准为国家一级和国家二级保护野生动物。

针对开发利用野生动物行为实施控制的措施主要如下。

第一，针对陆生野生动物资源应当定期组织调查，并建立野生动物资源档案。禁止猎捕、杀害国家重点保护野生动物。因科学研究、驯养繁殖、展览或者其他特殊情况，需要捕捉、捕捞国家一级保护野生动物的，必须向国务院野生动物行政主管部门申请特许猎捕证；猎捕国家二级保护野生动物的，必须向省、自治区、直辖市政府野生动物行政主管部门申请特许猎捕证。猎捕非国家重点保护野生动物的，必须取得狩猎证，并且服从猎捕量限额管理。在自然保护区、禁猎区和禁猎期内，禁止猎捕和其他妨碍野生动物生息繁衍的活动。禁止使用军用武器、毒药、炸药进行猎捕。禁止出售、收购国家重点保护野生动物或者其产品。因科学研究、驯养繁殖、展览等特殊情况，需要出售、收购、利用国家一级保护野生动物或者其产品的，必须经国务院野生动物行政主管部门或者其授权的单位批准；需要出售、收购、利用国家二级保护野生动物或者其产品的驯养繁殖国家重点保护野生动物的单位和个人可以凭驯养繁殖许可证向政府指定的收购单位，按照规定出售国家重点保护野生动物或者其产品。驯养繁殖国家重点保护野生动物的，应当持有许可证。

对违法在禁猎区、禁猎期或者使用禁用的工具、方法猎捕野生动物的，由野生动物行政主管部门没收猎获物、猎捕工具和违法所得，处以罚款；情节严重、构成犯罪的，依照刑法有关规定追究刑事责任。未取得狩猎证或者未按狩猎证规定猎捕野生动物的，由野生动物行政主管部门没收猎获物和违法所得，处以罚款，并可以没收猎捕工具，吊销狩猎证。违法出售、收购、运输、携带国家或者地方重点保护野生动物或者其产品的，由工商行政管理部门没收实物和违法所得，可以并处罚款；违法出售、收购国家重点保护野生动物或者其产品，情节严重，构成犯罪的，依照刑法有关规定追究刑事责任。违法在自然保护区、禁猎区破坏国家或者地方重点保护野生动物主要生息繁衍场所的，由野生动物行政主管部门责令停止破坏行为，限期恢复原状，处以罚款。

第二，针对水生生物，1993年国务院批准实施的《水生野生动物保护实施条例》规定了一系列保护措施：定期组织水生野生动物资源调查，建立资源档案，为制定水生野生动物资源保护发展规划、制定和调整国家和地方重点保护水生野生动物名录提供依据；采取有效措施，维护和改善水生野生动物的生存环境，保护和增殖水生野生动物资源；发现受伤、搁浅和因误入港湾、河汊而被困的水生野生动物时，应当及时报告当地渔业行政主管部门或者其所属的渔政监督管理机构，由其采取紧急救护措施；因保护国家重点保护的和地方重点保护的水生野生动物受到损失的，由当地人民政府给予补偿；在国家重点保护的和地方重点保护的水生野生动物的主要生息繁衍的地区和水域，划定水生野生动物自然保护区；禁止捕捉、杀害国家重点保护的水生野生动物。

2. 野生植物的保护

野生植物是指非人工培植、在自然状态下生存的各种植物。1997年施行的《野生植物保护条例》所保护的野生植物，是指原生地天然生长的珍贵植物和原生地天然生长并具有重要经济、科学研究、文化价值的濒危、稀有植物。至于药用野生植物和城市园林、自然保护区、风景名胜区内的野生植物的保护，同时适用有关法律、行政法规。《野生植物保护条例》所规定的保护措施主要有：鼓励和支持野生植物科学研究、野生植物的就地保护和迁地保护；禁止任何单位和个人非法采集野生植物或者破坏其生长环境；国家重点保护野生植物分为国家一级保护野生植物和国家二级保护野生植物，制定国家重点保护野生植物名录；在自然保护区以外的其他区域，县级以上地方人民政府野生植物行政主管部门和其他有关部门可以根据实际情况建立国家重点保护野生植物和地方重点保护野生植物的保护点或者设立保护标志;野生植物行政主管部门和有关单位对生长受到威胁的国家重点保护野生植物和地方重点保护野生植物应当采取拯救措施,保护或者恢复其生长环境,必要时应当建立繁育基地、种质资源库或者采取迁地保护措施。

3. 对外来物种入侵的法律控制

外来物种入侵是指生物物种由原产地通过自然或人为的途径,迁移到新的生态环境的过程。能够成功入侵的外来物种,往往具有先天的竞争优势,可以在争夺养料、阳光、空间、水和食物中战胜当地物种。外来入侵物种占据优势后,就会绞杀当地物种,对当地物种种类、种群结构、食物链结构、生物多样性等造成一系列负面影响,破坏生态。按照传入的方式,外来有害生物入侵可分为有意引种和无意引种两类。据报道,目前我国已有的 120 多个外来入侵物种中,约有 50% 是有意引进后扩散成灾的。

1992 年的《生物多样性公约》是国际社会最早有关外来物种入侵管制的法律文件,其在"就地保护"条款中规定:"成员国必须对那些威胁生态系统、栖息地或物种的外来物种进行预防引入、控制或根除。"新西兰是世界上第一个制定专门的生物安全法律的国家,旨在防止外来物种的无意引入以及它们在国内的传播,或对已经入境的侵袭性物种进行有效管理。在美国的生物入侵立法体系中,《13112 号总统行政命令》和《国家入侵物种法案》构成了美国生物入侵立法体系的骨干框架。《13112 号总统行政命令》最大成就是成立了联邦层次的中心协调机构——国家入侵物种委员会,它要求所有联邦部门采取积极而协调一致的行动防止外来有害生物的侵入、定居和扩散,并采取一切必要措施对已成灾的外来物种进行控制,最大限度地减轻它的危害,在人力物力允许的范围内着手对受损生态系统进行恢复。

我国有关控制外来物种入侵的规定散见于野生动植物保护与病虫害、杂草检疫和传染病防疫的法律法规中。在防范外来物种入侵方面,我国一些地方制定了地方性法规,如湖南省于 2011 年 10 月施行了我国首部外来物种管理法规——《湖南省外来物种管理条例》。在国家层面,目前尚未制定专门针对外来物种入侵的法律制度,也没有建立外来物种引进的风险评估机制、综合治理机制及跟踪监测机制。例如,2014 年《环境保护法》第 30 条第二款规定:"引进外来物种以及研究、开发和利用生物技术,应当采取措施,防止对生物多样性的破坏。"《海洋环境保护法》第 25 条规定:"引进海洋动植物物种,应当进行科学论证,避免对海洋生态系统造成危害。"《农业法》第 64 条第一款规定:"国家建立与农业生产有关的生物物种资源保护制度,保护生物多样性,对稀有、濒危、珍贵生物资源及其原生地实行重点保护。从境外引进生物物种资源应当依法进行登记或者审批,并采取相应安全控制措施。"《畜牧法》第 15 条规定:"……从境外引进的畜禽遗传资源被发现对境内畜禽遗传资源、生态环境有危害或者可能产生危害的,国务院畜牧兽医行政主管部门应当商有关主管部门,采取相应的安全控制措施。"

我国有关外来有害物种的建议措施和制度已逐步建立,但外来物种入侵的治理和生态环境的恢复、外来物种无意引进的法律责任等重要问题欠缺相关规定。当前对于非法携带和邮寄外来物种的案件,我国各级检验检疫部门只能根据《进出境动植物检疫法实施条例》的相关规定,除依法截留销毁外,仅对违法当事人处以最高 5 000 元人民币的罚款。法律监管方面,除了各部委规定及散见于环境法、农业法、海洋环境保护法、进出境动植物检疫法、渔业法等法律条款,我国目前尚没有针对生物入侵或外来物种管理的法律法规。违法成本偏低,监管缺乏法律依据,让一些违法分子有恃无恐。所以,必须完善外来物种入侵法律控制体系,对我国现有的相关法律法规体系进行全面评估,在完善现有保护生物多样性的相关立法,并增加防范外来生物入侵的内容基础上,尽快制定控制外来物种入侵的专门性法律。

### 四、生态补偿制度

**(一) 生态补偿制度的含义**

因生态环境具有公共物品属性,在相应制度缺位的情况下,保护环境者并不能得到应得的利益补偿。相反,由于保护环境而受益的其他群体又没有付出任何代价就获得了优质的生态环境。最终,保护者也逐渐失去保护的积极性,甚至还可能加入破坏的队伍中。即如果在利益问题上处理不当,只会加剧环境问题。生态补偿就是为了在保护者和受益者之间形成良性互动,真正调动起全社会保护生态环境的积极性。生态补偿是指为弥补生态系统的消耗和损失,恢复生态平衡和生态功能,实现环境公平,由生态环境破坏者和生态效益受益者向生态环境的建设者给予补偿。生态补偿通过由生态环境的受益者向生态环境保护者支付恢复和重建生态系统的费用,使外部不经济性内部化。

生态补偿制度是生态补偿的法定化,是明确生态补偿目的、主体、补偿对象、补偿标准、补偿方式、补偿程序的法律、法规、规章的总称。我国从 20 世纪 50 年代就开始重视生态补偿问题。1953 年建立了育林基金制度,1981 年国务院发布的《关于保护森林发展林业若干问题的决定》指出:"建立国家林业基金制度,适当提高(除黑龙江、吉林、内蒙古林区外)集体林区和国有林区育林基金和更新改造资金的征收标准,扩大育林基金征收范围。"1984 年颁布、1998 年修订的《森林法》第 8 条提出:"国家设立森林生态效益补偿基金,用于提供生态效益的防护林和特种用途林的森林资源、林木的营造、抚育、保护和管理。"为保证退耕还林工作顺利推进,2002 年国务院出台了《退耕还林条例》,对退耕还林的资金和粮食补助等作了明确规定。为实现经济社会的全面、协调、可持续发展,2005 年 12 月《国务院关于落实科学发展观加强环境保护的决定》明确提出:"要完善生态补偿政策,尽快建立生态补偿机制。中央和地方财政转移支付应考虑生态补偿因素,国家和地方可分别开展生态补偿试点。"2007 年 8 月 24 日,国家环保总局下发了《关于开展生态补偿试点工作的指导意见》,决定在自然保护区、重要生态功能区、矿产资源和流域水环境保护四个重点领域开展生态补偿试点。党的"十七大"报告提出:"实行有利于科学发展的财税制度,建立健全资源有偿使用制度和生态环境补偿制度。"

2008 年修订的《水污染防治法》首次以法律的形式,对水环境生态保护补偿机制作出明确规定:"国家通过财政转移支付等方式,建立健全对位于饮用水水源保护区区域和江河、湖泊、水库上游地区的水环境生态保护补偿机制。"2010 年 12 月 25 日,经第十一届全国人民代表大会常务委员会第十八次会议修订通过的《水土保持法》第 31 条作了补充性规定,即"国家加强江河源头区、饮用水水源保护区和水源涵养区水土流失的预防和治理工作,多渠道筹集资金,将水土保持生态效益补偿纳入国家建立的生态效益补偿制度"。2014 年《环境保护法》第 31 条对建立、健全生态补偿及补偿的方式作出原则性规定,在巩固现行生态补偿法律制度的基础上,进一步丰富了生态补偿的内容。"十三五"规划要求加大对农产品主产区和重点生态功能区的转移支付力度,建立健全区域流域横向生态补偿机制。2016 年 3 月 22 日召开的中央全面深化改革领导小组第二十二次会议审议通过了《关于健全生态保护补偿机制的意见》,这标志着各方期待已久的生态补偿机制顶层设计获得重大进展。《意见》要求完善转移支付制度,探索建立多元化生态保护补偿机制,扩大补偿范围,合理提高补偿标准,逐步实现森林、草原、湿地、荒漠、海洋、水流、耕地等重点领域和禁止开发区域、重点生态功能区等重要区域生态保护补偿全覆盖。各地在推进生态补偿试点中,也相继出台了流域、自然保护区、矿产资源开发生态补偿等方面的地方性法规。

**(二) 生态补偿的主体**

生态补偿的主体是指依照法律的规定,有进行生态补偿的权利能力或负有生态补偿职责的国家、国家机关、企业以及自然人等。从立法的角度来看,生态补偿主体应包含两类:一是为了实施生态保护措施补偿受损失者的中央人民政府或者地方各级人民政府;二是向政府缴纳治理、恢复生态系统费用或向保护该自然资源的其他主体支付费用的合法开发利用自然资源的主体。

《环境保护法》第31条第二款规定:"国家加大对生态保护地区的财政转移支付力度。有关地方人民政府应当落实生态保护补偿资金,确保其用于生态保护补偿。"由于我国对重要自然资源实行全民所有制,政府代表国家对自然资源享有权利,因此,政府可以说是生态保护的最大获益者,政府应该将其财政收入的一部分用于补偿由于政府采取生态保护措施而受到损失的人。政府作为一类补偿主体又可以按级别分为中央政府补偿主体和地方政府补偿主体。中央政府主要负责全国性的具有全局意义的补偿,如全国性的重要生态功能区保护——三江源自然保护区,全国性的大型生态环境工程建设——退耕还林工程,大型生态环境修复工程——淮河流域的水污染治理。地方政府主要是对辖区范围内或由于中央政府和地方政府的分工而进行的有关相对较小的生态功能区的保护、生态环境修复和生态环境污染治理等补偿活动。政府在生态补偿中作为最常见也是最主要的一类补偿主体,起着极其重要的作用。生态补偿往往延续时间长、耗资大,政府具有组织人力、资金和技术等优势,政府主要从提供公共产品和服务的角度出发实施补偿,实质是依靠国家掌握的强制力依法对生态环境和自然资源的利益收入进行再分配,间接出面干预市场经济活动的行为,重在维护社会公平,实现社会经济的可持续发展。①

合法开发利用自然资源的主体是自然资源的直接受益主体,比如开采矿产资源的企业通过矿产开采获取直接的经济利益,河流下游的居民享用河流上游森林和湿地所提供的清洁水源。因此,由企业或居民等合法开发利用自然资源者向自然资源的所有者或生态系统服务功能的提供者支付相应的费用,不仅可避免企业把本应由自己承担的污染成本转嫁给社会,从而实现企业外部不经济性的内部化,也可实现环境正义,激励更多主体进行生态保护。

(三) 生态补偿的方式

向社会提供生态系统服务或生态产品、从事生态环境建设或使用绿色环保技术,或者因其居所、财产位于重要生态功能区致使其生活工作条件或者财产利用、经济发展受到限制的法人和其他社会组织以及自然人都是生态补偿的受偿主体(生态补偿的对象),关键是通过何种方式进行补偿,即生态系统服务功能的价值通过何种手段、方法和形式得以实现。

根据补偿的支付方式划分,生态补偿的方式有五种形式。一是货币补偿。这是最常用的方式,对于受偿主体来说也是最便利的方式。常见的形式有:补偿金、税费减免或退税、开发押金、补贴、财政转移支付、贴息和加速折旧、复垦费等。其中,财政转移支付是使用最多的货币补偿方式。国家对生态保护地区的生态补偿主要通过财政转移支付完成,财政转移支付包含纵向财政转移支付和横向财政转移支付。纵向财政转移支付是指中央政府给予地方政府指定用途的资金补助、奖励。如根据财政部公布的《2012年中央对地方国家重点生态功能区转移支付办法》,中央财政设立国家重点生态功能区转移支付的范围包括:(1)《全国主体功能区规划》中限制开发的国家重点生态功能区所属县(县级市、市辖区、旗)和禁止开发区域;(2) 青海三江源自然保护区、南水北调中线水源地保护区、海南国际旅游岛中部山区生态保护核心区等生态功能重要区域所属县。对环境保护部制定的《全国生态功能区划》中不在上述范围的其他重要生态功能区域所属县给予引导性补助,对开展生态文明示范工程试点的市、县给予工作经费补助,对生态环境保

---

① 曹明德:《对建立生态补偿法律机制的再思考》,《中国地质大学学报(社会科学版)》2010年第5期。

护较好的地区给予奖励性补助。除了中央对地方的财政转移支付外,还存在地方自筹资金、自主安排的财政转移支付,如2004年浙江省颁布了《浙江省生态建设财政激励机制暂行办法》,将财力补贴、环境整治与保护补助、生态公益林补助和生态省建设作为财政补偿和激励的重点,将重要生态功能区作为补助的重点地区。二是实物补偿,给予受偿主体一定的物质产品、土地使用权,以改善其生活条件,增强生产能力。三是智力补偿,即向受偿主体提供智力服务,如生产技术咨询,增强受偿者的生产技能或提高其管理水平,为其培养输送各级各类人才等。四是政策性补偿,中央政府给予地方政府、上级政府给予下级政府或各级政府给予其管辖范围内的社会成员某些优惠政策,使受偿者在政策范围内享受优惠待遇。五是项目补偿,是指补偿者通过在受偿者所在地区从事一定工程项目的开发或建设等方式进行补偿,如生态移民、异地开发等。①

按照补偿资金的来源进行划分,生态补偿的方式包含公共财政补偿方式和市场机制补偿方式。公共财政补偿方式是指政府对农村土地所有者或使用者以及其他的生态服务提供者直接支付生态补偿费用。这种方式在全球范围最为普遍。它包括土地保护、森林的水土保持、生物多样性、水资源等很多类型的补偿。市场机制补偿方式则是指补偿资金来源于市场,即通过开放的市场交易、生态标识等形式进行补偿。

(四)生态补偿的标准

生态补偿标准是指补偿时据以参照的条件,主要涉及生态补偿客体的自然资本、生态服务功能价值以及环境治理或生态恢复成本。生态补偿一般是经济性的补偿,常常以货币价值方式进行衡量。生态补偿标准是生态补偿的关键要素之一。根据生态补偿标准的确定方式,可划分为以下两种方法:一是核算法;二是协商法。《环境保护法》第31条第三款规定:国家指导受益地区和生态保护地区人民政府通过协商或者按照市场规则进行生态保护补偿。核算法是以生态环境治理成本(生态环境保护投入)和生态环境损失(生态服务功能价值)评估核算为基础,确定生态补偿标准的方法。协商法是指生态补偿法律关系中的利益相关者之间就生态补偿的范围和数额进行磋商、谈判从而确定其标准的方法。

地方政府在生态补偿实践中形成了一些确立生态补偿标准的具体方法。浙江、江西、江苏、湖北、福建针对水生态功能区,在一些主要流域分别开展了流域生态补偿,断面水质超标时由上游给予下游补偿,断面水质指标值优于控制指标时由下游给予上游补偿;四川省在岷江、沱江干流及重要支流跨过的市(州)和扩权试点县(市)开展断面水质考核,试行跨界断面水质超标资金扣缴制度。江西省省政府于2015年11月10日印发了《江西省流域生态补偿办法(试行)》,该补偿办法包含实施范围、主要原则、资金筹集、资金分配等内容。在资金分配方面,为达到精准考核、公平公正的目的,补偿办法采用统一的因素法公式结合补偿系数,对流域生态补偿资金进行分配,并选取水环境质量、森林生态质量、水资源管理3个因素统筹分配补偿资金至流域范围内的县(市、区)。根据各地实施的大气质量生态补偿办法,如2014年1月1日起实施的《山东省环境空气质量生态补偿暂行办法》,各地每季度或半年以国控、省控空气自动监测站空气质量综合指数为基准对各县区进行排名,排名靠后的给予处罚,排名前列的给予奖励。补偿金额各地不一,如石家庄市规定,空气质量综合指数每低1个数值奖励300万元,每高1个数值处罚300万元,指数比上年度不降反升的,取消奖励资格。邯郸、邢台则是排名靠后县区,扣留100万元生态补偿资金,用于补偿排名前列的县区。

---

① 曹明德:《对建立生态补偿法律机制的再思考》,《中国地质大学学报(社会科学版)》2010年第5期。

## 第二节 环境要素保护制度

### 一、重点环境要素保护制度

#### (一)重点环境要素保护制度的含义

重点环境要素保护制度是指对法律明确规定的环境要素采取调查、监测、评估和修复等多项措施,从事前、事中和事后全方位的角度加强保护的法律规则总和。加强重点环境要素的保护,对于保护和改善整体环境质量、保护生态环境具有十分重要的意义。

近年来,随着经济的发展以及工业化、城镇化进程的推进,我国空气污染加剧,雾霾遍布全国,温室气体排放不断上升,空气质量每况愈下。目前来看,至少出现了悬浮颗粒物污染、氮氧化物污染、二氧化硫污染、一氧化碳污染、光化学烟雾污染等众多现象;由于我国的能源结构相对比较单一、森林覆盖率较低等众多原因,除了上述污染之外,二氧化碳等气体的排放也带来了诸多的气候变化等方面的环境问题。

我国是一个水资源短缺、水灾害频繁的国家,水资源总量居世界第六位,人均占有量只有2 500立方米,约为世界人均水量的1/4,在世界排第110位。多年来,中国水资源质量不断下降,水环境持续恶化,由于污染所导致的缺水和事故不断发生,严重地威胁了社会的可持续发展,威胁了人类的生存。综合考虑中国地表水资源质量现状,符合《地面水环境质量标准》的Ⅰ、Ⅱ类标准只占32.2%(河段统计),符合Ⅲ类标准的占28.9%,属于Ⅳ、Ⅴ类标准的占38.9%,如果将Ⅲ类标准也作为污染统计,则中国河流长度有67.8%被污染,约占监测河流长度的2/3,可见中国地表水资源污染非常严重。此外,我国的地下水也污染严重,中国北方五省区和海河流域地下水资源,无论是农村(包括牧区)还是城市,浅层水或深层水均遭到不同程度的污染,局部地区(主要是城市周围、排污河两侧及污水灌区)和部分城市的地下水污染比较严重,污染呈上升趋势。

全国土壤情况同样不容乐观。2014年4月17日,我国环保部和国土资源部首次发布《全国土壤污染状况调查公报》,报告显示:我国的土地污染程度已经相当严重,19.4%的耕地土壤点位超标,以18亿亩耕地面积计算,中国约3.49亿亩耕地被污染。为保护有限的土地资源,保障农产品质量安全和人居环境安全,加快土壤环境保护立法刻不容缓。因此,针对我国土壤资源、土壤肥力、土壤生态和土壤环境中的突出问题和重大需求,防治土壤污染、加强土壤保护力度具有重大战略意义。

如果大气污染、水污染、土壤污染不能得到有效遏制,不仅会造成生态系统平衡的破坏,而且会对人群生命与健康带来直接威胁,影响整个中国的经济社会健康发展。大气、水、土壤也是环境要素中的基础性因素,植物、岩石等基本上附着在土壤之上,动物需要生活在大气和水之中。即从生态环境保护的角度看,大气、水、土壤的保护也是重中之重。因此,2014年《环境保护法》第32条规定:"国家加强对大气、水、土壤等的保护,建立和完善相应的调查、监测、评估和修复制度。"

#### (二)重点环境要素保护制度的内容

根据《环境保护法》第32条的规定,对大气、水、土壤三项重点环境要素,必须采取调查、监测、评估和修复措施,以保障生态安全,维护生态平衡。

1. 环境要素调查制度

环境调查是利用科学的方法,有目的、有系统地收集能够反映与组织有关的环境在时间上的变化和空间上的分布状况的信息,研究环境变化规律,预测未来环境变化趋势,为进行组织活动的决策提供依据。对大气、水、土壤进行环境调查,可以采用野外调查、样品采集、样品分析测试与综合研究相结合等科学方法,选择特定调查区域对环境状况进行调查。对大气、水、土壤进行全面可靠的环境调查,其目的是为了了解真实的环境状况以便有效防治大气、水和土壤污染。目前,我国有关大气、水、土壤的环境调查还很不系统,具体的大气、水、土壤的环境调查制度还需要行政法规、地方性法规和规章的进一步规定,明确调查主体、调查方法、调查程序等具体内容。

2. 环境要素监测制度

环境监测是指在一定时间和空间范围内,运用物理、化学、生物等方法,间断或不间断地对影响环境质量因素的代表值进行测定,确定环境质量或污染程度及其变化趋势。对大气、水体、土壤等环境因素的质量状况进行监测是环境监测的重要内容。只有围绕大气、水、土壤污染防治三大战役,全面做好大气、水、土壤的环境监测工作,才能客观准确地反映环境质量状况,全力改善我国环境质量。

3. 环境要素评估制度

环境评估也叫环境质量评价,是指按照一定的评价标准和评价方法对一定区域范围内的环境质量进行说明、评定和预测。大气、水、土壤的环境评估的目的,一是按一定的原则、标准和方法,对大气、水、土壤的污染程度进行评定,或者说是对土壤环境质量的高低和优劣作出定性或者定量的评判。二是提高和改善大气、水、土壤的环境质量,并提出控制和减缓大气、水、土壤的环境不利变化的对策和措施。

4. 环境要素修复制度

环境修复,就是借助外界的作用力,使环境的某个受损的特定对象的部分或全部恢复成为原来初始的状态。严格说来,修复包括恢复、重建、改建等三个方面的活动。恢复是指使部分受损的对象向原初状态发生改变;重建是指使完全丧失功能的对象恢复至原初水平;改建则是指使部分受损的对象进行改善,增加人类所期望的"人造"特点,减少人类不希望的自然特点。环境意义上的修复是指对被污染的大气、水、土壤环境采取物理、化学和生物学技术措施,是存在于大气、水、土壤环境中的污染物质浓度减少或毒性降低或完全无害化。

大气、水、土壤环境的调查、监测、评估和修复是大气、水、土壤环境保护工作的四个阶段。应当说,大气、水、土壤的调查是对大气、水、土壤进行环境监测的基础,而对大气、水、土壤进行环境监测又是做好环境评估的前提,而修复与否以及采取何种修复方法又必须根据管理部门对大气、水、土壤环境所做的评估。这四个具体的制度构成了一套完备的大气、水、土壤环境保护制度。只有认真落实好具体的调查、监测、评估和修复制度,依法执行好各项具体措施,才会达到立法目的。

二、农业环境保护制度

(一)农业环境问题的现状与成因

环境问题既有工业环境问题,也有农业环境问题,还有二者相互作用产生的问题。我国是一个传统的农业大国,从产业结构来看,农业是国民经济的基础产业,是扩大内需调整结构的重要领域。从人口比例来看,第六次全国人口普查结果显示,目前居住在乡村的人口占我国总人口的50.32%。农村环境问题因受其区域、人口、生活方式等因素的影响,呈现出不同于城市环境问题的特点。

农业是我们最大的生态系统,同时,农业和农村又是重要的污染来源,所以它有两面性。农村环境搞好了,农民群众是直接的受益者,城市的老百姓也是受益者,城市居民的米袋子、菜篮子、水缸子也有了可靠的保障。生态环境是全面建成小康社会的突出短板,其中农村环保又是当前环保工作的弱项和难点。农业环境保护问题关涉城市和农村、工业和农业、生产和生活,关乎国家发展方式转变、产业结构调整、社会管理变革,关系多个利益群体、多种利益关系、多元利益诉求。必须从国家产业结构调整、农业生产方式转变、农村治理模式转轨、农民生活方式转型等多层次、全方位的进行,需要有科学决策机制、合理的制度安排、有效的执行体制以及全社会的积极行动。这些涉及深层次利益调整的重大问题,首先需要以国家正式制度的形式划定政府、社会、个人权利(权力)的边界,明确规定政府、社会、个人的义务(责任),设定权力运行机制和权利保障程序①,建立农业环境保护法律制度。

从环境问题的法律规制来看,原有的环境保护方面的法律,主要针对的都是城市环境污染问题、考虑和保护的都是城市环境,大大忽视了对农村农业环境的保护。为了改变这种状况,2014年《环境保护法》确立了我国的农业环境保护制度,其第33条规定:"各级人民政府应当加强对农业环境的保护,促进农业环境保护新技术的使用,加强对农业污染源的监测预警,统筹有关部门采取措施,防治土壤污染和土地沙化、盐渍化、贫瘠化、石漠化、地面沉降以及防治植被破坏、水土流失、水体富营养化、水源枯竭、种源灭绝等生态失调现象,推广植物病虫害的综合防治。县级、乡级人民政府应当提高农村环境保护公共服务水平,推动农村环境综合整治。"中共中央、国务院于2015年9月印发了《生态文明体制改革总体方案》,该方案要求建立农村环境治理体制机制:"建立以绿色生态为导向的农业补贴制度,加快制定和完善相关技术标准和规范,加快推进化肥、农药、农膜减量化以及畜禽养殖废弃物资源化和无害化,鼓励生产使用可降解农膜。完善农作物秸秆综合利用制度。健全化肥农药包装物、农膜回收贮运加工网络。采取财政和村集体补贴、住户付费、社会资本参与的投入运营机制,加强农村污水和垃圾处理等环保设施建设。采取政府购买服务等多种扶持措施,培育发展各种形式的农业面源污染治理、农村污水垃圾处理市场主体。强化县乡两级政府的环境保护职责,加强环境监管能力建设。财政支农资金的使用要统筹考虑增强农业综合生产能力和防治农村污染。"

(二)农业环境保护制度的内容

1. 政府职责

各级人民政府及其环境保护部门要切实提高对农村环境保护工作认识,加强领导,协调配合,将农业生产污染和农村生活污染纳入环境保护工作重点范围。由于关涉的部门较多,相关的职能部门不能各自为战,而应该通过相互协作、科学合理运用各自职权;各级人民政府理应根据实际情况做出统筹安排,采取有效措施保护土壤、水体、种群和植被等,维护生态平衡。尤其是要防止土壤污染、土地沙化、盐渍化、贫瘠化、石漠化、地面沉降、植被破坏、水土流失、水体富营养化、水源枯竭、种源灭绝等情况的出现。2014年《环境保护法》首次明确对乡级人民政府的环境治理职责进行规定,并将县级、乡级人民政府的环境治理职责细化为"提高农村环境保护公共服务水平""促进农业环境保护新技术的使用",直指农业科技相对落后、农村环境基础设施建设严重不足、农村环境保护公共服务水平低等现实问题。

2. 促进农业环境保护新技术

强调科学技术在农业保护中的地位和作用,有利于农业环境保护的推进。政府应该综合运用财政、税收、政府采购等手段,加强农村环保适用技术研究、开发和推广,充分发挥科技支撑作用,以技术创新促进农业环境问题的解决。更重要的是,需要建立农业环境保护技术服务的市场

---

① 吕忠梅:《美丽乡村建设视域下的环境法思考》,《华中农业大学学报》2014年第2期。

化体系,通过市场选择,建立良性机制,防止以农业环境保护新技术的名义对农业、农村环境带来新的污染和破坏。

3. 加强农业污染源的监测预警

按照农业污染源的严重性、紧急程度和可能涉及的范围,规定对应的预警级别和所应该采取的具体措施。加强农业污染源的监测预警,目的是为了掌握农业污染的第一手数据,有针对性地制定防治办法,当某些地方的农业污染达到一定程度时,分析其所属的预警级别并采取相应措施。这样可以有效控制农业污染源的扩大,保护农业环境。

4. 提供均等化公共服务

公共服务是 21 世纪公共行政和政府改革的核心理念,包括加强城乡公共设施建设,发展教育、科技、文化、卫生、体育等公共事业,为社会公众参与社会经济、政治、文化活动等提供保障。众所周知,相对于农村,城市环境的公共服务比较完善,比如保持城市公共区域卫生,包括社区、街道、市场等;保证市内的暂存垃圾能够及时清理,及时外运;城市垃圾外运后能够进行无害化、减量化、资源化处理;工业园区各类事故处理有预案及相应的处理措施;保护城市地下水不受污染;对城市空气质量进行及时监测。一直以来,由于国家的财政投入的结构性问题,农村环境保护的公共服务水平很低,缺乏防治环境污染、破坏的基础设施建设和管理体制设计。当前,农村的环境污染问题日益严重,作为我国的基层公共服务机关,县、乡两级政府对农村的环境保护工作责无旁贷。农村环境污染呈现面源污染的特点,蜻蜓点水式的治理根本于事无补,需要协调各方力量整合各种资源综合治理环境污染。需要强调的是,强调县级政府农村环境保护公共服务中的义务和职责,非常必要,因为相对于乡级政府而言,它在事权的履行、财权的分享等方面具备更多的权威和可能性。

5. 开展农村环境综合整治

农村环境综合整治是解决当下农村环境问题的重要手段。当前,我国农村环境形势非常严峻,点源污染与面源污染共存,生活污染和工业污染叠加,各种新旧污染相互交织;工业及城市污染向农村转移,危及农村饮水安全和农产品安全;农村环境保护的政策、法规、标准体系不健全;一些农村环境问题已经成为危害农民身体健康和财产安全的重要因素,制约了农村经济社会的可持续发展。为此,须统筹规划、突出重点,同时也要因地制宜、分类指导,综合整治恰恰可以发挥全局考量、局部切入的功能。

(三)2014 年《环境保护法》的实施与农业环境保护制度的完善

总体来看,2014 年《环境保护法》打破了我国环境立法史上对农村环境问题的惯性忽视,在农业环境保护的理念和原则、农村环境监管体制、重要自然要素和农民健康的保护等方面都作出了相应的规定,对现阶段农村环境的紧迫问题和农民的现实需求有所回应。在新法实施及后续的立法中,关于农业环境保护还应注意和加强以下三个方面。

一是强化农业环境多元治理模式。2014 年《环境保护法》通过加强政府监管责任、严格企业环境责任、拓宽公众参与渠道等手段推进多元化的现代环境治理体系,这在环境治理模式上是一个进步。更应重视多元治理模式在解决农业环境问题中的应用。比如重视环境教育,在农村地区开展宣传活动,提高农民环保意识;保障农民的参与权,使环境法的运行与农民的日常生活经验相符等。①

二是运用 2014 年《环境保护法》的经济手段解决农村环境问题。解决农业环境问题在于资

---

① 王树义、周迪:《回归城乡正义:新〈环境保护法〉加强对农村环境的保护》,《环境保护》2014 年第 10 期。

金的筹集,政府应当采取经济手段,通过税收政策和财政转移支付,推进城乡之间的环境公平。一方面,在"谁受益谁补偿"原则的指导下建立生态补偿机制是解决农业环境保护资金来源的重要方式,通过受益者的资金向环境受损者的流动,可以在一定程度上促进环境公平的实现;另一方面,政府应建立保障农业环境保护的专项资金,加强对农业的环境保护投入。由于过去几十年中的城市经济发展都是以牺牲农业环境作为代价换取的,为了实现环境公平,政府应该通过制定有利于农业环境保护的经济政策,推进农村的环境建设,只有这样才能实现社会主义新农村建设目标,保障城乡经济社会全面、协调的可持续发展。①

三是2014年《环境保护法》关于农业环境保护的规定需要依靠专项法进行细化。新法对农业环境问题的关注应当在未来农村环境保护的相关立法,如《农业法》《基本农田保护条例》等法律法规的制定、修改或修订中有所体现。

### 三、海洋环境保护制度

#### (一)海洋环境问题及其表现

海洋是潜力巨大的资源宝库,是人类赖以生存和发展的蓝色家园。我国海域辽阔,领海面积达38万平方公里,大陆岸线和岛屿岸线长3.2万公里。但随着海洋开发密度、强度的加大,乱占海域、乱围乱垦事件的发生,以及海洋环境污染的加剧,造成海洋资源衰退、海洋环境恶化,严重影响海洋资源的合理开发和可持续利用。海洋环境问题是指因人类活动引起的海洋环境污染和资源破坏。

1. 海洋环境污染

海洋有着极强的自净能力和巨大的环境容量,但如果输入的破坏性物质和能量太多,超过其自净能力和容量,就会造成污染。《联合国海洋法公约》第1条规定,海洋环境的污染是指人类直接或间接地把物质或能量引入海洋环境,其中包括河口湾,以致造成或可能造成损害生物资源和海洋生物、危害人类健康、妨碍包括捕鱼和海洋的其他正当用途在内的各种海洋活动、损害海水使用质量和减损环境优美等有害影响。我国《海洋环境保护法》第95条规定,海洋环境污染损害,是指直接或者间接地把物质或者能量引入海洋环境,产生损害海洋生物资源、危害人体健康、妨害渔业和海上其他合法活动、损害海水使用素质和减损环境质量等有害影响。海洋是陆上一切污染物的最终归宿和承载场所。据统计,每年约有6.5亿吨垃圾排入大海,经由各种途径进入海洋的石油每年达600万吨左右。美国每年倾倒入海的工业废渣就达5 000万桶之多。俄罗斯当局也承认,"二战"后30年来,苏联的核动力舰与破冰船所使用过的放射性废料,大部分被抛入北极海域。在全球220多个入海河口,出现了海洋生命"禁区"。②而在东北太平洋,存在一个主要由废弃塑料制品组成的重达450万吨垃圾山,而且逐年增大,被称为形成中的地球"第六大洲"。联合国的专家报告指出:"在海洋中,到处都有人类的指纹,从极地到热带,从海滨到海洋深渊,现在都能观测到化学污染和垃圾。"③

2. 海洋资源破坏

海洋资源是指形成和存在于海水或海洋中的有关资源。包括海水中生存的生物,溶解于海水中的化学元素,海水波浪、潮汐及海流所产生的能量、贮存的热量,滨海、大陆架及深海海底所蕴藏的矿产资源,以及海水所形成的压力差、浓度差等。人类对海洋生物资源的过度利用造成海洋资源衰竭。人类每年从海洋捕捞和收获上亿吨的鱼、虾、贝、藻等海产品对海洋生态系统造成

---

① 钱水苗:《环境公平应成为农村环境保护法的基本理念》,《当代法学》2009年第1期。
② 参见"全球海洋死亡地带增至二百二十个",《参考消息》2007年11月15日,第7版。
③ 世界资源研究所、联合国环境规划署等编:《世界资源报告(1992—1993)》,中国环境出版社1993年版。

了严重冲击。在我国,海域渔业资源由于过度捕捞、捕捞方式不当、捕捞渔具的管理混乱,致使近海重要渔业资源严重衰退,极大影响了海洋渔业的持续发展。除了滥捕乱捕之外,人类砍伐红树林和改造盐沼滩、采挖珊瑚礁,严重破坏了海洋生物栖息地。近30年来,我国海岸城市大多进行了不合理的、甚至超大规模的填海造地、建造海堤、围海养殖活动,致使大量珍贵的潮间带滩涂消失。据数据显示,早在2000年,我国潮间带滩涂资源已损失过半,到2013年底,围填潮间带滩涂达到84.2%。其中,淤泥质岸线滩涂被围填最多,31年间共减少了2 326.66公里。这些忽视生态保护、失控而盲目的大规模围填海行为,将直接导致生物多样性下降,威胁区域乃至全球范围内的生态安全和可持续发展。① 此外,由于人类活动有意或无意引入历史上该区域尚未出现过的物种,外来物种的入侵亦是海洋生物资源日益减少的重要原因。

(二) 海洋环境保护的立法与理念

1. 海洋环境保护的立法

海洋环境保护制度是指海洋资源开发利用中的生态保护与海洋环境污染控制的法律规范的总和。早在1992年,国务院就确定对海域实行有偿使用制定。第八届全国人大第四次会议通过的《国民经济和社会发展"九五"计划和2010年远景目标纲要》提出:"依法保护并合理开发土地、水、森林、矿产和海洋资源,完善自然资源有偿使用制度和价格体系,逐步建立资源更新的经济补偿机制。"2002年,国务院批准了全国海洋功能区划,为海域管理提供了科学依据。2012年由国家海洋局会同有关部门和沿海11个省、自治区、直辖市人民政府编制了《全国海洋功能区划(2011—2020年)》,该区划科学评价我国管辖海域的自然属性、开发利用与环境保护现状,统筹考虑国家宏观调控政策和沿海地区发展战略,提出了指导思想、基本原则和主要目标,划分了农渔业、港口航运、工业与城镇用海、矿产与能源、旅游休闲娱乐、海洋保护、特殊利用、保留等八类海洋功能区,确定了渤海、黄海、东海、南海及台湾以东海域的主要功能和开发保护方向,并据此制定保障《区划》实施的政策措施。

1982年制定、历经1999、2013、2016年三次修订的《海洋环境保护法》、2001年制定的《海域使用管理法》建立了我国海洋环境保护的基本制度体系,国务院又先后颁布和实施了《防止船舶污染管理条例》《防治海洋石油勘探开发污染海洋管理条例》《防止倾废污染海洋管理条例》《防止陆源污染物污染损害海洋环境管理条例》《防止海岸工程建设项目污染损害海洋环境管理条例》和《防止拆船污染损害环境管理条例》等,对海洋环境保护的具体制度作了规定。2014年《环境保护法》第34条明确授权:"国务院和沿海地方各级人民政府应当加强对海洋环境的保护。向海洋排放污染物、倾倒废弃物,进行海岸工程和海洋工程建设,应当符合法律法规规定和有关标准,防止和减少对海洋环境的污染损害。"

2. 海洋环境保护的理念

(1) 保护优先。从海洋环境保护的目的和价值取向来看,保持和维护海洋生态环境安全具有基础性、前提性的优先价值,海洋的其他价值则位列其下。海洋作为地球的三大生态系统之一,对全球气候和生态环境具有重要意义,作为人类重要的食品、资源、能源来源地,是人类生存和发展的重要依靠,而海洋一切功能和利用价值的发挥,都取决于海洋保持一个良好的生态环境的安全状态。海洋生态安全的优先价值位次必然要求在利用开发海洋时,必须先保护和养护海洋,在保护与利用发生冲突时,保护优先。《全国海洋功能区划(2011—2020年)》确立了"保护环境为前提"的理念,要求切实加强海洋环境保护和生态建设,统筹考虑海洋环境保护与陆源污染

---

① 吕忠梅:"关于高度重视湿地生态功能,加强潮间带滩涂和候鸟保护的建议",http://blog.sina.com.cn/s/blog_9590d33b0102w008.html,访问时间2016年2月24日。

防治,控制污染物排海,改善海洋生态环境,防范海洋环境突发事件,维护河口、海湾、海岛、滨海湿地等海洋生态系统安全。

(2) 共同保护。保护海洋环境并非某一个国家或某一个国家沿海地区的责任,必须确立共同保护理念。在国际层面上,通过广泛的国际海洋环境保护共识、共同的海洋环境保护政策、有拘束力的国际海洋环境立法,明确和强化国家在保护海洋生态安全方面的责任和义务。因此,海洋环境保护的国际公约是国际海洋法和国际环境法中发展最为迅速的部分,不仅数量多,而且形成体系,确立了一套完备的制度。保护海洋的国际公约主要有《1954年国际防止石油污染海洋公约》《1972年防止倾倒废物及其他物质污染海洋公约》《经1978年议定书修订的〈1973年国际防止船舶造成污染公约〉》《1982年联合国海洋法公约》《1990年国际油污防备、反应和合作公约》等。在国内法层面,则要把环境正义的要求贯彻到相关的立法中,使各社会主体承担相应的海洋环境保护义务,形成海洋环境保护完善的法律规范体系。同时,一切单位和个人都有保护海洋环境的义务。我国《海洋环境法》第4条规定:"一切单位和个人都有保护海洋环境的义务,并有权对污染损害海洋环境的单位和个人,以及海洋环境监督管理人员的违法失职行为进行监督和检举。"

(3) 系统保护。系统保护理念要求对海洋环境实行"海陆一体化"的环境管理,即不仅应该包括对入海河流、直排口的监管,也要包括大气污染的治理。陆源物质入海是造成海洋污染的直接原因。2009年中国海洋环境公报公布的结果显示,河流携带入海的污染物总量较上年有较大增长。实施监测的457个入海排污口中,73.7%的入海排污口超标排放污染物,部分排污口邻近海域环境污染呈加重趋势。还有一个很容易忽视的问题是,大气沉降也是海洋中陆源物质的重要来源。近海的观测资料表明,氮的大气沉降入海量可占欧洲北海、地中海、波罗的海、我国黄海海区氮总陆源输入量的20%—60%。而对于微量元素,如铅、镉和锌,全球大气输入大于河流输入;铜、镍、砷和铁等,大气与河流输入大致相当;持续性有机污染物,如六六六、多氯联苯、滴滴涕等,大气输入高于河流输入。在联合国环境规划署的倡导下,国际上于1995年启动了"保护海洋环境免受陆源污染全球行动计划",旨在应对人类陆地活动所引起的对海洋及沿海环境的健康、繁殖及生物多样性的威胁。我国是该行动计划成员国之一,全球行动计划政府间审查会每5年举行一次,审查各国实施保护海洋环境免受陆源污染全球行动计划的进展情况,提出新的工作目标和措施。鉴于目前入海排污口超标排污日趋严重,因此"海陆一体化"的环境管理首先必须落实"达标排放",同时加强"总量控制"的推进力度。另外,还要从海洋环境保护的角度认识大气污染治理的必要性,实施大气、流域和海洋同步治理的"蓝天碧海"计划。《全国海洋功能区划(2011—2020年)》确立了"陆海统筹为准则"的理念,根据陆地空间与海洋空间的关联性,以及海洋系统的特殊性,统筹协调陆地与海洋的开发利用和环境保护。严格保护海岸线,切实保障河口海域防洪安全。

(三) 海洋环境保护制度的具体内容

1. 海洋环境保护的责任主体

2014年《环境保护法》明确规定海洋环境保护的责任主体是"国务院和沿海各级人民政府",不同于环境保护的一般授权为环境保护主管部门和县级以上地方人民政府环境保护主管部门,这是基于海洋保护的统一性、全局性和主权性特点所作的规定。国务院海洋局是按照海域管理体制设立的跨行政区划机构,分别在东海、南海、北海等海域代表国务院行使包括海域使用和海洋环境保护监管在内的海洋管理权。沿海各级人民政府按照《环境保护法》的规定,应该履行保护海洋环境的职责。《海洋环境法》亦规定,国务院环境保护行政主管部门作为对全国环境保护工作统一监督管理的部门,对全国海洋环境保护工作实施指导、协调和监督,并负责全国防治陆源污染物和海岸工程建设项目对海洋污染损害的环境保护工作;国家海洋行政主管部门负责海洋环境的监督管理,组织海洋环境的调查、监测、监视、评价和科学研究,负责全国防治海洋工程建设项目和海洋倾倒废弃物对海洋污染损害的环境保护工作。

2. 海洋污染防治的具体措施

(1) 防治陆源污染物对海洋环境的损害。为了防止陆源污染物进入海洋,《海洋环境保护法》分别设置了禁止性规范和限制性规范。其中禁止性规范主要包括:禁止向海域排放油类、酸液、碱液、剧毒废液和高、中水平放射性废水;禁止经中华人民共和国内水、领海转移危险废物。限制性规范主要包括:严格限制向海域排放低水平放射性废水;严格控制向海域排放含有不易降解的有机物和重金属的废水;含病原体的医疗污水、生活污水和工业废水必须经过处理,符合国家有关排放标准后,方能排入海域;含有机物和营养物质的工业废水、生活污水,应当严格控制向海湾、半封闭海及其他自净能力较差的海域排放等。

(2) 防治海岸工程建设项目对海洋环境的损害。海岸工程是人们在海岸带上建设的各种工程,包括港口码头工程、入海河口水利工程、海涂围垦工程、潮汐发电工程等与海洋资源开发利用有关的各种工程,也包括一切在海岸带兴建的并可能对海洋环境产生影响的其他工程建设项目。《海洋环境保护法》《防治海岸工程建设项目污染损害海洋环境管理条例》规定:一是新建、改建、扩建海岸工程建设项目,必须实行环境影响评价和"三同时"制度,并把防治污染所需资金纳入建设项目投资计划。二是在依法划定的海洋自然保护区、海滨风景名胜区、重要渔业水域及其他需要特别保护的区域,不得从事污染环境、破坏景观的海岸工程项目建设或者其他活动;在其他海域兴建海岸工程建设项目,必须采取有效措施,保护国家和地方重点保护的野生动植物及其生存环境和海洋水产资源。三是禁止在沿海陆域内新建不具备有效治理措施的化学制浆造纸、化工、印染、制革、电镀、酿造、炼油、岸边冲滩拆船以及其他严重污染海洋环境的工业生产项目。

(3) 防治海洋工程建设项目对海洋环境的损害。海洋工程,是指以开发、利用、保护、恢复海洋资源为目的,并且工程主体位于海岸线向海一侧的新建、改建、扩建工程,比如海洋石油勘探和开发建设工程等。《海洋环境保护法》《防治海洋工程建设项目污染损害海洋环境管理条例》规定:一是海洋工程建设项目必须符合海洋功能区划、海洋环境保护规划和国家有关环境保护标准,必须实行环境影响评价和"三同时"制度;海洋工程建设项目,不得使用含超标准放射性物质或者易溶出有毒有害物质的材料,需要爆破作业时,必须采取有效措施,保护海洋资源。二是海洋石油勘探开发及输油过程中,必须采取有效措施,避免溢油事故的发生。三是海洋石油钻井船、钻井平台和采油平台的含油污水和油性混合物,必须经过处理达标后排放;残油、废油必须予以回收,不得排放入海,经回收处理后排放的,其含油量不得超过国家规定的标准。四是海洋石油钻井船、钻井平台和采油平台及其有关海上设施,不得向海域处置含油的工业垃圾,处置其他工业垃圾,不得造成海洋环境污染。

(4) 防治倾倒废弃物对海洋环境的损害。"倾倒"是指通过船舶、航空器、平台及其他载运工具,向海洋处置废弃物和其他物质;向海洋弃置船舶、航空器、平台和其他海上人工构造物,以及向海洋处置由于海底矿物资源的勘探开发与勘探开发相关的海上加工所产生的废弃物和其他物质。"倾倒"不包括船舶、航空器及其他载运工具和设施正常操作产生的废弃物的排放。废弃物根据有毒性、有害物质含量和对海洋环境的影响等因素,分为以下三类:禁止倾倒的物质、需要获得特别许可证才能倾倒的物质、低毒或无毒的废弃物。《海洋环境保护法》规定:一是由国家海洋行政主管部门拟定可以向海洋倾倒的废弃物名录,并按照科学、合理、经济、安全的原则选划海洋倾倒区。二是根据废弃物的毒性、有毒物质含量和对海洋环境影响程度,制定海洋倾倒废弃物评价程序和标准;获准倾倒废弃物的单位,必须按照许可证注明的期限及条件,到指定的区域进行倾倒,并详细记录倾倒的情况,在倾倒后向批准部门作出书面报告;并对倾倒区进行环境监测,对经确认不宜继续使用的倾倒区,应当予以封闭,终止在该倾倒区的一切倾倒活动。三是禁止在海上焚烧废弃物,禁止在海上处置放射性废弃物或者其他放射性物质。

(5)防治船舶及其作业活动对海洋环境的损害。我国《海洋环境保护法》主要通过行为控制、建立保险基金制度和油污损害赔偿制度以实现防治船舶及其作业活动对海洋环境的损害。一是任何船舶及相关作业不得违反本法规定向海洋排放污染物、废弃物和压载水、船舶垃圾及其他有害物质;船舶必须按照有关规定持有防止海洋环境污染的证书与文书,必须配置相应的防污设备和器材。二是载运具有污染危害性货物进出港口的船舶,其承运人、货物所有人或者代理人,必须事先向海事行政主管部门申报;交付船舶装运污染危害性货物的单证、包装、标志、数量限制等,必须符合对所装货物的有关规定。三是港口、码头、装卸站和船舶修造厂必须按照有关规定备有足够的用于处理船舶污染物、废弃物的接收设施,并使该设施处于良好状态;装卸油类的港口、码头、装卸站和船舶必须编制溢油污染应急计划,并配备相应的溢油污染应急设备和器材。

## 第三节 改善环境制度

### 一、城乡建设环境保护制度

(一)城乡建设环境保护制度的含义

城乡建设环境保护制度是指将生态环境保护理念纳入城乡规划,在建设中保护自然环境的相关规范的总和。

进入21世纪以来,我国经济迅速发展,大大改善了城乡居民生活水平,城市与农村的建设步伐加快,面貌日新月异。但是,在城乡建设过程中也出现了一些突出问题。在城市建设过程中,城市规划布局不合理、城市功能定位不合理、城市规模不合理的问题突出,导致各种"城市病",城市大气污染、水污染问题日益严重,垃圾围城现象十分普遍,城市生态系统无法建立平衡关系。近年来,在推进小城镇建设和新农村建设过程中,同样也出现了规划与管理严重不足、功能定位混乱、承接城市污染转移和废弃物转移、围湖造地、填海造地等问题,特别是将新农村建设简单地理解为盖楼房、修马路,不仅破坏了农村原有的生态环境,而且由于人口集中居住又缺乏污染物处理设施配套,使得农村的水污染、土壤污染、垃圾遍地问题日益突出。不可忽视的一个问题是,城乡环境尚未进入良性发展轨道,建设缺乏地方特色,趋同化、同质化现象严重。重视城乡建设中的环境保护问题以及结合当地自然环境禀赋进行城乡建设已经成为我国生态环境改善的一个十分重要的问题。

2015年4月25日中共中央、国务院发布的《关于加快推进生态文明建设的意见》提出大力推进绿色城镇化。一是根据资源环境承载能力,构建科学合理的城镇化宏观布局,严格控制特大城市规模,增强中小城市承载能力,促进大中小城市和小城镇协调发展。二是尊重自然格局,依托现有山水脉络、气象条件等,合理布局城镇各类空间,尽量减少对自然的干扰和损害。三是保护自然景观,传承历史文化,提倡城镇形态多样性,保持特色风貌,防止"千城一面"。四是科学确定城镇开发强度,提高城镇土地利用效率、提高人口密度,划定城镇开发边界,从严供给城市建设用地,推动城镇化发展由外延扩张式向内涵提升式转变。五是严格新城、新区设立条件和程序。六是强化城镇化过程中的节能理念,大力发展绿色建筑和低碳、便捷的交通体系,推进绿色生态城区建设,提高城镇供排水、防涝、雨水收集利用、供热、供气、环境等基础设施建设水平。七是所有县城和重点镇都要具备污水、垃圾处理能力,提高建设、运行、管理水平。八是加强城乡规划"三区四线"(禁建区、限建区和适建区,绿线、蓝线、紫线和黄线)管理,维护城乡规划的权威性、严肃性,杜绝大拆大建。2014年《环境保护法》第35条规定了城乡建设环境保护制度:"城乡建设应当结合当地自然环境的特点,保护植被、水域和自然景观,加强城市园林、绿地和风景名胜区的建设。"

（二）城乡建设环境保护制度的内容

1. 城市建设中的环境保护

（1）城市环境综合整治。城市环境综合整治是一项老的环境保护制度。它要求政府各部门密切配合,运用各种手段,组织和监督各单位和市民,对城市环境污染进行综合防治。城市环境综合整治的目的是提高城市基础设施的布局水平,改善经济发展中对环境产生有害影响的不合理经济结构,在不断消除和降低污染的同时,逐渐恢复城市生态系统的良性循环,争取以现代化的科技和知识把城市建设成生态良性循环、清洁优美的现代化城市。城市环境综合整治实际上是将环境与发展综合决策贯穿到城市建设中的过程,良好的城市环境不仅对居民生活具有重要的意义,也是社会再生产得以顺利进行的重要前提。在这个意义上,城市环境综合整治是改善和维护城市环境质量的有效举措,既是经济社会发展的客观要求,同时也是经济社会发展的重要目的。环保部对于城市环境综合整治建立了专门的考核指标体系,并进行严格考核。

（2）城市环境规划。城市环境规划作为调控人们生产生活活动,减少污染,防止资源破坏,保护人类生存、经济和社会持续稳定发展所依赖的基础,担负着从整体上、战略上和统筹规划上来研究和解决环境问题的任务,对于可持续发展战略的顺利实施起着十分重要的作用。根据2014年《环境保护法》的规定,城市环境规划应结合本地的自然环境状况,通过城市功能合理定位,形成合理的生产力布局,保护城市植被、水体,建设好园林、风景区,形成良好的城市生态系统,建设生态城市。

（3）城市环境污染防治。城市是人口不断集中、产业不断集聚的场所,人流、物流、能流、信息流等更加频繁,也更容易发生环境污染问题。在城市建设中,应建立健全环境污染监测系统,对城市建设和发展中可能产生的环境污染问题进行跟踪,及时应对污染可能造成的不良影响,并对污染治理的效果及时进行检验、反馈和改进,减缓或消除次生环境污染影响。尤其应强化对建设项目环境影响评价中的跟踪评价和规划环评中的后评价机制的监督和管理。在生产领域,重视对生产全过程的环境污染跟踪监测和污染控制;在生活领域,关注对环境敏感区(点)的环境质量监测和对环境保护对象的跟踪调查。

2. 乡村建设中的环境保护

（1）乡村建设用地中的环境保护要求。县级以上人民政府在编制乡村用地规划时,必须将环境保护作为重要指标纳入。人民政府在审核批准乡村建设用地方案时,应该考虑乡村环境容量、环境规划及环境保护政策。

（2）村镇规划中的环境保护要求。通过编制村镇建设规划加强村、镇(乡)的生态环境保护,改善乡镇人居环境。村镇规划中应包含环保规划和国土规划,严格执行生态分级控制,优化区域生态格局。通过高起点规划、高标准建设、高效能管理,引领村镇建设的发展,实现社会经济持续发展、生态环境良性循环、村镇环境整洁优美、人与自然和谐相处的目标。让群众喝上干净的水、呼吸上新鲜的空气,吃上安全卫生的食物,在良好的环境中生活。

（3）村容村貌管理。乡村环境卫生建设是当前亟待解决的问题,通过建设集中供水设施,切实解决农村饮水安全问题;通过建设生活垃圾集中处理和农业生产废弃物综合利用设施,改善农村人居生存质量;通过采取切实宣传教育措施,改变人们的生活习惯,提高农业人口的环境保护意识,改善村容村貌。

### 二、绿色消费制度

(一)绿色消费制度的含义

人类不断地从自然取得物质资料,以满足自己的需要,尔后又不断将废物排放到自然,经过自然的"净化"作用,重新转化为自然物质。但是,自然资源并不是无限的,许多资源本身是不可再生的。对于这些资源,就不能过快地将其耗尽;另一方面,人类将排出物返还自然,要以自然的"净化"能力为限,否则,就只能是对环境的污染。传统的消费模式是工业文明消费模式,是追求方便的、大量消费的生活方式,该消费模式过度地消耗自然资源,严重污染自然环境,破坏自然界的生态平衡。随着"绿色运动"的兴起,"绿色"观念的逐步形成,人类开始反思自身的消费行为对环境的影响。20 世纪 80 年代后半期,英国掀起了"绿色消费者运动",然后席卷了欧美各国。这个运动主要就是号召消费者选购有益于环境的产品,从而促使生产者也转向制造有益于环境的产品。这是一种靠消费者来带动生产者,靠消费领域影响生产领域的环境保护运动。1987 年英国学者 Elkington 和 Hailes 在《绿色消费者指南》一书中提出"绿色消费"概念,并将绿色消费定义为避免使用下列商品的一种消费:(1)危害到消费者和他人健康的商品;(2)在生产使用和丢弃时,造成大量资源消耗的商品;(3)因过度包装,超过商品物质或过短的生命期而造成不必要消费的商品;(4)使用出自稀有动物或自然资源的商品;(5)含有对动物残酷或不必要的剥夺而生产的商品;(6)对其他国家尤其是发展中国家有不利影响的商品。① 而 1992 年在里约热内卢召开的联合国环境与发展大会则标志着这一思想得到全世界的广泛认可和响应。大会制定的《21 世纪议程》明确提出:"所有国家均应全力促进建立可持续的消费形态。""绿色消费"概念经过不断完善,目前国际上普遍认可的是绿色消费的"5R"原则:节约资源,减少污染(reduce);绿色生活、环保选购(revaluate);重复使用、多次利用(reuse);分类回收、循环再生(recycle);保护自然、万物共存(rescue)。② 即国际上公认的绿色消费有三层含义:一是倡导消费者在消费时选择未被污染或有助于公众健康的绿色产品;二是在消费过程中注重对废弃物的处置;三是引导消费者转变消费观念,崇尚自然、追求健康,在追求生活舒适的同时,注重环保、节约资源和能源,实现可持续消费。

绿色消费是随着生态环境危机的加深、人类消费观念及消费需求的变化而产生的一种全新的消费理念和生活模式,目前已成为世界消费发展的大趋势。据有关民意测验统计,77%的美国人表示,企业和产品的绿色形象会影响他们的购买欲;94%的德国消费者在超市购物时会考虑环保问题;在瑞典,85%的消费者愿意为环境清洁而付出较高的价格;加拿大 80%的消费者宁愿多付出 10%的钱购买对环境有益的产品;日本消费者更胜一筹,对普通的饮水机和空气都以"绿色"为选择标准;韩国和中国香港地区的消费者,争先购买几乎绝迹的茶籽、茶籽油,作为天然的洗发剂、护发剂。与之相比,我国的绿色消费起步较晚,但发展势头迅猛。"十二五"规划纲要对绿色消费模式作了专章阐述,主要内容是:"倡导文明、节约、绿色、低碳消费理念,推动形成与我国国情相适应的绿色生活方式和消费模式。鼓励消费者购买使用节能节水产品、节能环保型汽车和节能省地型住宅,减少使用一次性用品,限制过度包装,抑制不合理消费。推行政府绿色采购。"2015 年 4 月 25 日国务院发布的《关于加快推进生态文明建设的意见》提出:"培育绿色生活方式。倡导勤俭节约的消费观。广泛开展绿色生活行动,推动全民在衣、食、住、行、游等方面加快向勤

---

① 林白鹏、减旭恒:《消费经济大辞典》,经济科学出版社 2000 年版。
② 徐盛国等:《"绿色消费"研究综述》,《生态经济》2014 年第 7 期。

俭节约、绿色低碳、文明健康的方式转变,坚决抵制和反对各种形式的奢侈浪费、不合理消费。"这是我国对生态文明建设规律认识的深化,是对符合生态文明消费方式的科学诠释。

绿色消费制度在我国《清洁生产促进法》(2002年颁布)、《循环经济促进法》(2008年颁布)以及2014年《环境保护法》里均有体现。如《循环经济促进法》第2条第二款规定:"本法所称减量化,是指在生产、流通和消费等过程中减少资源消耗和废物产生。"第10条第一款规定:"公民应当增强节约资源和保护环境意识,合理消费,节约资源。"《环境保护法》第6条第三款规定:"公民应当增强环境保护意识,采取低碳、节俭的生活方式,自觉履行环境保护义务。"

(二)绿色消费制度的具体内容

1. 绿色消费的鼓励与引导措施

绿色消费是一种崭新的消费理念与生活方式,既包括企业对绿色产品的提供,也包括消费者对绿色产品的购买与消费活动,它是一种符合环境保护要求的、较高层次的理性消费行为。但是,消费行为本质上是一种个体化的民事行为,尽管绿色消费对于改善环境质量具有非常重要的意义,但也不能在法律上采取强制性措施。

一是通过环境宣传教育,使消费者逐步形成绿色消费意识。为增强绿色环保意识和积极树立绿色消费观念,《环境保护法》第9条规定,各级人民政府应当加强环境保护宣传和普及工作,鼓励基层群众性自治组织、社会组织、环境保护志愿者开展环境保护法律法规和环境保护知识的宣传,营造保护环境的良好风气;教育行政部门、学校应当将环境保护知识纳入学校教育内容,培养学生的环境保护意识。《清洁生产促进法》第16条第二款规定:"各级人民政府应当通过宣传、教育等措施,鼓励公众购买和使用节能、节水、废物再生利用等有利于环境与资源保护的产品。"

二是通过各种方式对绿色消费模式加以鼓励和引导。如《循环经济促进法》第10条第二款规定:"国家鼓励和引导公民使用节能、节水、节材和有利于保护环境的产品及再生产品,减少废物的产生量和排放量"。《环境保护法》第36条第一款规定:"国家鼓励和引导公民、法人和其他组织使用有利于保护环境的产品和再生产品,减少废弃物的产生。"新消费税加大了对一次性筷子、实木地板、大排量轿车的征税力度,旨在控制这类产品的消费量,鼓励人们转向绿色消费。这些鼓励和引导措施至少应该包括:针对企业生产绿色产品的激励机制,比如绿色产业投资、绿色标识与价格优惠、税收制度等;针对消费者的绿色押金、绿色认证、绿色产品市场监管等;此外,还应该建立企业与消费者互动的绿色消费鼓励制度,比如生产者延伸责任与回收综合利用、绿色消费双向激励等。

2. 政府具有践行绿色消费的法定义务

政府作为社会的管理者,其消费行为对全社会具有良好的示范效应;同时,政府作为国家财政资金的使用者,也有义务按照国家环境保护的要求,进行绿色采购,支持企业的绿色生产。因此,《清洁生产促进法》第16条第一款规定:"各级人民政府应当优先采购节能、节水、废物再生利用等有利于环境与资源保护的产品。"2014年《环境保护法》第36条第二款规定:"国家机关和使用财政资金的其他组织应当优先采购和使用节能、节水、节材等有利于保护环境的产品、设备和设施。"

尽管相关法律已经对绿色消费制度进行了规定,但仍需完善。比如缺乏绿色产品市场准入机制和绿色产品的认证体系,对滥用绿色产品标识的问题缺乏监管和处罚力度。除此之外,绿色消费的推行还面临诸多障碍,比如公众绿色生活的意识不强,保护环境、人人有责的观念没有真正建立起来;生活方式绿色化涉及面极广,需要环保、发改、工商、商务、财政、教育等众多部门联动,因涉及部门众多,统筹协调形成合力难度较大。为此,2015年11月16日环境保护部印发了《关于加快推动生活方式绿色化的实施意见》,其主要内容包括:一是推动生活方式绿色化,着力构建政府引导、市场响应、公众参与的运行保障长效机制,规范政府、企业和公众的职责和义务,明确分工;二是加大宣传力度,增强绿色理念,营造绿色氛围;三是拓宽渠道,搭建平台,构建全民参与的绿色行动体系,开展绿色产品信息发布,建立便于查询的平台,发布国家认证的有机食品、环境标志产品和绿色装饰材料等;四是建立健全法律法规,制定激励政策和扶持措施,按行业、领域制定符合生态环保要求的标准,对绿色产品的生产企业给予政策扶持和技术支持,开展绿色信贷等;五是规范绿色消费市场,制定统一的绿色认证标准,加强绿色产品的标识管理,加强监管执法力度。

### 三、生活废弃物分类处置制度

(一) 生活废弃物分类处置制度的含义

"生活废弃物"是指在日常生活和其他社会活动中产生的,社会主体为满足自身发展需要,利用物质条件在生产、生活过程中产生的被弃置的附属物。生活废弃物也是人们平常所称的"垃圾",包括居民生活垃圾、单位生活垃圾、道路清扫垃圾、公共场所垃圾、商业摊点垃圾、集贸市场垃圾、餐饮垃圾、建筑垃圾等废弃物。生活废弃物一般可分为四大类:一是纸类、金属、塑料、玻璃等可回收垃圾;二是剩菜剩饭、骨头、菜根菜叶等厨房垃圾;三是废电池、废日光灯管、废水银温度计、过期药品等有害垃圾;四是砖瓦陶瓷、渣土、卫生间废纸等其他垃圾。目前常用的垃圾处理方法主要有综合利用、卫生填埋、焚烧和堆肥。

生活废弃物分类处置是指按一定规定或标准将垃圾分类储存、分类投放和分类搬运,从而转变成公共资源的一系列活动的总称。分类的目的是提高垃圾的资源价值和经济价值,力争物尽其用。生活废弃物分类处置是减少环境污染、改善环境质量的重要措施。生活废弃物分类处置制度是指有关生活废弃物分类方式、处置方法以及相关主体在生活废弃物分类处置过程中的权利义务关系的规范总和。

我国对垃圾的环境管理是从20世纪80年代开始的,1986年国务院转发城乡建设部等部门的《关于处理城市垃圾改善环境卫生面貌的报告》已涉及垃圾污染及防治对策,正式开始了对垃圾的环境管理。我国现行法律中有关生活废弃物的规定的立法已有不少,包括《固体废物污染环境防治法》《循环经济促进法》《城市生活垃圾管理办法》《再生资源回收管理办法》等。《环境保护法》规定了生活废弃物分类处置、回收利用制度。该法第27条规定:"地方各级人民政府应当采取措施,组织对生活废弃物的分类处置、回收利用。"第38条规定:"公民应当遵守环境保护法律法规,配合实施环境保护措施,按照规定对生活废弃物进行分类放置,减少日常生活对环境造成的损害。"

(二) 生活废弃物分类处置的原则

2007年4月10日建设部颁布了《城市生活垃圾管理办法》,该法第3条确立了城市生活垃圾治理的原则是减量化、资源化、无害化原则和谁产生、谁负责原则。

1. 减量化、资源化、无害化原则

减量化、资源化、无害化亦是《固体废物污染环境防治法》《循环经济促进法》所确立的垃圾处理原则。生活废弃物亦属于垃圾,自然应遵循法律确立的垃圾处理原则,因此,《城市生活垃圾管理办法》具体规定了城市生活垃圾治理应遵循减量化、资源化、无害化原则。减量化是指在生活消费等过程中减少资源消耗和废物产生,以及采用适当措施使废物量减少(含体积和重量)的过程。环境保护部发布的《2014年全国大、中城市固体废物污染环境防治年报》显示:我国大、中城市生活垃圾产生总量为16 148.81万吨。数据显示,目前,中国城市生活垃圾清运量大而增长的速度快,从1979年的2 508万吨增长至2012年的17 081万吨,增加了5.8倍,成为可持续发展障碍之一。中国人民大学国家发展与战略研究院发布的《我国城市生活垃圾管理状况评估报告》指出,"垃圾围城"已成为中国各大城市迫在眉睫的问题,许多城市面临巨大的垃圾处置压力,垃圾减量化势在必行。垃圾不仅"包围"了城市,也逐渐"包围"了农村。全国4万个乡镇、近60万个行政村大部分没有环保基础设施,每年产生生活垃圾2.8亿吨。据统计,我国大陆地区2012年人均生活垃圾日清运量平均为1.12千克,而台湾地区台北市2012年的人均生活垃圾日清运量已减少到0.37千克。因此,促进源头减量,成首要任务。生活废弃物减量化也成为生活废弃物分类处置必须遵循的原则。

资源化是指将生活废弃物直接作为原料进行利用或对废弃物进行再生利用,也就是采用适当措施实现废弃物的资源利用过程,其中再利用是指将废弃物直接作为产品或者经修复、翻新、再制造后继续作为产品使用,或者将废弃物的全部或者部分作为其他产品的部件予以使用。对纸类、金属、塑料、玻璃等可回收生活废弃物,通过综合处理回收利用,可以减少污染,节省资源。如每回收1吨废纸可造好纸850公斤,节省木材300公斤,比等量生产减少污染74%;每回收1吨塑料饮料瓶可获得0.7吨二级原料;每回收1吨废钢铁可炼好钢0.9吨,比用矿石冶炼节约成本47%,减少空气污染75%,减少97%的水污染和固体废物。

无害化是指在生活废弃物的收集、运输、储存、处理、处置的全过程中减少以至避免对环境和人体健康造成不利影响。无害化处理不仅针对废电池、废日光灯管、废水银温度计、过期药品等有害生活废弃物,而且包含其他类型的生活废弃物。2012年4月19日,国务院印发《"十二五"全国城镇生活垃圾无害化处理设施建设规划》,该《规划》分指导思想、基本原则和主要目标,主要任务,投资估算和资金筹措,规划实施4部分。规划范围包括全国所有设市城市、县城(港澳台地区除外),并通过以城带乡、设施共享等多种方式服务于常住人口3万人以上的建制镇。住房和城乡建设部于近期宣布,我国将在未来5年完成90%的村庄生活垃圾无害化处理。

2. 谁产生、谁负责原则

《环境保护法》第5条明确规定了"损害担责"的原则。这是对原先"污染者付费原则"的发展和补充,使其外延更为全面、内涵更为充实。而损害担责原则的具体内容包含"开发者养护、污染者负担、受益者补偿、主管者负责"。而谁产生、谁负责便是损害担责原则在生活废弃物处置中的具体体现。对于生活废弃物处置的费用应依据谁产生谁负责的原则,明确居民和社会单位应为生活垃圾处理承担责任和支付费用。该原则在生活垃圾分类地方性管理规定中亦有体现,比如《广州市生活垃圾分类管理规定》第10条规定,该市按照"谁产生、谁付费"的原则,逐步建立低成本、高效率的生活垃圾处理费收费制度。

(三)生活废弃物分类处置的责任主体

目前我国的垃圾处理多采用卫生填埋甚至简易填埋的方式,占用上万亩土地;并且虫蝇乱飞,污水四溢,臭气熏天,严重地污染环境。因此进行垃圾分类收集可以减少垃圾处理量和处理设备,降低处理成本,减少土地资源的消耗,具有社会、经济、生态三方面的效益。许多发达国家在这方面均有成功的实践。如美国旧金山的垃圾收集系统分为可回收垃圾、可堆肥物和其他垃圾三种,每周收集一次。为鼓励餐馆对厨余垃圾分类,旧金山政府还规定,如果餐馆将有机废物分开收集,就能省下25%的垃圾处理费用。① 我国生活废弃物分类处置的关键问题是确定分类处置的责任主体及其应承担的职责和义务。

---

① 李奇、牛善忠:《垃圾堆肥难在分类回收》,http://env.people.com.cn/n1/2016/0106/c1010-28018031.html,访问时间2016年2月25日。

1. 地方人民政府应承担生活废弃物处理的主要责任

生活废弃物分类处置是一个从私有品转化为公共资源的过程。生活废弃物在分类储存阶段属于公众的私有品,经公众分类投放后成为公众所在小区或社区的区域性准公共资源,分类搬运到垃圾集中点或转运站后成为没有排他性的公共资源。因此,需要政府在建立分类标准、确定分类投放区域、进行分类搬运或者转运、建设处置设施等方面承担责任,为实现生活废弃物的分类处置提供必要的服务、建设能够满足需要的设施。具体而言,政府除了建设好生活废弃物分类处置的设施以外,重点应推动生活废弃物分类工作。

(1) 明确分类标准。分类的目的就是为了将生活废弃物分流处理,利用现有生产制造能力,回收垃圾分类利用回收品,包括物质利用和能量利用,填埋处置暂时无法利用的无用垃圾。各地方应综合考虑地理、经济发展水平、企业回收利用废弃物的能力、居民来源、生活习惯、经济与心理承担能力因素,建立合理的分类标准。

(2) 建立减排补贴,超排惩罚的制度。制定单位和居民垃圾排放量标准,低于这一排放量标准的给予补贴;超过这一排放量标准的则予以惩罚。减排越多补贴越多,超排越多惩罚越重,以此提高单位和居民实行源头减量和排放控制的积极性。

(3) 促进生活废弃物分类处置观念的形成。广泛开展生活废弃物分类的宣传、教育和倡导工作,使消费者树立生活废弃物分类的环保意识,阐明生活废弃物对社会生活造成的严重危害,宣传生活废弃物分类的重要意义,呼吁消费者积极参与生活废弃物分类。同时教会消费者生活废弃物分类的知识,使消费者进行生活废弃物分类逐渐成为自觉和习惯性行为。

(4) 改造或增设垃圾分类回收的设施。生活废弃物分类应细化,可以用不同颜色的垃圾桶分别回收玻璃、纸、塑料和金属类包装垃圾、植物垃圾、生活垃圾、电池灯泡等特殊的垃圾。垃圾桶上必须注明回收的类别和简要使用说明,指导消费者使用。建立现代社区的生活废弃物经营和回收服务功能,政府可实行减免经营税的倾斜政策,调动社区的管理积极性。

(5) 改善垃圾储运形式。对环卫局的垃圾回收车进行分隔式的改造,分类装载生活废弃物。充分发挥原有回收渠道的作用,将可再生利用的生活废弃物转卖到企业。另外,建立专门回收队伍,由厂家直接回收,实现多渠道回收,引入价格和服务的竞争机制,以提高服务质量和回收率。

2. 公民的生活废弃物分类放置义务

生活废弃物的回收从垃圾变为有用的资源,关键在于能够让公民个人参与到分类处置中来,以传统的监管方式实现的生活废弃物排放、分类处置的难度大、成本高,因为每个公民都要排放生活废弃物,因此,必须高度重视公民的积极性与防治作用的发挥。通过公民自己去履行生活废弃物分类处置的义务,才能实现制度的预期效果。在日本、德国、瑞典等国,垃圾分类投放已经成为民众的一种自觉行为,即使没人监督也会严格执行。

目前,我国的生活废弃物处理所折射的制度实施问题不仅在于没有专门立法或制度缺失,而且政府主导下的生活废弃物防治制度难以落实到每个个体。关于垃圾分类,2000年6月,北京、上海、南京、杭州、桂林、广州、深圳、厦门被确定为全国首批8个垃圾分类收集试点城市。虽然垃圾分类试点已经推行了15年,但有的地方已成为"一纸空文",有的虽出台了各项措施引导垃圾分类,但效果不彰。公众垃圾分类意识不强。北京市"十三五"规划公众建言活动,第一期调查问卷报告结果显示:关于垃圾分类执行的问题调查,高达49.5%的受访者表示"不知道如何对垃圾进行分类",45.5%的受访者表示"嫌麻烦而不愿意对垃圾进行分类";在未来提高居民垃圾分类水平的措施中,73%的受访者认为应加强垃圾分类意识和知识的教育普及,55.5%和46%的人希望出台鼓励居民垃圾分类的激励措施或强制性约束措施,37.1%赞同出台执法措施。① 10多年的分类试点,似乎已然裹足不前。但2015年以来,垃圾分类试点出现重大变化。9月和12月,广州、上海分别开始实施对垃圾不分类行为开罚的地方性法规。《广州市生活垃圾分类管理规定》第22条规定,单位和个人应当按照生活垃圾分类管理责任人公告的时间、地点、方式等要求投放生活垃圾,不得随意倾倒、抛撒或者堆放生活垃圾。违反垃圾投放规定的单位和个人将面临处罚。其第20条明确规定了生活垃圾分类管理责任人在不同辖区和单位的确立方式。例如,城市居住区,实行物业管理的,物业服务单位为责任人;单位自管的,自管的单位为责任人;农村居住区和转制社区,村民委员会、农村集体经济组织为责任人等等。②

因此,《环境法保护法》第38条规定公民"遵守环境保护法律法规,配合实施环境保护措施,按照规定对生活废弃物进行分类放置"的义务,是为了调动每个公民的参与积极性,减少日常生活对环境造成的损害。该条原则性的规定应通过修订《固定废物污染环境防治法》予以具体化并完善相关制度。比如将垃圾源头强制分类纳入法律;明确信息公开内容,完善生活垃圾管理的信息统计体系,细化统计指标。

**四、环境与健康保护制度**

(一)环境与健康保护制度的含义

环境污染的最终也是最严重后果是对人群健康造成损害,不仅直接影响当代人的生命健康,而且威胁未来世代人的健康出生与成长。近年来在我国频繁爆发的儿童血铅事件、砷中毒事件,以及日益严重的人口出生缺陷、不孕不育症人数增加,都是环境污染对人群健康造成影响的直接例证。环境与健康保护制度就是关于采取相关措施控制环境污染物的转移途径和暴露时间,切断污染物进入人体的通道,使人群免受或者减轻环境污染造成的健康损害的法律规范总和。

我国经过30多年快速发展,环境问题进入集中爆发期,在局部地区已对人群健康造成危害。当前,我国环境与健康问题呈现如下特点:一是复合型污染严重,污染范围广,暴露人口多;二是人群暴露时间长,污染物暴露水平高,历史累积污染对健康影响短时间内难以消除;三是城乡差异显著,大气污染是我国城市地区、水污染和土壤污染是农村地区面临的主要环境与健康问题;四是由于基础卫生设施不足导致的传统环境与健康问题还没有得到妥善解决的同时,由工业化、城市化进程带来的环境污染与健康风险逐步增强。从发展趋势看,上述四个方面的问题短期内难以解决,未来环境污染的健康风险逐步增强,环境与健康工作形势严峻。

我国政府已开始着手化解环境与健康风险。原国家环保总局与原卫生部于2006年确立了《卫生部、国家环保总局环境与健康工作协作机制》,建立了国家环境与健康工作领导小组、联合办公室、专家咨询委员会、主题工作组4个层面的组织机制,负责研究、出台若干规范性文件,指导环境与健康工作的发展。2007年11月,18个部委又联合出台了《国家环境与健康行动计划(2007—2015年)》,这也是中国环境与健康领域的第一个纲领性文件。根据该计划,国家成立了由原卫生部、原环保总局为牵头部门,发展改革委、教育部、科技部、财政部、国土资源部、建设部、交通部、水利部、农业部、商务部、广电总局、统计局、安全监管总局、国务院法制办、气象局、中医药局等部门参加的国家环境与健康工作领导小组,并成立国家环境与健康专家咨询委员会,实行领导小组例会制度、联合办公室工作制度、共同协调地方工作制度等。云南、湖南、广东、黑龙江

---

① 林艳:《超九成受访者希望解决空气污染问题》,http://env.people.com.cn/n/2015/0625/c1010-27204580.html,访问时间2016年2月25日。

② 颜之宏、商意盈:《垃圾分类全国推广成为"马拉松"》,http://env.people.com.cn/n1/2016/0201/c1010-28099434.html,访问时间2016年2月25日。

等省份也通过了本省的环境与健康行动计划。2011年8月,环境保护部又公布了《国家环境保护"十二五"环境与健康工作规划》,进一步明确了"十二五"期间环境与健康工作的重点领域和主要任务。但是,这些都还仅仅停留在政策层面并且由于种种原因,难以得到真正落实。因为环境与健康保护问题涉及物理、化学、生物学、生态学、医学等多个自然科学领域,与经济社会发展方式、企业社会责任、环境管理、卫生管理、公民权益保障密切相关,需要通过自然科学研究解释环境与健康问题产生的机理,提出解决环境污染、防止人体健康受害的技术方案与措施,更需要通过社会科学研究寻找环境与健康问题产生的原因,提出解决环境污染、保障人群健康权益的制度安排与政策措施。

在一些先进国家,环境与健康保护采取的是典型的"科技+法律"模式,以环境健康风险评估为基础,建立以环境健康风险评估为核心的制度体系。1983年,美国国家科学院制定了"风险管理"策略,将环境与健康风险管理分为两个阶段,即风险评价与风险管理,并明确了健康风险的评价步骤,其发布的《联邦政府风险评价程序指南》将健康风险评估过程分为危害识别(hazard identification)、暴露评估(exposure assessment)、剂量-反应关系(dose-response assessment)、风险表征分析(risk characterization analysis)四个步骤,它也是美国《超级基金法》实施中决定污染场地的修复或生态恢复的范围、目标和方式的依据。美国的环境健康风险管理框架得到了许多国家的认可,加拿大、澳大利亚、荷兰等国环境立法予以采纳且实施效果良好。韩国制定了专门的《环境与健康法》,第1条规定中:"为了预防和维护公众健康和生态安全,减少健康危害,评估、识别和监测环境污染和有毒有害化学品等对公众健康以及生态系统的影响和损害,制定本法。"并建立了以风险评估为核心的环境与健康保护制度。

我国2014年《环境保护法》首次将环境与健康保护纳入环境立法。为建立健全环境与健康保护制度提供了依据,其第39条规定:"国家建立、健全环境与健康监测、调查和风险评估制度;鼓励和组织开展环境质量对公众健康影响的研究,采取措施预防和控制与环境污染有关的疾病"。

(二) 环境与健康保护制度的内容

1. 环境与健康监测、调查和风险评估制度

环境与健康保护制度的核心在于将风险预防的原则变为实际的制度安排,通过建立风险评估制度将环境污染对人群健康的危害降到最低,采取各种措施对易感人群、敏感人群进行保护,尽可能避免产生健康损害后果。人类对自然规律的认识有限,人类利用自然所产生的后果在短时间内不会完全显现,污染物对人体健康造成损害往往是一个缓慢的过程。但这种损害一旦形成,轻则可能对个人的健康造成不可逆转的危害,重则可能对整个民族的繁衍形成威胁。因此,环境保护要做到以人为本,必须有强烈的风险控制意识,将风险预防作为基本原则,建立以保障人体健康为导向,以风险评价、风险控制和风险沟通为核心的环境健康风险监管体制机制,防范由健康风险引发的环境群体性事件。在环境与健康风险监管体制中,环境与健康监测、调查与风险评估是基础。

环境与健康监测主要是通过技术手段对"污染源—环境介质—人体负荷—健康效应"所进行的综合监测,以帮助我们全面了解环境与健康的现状,发现环境污染与人群健康之间的因果关系。

环境与健康调查主要是通过科学调查、社会学调查等方法对主要环境危险因子进行识别并提出有效应对措施的基础性工作,展开有效的调查既可以摸清环境与健康问题的"底数",为开展环境健康风险评估提供支撑。

环境健康风险评估(Environmental Health Risk Assessment, EHRA)是环境与健康工作的基本工具,是指利用现有的毒理学、流行病学及实验研究等最新成果,按一定准则,对有害环境因

素作用于特定人群的有害健康效应(病、伤、残、出生缺陷、死亡等)进行综合定性与定量评估的过程。

2. 国家鼓励开展环境与健康科学研究

环境污染引发的人群健康危害具有复杂、不确定与不可逆等特性,但现行环境法律法规中有关环境与健康工作的内容过于原则化,缺乏真正符合环境与健康工作需要的法律制度和标准体系,许多环境管理制度及管理目标大多缺乏与健康问题的衔接,一些与环境与健康问题密切相关的重要环境管理制度尚未建立起来,其根本原因在于我国有关环境与健康的科学研究成果不足以支撑制度建设。因此,2014年《环境保护法》在第39条的规定中,特别提出鼓励和组织开展环境质量对公众健康影响的研究。

**【思考题】**

1. 什么是生态保护红线制度?如何追究生态保护红线的越线责任?
2. 为何要实施生态补偿?如何完善我国的生态补偿制度?
3. 什么是绿色消费?我国是如何在法律上推行绿色消费的?
4. 我国生活废弃物分类处置的现状如何?谁是生活废弃物分类处置的义务主体?

**【案例分析】**

2011年6月渤海湾蓬莱19-3油田作业区B平台、C平台先后发生两起溢油事故,该油田由中海油和美国康菲石油公司的全资子公司康菲中国石油合作开发,作业方为美国康菲石油中国有限公司(简称康菲中国)。蓬莱19-3油田溢油事故发生后,2011年7月6日,康菲中国作出回应,声称渤海湾已经没有任何溢油。5天后,经国家海洋局监测,发现溢油并没有完全得到控制。国家海洋局向康菲中国提出"两个彻底"的要求,即在8月31日前彻底排查溢油源,彻底封堵溢油,确保不再发生新的溢油风险。8月31日,康菲石油向国家海洋局提交了完成"两个彻底"的报告,声称溢油源已被永久封堵。国家海洋局经调查认为封堵措施不得力,污染海域面积有所增大。9月2日,国家海洋局认定,事发油田的作业方康菲中国没有如期完成"两个彻底"的要求,同时责令蓬莱19-3全油田停止回注、停止钻井、停止油气生产作业。并且在实施"三停"期间,康菲中国为开展溢油处置的一切作业应在确保安全、确保不再产生新的污染损害的前提下进行。9月4日,康菲中国在其官方网站通报了蓬莱19-3钻井停产的具体进展。最终到2011年9月5日为止,事发油田正式全面停产。目前,本次溢油事故造成污染的海洋面积至少为5 500平方公里,其中劣四类海水海域面积累计约870平方公里,而对于周边渔民的损失以及对于临近污染海域生活的居民影响还无法预计。

**【问题】**

1. 美国康菲石油中国有限公司作为企业应如何履行海洋环境保护义务?它是否依法履行了海洋环境保护义务?
2. 如果该案发生在2015年6月,能否对美国康菲石油中国有限公司溢油事件实施按日计罚?为什么?

# 第十三章 污染控制法律制度

---
**本章要点**

---

污染控制法律制度是以防治环境污染为目的,在形式上表现为环境管理基本制度之下的具体污染控制制度。它们作为环境法的重要组成部分,既是对环境管理基本制度的具体化,又是对环境污染防治的综合性规定,是针对环境污染的预防、治理或污染物控制所确立的一系列制度,既包含以污染发生源为基点、旨在预防污染发生而建立的预防性控制制度,又涉及为治理业已发生的环境污染而建立的治理性控制制度。

---

污染控制法律制度与生态保护法律制度之间应是互相协调与互相配合的关系。它们从不同的角度、不同的层面作出规定。虽然各有侧重,但两者并非截然对立和矛盾。从环境的属性讲,生态保护是防止环境污染的重要条件;而环境污染的防治又是生态保护的重要内容,也是生态保护的结果。从法律的内容看,生态保护法律制度着重于对水、森林、草原、土地等环境要素开发与利用过程本身的控制,是在原有传统权利的基础之上附加了可持续发展的考虑和环境保护的限制;而环境污染控制法律制度则更注重对环境要素开发利用过程中所产生的副作用的限制,是为开发利用主体直接设定防治污染的义务与责任。污染控制法律制度包括预防性控制制度和治理性控制制度两类。

## 第一节 预防性控制制度

### 一、清洁生产和循环经济制度
（一）清洁生产与循环经济的含义

因工业社会以指数增长方式无情地剥夺自然,已经造成全球环境恶化,资源日趋耗竭。在可持续发展战略思想的指导下,1989年联合国环境规划署制定了《清洁生产计划》,提出了清洁生产的最初定义,即清洁生产是对生产过程与产品采取整体预防性的环境策略,以减少对人类及环境可能的危害。在此定义基础上,1996年联合国环境规划署将清洁生产的概念进一步完善为"清洁生产指将整体预防的环境战略持续应用于生产过程、产品和服务中,以增加生态效率和减少人类及环境的风险"。实行清洁生产既可以防止污染及污染转移,还具有可持续性。清洁生产一经提出,在世界范围内得到许多国家和组织的积极推进和实践,其最大的生命力在于可取得环境效益和经济效益的"双赢",是实现经济与环境协调发展的唯一途径。在我国,清洁生产制度最早在1989年《环境保护法》中已经有所体现。但是首次提出"清洁生产制度"的,是国务院发表的《21世纪议程——中国21世纪人口、资源与发展白皮书》。1994年3月25日,国务院通过《21世纪议程——中国21世纪人口、资源与发展白皮书》,明确建立清洁生产制度和清洁能源法律制度。在随后数年里,通过制定或修改《大气污染防治法》《固体废物污染环境防治法》《水污染防治法》《环境噪声污染防治法》《海洋环境保护法》一系列法律,相继对清洁生产制度作出了法律规定。在各环境保护单行法规定清洁生产制度和制定地方性清洁生产条例的基础上,我国于 2002 年制定了《清洁生产促进法》(2012 年 2 月 29 日修订),2005 年制定《可再生能源法》。我国《清洁生产促进法》将清洁生产定义为:"不断采取改进设计、使用清洁的能源和原料、采用先进的工艺技术与设备、改善管理、综合利用等措施,从源头削减污染,提高资源利用效率,减少或者避免生产、服务和产品使用过程中污染物的产生和排放,以减轻或消除对人类健康和环境的危害。"清洁生产是指利用无污染或者少污染的原材料、能源、工艺、设备和生产方法以及科学的内部管理,生产出清洁的产品。清洁生产秉持全过程控制污染的理念,要求做到"三清"——清洁的能源、清洁的生产过程和清洁的产品。其核心内容为:一是自然资源的合理利用,要求以最小的投入获得最大的产出;二是经济效益的最大化:通过节约资源、降低损耗、提高效能和产品质量,达到降低生产成本,提升企业竞争力的目的;三是环境危害最小化:通过最大限度地避免或减少使用有毒害物料,采用无废、少废技术,减少生产过程中的危险因素,注重废物回收和循环利用,采用可循环可降解材料完成产品生产和包装,改善产品功能等一系列环保措施,实现对人类健康和环境危害的最小化和"工业绿化"的目的。清洁生产法律制度围绕相关要求展开。

传统的工业经济是一种按"资源—生产—消费—废弃物排放"单向流动的线性经济。在这种开环型的线性经济中,人们高强度地从地球上提取各种物质和能源,然后又以污染物和废弃物的形式大量排向大气、水体和土壤,把地球当做"垃圾箱"。线性经济正是通过把资源源源不断变成垃圾的运动、通过不断增长的自然代价来实现经济的数量型增长的。循环经济作为一种新的发展模式,是在高消耗、高排放、低利用的经济增长模式所带来的资源约束和环境压力背景下提出来的。循环经济是指在生产、流通和消费等过程中进行的减量化、再利用、资源化活动的总称,也是资源节约和循环利用活动的总称。与线性经济不同,循环经济倡导的是一种与地球和谐共存的经济发展模式,它的要旨是将经济活动组织成一个"资源—生产—消费—二次资源"的闭环过程,所有的物质和能量要在不断进行的经济循环中得到合理和持续的利用,从而把经济活动对自然环境的不利影响降低到尽可能小的程度。1996 年,德国颁布了《循环经济与废物管理法》,提倡在资源循环利用的基础上发展经济。20 世纪 80 年代以来,我国经济快速增长,各项建设成就显著,但同时经济发展与资源环境的矛盾也日趋尖锐:环境污染加重趋势尚未得到根本遏制、生态破坏问题日趋严重、资源能源形势更加严峻、国际环境压力日益加大,要解决上述问题,破解制约我国经济社会发展的结构性矛盾,就必须大力发展循环经济。为此,我国于 2008 年颁布了《循环经济促进法》。该法第 2 条将循环经济定义为:"在生产、流通和消费等过程中进行的减量化、再利用、资源化活动的总称。"其中,减量化,是指在生产、流通和消费等过程中减少资源消耗和废物产生。再利用,是指将废物直接作为产品或者经修复、翻新、再制造后继续作为产品使用,或者将废物的全部或者部分作为其他产品的部件予以使用。资源化,是指将废物直接作为原料进行利用或者对废物进行再生利用。

清洁生产与循环经济法律制度是推行清洁生产和发展循环经济的法律规范的总和,它以《环境保护法》为基本依据,具体内容体现在《清洁生产促进法》《可再生能源法》《循环经济促进法》等多部法律之中。《环境保护法》第 40 条规定:"国家促进清洁生产和资源循环利用。国务院有关部门和地方各级人民政府应当采取措施,推广清洁能源的生产和使用。企业应当优先使用清洁能源,采用资源利用率高、污染物排放量少的工艺、设备以及废弃物综合利用技术和污染物无害化处理技术,减少污染物的产生。"

## （二）清洁生产制度

### 1. 清洁生产的推行

《清洁生产促进法》第2章"清洁生产的推行"，对政府及有关部门明确规定了支持、促进清洁生产的具体要求，其中包括制定有利于清洁生产的政策、制定清洁生产推行规划、发展区域性清洁生产、为企业提供清洁生产的技术信息和技术支持、组织清洁生产的技术研究和技术示范、组织开展清洁生产教育和宣传、优先采购清洁产品等。这样规定，有利于政府为生产经营者自愿实施清洁生产提供支持和服务，创造适宜的外部环境。如《清洁生产促进法》第7条规定，国务院应当制定有利于实施清洁生产的财政税收政策。国务院及其有关部门和省、自治区、直辖市人民政府，应当制定有利于实施清洁生产的产业政策、技术开发和推广政策。第16条规定，各级人民政府应当优先采购节能、节水、废物再生利用等有利于环境与资源保护的产品。各级人民政府应当通过宣传、教育等措施，鼓励公众购买和使用节能、节水、废物再生利用等有利于环境与资源保护的产品。

### 2. 清洁生产的实施

《清洁生产促进法》第3章"清洁生产的实施"，规定了对生产经营者的清洁生产要求。对生产经营者的清洁生产要求分为指导性要求、强制性要求和自愿性规定三种类型。其中，关于指导性的要求比重较大，强制性规范比重较小，这样设计突出了"促进法"的特点，淡化了行政强制性色彩，以利于引导、规范生产经营者实施清洁生产。

指导性的要求不附带法律责任。属于此类要求的法律规定包括有关建设和设计活动优先考虑采用清洁生产方式；按照清洁生产要求进行技术改造；普通企业的清洁生产审核等。如其第20条规定："产品和包装物的设计，应当考虑其在生命周期中对人类健康和环境的影响，优先选择无毒、无害、易于降解或者便于回收利用的方案。企业对产品的包装应当合理，包装的材质、结构和成本应当与内装产品的质量、规格和成本相适应，减少包装性废物的产生，不得进行过度包装。"

自愿性的规定主要是鼓励企业自愿实施清洁生产，改善企业及其产品的形象，相应地可以依照有关规定得到奖励和享受政策优惠。属于此类的规定包括企业自愿申请环境管理体系认证等。如《清洁生产促进法》第29条规定：企业可以根据自愿原则，按照国家有关环境管理体系等认证的规定，委托经国务院认证认可监督管理部门认可的认证机构进行认证，提高清洁生产水平。

强制性的要求规定了生产经营者必须履行的义务。其中包括对部分产品和包装物要进行标识和强制回收；部分企业要进行强制性的清洁生产审核，如《清洁生产促进法》第27条规定，企业应当对生产和服务过程中的资源消耗以及废物的产生情况进行监测，并根据需要对生产和服务实施清洁生产审核。有下列情形之一的企业，应当实施强制性清洁生产审核：（1）污染物排放超过国家或者地方规定的排放标准，或者虽未超过国家或者地方规定的排放标准，但超过重点污染物排放总量控制指标的；（2）超过单位产品能源消耗限额标准构成高耗能的；（3）使用有毒、有害原料进行生产或者在生产中排放有毒、有害物质的。

### 3. 推进清洁生产的鼓励措施

《清洁生产促进法》将鼓励措施作为一章，对实施清洁生产的企业规定了表彰奖励、资金支持、减免增值税等措施，明确了实施清洁生产者可以从多方面获益。对在清洁生产工作中作出显著成绩的单位和个人，由人民政府给予表彰和奖励。对从事清洁生产研究、示范和培训，实施国家清洁生产重点技术改造项目和自愿节约资源、削减污染物排放量协议中载明的技术改造项目，由县级以上人民政府给予资金支持。在依照国家规定设立的中小企业发展基金中，应当根据需要安排适当数额用于支持中小企业实施清洁生产。依法利用废物和从废物中回收原料生产产品的,按照国家规定享受税收优惠。

(三) 循环经济制度

循环经济是一种将经济体系与环境资源紧密结合的生态经济模式,针对我国的实际情况,《循环经济促进法》建立了如下制度。

1. 基本管理制度

国务院循环经济发展综合管理部门会同国务院环境保护等有关主管部门编制全国循环经济发展规划,报国务院批准后公布施行。设区的市级以上地方人民政府循环经济发展综合管理部门会同本级人民政府环境保护等有关主管部门编制本行政区域循环经济发展规划,报本级人民政府批准后公布施行。循环经济发展规划应当包括规划目标、适用范围、主要内容、重点任务和保障措施等,并规定资源产出率、废物再利用和资源化率等指标。国务院循环经济发展综合管理部门会同国务院统计、环境保护等有关主管部门建立和完善循环经济评价指标体系。上级人民政府根据循环经济主要评价指标,对下级人民政府发展循环经济的状况定期进行考核,并将主要评价指标完成情况作为对地方人民政府及其负责人考核评价的内容。

县级以上地方人民政府应当依据上级人民政府下达的本行政区域主要污染物排放、建设用地和用水总量控制指标,规划和调整本行政区域的产业结构,促进循环经济发展。新建、改建、扩建建设项目,必须符合本行政区域主要污染物排放、建设用地和用水总量控制指标的要求。

生产列入强制回收名录的产品或者包装物的企业,必须对废弃的产品或者包装物负责回收;对其中可以利用的,由各该生产企业负责利用;对因不具备技术经济条件而不适合利用的,由各该生产企业负责无害化处置。对强制回收的废弃产品或者包装物,生产者委托销售者或者其他组织进行回收的,或者委托废物利用或处置企业进行利用或处置的,受托方应当依照有关法律、行政法规的规定和合同的约定负责回收或者利用、处置。对列入强制回收名录的产品和包装物,消费者应当将废弃的产品或者包装物交给生产者或者其委托回收的销售者或其他组织。强制回收的产品和包装物的名录及管理办法,由国务院循环经济发展综合管理部门规定。

2. 减量化

国家鼓励和支持企业使用高效节油产品。电力、石油加工、化工、钢铁、有色金属和建材等企业,必须在国家规定的范围和期限内,以洁净煤、石油焦、天然气等清洁能源替代燃料油,停止使用不符合国家规定的燃油发电机组和燃油锅炉。内燃机和机动车制造企业应当按照国家规定的内燃机和机动车燃油经济性标准,采用节油技术,减少石油产品消耗量。

从事工艺、设备、产品及包装物设计,应当按照减少资源消耗和废物产生的要求,优先选择采用易回收、易拆解、易降解、无毒无害或者低毒低害的材料和设计方案,并应当符合有关国家标准的强制性要求。对在拆解和处置过程中可能造成环境污染的电器电子等产品,不得设计使用国家禁止使用的有毒有害物质。禁止在电器电子等产品中使用的有毒有害物质名录,由国务院循环经济发展综合管理部门会同国务院环境保护等有关主管部门制定。设计产品包装物应当执行产品包装标准,防止过度包装造成资源浪费和环境污染。餐饮、娱乐、宾馆等服务性企业,应当采用节能、节水、节材和有利于保护环境的产品,减少使用或者不使用浪费资源、污染环境的产品。

国家机关及使用财政性资金的其他组织应当厉行节约、杜绝浪费,带头使用节能、节水、节地、节材和有利于保护环境的产品、设备和设施,节约使用办公用品。国务院和县级以上地方人民政府管理机关事务工作的机构会同本级人民政府有关部门制定本级国家机关等机构的用能、用水定额指标,财政部门根据该定额指标制定支出标准。城市人民政府和建筑物的所有者或者使用者,应当采取措施,加强建筑物维护管理,延长建筑物使用寿命。对符合城市规划和工程建设标准,在合理使用寿命内的建筑物,除为了公共利益的需要外,城市人民政府不得决定拆除。

3. 再利用和资源化

企业应当按照国家规定,对生产过程中产生的粉煤灰、煤矸石、尾矿、废石、废料、废气等工业废物进行综合利用。企业应当发展串联用水系统和循环用水系统,提高水的重复利用率。企业应当采用先进技术、工艺和设备,对生产过程中产生的废水进行再生利用。企业应当采用先进或者适用的回收技术、工艺和设备,对生产过程中产生的余热、余压等进行综合利用。建设单位应当对工程施工中产生的建筑废物进行综合利用;不具备综合利用条件的,应当委托具备条件的生产经营者进行综合利用或者无害化处置。

国家鼓励和推进废物回收体系建设。地方人民政府应当按照城乡规划,合理布局废物回收网点和交易市场,支持废物回收企业和其他组织开展废物的收集、储存、运输及信息交流。废物回收交易市场应当符合国家环境保护、安全和消防等规定。县级以上人民政府应当统筹规划建设城乡生活垃圾分类收集和资源化利用设施,建立和完善分类收集和资源化利用体系,提高生活垃圾资源化率。

对废电器电子产品、报废机动车船、废轮胎、废铅酸电池等特定产品进行拆解或者再利用,应当符合有关法律、行政法规的规定。回收的电器电子产品,经过修复后销售的,必须符合再利用产品标准,并在显著位置标识为再利用产品。回收的电器电子产品,需要拆解和再生利用的,应当交售给具备条件的拆解企业。

4. 激励措施

国务院和省、自治区、直辖市人民政府设立发展循环经济的有关专项资金,支持循环经济的科技研究开发、循环经济技术和产品的示范与推广、重大循环经济项目的实施、发展循环经济的信息服务等。国务院和省、自治区、直辖市人民政府及其有关部门应当将循环经济重大科技攻关项目的自主创新研究、应用示范和产业化发展列入国家或者省级科技发展规划和高技术产业发展规划,并安排财政性资金予以支持。

国家对促进循环经济发展的产业活动给予税收优惠,并运用税收等措施鼓励进口先进的节能、节水、节材等技术、设备和产品,限制在生产过程中耗能高、污染重的产品的出口。国家实行有利于资源节约和合理利用的价格政策,引导单位和个人节约和合理使用水、电、气等资源性产品。国家实行有利于循环经济发展的政府采购政策。使用财政性资金进行采购的,应当优先采购节能、节水、节材和有利于保护环境的产品及再生产品。

县级以上人民政府循环经济发展综合管理部门在制定和实施投资计划时,应当将节能、节水、节地、节材、资源综合利用等项目列为重点投资领域。对符合国家产业政策的节能、节水、节地、节材、资源综合利用等项目,金融机构应当给予优先贷款等信贷支持,并积极提供配套金融服务。对生产、进口、销售或者使用列入淘汰名录的技术、工艺、设备、材料或者产品的企业,金融机构不得提供任何形式的授信支持。

## 二、"三同时"制度

(一)"三同时"制度的含义

"三同时"制度是指一切新建、改建和扩建的基本建设项目(包括小型建设项目)、技术改造项目以及自然开发项目和可能对环境造成损害的工程建设,其防治污染和其他公害的设施及其他环境保护设施,必须与主体工程同时设计、同时施工、同时投产的法律规定。建设项目一般包括设计、施工和投入使用三个阶段,"三同时"制度贯穿于建设项目的全过程,并对三个阶段提出了不同的要求。这有利于控制新污染源的产生和贯彻预防为主的原则,有利于保证项目建成后企业排放的污染物符合国家或者地方规定的标准。

"三同时"制度是我国环境保护工作的一个创举。这项制度始于20世纪70年代,在1979年《环境保护法(试行)》中就有规定,以后其适用范围、控制方法等不断得到完善,2014年修订《环境保护法》时,更对防治污染设施的建设、质量、拆除或者闲置作出了具体规定,大大增强了制度的可操作性。从实践中看,"三同时"制度必须与建设项目环境影响评价制度结合实施,才能够为"预防为主"原则的落实提供制度支持。因为"三同时"中的第一个"同时"不仅与建设项目的环境影响评价密切相关,而且本身就应该成为建设项目环境影响评价的一个重要内容,这样才能保证建设项目的选址、设计符合环境保护的要求,避免或减少环境污染的隐患。在某种意义上,"三同时"中的后面两个"同时"都是对第一个"同时"理念与方案的落实。当然,后面两个"同时"也有着自身的功能,如果防治污染的设施设备被拆除或者闲置,即便有了"同时设计""同时施工"也无法达到控制污染、保护环境的目的。为此,2014年《环境保护法》第41条对"三同时"制度作了规定。

(二)"三同时"制度的内容

1. 适用范围

根据有关法律、法规,"三同时"制度适用于新建、改建和扩建的建设项目、技术改造项目以及一切可能对环境造成污染和破坏的工程建设项目。无论该项目位于何处,无论是工业项目还是交通、商业、服务项目等。

2. 不同建设阶段的规定和要求

各级人民政府环境保护主管部门对建设项目的环境保护实施统一监督管理,包括对设计任务书中有关环境保护内容的审查、环境影响报告书或报告表的审批、建设施工的检查、环境保护设施的竣工验收以及环境保护设施运转和使用情况的监督检查。

(1) 初步设计阶段。必须有环境保护的内容,包括:环境保护设施的设计依据;环境影响报告书或报告表及审批规定的各项要求和措施;防治污染的处理工艺流程、预期效果;对资源开发引起的生态变化所采取的防范措施;绿化设计、监测手段、环境保护投资的概算、预算等。建设单位负责落实初步设计中的环境保护措施;建设项目的主管部门负责初步设计中环境保护内容的预审和监督建设项目设计中环境保护措施的落实;各级人民政府的环境保护行政主管部门,负责初步设计中环境保护内容的审查。

(2) 建设项目施工阶段。建设单位应严格按照环境影响报告书(表)和审批意见的要求以及审计文件中环境保护篇章的规定,在主体施工的同时落实环境保护设施的施工,并应当保护施工现场周围的环境,防止对自然环境的破坏,防止或减轻粉尘、噪声、震动等对周围生活居住区的污染和危害。

(3) 建设项目正式投产或使用前。建设单位必须向负责审批的环境保护部门提交《环境保护设施竣工验收报告》,说明环境保护设施运行的情况、治理的效果和达到的标准,经验收合格并发放环境保护设施验收合格证后,才可以正式投产使用。未取得"环境保护验收合格证"的建设项目,工商行政管理部门不得办理营业执照。

(4) 验收和正式投产使用阶段。环境保护行政主管部门负责环境保护设施的竣工验收,负责环境保护设施运转和使用情况的监督检查,建设项目的主管部门负责环境保护设施竣工验收的预审以及监督项目竣工后环境保护设施的正常运转。

3. 防污设施的质量要求

防治污染的设施应当符合经批准的环境影响评价文件的要求。若防污设施没有建成或者没有达到国家规定的要求而投入生产或使用的,由批准该建设项目环境影响报告书的环境保护行政主管部门责令停止生产或者使用,可并处罚款。

4. 防污设施的拆除或者闲置

防治污染的设施不得擅自拆除或者闲置,确需拆除或者闲置的须经所在地的环境保护行政主管部门同意。

5. 法律后果

为贯彻落实建设项目环境影响评价制度和环境保护设施与主体工程同时设计、同时施工、同时投产使用的"三同时"制度,2016年4月4日,环境保护部发布了《建设项目环境保护管理条例(修订草案征求意见稿)》公开征求意见,拟对1998年颁布的《建设项目环境保护管理条例》进行修订。草案就涉及对违反环境影响评价制度和"三同时"制度的责任规定,其第38条规定:"违反本条例规定,在建设项目施工期间,建设单位未同时实施建设项目环境影响报告书、环境影响报告表及其审批意见提出的环境保护设施及措施的,由县级以上环境保护主管部门责令限期改正,并处五十万元以上、一百万元以下的罚款。"第39条规定:"实行排污许可管理的建设项目,未经许可擅自投产的,或者不实行排污许可管理的建设项目,配套的环境保护设施未建成、未经验收或者验收不合格擅自投产的,由县级以上环境保护主管部门责令停止生产或者使用,可以处一百万元以下的罚款。拒不执行的,由县级以上环境保护主管部门或者其他有关部门将案件移送公安机关,对直接负责的主管人员和其他直接责任人员,处以十日以上十五日以下拘留;情节较轻的,处五日以上十日以下拘留。"

### 三、企业环境保护责任制度

(一)企业环境保护责任制度的含义

首份《上市公司环境绩效评估报告》已披露,在受评的火电、钢铁、化工、造纸、纺织、食品饮料和建材7大重污染行业161家上市公司中,仅10家被评为优良,列入"红名单",40家被评为不及格,列入"黑名单"。报告指出,在环境守法、环境管理、环境效果指标得分3个指标上,不存在全盘领先的上市公司。我国上市公司环境绩效水平的优良率还很低,还没有任何一个受评上市公司实现了长期的环境可持续发展。1999年,时任联合国秘书长的安南在瑞士达沃斯世界经济论坛上提出的"企业社会责任"包括在人权、劳工及环境方面的9项要求,其中在环境方面的3项要求是:企业应对环境挑战未雨绸缪;主动增加对环境承担的责任;鼓励无害技术的发展与推广。企业作为社会公民,对资源和环境的可持续发展负有不可推卸的责任。如果企业自觉履行社会责任,积极进行技术革新,不仅可减少生产活动各个环节对环境造成的污染,同时也可以降低能耗,节约资源,减少企业生产成本,从而使产品价格更具竞争力。

但是在国内,一些公司不但长期存在超标排污、破坏生态的违法行为,而且在环境信息的公开上也是躲躲闪闪,有意逃避公众的监督。2010年福建紫金矿业紫金山铜矿湿法厂发生铜酸水渗漏事故,事故造成汀江部分水域严重污染,紫金矿业瞒报9天后才向社会公布。有实力的大企业、上市公司在环境责任信息披露中的状况尚且如此,其他中小企业能及时准确地披露环境责任信息的可能性便可想而知。我国面临着严峻的环境污染形势,例如废气、废水、废渣、粉尘、恶臭气体、放射性物质以及噪声、震动、电磁波辐射、光污染、废热等,给环境带来了污染,给生态造成了破坏,给人体健康带来了损害。实践中,诸多环境污染是伴随着企业事业单位和其他生产经营者的违法生产活动而产生的,例如因私铺暗管、私打渗井、私挖渗坑、偷偷灌注,以及私自篡改或伪造数据等行为而产生的废气污染、废水污染、废渣及其他固体废物污染、噪声污染、放射性污染、电磁波辐射污染等。这些污染行为已经影响到国家的环境管理秩序,并对生态环境和人体健康造成了显著的或者潜在的危害。企业缺乏环境责任,除其自身的原因外,至少有以下3个方面的因素。一是法律约束力不够。改革开放以来,我国在环境立法方面取得的进步不容置疑,但仍然有一些缺陷。有不少环境法律法规缺乏可操作性,被一些法律专家称为"没有大错也无大用"。比如要处理一起环境违法案件,按正常程序走下来需要的时间很长,如果排污企业再玩弄花招故意拖延,结案就更是遥遥无期。在公众参与和信息公开方面,法律也缺乏可操作性,致使环境受害者很难维护自己的权益,污染者被免于追究责任。二是环境执法不严,受地方行政干扰严重。以GDP增长论成败的考核衡量体系决定着官员的仕途,急功近利的思想驱使之下,一些地方政府对企业污染睁一只眼闭一只眼。虽然眼下政绩考核体系已有很大的改进,环保的内容已从无到有,但是必须警惕阳奉阴违的现象发生。政府在评价企业时,不能单纯看利润、规模,还应看其是否履行环境责任,并推出一系列措施对积极履行责任的企业提供一些政策优惠,鼓励企业自愿、全面践行社会责任。三是公众参与环境保护的程度还较低。近年来,虽然一些环保民间组织通过举办新闻发布会等形式,公布了一些企业的环保表现,将其污染排放置于公众的监督之下,但他们作为公众利益或弱势群体的代表,同样在获得企业环境信息方面处于不利地位,因此很难影响社会责任的履行过程。

企业环境保护责任制是以环境法律规定为依据,以责任制为核心,以签订合同的形式,规定企业在环境保护方面的具体权利和义务的法律规范总和。为规制企业事业单位和其他生产经营者的违法排污行为,追究违法者的责任,预防污染现象的发生、蔓延,我国的环境立法史上,也有许多针对企业污染控制的制度,以至于环境保护法有"为企业立法"之说。2014年修订后的《环境保护法》一方面加强了政府环境保护责任;另一方面,也对企业环境保护义务进行了概括性规定,明确了企业事业单位和其他经营者的环境保护禁限义务,建立了企业环境保护责任制。同时,2014年《环境保护法》还规定了重点企业的污染信息公开义务,这比原来的自愿公开大大前进了一步。信息公开使企业与自己的竞争对手的比较成为可能,企业可以据此追踪竞争对手的最新进展,从而调整自己的发展目标;同时也使得投资者有能力比较同行业企业的污染水平以及污染趋势,并作出投资选择;再者,信息公开会产生一个"污染黑名单",企业因此有压力采取措施去减少污染。对于公众而言,除了对污染者进行道德上的谴责,还可能产生相应的"邻避"效应,阻止高污染企业进入特定地区、抵制污染企业的产品;同时,环保组织也可以据以发现企业的污染信息,对损害环境公共利益的行为提起公益诉讼。

(二) 企业环境保护责任制度的内容

1. 排污者的环境污染防范义务

向环境中排放污染物的企业、事业单位,以及个体工商户等其他生产经营者,应当提前或者及时采取有效的措施,防治生产建设或者其他活动中产生的废气、废水、废渣、医疗废物、粉尘、恶臭气体、光辐射、放射性物质以及噪声、震动、电磁辐射造成环境污染。

2. 排污单位负责人的责任

向环境中排放污染物的企业、事业单位,要将环境保护纳入单位发展计划,制定明确的环境保护任务和指标,明确单位环境保护负责人和相关人员,明确排污单位的权利和义务、负责人的权利和义务,落实到生产管理、技术管理等各个方面和环节,并建立考核和奖惩制度。一旦排污单位违反协议排污,便依据协议追求单位负责人和相关人员的环境保护责任。

3. 重点排污单位的环境污染监测义务

列入重点排污名录的单位向环境中排放污染物,必须安装符合规定和监测规范的监测设备,并应该确保监测设备能够正常工作,监测所获得的原始监测数据要妥善保存以备查。

4. 严禁逃避监管的行为

国家禁止通过私铺暗管、私打渗井、私挖渗坑、偷偷灌注,私自篡改或伪造数据,以及不正常运行防治污染设施等逃避监管的方式,并禁止排污单位通过上述行为将排放的污染物排放到地下水体、地表水体,或者将污染物掩埋、深埋到地下,或者篡改、伪造排污数据等以逃避排污责任。

5. 重点排污单位的信息公开义务

公开主体是"重点排污单位",具体根据县级以上人民政府环境保护主管部门认定和发布的重点排污单位名录确定。

公开内容包括主要污染物的名称、排放方式、排放浓度和总量、超标排放情况,以及防治污染设施的建设和运行情况。

公开方式为强制企业信息公开。国务院环境保护主管部门应当建立统一的信息发布平台。

(三) 企业违反法定义务的法律后果

(1) 企业事业单位和其他生产经营者违法排放污染物,受到罚款处罚,被责令改正,拒不改正的,依法作出处罚决定的行政机关可以自责令改正之日的次日起,按照原处罚数额按日连续处罚。地方可以根据情况增加按日计罚行为的种类。新环保法中的"按日计罚"原则提高了企业的违法成本,2015年,仅这一类处罚的金额就达5.69亿元。

(2) 企业事业单位和其他生产经营者超过污染物排放标准或者超过重点污染物排放总量控制指标排放污染物的,环境保护主管部门可以责令其采取限制生产、停产整治等措施;情节严重的,报经有批准权的人民政府批准,责令停业、关闭。

(3) 建设单位未依法提交建设项目环境影响评价文件或者环境影响评价文件未经批准,擅自开工建设的,由负有环境保护监督管理职责的部门责令停止建设,处以罚款,并可以责令恢复原状。

(4) 重点排污单位不公开或者不如实公开环境信息的,由环境保护主管部门责令公开,处以罚款,并予以公告。

(5) 企业事业单位和其他生产经营者有建设项目未依法进行环境影响评价,被责令停止建设,拒不执行的;违反法律规定,未取得排污许可证排放污染物,被责令停止排污,拒不执行的;通过暗管、渗井、渗坑、灌注或者篡改、伪造监测数据,或者不正常运行防治污染设施等逃避监管的方式违法排放污染物的;生产、使用国家明令禁止生产、使用的农药,被责令改正,拒不改正的行为之一,尚不构成犯罪的,除依照有关法律法规规定予以处罚外,由环境保护主管部门或者其他有关部门将案件移送公安机关,对其直接负责的主管人员和其他直接责任人员,处10日以上15日以下拘留;情节较轻的,处5日以上10日以下拘留。

(6) 企业事业单位和其他生产经营者的环境违法信息会被记入社会诚信档案并向社会公布。2014年《环境保护法》规定,企业事业单位和其他生产经营者的环境违法信息应当记入社会诚信档案,违法者名单应当及时向社会公布。国务院印发的《社会信用体系建设规划纲要(2014—2020年)》对环保领域信用建设提出了明确要求。国务院办公厅印发的《关于加强环境监管执法的通知》要求:"建立环境信用评价制度,将环境违法企业列入'黑名单'并向社会公开,将其环境违法行为纳入社会信用体系,让失信企业一次违法、处处受限。"2015年11月27日,环境保护部会同国家发展和改革委员会发布了《关于加强企业环境信用体系建设的指导意见》,该指导意见明确了今后五年环保领域信用建设的主要任务和措施:明确企业环境信用记录的信息范围;加强企业环境信用信息公开;加强企业环境信用信息系统建设;建立环保守信激励、失信惩戒机制;开展环境服务机构及从业人员环境信用建设。

## 四、排污总量控制制度

(一) 排污总量控制制度的含义

排污总量控制制度是指国家环境管理机关依据所勘定的区域环境容量,决定区域中的污染物质排放总量,根据排放总量削减计划,向区域内的企业个别分配各自的污染物排放总量额度方式的一项法律制度。

排污总量控制是相对于我国过去长期实行的排污浓度控制而采取的一项更为合理的污染控制措施。浓度控制以控制污染源排放口排出污染物的浓度为核心的环境管理方法,因为其根据环境污染物排放的浓度标准,容易造成排放达标、环境污染的尴尬,不能很好满足控制污染、保护环境的要求。我国的环境保护经历了对污染物排放从单纯的浓度控制过渡到既控制浓度又控制总量的过程,反映出对环境资源认识的不断深化和污染控制力度的不断加大。从20世纪90年代后期至今,污染物排放总量控制已经成为环保领域的一出重头戏,并作为一种有效的环境管理手段在实践中广泛应用。

因为总量控制比浓度控制方法更能满足环境质量的要求,我国从20世纪末开始实行污染物排放总量控制制度。在"十一五"和"十二五"国民经济和社会发展规划中,重点污染物减排指标还被列为约束性指标,制定了全国主要污染物排放总量控制计划。《水污染防治法》和《大气污染防治法》也对总量控制制度作了规定。2014年《环境保护法》第44条在这些制度的基础上,建立了排污总量控制制度。针对我国污染物排放总量太大,总量控制范围不够的现状,"十三五"规划提出以环境质量改善为主线,实施环境质量和污染排放总量双控、协同控制。要求改革主要污染物总量控制制度,扩大污染物总量控制范围。在重点区域、重点行业推进挥发性有机物排放总量控制,全国排放总量下降10%以上。

(二)排污总量控制制度的内容

排污总量控制是将某一控制区域(如行政区、流域、环境功能区等)作为一个完整的系统,采取措施将排入这一区域的污染物总量控制在一定数量之内,以满足该区域的环境质量要求的一项措施。总量控制是指具体某一种污染物在一个国家或地区总共能够排放多少是基础;而实施环境质量和污染排放总量"双控",则是根据设定的环境质量标准,同时考量几个污染物的排放都控制在一定标准之下。一般而言,排污总量控制应该包括三个要素:污染物的排放总量;排放污染物的地域;排放污染物的时间。

1. 排污总量的确定

确定排污总量是一项政策性、技术性很强的工作。首先要通过制订全国及区域性的环境质量规划,拟订向环境排放各主要污染源及各单位的污染物允许排污总量,并应与各企业的污染物排放总量控制规划提出的排污总量相互协调统一。污染物总量控制可使环境质量目标转变为排放总量控制指标,落实到企业的各项管理之中,成为环保部门发放排污许可证的根据,也可以成为企业经营管理的基本依据。其次是考虑各地区的自然特征,弄清污染物在环境中的扩散、迁移和转移规律与对污染物的净化规律,计算环境容量,并综合分析该区域内的污染源,通过建立一定的数学模型,计算出每个源的污染分担率和相应的污染物允许排放总量,求得最优方案,使每个污染源只能排放小于总量排放标准的排放量。然后按照这个总量进行控制指标下达。

2. 污染物排放总量控制指标的下达

国务院发展改革部门会同有关部门在遵循公平、科学、合理原则下,研究提出国家重点污染物总量控制约束性指标分配意见,报国务院批准。国务院批准后向各省、自治区、直辖市下达。

3. 重点污染物排放总量控制指标的分解落实

省、自治区、直辖市人民政府应当按照国务院下达的重点污染物总量控制约束性指标和本行政区域需要,分解落实指标,削减和控制本行政区域的重点污染物排放量。

4. 重点污染物排放总量控制指标的遵守

企业事业单位执行国家和地区污染物排放标准的同时,应当遵守分解落实到本单位的重点污染物排放总量控制指标。

（三）排污总量控制制度的实施

排污总量控制制度与环境规划制度、政府环境保护目标责任制度、排污许可制度、环境标准制度、环境监测制度、企业环境保护责任制度都有着密切联系。这个制度的实施既需要各项制度的密切配合，更需要有科学合理地确定重点污染物、排污总量、控制区域以及排污时间的技术支持，这与我国的环境科学研究水平、信息技术手段运用能力、政府发展理念、环境执法水平、企业守法程度等都紧密相关。在立法上，2014年《环境保护法》仅对排污总量控制制度作了原则规定。《大气污染防治法》第21条规定："国家对重点大气污染物排放实行总量控制。"《水污染防治法》第18条规定："国家对重点水污染物排放实施总量控制制度。"以上规定都比较抽象，排污总量控制制度还需要有相关法律、法规加以具体化。

《环境保护法》对政府和企业的违法行为分别规定了相应法律后果。

1. 地方政府的责任

（1）区域环评限批。对尚未达到环境质量标准的重点区域、流域，以及超过国家重点污染物排放总量控制约束性指标的地区，国务院和省、自治区、直辖市人民政府环境保护行政主管部门可以暂停审批新增重点污染物排放总量的建设项目环境影响评价文件。

（2）限期达标。地方政府应当确定该重点区域、流域总量控制的污染物种类及控制指标，在规定期限内达到环境质量标准。

（3）行政问责。地方各级人民政府应当对本行政区域的环境质量负责，对于达不到重点污染物排放总量控制指标的，地方行政负责人及环境保护主管部门负责人应承担相应责任。

2. 企业的责任

（1）企业事业单位和其他生产经营者超过重点污染物排放总量控制指标排放污染物的，县级以上人民政府环境保护主管部门可以责令其采取限制生产、停产整治等措施；情节严重的，报经有批准权的人民政府批准，责令停业、关闭。同时，《水污染防治法》第74条规定："违反本法规定，排放水污染物超过国家或者地方规定的水污染物排放标准，或者超过重点水污染物排放总量控制指标的，由县级以上人民政府环境保护主管部门按照权限责令限期治理，处应缴纳排污费数额二倍以上五倍以下的罚款。"

（2）企业事业单位和其他生产经营者超过重点污染物排放总量控制指标排放污染物，造成损害的，依法承担民事责任、刑事责任。

**五、排污许可证制度**

（一）排污许可证制度的含义

排污许可证，是指环境保护主管部门根据排污单位的申请，核发的准予其在生产经营过程中排放污染物的凭证。由环境保护主管部门颁发、年度核查的排污许可证是企业达标排放的唯一合法证件，也是企业办理银行贷款、工商营业执照等相关证件的必要证件之一。

排污许可证制度是指凡是需要向环境排放各种污染物的单位或个人，都必须事先向环境保护部门办理申领排污许可证手续，经环境保护主管部门批准后获得排污许可证后方能向环境排放污染物的制度。排污许可证制度是世界各国通行的环境管理制度，是企业环境守法的依据、政府环境执法的工具、社会监督护法的平台。许可证制度是国家为加强环境管理而采用的一种卓有成效的管理制度，因其可以由管理机关针对不同的对象"量身定制"，并且可以实行跟踪管理，而被认为是环境管理的"支柱性"制度。截至目前，我国环保部门已累计向20多万家企业颁发了排污许可证。

从20世纪80年代中期,我国一些城市环保部门开始探索排污许可证这一基本的环境管理制度。天津、苏州、扬州、厦门等10余个城市在排污申报登记的基础上,向企业发放水污染物排放许可证。1988年3月,原国家环保局发布了《水污染物排放许可证管理暂行办法》。1989年7月,经国务院批准,原国家环保局发布的《水污染防治法实施细则》第9条规定:对企业事业单位向水体排放污染物的,实行排污许可证管理。1995年国务院发布的《淮河流域水污染防治暂行条例》第19条规定:"淮河流域……持有排污许可证的单位应当保证其排污总量不超过排污许可证规定的排污总量控制指标。"1999年修订的《海洋环境保护法》规定:国家建立并实施重点海域排污总量控制制度。2000年3月,国务院发布的《水污染防治法实施细则》第10条规定:地方环保部门根据总量控制实施方案,发放水污染物排放许可证。2000年4月,全国人大常委会修订的《大气污染防治法》第15条规定:对总量控制区内排放主要大气污染物的企事业单位实行许可证管理。我国开始建立主要以排污总量控制为目的的排污许可证制度。近年来,我国开始全面推行排污许可证制度,进一步规范排污行为。2005年12月国务院发布《关于落实科学发展观加强环境保护的决定》提出"要实施污染物总量控制制度,推行排污许可证制度,禁止无证或超总量排污。"在2006年4月召开的第六次全国环境保护大会上,温家宝总理在讲话中明确提出:"要全面推行排污许可证制度,加强重点排污企业在线监控,禁止无证或违章排污。"特别是2008年修订的《水污染防治法》第20条明确规定"国家实行排污许可制度",标志着我国排污许可证制度的发展进入新的阶段。

党的十八届三中全会通过的《中共中央关于全面深化改革若干重大问题的决定》指出:"完善污染物排放许可制,实行企事业单位污染物排放总量控制制度。"2014年《环境保护法》明确规定了"国家依照法律规定实行排污许可管理制度",并在该法第54条规定了环境信息公开与排污许可的关系,第63条和68条从守法和执法两个角度分别规定了违反排污许可制度的法律责任,为排污许可制度的规范和强化提供了法律保障。为克服水污染物、大气污染物、固体废物等排放许可分别进行,又与环评、总量控制等制度存在交叉的历史局限,为贯彻落实2014年《环境保护法》,进一步规范排污许可证的核发和管理,环保部正着手建立覆盖所有固定污染源的企业排放许可制。并强调要将排污许可建设成为固定点源环境管理的核心制度,进一步整合衔接现行各项环境管理制度,实行排污许可"一证式"管理,形成系统完整、权责清晰、监管有效的污染源管理新格局,提升环境治理能力和管理水平。要建立覆盖所有固定污染源的企业排污许可制,明确到2020年实现许可证发放覆盖所有固定污染源。环保部部长陈吉宁表示,要整合固定源环境管理的相关制度,实现一企一证、分类管理,强化证后监管与处罚,使这项制度成为固定点源环境管理的核心制度。整合环境影响评价、"三同时"验收、主要污染物总量控制、排污申报、排污权交易等制度,将许可制度与前置审批、过程监管、违规处罚等相衔接,实现制度关联衔接、目标措施一体。①

**(二)排污许可证的适用范围**

排污许可证最大优势在于可以对单个排污者确定义务并实施监管,为实现总量控制奠定基础,进而为建立排污许可交易市场埋下伏笔。根据法律规定,排污许可证的实施范围包括从事以下排污行为的单位。

(1)向环境排放大气污染物的。《大气污染防治法》第19条规定:"排放工业废气或者本法第七十八条规定名录中所列有毒有害大气污染物的企业事业单位、集中供热设施的燃煤热源生产

---

① 曹红艳:《环保部将实行排污许可"一证式"管理》,人民网 http://env.people.com.cn/n/2015/1205/c1010-27892712.html,访问时间2016年2月28日。

运营单位以及其他依法实行排污许可管理的单位,应当取得排污许可证。排污许可的具体办法和实施步骤由国务院规定。"

(2) 直接或间接向环境排放工业废水和医疗废水以及含重金属、放射性物质、病原体等有毒有害物质的其他废水和污水的;从事城镇污水集中处理设施运营的。《水污染防治法》第20条规定:"国家实行排污许可制度。直接或者间接向水体排放工业废水和医疗污水以及其他按照规定应当取得排污许可证方可排放的废水、污水的企业事业单位,应当取得排污许可证;城镇污水集中处理设施的运营单位,也应当取得排污许可证。排污许可的具体办法和实施步骤由国务院规定。禁止企业事业单位无排污许可证或者违反排污许可证的规定向水体排放前款规定的废水、污水。"

(3) 在工业生产中因使用固定的设备产生环境噪声污染的,或者在城市市区噪声敏感建筑物集中区域内因商业经营活动中使用固定设备产生环境噪声污染的。如《环境噪声污染防治法》第24条规定:"在工业生产中因使用固定的设备造成环境噪声污染的工业企业,必须按照国务院环境保护行政主管部门的规定,向所在地的县级以上地方人民政府环境保护行政主管部门申报拥有的造成环境噪声污染的设备的种类、数量以及在正常作业条件下所发出的噪声值和防治环境噪声污染的设施情况,并提供防治噪声污染的技术资料。"

(4) 产生工业固体废物或者危险废物的;依法需申领危险废物经营许可证的单位除外。根据环境保护部组织起草的《排污许可证管理暂行办法》(征求意见稿)的相关规定,有下列情形之一的排污单位,应当申领排污许可证:排放工业废气或排放国家规定的有毒有害大气污染物的排污单位;直接或间接向水体排放工业废水和医疗污水的排污单位;集中供热设施的运营单位;规模化畜禽养殖场;城镇或工业污水集中处理单位;垃圾集中处理处置单位或危险废物处理处置单位;其他按照规定应当取得排污许可证的排污单位。

(三) 排污许可证的申请程序

排污许可证属于行政许可的一种类型,是一种依申请而产生的行政行为。排污许可证的申请,依《行政许可法》及相关法律法规规定的程序执行。

(1) 申请排污许可证。现有的或者新的企业事业单位和其他生产经营者(以下统称为排污者)直接或间接向环境中排放工业废水、废渣、废气、医疗废水,以及含重金属、放射性物质、病原体等有毒有害物质的,必须先向环境保护主管部门申请领取排污许可证。

(2) 审批排污许可证。各级环境保护主管部门要根据权限依法受理,严格审批,严格监督检查。符合要件的予以审批,并颁发排污许可证;不符合条件的,不予颁发排污许可证或者符合条件后再颁发排污许可证。根据环境保护部组织起草的《排污许可证管理暂行办法》(征求意见稿),排污单位取得排污许可证,应当满足下列条件:污染物排放方式、去向符合生态保护红线和环境功能区划要求;建设项目环境影响评价文件经环境保护主管部门批复或备案,或排污单位经地方人民政府组织环境保护大检查后确认达到相关规定;有符合国家或地方规定的防治污染设施或污染物处理能力;排放污染物符合国家或地方规定的污染物排放标准;按照规定执行特别排放限值的,应当达到特别排放限值要求。重点排污单位还应当满足下列条件:按照国家有关规定和监测规范安装使用监测设备;按规定编制突发环境事件应急预案;设置符合国家或地方要求的排污口;实施排污权有偿使用和交易的地区,排污单位按各地有关规定取得排污权。

(3) 使用排污许可证。获批者要严格按照核定的污染物种类、控制指标和规定的方式、期限排放污染物,且其所排污染物不得超过国家和地方规定的排放标准和排放总量控制指标。获批者要严格依照法定的程序和期限办理排污许可证的变更、延续、补办等手续。

(4) 监督管理排污许可证。排污许可证颁发后,主管机关必须对持证人执行许可证的情况进行经常性的监督管理,包括索取有关资料,检查现场设备,实地监测排污情况,发出必要的行政命令等。如发现问题,应及时纠正或作出处理。在情况发生变化或者持证人的活动影响周围公众利益时,可以修改许可证中原来规定的条件。

(5)处理违法使用排污许可证。如果持证人违反规定的义务或者限制条件而导致环境资源的损害或者其他后果时,主管机关可以中止、吊销许可证,责令停止排污或者停产停业、没收、罚款以及其他法律责任。当事人如果对行政机关的处罚不服,可以在限定的时间内依法向人民法院起诉。

(6)听证。如果排污许可的范围属于法律、法规、规章规定应当听证的事项,或者行政机关认为需要听证的其他涉及公共利益的重大事项,环境主管机关应当向社会公告,并举行听证。

(四)排污许可证的监管

排污许可证制度是一种事前的污染控制措施,但其监管却应该是全过程的。对于许可证申请者而言,有义务按照许可证记载的事项履行防止污染、保护环境的义务;对于监管机关而言,发放许可证之日即为监管开始之时,必须按照许可证记载的事项进行跟踪检查与督促。现场检查也应针对许可证的要求进行,对不履行许可证义务的行为要依法追究法律责任。对违法发放许可证的责任人也要问责。所有排污单位只有在取得了排污许可证的前提下,才算拥有了合法排污证明。

(1)企业事业单位和其他生产经营者,未取得排污许可证排放污染物,被责令停止排污,拒不执行,尚不构成犯罪的,除依照有关法律法规规定予以处罚外,由县级以上人民政府环境保护主管部门或者其他有关部门将案件移送公安机关,对其直接负责的主管人员和其他直接责任人员,处10日以上15日以下拘留;情节较轻的,处5日以上10日以下拘留。

(2)地方各级人民政府、县级以上人民政府环境保护主管部门和其他负有环境保护监督管理职责的部门不符合行政许可条件准予行政许可的,对直接负责的主管人员和其他直接责任人员给予记过、记大过或者降级处分;造成严重后果的,给予撤职或者开除处分,其主要负责人应当引咎辞职。

(3)企业事业单位和其他生产经营者,未取得排污许可证排放污染物或者不按许可证要求排放污染物,造成损害的,依法承担民事责任、刑事责任。

由上可知,我国排污许可证制度体系已建立,但依然存在不少问题。因按照水、大气等环境要素分头推进排污许可制度,不仅加大了企业环境管理的运行成本,而且使得各部门各自为政,长期的分散管理造成事实上的割据,且排污许可证制度与环评制度、"三同时"制度、总量控制制度、环境监察制度等交叉冲突,无法较好衔接。为改变如此现状,改革的方向是必须统筹考虑水污染物、大气污染物、固体废弃物等要素,以排污许可制为核心,整合环境影响评价、污染物排放标准、总量控制、排污交易、排污收费等环境管理制度,建立统一的固定源环境管理平台。亟须整合衔接现行各项相关环境管理制度,实行排污许可"一证式"管理,将排污许可建设成为固定点源环境管理的核心制度,形成系统完整、权责清晰、运行合理、监管有效的污染源管控新格局,切实推进我国环境治理能力和治理体系的现代化,实现环境质量的改善。①

### 六、禁止污染转移制度

(一)禁止污染转移制度的含义

环境污染转移(转嫁),是指一定区域内的人类行为(作为或不作为)直接或者间接地对该区域外的环境造成污染损害,或将自己造成的环境污染的治理责任推与他人,从而使自己不承担或

---

① 孙佑海:《排污许可制度:立法回顾、问题分析与方案建议》,《环境影响评价》2016年第2期。

少承担污染损害治理责任的社会行为。如经济相对发达的地区,将污染严重的设备或技术转移给没有防治污染能力的地区,技术较先进的企业将淘汰落后的污染设备转移给技术落后的企业,使被转移地区的环境严重受到污染。这种现象在全球范围内都普遍存在,尤其是近年来,发达国家和地区的环境标准越来越严格,使得一些国家和地区的企业承受的环境治理责任越来越多,企业为了逃避污染治理的负担,把在发达国家或地区明令禁止使用的技术和设备转移至欠发达国家或地区。有的则在技术和设备更新以后,将淘汰的设备廉价卖给其他没有治理能力的企业。如英国、美国等发达国家为了保持自己优美的环境,却在向我们这些发展中国家大量转移"污染"。他们把一些垃圾以"低价"或"捐赠"的名义运往中国,这不但可以省下一笔处理费,还可以获得额外的收入和不菲的运输费。从1997年到2005年8年间,英国运往中国的垃圾数量涨了158倍,2005年共计向中国运送的垃圾数量达190万吨。"十一五"期间,我国累计进口废物原料达2.7亿吨,而且废物原料进口量呈逐年递增趋势。

与此同时,中国在建立市场经济体制的过程中,也伴随着产业转移的过程,形成了国内的污染转嫁现象。随着国家区域开放开发战略的实施,东南沿海地区的产业逐渐向中西部地区转移,由于缺乏可持续发展理念和唯GDP导向,使得一些生态环境脆弱的地区大量承接高资源消耗、高污染产业,加之中西部地区对资源的掠夺性开发利用,导致环境容量急剧下降,污染与破坏日益严重。同时,随着城市的快速发展和居民环境意识增强,许多地方加大了对城市环境的整治力度。作为城市主要污染源的化工、造纸、印染等行业企业,被列入重点整治对象,或被责令整改,或被关停并转,而更多的企业则是迁建,到郊区或农村扎根落户。

污染转嫁和转移是经济发展地区不平衡的结果,也因国内相关法律和国际法律存在疏漏,使转嫁者"有机可乘"。一般情况下,经济发达国家或地区的环境保护标准比较严,造成发达国家或地区与欠发达国家或地区之间环境标准的落差。这种落差本身代表了一定的环境资源的价值:欠发达地区为了寻求经济的增长,往往牺牲环境的质量,制定较低的环境标准,甚至没有有效的环境标准,以生态价值换取经济价值。因此,只要存在经济发展的地区差异,就会有污染转嫁或转移的现象。如果法律不加以严格控制,这种现象难以杜绝。我国既是发展中国家,又是新兴的市场经济国家;国内的经济社会发展也不平衡,存在东部、中部和西部的差异,城市和乡村的差异,因而,在污染转嫁方面存在内外两重压力。

污染物转移严重破坏了环境污染的治理秩序,极大地挫伤了环境污染治理者的治污积极性。为防止内外两方面的污染转嫁,国家采取了越来越严格的政策、法律措施。1989年《环境保护法》对防治污染转移作了专门规定,禁止引进不符合我国环境保护规定要求的技术和设备。《海洋环境保护法》规定:禁止经中华人民共和国内水、领海转移危险废物;禁止向我国管辖海域倾倒任何废弃物。2004年修订的《固体废物污染环境防治法》对防止境外污染转移作了较全面的规定。《水污染防治法》亦规定,进口者对国务院公布禁止生产、销售、进口、使用的严重污染水环境的设备不得进口,并对因此而被淘汰的设备不得转让给他人使用。为规范我国固体废物进口管理、防止境外废物非法入境、维护我国环境安全,环境保护部、商务部、国家发展改革委、海关总署、国家质检总局于2011年4月8日联合发布了《固体废物进口管理办法》(2011年8月1日起施行),对进口固体废物国外供货、装运前检验、国内收货、口岸检验检疫、海关监管、进口许可、利用企业监管等环节均提出了具体要求,完善了我国进口固体废物多部门全过程监管体系。2014年《环境保护法》第46条对防治污染转移制度作了进一步完善。

(二) 禁止污染转移制度的内容

1. 禁止国内污染转移

禁止我国企业事业单位将严重污染环境的工艺、设备、材料和产品,转移给没有污染防治能力的单位和个人进行生产、加工、销售、经营或者处理,造成环境污染。包括以下两个方面。

(1) 淘汰落后工艺、设备、材料和产品。国务院经济综合主管部门会同国务院有关部门公布限期禁止采用的严重污染环境的工艺名录和限期禁止生产、销售、进口、使用的严重污染环境的设备名录;生产者、销售者、进口者或者使用者,必须在上述规定的期限内分别停止生产、销售、进口或者使用列入名录中的设备或生产工艺;被淘汰的设备,任何单位或个人不得转让给他人使用。

(2) 禁止国内污染间接转移。即禁止将我国大中城市因能源、资源浪费严重,工艺落后,污染危害大又不好治理而淘汰下来的工艺、设备、材料和产品转让给没有防治能力的企业,或以联合生产、设分厂等形式在郊区农村设厂的行为。

(3) 禁止废弃物转移。为实现环境正义,禁止废弃物在城乡之间、河流上、下游之间以及经济发达地区和欠发达地区之间的转移。

2. 禁止国外污染转移

据日本《世界》杂志1996年12月刊登的一篇题为《发达国家的公害出口》的文章中提到,目前发达国家的公害出口通常采用以下五种形式:(1) 将具有危险的公害型企业转移;(2) 将发达国家禁止销售和使用的产品出口;(3) 将产品废弃物放置或扔在发展中国家;(4) 大量进口别国的资源,其势头几乎可以称之为掠夺,如木材的大量进口使出口国的森林遭到破坏,进口矿石则导致出口国在开采矿石过程中的环境污染和生态破坏;(5) 表面上提供资金援助,实际上却为了自己的利益,导致受援国的环境破坏。英国一研究机构最新报告,西方国家把工厂转移到中国大陆,中国成西方废气排放"替罪羊"。报告指出,西方国家对中国产品的依赖,变相地把废气排放量转嫁到中国。该机构认为,气候变化的讨论焦点应从商品生产国转移到商品消费国。据BBC报道,英国"新经济基金会"的最新报告显示,每一件在中国生产出口到英国的物品,其废气排放量比在英国生产要多1/3。这一机构的政策总裁安德鲁·西姆斯说:"中国的快速发展促使西方国家把工厂转移到中国大陆,因此中国二氧化碳排放量反映出西方国家的高消费水平。"①

(1) 禁止将国外、境外已经禁止生产、使用、销售的工艺、设备、材料和产品,委托或者以联合生产、合资经营甚至是独资经营等形式转移给境内无污染防治能力的企业事业单位和个人生产、加工、销售或者使用。

(2) 禁止在技术工艺、设备、材料、产品引进合同中不同时引进境内不能配套生产的相应的防治污染设施,导致外商乘机将污染严重的工艺、设备、材料和产品转移到我国境内。

(3) 禁止废弃物跨国转移。废弃物输出国通过给付一定数额的金钱为条件来诱使一些不法商人进口这些垃圾,实现垃圾转移出境的目的。这些洋垃圾中很大一部是危险废弃物,如含有辐射的工业废料、无法处理的油水混合物。这严重违反了《巴塞尔公约》中关于控制危险废物越境转移及处置的规定。这些垃圾在发展中国家由于技术、资金的不足,无法被妥善、安全地处置,而大量被简单地露天堆放或者掩埋于地下,这样给发展中国家的环境带来的污染后果是无法估量的。我国《固体废物污染环境防治法》规定:禁止中国境外的固体废物入境倾倒、堆放、处置;禁止进口不能用作原料或者不能以无害化方式利用的固体废物,对用作原料的固体废物实行限制进口和自动许可进口分类管理……进口的固体废物必须符合国家环境保护标准,并经质量监督检验检疫部门检验合格;禁止经中华人民共和国过境转移危险废物。《固体废物进口管理办法》明确规定九项禁止:禁止中华人民共和国境外的固体废物进境倾倒、堆放、处置;禁止经中华人民共和国过境转移危险废物;禁止进口危险废物;禁止以热能回收为目的进口固体废物;禁止进

---

① 《中国成西方废气排放"替罪羊"》,《南方日报》2007年10月08日。

口不能用作原料或者不能以无害化方式利用的固体废物;禁止进口境内产生量或者堆存量大且尚未得到充分利用的固体废物;禁止进口尚无适用国家环境保护控制标准或者相关技术规范等强制性要求的固体废物;禁止固体废物转口贸易;禁止以凭指示交货方式承运固体废物入境。

3. 污染转移的构成要件

禁止国内污染转移,是为了保护落后地区发展权,防止环境污染扩散。禁止国外污染转移,是行使国家主权,保障国家环境权益的重要法律手段。因为法律采取了禁止性规定,属于最严厉的措施,对于这种行为的认定,应符合相应条件。

(1) 转移的设备或技术对环境的污染危害严重。这是构成污染转嫁的首要要件。但是污染转嫁行为不以发生一定的损害后果为必要条件。如果转移的技术或设备仅仅不够先进,尚不至于给环境造成严重的危害,则不能轻率地认定为污染转嫁。

(2) 接受转移的企业或生产经营者没有防治环境污染的技术、设备、资金。如果接受转移者有足够先进的技术和设备配套解决环境污染问题,则即使转移的技术和设备比较落后,也不应该视为污染转嫁。

(3) 主观上有过错。其中转让方多出于故意,受让方多出于过失。转让方一般是在明知自己的技术或设备已经淘汰落后的情况下,迫于当地的政策、法律的压力,或为了牟取非法利益,将其淘汰的技术或设备转移出去。或者故意将废弃物转移给受让方。而受让方则往往是受害者,在对技术或设备不甚了解或完全不了解的情况下购买的。主观过错形式不同,处理上也应该有所区别。

### 七、环境污染责任保险制度

#### (一) 环境污染责任保险制度的产生与发展

环境污染责任保险是以因被保险人原因造成环境侵权而对被侵害人的人身财产应负的赔偿责任为保险对象的一项保险制度。环境污染责任保险属于第三人责任险,即以被保险人依法对第三者应负的赔偿责任为保险标的的保险。依照环境污染责任保险合同,投保人依照约定向保险人支付保险费,在被保险人因环境污染向第三人承担赔偿责任时,保险人按照约定向被保险人支付保险金,或者在一定情况下,依照法律的规定或者合同的约定,直接向第三人支付保险金。环境污染责任保险是实现环境污染侵权社会化救济的重要途径。环境污染责任保险实质上是被保险人依法将应当承担的民事赔偿责任通过保险合同转移给保险人。当有多个人被保险人投保环境责任保险时,最终具有多个投保人(被保险人)以保险公司为媒介,共同承担环境污染侵权责任,从而具有责任承担的社会化效果。

环境污染责任保险最早是由公众责任保险发展而来的。但是,无论美国的公众责任保单,还是欧洲普遍适用的第三者责任保单,一般均将"因液体、气体、酸性物质和其他废弃物的排放、释放、扩散或逃逸而造成的伤害或损害"排除于保险责任范围之外,除非这些损害是"突然地和意外地"发生的。直到1974年,英国推出了环境损害责任保单,可以为"累积、继续、协同、潜伏性的污染"提供保险。欧盟委员会2008年发表的一份研究报告显示,近年来,环境污染责任保险已经在欧美国家得到了较广泛运用,已发展出以附加险等方式将所承保风险扩展至被保险人自有场地的污染清理责任,甚至开始涵盖欧盟2004年《关于预防和补救环境损害的环境责任指令》所规定的"纯"环境损害的赔偿责任。① 美国、德国等属实行强制保险的国家。美国针对有毒物质和废弃物处理所可能引起的损害责任,实行强制保险。如美国1980年的《综合性环境响应、赔偿和责任

---

① 贾爱玲:《环境责任保险制度研究》,中国环境科学出版社2010年版,第126页。

法》规定,危险物质运载工具的所有人或经营人,都必须建立和保持保险等形式的财产责任。德国在环境污染责任保险方面,起初采用强制责任保险与财务保证或担保相结合的方式,但自1990年《环境责任法》实施之后,德国开始强制实行环境责任保险,要求其国内所有工商企业要投环境责任险。该法附件还包含了存在重大环境责任风险的设施名录。法国和英国采用自愿与强制保险相结合的方式,以自愿保险为主、强制保险为辅。法国在一般情况下,由企业自主决定是否就环境污染责任投保,但法律规定必须投保的,则应依法投保。英国实行的强制环境责任保险有:油污损害责任保险、核反应堆事故责任保险。比如,1965年的《核装置法》要求,安装者必须负责最低限额为500万英镑的核责任保险。①

国际社会先后在石油运输、核能、海洋环境、危险废物、工业事故的跨界损害等领域,建立了一系列环境责任保险机制,相关机制仍在不断完善之中。在海洋石油运输领域,1969年的《国际油污损害民事责任公约》规定:载运2 000吨以上的船舶所有人,必须进行保险或取得其他财务保证,以便承担油污损害的责任。在核能领域,1960年的《核能领域第三者责任公约》规定:核设施的经营者应建立并保持保险或者其他财务保证。1963年的《核损害民事责任维也纳公约》也作出类似规定。在海洋环保领域,1982年的《联合国海洋法公约》规定:为了对污染海洋环境所造成的损害迅速而适当地给予补偿,各国应制订诸如强制保险等关于适当补偿的标准和程序。在危险废物领域,2000年的《危险废物越境转移及其处置所造成损害的责任和赔偿问题议定书》规定:运营者应就危险废物损害责任,保持保险或其他财务担保。在工业事故领域,2003年的《关于工业事故跨界影响造成损害的民事责任和赔偿议定书》规定:运营者应就其工业事故损害责任,保持保险或其他财务担保。②

我国环境污染责任保险的实践大致分为两个阶段。第一阶段是20世纪90年代初,这一阶段的特点是部分城市推出了环境污染责任保险产品,但市场成效并不理想,到90年代中期相关保险产品就退出市场。第二阶段始于1999年修订的《海洋环境保护法》,该法废除了原第28条的规定,在第66条正式规定了船舶油污保险和油污损害赔偿基金制度:"国家完善并实施船舶油污损害民事赔偿责任制度;按照船舶油污损害赔偿责任由船东和货主共同承担风险的原则,建立船舶油污保险、油污损害赔偿基金制度。"此后,以2007年底由环保部与保监会联合发布的《关于环境污染责任保险工作的指导意见》为标志,环境保护部、保监会等国家相关行政管理部门积极推动环境污染责任保险,试点在更多的省市和行业展开。目前试点工作正在推进过程中。2013年,环保部与保监会再一次联合下发《关于开展环境污染强制责任保险试点工作的指导意见》。该指导意见强化了环境管理部门在环境污染责任保险开展中的管理职责,其规定:"环保部门可以通过'排污许可证核发、清洁生产审核以及上市环保核查'等行政手段,强制规定范围内企业必须投保,以达到控制环境风险和保障投保人利益的目的。"为了鼓励环境污染责任保险,2014《环境保护法》第52条规定:"国家鼓励投保环境污染责任保险。"2015年4月中共中央、国务院印发的《关于加快推进生态文明建设的意见》提出深化环境污染责任保险试点。2015年9月,中共中央、国务院在印发的《生态文明体制改革总体方案》中要求,在环境高风险领域建立环境污染强制责任保险制度。

(二)环境污染责任保险制度的内容

1. 环境污染责任保险的类型

根据责任保险发生效力的方式不同,责任保险可以分为自愿责任保险和强制责任保险。法

---

① 别涛:《国外环境污染责任保险》,《求是》2008年第5期。
② 同上。

律规定投保人必须投保的责任保险是强制责任保险,比如机动车交通事故责任强制保险。《海洋环境保护法》《环境保护法》等法律规定的环境污染责任保险,属于自愿保险范畴。法律之所以规定了环境污染责任保险但未将其设定为强制险,是因为环境污染责任保险较之于其他保险,具有承保条件严格,承保责任范围受到限制;个别确定保险费率;经营风险较大,需要政府支持等特殊性。立法起草者的主要担忧是:"在我国全面建立环境污染责任保险制度需慎重","在建立健全我国环境污染责任保险制度的问题上,除目前已有的法律、行政法规规定的环境污染强制责任保险之外,还是应该鼓励企业自愿购买环境责任保险,这样比较稳妥","如果不分青红皂白,要求所有重点排污企业一律投保环境污染强制责任保险,可能会使社会认为政府在帮助保险公司强迫推销产品,对于市场经济和政府形象都是极大的破坏,也有可能造成投保企业怠于认真履行环保义务等道德风险"。①

迄今已有 20 多件地方性法规和地方政府规章对环境污染责任保险作出了零星规定,绝大多数条款将环境污染责任保险设置为自愿责任保险。譬如,《深圳经济特区海域污染防治条例》《沈阳市危险废物污染环境防治条例》以及《巢湖流域水污染防治条例》等地方立法均有关于环境污染责任保险的鼓励性规定。但 2012 年以来,个别地方已经尝试超越全国性立法,探索环境污染责任强制保险的地方立法。2012 年 9 月 27 日湖南省人大常委会制定《湖南省湘江保护条例》,该条例第 44 条第 2 款规定:"湘江流域涉重金属等环境污染高风险企业应当按照国家有关规定购买环境污染责任保险。"2013 年 11 月 29 日陕西省人大常委会制定《陕西省大气污染防治条例》(2014 年 1 月 1 日实施),该条例第 21 条第 2 款规定:"省环境保护行政主管部门根据区域环境敏感度和企业环境风险度,定期制定和发布强制投保环境污染责任保险行业和企业目录。"

2015 年,环保部政研中心对 19 个地方报送的信息进行统计,结果显示有 5 164 家企业投保,保费总额 1.5 亿元左右,责任限额 100 亿元左右。但遗憾的是,环境责任保险市场的发展主要不是基于企业和保险公司的内在需求,而是政府外部自上而下力推的结果。一方面,企业投保积极性不高,虽然国家出台了很多鼓励企业购买环境污染责任保险的规定,但为了节约成本,投保此项保险的企业甚微;另一方面,环境污染责任保险难以形成规模效应,从而严重阻碍了其分散被保险企业环境损害赔偿风险、保障受害人及时获得相对充足的补偿等综合效益的发挥。② 因此,2015 年 9 月,中共中央、国务院发布《生态文明体制改革总体方案》,要求在环境高风险领域建立环境污染强制责任保险制度,环境污染强制责任保险制度改革问题提上日程。

2. 环境污染责任保险的范围

环境污染责任保险的范围已涉及海洋船舶油污、危险化学品内河航运污染、海洋石油勘探开发、海洋油气矿产资源勘探开发、太湖流域污染防治 5 个具体领域。如《海洋环境保护法》第 66 条规定:"国家完善并实施船舶油污损害民事赔偿责任制度;按照船舶油污损害赔偿责任由船东和货主共同承担风险的原则,建立船舶油污保险、油污损害赔偿基金制度。实施船舶油污保险、油污损害赔偿基金制度的具体办法由国务院规定。"《海洋石油勘探开发环境保护管理条例》第 9 条规定:"企业、事业单位和作业者应具有有关污染损害民事责任保险或其他财务保证。"《船舶油污损害民事责任保险实施方法》第 2 条规定:"在中华人民共和国管辖海域内航行的载运油类物质的船舶和 1 000 总吨以上载运非油类物质的船舶,其所有人应当按照本办法的规定投保船舶油污损害民事责任保险或者取得相应的财务担保。"《危险化学品安全管理条例》第 57 条第 2 款规定:"通过内河运输危险化学品的船舶,其所有人或者经营人应当取得船舶污染损害责任保险证

① 参见信春鹰主编:《中华人民共和国环境保护法释义》,法律出版社 2014 年版,第 182—183 页。
② 竺效:《论环境污染责任保险法律体系的构建》,《法学评论》2015 年第 1 期。

书或者财务担保证明。船舶污染损害责任保险证书或者财务担保证明的副本应当随船携带。"《太湖流域管理条例》第51条第2款规定:"国家鼓励太湖流域排放水污染物的企业投保环境污染责任保险,具体办法由国务院环境保护主管部门会同国务院保险监督管理机构制定。"

而在环境污染责任保险的试点及地方实践过程中,投保环境责任保险的企业数、保险金额和保险价格都在下降,大部分企业选择100万至300万元的保险金额,环境污染责任保险的投保范围主要集中在石油化工、危险化学品、危险废物处置、电力、医药、印染、重金属冶炼等行业。①

## 第二节 治理性控制制度

### 一、污染物排放税、费制度

(一) 污染物排放税、费的含义

为什么要征收污染物排放费、税呢？究竟谁应该给环境污染治理付费？1972年联合国经济合作与发展组织(简称OECD)环境委员会提出了"污染者付费"原则,即由排污者承担污染环境的损失和治理污染的费用。"污染者付费"原则提出后,很快付诸实践,被很多国家确定为环境法的一项原则。在我国,1996年8月3日国务院发布的《关于环境保护若干问题的决定》确立了"污染者付费、利用者补偿、开发者保护、破坏者恢复"原则。这要求环境污染者、自然资源开发利用者应承担相应的环境责任,为环境污染和环境破坏治理付费。污染物排放费、税就是国家为了保护环境,筹集环境资源保护资金按照法定标准对排污者、资源开发利用者征收的税或者费的统称。污染物排放费、税具有以下特点。

(1)工具性。污染物排放费、税是国家筹集环境资源保护公共资金的一种工具,但筹集环境资源保护资金不是环境税费的唯一目的,国家还用污染物排放费、税制度调节和影响企业或个人环境资源开发利用行为以及排污行为,以成本效益的方法来鼓励企业和个人做出有利于环境资源保护的行为,抑制不利于环境资源保护的行为。如对排放二氧化硫的单位征收排污费或者排污税,可以抑制二氧化硫的排放行为。通过这种经济刺激制度,可以有效地防止生态污染和环境破坏,并可促使我国的环境管理由"命令—控制"模式向"命令—控制与经济手段并举"模式转变。

(2)间接性。污染物排放税属于间接税。间接税可以通过价格将税收负担部分甚至全部转嫁给他人。污染物排放税可以作为产品成本,计入产品价格之中,通过流转,转嫁给消费者。如对火力发电厂征收的二氧化硫排放税可以计入电价中,转嫁给用电者。而污染物排放费也有这一特点,它也具有间接性。

(3)强制性。污染物排放费、税是国家根据环境法所建构的环境税费制度来征收的,它具有一定的强制性,排污者和资源利用者都必须依法缴纳,否则将会受到法律的制裁。

(4)专用性。污染物排放费、税征收的目的是为了保护环境资源,因此,除法律另有规定外,环境税金和环境费金作为专款专用,只能用于环境污染的治理和生态环境的保护,不能挪作他用。这说明污染物排放税属于目的税,污染物排放费也同样具有目的性。

环境费与环境税是两个不同的范畴,它们在量上互替,质上互补,有一定的共同点。环境费和环境税的征收主体均为政府及其授权单位,二者均是参与国民收入的一种形式。但二者又是不同的。(1)依据不同。环境费多以行政管理权为依据,环境税则以国家的政治权力为依据。

---

① 陈冬梅:《我国环境责任保险试点评析》,《上海保险》2016年第1期。

(2) 性质不同。就环境税费理论而言,收费具有有偿性,是纳税人在获得环境资源使用权时向国家支付的一种成本费用,一般要求收费和提供的公共物品和公共劳务成本等值;而税收是无偿性的,没有必要考虑政府所收取的税金与提供的公共劳务和公共物品的成本是否等值,它可以根据政府对公共物品的使用效率及其调节功能,确定税赋的高低。(3) 范围不同。税收的征收范围可以覆盖生产、流通、分配、销售的各个领域;而收费主要是针对一部分公共物品和公共劳务的使用者,对象特定,范围狭窄,规模较小,只能作为政府收入的补充形式。(4) 立法权不同。收费的立项具有灵活性,一般来说收费的立项权既可以是中央政府,也可以是地方政府,收费标准一般由有立项权的政府自定,灵活性较大,表现出一定的随意性。而税收本身是固定的,税法的立法权归最高权力机关。

世界上最早实行排污收费制度的是德国的鲁尔工业区,它在 1904 年就实行了排污收费制度。1976 年,德国更是在其《废水收费法》中,专门规定了排污收费制度。这项制度是运用经济手段有效地促进污染治理和新技术的发展,又能使污染者承担一定的污染防治费的法律制度。其目的是为了促进排污者加强经营管理,节约和综合利用资源,防治污染的发生,保护和改善环境资源。我国在 1978 年的中央批转的《环境保护工作汇报要点》中明确提出实行排污收费制度,1979 年颁布的《环境保护法(试行)》正式规定了该制度。1982 年国务院颁布《征收排污费暂行办法》,2002 年国务院颁布《排污费征收使用管理条例》,使排污费征收制度不断得到充实和完善。2014 年《环境保护法》第 43 条对排污收费制度作了原则性规定。我国目前实行的是排污收费制度。

(二) 污染物排放费制度的内容

1. 排污费的征收对象和范围

直接向环境排放污染物的企业、事业单位,以及个体工商户等其他生产经营者,应当依照《排污费征收使用管理条例》的规定缴纳排污费。另据《水污染防治法》规定,向水体排污的单位,即使未超过污染物排放标准,也要缴纳排污费。征收排污费的污染物包括污水、废气、固体废物、噪声和放射性等几大种类。但对于蒸汽机车和其他流动污染源排放的废气,在符合环境保护标准的储存或者处置的设施、场所内储存、处置的工业固体废物,进入城市污水集中处理设施的污水,不征收排污费。

2. 排污费的征收标准

(1) 依照《大气污染防治法》《海洋环境保护法》的规定,向大气、海洋排放污染物的,按照排放污染物的种类、数量缴纳排污费。

(2) 依照《水污染防治法》的规定,向水体排放污染物的,按照排放污染物的种类、数量缴纳排污费;向水体排放污染物超过国家或者地方规定的排放标准的,按照排放污染物的种类、数量加倍缴纳排污费。

(3) 依照《固体废物污染环境防治法》的规定,没有建设工业固体废物储存或者处置的设施、场所,或者工业固体废物或者处置的设施、场所不符合环境保护标准的,按照排放污染物的种类、数量缴纳排污费;以填埋方式处置危险废物不符合国家有关规定的,按照排放污染物的种类、数量缴纳危险废物排污费。

(4) 依照《环境噪声污染防治法》的规定,产生环境噪声污染超过国家环境噪声标准的,按照排放噪声的超标声级缴纳排污费。

(5) 避免重复征收排污费。排污者向城市污水集中处理设施排放污水、缴纳污水处理费用的,不再缴纳排污费。排污者建成工业固体废物贮存或者处置设施、场所并符合环境保护标准,或者其原有工业因固体废物贮存或者处置设施、场所经改造符合环境保护标准的,自建成或者改造完成之日起,不再缴纳排污费。

环境保护部于2016年4月15日印发了《关于积极发挥环境保护作用促进供给侧结构性改革的指导意见》。该指导意见要求实施差别化排污收费政策:"企业超标或超总量排放污染物的,除依法实施其他处罚外,还要加一倍征收排污费。同时存在超标和超总量排污的,加两倍征收排污费。企业生产工艺装备或产品属于淘汰类的,要加一倍征收排污费。企业污染物排放浓度低于排放限值50%以上的,减半征收排污费。研究增加排污收费种类,推动对挥发性有机物和施工扬尘等征收排污费。鼓励各地研究制定季节性、区域性排污收费政策。在采暖季适当提高主要大气污染物排污费征收标准,引导有条件的企业"错季"生产。京津冀、长三角等重点区域内的排污费征收标准应大幅提升并逐步统一。"

3. 排污费的管理和使用

排污费的征收、使用必须严格实行"收支两条线",征收的排污费一律上缴财政,环境保护执法所需经费列入本部门预算,由本级财政予以保障。排污费必须纳入财政预算,列入环境保护专项资金进行管理,由环境保护主管部门会同财政部门按照"专款专用、先收后用、量入为出、不得超支挪用"的原则统筹使用。

征收的排污费,必须纳入财政预算,列入环境保护专项资金进行管理,应当用于下列污染防治项目的拨款补助和贷款贴息:(1)重点污染源防治项目。包括技术和工艺符合环境保护及其他清洁生产要求的重点行业、重点污染源防治项目;(2)区域性污染防治项目。主要用于跨流域、跨地区的污染治理及清洁生产项目;(3)污染防治新技术、新工艺的推广应用项目。主要用于污染防治新技术、新工艺的研究开发以及资源综合利用率高、污染物产生量少的清洁生产技术、工艺的推广应用;(4)国务院规定的其他污染防治项目。

环境保护专项资金不得用于环境卫生、绿化、新建企业的污染治理项目以及与污染防治无关的其他项目。

(三)排污"费"改"税"的必要性

排污费制度是筹集环境资源保护资金的有效途径。在我国财政资金短缺,环保投资严重不足的情况下,排污收费所累积的资金为我国生态环境的保护和改善筹集了很大的一笔资金,有效地缓解了我国环境资金的紧缺局面。同时,排污费制度是一种有效的经济刺激制度。排污费可以有效地调节经济发展与环境保护的关系,促使排污者进行技术改造,开展综合利用,加强对污染源的治理。但是,在排污费实施过程中,仍然存在很多问题:第一,现行排污费制度中超标排污费和排污费并存,排污费标准仍然较低,不能起到抑制企业过量排污的效果,导致企业愿意缴纳排污费,而不愿意进行技术改造,减少污染物排放;第二,现行排污费的征收范围主要是废气、废水、固体废物、噪声等,范围狭窄,没有包含像电磁辐射、光污染、恶臭气体等,同时只对生产经营性污染物征收,不对消费性污染物征收。而目前我国的生活污水、生活垃圾已经超过工业污水和固体废物;第三,"属地"征收、地方保护主义严重,管理不严格,以罚代收现象严重。征收手段缺乏刚性,随意性较大,少收、短收现象严重。对于浪费资源和污染严重的小型企业,由于量多面广,往往控制乏力;第四,列支和使用安排不合理,目前企业缴纳的排污费计入产品成本中,具有转嫁性,违背了污染者负担原则。企业缴纳的排污费部分补助给企业,用于污染治理,难以保证排污费的正常使用。

在国家"费改税"的要求下,环境领域的费改税也成为重要一环。与税收手段相比,排污收费的强制性不够,影响政策本身效果的发挥,主要体现在以下两个方面。

首先是执法权限不够。《排污费征收使用管理条例》规定了对于逾期拒不缴纳的,处以应缴纳排污费数额1倍以上、3倍以下的罚款,并报经有批准权的人民政府批准,责令停产停业整顿。

而对于排污税,税务部门可通过责成提供纳税担保、冻结纳税人的存款账户和扣押、查封纳税人的商品、货物等采取税收保全措施和强制性措施。与之前仅仅依赖环保部门征收排污费的过程相比,环境税的征收过程将主要依赖独立于环保部门的财税部门,这将使得环境保护在治理结构上更加符合现代社会经济治理体系的发展需要,同时这也与依法治国的根本要求相一致。

其次是收费制度本身地位不高,加上部分地方政府对环境保护的认识不足,对排污收费制度的重视程度不够,保护污染企业的现象依然存在,干预排污费的征收,个别地方甚至出台"零收费"政策,某些企业守法意识不强,不按规定按时足额缴纳排污费。例如,有些地方出台了"零收费、零罚款、宁静日"等土政策,导致排污费不能足额核定和足额征收,用于修复生态环境的资金欠账越来越多。环境税的征收对象是全国范围内环境排放应税污染物的企业事业单位和其他生产经营者,征收主体为国家和地方的财税部门,并且是按照不同的排污量水平制定相应的税率,这一方面是确立和强化了生态环境的经济属性,体现了"谁污染,谁付费",以及"多污染,多付费"的基本经济原则,同时还体现了生态环境保护过程中对于末端生态性修复和源头经济性保护的结合原则。承认经济属性,并利用经济属性来系统性地保护环境,这正是对市场经济资源配置机制的极大尊重,而不是背离。①

我国首次明确开征环境税,是在 2007 年 6 月,国务院颁布《节能减排综合性工作方案》,其中一项具体政策措施即为"研究开征环境税"。近年来,环保部和相关税收部门也在研制不同的税收方案。2013 年 5 月,国务院副总理马凯撰文,要按照价、税、费、租联动机制,适当提高资源税税负,加快开征环境税,完善计征方式,再次把环境税改革提上日程。2016 年,全国人大常委会审议通过了《中华人民共和国环境保护税法》,确立了我国的环境保护税制度。

### (四)污染物排放税制度的内容

#### 1. 排污税的征收对象和范围

在中华人民共和国领域以及管辖的其他海域,直接向环境排放应税污染物的企业事业单位和其他生产经营者是排污税的纳税人。排污税的征收对象分为大气污染物、水污染物、固体废物和噪声等 4 类。对大气污染物、水污染物的征收范围,按每一排放口的污染物种类数以污染当量数从大到小的顺序,最多不超过 3 项(重金属污染物为 5 项)。省级人民政府可以根据本地区污染物减排的特殊需要,增加同一排放口征收环保税的应税污染物种类数。为落实《大气污染防治行动计划》《节能减排"十二五"规划》、新环境保护法等要求,促使企业减少污染物排放,对超标、超总量排放污染物的,加倍征收排污税。

而对农业生产(不包括规模化养殖)排放的应税污染物,机动车、铁路机车、非道路移动机械、船舶和航空器等流动污染源排放的应税污染物,城镇污水处理厂、城镇生活垃圾处理场向环境排放污染物不超过国家规定排放标准的,免征环保税。

#### 2. 排污税的征收管理

排污税由税务机关依照《中华人民共和国税收征收管理法》等相关法律的有关规定征收管理。环境保护主管部门依照本法和环境保护有关法律法规的规定,履行对应税污染物监测、监督和审核确认的职责,协同税务机关做好环境保护税的征收管理工作。环境保护主管部门应当根据税务部门的征管工作需求,及时将排污单位名录及排污资料信息、排污单位污染物排放监测数据信息、审核确认信息和排污许可信息、排污单位环境违法和受行政处罚情况等信息,送达主管税务机关。税务机关应当及时将纳税人的排污申报、税款入库、加倍征收、减免税额、欠缴税款及

① 李志青:《环境税重在平衡"环境"与"经济"》,《文汇报》2015 年 7 月 9 日。

风险疑点等环境保护税涉税信息,送达环境保护主管部门。

排污税按照重点监控(排污)纳税人和非重点监控(排污)纳税人进行分类管理。重点监控(排污)纳税人排放应税污染物的种类、数量等申报情况,由主管税务机关自纳税期限届满之日起5日内提请环境保护主管部门审核,环境保护主管部门自收到申报资料之日起30日内向主管税务机关出具审核意见。重点监控(排污)纳税人,指火电、钢铁、水泥、电解铝、煤炭、冶金、建材、采矿、化工、石化、制药、轻工(酿造、造纸、发酵、制糖、植物油加工)、纺织、制革等重点污染行业的纳税人及其他排污行业的重点监控企业。非重点监控(排污)纳税人的申报资料,由主管税务机关会同环境保护主管部门联合核定并公告。具体办法由省、自治区、直辖市人民政府规定。

## 二、危险物品污染防治制度

(一)危险物品污染防治制度的含义

危险物品是指具有燃烧、爆炸、腐蚀、毒害、放射的性能,在生产、储存、运输、销售、使用、处置过程中,容易引起环境污染、人身伤亡、财产损毁的物品。危险物品污染防治制度是针对危险物品生产、储存、运输、销售、使用、处置过程可能造成环境污染的行为进行规制的法律规范的总和。

我国现有生产使用记录的化学物质4万多种,其中3千余种已列入当前《危险化学品名录》,具有毒害、腐蚀、爆炸、燃烧、助燃等性质。具有急性或者慢性毒性、生物蓄积性、不易降解性、致癌致畸致突变性等危害的化学品,对人体健康和生态环境危害严重,数十种已被相关化学品国际公约列为严格限制和需要逐步淘汰的物质。同时,尚有大量化学物质的危害特性还未明确和掌握。

随着我国经济高速发展,化学品的生产和使用量持续增加,化学品生产、加工、储存、运输、使用、回收和废物处置等多个环节的环境风险日益加大。化学品生产事故、交通运输事故、违法排污等原因引发的突发环境事件频繁发生,持久性有机污染物、内分泌干扰物等引起的环境损害与人体健康问题日益显现,化学品环境风险防控形势日趋严峻。环境保护部制定了《化学品环境风险防控"十二五"规划》,以加强管理。

放射性污染源于放射性物质的放射性。放射性物质有天然存在的,也有人工产生的。天然存在的放射性物质属于自然界的一部分,构成自然环境的天然本底,其产生的放射性即为"环境中的放射性水平",对人体的健康基本不构成危害,事实上,人体内部在正常情况下也含有天然放射性物质。只是当人类自发现了放射性物质并加以开发、利用以后,向环境中排放了过量的放射性物质,才产生了放射性污染问题。而且随着人类对放射性物质开发利用范围的不断扩大,这种放射性污染问题越来越严重,对人体健康的威胁也越来越大。

放射性物质的使用安全事关核能与核技术利用事业发展,事关环境安全,事关公众利益。半个多世纪以来,我国核能与核技术利用事业稳步发展。目前已经形成较为完整的核工业体系,核能、核技术有力地推动了经济社会发展。但是我国在核安全与放射性污染防治面临严重挑战,安全形势不容乐观。核电多种堆型、多种技术、多类标准并存的局面,给安全管理带来一定难度。运行和在建核电厂预防和缓解严重事故的能力仍需进一步提高。部分研究堆和核燃料循环设施抵御外部事件能力较弱。早期核设施退役以及历史遗留放射性废物,都需要妥善处置。铀矿冶开发过程中依然存在环境问题。放射源和射线装置量大面广,安全管理任务重。

针对目前我国存在的危险化学品与放射性物质管理存在的问题,2014年《环境保护法》第48条专门建立了危险物品污染防治制度。

(二)危险物品污染防治制度的内容

1. 危险化学品污染防治

我国已经制定一些涉及化学物品的法律、法规,并且参加了多项与化学品有关的国际条约。

中国已经批准了《关于在国际贸易中对某些危险化学品和农药采用事先知情同意程序的鹿特丹公约》《关于持久性有机污染物的斯德哥尔摩公约》等国际公约。国务院制定了《监控化学品管理条例》《易制毒化学品管理条例》《危险化学品安全管理条例》等行政法规。《固体废物污染环境防治法》对危险废物污染作了特别规定，《刑法》也有相应条款。但总体上看，我国有关化学物品管理的法律制度和行政执法都存在碎片化、部门化等问题，立法需要进一步完善。

2. 含有放射性物质的物品的环境风险及其管理

放射性污染是指由于人类的生产、生活活动排放的放射性物质所释放的射线，使环境中的放射性水平改变，造成环境污染，从而危害人体健康的现象。我国《放射性污染防治法》将其定义为由于人类活动造成物料、人体、场所、环境介质表面或者内部出现超过国家标准的放射性物质或者射线。

2003 年以来，我国先后颁布并实施了《放射性污染防治法》《放射性同位素与射线装置安全和防护条例》《民用核安全设备监督管理条例》《放射性物品运输安全管理条例》和《放射性废物安全管理条例》，制定了一系列部门规章、导则和标准等文件，为保障核安全、控制放射性污染奠定了一定基础。环境保护部（国家核安全局）、国家发展改革委、财政部、国家能源局、国防科技工业局联合制定了《核安全与放射性污染防治"十二五"规划及 2020 年远景目标》，建立了放射性污染防治法律制度。2014 年《环境保护法》的原则性规定，为进一步完善这一制度提供了依据。

3. 增加对"处置"环节规制

我国原有的《固体废物污染环境防治法》《刑法》对于危险物品的管理，未将"处置"环节纳入。而处置环节处于化学物品和含有放射性物质的物品的生命周期的末端，是环境风险管理的关键环节。对处置环境管理不善，极易导致环境风险，导致大面积、长时间的环境污染和人体健康损害。2014 年《环境保护法》增加了"处置"环节的规定，完善了这一制度，也为后续立法提供了依据。

尽管现有的与化学物品、含放射性物质的物品有关的立法在管理环境风险方面发挥了巨大作用，但是立法碎片化、部门化，相关管理工作长期存在重技术、轻规则倾向等问题亟待解决。该制度的完善，对于保护环境和保障人群健康具有重大意义。在 2014 年《环境保护法》作出原则规定之后，应尽快修改、完善与化学物品、含有放射性物质的物品有关的立法，提高环境风险管理能力。

### 三、突发环境事件应急制度

（一）突发环境事件应急制度的含义

突发环境事件是指突然发生，造成或者可能造成重大人员伤亡、重大财产损失和对全国或者某一地区的经济社会稳定、政治安定构成重大威胁和损害，有重大社会影响的涉及公共安全的环境事件。

环境应急是针对可能或已发生的突发环境事件需要立即采取某些超出正常工作程序的行动，以避免事件发生或减轻事件后果的状态，也称为紧急状态；同时也泛指立即采取超出正常工作程序的行动。

经过三十余年的经济高速发展，我国已进入环境污染事故的高发期，有效防控环境污染突发事故的形势十分严峻。在我国，应急制度有一个发展的过程，最初由《海洋环境保护法》规定了因船舶海损事故而采取的强制应急措施；后来，《水污染防治法》规定了水污染事故的强制应急措施；《大气污染防治法》对大气污染事故的应急制度作了规定；国家制定了《突发事件应对法》，环保部针对突发环境事件制定了专门的规章①，至此，关于环境事件的应急制度得到了较大的完善。

---

① 国务院同时颁布了九项专项应急预案，分别是：国家安全生产事故灾难应急预案、国家处置铁路行车事故应急预案、国家处置民用航空器飞行事故应急预案、国家海上搜救应急预案、国家处置城市地铁事故灾难应急预案、国家处置电网大面积停电事件应急预案、国家核应急预案、国家突发环境事件应急预案、国家通信保障应急预案。

2014年《环境保护法》在吸收以前合理规定的基础上作出了新的规定。该法第47条为突发环境事件的应急处理提供了上位法依据。

（二）突发环境事件应急制度的内容

1. 应急制度的适用范围

对突发环境事件采取应急措施的责任主体包括各级人民政府及其有关部门和企业事业单位。突发环境事件包括环境污染和生态破坏事件。

应急措施作为一项行政措施，只有在法定"紧急状态"出现时才能施行。目前可以确定的适用范围为：（1）超出事件发生地省（区、市）人民政府突发环境事件；（2）跨省（区、市）突发环境事件；（3）国务院或者全国环境保护部际联席会议需要协调、指导的突发环境事件或者其他突发事件次生、衍生的环境事件。

对污染责任者来说，只要"因发生事故或者其他突然性事件，造成或可能造成污染事故"，负有责任的企业事业单位就应当采取应急措施。

2. 突发环境事件的分级

按照突发事件的严重性和紧急程度，突发环境事件分为特别重大环境事件（Ⅰ级）、重大环境事件（Ⅱ级）、较大环境事件（Ⅲ级）和一般环境事件（Ⅳ级）四级。

3. 突发环境事件的应急组织

国家突发环境事件应急组织体系由应急领导机构、综合协调机构、有关类别环境事件专业指挥机构、应急支持保障部门、专家咨询机构、地方各级人民政府突发环境事件应急领导机构和应急救援队伍组成。

全国环境保护部际联席会议负责协调国家突发环境事件应对工作。全国环境保护部际联席会议有关成员单位成立环境事件专业指挥机构，并建立应急联系工作机制，必要时，国务院组织协调特别重大突发环境事件应急工作。地方人民政府成立突发环境事件应急领导机构。全国环境保护部际联席会议聘请科研单位和军队有关专家设立突发环境事件专家组。

（三）突发环境事件的预警

（1）县级以上人民政府建立环境污染公共监测预警机制，组织制定预警方案。

（2）企业事业单位应当按照国家有关规定制定突发环境事件应急预案，报环境保护主管部门和有关部门备案，做好应急准备。

（3）在发生或者可能发生突发环境事件时，企业事业单位应当立即采取措施处理，及时通报可能受到危害的单位和居民，并向环境保护主管部门和有关部门报告。

（4）在接到企业事业单位报告之后，或者县级以上人民政府认为已经发生或可能发生突发环境事件时，可能影响公众健康和环境安全时，依法及时公布预警信息，启动应急措施。

（5）根据预警方案、应急预案，依法开展应急处置和事后恢复等工作。

在环境污染公共监测预警机制的建立和运行中，县级以上人民政府及其有关部门和企业事业单位，都应依法履行与突发环境事件的风险控制、应急准备、应急处置和事后恢复等有关的义务。

（四）突发环境事件应急制度的实施

1. 预防和预警

预防和预警包括信息监测、预防工作及其相关措施。信息监测主要是及时掌握各种与环境突发事件相关的信息，预防工作建立在污染源、放射源和生物物种资源调查的基础之上，通过对突发环境事件的假设、分析和风险评估工作，完善各类突发环境事件的应急预案。

按照突发事件严重性、紧急程度和可能波及的范围,突发环境事件的预警分为四级,预警级别由低到高,颜色依次为蓝色、黄色、橙色、红色。根据事态的发展情况和采取措施的效果,预警颜色可以升级、降级或解除。

2. 应急响应

突发环境事件应急响应坚持属地为主的原则,地方各级人民政府按照有关规定全面负责突发环境事件应急处置工作,环境保护部及国务院相关部门根据情况给予协调支援。

(1) 应急响应的报告程序分为初报、续报和处理结果报告三类。

(2) 根据需要成立环境应急指挥部,负责指导、协调突发环境事件的应对工作。

(3) 环境应急监测分队负责组织协调突发环境事件地区环境应急监测工作,并负责指导海洋环境监测机构、地方环境监测机构进行应急监测工作。

(4) 全国环境保护部际联席会议负责突发环境事件信息对外统一发布工作。

(5) 现场处置人员应根据不同类型环境事件的特点,配备相应的专业防护装备,采取安全防护措施,严格执行应急人员出入事发现场程序。对于受灾群众,现场应急救援指挥部应及时发布相关信息,通报情况,采取救援措施。

(6) 满足法定条件时,可以按程序宣布应急终止。

3. 应急保障

应急保障包括应急资金、应急装备、应急通信、应急人力资源、应急技术等方面构成。

### 四、农业农村污染防治制度

相对农村环境问题而言,由于我国的工业污染问题及城市环境问题出现较早也较为突出,所以当初环境立法的重心就放在了这两者之上。当然,尽管环境立法中也涉及农村环境保护的规定,但无论从立法数量还是具体涉及内容的规定上,都相差甚远。随着经济社会发展和农村形势的不断变化,农村环境污染现象已越来越严重,农村生态环境逐步趋于恶化,已严重影响和制约农业稳产增收、农民脱贫致富和农村现代化进程,严重威胁到广大人民群众的身体健康。

(一) 农业农村污染的现状及原因

2013年《中国环境状况公报》显示,我国农村地区空气质量总体上较城市地区好,但饮用水源、地表水、耕地的污染和破坏,城市污染和垃圾向农村转移等问题十分突出。数据显示,全国约4万个乡镇中,大多数没有环保基础设施;60多万个建制村中,绝大部分污染治理处于空白,75%的生活垃圾、93%的生活污水未经处理就直接排放。畜禽养殖废弃物排放量大,造成农业面源污染严重。中国农村环境正拉响警报。目前,农业已超过工业成为我国最大的面源污染产业。农村环境污染形式多元化,面积不断扩大,后果具有不可逆转性。

一是农业面源污染逐步扩大。据相关资料显示,农药只有10%—20%的附着率,80%—90%则流失在土壤、水体和空气中,使自然环境受到较大程度的污染,破坏生态平衡,威胁生物多样性。目前我国化肥年使用量平均每公顷化肥施用量达400公斤以上,远远超过发达国家设置的每公顷225公斤安全上限,且化肥有效利用率很低,其流失加剧了河流、湖泊等水体的富营养化,造成地下水和蔬菜中硝态氮含量超标,影响土壤自净能力。同时近年来,我国农用塑料使用量和覆盖面积已居世界首位,平均每年有45万吨地膜残留于土壤中,由于农膜很难降解,影响土壤通气和水肥传导,造成粮食减产。农药、化肥以及地膜等大量应用,对自然环境造成污染,敲响了生态灾难的警钟。

二是规模化养殖污染越来越严重。由于以农户为单元的养殖越来越少,和大力发展畜禽养殖的经济刺激政策,农村集约化畜禽养殖程度越来越高。由于绝大多数养殖场没有污水处理设施,大量畜禽粪便未经处理就直接排放入农业环境,造成了水体富营养化,水质恶化,致使土壤板结和盐渍化,污染现象越来越严重。

三是生活污水、垃圾未获得有效处理。据测算,全国农村每年产生生活污水约90亿吨,生活垃圾约2.8亿吨,大部分未经处理随意排放。目前而言,我国环保投入总体不足,农村环保投入更为有限,全国约有60万个建制村,其中大多数缺乏必要的环保设施,迫切需要资金支持。同时,城市垃圾、污染企业"上山下乡",直接加大农村环境压力。城市产业升级,难容污染企业,一些企业便将眼光转向农村,出于GDP渴求,地方政府对此多半持欢迎态度,为其大开绿灯。

造成农村环境问题的浅层次原因包括①:一是城镇化背景下城乡统筹机制的缺失。伴随着城镇化步伐的加快,越来越多的新城镇如雨后春笋般形成。由于缺少城乡统筹规划和有序的城镇化规划,在自身追求绿色和可持续发展的过程中,将污染和垃圾向农村转移几乎成为城市的不二选择。由此,农村自身的农业污染、工业污染、生活污染等面源污染和城市转移的污染叠加交织,成为农民生存环境不可承受之重。二是现有监管体制鞭长莫及,农村环境自治模式未形成,农村地区环境保护成为环境立法的空白、执法的真空、守法的盲区。受我国行政体制的影响,目前,我国的环境监管体制只具体到县一级,县级以下谁来监管?县级以下的环境基础设施和环境公共服务谁来提供?农民在环境保护方面的行为理性如何形成?这些问题都没有明确的答案。三是贫困问题与环境问题交织,经济发展与公共健康之间难以平衡。农村地区常常与贫困二字捆绑,农村地区对经济发展的主观欲求和客观需求较城市地区更多。近年来,由环境污染引起的村民与企业、村民与政府之间的对抗事件频发,例如河北秦皇岛市潘官营村农民抵制垃圾焚烧厂事件、湖北钟祥村民向排污企业索赔因敲诈勒索被刑拘事件等。隐藏在这些事件背后的经济与环境、金钱与健康、政府与公众之间错综复杂的利益关联都是推进农村环境保护必须直面的问题。

农村环境问题产生的深层次原因是环境保护立法对农村环境问题的长期忽视。据有关资料显示,截至2007年12月,以全文关键词中含有"农村环境"为检索条件,在《北大法宝——中国法律检索系统》中的"中国法律法规规章司法解释全库"中进行检索,我国涉及农村环境的规范性文件共88件,其中法律2件、行政法规12件、部门规章74件。② 1979年《环境保护法(试行)》和1989年《环境保护法》直接规定农业环境保护的均只有两条。并且,从严格意义上看,1989年《环境保护法》第23条的内容主要指向的是城市建设,乡村建设只是顺带提及。从内容上看,两部法律所关注的农村环境保护问题集中在以下三个方面:农药、化肥等的合理使用;土壤污染防治和土壤环境保护;农业节水和水源地保护。在2004年12月修订的《固体废物污染环境防治法》中,也仅有几项条款对农村环境保护作了规定,对农村生活垃圾污染环境防治的具体办法授权地方性法规规定。又如,2008年2月修订、6月施行的《水污染防治法》,虽已涉及了农村环境保护,设专节对"农业和农村水污染防治"作了规定,但较笼统,缺乏对农村水环境保护的特别规定。

(二)农业农村污染防治制度的内容

2014年《环境保护法》第33条对农业农村污染防治作出原则性规定:"各级人民政府应当加强对农业环境的保护,促进农业环境保护新技术的使用,加强对农业污染源的监测预警,统筹有关部门采取措施,防治土壤污染和土地沙化、盐渍化、贫瘠化、石漠化、地面沉降以及防治植被破坏、水土流失、水体富营养化、水源枯竭、种源灭绝等生态失调现象,推广植物病虫害的综合防治。县级、乡级人民政府应当提高农村环境保护公共服务水平,推动农村环境综合整治。"农业农村污

---

① 王树义、周迪:《回归城乡正义:新〈环境保护法〉加强对农村环境的保护》,《环境保护》2014年第10期。
② 王社坤:《农村环境:被法律遗忘的角落?》,《世界环境》2008年第1期。

染防治制度主要包含如下几个方面。

1. 防止农业面源污染

各级人民政府及其农业等相关部门和机构有义务指导农业生产经营者防止农业面源污染，具体主要包括农业、化肥等的科学施用，农用薄膜、农作物秸秆等废弃物的处置等方面。前者主要是指积极引导和鼓励农民使用生物农药或高效、低毒、低残留农药，推广病虫草害综合防治、生物防治和精准施药等技术；后者则是把农业废弃物资源化利用同发展清洁能源结合起来，比如大力发展农村户用沼气，综合利用作物秸秆，推广"四位（沼气池、畜禽舍、厕所、日光温室）一体"等能源生态模式，推行秸秆机械化还田、秸秆气化、秸秆发电等措施，逐步改善农村能源结构。

2. 防止固体废物、废水施入农田

（1）禁止"不符合国家和地方农用及环境保护标准"的固体废物和废水施入农田。根据目前法律，国务院环境保护主管部门根据国家环境质量标准和国家经济、技术条件，制定国家污染物排放标准。省、自治区、直辖市人民政府对国家污染物排放标准中未作规定的项目，可以制定地方污染物排放标准；对国家污染物排放标准中已作规定的项目，可以制定严于国家污染物排放标准的地方污染物排放标准。地方污染物排放标准应当报国务院环境保护主管部门备案。因此，有监督管理职责的责任主体要依法履行职责，参照规定的标准保障农田不受污染。

（2）谨慎科学施用农药、肥料等农业投入品，防止重金属及其他有毒有害物质的污染。农药、化肥污染涉及范围广，随机性大，控制难度大，已成为目前影响生态环境质量的重要污染源，应该引起高度重视，并充分认识其危害，以保护我们赖以生存的环境。农药、化肥污染对耕地造成破坏，对江河湖及地下水源造成污染，经过挥发扩散对大气造成污染。因此，农药、肥料的施用一定要谨慎、科学。

3. 防治养殖、屠宰污染

（1）对养殖场、屠宰企业的选址、建设和管理。法律对选址和建设的专门规定与环境影响评价制度的内在要求相一致。环境影响评价的范围，一般是限于对环境质量有较大影响的各种规划、开发计划、建设工程等，所以一般的养殖场和屠宰企业可能不适用该制度，但是农业农村现阶段的面源污染特点，要求法律发挥立法先行的作用，提前对可能的污染进行评估，早做防范。

（2）规定科学处置畜禽粪便、尸体、污水，防止环境污染。养殖场、屠宰企业对环境的污染主要是粪污处理不当，致使其对大气、水体、土壤造成污染。以此，养殖场、屠宰企业自身要采取措施科学处置，监管部门要加强监管。

4. 政府的资金投入义务与处置责任

（1）政府有责任对农村的生活废弃物进行处置。

（2）各级人民政府必须加大农村环境保护的资金投入，将其纳入政府的财政预算，从经常性的预算和建设性的预算等角度加以切实保障。从预算资金的使用的角度看，这些资金的流向主要集中在饮用水水源地保护、生活污水和其他废弃物处理、畜禽养殖和屠宰污染防治、土壤污染防治和农村工况污染治理等方面。

法律规定，政府应在财政预算中安排资金治理农村环境污染；同时，政府还应引导和鼓励社会资金参与农村环境保护，逐步建立政府、企业、社会多元化投入机制。

5. 统筹城乡污染防治设施

（1）污水处理设施及配套管网。"十一五"期间，我国加大了城镇污水处理及再生利用设施建设力度，处理能力显著提升，运营水平有所提高，为污染减排目标实现和水环境质量改善作出了重要贡献。但也存在一些问题：一是污水处理设施及配套管网建设发展不平衡，城市的污水处理设施及配套管网建设水平相对较高，而农村普遍缺少相关建设，即使有些农村有相关建设，处理能力也很低。二是现有设施升级改造的压力较大,因为建设资金投入较大,建成后的运营成本较高。三是污泥稳定化处理、安全处置和合理利用已成为我国污水处理行业发展的瓶颈。四是政府对运营环节重视度仍不够高,又由于资金短缺,财政拨款不能满足污水厂正常运行,很大数量的污水处理厂还处于停滞的状态,设施运行管理的效率很低。由于城市和乡村的具体情况差异也很大,城市污水处理设施应提高现有处污能力,农村要加大污水处理设施及配套管网建设的投入,建立城乡一体化的污水处理网。

(2) 固体废物的收集、运输和处置等环境卫生设施。《固体废物污染环境防治法》把固体废物分为三大类:工业固体废物、城市生活垃圾和危险废物;此外,还有一些特殊的液体废物。但是,由于缺乏农村垃圾处理的相关制度,导致工业固体废物向农村转移、农村生产生活垃圾缺乏合理处置方式等问题,造成了严重的农村环境污染,为此,政府应统筹考虑和安排城乡固体废物的收集、运输和处置等环境卫生措施,改善农村生活环境。

(3) 危险废物集中处置设施、场所。危险废物是指列入国家危险废物名录或者根据国家规定的危险废物鉴别标准和鉴别方法认定的具有危险特性的废物,这些废物处置不当,可能对环境或者人体健康造成有害影响。因此,选择和建设危险废物集中处置的设施和场所,必须要十分慎重。但目前,由于农村环境保护的法律空白和组织空白,容易出现随意在农村设置危险废物集中处置设施、场所的情况。因此,必须按照城乡统筹考虑的原则,危险废物集中处置场所的选址,必须远离居民区、饮用水水源地保护区等环境敏感区域,避开城乡主导方向的上风向,优先在经过规划环评批准的工业园区内建设。同时,必须严格执行环境影响评价制度,坚决防止"先上车后补票"情形发生。此外,还要在运行过程中进行严格的监管,防治造成严重的环境污染。

**【思考题】**

1. 清洁生产与循环经济的关联何在?《清洁生产促进法》及《循环经济促进法》规定了哪些鼓励措施?
2. 什么是排污许可证制度?如何完善我国排污许可证的监管?
3. 排污费与排污税有何不同?如何构建我国的排污税制度?
4. 什么是环境污染责任保险制度?该制度有何功能?

**【案例分析】**

某化工厂是一家生产化学添加剂的企业。2009年,该厂通过了区环保局环境影响评价审批。在废水处理设施验收合格后,正式投入生产。2015年,该化工厂为了扩大生产规模、增加企业利润,在未向环保局申报的情况下扩建了加工精制3-硝基、4-氨基苯酚(NAP)工艺和设备,但是污染防治设施没有相应改造,在投入生产使用前也未履行相应的审批手续。扩建的设备投入使用后,因原废水处理设施无法处理大量的新增废水,造成处理池废水外溢和直接排放,污染了附近的河道。区环保局接到举报后对化工厂进行了现场检查。但化工厂以保守技术秘密为由阻拦环保人员进入生产车间,并拒绝提供扩建工程的任何资料。经环保局对排污口污水排放进行监测,表明污染物排放严重超过规定的排放标准。

**【问题】**

请说明该化工厂的行为违反了我国哪些环境保护法律制度?

图书在版编目(CIP)数据

环境法原理/吕忠梅主编.—2版.—上海:复旦大学出版社,2017.4(2018.3重印)
(复旦博学·法学系列)
ISBN 978-7-309-12879-6

Ⅰ.环… Ⅱ.吕… Ⅲ.环境保护法-法的理论-中国-教材 Ⅳ.D922.681

中国版本图书馆 CIP 数据核字(2017)第 043787 号

环境法原理(第二版)
吕忠梅　主编
责任编辑/张　炼

复旦大学出版社有限公司出版发行
上海市国权路 579 号　邮编:200433
网址:fupnet@fudanpress.com　http://www.fudanpress.com
门市零售:86-21-65642857　团体订购:86-21-65118853
外埠邮购:86-21-65109143　出版部电话:86-21-65642845
上海春秋印刷厂

开本 787×1092　1/16　印张 19.5　字数 498 千
2018 年 3 月第 2 版第 2 次印刷

ISBN 978-7-309-12879-6/D·882
定价:48.00 元

如有印装质量问题,请向复旦大学出版社有限公司出版部调换。
版权所有　侵权必究